경영학원론

PRINCIPLES OF MANAGEMENT

조삼현, 황선주, 전타식

북넷

들어가는 말

오늘날 경영환경은 디지털시대로 들어선 이후 하루가 다르게 급변하고 있다. 최근 디지털기반의 4차 산업혁명이 도래하면서 AI, 빅 데이터, SNS 등을 활용한 혁신적인 전략과 창의적 프로그램을 개발하기 위해 기업들은 매일매일 치열한 경쟁 속에 살아가고 있다. 이러한 상황에서도 기업은 살아남기 위해서 고객만족을 통한 이윤창출이라는 명확한 목표달성을 위해 수없이 많은 투자와 노력이 필요할 것이다. 그러나 이제 경영은 경영자 혼자만이 알아야 하는 시대는 끝났다.

기업이 경영을 잘한다는 것이 그저 경영자가 뛰어나서 좋은 성과를 가져오기 보다는 기업전체 구성원들이 경영을 이해하고 고객의 관점에서 어떻게 효율적으로 수익을 창출하는가를 고민하는 시대가 된 것이다.

하지만 경영을 올바르게 이해하고 파악하는 것은 쉬운 일이 아니다. 왜냐하면 경영의 상황이 복잡하고 다양하여 시대별, 지역별로 모두 다르게 나타나기 때문이다. 그래서 현대인들이 경영에 대해 더 알고 싶어 할지도 모른다. 소규모의 자영업 경영자에서부터 대형의 대학병원들까지도 경영을 하지 않는 곳은 그 어디에도 없다.

이제 경영은 모든 현대인들이 알아야 하는 기본 필수과목이 된 것인지도 모른다. 전공이 다르고 하는 일이 다르더라도 우리에게는 현실에 맞는 경영의 기법이 필요하고 고객을 이해하는 방법도 모두 절실하다. 그런 의미에서 경영학을 이해하는 것은 우리의 삶을 더욱 윤택하게 만드는 방법인지도 모른다.

이 책은 경영학이 태동하여 연구되어 온 기본적인 이론과 실제 생활에서 겪고 있는 경영환경에서의 이슈에 대한 내용들을 함께 다루고자 하였다.

차별적 특징으로는

첫째, 각 장의 도입부에 최신의 경영관련 사례를 실어 다양하고 치열한 기업시장의 현실을 공유하고자 하였다.

둘째, 각 장의 본문에 소개되는 Field Story를 통해 생생한 비즈니스의 성공과 실패사례들을 접하고 우리가 배우는 경영학 전반이 기업현장에서는 어떻게 적용되고 있는지를 이해하는데 도움이 되도록 하였다.

셋째, 각 장의 마지막 부분에 '생각해 봅시다'를 추가하여 각 장마다 다루었던 주요 부분에 대해 다시 한 번 생각해보는 시간을 갖고자 하였다. 아울러 경영학을 처음 공부하는 학생과 일반인을 위한 기본 경영학의 개념부터 현장에서 활용할 수 있는 응용된 패러다임을 소개하는 데에도 중점을 두었다.

이 책은 총4부 15장으로 구성하였다.

제1부는 경영환경의 이해부분으로 경영학의 배경, 경영이론의 흐름, 기업과 사회적 책임, 경영자와 기업가정신 등에 대해 다루고 있다.

제2부는 경영관리부분으로 계획과 통제, 조직설계, 지휘활동에 대해 다루고 있다.

제3부는 경영의 주요활동으로 실제 현장에서 이루어지는 활동을 다루었다. 마케팅과 경영정보, 고객관계관리(CRM)와 세일즈, 경영전략과 경영혁신, 인적자원관리, 재무 및 회계관리, 생산운영관리 등은 현장경영관리 활동의 주축으로 서로 유기적으로 이루어져야만 성과 극대화를 달성할 수 있다.

제4부는 글로벌 경영환경에 대해 다루었다. 전 세계가 하나의 산업구조로 묶이고 있는 현실에서 글로벌 기업시장과 기업문화, 글로벌 스마트경영 등을 이해하자는 의미에서 소개하였다.

아무쪼록 책의 완성도를 위해 노력을 기울였으나 여전히 부족한 점이 있을 것으로 생각된다. 본서에서 발견되는 오류나 문제점들 역시 저자들의 짧은 지식과 불찰로 인한 것들로 저자들의 책임임을 미리 밝히고 양해를 구한다. 끝으로 이 책이 나오기까지 출판을 위해 애써주신 도서출판 북넷의 류재식 대표님과 임직원 여러분들께 진심으로 감사를 드린다.

2023년 1월

저자일동 씀

차 례

제 1 부 경영환경의 이해

제 2 부 경영관리

제 5 장 계획과 통제

제 6 장 조직설계

제 7 장 지휘활동

제 3 부 경영의 주요 활동

제11장 인적자원관리

제12장 재무 및 회계관리

제1부

경영환경의 이해

제1장

경영학의 배경

'투자의 귀재'로 불렸던 짐 로저스 로저스홀딩스 회장은 한국에 대한 비즈니스 기회를 변함없이 강조하고 있다. 남북관계가 개선되고 나아가 통일에 이르게 되면 한반도의 지정학적 위치 덕택에 세계자본이 몰려드는 가장 뜨거운 지역으로 기대하며 미래 세계경제의 중심이 될 것이라고 예견한다.

이처럼 비즈니스 투자전문가가 한국땅에 비즈니스 기회가 있다고 제시하는 것은 국내 기업입장에서도 더 나은 성과와 가치를 만들어 낼 수 있어야 함을 강조하는 것이다. 기업은 이처럼 철저한 경영원리를 활용하여 시장의 변화를 적극적으로 이끌어 갈 때 그들이 원하는 성과와 목표를 달성하게 될 것이다.

혁신 · 도전으로 코로나 관통…韓기업들, 올해도 달린다

정부는 '2022년 경제정책방향'을 발표하면서 올해 경제 성장률이 3.1%를 기록할 것으로 내다봤다. 소비·투자·수출이 골고루 상승세를 보이며 경제가 빠른 회복세를 나타낼 것이라는 게 이유다. 이같은 낙관론에도 국내 기업들은 긴장의 끈을 놓지 않고 있다. 코로나 팬더믹 현상을 겪으면서 전무후무한 변동성을 겪었기 때문으로 추정된다. 올해는 도태되는 기업과 성장하는 기업의 온도차가 더욱 극명하게 갈릴 것으로 예상된다.

◆기업 53.3% "경영계획, 현상수준으로 유지할 것"

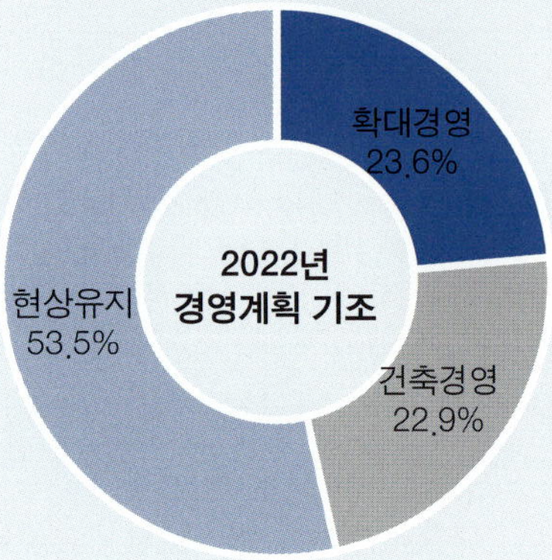

구분	전체	300인 이상	300인 미만
긴축경영	22.9%	21.1%	24.0%
현상유지	53.5%	57.9%	51.0%
확대경영	23.6%	21.1%	25.0%

한국경영자총협회(이하 경총)가 지난달 27일 발표한 '2022년 기업 경영전망 조사' 결과에 따르면, 올해 기업들의 경영계획 기조는 현상유지 53.3%, 긴축경영 22.9%로 대부분 방어적 경영을 추진하겠다는 의사를 밝혔다. 반면 확대경영은 23.6%로 조사됐다. 조사대상은 전국 30인 이상 기업 243개사 등이다.

그나마 확대경영의사를 밝힌 기업도 규모에 대해선 소극적이다. 응답기업 중 53.5%는 투자계획 규모에 대해 '금년수준을 유지할 것'이라고 답했다. 경총은 기업들이 이처럼 보수적인 포지션을 잡은 것에 대해 "내년 투자·채용계획을 금년 수준으로 응답한 기업이 많은 이유는 올해 4% 수준의 경제성장을 경기회복 신호보단 지난 2020년 역성장에 따른 기저효과로 인한 반등으로 보고 있기 때문"이라고 분석했다.

실제로 정부는 앞서 언급했듯 올해 경제성장률을 3.1%로 추정했다. 하지만 응답에 나선 기업들은 올해 평균 2.7%의 경제성장률을 기록할 것이라고 분석하면서 온도차를 보였다. 기업들은 최근 코로나 변이 바이러스 확산과 공급망 불안지속, 원자재가격 변동성 확대와 같은 대내외 불확실성이 가중되고 있기 때문에 제한이 있을 것이라고 분석했다.

◆'혁신이 생명' 역으로 투자늘린 삼성전자, 171조 투입

그럼에도 혁신과 변화로 희망을 품은 일부 국내기업들은 여전히 긍정적 경영계획을 세우고 글로벌 플레이어 활동을 위한 준비에 나서고 있다. 삼성전자는 올해 최초 연매출 300조 원 시대를 열겠다는 각오를 다졌다. 반도체를 선두로 가전 · 스마트폰 사업에서 시너지를 일으키겠다는 목표다.

삼성전자는 특히 반도체 사업 포트폴리오를 메모리 반도체에서 시스템 · 파운드리로 중심축을 이동시키려는 준비를 하고 있다. 이같은 삼성전자의 계획은 회사가 발표한 '시스템 반도체 비전 2030'에 담겨있다. '시스템 반도체 비전 2030'이란 2030년까지 시스템반도체 분야 투자를 171조원으로 확대해 개발·시설 투자를 가속화하겠다는 계획이다.

◆LG그룹, 프리미엄 가전제품에 '고객가치' 더한다

LG그룹은 올해 '가치있는 고객경험'을 방점으로 뒀다. LG그룹은 기존 프리미엄 브랜드를 강화하면서 사업 경쟁력을 높이겠다는 목표다. 구광모 LG그룹 회장은 신년사를 통해 "지금까지 우린 양질의 제품을 잘 만드는 일에 노력했지만, 요즘 고객들은 그 이상의 가치를 기대한다"면서 "고객이 감동할 사용경험을 지속적으로 만들어가는 게 중요하다"고 강조했다.

이를 위해 LG전자는 세계 3위 자동차 부품업체인 캐나다 마그나 인터내셔널과 합작법인을 설립하고 전장 사업강화에 본격적인 드라이브를 건다. 이미 LG전자는 지난해 7월 LG마그나를 출범시키고 자동차 모터, 인버터 등 전기차 파워트레인 관련 사업 점유율을 높이는 작업에 착수했다.

LG디스플레이는 얇고 유연한 월페이퍼, 롤러블, 시네마틱 사운드 OLED, 투명 디스플레이 등 차별화된 제품을 지속적으로 확대한다. LG에너지 솔루션을 떼어낸 LG화학은 석유화학 부문 위생용품과 지속가능한 친환경소재 등 유망 성장중심으로 집중한다.

LG유플러스는 스마트헬스, 보안, 교육광고, 데이터 사업, 콘텐츠 등 신규 영역개발에 주력한다. 아울러 회사는 글로벌 주요 통신 사업체가 참여한 5세대 이동통신 콘텐츠연합회 'XR 얼라이언스' 의장사로 증강현실·가상현실과 같은 콘텐츠수급을 확대해 생태계 조성에 나선다.

◆물 들어올 때 노 젓는 SK그룹, ESG 탄력 붙었다

ESG경영의 선봉에 선 SK그룹은 올해도 지속가능한경영 및 바이오산업을 경영화두로 꼽았다. 먼저 SK이노베이션의 친환경 화학사업 자회사인 SK지오센트릭은 지난해 22일 코오롱인더스트리와 친환경 생분해성 플라스틱 소재(PBAT) 상업출시를 알리며 시장개척의 포문을 열었다. 기존 플라스틱 소재는 자연상태에서 분해되기까지 약 100년의 시간이 흘러야 한다. 그러나 친환경 플라스틱은 일반 플라스틱 대비 6개월 만에 90% 이상 분해되는 것으로 전해진다.

SK텔레콤은 지난 8월 카카오와 공동 출지한 ESG펀드로 혁신 스타트업 투자에 본격화한다. 해당 펀드는 양사가 각각 100억 원 씩 출자해 총 200억 원 규모로 이뤄졌다. 양사는 지난해 코액터스, 센시, 마블러스 등 3개 회사에 약 30억 원을 투자했다. 올해엔 더 많은 기업들을 발굴해 투자를 확대하겠다는 방침이다.

SK케미칼은 지난 2010년부터 지속경영보고서를 발간하며 ESG경영을 이어오고 있다. 이 가운데 백신부문이 분사해 탄생한 SK바이오사이언스는 지난해 다양한 백신개발을 이뤄내며 사회적 가치를 창출했다.

올해 SK바이오사이언스는 미국 노바백스 개발백신을 위탁생산하면서 고품질 백신을 글로벌 곳곳에 공급하는 데 집중한다는 목표다. 노바백스 백신은 2~8도에서 보관 가능해 기존 물류시스템을 이용할 수 있다는 장점이 있다. SK바이오사이언스가 국내생산한 노바백신은 현재 제조판매품목허가 심사중에 있다.

▶ 출처 : 2022년 1월 4일, 위키코리아

제1절 경영학의 의의와 필요성

1. 경영학의 의의

우리는 모두 적어도 하나 혹은 그 이상의 조직에 속해 있으며, 현대사회를 살아가는데 있어 조직에 의존하지 않으면 안될 만큼 이 사회는 많은 조직들이 존재하며 그 조직 속에서 삶을 영위하고 있다. 이러한 조직은 학교·정부기관·기업과 같이 공식적이며 그 구조가 보다 엄격한 것일 수도 있고, 가정·친목단체·동창회·동아리 등과 같이 비공식적이고 다소 감성적인 구조를 지니고 있는 것일 수도 있다. 또한 영리조직일 수도 있으며 비영리조직일 수도 있다.

이처럼 조직(organization)이란 공통의 목적을 위해 서로 유기적인 관계를 유지하고 있는 두 사람 이상의 집합체를 의미한다. 이러한 조직을 관찰해 보면 그들에게 적어도 몇 가지의 공통점이 있음을 발견할 수 있을 것이다.

우선 조직은 공통의 목표나 목적을 지니고 있다는 것이다. 이를 테면, 학교는 인재를 양성하는 것, 기업은 제품이나 서비스를 제공하여 이익을 추구하는 것 그리고 종교단체는 영적인 구원을 제공하는 것 등 조직의 목표나 목적이 각각 존재한다. 그 다음 단계로 그러한 목표나 목적을 달성시키기 위한 구체적인 활동계획이 있게 마련이다. 그것은 계획없이는 그들 목표나 목적의 유효한 달성을 기대하기는 곤란하기 때문이다.

또한 그들 조직은 홀로 독립하여 존재하는 것이 아니라 무수히 많은 외부환경의 요인들과 상호작용을 하고 있다. 마지막으로 어떠한 조직이든 그들의 목표를 달성할 수 있도록 활동을 관리하는 리더(leader)나 경영자(manager)가 있게 된다. 물론 조직에 따라서는 그들의 존재가 모호한 경우도 있지만 묵시적이든 명시적이든 그들이 반드시 존재하고 있고 또 그래야만 조직이 일사불란하게 유지될 수 있음은 많은 사람들이 공감하는 부분이다.

다시 말해서 각 경제주체들은 무작정 경영활동을 하는 것이 아니라 인적자원과 물적자원, 자금 및 정보, 기술, 지식 등을 효과적이고 효율적으로 변환하여 목표를 극대화하는 방향으로 경영활동을 실행하고 있다. 따라서 우리는 이에 필요한 이론적 지식과 경험을 학습하는 것이 경영학을 학습하는 본질임을 깨달아야 한다.

이와 같이 경영학이란 인간의 조직활동을 연구하는 사회과학의 한 분야이며 조직의 목적이나 목표를 달성시키기 위해 필요한 활동들을 계획하고 조직적으로 수행해 나가는 학문임을 알 수 있다.

초기의 경영학이 자본주의 사회의 핵심 경제주체인 기업이라는 경제주체를 중심으로 기업경영 활동을 연구하는 학문임에는 틀림이 없다. 그러나 최근에는 경제사회구조에서 기업 이외의 경제주체의 활동비중이 커짐에 따라서 경영학이 다루는 범위가 모든 경제주체의 경제적 활동을 다루는 학문으로 확장 정의되고 있다.

2. 경영학의 필요성

그렇다면 과연 경영학은 우리의 삶에 반드시 필요할까? 우리 모두는 조직사회에 소속되어 살아가고 있으며 그들 조직이 보다 능률적이고 효과적으로 운영되기 위해서는 경영에 관한 이론과 지식이 반드시 필요하게 된다. 이는 우리의 일상생활이 모든 조직과 관련하여 영위되고 있고 또 우리 모두는 그러한 조직에 의존해서 살아가고 있기 때문이다. 따라서 우리 생활의 질(the quality of life)은 전적으로 그들 조직이 어떻게 경영되고 있느냐에 따라 많은 영향을 받게 된다.

또한 보다 나은 경제활동을 가능케하고 사회적 표준을 개선시키며 능률적이고 효과적인 성과를 얻게 하는 것 모두가 경영의 질에 의해 좌우되고 있는 것이다.

경영을 상식과 경험의 문제로 보는 견해도 있다. 물론 현명한 결정을 내릴 수 있는 한 상식도 중요하며 또 실무적 경험도 경영을 익히는 데 빼놓을 수 없는 요인이다. 그러나 우리 인간의 상식에는 한계가 있으며 부정확할 때가 더 많다. 뿐만 아니라 경영에 필요한 이론이나 지식 하나하나를 모든 경험에 의존한다고 할 때 그에 따르는 시간과 노력의 낭비는 이루 헤아릴 수 없을 것이다. 그러나 다행히 경영학이라는 조직화된 지식체계가 지속적으로 발전해왔고 이러한 지식체계를 익힘으로써 개인적 판단과 경험에 의존하지 않고도 조직의 합리적인 경영방식을 습득하면 더 나은 의사결정과 경영활동의 성과를 얻을 수 있게 된 것이다.

이는 오히려 급속도로 변해가는 현대사회에서 경영학이 더더욱 필요한 이유이며 적어도 경영활동이 점점 과학적 접근을 통해 불확실한 사회에서 예측가능한 환경을 만들어 내는 중요한 역할을 하고 있다는 것이다.

제2절 경영학의 연구대상 및 성격, 연구방법

1. 경영학의 연구대상

우리가 경영학의 연구대상을 흔히 생각하는 것처럼 '기업'내지는 '사기업의 경영'만으로 국한시키는 것은 경영학의 본질에 대한 이해의 부족에서 기인된 것으로 밖에 볼 수 없다. 물론 기업이 자본주의 체제하에서 생산경제의 중추적인 역할을 담당하고 있기 때문에 경영학의 주요 연구대상이 되고 있는 것이 사실이다. 또한 경영사적(史的)인 관점에서 볼 때 기업이 경영학의 발전에 중추적 역할을 담당해 온 것도 부인할 수 없다.

그러나 고도의 자본주의 시대에서는 인간의 욕구를 충족시키기 위한 여러 종류의 재화와 서비스가 창출되고 또한 유통되는 경제적 활동이 매우 큰 비중을 차지하고 있으며 이러한 경제적 활동은 개별경제주체라는 가계(개인), 기업, 정당, 교회, 학교, 정부 등에 의해 수행되게 되는데, 이들 중 기업경영이란 경영의 여러 현상 가운데 한 특수형태에 불과하다는 것이다.

병원경영, 학교경영, 가계경영 등 달성할 목표가 주어져 있고 그에 필요한 활동들을 계획, 조직, 지휘, 조정, 통제하려는 의도적인 노력이 있는 한 어떠한 체제의 사회, 어떠한 형태의 조직에서든지 경영은 존재할 수밖에 없는 보편적인 현상이라 할 수 있다.

요약하면 경영학의 연구대상은 '기업'이 아니라 '경영'이 된다. 이는 경영상위·기업하위개념에서 볼 수 있듯이 모든 개별경제주체를 '경영'이라 보고 이들 중 특히 영리를 추구하는 경제주체를 기업으로 보는 견해로 정리된다.

경영학의 연구대상이 '경영'이라면 어떤 측면에서 연구가 되어야 하겠는가? 라는 문제가 발생한다. 학자마다 약간의 견해를 달리하고는 있으나 경영목적을 달성하기 위한 원리로는 생산성, 경제성, 수익성의 원리로 정리할 수 있다.

생산성이란 일정한 재화를 생산하는 데 필요한 생산요소가 어느 정도 유효하게 이용되고 있는가 하는 것을 측정하는 척도를 말하며, 수익성이란 투하자본에 대해 얻게 되는 이익과의 관계를 말한다. 경제성이란 경제적 재화의 상대적 희소성을 관리하는 자원배분의 경제원리로써 보통 성과(효익)와 투입(희생)간의 양적비교를 나타내는 특징을 갖는다. 그러나 경제성은 화폐가치로 추정가능한 요소 이외에도 계량화할 수 없는 질적 요소들이 많이 존재한다.

경영의 선택원리로서 생산성의 가치척도인 기업의 선택원리는 경제성과 수익성으로 대표되는데 앞서 언급한 바와 같이 경영학의 연구대상이 영리기업뿐만 아니라 기타 개별경제인 경영을 추구한

그림 1-1 경영학의 연구대상

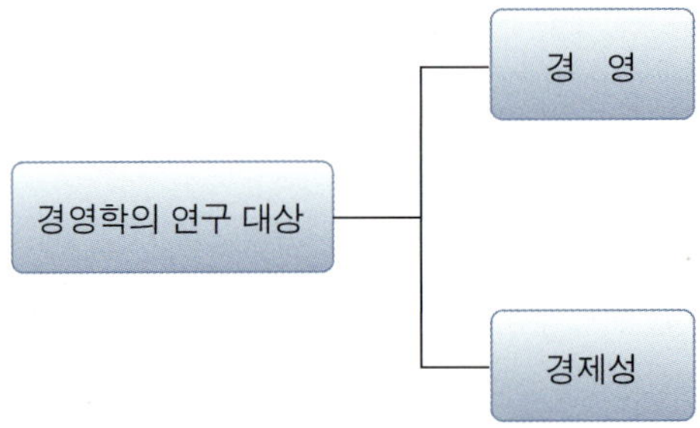

다고 볼 때, 선택원리는 수익성이 아니라 경제성이어야 할 것이다. 즉, 경영학은 〈그림 1-1〉과 같이 경영을 연구대상으로 하며 경제성을 추구한다고 할 수 있다.

Field_Story 소비자가 만드는 상품, '팬슈머' 마케팅

누구나 자신의 의견을 쉽게 전달할 수 있는 지금, 소비자의 영향력이 점차 커지고 있다. 소비자의 역할이 단순한 제품 피드백에서 그치는 것이 아니라 마케팅의 주체가 되어 감을 의미한다.

> 팬슈머란?
> 팬슈머(Fansumer)란 팬(Fan)과 컨슈머(Consumer)의 합성어로 단순히 브랜드를 소비하는 것을 넘어 기획, 홍보, 비판 등 브랜드에 대해 전반적으로 관여하는 소비자를 말한다. 팬슈머가 하나의 소비트렌드로 자리잡으며, 기업들의 관심이 집중되고 있다. 소비자의 입장에서도 생산과정에 참여하며 브랜드나 제품에 대한 애착과 팬심이 증가하게 되고, 원하는 서비스를 누릴 수 있어 긍정적인 반응을 이끌어 내고 있다.

'거꾸로 수박바' /롯데제과

'수박바'는 롯데제과의 꾸준한 인기상품으로 수박모양을 형상화한 아이스크림이다. 빨간색 부분은 딸기 맛, 초록부분은 멜론, 수박 맛으로 빨간색 부분이 큰 비중을 차지 한다. 이전부터 초록색 부분의 비중을 늘려줬으면 좋겠다는 소비자의 요구가 있었지만 기업 입장에서도 그 규모나 니즈를 정확하게 파악하기 어려워 생산이 쉽지 않았다. 하지만 팬슈머의 등장으로 소비 트렌드를 정확하게 파악할 수 있게 되면서 고객에 요구에 응하는 제품을 출시할 수 있었다. '거꾸로 수박바'는 이전에 상대적으로 적었던 초록색 부분과 빨간색 부분의 위치를 바꿔 멜론, 수박 맛을 더 즐기고 싶은 소비자에게 새로운 선택지를 제공했다. 소비자가 직접 생산에 기여한 만큼 ‘거꾸로 수박바’는 매년 10억 원 이상 판매되며 출시 이래 꾸준한 인기를 끌고 있다.

카스 ‘성덕대첩’/카스

맥주 브랜드인 카스 또한 팬슈머를 이용한 마케팅에 참여했다. 카스는 트위터를 이용해 ‘성덕대첩’ 이벤트를 진행했다. 아티스트의 팬들이 카스의 대표 문구인 ‘영앤프레쉬’와 본인이 좋아하는 아티스트와 얼마나 잘 어울리는지 작성해 해당 결과에 따라 카스모델을 선정하는 이벤트였다. 해당 리트윗 수로 탑 5를 선정하고 내부심사를 통해 모델을 선정하겠다 밝혔다. 영상, 포스터 등 다양한 팬덤이 해당 이벤트에 참여했으며, 리트윗 수 1위인 NCT127 재현의 영상은 73895회 리트윗 수를 기록했다. 하지만 카스 측에서 추후에 만 25세 미만은 응모가 어렵다는 새로운 조건을 내세우며 논란을 낳기도 하였다. 당시 5위 권에 있던 모델은 모두 만 25세 미만이었고, 해당 공지가 올라왔을 때에는 이미 이벤트가 많이 진행된 상황이었기 때문이다. 팬슈머를 이용한 새로운 시도였지만 아쉬움의 목소리가 이어졌다.

닥터지 ‘찐팬’ 서포터즈/닥터지 홈페이지

직접 기업의 신제품을 제작하거나 마케팅에 참여하는 팬슈머 서포터즈도 등장하고 있다. 닥터지는 평소 브랜드에 애정을 가지고 있던 ‘찐팬’을 대상으로 닥터지 서포터즈 ‘찐팬’을 모집했다. 해당 서포터즈 참여자에게는 닥터지 신제품을 1년간 무상증정하며, 1:1 피부고민 케어와 신제품 개발에 참여할 수 있는 기회를 제공했다. 모집인원 또한 DS(민감건성), OS(민감지성)으로 나누어 평소 애정을 가지고 있던 제품을 피부타입에 맞게 제작하고 사용해 볼 수 있다.

팬슈머의 문제점

이처럼 팬슈머 문화의 증가로 이는 새로운 마케팅 형태로 자리 잡았다. 하지만 팬슈머 마케팅에 대한 우려의 목소리도 뒤따르고 있다. 소비자의 마케팅 참여 가운데 수익활동이 발생할 수 있고, 이는 저작권 침해의 위험이 있다는 것이다. EBS의 캐릭터 ‘펭수’의 경우 팬덤을 보유하고 다양한 굿즈를 생산하고 있다. 하지만 인기를 누리고 있는 만큼 불법 굿즈논란이 계속해서 붉어지고 있다. 이와 반대로 카스의 ‘성덕대첩’과 같이 팬심을 잘못 활용한 경우 기업의 이미지에 부작용을 일으킬 수도 있다. 팬슈머의 영향력과 그를 통한 마케팅은 계속해서 증가할 것으로 보인다. 기업과 소비자 모두 저작권에 대해 명확히 인지하고 적절한 제제가 필요할 때라고 생각된다.

▶ 출처 : 2022년 4월 8일, 소비자평가

2. 경영학의 성격

경영학이 단지 기술(skill)에 불과한 것이냐? 아니면 그것도 심리학 · 의학 · 생물학과 같이 하나의 과학(science)에 속할 수 있느냐에 대해서는 오래 전부터 많은 논란을 불러일으켜 왔다.

기술이란 경험 · 연구 · 관찰을 통해 습득된 일의 성취기술을 말하며 과학이란 연구나 실무를 통해 얻어진 축적된 지식을 가리킨다. 그런데 경영사상의 진화를 살펴보면 경영학은 과학적인 측면과 기술적인 측면을 모두 포함하고 있다. 즉 경영학은 하나의 과학으로서 사회에 존재하는 기업 및 기타 조직에 관한 현상을 밝히는 데 그 목적을 두고 이론을 개발하여 체계적인 경영이론을 만들고자 하였다. 동시에 기술로서 실제 현실세계에서의 적용을 통해 현실문제의 해결방안을 제시하고자 하는 응용과학적인 학문이라고도 할 수 있다.

가령 미국경영학회(American Institute of Management)는 경영을 "목적과 수단을 결합시키는 기술"이라 정의함으로써 기술성을 강조하는 반면에, 특히 경영수학파에 속하는 사람들은 경영학을 "개념에 있어서나 실무에 있어서 기술성보다는 과학성이 보다 높은 학문"으로 규정하고 있다.

그러나 경영학이란 과학성과 기술성을 동시에 지니고 있는 복합적인 학문으로 보는 것이 옳을 것이다. 즉 그것은 그에 고유한 원칙 · 이론 · 개념들로 구성되어 있다는 점에서 과학성을 지니고 있으며 경영실무는 기술성을 다분히 내포하고 있다는 것이다.

사실 경영에 있어서 과학성과 기술성은 서로 보완관계에 있기 때문에 새로운 개념이나 기법의 출현으로 과학이 발전하게 되면 기술역시 실무에 수정이 가해짐으로써 영향을 받게 마련이다. 다시 말해서 과학의 변화는 기술변화의 촉매제 구실을 하고 있으며 반대로 기술이나 경영실무의 발전은 곧 경영학의 과학성에 기여하게 된다는 것이다.

1) 경영학의 과학성(이론성)

경영학은 하나의 사회과학으로서 인간과 사회를 대상으로 하는 학문이다. 본래 사회과학이란 인간과 관련하여 일어나는 현상을 경제, 사회, 도덕, 법률, 예술 등의 측면에서 연구하는 학문이다. 따라서 조직체의 제반 경영현상을 연구하는 학문인 경영학 분야도 당연히 사회과학의 한 분야로 간주하는 것이 옳을 것이다. 이때 경영학이 하나의 학문으로 인정받기 위해서는 학문적 성격뿐만 아니라 그 연구방법도 과학적이어야 한다.

연구방법이란 일반적으로 연구대상을 관찰하여 그 현상을 기술, 설명, 예측함으로써 어떤 법칙이나 이론을 도출해내는 일련의 과정을 말한다.

일반적으로 인간과 인간 사이의 상호작용을 포함하고 있는 경영현상을 연구하는 경영학은 가급적 객관적인 관찰을 통해서 경영현상을 분석한 후, 일정한 규칙성을 찾아내고 이를 통해 보편타당한 이론을 도출하는 학문이다.

또한 이론적 학문으로서 경영학은 이론과학(theoretical science) 또는 순수과학(pure science)으로서의 특성을 동시에 갖는다. 이는 경영현상에 대하여 이론적 연구방법을 통해 일련의 원칙을 정립해가는 특성을 갖고 있음을 의미하는 것이다.

2) 경영학의 기술성(실천성)

경영학은 현실을 무시한 이론을 개발하는 것을 목적으로 하지는 않는다. 경영학에서는 철저하게 현실의 문제를 해결하기 위한 구체적이고도 실행 가능한 행동방안을 제시하는 것이 중요하다. 왜냐하면 기업을 경영하는 것은 끊임없이 변화하는 기업을 둘러싼 환경 속에서 이루어지는 것이고 이론만으로는 담아낼 수 없는 복잡한 상호관계를 내포하고 있기 때문이다. 따라서 경영자의 경험과 직관에 의해 현실의 문제를 해결하게 되는 경우도 많이 있다.

경영학이 기업의 경영자들이 부딪히는 모든 문제에 대한 구체적 해결방안이나 기법을 완벽하게 제시해 줄 수는 없지만 새롭게 제기되는 문제에 대한 해결의 기본방향을 제시해 줄 수는 있다. 즉 경영학은 실제적인 적용을 할 수 있으며 경영자의 의사결정에 대한 기본적인 지침을 제시해 준다.

이처럼 경영학은 실제적인 학문으로서 실천과학(practical science) 또는 응용과학(applied science)으로서의 특성도 가지고 있다. 기업이 가진 목표달성을 위해 어떤 수단이나 방법을 선택하는 것이 가장 좋을 것인가를 연구하는 것이 경영학이기 때문이다. 특히 경영학이 실천응용과학이어야 한다는 측면에서 경영학은 독특한 연구방법론을 채택하고 있는데 이는 다름 아닌 사례연구(case study)이다.

이는 개별조직체의 실제적인 경영활동사례를 통하여 조직체 경영의 일반원칙을 도출하는 연구방법이다. 이러한 경영학의 성격을 정리하면 〈그림 1-2〉와 같이 나타낼 수 있다.

그림 1-2 경영학의 성격

3. 경영학의 연구방법

경영학의 연구방법은 여러 가지가 있으며 그 가운데 한 가지 방법만이 적용되는 경우는 거의 드물다. 다음 설명하는 경영학의 연구방법들은 보편적으로 사용되어지는 접근방법들이다.

1) 규범적 연구방법

이 방법은 주어진 사실을 확정하여 관련성의 정도를 해명하고 현실의 사태를 비판할 수 있는 가치규범과의 합치여부를 최종의 인식목표로 한다. 규범적 연구방법이 적용되는 이유는 과학이 항상 인류의 생활에 유용해야 하며 목적론과 과학이 분리될 수 없기 때문에 일정 현상에 대해 언제나 비판하려는 입장을 갖게 되기 때문이다.

따라서 이 관점은 기업의 가치를 인식하고 어느 수준까지 끌어올리기 위한 실천적 개념이 중심이 되고 있는 것이다.

2) 경험론적 연구방법

경험론적 연구방법은 지각에서 비롯된 인식을 바탕으로 하는 연구방법이다. 인식이라는 것은 실제에 의해 한정지어진 범위내에서 과학적 인식을 하려는 것이므로 규범론적 연구방법과는 대립되는 방법이다.

이는 주어진 상태를 인과관계론적인 측면에서 그 현상을 밝히고 있는 그대로의 상태를 확정하려는 것이다. 아울러 원인과 결과에 대한 관계를 고찰하고 설명하려는 것이다. 따라서 이 방법에 의해 성립되는 학문이나 과학은 사실을 확정하고 존재를 규명하려는 성격을 띠는 것이다.

3) 과학적 연구방법

과학적 연구방법은 관심의 대상이 되는 경험으로부터의 사실이나 현상들에 대한 관찰로부터 사실들 간의 관계를 이해하고 설명하는 과정을 거쳐 인식세계의 명제를 찾아가는 것이다. 일반적으로 몇 가지 방법들이 단계적·중복적 또는 상호 교차적으로 적용된다.

(1) 귀납적 방법

귀납적 방법은 특수사실이나 증거로부터 결론을 유도하는 것을 말한다. 즉 귀납적 방법은 관찰된 개개의 구체적인 사실을 종합하여 그로부터 일반화 된 결론을 이끌어내는 방식이다. 즉 관찰 및 자료수집 → 사회현상의 의미이해 → 개념 및 이론정립의 과정을 거친다.

귀납적 방법에 의하여 얻게 된 일반화된 원칙도 연역적 방법에 의한 사유적(思惟的) 추론에 의하여 그 논리적 타당성이 재검토되어야 하고 논리적인 사유의 추론과정에서 도출된 원칙이라도 그것은 반드시 실증적 증거에 의하여 과학적으로 검정되어야 한다. 이는 곧 귀납적 방법과 연역적 방법의 상호보완의 필요성이 있음을 나타내는 것이다.

(2) 연역적 방법

연역적 방법은 일반적 사실로부터 구체적인 결론을 유도하는 것을 말한다. 연역적 방법은 추상화된 전제 또는 가설을 세우고 그것으로부터 논리적인 추론에 의하여 일정한 원리를 이끌어내는 사유중심의 연구방법이다. 즉 개념정립 → 가설설정 → 검증 → 일반법칙 및 이론의 도출과정을 거친다. 따라서 이와 같은 방법에 의존할 때 이론은 일관성과 논리성을 나타내게 됨으로써 하나의 이론적 맥락을 형성하게 된다.

이것은 경영에 관한 실제적 문제를 관찰하고 그와 같은 사례에서 공통된 사실을 추출함으로써 일반화된 하나의 이론으로써의 경영원리를 도출해 내는 연구방법을 의미한다. 위에서 설명한 귀납적 방법과 연역적 방법은 경영분야에서 보완적으로 사용되어지고 있다.

제3절 경영학의 범위와 분류

1. 경영학의 범위

경영학의 범위는 크게 일반경영학과 특수경영학으로 나누어진다. 일반경영학은 〈그림 1-3〉과 같이 원론과 각론으로 구분된다. 경영학원론은 경영의 실체를 파악하기 위해 경영관리기능(계획, 조직화, 지휘, 통제)을 중심으로 조직을 운영하는 관리자들의 활동을 연구하며, 조직의 활동에서 통용되는 용어를 익히고, 조직환경에 적응할 수 있는 지식과 기술에 대하여 내용을 중심으로 이루어져있다.

경영관리는 계획(planning), 조직화(organizing), 지휘(directing), 통제(controlling)라는 네 가지 기능으로 구분되며, 이 기능에 따른 경영기능은 이들의 첫 머리 글자를 일컬어 P-O-D-C 과정이라고 하며 이는 경영활동의 관리과정을 의미한다.

경영학에서는 이러한 과정에서 일어난 활동을 이해함으로써 조직활동을 설명하는 각론의 기초

그림 1-3 일반경영학의 범위

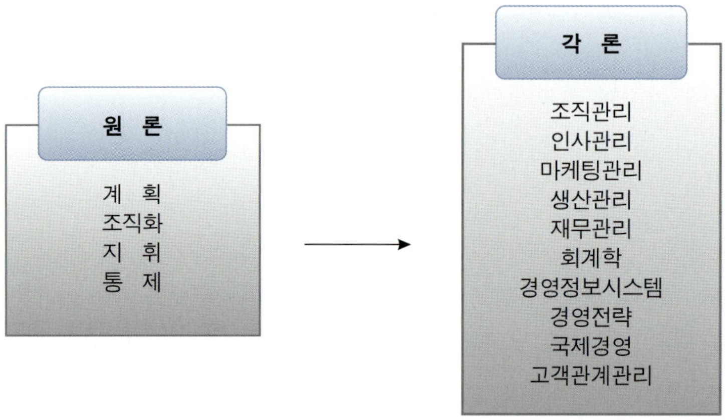

를 제공한다. 각론에 해당하는 조직관리, 생산관리, 마케팅관리 등은 조직활동의 주요 분야를 총괄하는 개념으로 전문적인 지식과 기술에 초점을 맞추고 있다. 특수경영학은 특별한 조직활동에 대한 전문적 활동을 기초로 하며, 호텔경영과 병원경영, 학교경영 등의 분야는 특수한 전문지식을 배경으로 하는 관리가 필요하기 때문에 특수한 활동에 대한 경영관리의 내용을 포함한다. 〈그림 1-3〉은 일반경영학의 범위를 나타내고 있다.

2. 경영학의 분류

경영학의 거대한 양대산맥은 독일 경영학과 미국 경영학이다. 두 나라의 경영학은 기업의 효과적이고도 적절한 운영측면에서는 경영학의 대원칙에 양자가 일치하지만 여러 가지 부수적인 여건들에 의해 서로 다른 색깔을 지니고 있으며 현대경영학의 두 조류로 자리메김하고 있다.

역사적으로 살펴보면 1675년 사봐리(J. Savary)의 "완전한 상인" 저서출판 이후부터 약 350년간 학풍을 이어온 독일 경영학에 비해, 1911년 테일러(F. W. Taylor)의 "과학적 관리의 원리" 출판 때부터 그 역사가 이어지는 미국 경영학은 오히려 역사가 짧은 게 사실이다. 그러나 이러한 경영학사(學史)적인 격차에도 불구하고 현재 미국 경영학이 학문내에서 독일 경영학과 대등하거나 더 우월한 위치를 점하고 있다는 사실에 우리는 관심을 가져야만 할 것이다. 이제 독일 경영학과 미국 경영학을 간략하게나마 알아보고자 한다.

1) 독일 경영학

1675년에 출판된 사봐리의 "완전한 상인"은 경영학의 시초로 보아야 할 것이다. 즉 이때부터 경영학이라는 개념이 정립되기 시작하였고 독일 경영학은 말페르거(P. J. Marperger), 루도비찌(K. G. Ludovici) 그리고 로이크스(J. M. Leuchs) 등의 노력으로 사봐리의 상업학을 독일 상업학으로 소화해 나가기 시작했다.

또한 20세기 초 독일 각지에 대학수준의 각급 상업교육기관이 처음으로 설치되었다. 이를 테면 세계최초의 상과대학인 라이프찌히(Leipzig)대학이나 쾰른(Köln)대학이 이 시대에 등장하였다. 독일 경영학은 처음부터 학자들에 의해 다루어지게 되어 실무가 중심이었던 미국 경영학과는 상이한 학풍을 이어가게 되었다. 이러한 독일 경영학은 수차례에 걸친 논쟁을 거치면서 학문적 성숙을 더해가게 되었고 이런 논쟁에 대해 알아보면 다음과 같다.

(1) 제1차 논쟁

1912년경 바이어만 · 셰니쯔(M. Weyermann & H. Schönitz)의 저서가 출판되면서 제1차 논쟁이 시작되었다. 이 논쟁의 핵심은 "경영학이 하나의 학문(science; wissenschaft)이지만 이론과학인가 또는 실천과학인가?"하는 문제였었다. 다시 말해서 경영학이 순수한 과학론인가 또는 기술론인가 하는 문제에서 논쟁이 대두된 것이다. 경제학에서 갈라져 나온 바이어만 · 셰니쯔 입장은 경영학이란 역시 경제학처럼 이론을 주로 하는 순수과학(이론과학)이어야 한다고 주장하고, 이에 대해 상업학의 전통을 이어받은 슈말렌바하(E. Schmalenbach) 입장은 회계학을 그 기반으로 하는 경영학은 당연히 실천을 주로 하는 응용과학이자 기술론이어야 한다고 반박하게 되었다. 이 논쟁은 훗날 소위 쾰른학파(Kölner Schüle)의 선구자가 되는 슈말렌바하의 우세로 흘러가다가 제2차 논쟁을 맞이하게 된다.

(2) 제2차 논쟁

제2차 논쟁의 직접적인 계기는 리이거(W. Rieger)에 의해 1928년에 출판된 저서에 의해서 시작되었고 앞선 바이어만 · 셰니쯔의 경우처럼 리이거 또한 경영학은 역시 이론을 주로 하는 순수과학이어야 한다고 주장하여 다시 논쟁이 불붙기 시작하게 되었다. 다시 말하자면 "경영학의 연구대상으로 기업을 삼아야 하는가? 아니면 경영을 대상으로 하여야 하는가?"라는 주제로서 수익성과 경제성과의 논쟁이라고도 볼 수 있을 것이다. 그러나 여기에서도 여전히 기술론으로서의 경영경제학이 우세한 입장을 고수하고 있었다.

(3) 제3차 논쟁

일반적으로 제3차 논쟁은 1952년에 출판된 구텐베르그(E. Gutenberge)의 『경영경제학원리(제1권, 생산론)』으로부터 시작되었다고 보는 견해가 우세하다. 이로 말미암아 경영경제학의 성격, 방법, 체계, 지도원리 등에 관한 근본적인 문제뿐만 아니라 더 나아가서 경영경제학(즉, 경영학)과 국민경제학(즉, 경제학)의 이론적인 통합문제, 경영경제학에의 수학적 방법의 도입문제 등이 논의되었던 것이다.

경영경제학을 경험·실증적인 관점에서 파악하면서도 이를 굳이 이론과학으로 간주하려고 하였던 구텐베르그는 사회적 시장경제를 지지하는 신자유주의의 관점에 입각하여 기본적 문제의식을 "경영생산성"의 문제로 규정하였다. 즉 경영의 생산과정을 기본적 요소와 자생적 요소와의 결합과정으로 인식하고 이들 생산 제요소 간의 최적의 결합관계가 요소투입량과 생산물 간의 생산성관계의 최적화라는 형태로 추구된다고 보았던 것이다.

여기에 대해 기술론적 경영경제학의 입장에 선 멜레로비쯔(K. Mellerowicz)는 구텐베르그의 비용이론이 현실적이 아니라고 비판하였다. 즉 그는 도구주의적 과학관을 갖고 귀납법을 토대로 하는 경험주의를 전개하였다. 다시 말해 경영경제학은 현실적 유용성을 목적으로 한다고 인식하여 포퍼(K. R. Popper)의 "과학은 가설의 제시와 그 반증가능성에 따른 시행착오에 의해 진보한다."라는 비판적 합리주의를 받아들였던 것이었다.

(4) 현대의 독일 경영학

현대의 독일 경영학은 1960년대부터 미국의 경영관리론을 도입함으로써 본질적인 변혁기를 맞이하게 되었다. 한편 1970년대에 이르러 독일 고유의 사회적 시장경제원리는 벽에 부딪히게 되고 이러한 상황 하에서 서독 독점기업의 집중화운동이 광범하게 전개되었다. 따라서 집중화된 대규모 기업에서 나타나는 복잡한 관리문제와 불확실성 시대하에서의 의사결정문제를 해결하기 위한 의사결정지향적 경영경제학이 발전하게 되었던 것이다. 즉 하이넨(E. Heinen), 키르슈(W. Kirsch) 등에 의해 전개된 의사결정 지향적 경영경제학은 논리적 체계성을 특징으로 하는 독일 경영경제학 속에 미국의 근대적 조직론, 시스템론, 사회학, 심리학, 행동과학 등의 지식이 도입된 결과라고 할 수 있다. 이러한 의사결정 지향적 경영경제학은 개인의 의사결정을 이론적 출발점으로 하여 그것에 의해 기업목표의 형성과정과 기업목표의 내용을 설명하고자 하는데 특징을 두고 있는 것이다. 또한 미국의 사이몬(H. A. Simon)을 중심으로 하는 근대적 조직론, 시스템론, 의사결정론, 행동과학 등의 미국의 행동제과학(行動諸科學)의 영향도 받게 되었다.

2) 미국 경영학

미국의 경우, 19세기 중반 무렵 산업혁명을 거쳐 남북전쟁 이후 비약적인 공업화를 전개하는 산업발달 속에서 미국 경영학의 씨앗이 탄생하였다고 해도 과언이 아닐 것이다. 미국에 있어서의 경영연구는 직접적으로는 생산과정에 있어서의 관리나 재무적 관리라는 실천적인 요구에 부응하도록 전개된 연구가 중심이 되고 있다. 따라서 미국의 경영학파는 다양한 학파가 존재하지만 이는 독일 경영학파와 같이 체계화된 과학으로서의 통일성을 나타내지는 못하고 있다. 미국 경영학을 시대별 경향에 따라 약술하면 다음과 같다.

(1) 전통적 관리론(1910년~1930년대)

이 시기의 미국기업은 그야말로 주먹구구식 관리를 하고 있었다. 이런 표류식 관리(Drifting Management)를 효율적인 생산관리로 전환시킨 사람들이 바로 테일러(F. W. Taylor)와 페욜(H. Fayol) 그리고 포드(H. Ford) 등이다. 이중 테일러의 주장은 다음과 같다.

테일러는 조직적 태업의 원인이 될 수 있는 종래의 인습적 관리를 대신하여 미리 설정된 과업(task)을 중심으로 한 "과업관리"를 주장하였다. 이는 ① 매일 최고의 과업설정, ② 표준적인 조건설정, ③ 성공에 대한 우대, ④ 실패할 경우 노동자의 손실이라는 4대 원칙을 담고 있었다. 이러한 원칙의 적용으로 노동시간당 생산성을 증가시키고 고임금과 저노무비라는 관리목표를 달성하려는 것이 과업관리로써 "인간은 달성하여야 할 일정한 과업이 명확하게 결정되지 않으면 능률이 올라가지 않는다."는 것이 과업관리의 근본정신이다. 그러나 테일러의 과업관리는 노동자를 경영자로부터의 명령이나 과업의 할당에 의해 단순히 작업을 수행하는 하나의 생산도구로 보고 있는 머신모델(Machine Model)의 가설에 입각하였기 때문에 노동자의 인간적 측면을 무시하였다는 비판을 받고 있는 것 또한 부정할 수 없는 사실이다.

(2) 인간관계론 · 조직론적 관리론(1930년~1950년대)

인간의 엄격한 통제하에서 어떻게 하면 생산성을 높일 수 있는지 만을 연구하던 전통적 관리론과는 달리 노동자의 심리적인 측면도 고려하기 시작한 것이 바로 인간관계론적 사고로 메이요(G. E. Mayor) 등이 여기에 속한다. 1924년 국립 아카데미에 의해 미국 서부 전기공사의 호손 공장에서 비롯되는 "호손실험"이 계기가 된 인간관계론은 "생산력의 증가는 임금만이 아닌 종업원의 사기와 부하에 대한 감독태도 그리고 인간관계 등의 개선에 있다."라는 주장을 담고 있다. 즉 하나의 부품처럼 노동자를 대하던 기존 관리방식에 문제를 제기하고 나선 것이었다. 그리고 비슷한 시기에 나온 조직론적 관리론은 당시 기업들의 규모화라는 현실변화의 결과로 나온 이론으로 볼 수 있다. 즉 기업들이 점점 거대화 되어감에 따라 기존의 일대일 대응식으로의 관리가 불가능해지게 되었고, 이런 관리상의 문제를 "조직차원에서의 인적자본(human capital)의 효율적 활용"으로 해결하려는 시도들이 나왔는데 바로 이런 노력들의 결과가 조직론적 관리론인 것이다.

여기에 관심을 둔 학자들로는 버나드(C. I. Barnard), 사이몬 등이 여기에 속한다. 즉 여기서는 조직자체를 연구대상으로 삼고 있으며 개인목적과 조직목적이 서로 배치되는 경우를 어떻게 해결해야하는지를 고찰하며 인간의 행동을 중시하고 있다.

(3) 신경영관리론(1950년~1980년대)

1950년대 이후로는 경영환경에 급격한 변화가 나타났고 비즈니스거래에서 컴퓨터의 실용화, 경영추진시 환경문제의 부각 등이 꾸준히 발생하게 되었다. 이러한 상황에서 미국 경영학도 여러 이론들이 우후죽순 등장하게 되었다.

대표적인 경영학자로는 쿤쯔(H. Koontz)와 드럭커(P. F. Drucker)를 들 수 있다. 쿤쯔는 "매니지먼트 정글"과 같은 여러 접근방법들의 대립을 비꼬거나 학설들을 정면으로 비판하는 입장이었고 드럭커는 격변하는 기업환경 속에서의 바람직한 경영상이나 경영철학(경영이론)을 강조하여 전체적이며 객관적인 관점에서 20세기의 기업경영이 택해야 할 미래상과 경영철학을 주장하였다. 이는 쿤쯔의 견해와는 상당히 대조적인 것으로 볼 수 있을 것이다.

앞에서 기술한 내용들을 가지고 경영학의 양대산맥인 독일 경영학과 미국 경영학을 비교해 보자. 독일 경영학과 미국 경영학은 독일과 미국이 각각 기저에 깔고있는 사상적 차이의 반영이라고 할 수 있을 것이다. 즉 이론이나 인식 또는 주관을 중시하는 주지주의를 기초로 하고 있는 독일 경영학은 다분히 이론적인 면이 부각되고 있고, 실용주의(pragmatism)를 숭상하는 미국 경영학은 실천적(실제적)인 면이 강조되고 있다. 이런 차이는 경영학의 연구주체의 차이에서도 풀이될 수 있을 것이다. 즉 세계최초로 상과대학을 세운 독일답게 학자나 대학교수가 중심이 된 독일 경영학과 기술자나 기사 등의 현장 실무자가 초기경영학을 이끌었던 미국 경영학의 차이는 어쩌면 당연한 것인지도 모른다. 독일 경영학은 "처음부터 경제학으로부터의 독립을 주장하여, 경영학의 독자적인 이론체계를 세워보려는 노력"이 깔려 있었다면 미국 경영학은 "이론의 구축이나 학문적 체계는 등한시하고, 다만 실제의 기업경영에서 보여지는 문제의 해결을 위해 어떠한 합리적인 방법을 동원해야 하는가라는 극히 실천적이며 기술적인 문제"만을 추구했던 것이다.

이는 두 접근의 인식대상에서도 그 차이를 드러내게 된다. 독일 경영학은 경영의 경제적 측면 중에서 "개별경제의 이론적인 관점"을 중시하고 있는 데에 비해서, 미국 경영학은 "개별경제의 실천적 관점"을 중시하고 있다. 다시 말해 미국 경영학은 기업경영을 실제로 어떻게 관리(manage)하여 나가는가를 주된 연구대상으로 하고 있는 것이다. 이런 이유로 독일 경영학의 호칭을 "경영경제학"이라 하고, 미국 경영학의 호칭을 "경영관리론, 경영관리학, 경영관리"로 부르는 것도 당연해 보인다.

Field_Story '세계의 삼성' 만든 거인…인간 · 기술중시한 '신경영'

1993년 '신경영'선언 이후 전사 혁신 주문…"나부터 변하자"
IMF 위기와 금융위기 속에서도 혁신지속…일류기업 도약
이건희 삼성 회장은 1987년 회장으로 취임한 이후 삼성을
'한국의 삼성'에서 '세계의 삼성'으로 변모시킨 장본인이다.

취임 당시 10조원이었던 매출액은 2018년 387조원으로 약 39배 늘었으며, 이익은 2000억원에서 72조원으로 359배, 주식의 시가총액은 1조원에서 396조원으로 396배 증가했다.

외형적인 성장 외에 선진 경영 시스템을 도입하고 도전과 활력이 넘치는 기업문화 만들어 경영체질을 강화하며 삼성이 내실면에서도 세계 일류기업의 면모를 갖추도록 기여했다.

1993년 이건희 회장은 '삼성 신경영'을 선언하고 경영 전 부문에 걸친 대대적인 혁신을 추진했다. 그는 혁신의 출발점을 '인간'으로 보고 '나부터 변하자'라는 슬로건을 내걸었다. ▲인간미 ▲도덕성 ▲예의범절 ▲에티켓을 삼성의 전 임직원이 지녀야 할 가장 기본적인 가치로 보고, 양을 중시하던 기존의 경영관행에서 벗어나 질을 중시하는 쪽으로 경영의 방향을 선회한 것이다.

이같은 노력을 통해 삼성은 1997년 한국경제가 맞은 사상 초유의 IMF 위기와 2009년 금융 위기 속에서도 성장했다. 2021년 브랜드 가치는 746억달러로 글로벌 5위를 차지했고 스마트폰, TV, 메모리반도체 등 20개 품목에서 월드베스트 상품을 기록하는 등 명실공히 세계 일류기업으로 도약했다.

이 회장의 경영철학은 '인간중시'와 '기술중시'를 토대로 질 위주 경영을 실천하는 '신경영'이다. 신경영 철학의 핵심은 ▲현실에 대한 명확한 인식과 자기 반성을 통해 ▲변화의 의지를 갖고 ▲질 위주 경영을 실천해 ▲최고의 품질과 최상의 경쟁력을 갖는 제품과 서비스를 제공함으로써 인류사회에 공헌하는 세계 초일류기업이 되자는 것이다.

이건희 회장은 학력과 성별, 직종에 따른 불합리한 인사차별을 타파하는 열린 인사를 지시했고, 삼성은 이를 받아들여 '공채 학력제한 폐지'를 선언했다. 특히 그는 인재확보와 양성을 기업경영의 가장 중요한 과업으로 인식했으며, 세계 각국의 다양한 문물에 대한 지식과 경험을 갖춘 글로벌 인재를 양성했다. 아울러 인재 제일의 철학을 바탕으로 '창의적 핵심인재'를 확보하고 양성하는데도 힘썼다.

인재육성과 함께 이건희 회장은 기술을 경쟁력의 핵심으로 여겨 기술인력을 중용함으로써 기업과 사회의 기술적 저변을 확대했다. 사업에서는 반도체 산업이 한국인의 문화적 특성에 부합하며, 한국과 세계경제의 미래에 필수적인 산업이라 판단하고 1974년 불모지나 다름없는 환경에서 반도체 사업에 착수했다. 이후 끊임없는 기술개발과 과감한 투자로 1984년 64K D램을 개발하고 1992년 이후 20년간 D램 세계시장 점유율 1위를 지속 달성해 2018년에는 세계시장 점유율 44.3%를 기록했다. ▲세계 최초 4기가 D램 개발(2001) ▲세계 최초 64Gb NAND Flash 개발(2007) ▲세계 최초 30나노급 4기가 D램 개발과 양산(2010), 세계 최초 20나노급 4기가 D램 양산(2012) 등 축적된 기술력 때문에 가능했다.

해외에서도 '한국의 삼성'을 '세계의 삼성'으로 성장시킨 뛰어난 경영자로서의 업적을 높게 평가한다. 외신들은 2020년 10월 故 이건희 회장의 별세소식을 전하며 "삼성을 혁신기업으로 만든 선구자"(로이터), "한국을 대표하는 카리스마적인 경영자"(NHK), "삼성그룹 중흥의 시조"(닛케이)라고 평가한 바 있다. 각계 오피니언 리더들은 이건희 회장을 '위대한 기업인' 을 넘어 인간의 심연을 들여다본 '철학자' 이자 '사상가', '예술가'로 기억하고 있다.

재계 관계자는 "故 이건희 회장은 시대를 앞서가는 통찰력으로 삼성을 글로벌 기업으로 키우고, 한국사회의 긍정적 변화를 이끈 '대한민국 역사의 비저너리'"라고 평가했다.

고인은 사회공헌을 기업에 주어진 또 다른 사명으로 여기고, 이를 경영의 한 축으로 삼도록 했다. 실제 삼성은 국경과 지역을 초월하여 사회적 약자를 돕고 국제사회의 재난 현장에도 구호비를 지원하고 있다. CSR은 1994년 삼성사회봉사단을 출범시킨 이래, 조직적으로 사회공헌 활동을 전개하고 있다.

이건희 회장의 독특한 경영철학은 임직원들에게도 긍정적 영향을 끼쳐, 매년 수십만명의 직원들이 자발적으로 고아원, 양로원 등의 시설에서 봉사하고 자연환경 보전에 나서고 있다.

고인은 IOC 위원으로서 스포츠를 국제교류와 세계평화에 기여하는 중요한 촉매제로도 인식된다. 1997년부터 올림픽 TOP 스폰서로 활동하는 등 세계의 스포츠 발전에 힘을 보탰다.특히 이 회장은 2018년 평창 동계올림픽 유치를 위해 꾸준히 스포츠 외교활동을 펼쳐, 평창이 일본을 제외한 아시아 최초 동계올림픽 개최지로 선정되는데 크게 기여했다.

▶ 출처 : 2022.10.25., 데일리안

생각해 봅시다

1. 경영학은 우리의 삶에 반드시 필요할까? 왜 그렇게 생각하는지 설명해보자.

2. 경영학의 성격에 대해 설명해보자.

3. 경영학의 과학적 연구방법에 대해 설명해보자.

4. 독일 경영학과 미국 경영학에 대한 비교설명을 해보자.

제2장

경영이론의 흐름

독일은 유럽에서 식료품비가 가장 싼 나라다. "인색한 것이 멋진 것"이라는 광고문구를 만든 나라도 바로 독일이다. 그런데 독일에서 더 이상 싼 게 '쿨'하지 않다는 분위기가 만들어지고 있다.

과거에는 할인마트 특성이 '초저가'가 슬로건이었고 그것으로 충분했다. 다른 요소는 모두 부수적이었다. 그러나 지금은 알디, 페니, 리들(Lidl) 같은 할인마트가 변화를 꾀하고 있다. 과거 수년간 저가경쟁 외에 소홀했던 점을 보완해 추락한 경쟁력을 회복하려 애쓰고 있다. 이를 테면 계산대 앞 현금출납 서비스, 유기농 식품판매 등이 그렇다. 기능적인 면뿐 아니라 매장 인테리어도 개선하고 있다. 유통전문가들은 이 현상을 '딱딱한 할인마트가 부드러워진다'는 말로 표현한다. 이처럼 경영은 시대의 변화 특히 고객의 변화와 요구에 따라 달라져야 한다. 현대의 기업경영도 과거에 비해 다양한 혁신과 새로움으로 지속적인 경쟁력을 꾀하고 있다.

세계화의 종말, 논쟁에서 현실로

◆팬데믹 · 전쟁으로 '자원무기화' '지역경제 블록화' 가속

맥도날드 햄버거 가격으로 각국 통화의 구매력이나 환율 수준을 측정하는 '맥도날드 빅맥지수'는 1986년 탄생했다. 영국의 '더 이코노미스트'의 작품이다. 글로벌 패스트푸드점인 맥도날드는 지구상 어느 곳에서나 판매되고 있기 때문에 '빅맥'이라는 하나의 상품을 통한 가격 비교가 가능했다. 이후 '스타벅스지수'와 '코카콜라지수'가 등장했다. 다시 말하면 '빅맥'과 '스타벅스' 그리고 '코카콜라'는 세계화의 상징인 셈이다.

이 '빅맥지수'가 더 이상 통용될 수 없게 됐다. 맥도날드가 5월 17일 러시아 시장에서 철수를 결정했다. 맥도날드는 우크라이나 침공으로 예측 불가능한 경영환경에 처해 러시아 사업을 접기로 했다. 1990년 모스크바 시내 푸시킨 광장에 문을 열었던 맥도날드가 32년 만에 역사 속으로 사라지게 됐다. 맥도날드뿐만이 아니다. 스타벅스도 러시아에서 완전철수를 결정했고 코카콜라도 '러시아 시장 보이콧'을 선언하며 영업을 중단했다.

◆"지난 30년간 우리가 경험해 왔던 세계화는 끝났다."

세계 최대 자산운용사인 블랙록의 래리 핑크 회장은 지난 3월 주주들에게 보낸 서한에서 이같이 말했다. 1990년대 이후 세계화가 빠르게 진행되면서 글로벌 경제 또한 빠르게 성장해 왔다. 하지만 러시아의 우크라이나 침공으로 글로벌 기업들이 공급망과 함께 세계경제도 빠르게 재편될 것으로 예상된다.

제롬 파월 미국 중앙은행(Fed) 의장은 지난 4월 "세계화의 종식을 말하기는 아직 불분명하다"면서도 "한 가지 분명한 것은 세계화는 둔화될 것이고 지금과는 다른 세상이 올 것이라는 점"이라고 말했다.

월가를 비롯한 글로벌 투자자들과 경제학자들을 중심으로 '세계화 종식' 논란이 뜨겁게 불붙고 있다. 지난 30여 년간 우리가 알고 있던 세계화가 막을 내리고 있는 것일까. 대외 의존형 경제구조를 가진 한국으로선 세계화 종식논란은 더욱 중요한 질문이 아닐 수 없다. 지난 30여 년간 세계경제를 움직여 왔던 패러다임인 세계화의 역사와 의미를 짚어 봤다.

지난 3월 노벨 경제학상을 수상한 폴 크루그먼 뉴욕시립대 교수는 뉴욕타임스에 "푸틴이 세계화를 죽일 것인가?"란 칼럼을 게재했다. 많은 경제학자들이 스태그플레이션에 대한 공포가 높아지는 현재의 상황을 1979~1980년 무렵과 비교하곤 한다. 크루그먼 교수가 보기에 지금의 상황은 1914년과 닮아 있다. 1914년은 이른바 '첫째 세계화(세계화 1.0)'가 끝난 때다. 당시 영국의 산업혁명으로 철도와 증기선, 전기케이블 등이 발명되면서 세계무역이 크게 증가했다. 런던에 거주하던 시민들은 전 세계의 다양한 제품을 자신이 원하는 만큼 쉽게 주문할 수 있었고 비교적 이른 시간 안에 자신의 집 문앞까지 배달받을 수 있던 시대였다. 하지만 1914년 1차 세계대전이 벌어지며 '번영의 시대'는 막을 내렸고 이후 글로벌 경제는 1920년대 후반부터1930년대까지 길고 긴 대공황의 터널을 지나야 했다. 그때와 마찬가지로 지금 우리가 목격하는 것 또한 '세계화로 번영을 누렸던 한 시대의 종언'이라는 것이 크루그먼 교수의 주장이다.

세계경제포럼(WEF)에 따르면 세계화는 상품·서비스·기술·투자·사람·정보가 자유롭게 국경을 넘나들며 세계의 경제·문화 및 개인들 간에도 상호 의존성이 높아지는 현상이다. WEF는 역사적으로 세계화를 크게 세 단계로 구분했다. '첫째 세계화(세계화1.0)'가 1차 세계대전이 일어났던 1914년 이전이고 '둘째 세계화(세계화2.0)'는 2차 세계대전 직후 미국 주도의 세계화를 말한다. 그리고 1991년 소련의 해체로 시작된 지금의 세계화가 '셋째 세계화(세계화3.0)'다.

1972년 리처드 닉슨 미국 대통령의 중국방문을 시작으로 싹트기 시작한 이 '셋째 세계화'는 1989년 베를린 장벽붕괴와 1991년 소련의 해체를 거치며 본격화됐다. '냉전시대의 종언'으로부터 싹을 틔운 만큼 인류 역사상 처음으로 전 세계의 모든 나라가 연결되는 세계화가 가능해진 것이다. 인터넷과 같은 기술의 발전도 세계화 물결의 강력한 촉매제가 됐다. 토대도 마련됐다. 1995년 세계무역기구(WTO)가 설립됐다. 관세 및 무역에 관한 일반협정(GATT)을 대체한 WTO 체제의 출범은 세계의 무역질서가 WTO라는 하나의 규범 아래 움직이게 됐다는 것을 의미했다. 2001년 중국이 WTO에 가입하며 세계화는 정점을 향해 달려간다.

이 과정에서 19세기 영국의 경제학자인 데이비드 리카도가 주장한 '비교우위이론'이 학문적 근거를 제공했다. 한 국가에서 모든 상품을 생산하는 것보다 다른 국가와 비교해 상대적으로 유리한 상품을 상호 교역하게 되면 상호 이익을 얻을 수 있게 될 것이라는 이론이다. '기술'과 '정보'에 우위를 지닌 선진국들과 '인건비'와 같은 생산비에서 강점을 지닌 신흥국들의 무역은 양국 모두의 소득을 향상시킬 수 있다는 얘기다.

지난 30년간 세계화의 물결 속에서 기업들은 유례없는 성장과 번영을 누렸다. 세계화된 체제 속에서 기업들이 고려할 것은 오직 가격과 생산의 효율성이었다. 장소는 중요하지 않았다. 선진국의 기업들은 어디가 됐든 '가장 싼 가격'에 '가장 효율적으로 물건을 생산'할 수 있는 곳으로 빠르게 공장을 옮겨 가기 시작했다. 선진국은 저렴한 가격에 물건을 생산할 수 있게 됐고 신흥국들은 경제성장의 토대를 마련할 수 있었다. 이 과정에서 특히 수혜를 본 국가들은 한국 · 중국 · 대만과 같은 아시아 국가들이었다. 특히 '세계의 공장' 역할을 도맡으며 압축적인 경제성장을 이뤄 낸 중국은 2001년 WTO 가입 후 20여 년이 채 안 돼 미국을 위협할 만큼 경제규모가 커지며 존재감을 보이기 시작했다.

◆평평하던 세계에 나타난 균열, 트럼프와 브렉시트

미국의 유명 칼럼니스트인 토머스 프리드먼은 '렉서스와 올리브나무' 등을 책을 통해 세계화의 상징인 렉서스와 지역화의 상징인 올리브 나무의 대조를 통해 20세기 세계화가 어떻게 냉전체제를 대체하는 새로운 국제시스템으로 자리 잡았는지 설명했다. 그는 2005년 또 다른 책을 통해 세계화로 개인과 사회 모두가 연결된 지금을 '세계는 평평하다'고 표현했다. 중국과 인도, 지구상에서 가장 인구가 많은 두 나라의 중산층에 부를 안겨 준 세계화를 통해 그는 '멋진 신세계'가 열리고 있다고 했다. 하지만 평평하기만 할 것 같던 세계화의 시스템에 균열이 나타나기 시작했다. 미국을 비롯한 선진기업들의 공장이 신흥국으로 빠져나가면서 중산층이 무너진 것이 가장 큰 원인이 됐다. 세계화가 선진국 내 불평등과 빈곤층을 확산하고 있다는 회의적인 시각이 쏟아져 나왔고 이는 2008년 금융위기 이후 심화됐다. '평화와 번영'을 약속하는 새로운 패러다임으로 여겨졌던 세계화의 뼈아픈 배신이었다.

'세계화에 대한 반발'은 세계 각국에 등장한 포퓰리스트들의 화력을 높이는 불쏘시개 역할을 톡톡히 했다. 2016년 영국의 브렉시트(유럽연합 탈퇴)와 미국의 도널드 트럼프 대통령 당선은 세계화에 대한 저항을 보여주는 상징적인 사건들이었다. 미국 내에서 세계화로 가장 큰 피해를 본 '러스트 벨트'는 전통적 민주당을 버리고 트럼프후보에게 표를 몰아줬다.

트럼프 전 대통령은 이 흐름에 올라탔다. 2017년 대통령 취임 직후 '미국 우선주의(American first)'를 앞세우며 유럽연합(EU)·중남미·중국을 포함해 전방위적으로 무역 장벽을 높였다. 아시아·태평양 지역의 경제 협의체인 환태평양경제동반자협정(TPP)에서 탈퇴하고 북미자유무역협정(NAFTA)을 미국·멕시코·캐나다 협정(USMCA)으로 개정했다.

2008년 금융위기 때 미국 자본주의 체제의 약점을 본 중국은 공공연히 미국을 자극하기 시작했다. 이는 미국 내에서 "더 이상 중국을 이 상태로 내버려 두면 안 된다"는 여론을 확산시켰다. 미국이 관세철폐라는 세계화의 무기를 내던지고 본격적인 중국과의 무역전쟁을 시작한 것은 2010년대 중반이다. 미국의 치열한 관세 전쟁은 통화 전쟁으로 확전되는 양상을 보였다. 국제통화기금(IMF) 등에서는 "미국과 중국 간의 보복관세 격화가 1년 뒤 세계 경제성장률을 0.5%까지 떨어뜨릴 수 있다"는 경고가 쏟아져 나왔다. 하지만 이와 같은 경고에도 미국과 중국의 전쟁은 갈수록 격화돼 갔고 미국발 보호무역주의는 빠르게 전 세계 국가들로 확산되었다.

세계화의 후퇴는 숫자로도 확인된다. 세계 국내총생산(GDP)에서 상품무역이 차지하는 비율은 2008년 정점을 찍은 이후 내리막길을 걷고 있는 중이다. 1960년 16.6%에서 2008년 51.2%까지 상승했지만 2020년 기준 42.1%까지 떨어진 것으로 나타났다.

2017년 WEF는 세계화의 후퇴를 상징적으로 보여줬다. WEF는 매년 초 스위스의 휴양지인 다보스에서 열려 '다보스 포럼'이라고도 불린다. '세계화의 전당'이라는 별칭을 얻고 있다. 세계적인 기업인과 경제학자 2000여 명이 모이는 국제민간회의로, 이 포럼에서 논의되는 주제는 국제경제에 큰 영향을 미치기 때문이다. 트럼프 전 대통령은 그해 다보스 포럼에 불참했다. 가장 주목을 끈 인물은 시진핑 중국 국가주석이었다. 지난 30여 년간 세계화의 주역이었던 미국이 불참한 이 포럼에서 시진핑 주석은 다자주의와 포용적 세계화를 옹호했다. 이 '아이로니컬한 장면'의 배경에는 세계화를 경제적 성장의 발판으로 삼고 있는 중국이 달갑지 않았던 미국과 미국을 중심으로 보호무역주의가 강화되는 것을 막아야 했던 중국의 서로 다른 의견충돌이 자리하고 있는 것이다. 세상이 뒤집어진 사건이었다.

◆세계화의 약점 드러낸 팬데믹과 전쟁

글로벌 무역전쟁이 확산돼 가는 와중에 2020년 발생한 팬데믹(감염병이 세계적 유행)은 표면적으로는 미국과 중국을 중심으로 한 충돌을 잠재우는 듯했다. 하지만 전문가들은 지난 2년여 간의 팬데믹이 '탈세계화'를 앞당기는 데 결정적인 역할을 하고 있다고 분석한다.

지난 30년간의 세계화 속에서 기업들에 공장과 시장의 위치나 거리는 그리 중요한 문제가 아니었다. 하지만 팬데믹 상황은 세계화에 대한 근본적인 물음을 던졌다. 이 세계화를 떠받들고 있는 시스템의 치명적 결함이 노출된 것이다. 유럽과 북미지역 그리고 아시아지역까지 복잡하게 얽혀 있는 글로벌 공급망의 문제였다. 단순한 예로 미국의 글로벌 기업 애플이 생산하는 아이폰은 대만기업과 계약하고 있는 중국의 공장에서 생산돼 미국과 유럽 등 전 세계시장에서 판매된다. 반도체와 같은 핵심적인 부품의 대부분은 한국과 일본에서 생산된다. 이처럼 다양한 국가들이 복잡하게 얽혀있는 '상호 의존적인' 글로벌 공급망은 팬데믹과 같은 예상하지 못한 재난상황에서 언제든지 붕괴될 수 있다는 것을 목격했다.

팬데믹이 끝나 갈 때쯤 불거진 러시아와 우크라이나의 전쟁은 식량과 자원을 무기화하는 극단적인 보호무역주의로 이어졌다. 전 세계 밀 수출의 대부분을 담당하는 우크라이나가 전쟁으로 파종을 못하는 상황에 이르자 세르비아와 헝가리 등 인근의 소규모 생산국들은 '식량 안보'를 이유로 잇따라 밀과 옥수수 등의 농작물들이 해외로 나가지 못하게 문을 걸어 잠갔다. 유엔식량농업기구(FAO)는 현재 우크라이나 밀 생산면적 가운데 20~30%는 수확이나 봄 파종을 하지 못할 것으로 예상하고 있다. 밀 뿐만이 아니다. 우크라이나의 흑해산 해바라기씨유 수출이 끊어지면서 글로벌 식용유 시장도 대란을 겪고 있다. 지난 4월 팜유수출국 1위인 인도네시아가 팜유의 수출을 금지하며 필수 식자재인 팜유가격이 전년 대비 40~50% 정도 급등했다. 러시아는 전쟁의 책임을 묻는 미국 등 서방국가들의 경제제재에 '천연가스의 무기화'로 대응했다. 미국과 유럽 등에 원유를 공급하는 카스피 송유관을 차단하고 나섰고 유럽지역 내 가스값과 전기값은 전년 대비 4배 이상 치솟았다. 유럽내에는 내년 겨울 '에너지 대란'을 걱정하는 목소리가 벌써부터 높아지고 있다.아이로니컬한 것은 이 와중에 러시아 에너지 기업 가즈프롬은 지난 1분기 사상 최대 실적을 기록했다는 점이다.

문제는 더 많은 국가들이 '자원전쟁'에 참전을 준비 중이라는 점이다. 세계 희토류 공급의 70%를 차지하고 있는 중국은 '자원무기화'의 오랜 역사를 지니고 있는 나라다. 희토류는 반도체생산에 필수적인 광물이다. 2010년 일본과 마찰을 빚자 희토류수출을 금지했다. 언제든 희토류를 '자원무기화'할 수 있다는 의미다. 배터리의 핵심 원료인 리튬도 자원전쟁이 치열한 대표적인 광물이다. 멕시코·칠레 등 중남미 국가들이 리튬광산을 국유화하는 추세로, 멕시코는 현재 중남미 국가들의 '리튬 연합체' 결성을 추진하고 있기도 하다.

◆글로벌 공급망의 재편, '프렌드쇼어링' 부각

'자원의 무기화'가 가속화되면서 글로벌 기업들에는 안정적인 공급망을 구축하는 것이 최우선 과제가 되고 있다. 글로벌 공급망의 재편과 관련해 가장 많이 언급되는 용어는 '온쇼어링'이다. 생산기지를 자국 내에 두도록 유도하거나 혹은 자국 내 기업에 아웃소싱하는 것을 뜻한다. 기업의 생산시설을 인건비 등이 비교적 저렴한 국가로 옮겨가는 '오프쇼어링'과 반대되는 말이다. 보호무역주의의 강화와 함께 자주 언급됐던 '리쇼어링(생산시설을 다시 본국으로 이전하는 것)'과 비슷하지만 조금 더 포괄적인 의미로 사용된다. '온쇼어링' 전략이 강조되고 있는 추세지만 자국 내에만 생산시설을 두는 것은 불가능하다. 이 때문에 그 연장선상에서 최근 자주 들리는 용어들도 있다. '니어쇼어링(본국으로의 이전이 어려울 경우 인접 국가로 생산시설을 옮기는 것)'과 동맹국가들 간의 공급망을 구축하는 '프렌드쇼어링'이다. 용어는 다양하고 복잡하지만 이들이 보여주는 공통점은 명확하다. 글로벌 기업들에 '그저 싼' 지역은 더 이상 생산기지로서의 매력이 없다는 점이다. 재난 상황 혹은 정치적인 갈등상황의 위험을 피하는 것이 기업들에는 가장 중요한 고려사항이다. 이미 동맹국 혹은 우호국들을 중심으로 한 글로벌 공급망의 분리현상은 노골적으로 나타나고 있다. 지난 5월 21일 한국을 찾은 조 바이든 미국 대통령이 윤석열 대통령과 함께 가장 먼저 찾은 곳은 바로 삼성전자 반도체 공장이었다. 미국 정부는 현재 국가안보와 직결되는 첨단 반도체기술과 관련해 한국 · 일본 · 대만 등으로 구성된 '칩4(Chip 4) 동맹' 결성을 추진 중이다. 한국은 딜레마에 빠졌다. 한국 반도체를 가장 많이 사 가는 국가가 중국이라는 점 때문이다. 이번 방한 중 이뤄진 한 · 미 정상회담에서 바이든 대통령이 가장 공을 들인 의제 또한 인도태평양경제프레임워크(IPEF)였다는 것도 예의주시할 필요가 있다. 중국은 올해 초 아세안 10개국과 한국·중국·일본·호주·뉴질랜드 등 총 15개국이 참여한 자유무역 협정인 역내 포괄적 경제동반자 협정(RECP)을 주도해 출범시킨 바 있다. 트럼프 대통령 당시 미국이 탈퇴했던 TTP의 남은 회원국들의 합의를 거쳐 재탄생한 포괄적·점진적 환태평양경제동반자협정(CPTPP)에도 중국은 현재 가입을 신청한 상태다.

IPEF는 아시아·태평양 지역에서 커져 가는 중국의 영향력을 견제하기 위한 미국의 대응이다. 바이든 대통령이 지난해 10월 온라인에서 개최된 동아시아 정상회의에서 '미국과 아시안의 새로운 시대'를 강조하며 처음 제안했다. 미국은 '미국과 주변국이 참여하는 경제 협력체'라고 강조하고 있지만 결국 경제 안보관점에서 중국을 첨단기술과 부품 공급망에서 배제하는 것이 핵심이다. 바이든 대통령이 떠난 직후 박

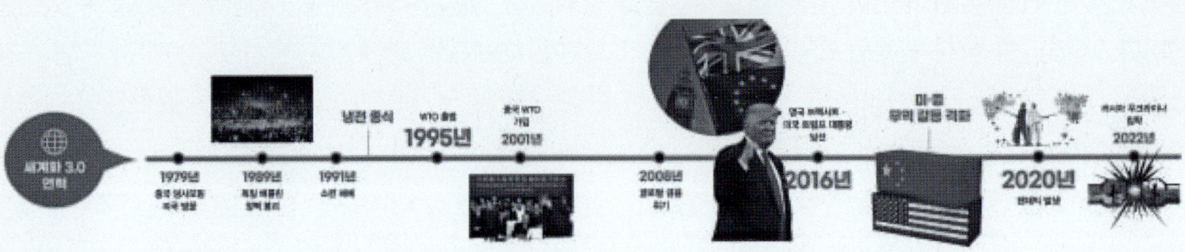

진 외교장관이 '중국의 IPEF 참여유도'를 밝힌 데 대해 왕이 중국 외교부 부장이 "미국 패권의 앞잡이"라며 강력하게 비판하고 나선 것은 이 때문이다. 중국은 바이든 대통령의 IPEF 구상에 대해 "자유와 개방의 가치를 내걸고 있지만 미국이 패거리 소그룹 만들기에 열중하고 있다"고 비판하고 있다.

◆달아오르는 '세계화 종식' 논란, 인플레이션 가속화할 것

글로벌 공급망의 블록화는 전 세계 자유무역 시스템의 근간역할을 했던 WTO 체제를 무력화하고 있다. 1995년 출범 이후 불과 27년 만이다.

월가 투자자들과 경제학자들은 '세계화가 끝나가고 있다'는 경고를 쏟아내고 있다. 세계 최대 자산운용사인 블랙록의 래리 핑크 회장을 필두로 월가의 대표적인 '투자 구루'로 일컬어지는 하워드 막스 오크트리캐피털매니지먼트 회장은 "지난 30년간 세계화는 자동차와 가전제품 등의 값싼 제품을 생산할 수 있도록 했지만 제조업 공동화와 민간노조 부문의 약화를 초래하는 등 부작용도 드러났다"며 "이제 기업들은 가장 싸고 쉬운 공급망보다 가장 안전하고 확실한 '공급망'으로 무게중심을 옮기는 로컬 소싱을 강화할 것"이라며 세계화의 종식을 전망했다.

미국에서도 손꼽히는 경제전문가인 아담 포센 피터슨국제연구소(PIIE) 소장은 지난 3월 포린어페어스에 '세계화의 끝?'이라는 칼럼에서 세계화가 2000년 이전 수준으로 회귀할 수 있다고 전망했다. 앞으로의 세계 경제는 '블록으로 분열'될 것이고 각 블록은 다른 블록에서 고립될 가능성이 높다는 것이다.

지난 5월 22일부터 26일까지 개최된 WEF에서도 '세계화의 종식'은 주요 의제로 다뤄졌다. 지난 2년여간의 팬데믹과 러시아·우크라이나 전쟁과 전 세계 공급망이 혼란을 겪으며 세계화가 끝나 가고 있다는 경고다. 실제 WEF 포럼을 앞두고 글로벌 기업들 사이에서는 탈세계화(deglobalization)에 대한 언급이 부쩍 늘고 있다. 데이터분석 업체인 센티에오에 따르면 올 1분기 실적발표와 콘퍼런스콜 기간 동안 온쇼어링·리쇼어링·니어쇼어링 등에 대한 언급이 2005년 이후 17년 만에 최대치를 기록한 것으로 나타났다.

일각에서는 '신냉전시대'가 도래했다는 분석이 나온다. 하지만 마틴 울프 파이낸셜타임스의 수석 칼럼니스트는 과거의 신냉전과 현재의 상황은 근본적인 점에서 차이가 있다고 못 박는다. 과거 미국과 소련의 경쟁이 '이데올로기'를 중심으로 한 패권다툼이었고 군사적 안보경쟁이 중심이었다. 물론 양측 모두 경제적 경쟁에 참여했고 그 결과 소련이 졌다. 하지만 둘의 세계는 서로 분리돼 있었다. 이와 비교해 현재 미국과 중국은 이미 여러 측면에서 경제적으로 연결돼 있고 얽혀 있다. 세계화의 단절, 혹은 후퇴는 글로벌 경제에 과거와 비교할 수 없는 강력한 충격을 가져올 수밖에 없다.

많은 이들이 가장 크게 우려하는 바는 '인플레이션 공포'다. 래리 핑크 회장은 "글로벌 공급망의 대규모 재편은 본질적으로 인플레이션을 유발한다"고 강조했다. 글로벌 경제를 짓누르고 있는 인플레이션이 '세계화의 종식'과 함께 더욱 심화할 가능성이 높다. 아담 포센 PIIE 소장은 "세계화가 종식되면 가계와 기업의 실질 투자 수익률이 모두 하락할 가능성이 높다"고 말했다. 세계화에 기반한 경제주체들의 상호 연결성이 낮아짐에 따라 각 국가와 기업들의 성장률이 낮아지는 것은 물론 글로벌 경제의 성장을 이끌어 왔던 혁신 또한 줄어들 가능성이 높다.

◆가속화되는 탈세계화, 시험대 오른 한국경제

세계화가 종식되면 가장 큰 피해를 보게 될 나라들은 단연 '세계화로 가장 큰 수혜를 본 나라'들이다. 한국도 그 대표적인 나라들 중 하나다. 1990년 2830억 달러였던 한국의 국내총생산(GDP)은 2020년 기준 1조 6310억 달러로 비약적으로 성장했다. 같은 기간 수출은 680억 달러에서 5130억 달러로, 수입은 740억 달러에서 4680억 달러로 급증했다. 무역을 바탕으로 성장해 온 한국에 '세계화의 종식'은 지금까지 경험하지 못한 위기일 수밖에 없다. 이미 미국을 중심으로 한 글로벌 기업들은 준비태세에 돌입하기 시작했다. 미국의 포드자동차는 최근 미국과 주변 우호국들을 중심으로 원자재 확보부터 최종 배터리 생산까지 공정 라인을 새롭게 구축 중이다.

중국과 미국을 중심으로 한 글로벌 공급망 경쟁이 격화되는 상황에서 한국은 원하지 않아도 이미 전쟁의 한가운데 휘말려 있다. 최근 표면화되고 있는 IPEF를 둘러싼 미국과 중국의 갈등이 이를 분명하게 보여준다. 양국의 편 가르기가 더욱 노골화되는 와중에 경제적 이익을 지키기 위해서는 미국과 중국 사이에서 균형을 유지하는 '등거리 외교'의 중요성이 강조될 수밖에 없다. 문제는 사안의 심각성에도 불구하고 '세계화 종식'과 관련한 논의조차 제대로 시작하지 못한 상황이라는 데 있다.

"과거 냉전기에는 국가 간 경쟁에서 안보영역의 우위가, 지난 30년간의 세계화 시대에는 경제 영역의 우위가 중요했던 시대였다면 앞으로는 안보와 경제가 구조적으로 결합하는 시대가 될 것"이라며 "미·중 경제패권이 격화될수록 각국과 글로벌 기업들의 셈법 또한 복잡해질 수밖에 없는 만큼 앞으로 달라질 세계 질서에 대한 철저한 연구와 준비가 필요하다."

▶ 출처 : 2022.09.08. 한경비지니스

제1절 경영학의 역사

1. 경영학의 이론들

어떠한 학문분야이건 역사적 발전에 관심을 갖는 이유는 과거의 현상들에 대하여 살펴본 후 현재의 위치를 확인하고 미래의 방향을 결정하거나 제시하는데 그 목적이 있다. 마찬가지로 경영학에서도 과거의 발전을 연구하여 현대의 경영학의 발전을 보다 깊이 이해하고 반복적인 실수를 피하기 위해서 역사적 발전에 관심을 갖게 된다. 경영학의 발전은 크게 미국의 경영관리학과 독일의 경영경제학으로 구분된다.

미국의 경영관리학은 엔지니어나 실무를 담당하는 공장의 관리자들이 실무에서 발생하는 문제점들을 해결하면서 이를 이론화하는 방식의 실천성이 강한 특징이 있으며, 독일의 경영경제학은 실무가들이 아닌 교수와 학자들이 중심이 된 이론중심의 특징을 갖는다.

비록 경영활동의 예는 오래전부터 존재하였다 할지라도 지식분야로써의 현대경영학 이론의 개발은 1800년대 초반, 공장의 성장으로 인해 발생한 산업혁명에서 유래하였다. 이러한 분위기는 공장을 더 효율적으로 운영하기 위한 혁신적인 방법을 생각하는 사람들을 등장시켰다.

그림 2-1 경영학의 발전

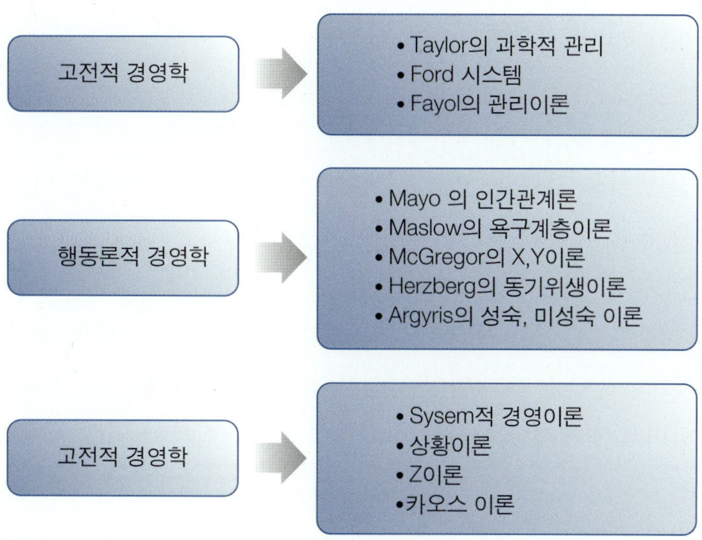

본 장에서는 현대경영 이론을 형성하는데 있어 중추적인 역할을 한 산업혁명 이후의 경영이론 및 접근방법을 미국의 경영관리학을 중심으로 경영학의 발전과정을 〈그림 2-1〉과 같이 고전적 경영학, 행동론적 경영학, 기타 경영이론들에 대하여 살펴보기로 한다.

2. 고전적 경영이론

경영학의 역사를 언급하자면 경영활동을 엿볼 수 있는 고대 이집트의 피라미드 축조, 로마제국의 조직운영, 가톨릭교회 등 철저한 경영기법을 적용한 사례들을 찾아볼 수 있으나 경영에 대한 체계적인 연구를 통해 오늘날의 경영이론과 원칙을 발전시키게 된 것은 바로 19세기의 산업혁명부터다. 즉, 산업혁명으로 인해 새로운 기술이 개발되어 기계가 인력을 대체하게 되고 기업의 규모가 커짐에 따라 자연히 조직경영문제에 관심이 집중되면서, 작업과 조직을 더욱 효율적으로 관리하는 방법에 대한 연구를 강조하면서 발전하였다. 고전적 경영이론은 테일러의 과학적 관리, 포드시스템 그리고 페이욜의 일반관리로 분류된다.

1) 고전 경영학에서의 과학적 관리

과학적 관리란 조직체 내 종업원의 능률을 증진시키기 위해 작업방식의 과학적 연구를 강조하는 고전적 경영이론의 접근방식이다. 이 경영이론의 대표자는 테일러(Fredrik Winslow Taylor), 길브레드(Frank and Lillian Gilbreth) 그리고 간트(Henry Gantt)이다.

길브레드(Frank Gilbreth와 Lillian Gilbreth) 부부는 경험이 많은 노동자로부터 전해 내려오는 많은 비능률적인 요인들을 발견하고 그러한 상황을 개선시키기 위해 동작연구(motion study)를 사용할 것을 제안했다.

남편인 프랭크는 벽돌쌓기 직공에서 건축청부업을 경영하는 동안 작업의 불필요한 동작을 제거하는 데 집중적인 관심을 가졌다. 벽돌공들의 작업은 세 가지 형태로 서로 다른 작업이 이루어지고 있음을 확인하고 그 작업을 면밀히 분석한 결과 프랭크는 벽돌공들의 일일 작업량을 3배로 증대시킬 수 있는 기술을 개발할 수 있다고 했다.

프랭크의 또 다른 아이디어는 동작과 피로가 관계가 있다는 것이다. 즉 동작과 피로는 상호관련되어 있어서 불필요한 동작을 제거하면 작업자의 피로수준이 떨어질 수 있다는 것이다. 따라서 프랭크는 작업에 있어서 경제적인 동작들이 무엇인가를 확인하기 위해서 동작분석(motion analysis)을 실시하였다.

그 결과 벽돌쌓기에 필요한 동작을 총 18개에서 5개로 줄이고, 작업성과의 향상은 물론 작업자의 피로도도 감소하고 있음을 알아냈다. 그 후 프랭크는 1907년 테일러를 만난 후 자신의 아이디어를 테일러의 과업관리에 통합시킴으로써 과학적 관리는 더 의미있는 성과를 거두게 되었다. 프랭크의 과학적 관리의 성과뒤에는 부인 릴 라이언의 역할도 컸다. 그녀는 산업심리학자로 남편과 함께 동작과 피로도에 관한 연구를 수행했으며 더 나아가 작업자들의 복지증진에도 관심을 가졌다. 그녀는 또한 과학적 관리의 목표를 작업자들이 인간으로서의 잠재성을 발휘할 수 있도록 돕는 것이라고 생각했다.

이런 점에서 길브레드 부부의 과학적 관리는 테일러리즘과는 다르게 우선적으로 작업자에게 관심을 가지고 그들의 성격과 욕구를 파악해야 한다는 것을 강조하였다. 이것은 이들의 동작분석이 물리적 측면에서 이점을 제공하기도 하지만 인적측면에서는 경영자가 작업자에게 관심을 보여주는 결과를 유도하므로 작업자에게 사기를 올려줄 수 있다고 주장했다.

이와 같이 길브레드 부부의 주장은 과학적 관리에 대한 일반적 견해에 대해 역설적인 측면도 가지고 있음을 알 수 있다.

한편 과학적 관리에 기여한 다른 중요한 인물은 테일러(Taylor)의 가장 가까운 동료중의 하나였던 간트(Henry Gantt)이다. 그는 경영컨설턴트로서 몇 가지 업적을 쌓았는데, 그중 가장 널리 알려진 것이 오늘날에도 계획수립, 일정수립, 통제 등에 사용되고 있는 간트도표(Gantt Chart)이다. 그는 또한 할당된 시간내에 기준치에 도달하였을 때 단지 종업원에게만 특별수당을 주는 것이 아니라 감독자에게도 수당을 주는 독특한 인센티브시스템을 개발하였다.

마지막으로 과학적 관리의 선두자라고 할 수 있는 테일러(Taylor)는 충분한 실무경험에 바탕을 두고 마침내 과학적 관리론을 완성시킴으로써 '과학적 경영의 아버지'라 할 만한 많은 업적을 남겼다.

2) 테일러(Taylor)의 과학적 관리론

(1) 과학적 관리론의 의의 및 배경

과학적 관리법은 생산성을 향상시키기 위해서 테일러가 창안한 것으로 테일러가 활동하던 19세기 후반은 산업혁명을 통하여 대규모공장이 생기고 철도, 도로, 통신 등 산업사회를 위한 많은 간접시설들이 건설되었다.

그러나 당시 종업원들의 대부분은 교육수준이 아주 낮은 상태였고 경영자들도 경영에 대한 별다른 지식없이 단지 상식과 경험에 의존해서 기업을 경영하고 있었다.

이러한 상황 속에서 테일러는 자신의 경험을 통하여 작업현장 곳곳에 비효율적인 요소가 산재해 있음을 발견하게 되었다. 이러한 발견을 통하여 테일러가 관심을 가졌던 주된 내용은 '노동자에게는 고임금과 사용자에게는 저노무비(High wage and Low labor cost)'였다. 즉 생산에 있어서는 능률을 증대시킴으로써 비용절감과 이익증대를 달성함과 동시에 노동자에게는 고임금을 지급하자는 것인데, 이것이 바로 과학적 관리의 대명제이다.

그는 공장에서 일하고 있으면서 작업자들이 생산증대는 곧 실직을 초래하리라는 두려움 때문에 조직적인 태업행위를 하고 불필요한 일거리를 만들며 어떻게든 적게 생산하려는 행태에 깊은 관심을 보였다. 그리하여 작업자들의 부당한 행위가 없는 가운데서도 생산성을 크게 향상시킬 수 있으리라는 그 나름대로의 결론을 얻었다.

테일러의 생각으로는 생산성의 문제는 경영자와 노동자 양측의 무관심에서 기인되고 있으며, 그러한 무관심은 바로 그들 모두가 다같이 '공정한 하루의 작업'과 '공정한 하루의 임금'의 참된 의미를 깨닫지 못한 데서 비롯되고 있었다는 것이다. 따라서 이를 바로 잡기 위해서는 과학적 관리원칙이 있어야 된다고 주장하였으며, 이것이 바로 근대경영이론의 효시를 이룬 과학적 관리법이다.

테일러는 동작연구(motion study)와 시간연구(time study)를 통해 작업자의 표준동작과 표준도구를 찾아내었다. 이렇게 함으로써 한 작업자가 하루에 일하는 일일 작업량을 구할 수 있었고 이를 기준으로 합리적인 조직운영을 위한 테일러의 과학적 과업관리가 만들어졌다. 따라서 경영 관리자들은 작업현장에서 작업자들이 무엇을 할 것인가에 대해 잘 알 수 있도록 동작의 규칙과 직무수행의 표준, 직무요건 등을 명확히 규명한 다음 각 직무에 적합한 능력을 가진 작업자를 선발했으며, 선발된 사람을 직무요건에 맞게 훈련시켜 훈련된 작업자들이 열심히 일할 수 있도록 경제적 유인책을 생각하게 되었다.

(2) 과학적 관리의 원칙

테일러의 과학적 관리의 주요 원칙은 다음과 같다.

가. 과학적인 작업과정연구

종업원들이 자신의 생산성을 최대로 발휘할 수 있도록 하기 위해 작업에 대한 일련의 행위를 면밀히 분석한 후 그것에 맞는 작업원칙 및 관리방법을 개발하여야 한다.

나. 종업원의 과학적 선발

이미 종업원을 채용한 후에는 생산성을 극대화시키기 위한 작업훈련에는 한계가 있으므로 종업원을 선발할 때부터 특정 작업에 적합한 사람들을 과학적으로 선발하여야 한다.

다. 차별적 성과급제도

테일러는 종업원들이 일률적인 시간제 임금을 받기 때문에 맡은 일을 게을리 한다고 보고 하루에 생산한 생산량에 비례하여 서로 다른 임금을 받는 인센티브(incentive) 제도의 실시를 주장하였다.

그림 2-2 테일러의 과학적 관리체계

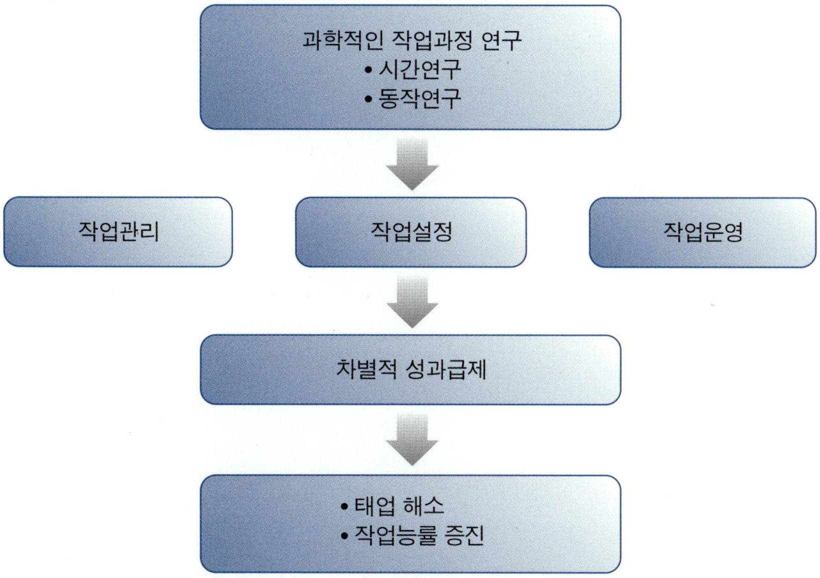

라. 직능별 감사제도

테일러는 작업의 내용이나 성격이 바뀌면 그 작업을 관리하고 감독하는 사람도 바뀌어야만 종업원들이 해야 할 자신의 작업에 집중할 수 있다고 보았다. 따라서 작업계획, 작업지시, 작업평가 등과 같이 각 기능별로 나누어 감독함으로써 보다 높은 생산성을 올릴 수 있다고 주장하였다.

(3) 과학적 관리의 공헌과 한계

테일러에서부터 시작된 과학적 관리법은 당시의 노동능률향상에 크게 기여하였고 오늘날에도 기업과 국가의 생산성 향상운동의 기초가 되고 있다. 그 가운데 가장 두드러진 것은 노동자가 오직 한두 작업에만 전념토록 함으로써 생산라인에서의 생산성을 현저히 개선시킨 것이다. 또한 시간연구와 동작연구를 통한 능률증대기법은 산업조직 뿐만 아니라 다른 형태의 조직에서도 시간과 동작을 보다 경제적으로 활용하기 위한 방안으로서 그대로 적용될 수가 있다. 또한 작업자들을 과학적으로 선발하고 개발할 필요성은 인력의 효율적 활용을 위해 오늘날에도 똑같이 강조되고 있다. 마지막으로 최선의 방법을 가져오도록 작업설계를 할 것을 주장한 것 역시 큰 공헌이라 할 수 있다. 과학적 관리법이 생산성증대를 가져온 것은 사실이다. 그러나 그 실천과정에서 기계인, 경제인의 인간관에 입각해 지나치게 능률이나 생산성만을 강조하고 사람에 대한 배려가 없다는 인간 없는 조직이론이라는 비판을 받기도 한다.

3) 포드시스템(Ford system)

포드시스템은 테일러시스템의 원리의 계승으로 헨리포드가 자기 자동차회사에서 전체 작업조직의 생산능률을 향상시키기 위하여 개발한 과학적 관리방식이라 할 수 있다. 테일러는 능률향상의 방법으로서 과업관리를 제창한데 비해 포드는 능률향상 도모뿐만 아니라 대량생산, 제품단위당 원가절감까지 포함한 관리방식을 제창하였다는 점에 차이가 있다.

(1) 포디즘

포드는 기업을 하나의 사회봉사기관(instrument of social service)으로 생각했으며 '저가격과 고임금(low price and high wage)'의 원리를 실현하고자 하였다. 포디즘은 이윤원리를 인정은 하나 이윤은 봉사의 결과로 이해되고 있으며 그 처분에 관해서는 기업의 존립과 성장을 위한 것으로만 국한시키고 있다. 즉 그는 기업의 이윤만을 목적으로 해서는 안 된다고 주장함으로써, 기업운영의 동기로서 봉사동기를 1차적으로 중요시하고 이윤동기는 2차적인 것으로 보았다. 여기서 봉사라는 것은 노동자에게는 높은 임금(고임금)을 지불하고, 소비자에게는 좋은 제품을 저렴한 가격(저가격)으로 공급하는 것을 말하며, 포드는 이렇게 함으로써 이윤은 당연히 따라온다고 생각한 것이다.

(2) 포드시스템

포드시스템은 포디즘을 구체적으로 실행하기 위한 수단으로 1903년 포드(Henry Ford)에 의해 창설된 포드사에서 포드 자신에 의해 구상되고 실행된 작업방식이다. 포드시스템의 내용은 생산의 표준화와 이동조립법으로 나누어 볼 수 있다.

가. 생산의 표준화

- **제품의 단순화** : 대량생산을 가능하게 하기 위해서는 먼저 제품이 단순화되어야 한다.
- **부품의 규격화** : 제품의 단순화를 가능하게 하기 위해서는 제품을 구성하는 부분품이 규격화되어야 한다.
- **기계 및 공구의 전문화** : 제품의 단위당 제조원가를 낮추고 부분품의 규격화를 유지하기 위해서는 기계 및 공구가 전문화되어야 한다.
- **작업의 단순화** : 생산능률을 향상시키기 위해서는 작업자체가 단순화되어야 한다.

나. 이동조립법(conveyor belt system)

이동조립법은 작업능률을 향상시키기 위하여 작업자와 공구를 작업순서에 따라 배열하고 작업장소에 재료와 부품을 운반하는 흐름작업시스템을 말한다. '일에 사람을 가져가는' 대신 '사람에게로 일을 가져가는' 포드의 착상을 실현시킨 생산시스템이다. 구체적으로는 작업공정의 순서대로 배치된 작업자 앞을 재료가 컨베이어에 의해 규칙적으로 통과하며, 각 작업자는 고정된 장소에서 일정한 리듬을 타고 작업에 임하는 생산시스템이다.

4) 페이욜(Fayol)의 일반관리론

(1) 일반관리론의 의의

과학적 관리가 개별 노동자의 직무에 초점을 두고 있다면 프랑스의 실업가인 페이욜(Henry Fayol)은 조직(기업)전체를 관리하는데 초점을 맞추고 있다. 즉, 과학적 관리가 경영의 계획이나 감독과 같은 직능은 잘 묘사하고 있으나 조직, 지휘, 통제와 같은 관리직능에 관해서는 소홀히 하고 있던 것이 사실이다.

그의 관리론이 초기에는 주목을 받지 못하였으나 미국에 소개되면서 인정을 받게 된 것은 그것이 경영자의 직무를 명백히 규정해 놓고 있음은 물론 관리원칙의 보편성을 주창함으로써 현대경영이 당면하고 있던 기본적인 문제점들을 깊이 있게 통찰하는데 있어 주목을 받기 시작하였다.

페이욜은 실무경영자로서의 경험을 바탕으로, 최고경영자들이 어떻게 하면 조직과 구성원들이 조직의 목표를 더 효과적으로 달성할 수 있을 것인가에 많은 관심을 기울였으며, 기업의 조직내부활동을 체계적으로 분류하고 각 활동에 대해 계획, 조직화, 지휘, 조정, 통제라는 일련의 경영관리기법을 적용하였다.

(2) 페이욜의 관리체계

페이욜이 언급한 조직내부활동의 체계는 첫째, 기술적(생산) 둘째, 영업적(구매, 판매, 교환) 셋째, 재무적(자본의 탐색 및 최적 이용) 넷째, 보안적(재산 및 개인의 보호) 다섯째, 회계적(통계를 포함) 여섯째, 관리적(예측, 조직, 명령, 조정, 통제)과 같이 6가지로 분류하고 처음 5가지는 널리 이해되고 있다고 하면서 마지막의 관리활동의 분석에 관심을 집중시키고 있다.

〈그림 2-3〉은 페이욜의 관리체계를 나타낸 것이다. 또한 기업활동을 수행함에 있어서 다음의 14가지 원칙들을 잘 활용함으로써 조직목표를 달성하는데 도움이 된다고 주장하였다.

가. 권한과 책임의 원칙

권한과 책임의 원칙은 주어진 일을 수행하기 위해 각 직책에 맞게 영향력을 행사할 수 있는 장치를 만들어주고 그 대신 일의 결과에 대해 책임을 지도록 하는 것이다.

나. 규율의 원칙

규율의 원칙은 조직활동의 행동준수 사항으로서 업무수행의 행동지침을 정하고 지키도록 하는

그림 2-3 페이욜의 관리체계

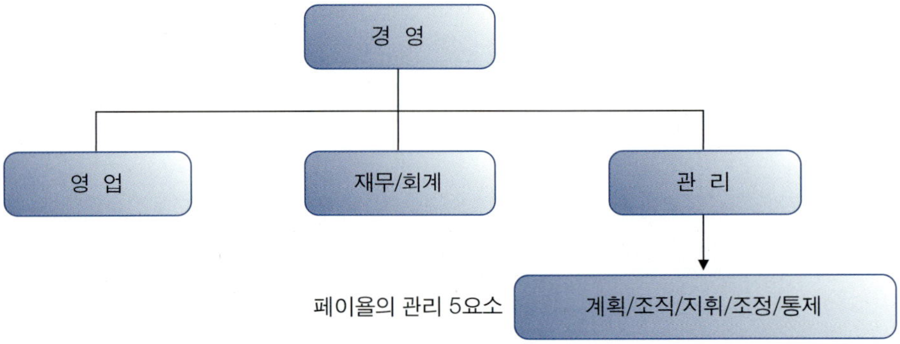

것이다.

다. 분업의 원칙

분업의 원칙은 작업을 하나의 한정된 부분에서 일할 수 있도록 특화함으로써 전문화시키는 원칙으로 전문적인 기술과 지식을 함양시켜 생산성을 높이고자 하는 것이다.

라. 지휘통일의 원칙

지휘통일의 원칙은 한 가지 목적을 위한 활동에는 한 사람의 상사와 계획으로 집행되어야 함을 의미한다. 물론 그래야만 더욱 효율적인 지휘계통이 유지된다는 것 이다.

마. 명령 일원화의 원칙

명령 일원화의 원칙은 조직의 한 구성원은 한 사람의 상급자로부터 명령을 받게하여 일을 수행하는 과정에서 생기는 혼란을 막도록 하는 것이다.

바. 공익우선의 원칙

공익우선의 원칙은 조직 또는 사회공동이익이 언제나 개인의 이익보다 우선되어야 한다는 것이다. 이러한 원칙준수는 조직목표달성을 위해 중요함을 강조하였다.

사. 집권화의 원칙

집권화의 원칙은 조직활동의 구심점을 상위층에 두어 조직의 각 부문을 총괄, 조정할 수 있게 함으로써 조직의 유효성과 효율성을 높인다는 원칙이다.

아. 보상의 원칙

보상의 원칙은 조직 구성원에게 돌아가는 몫을 공정하게 배분함으로써 구성원들의 적극적인 협조를 얻고 조직에 충성할 수 있도록 하는 원칙이다.

자. 계층연쇄의 원칙

계층연쇄의 원칙은 조직의 모든 활동들은 최고 경영자로부터 현장에서 일하는 감독자에 이르기까지 일관된 계층 간의 연결구조가 만들어져야 하며 명령이나 보고 등의 흐름이 원활하게 이루어져야 한다는 것이다.

차. 질서의 원칙

질서의 원칙은 조직의 인적, 물적자원을 적재적소에 배치하게 되면 조직의 생산성은 높아진다는 원칙이다.

카. 공정성의 원칙

공정성의 원칙은 개인관계에 있어서 친절과 정의의 개념을 강조하여 조직 구성원이 충성심을 갖고 헌신적으로 일할 수 있도록 만드는 원칙이다.

타. 고용안정의 원칙

고용안정의 원칙은 조직의 구성원이 장기적으로 조직에 봉사할 수 있도록 함으로써 작업의 집중과 더불어 생산성 향상을 도모하는 원칙이다.

파. 주도력의 원칙

주도력의 원칙은 구성원 각자가 조직활동을 수행함에 있어서 창의력을 바탕으로 실행계획을 직접세우고 집행함으로써 맡은 바 일을 주도할 수 있게 하며 이를 통해 기업의 목표달성에 이바지한다는 원칙이다.

하. 단합의 원칙

단합의 원칙은 집단구성원의 단합을 강조함으로써 팀워크의 중요성을 강조하여 생산성을 끌어올린다는 원칙이다.

3. 행동론적 경영이론

행동론적 경영이론이 등장하게 된 배경은 고전적 경영이론이 생산능률에 집중하고 작업장에서 발생하는 인간의 문제를 원만히 해결하지 못했다는데 있다. 사실 고전적 경영이론은 조직과 직무를 기계적 관점에서 보고 조직자체를 기계에 비유하고 작업자는 그 기계의 톱니바퀴에 불과한 것으로 간주하였던 것이다. 그 결과 경영자들은 사람들이 반드시 예측한 대로의 합리적 행동패턴을 보이지 않고 있음에 당황하지 않을 수 없게 되었고, 이에 당연히 그들의 관심도 바로 어떻게 하면 사람들을 보다 효과적으로 다룰 수가 있을까 하는 데에 집중되게 되었다. 그리하여 자연히 사회과

Field_Story 구글 위에 삼성전자…글로벌 브랜드 1위에

英 유고브 조사서 사상 첫 정상. 유튜브, 넷플릭스, 도요타 등 앞서.
반도체 · 스마트폰 · 가전 등 고른 활약 속 브랜드가치 866억 달러 고공 성장

삼성전자가 영국의 글로벌 여론조사 업체 유고브에서 선정한 '글로벌 최고 브랜드' 순위에서 사상 처음으로 1위에 올랐다.

20일 업계에 따르면 최근 유고브가 발표한 2022년 브랜드 순위에서 삼성전자는 총점 127점으로 105점에 그친 구글을 제치고 1위를 차지했다. 유고브는 세계적으로 공신력을 인정받는 글로벌 설문조사 전문업체로 지역별 브랜드 순위를 합산해 종합순위를 산출한다.

유고브의 글로벌 최고 브랜드 조사에서 삼성전자가 1위에 오른 것은 처음이다. 삼성전자는 2017년 4위, 2018년 3위, 2019년 4위, 2020년 4위를 기록했다. 지난해 2위로 구글에 이어 최고 순위를 경신한 데 이어 올해는 구글마저 뛰어넘었다.

삼성전자의 순위상승으로 지난해 1위였던 구글은 2위로 밀렸다. 삼성전자는 구글 외에 유튜브(3위), 넷플릭스(4위), 도요타(7위), 메르세데스벤츠(9위) 등 글로벌 브랜드들도 모두 앞서며 '글로벌 넘버 원' 자리를 꿰찼다.

유고브는 브랜드별 인상 · 품질 · 가치 · 만족도 · 추천도 · 평판을 자체 브랜드 인덱스 평가방식을 기반으로 조사해 브랜드 순위를 선정한다. 조사기간은 지난해 9월부터 올해 9월까지 1년이다. 38개 국가별로 상위 10개 브랜드를 선정한 뒤 1위에는 10점, 10위에는 1점을 부여하는 방식으로 글로벌 브랜드 톱10을 추렸다. 이번 조사에서 상위 10위 기업 중 한국기업으로는 삼성전자가 유일하다.

삼성전자는 서유럽과 북미 등 핵심 시장을 비롯해 전 세계 주요 지역에서 고르게 고득점을 받으면서 높은 종합점수를 달성했다. 삼성전자는 한국 · 네덜란드 · 베트남 · 아일랜드 등 4개국에서 1위를 차지했고 영국과 프랑스에서는 2위, 독일에서는 5위를 기록했다. 미국에서는 6위에 올랐다. 삼성전자의 태블릿 PC '갤럭시 탭'은 프랑스에서 전년 대비 평가가 높아진 제품 · 서비스를 꼽는 '개선 순위'에서 1위를 차지하기도 했다.

삼성전자는 메모리반도체와 스마트폰 분야에서 글로벌 1위를 점하며 손꼽히는 기술력을 자랑하고 있다. 대표적 메모리반도체인 D램 시장에서 1992년부터 30년 연속 세계 1위를 지켜왔고 전체 반도체시장에서도 인텔 · TSMC 등과 1위를 다투고 있다. 스마트폰 또한 갤럭시를 앞세워 애플과 글로벌 시장을 양분하고 있다. 여기에 TV 시장에서도 16년 연속 1위를 차지하는 등 세계 소비자들을 사로잡고 있다. 최근 글로벌 브랜드 컨설팅전문 업체 인터브랜드의 발표에 따르면 삼성전자의 브랜드 가치는 전년 대비 17% 오른 866억 달러(약 124조 5000억 원)에 달했다. 업계 관계자는 "반도체 · 스마트폰 · 가전 등 주요 제품군 모두에서 브랜드 가치가 탄탄하게 높아진 영향"이라며 "글로벌 빅테크 기업보다 앞선 브랜드 영향력을 갖췄다는 점을 인정받은 것"이라고 말했다.

▶ 출처 : https://www.sedaily.com/NewsView/26DP8018VN/GD0101?utm_source=dable
서울경제, 2022.11.20

학이나 심리학과 같은 행동과학을 직접 경영에 적용하거나 이들을 이용한 실험을 통해 인간행동을 보다 철저히 이해하려는 움직임이 일어나게 되었다. 그 시발점이 된 것이 바로 메이요(Elton Mayo)의 호손실험(Hawthorne Experiments)이다.

이 실험을 통해 비로소 인간관계가 생산능률을 증대시키는 데 커다란 영향을 미친다는 사실이 공식적으로 확인되었다.

본 절에서는 메이요의 호손실험과 맥그리거의 XY이론, 매슬로우의 욕구 5단계이론과 아지리스의 성숙−미성숙이론 및 기타 이론들을 살펴보도록 하자.

1) 메이요의 호손실험(Hawthorne Experiments)

호손실험은 하버드대학의 사회학자인 메이요(Elton Mayo, 1880~1949)와 뢰슬리스버거(Fritz Roethlisberger)가 중심이 되어 미국의 웨스턴 전기회사의 호손공장에서 1924~1932년까지 4단계로 실시된 일련의 실험으로서, Taylor 이래의 과학적 관리법의 사고방식에서 조직내 인간중심의 사고방식으로 경영의 관심을 전환시킴으로써 인간관계연구의 시발점이 되었다.

(1) 연구배경

당시 호손공장에는 약 3만 명의 종업원이 있었는데, 이들은 복지후생시설이 완비되어 있음에도 불구하고(임금과 복지후생이 높으면 성과도 높아져야 한다는 테일러 주장에 위반된다) 불만이 높고 작업능률이 향상되지 않았다. 이에 따라 회사에서는 그 원인을 규명하기 위해 산업에 있어서의 노동과 피로와의 관계에 대한 연구가 행하여지게 되었다.

(2) 연구과정

가. 조명실험

이 실험은 조명도가 생산성에 미치는 영향을 알아보려고 한 것이다. 작업자들을 실험집단과 통제집단으로 구분하여, 실험집단에 대해서는 조명도를 변화시켜 가면서 생산성의 변화를 관찰하고, 통제집단에 대해서는 조명도를 변화시키지 않고 일정하게 유지하였다. 실험결과, 실험집단은 예상대로 조명도가 높아짐에 따라 생산성이 향상되었다. 그러나 놀랍게도 통제집단에서도 생산성이 향상되는 결과가 나타났다. 또, 실험집단의 조명을 낮추었을 때도 생산성은 계속 증가되었다. 결과는 예상과 달리 조명도, 임금지급방법, 휴식시간 등이 작업능률에 별다른 영향을 미치지 않는 것으로 나타난 것이다.

이 실험결과에 의문을 가진 웨스턴 전기회사의 감독경영자 페녹(George Pennock)이 하버드 대학의 메이요 교수에게 자문을 구한 것이 계기가 되어 메이요와 뢰슬리스버거 등이 2~4차 실험을 주도하였다.

나. 릴레이 조립실험

6명의 여공을 대상으로 종래의 작업능률 향상에 도움이 된다고 생각되는 조건들(작업시간의 단축, 휴식시간의 합리적 배정, 간식의 제공, 임금제도, 작업환경의 개선 등)에 대하여 실험해 보았으나 결과는 조명실험과 마찬가지로 이들 조건과 생산성 향상과는 관계가 없었다. 따라서 이 결과, 종업원의 사기나 부하에 대한 감독방법, 인간관계 등의 심리적 조건이 생산성 향상에 영향을 미친다는 결론을 얻게 되었다.

다. 면접실험

종업원 21,126명에게 그들의 불만에 대한 면접조사를 실시한 결과, 물리적 조건이 근로자의 생산성에 영향을 미친다는 종래의 학설과는 달리 작업장의 사회적 조건과 근로자의 심리적 조건이 근로자의 의욕 및 태도와 생산성에 영향을 미친다는 결론을 얻게 되었다. 여기서 작업장의 사회적 조건이란 집단적 감정을, 근로자의 심리적 조건이란 개인적 감정을 의미한다.

라. 배선작업 관찰실험

14명의 종업원을 대상으로 관찰과 면접을 병행한 결과 회사가 정한 공식조직과는 별도로 집단적 신념이나 감정을 기초로 하여 자연발생적인 조직, 즉 비공식조직(informal organization)이 형성된다는 사실을 입증하였다. 이는 인간이 사회의 정해진 공식집단의 규율뿐만 아니라 노동하는 동료들 사이에서 자연스럽게 발생한 비공식집단의 통제력에 의해서도 움직이는 사회적 존재라는 사실을 알게 되었다.

(3) 호손실험의 결과 및 의의

호손실험에 의해 다음과 같은 결과를 얻었다. 첫째, 작업능률을 좌우하는 것은 물리적 조건인 임금, 노동시간 등의 작업조건과 조명, 환기 등의 작업환경뿐 아니라 종업원의 태도, 감정 등의 내적·심리적인 요소가 함께 중요하다는 것, 둘째, 노동은 개인적 활동보다는 집단적 활동이라는 것, 셋째, 종업원의 태도 및 감정을 좌우하는 것은 개인적·사회적 환경 및 회사내의 세력관계와 그가 속하고 있는 비공식그룹이라는 것, 마지막으로 종업원의 사회적 안정, 귀속감 등에 대한 욕구가 생산성에 큰 영향을 미친다는 것이다.

호손실험을 통하여 과학적 관리법에서 가정한 작업조건과 생산성과의 관계는 부정되고, 그 대신 생산성의 결정요인으로서의 종업원의 사기가 중시되고, 사기는 직장의 인간관계에 의존한다는 것이 실증되었다. 즉 인간은 경제적 조건 외에 심리적·사회적 조건에 의해서도 영향을 받는 다면적 존재라는 사고방식이 정립되었으며 인간관계론의 핵심인 '사기와 욕구충족이 동기부여에 직결된

그림 2-4 매슬로우의 욕구 5단계론

욕구계층	동기유발수단
자아실현의 욕구	• 의사결정 참여 • 창의적 기회
존경의 욕구	• 보상과 인정 • 존경스런 직무명칭
사회적 욕구	• 소속감 • 사회적 상호작용
안전의 욕구	• 안전한 작업조건 • 복리후생
생리적 욕구	• 공정한 월급 • 작업환경

다'는 사실이 밝혀졌다. 또한 고전적 경영학에서 경시되어 온 비공식조직의 존재와 그 기능을 밝힘으로써 경영학연구의 새로운 관점을 제시하였다.

2) 매슬로우의 욕구 5단계론

매슬로우는 인간의 욕구를 각각 다섯 단계의 수직적인 욕구로 구분했는데 첫 단계는 가장 기본적인 생리적인 욕구, 둘째 단계는 안정과 안전의 욕구, 셋째 단계는 소속의 욕구, 넷째 단계는 존경의 욕구, 마지막 단계는 자아실현의 욕구이다.

아울러 그는 하위순서에 있는 욕구가 충족되지 않으면 더 이상 상위순서의 욕구가 발생되지 않으며 일단 어느 단계의 욕구가 충족되면 그 이하 순위에 있는 욕구는 동기부여의 요소로써 더 이상 작용하지 않는다고 주장한다.

3) 허즈버그의 동기-위생이론

허즈버그의 동기-위생이론은 사람들에게 만족을 주는 요인과 불만족을 주는 요인은 별개로 만족을 주는 요인을 동기요인, 불만족을 주는 요인을 위생요인이라고 주장하였다. 이를 2요인 이론(two factor theory)이라고도 하였다.

허즈버그는 '작업에 대한 만족'이라는 책에서 그의 연구결과를 제시하였다. 작업자에게 만족을

그림 2-5 허즈버그의 동기-위생이론

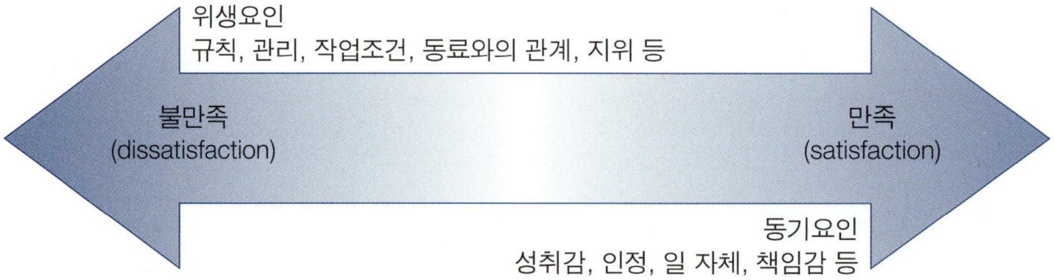

주는 요인과 불만족을 주는 요인은 별개라는 것이다. 일반적으로 우리가 알고 있는 만족의 반대는 불만족, 불만족의 반대는 만족이라는 통념을 깨는 사건이었다. 즉 만족의 반대는 만족하지 않는 것이며 불만족의 반대는 불만족이 아닌 것으로 정리하였다. 이러한 상황에 대한 설명을 위해 동기-위생이론(motivation-hygiene theory)을 만들어 냈다.

불만족을 느끼던 작업자에게 위생요인을 채워주면 만족을 느끼는 것이 아니라 단지 불만족의 생태가 해소되기만 할 뿐이다. 이 작업자에게 오히려 만족을 느끼도록 하려면 동기요인을 별도로 제공해야 한다는 것이다. 허즈버그에 의하면 위생요인에 해당하는 것으로 규칙과 관리, 작업조건, 급여, 동료와의 관계, 지위, 안전 등을 제시하였다.

동기요인으로는 성취감, 인정, 일 자체, 책임감 등을 제시하였다. 이 결과에서 급여부분이 위생요인에 해당한다는 것은 급여를 인상해 준다는 것이 동기를 증진시키지 못하며 그저 불만족한 부분을 해소시키는 데 그친다는 사실이다.

허즈버그의 동기-위생이론의 시사점으로 기업의 관리자는 종업원들을 동기부여시키기 위해서 위생요인과 더불어 동기요인을 채워주기 위해 노력해야 한다는 것이다. 또한 진정한 동기부여 요인으로는 물리적 요인(위생요인)이 아니라 사람 그 자체(동기요인)가 더 중요하다는 입장이다.

4) 맥그리거(McGregor)의 XY이론

맥그리거(D. McGregor)는 그의 저서 「기업의 인간적 측면」에서 경영관리자의 인간에 대한 관념이 어느 쪽에 더 기울어져 있느냐에 따라 서로 다른 관리가 필요하다는 X이론과 Y이론을 주장하였다. 맥그리거는 매슬로우의 욕구단계론을 바탕으로 하여 인간관을 두 가지로 분류하고, 그에 대한 관리전략을 제시하였다. 즉 인간의 하급욕구에의 관리전략을 X이론, 고급욕구에의 관리전략을 Y이론으로 설명하였다.

인간본질과 관리전략에 관한 전통적 관점에 바탕을 둔 X이론은 새 시대의 요청에 부적합할 뿐만 아니라 잘못된 것이라고 비판하고, 이상적인 Y이론을 제시하고 미래의 조직관리체제는 Y이론에 따라야 한다고 주장하였다. 〈그림 2-6〉은 맥그리거의 XY이론을 나타낸 것이다.

X이론에 따르면 원래 인간은 가능한 한 일하는 것을 싫어하고, 될 수 있으면 일을 하지 않으려 한다. 따라서 작업의 표준화 설정, 자극임금제의 이용 등이 필요하게 된다. 그러므로 강제, 처벌, 위협 등에 의하지 않고는 조직이나 기업의 목적달성을 할 수가 없다. 또한 책임을 될 수 있는 한 회피하여 자신의 안정만을 희구한다. X이론의 관리전략으로는 강경한 대책으로서 강제, 위협, 처벌, 감독, 통제를 수단으로 사용하고, 부드러운 방법으로서 보상, 대인관계개선, 하위욕구충족 등 인간관계론적 수단을 활용해야 한다고 주장하였다.

Y이론은 인간이 일을 한다는 것(working)은 본능적이므로 외적강제나 처벌 등의 위협이 없다하더라도 조건만 갖추어지면 자아욕구, 자기실현의 욕구를 충족시키려고 일을 하게 된다는 것이다. 그러므로 기업의 목적을 달성하기 위하여 저차원적인 욕구만족에서 나아가 고차원적인 욕구를 만족시켜 줌으로써 자발적인 노력이 이루어지고 근로의욕과 우수업적을 올릴 수 있다는 현대적 경영관리이론이다. Y이론의 관리전략은 개인의 노력을 조직목표에 지향함으로써 개인목적을 달성할 수 있도록 조건을 형성해야 하며, 개인목적과 조직목적이 결합되도록 해야 한다고 주장하였다. Y이론은 목표통합과 자기통제에 의한 관리이며, 고차원적 욕구만족에 의한 동기유발이 기초가 된다.

그림 2-6 맥그리거의 XY이론

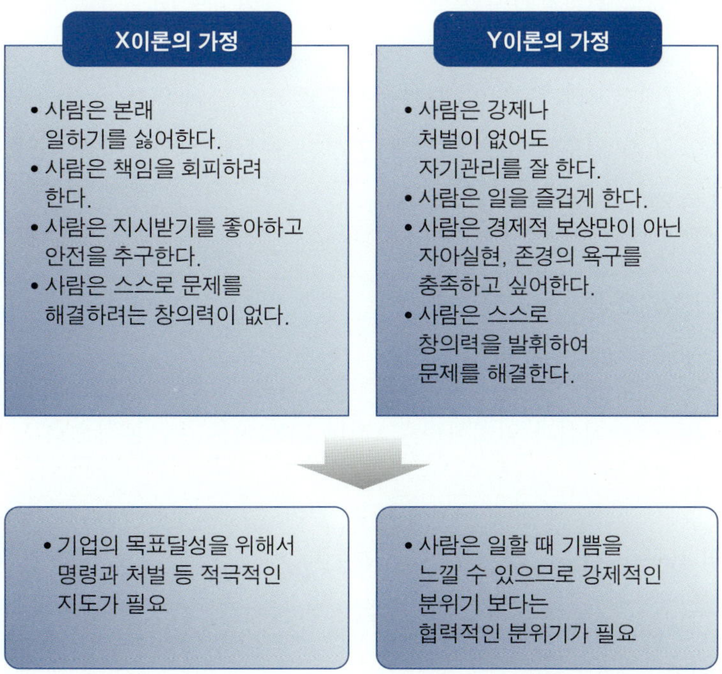

그림 2-7 아지리스의 성숙-미성숙이론

미성숙 단계	성숙 단계
• 수동적이다. • 의존심이 강하다. • 한정된 행동만 한다. • 업무에 별로 관심이 없다. • 미래에 대해 단기적으로 사고한다. • 스스로를 종속적으로 정의한다.	• 능동적이다. • 독립심이 강하다. • 업무에 큰 관심을 갖는다. • 미래에 대해 장기적으로 사고한다. • 자아의식이 강하다. • 스스로를 우월한 위치에 있다고 정의한다.

이러한 맥그리거의 이론은 인간욕구체계를 양극화시키고 그에 따라 관리체제를 양분하기 때문에 지나친 단순화라는 비판이 있다. 인간의 욕구충족은 상대적이고 욕구는 복합적이기 때문이다.

5) 아지리스의 성숙-미성숙이론

아지리스의 성숙-미성숙이론은 매슬로우와 맥그리거의 영향을 받은 아지리스가 그의 저서에서 인간의 본성에 대해 새롭게 주장한 내용이다. 그는 이론에서 일반적으로 공식조직에서는 고전적 방식으로 관리를 하게 되는데 이러한 방식이 조직원을미성숙 상태(수동적, 의존적, 종속적)로 머물게 한다는 것이다.

종업원을 성숙상태로 전환하기 위해서는 스스로 목표를 세우고 스스로 욕구충족을 시켜 성장과 성숙의 기회를 얻을 수 있도록 하는 새로운 관리전략이 필요하며 이를 위해서는 직무확대 혹은 리더십 같은 새로운 전략이 필요하다는 것이다.

6) 앨더퍼의 ERG이론

ERG이론은 앨더퍼(Clayron Alderfer)가 주장한 이론으로써 욕구의 수직적인 계층성을 인정한다는 측면에서는 욕구 5단계설과 일치한다. 그러나 ERG이론은 근본적으로 두 가지 면에서 욕구 5단계설과는 다르다.

첫째, ERG의 욕구는 다음의 세 단계로 구분된다.

- 존재의 욕구(existence needs) : 이 단계는 Maslow가 주장한 생리적 욕구 등 기본적인 욕구가 이에 속한다.

- 관계의 욕구(relatedness needs) : 이 단계는 사람들과의 관계욕구를 말한다.
- 성장의 욕구(growth needs) : 이 단계는 자아실현과 자기개발에 대한 욕구를 말한다.

둘째, 상위의 욕구가 좌절되었을 경우에는 비록 하위의 욕구가 이미 충족되었다고 할지라도 다시 그 하위의 욕구로부터 동기부여가 된다. 이것은 매슬로우의 욕구 5단계 이론에서처럼 일단 하위욕구가 충족되면 그것은 더 이상 동기부여 요소로써 작용하지 않는다는 것과 다르다.

제2절 현대경영이론

1. 기타 경영이론

경영의 주위 환경여건이 보다 급격히 변화되면서 최근에 와서는 새로운 이론들이 크게 영향을 미치고 있다. 이들 새로운 이론들은 경영에 대한 새로운 사고혁신을 가져왔기 때문에 현대경영이론으로써 평가하고 있다.

1) 시스템적 경영이론(System Management)

19세기 후반부터 테일러의 과학적 관리론을 시작으로 조직의 능률을 향상시키기 위한 여러 가지 이론들이 개발되었지만, 조직의 핵심적인 활동은 환경의 변화에 항상 개방되어 있으며 상호 연관되어 있기 때문에 모든 시대, 모든 상황에 보편타당하게 적용할 수 있는 일반원리는 존재할 수 없다. 이에 따라 조직의 각 구성요소들을 각기 분리해서 보지 않고 그들 요소들을 하나의 전체로서 혹은 보다 큰 외적환경의 일부로 봄으로써 어느 한 부분의 활동은 다른 모든 요소에도 영향을 주고 있음을 전제로 한 시스템적 경영이론이 대두되었다. 즉, 경영활동을 부분적으로 이해하고 분석하기 보다는 전체적인 하나의 시스템으로 보고 상호간의 관계를 중심으로 연구하는 노력이 나타났다.

일반적으로 생산관리자는 낮은 비용과 효율성 극대화를 위하여 가능한 한 표준화된 제품의 대량생산을 선호한다. 반면에 마케팅경영자는 소비자의 만족극대화를 위하여 다양한 제품의 생산을 원한다.

이 경우 생산관리자가 자신의 효율성만을 생각한 나머지 마케팅관리자와 협의없이 일방적 생산운영을 한다면, 생산부문에서는 성공할지 몰라도 기업조직 전체의 업무성과에는 오히려 역행할 수

그림 2-8 시스템적 경영학

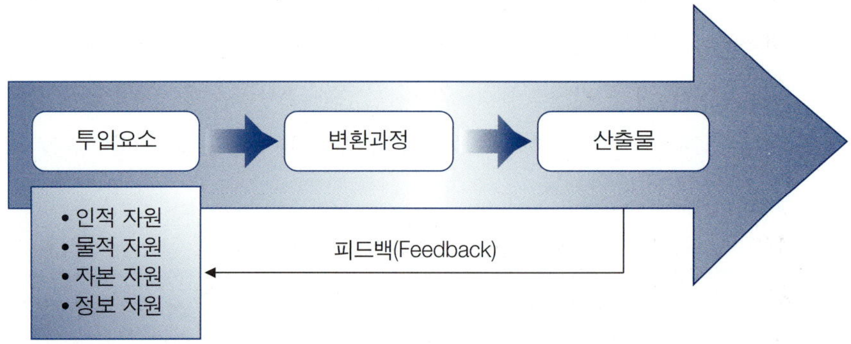

도 있다.

이러한 관점에서 경영 각 부문의 문제를 다루기보다는 경영 각 부문의 상호 의존성을 고려하면서 기업이라는 조직 전체의 목표극대화를 생각하는 것이 현대경영이론의 시스템 접근방식이다.

시스템이론이 경영이론 개발에 크게 공헌한 부분은 개방시스템(open system)개념과 피드백(feed-back)개념이다. 개방시스템 개념이란 기업이라는 조직체가 외부환경과 끊임없는 관계를 맺고 상호 작용한다는 개념이며, 피드백개념이란 시스템의 최종산출물이 외부환경에 영향을 미쳐 다시 시스템의 투입요소로써 되돌아온다는 개념이다.

특히 오늘날 글로벌시대의 치열한 경쟁력과 불확실성 하에서 통제 불가능한 외부환경인자에 능동적으로 대처하기 위하여 종래의 폐쇄적 시스템으로부터 조직의 내외적인 여건과 상호작용하면서 동태적 균형을 유지해야 하는 개방적 시스템으로 전환하여야 조직의 생존 및 발전이 가능한 것이다.

2) 상황이론(Contingency Management)

현대사회는 불확실성의 사회이다. 언제 어디서 무슨 일이 일어날지 모르는 급속하게 변화하는 환경 속에서 우리는 살아가고 있다. 이러한 환경 속에서 기업을 비롯한 모든 조직체는 시시각각 변화하는 환경에 맞춰 가장 적합한 원리를 찾아내야 한다는 것이 바로 상황접근적(contingency management) 경영이론의 논리이다. 즉, 모든 상황에 적용되는 공통적인 보편적 원리를 찾기보다는 상황의 특성에 의존하여 취해야 할 상황적 원리를 찾는 것을 말한다.

상황이론에 따르면 경영자의 주요 과업은 시간에 따라 변하는 경영상황에 따라서 어떤 경영기법이 조직목표달성에 최적인가를 결정하는 것이 된다. 예컨대 생산성 증대를 위해 조직구성원을 격

그림 2-9 상황접근적 경영학

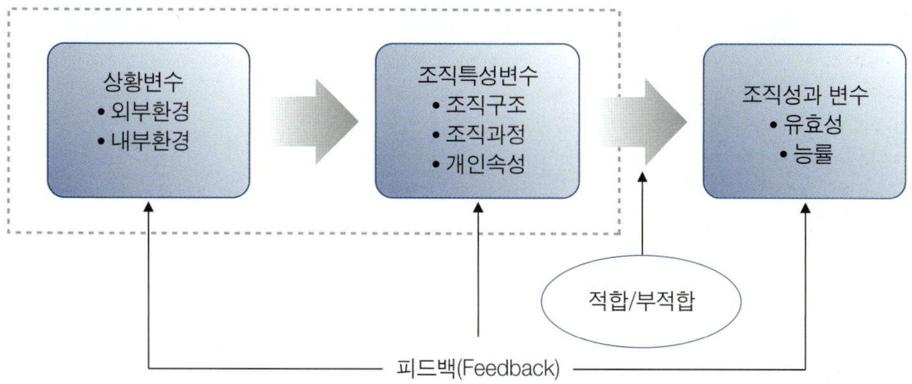

려할 필요가 있을 때, 고전적 경영학자는 새로운 작업단순화 계획을 제안할 것이고, 행동학적 경영학자는 심리적인 동기부여 분위기를 제안할 것이다. 그러나 이 상황이론 접근방식에 훈련된 경영자라면 그는 '어떤 방법이 지금 이 순간, 이 작업장에서 최적일까?'를 생각할 것이다. 만약 조직구성원들이 주로 미숙련공이고, 교육훈련 및 자원측면에서 제한이 있을 경우에는 그는 고전적 경영학자의 견해를 택할 것이다. 그러나 만약 조직구성원이 숙련공들이라면 그는 행동학적 경영학자의 견해가 오히려 유효적이라는 결론을 내릴 것이다.

상황접근적 경영이론의 주요한 결정요인은 기업을 둘러싼 외부환경과 기업내부의 환경이다. 정치, 경제, 사회, 문화적 환경으로 분류되는 외부적 환경과 기술, 자원, 과업 등의 내부적 환경에 맞춰 경영이 이루어져야 하는 것이다. 그리고 이 이론의 기본적 개념은 상황(situation)과 조직특성과의 적합여부가 조직성과를 결정한다는 사고를 기초로 상황과 조직특성 간의 적합한 관계를 경험적, 조작적, 특정화하려고 하는 것이다.

3) Z-이론(오우치)

1970년대와 1980년대 일본기업들이 급속하게 성장하여 세계무대에서의 경쟁력을 갖추며 미국기업들을 흡수합병하는 등의 위협을 가할 정도의 발전을 하였으며 이에 따라 일본식 경영에 대한 관심을 불러 일으켰다.

이에 미국뿐만 아니라 전세계의 기업들은 일본기업을 주시하게 되었으며 그들의 경영접근방식이 무엇인가에 관심과 함께 이들 방식을 도입하려는 시도를 적극 검토하게 되었다.

미국식 경영접근방식과 일본식 경영접근방식의 혼합을 접목하려는 시도에서 나온 것이 캘리포니아 대학의 오우치(William Ouchi) 교수가 개발한 Z-이론이다. 이는 미국 사회의 규범과 가치 그

그림 2-10 오우치의 Z-이론

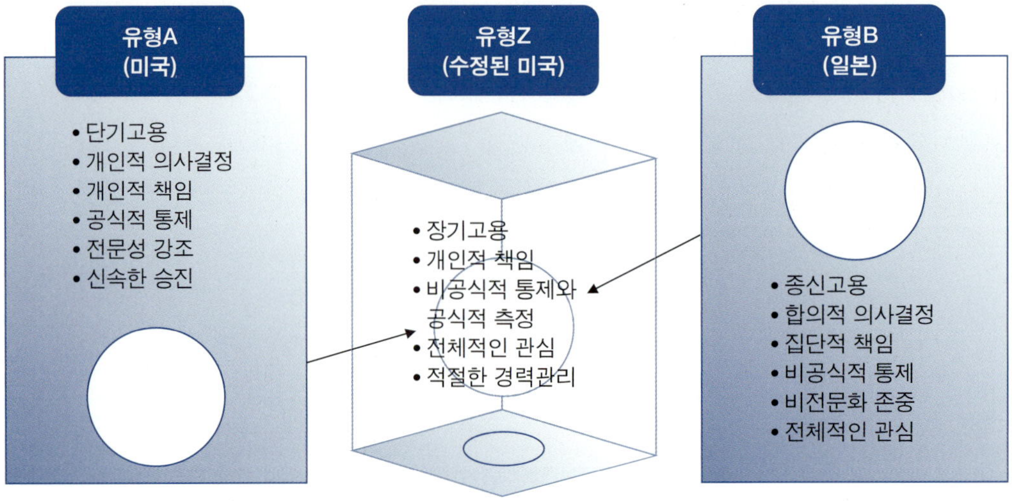

리고 문화를 유지하면서 미국식 경영의 유용성을 증가시키고자 하는 의도에서 미국과 일본의 경영 접근방식을 혼합하여 수정한 경영개념이나 미국 경영학자인 맥그리거(D. McGregor)의 이른바 'X 이론-Y이론'의 뒤를 이은 것이라 해서 그렇게 명명된 듯하며, 그 명칭자체는 오우치의 이론과는 아무런 상관도 없다.

Z-이론의 새로운 경영개념은 장기고용 또는 종신고용을 통한 소속조직에의 전력투구, 합의적 의사결정과정을 통한 공동의 책임과 참여의식을 높여 스스로 효율적인 목표관리, 비공식통제를 통한 높은 동기부여, 폭넓은 경력인정을 통한 장인정신의 고취와 품질향상 및 생산성 향상, 집단주의 경영을 통한 시너지 효과(synergy effect) 창출 등을 그 내용으로 하고 있다.

GM, Ford, HP, Intel과 같은 많은 미국기업들은 Z-이론을 경영 아이디어로써 채택하여 성공을 보았다. 이들 기업들은 특히 근로자의 의사결정과정 참여, 공동책임의 부여와 격려 그리고 비공식적인 통제개념을 적극 수용하였다.

4) 카오스(Chaos)이론

경영이론의 주류는 조직의 성공은 질서정연한 안정적 상태에서 이루어지며, 예측은 항상 가능하다는 사실을 전제로 한다. 즉, 경영이론은 조직의 성공은 질서정연한 미래의 예측에 달려있기 때문에 경영자의 역할은 예측 가능한 미래의 환경변화에 전략적 계획 등을 맞춰 조직을 조정해 나아가는 것이라고 보는 견해를 기본으로 발전되었다. 따라서 이러한 경영이론 하에서는 경영자들은 지속적으로 안정적인 조직성과 또는 경영성과를 보일 경우에만 우수한 것으로 평가받기 때문에 기존 경영이론에서는 안정성으로 갈 수 있는 특질을 경영활동의 제일 중요한 요소로써 취급한다.

카오스이론은 기업의 경영환경의 불안정성을 수용하는 복잡성과학의 분류로써 지금까지의 경영이론이 선형관계와 일방적 인과관계에 중심을 두는 것과 대조적으로, 불안정성을 시스템자체가 인정하는 비선형관계와 상호인과적 순환고리를 강조한다. 즉, 경영환경의 불안정성을 우연이 아닌 인과관계가 있는 상황으로 인식하는 경영이론이다.

Field_Story 위기를 기회로? 반도체 업계 또 '치킨게임' 움직임

요즘 '반도체시장에 한파가 찾아왔다'라고 말하는 사람들이 늘어나는 중이에요. 다소 의아하실 수도 있는데요. 얼마 전까지만 해도 반도체가 부족하다면서 전 세계가 반도체 확보에 열을 올렸으니까요. 미국은 자국 반도체 기업을 보호하는 동시에 중국 반도체 산업을 견제하기 위해 각종 대책을 내놓기도 했죠. 중국도 가만히 당할 수는 없다면서 대대적인 투자로 맞대응하고 있어요.

반도체 기업들이 어려움을 겪는다는 말이 어느 정도는 맞나봐요. 우리나라 반도체수출이 감소하고 있거든요. 8월부터 감소하기 시작한 반도체 수출액이 지난달에는 1년 전 같은 기간보다 17.4%나 줄어들었대요. 수출이 감소하니 반도체 기업들의 실적도 악화했고요. 지난 3분기 우리나라 대표 반도체 회사인 삼성전자와 SK하이닉스는 나란히 실적 감소를 겪었죠.

해외유력 반도체 기업 중에서도 기대에 못 미치는 실적을 발표한 곳들이 있어요. 전망도 밝지 않은 듯하고요. 부진한 실적을 기록한 반도체 업체들은 '이제 생산을 줄이고 투자는 축소하겠다'라는 계획을 밝혔거든요. 반도체시장 위기설이 아주 틀린말 같지는 않죠.

반도체 시장의 위기, 진짜 오는 거야?

이번 한파가 반도체 산업전반에 해당하는 이야기는 아니에요. 반도체의 종류는 크게 2가지로 나눌 수 있는데요. 정보를 연산하고 처리하는 시스템 반도체와 정보를 저장하는 메모리 반도체가 있죠. 그래서 전자를 두뇌에, 후자를 공책에 비유하기도 해요.

시스템 반도체는 분야는 최근 위기설과는 큰 상관이 없어요. 안 들어가는 데가 없는 반도체거든요. PC나 스마트폰은 물론 카메라, 유선전화기, 냉장고, 밥솥 등 전력을 사용하는 제품엔 다 들어간다고 보면 되죠. 그만큼 시스템 반도체에 대한 수요는 꾸준할 수밖에 없고요.

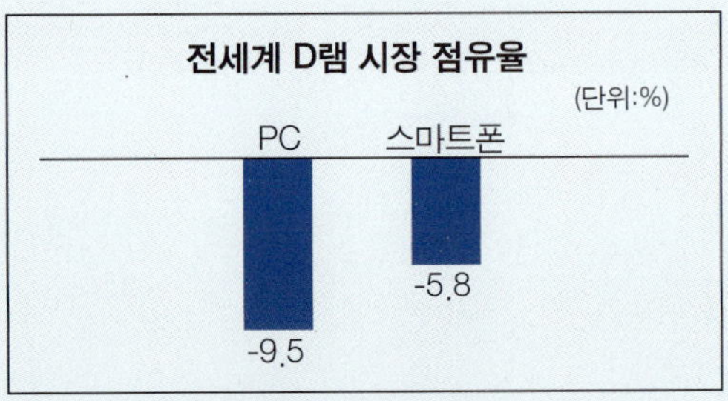

2021년 대비 출하량 기준/자료=가트너

요즘 우려의 목소리가 나오는 건 메모리 반도체예요. 메모리 반도체는 사용처가 비교적 한정돼 있어요. 데이터센터와 PC, 스마트폰 등에 주로 사용되죠. 데이터센터는 증가하는 중이지만 요즘 PC와 스마트폰 판매는 줄어들고 있거든요. 먹고 살기 팍팍해지니 PC나 스마트폰 신제품을 예전만큼 많이 사진않는 거예요.

문제는 메모리 반도체 수요만 줄어드는 게 아니라, 공급까지 과잉이란 거예요. 찾는 사람은 줄었는데 생산량은 그대로니, 가격이 하락할 수밖에 없는 거죠. 실제 메모리 반도체 가격은 올해 들어 지속해서 하락하는 중이에요.

생산량을 줄이면 되는 거 아니야?

반도체공장은 일반공장과 조금 달라요. 하루 24시간, 1년 내내 쉬지 않고 가동해야 하죠. 한번 공장 가동을 멈추면 다시 가동을 시작해 제품을 생산하기까지 6개월 이상이 걸린다고 해요. 생산량을 줄이겠다고 직원들에게 '이번 주는 좀 일찍 퇴근해'라고 할 수가 없는 거예요.

얼마 전까지 메모리 반도체를 포함한 반도체 전반이 부족하다고 난리가 난 것도 이 때문이에요. 지난

2020년 초에 코로나19가 전 세계로 확산하면서 경기악화를 우려한 반도체 회사들이 생산량을 줄였거든요. 그런데 오히려 집밖에 나가기 어려워진 사람들이 PC와 스마트폰 등 온갖 전자제품의 소비를 늘렸던 거죠. 반도체 생산량을 늘리는 데도 6개월 이상이 걸리니까 부족현상이 지속됐던 거고요.

그래서 겨우 다시 생산량을 늘려놨는데 이번엔 갑자기 전쟁이 발발하고 경기침체우려가 커지고 있는 거예요. 반도체 회사입장에선 안 그래도 생산량 조절이 어려운데 자꾸 예상하지 못했던 일들이 터지는 거고요. 그리고 앞서 말했듯 사용처가 다양한 시스템 반도체는 큰 문제가 없지만, 메모리 반도체 업체들은 어려움을 겪게 된 거죠.

삼성전자 “난 계속할 건데”

메모리 반도체를 생산하는 업체들이 다들 힘들다고 난리인데, 삼성전자는 분위기가 좀 달라요. 다른 회사들과는 달리 삼성전자는 투자를 축소할 생각이 없대요. 생산량을 줄이지도 않겠다는데요. 이를 두고 ‘삼성전자가 치킨 게임(Chicken game · 끝장승부)을 시작했다’라는 분석까지 나오고 있어요.

치킨 게임이란 표현은 1950년대 미국 일부 젊은이들 사이에서 유행하던 자동차 게임에서 유래해요. 도로 양쪽에서 두 명의 경쟁자가 자신의 차를 몰고 정면으로 돌진하다가 충돌직전에 핸들을 먼저 꺾는 사람이 지는 경기죠. 어느 한쪽이 양보 혹은 포기하지 않으면 양쪽 모두 파국으로 치닫는 극단적인 상황을 의미해요.

이렇게 보면 하나도 이득 될 것 없는 바보같은 짓으로 보이지만, 승자가 얻어갈 수 있는 보상이 크다면 얘기가 달라져요. 흔히 산업계에서는 수익성 감소나 가격하락을 감수하면서 생산량을 늘려나가는 출혈경쟁을 치킨게임에 비유해요. 이 경우 단기적으로 손해를 보더라도 경쟁사를 제거하는 데 성공하면 시장점유율을 크게 높일 수 있죠. 경쟁이 약해진 시장에선 손쉽게 수익을 극대화할 수 있고요.

메모리 반도체를 두고 치킨게임을?

삼성전자는 현재 메모리 반도체 시장점유율 1위예요. 경쟁사도 많지 않은데요. 삼성전자가 지금의 지위에 오를 수 있게 된 건 치킨게임에서 살아남았기 때문이란 분석이 많죠. 만약 한 번 더 치킨게임이 벌어지면 삼성전자가 메모리 반도체 시장을 완전히 장악할 수도 있는 거예요.

물론 삼성전자가 메모리 반도체 시장전체에서 치킨게임을 할 것으로 보인다는 얘기는 아니에요. 반도체가 시스템 반도체와 메모리 반도체로 구분되듯, 메모리 반도체도 크게 2가지로 구분할 수 있어요. 바로 낸드플래시와 D램이죠.

◆낸드플래시

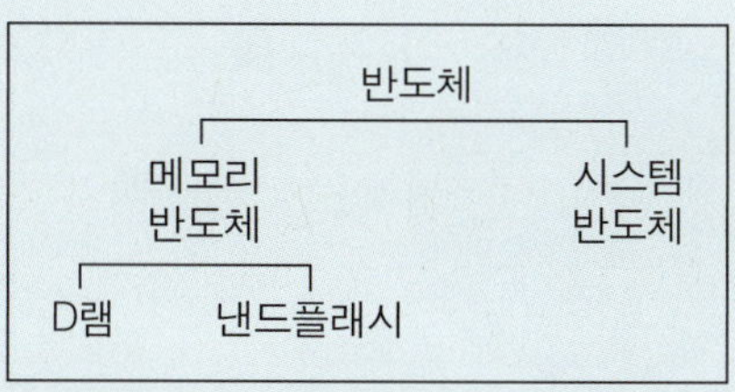

컴퓨터나 스마트폰에 사진이나 파일을 너무 많이 저장하면 저장 공간이 부족하다고 하잖아요? 여기서 말하는 저장공간에 사용되는 대표적인 반도체가 바로 이 낸드플래시예요. 낸드플래시는 속도는 비교적 느리지만 전원이 꺼지더라도 정보가 저장되는 게 특징이죠. USB와 SD카드, SSD가 낸드플래시로 만든 대표적 저장장치예요.

◆D램

앞서 시스템 반도체가 정보를 연산하고 처리하는 두뇌역할을 한다고 설명했는데요. 시스템 반도체가 연산할 때마다 그 결과를 속도가 느린 낸드플래시에 저장하다 보면 작업속도가 너무 늦어지게 될 거예요. D램은 속도가 빠른 임시저장장치라고 생각하면 돼요. 시스템 반도체와 낸드플래시 사이에서 데이터를 임시로 저장하면서 빠른 작업을 도와주는 역할이죠. 대신에 전원이 꺼지면 저장 중인 정보가 날아가 버려요. 가끔 스마트폰이 좀 느리다 싶으면 '스마트폰 최적화' 기능 사용하죠? 바로 이때 D램 안에 임시 저장된 정보를 지워 속도를 빠르게 하는 거예요.

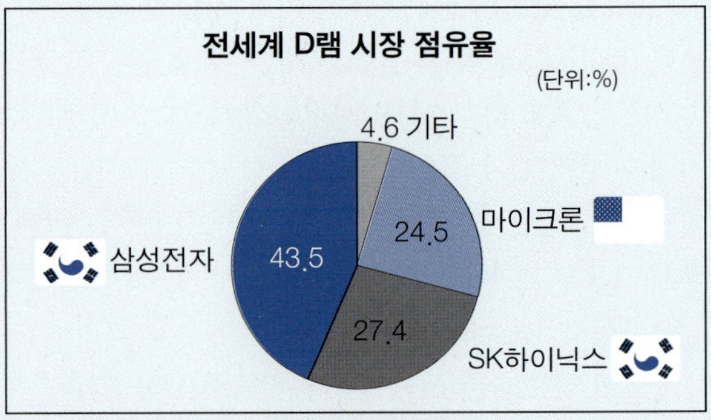

2022년 2분기 매출액 기준/자료=트렌드포스

메모리 반도체 중 D램 시장에선 이미 두 차례나 치킨게임이 벌어졌어요. 지금은 한국이 D램 시장을 이끌고 있지만 과거엔 일본, 대만, 미국, 독일기업들과 치열하게 경쟁했는데요.

첫 번째 게임은 2007년에 대만 D램 업체들이 시작했어요. 당시 후발주자로 평가받던 대만회사들이 승부수를 던져보겠다며 지속해서 생산량을 늘렸고, D램 가격은 폭락했어요. 2006년에 7달러 수준이었던 한 D램 제품의 가격은 2009년엔 0.5달러까지 떨어졌대요. 이 치킨게임 때문에 한때 세계 2위 업체였던 독일 D램 회사는 2009년에 파산했고요.

이후 잠시 평화가 찾아오는 듯했지만, 기간은 길지 않았어요. 2010년에 대만과 일본기업이 다시 생산량을 늘리기 시작했거든요. 극단으로 치달은 출혈경쟁이 재연되면서 2012년에는 일본의 한 D램 업체가 무너졌어요. 일본정부가 나서 수천억원의 돈을 투입해가며 회사를 살려내려고 했지만 결국 한 미국 회사(마이크론)에 흡수되고 말았죠.

한때 20여 개 회사가 경쟁하던 D램 시장이 두 번의 치킨게임을 거치면서 현재는 3개 회사가 장악한 곳으로 바뀐거예요. 치킨게임을 주도했던 일본과 대만회사들은 모두 사라졌고, 살아남은 삼성전자는 D램 시장에서 확고한 1위 업체가 된 거죠.

치킨게임은 또다시 시작될까요

요즘 사람들이 '삼성전자가 치킨게임을 시작할 것'이라고 말하는 건 낸드플래시 시장을 두고 하는 말이에요. 물론 삼성전자는 낸드플래시 시장에서도 점유율 1위 업체예요. 하지만 D램보다는 점유율은 낮고 경쟁업체는 더 많죠. 예전에 경쟁사들이 시작한 치킨게임을 버티면서 D램 시장을 장악한 삼성전자가, 이번엔 낸드플래시 시장에서 직접 출

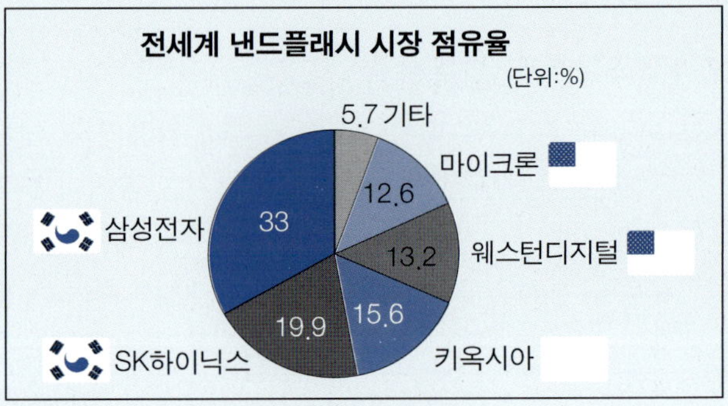

2022년 2분기 매출액 기준/자료=트렌드포스

혈 경쟁을 시작할 거라는 분석이 나오는 거예요. 손해를 감수하며 경쟁사를 하나하나 제거해 나가려는 계획일지도 모른다는 거죠.

최근 급격히 추워진 날씨처럼 메모리 반도체시장에도 찾아온 한파, 삼성전자는 이 한파 속에서 치킨게임을 시작할 셈인 걸까요? 만약 치킨게임이 벌어진다면 어떤 결과로 이어지게 될까요?

▶ 출처 : 매일경제, 2022. 11. 19
https://www.mk.co.kr/news/business/10526489

생각해 봅시다

1. 고전적 경영학에 대해 설명해보자.
2. 행동론적 경영학에 대해 제시해보자.
3. 현대경영이론에 대해 설명해보자.

제3장

기업과 사회적 책임

경영학의 연구대상으로는 일정한 목적을 위하여 합리적으로 행동하는 모든 조직이 포함된다고 할 수 있으나, 그 연구대상을 현대자본주의 사회에서 핵심이 되고 있는 '기업(企業)'에 초점을 둔다고 하였다. 이번 장에서는 기업의 의의 및 목적, 기업의 여러 형태와 발전 그리고 기업의 사회적 책임에 대하여 살펴보기로 하자.

[2022년 100대 그룹 ESG 평가-A그룹(1~30위)]
LG생활건강, 제품책임 · 인권존중으로 100대 상장기업 중 '1위'

사회부문에서 단독 280점 넘기면서 다른 기업압도하는 빼어난 성과기록
SK하이닉스, KT&G, SK이노베이션, 현대모비스 상위권에 등극
25~30위 차지한 현대제철, LG디스플레이, SK, CJ대한통운도 우수 성과 달성

국내 주식시장에 상장된 기업 중 시가총액 상위 100대 기업은 우리나라 산업과 경제를 이끌어 나가는 중요한 원동력이다. 주력분야는 기업별로 다르지만, 최근 100대 기업들이 공통적으로 관심을 기울이고 있는 경영방식은 바로 'ESG'다. 환경(Environment), 사회(Social), 지배구조(Governance) 3가지 비재무적인 요소를 활용해 기업의 현 주소와 미래가치를 진단하는 ESG는 전 세계적 기업들의 뜨거운 관심을 모으고 있다. 이에 뉴스퀘스트는 ESG연구소(소장 안치용)와 공동으로 최근 3년 간 자료를 바탕으로 시가총액 상위 100대 기업의 ESG 경영활동을 평가했다. 분석은 총점을 기준으로 전체 조사 대상 기업의 순위를 차례로 부여한 후 A그룹, B그룹, C그룹으로 나눠 진행했다.

LG생활건강이 '2022년 100대 그룹 ESG 평가'에서 국내 시가 총액 상위 기업들을 모두 압도하는 우수한 성과를 보이면 1위에 올랐다.

LG생활건강은 사회부문에서 단연 최고의 점수를 보였는데 350점 만점에서 280점 이상을 기록한 곳은 LG생활건강이 유일했다.

2022년 100대 기업 ESG 총점 순위표(1~10위)

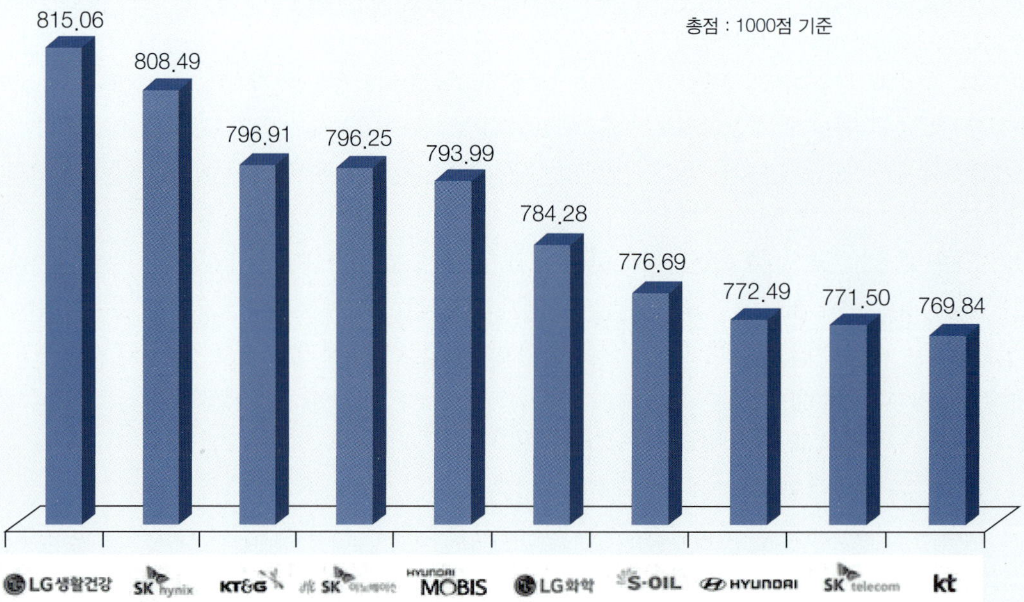

2일 뉴스퀘스트와 ESG연구소(구 한국CSR연구소)는 시가총액 상위 100대 기업의 ESG 성과를 3가지 부문의 각종 지표로 분석한 '2022 100대 기업 ESG 지수' 결과를 발표했다.

앞서 뉴스퀘스트는 국내 주요 은행·증권·생명보험·손해보험사를 대상으로 진행한 '2022 금융산업 ESG 평가' 결과를 발표한 바 있다.

해당 결과가 이미 나온 관계로 이번 조사에서는 순수지주사와 금융기업을 제외한 나머지 시가총액 상위 100대 기업(2021년 기준)을 분석했다.

평가기준은 △사회(350점 만점) △거버넌스&이해관계자(400점 만점) △환경(250점 만점) 등 3가지 부문(총 1000점 만점)으로 구성됐으며, 부문별 세부항목 점수를 종합적으로 환산해 객관성을 더했다.

전체 1위에 오른 LG생활건강은 사회부문에서 고객만족지수, 공정거래법 위반건수, 산업재해, 남녀평등 여성구성비, 장애인 고용저조기업 등에서 만점에 가까운 점수를 쓸어 담으며 282.21점이라는 고득점을 달성했다.

LG생활건강은 환경부문에서도 최상위권에 올랐다. 폐기물저감 및 재활용, 기후변화방지를 위한 온실가스 저감 계획, 매출대비 온실가스 배출량 등에서 높은 점수를 보이면서 3위에 올랐다.

거버넌스&이해관계자 부문에서만 10위권 밖(19위)을 기록한 LG생활건강은 이로써 총점 282.21점으로 당당히 '전체 1위' 성적표를 받았다.

2위는 SK하이닉스가 차지했다. 이번 조사에서 총점 800점대를 기록한 기업은 LG생활건강과 SK하이닉스 두 곳 뿐이었다.

SK하이닉스는 거버넌스&이해관계자 부문에서 LG생활건강보다 약 33점 높았지만, LG생활건강이 워낙 사회·환경부문에서 좋은 평가를 받아 2위에 만족해야 했다.

매출, 고용총인원, 총급여, 기부금, 세금, 시총, 배당 등에서 거의 만점을 기록한 SK하이닉스는 거버넌스&이해관계자 부문에서 전체 2위에 올랐다. 거버넌스&이해관계자 부문 1위는 포스코였다.

3위에 오른 기업은 KT&G였다. KT&G는 특별히 압도한 부문은 없었으나, 사회·거버넌스&이해관계자·환경부문에서 모두 고른성적을 보였다.

ESG 지수평가는 3부문을 종합적으로 평가하기 때문에 어느 한 분야에 특별히 높은 점수를 받거나, 크게 뒤처지는 점수를 받는 것보다 KT&G처럼 종합적으로 우수한 성적을 받는 게 중요하다.

SK이노베이션, 현대모비스, LG화학, S-Oil, 현대자동차, SK텔레콤, KT은 이번 조사에서 최상위권에 해당하는 4~10위에 배치됐다.

SK이노베이션(4위·총점 796.25점)은 사회 부문과 환경 부문에서는 좋은 성적을 기록했으나, 상대적으로 거버넌스&이해관계자 부문이 전체 20위로 아쉬운 성적을 남겼다.

현대모비스(5위·793.99점)은 거버넌스&이해관계자 부문(단독 3위)이 순위 상승에 결정적인 역할을 했다. 매출, 고용총인원, 기부금, 세금, 시총, 배당 등에서 만점에 근접한 점수를 받았다.

LG화학(6위 · 784.28점)은 다른 부문은 좋은 면모를 보였으나, 환경 부문에서 다소 낮은 점수를 받았다. 녹색구매방침 제정 및 이행, 친환경제품 인증 획득 정도, 온실가스 배출량 등에 개선이 필요한 것으로 분석됐다.

S-Oil(7위 · 776.69점)도 LG화학과 비슷한 양상이었다. S-Oil의 환경부문 점수는 160점으로 전체 기업 중 43위에 그쳤다.

현대자동차(8위 · 772.49점)는 사회부문이 순위상승의 걸림돌이었다. 현대자동차는 컴플라이언스, 노동, 사회영향에서 크게 낮은 점수를 받으면서 사회부문 전체 68위를 기록했다.

통신업계 라이벌 SK텔레콤(771.50점)과 KT(769.84점)는 불과 2점 차이로 각각 9위, 10위에 올랐다.

사회 · 거버넌스&이해관계자 부문에서는 KT가 높은 점수를 획득했지만, 환경부문에서 SK텔레콤이 KT보다 20점을 더 받으면서 한 단계 더 높은 자리에 배치됐다.

KT는 SK텔레콤보다 기후변화방지를 위한 온실가스 저감계획, 녹색구매방침 제정 및 이행 등에서 아쉬운 성적은 남겼다.

통신 3사 중 하나인 LG유플러스(719.88점)는 SK텔레콤과 KT에 한참 뒤쳐진 35위를 기록하면서 상위권 A그룹이 아닌 중위권 B그룹에 머물렀다.

11~20위는 롯데케미칼, 현대건설, 포스코인터내셔널, 기아, 아모레퍼시픽, 포스코, 한국전력공사, LG전자, NAVER, 삼성전기가 차례로 올랐다.

2022년 100대 기업 ESG 총점 순위표(11~21위)

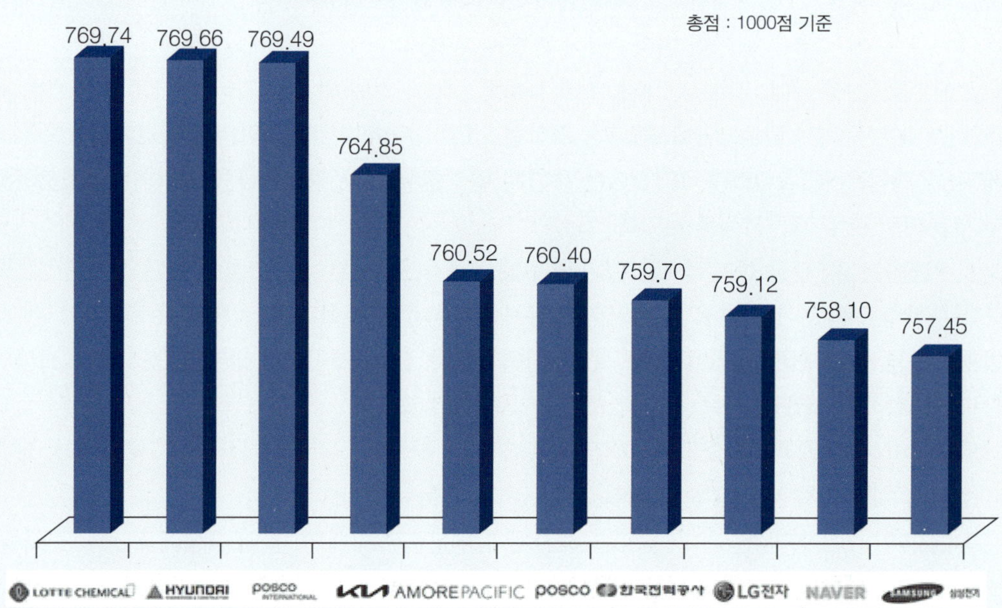

롯데케미칼(11위 · 총점 769.74점)은 사회부문에서 전체 32위로 재해율, 1인당 교육훈련시간, 1인당 교육훈련비 등에서 다른 기업들에 비해 낮은 점수를 받아 10위권 진입에 아쉽게 실패했다.

현대건설(12위 · 769.66점)은 환경부문에서 100대 기업 중 유일하게 200점(250점 만점)을 기록하면서 우수한 성과를 보였다. 현대건설은 녹색구매방침 제정, 친환경제품 인증획득정도를 제외한 나머지 환경부문 지표에서 모두 좋은 점수를 받았다.

포스코인터내셔널(13위 · 769.49점)은 현대건설보다 사회 · 거버넌스&이해관계자 부문에서는 높은 점수를 획득했으나, 환경부문 점수가 약 36점 격차를 보이면서 순위가 한 단계 밀렸다.

기아(14위 · 764.85점)는 사회부문의 저조한 점수가 문제였다. 전체 기업 중 73위로 컴플라이언스, 사회영향 등에 개선이 필요했다.

아모레퍼시픽(15위 · 760.52점)은 거버넌스&이해관계자 부문에서 38위를 기록한 점이 순위상승에 발목을 잡았다. 매출 대비 고용총인원, 주가, 배당 등에서 낮은 점수를 받았다.

거버넌스&이해관계자 부문에서 전체 1위를 기록한 포스코(16위 · 760.40점)는 사회 부문에서 80위를 기록하면 극명한 차이를 보였다. 포스코는 컴플라이언스, 안전, 사회영향에서 크게 낮은 점수를 받아 이 부분에 대한 개선조치가 시급해 보인다.

한국전력공사(17위 · 759.70점)는 포스코와 환경부문 점수는 엇비슷했지만, 거버넌스&이해관계자 부문의 격차가 워낙 커 불과 0.7점 차이로 순위가 밀렸다.

LG전자(18위 · 759.12점)는 환경부문에서만 17위를 거뒀고, 사회 · 거버넌스&이해관계자 부문은 20위 밖이었지만, 고르게 점수를 받으면서 총점기준 20위 안에 들어서는데 성공했다.

NAVER(19위 · 758.10점)는 거버넌스&이해관계자 부문에서 13위로 우수했지만, 사회 · 환경부문에서 아쉬운 면모를 보였다. 컴플라이언스, 교육, 환경경영체제, 국제협력 등에서 낮은 점수를 받았다.

그러나 NAVER은 카카오와 비교했을 때 이번 평가에서 한수 위의 ESG 역량을 보였다. 카카오는 총점 703.14점으로 39위에 그쳤는데 환경부문에서만 약 2점 앞섰을 뿐 나머지 부문은 NAVER에 밀렸다.

환경부문 전체 5위라는 좋은 성적을 받은 삼성전기(20위 · 757.45점)는 거버넌스&이해관계자 부문에서 매출 대비 고용총인원, 기부금 등에서 취약한 모습이었다.

21~30위는 한국가스공사, LG이노텍, 삼성전자, 한화솔루션, GS리테일, 삼성SDS, 현대제철, LG디스플레이, SK, CJ대한통운의 몫이었다.

한국가스공사(21위 · 총점 754.30점)는 사회 · 거버넌스&이해관계자 부문은 나쁘지 않은 성적을 받았지만, 환경부문에서 폐기물저감 및 재활용, 녹색구매방침 제정 및 이행, 친환경제품 인증획득 정도에서 낮은 점수를 기록했다.

LG이노텍(22위 · 753.49점)은 환경 부문에서 전체 13위로 좋은 점수를 받았다. 다만, 사회 부문에서 노동 등에 대한 평가가 매우 저조한 결과를 보이면서 순위가 낮아졌다.

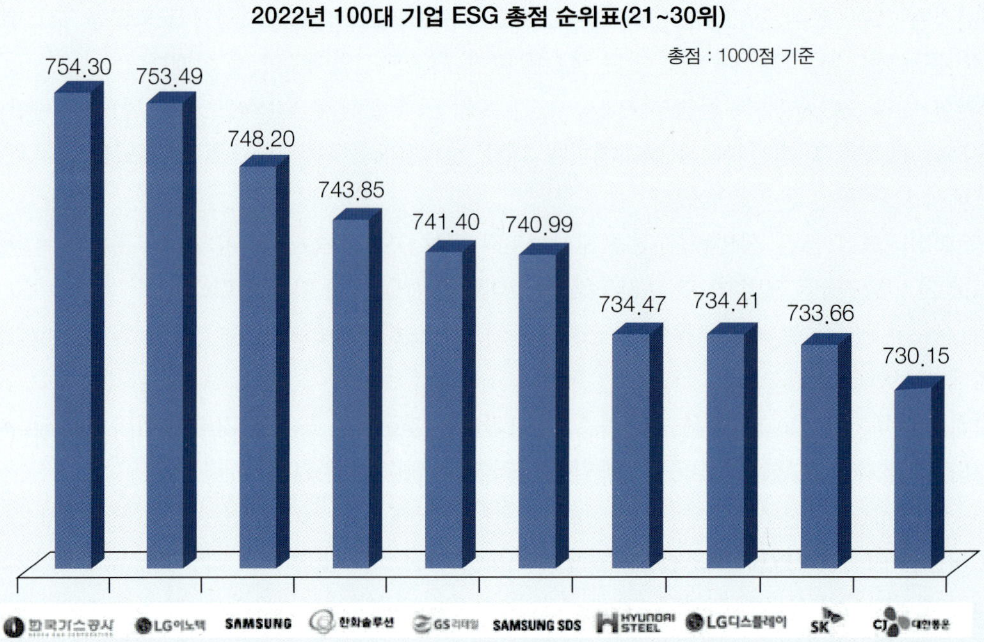

코스피 시가총액 1위를 기록하고 있는 삼성전자(23위 · 748.20점)는 A그룹 하위권을 맴돌면서 다소 아쉬운 성적을 기록했다.

삼성전자가 순위권이 낮아진 이유는 사회부문 때문이었다. 삼성전자는 컴플라이언스, 안전, 사회영향 등에서 다른 상장기업들에 비해 취약한 면모를 보이면서 향후 해당 부문에 대한 개선이 요구될 것으로 보인다.

한화솔루션(24위 · 743.85점)은 거버넌스&이해관계자 부문에서 전체 39위로 낮은 평가를 받았다. 총급여, 기부금, 배당 등에서 받은 저조한 점수가 원인이었다.

GS리테일(25위 · 741.40점)은 환경친화기업 또는 환경경영체제 인증여부, 환경담당임원 및 전담조직 유무 등에서 아쉬운 점을 남기면서 A그룹 하위권에 남았다.

삼성SDS(26위 · 740.99점)의 경우 사회부문에서는 전체 12위로 높은 순위를 기록했다. 다만 거버넌스&이해관계자 부문(32위), 환경부문(45위)이 순위를 떨어뜨렸다.

삼성SDS와 반대로 현대제철(27위 · 734.47점)은 사회부문에서 전체 78위로 낮은 점수를 받았다. 현대제철은 재해율, 1인당 교육훈련시간, 1인당 교육훈련비 등에서 점수가 낮았다.

LG디스플레이(28위 · 734.41점)는 거버넌스&이해관계자 부문에서 기부금, 세금(법인세), 배당 등에서 낮은 점수를 받은 점이 아쉬웠다.

환경부문 전체 3위에 오를 정도로 빼어난 면모를 보인 SK(29위 · 733.66점)는 사회부문이 문제였다.

사회부문에서 89위로 전체 기업 중 최하위권에 머물렀는데 급여비율, 1인당 교육훈련비, 고용평등 대상 수상 실적, 사회영향평가에서 저조한 점수를 받은 것이 원인이었다.

A그룹에서 최하위를 기록한 CJ대한통운(30위 · 730.15점)은 환경부문에서 전체 11위로 좋은 성적을 받았지만, 사회부문에서 공정거래법 위반 건수, 재해율, 남녀평등 여성 구성비율 등에서 낮은 점수를 받았다.

시가총액 100대 기업 중 상위권인 A그룹에 포함된 기업들은 대부분 ESG 성과에서 우수한 실적을 기록하고 있었다.다만, 일부 기업의 경우 특정 부문은 다른 기업을 압도할 정도로 뛰어난 성과를 내고 있지만, 다른 한 부문은 최하위권을 맴돌 정도로 극과 극의 양상을 보이고 있었다.

이에 따라 사회 · 거버넌스&이해관계자 · 환경 3가지 부문으로 평가되는 ESG 경영에서 국내 기업들이 글로벌 기업들과 당당히 경쟁하려면 모든 부문을 고르게 성장 · 발전 · 유지시켜야 한다는 주장이 설득력을 얻게 됐다.

◆ 2022년 100대 기업 ESG 총점 순위표

순위	회사명/점수	부문			총점
		사회	거버넌스&이해관계자	환경	
		350	400	250	1000
1	LG생활건강	282.21	338.85	194.00	851.06
2	에스케이하이닉스	67.46	371.03	170.00	808.49
3	KT&G	267.42	331.49	198.00	796.91
4	에스케이이노베이션	272.17	338.08	186.00	796.25
5	현대모비스	255.25	366.74	172.00	793.99
6	LG화학	263.04	359.23	162.00	784.28
7	S-Oil	266.04	350.65	160.00	776.69
8	현대자동차	226.04	362.45	84.00	772.49
9	에스케이텔레콤	261.33	356.17	154.00	771.50
10	KT	274.92	360.92	134.00	769.74
11	롯데케미칼	251.38	344.34	174.00	769.74
12	현대건설	229.58	340.08	200.00	769.66
13	포스코인터내셔널	263.42	342.07	164.00	769.49
14	기아	222.88	365.98	176.00	764.85

순위	회사명/점수	부문			총점
		사회	거버넌스&이해관계자	환경	
		350	400	250	1000
15	아모레퍼스픽	266.33	312.18	182.00	760.52
16	포스코	212.79	381.61	166.00	760.40
17	한국전력공사	253.79	343.91	162.00	759.70
18	LG전자	249.50	337.62	172.00	759.12
19	NAVER	248.20	345.90	164.00	758.10
20	삼성전기	256.96	312.49	188.00	757.45
21	한국가스공사	257.58	334.71	162.00	754.30
22	LG이노텍	247.38	330.11	176.00	753.49
23	삼성전자	211.29	364.90	172.00	748.20
24	한화솔루션	255.67	312.18	176.00	743.85
25	GS리테일	256.97	330.42	154.00	741.40
26	삼성에스디에스	265.75	317.24	158.00	740.99
27	현대제철	216.13	350.34	168.00	734.47
28	LG디스플레이	260.21	308.20	166.00	734.41
29	SK	204.79	334.87	194.00	733.66
30	CJ대한통운	230.31	321.84	178.00	730.15

◆ 2022 대한민국 100대 상장기업 ESG 지수 연구방법론

뉴스퀘스트와 ESG연구소(구 한국CSR연구소 소장 안치용)이 공동으로 발표한 '2022 대한민국 100대 상장기업 ESG 지수'는 한마디로 기업의 ESG 경영수준평가를 통해 기업이 대한민국을 지속가능한 사회로 만드는 데 얼마나 기여하고 있는가를 보여준다. 구체적으로는 ESG 성과를 측정해 사회에 전달한다.

'대한민국 100대 상장기업 ESG지수'는 제대로 된 기업의 사회책임수준을 ESG 성과로 측정해 산업계와 사회에 공개함으로써 한편으론 우리 경제·산업계의 ESG 경영수준을 제고하고 다른 한편으론 지속가능사회에 대한 관심과 참여를 촉진할 것으로 기대한다.

무엇보다 ESG 경영은 비용이 아니라 기회이며, 사회적 자본의 축적과 리스크의 사전 회피기능을 수행함을 기업들이 자각할 필요가 있다.

유럽연합(EU)이 종업원 250인 이상 기업의 사회보고를 의무화하는 등 국제사회가 이미 '지속가능성라운드'에 돌입한 상황을 한국사회는 특별히 주목해야 한다.

평가는 사회, 거버넌스&이해관계자, 환경부문으로 나눠 진행했다. 평가지표는 세계의 많은 기업이 지속가능보고서를 발간할 때 기준으로 삼는 GRI(Global Reporting Initiative) 체계에 따라 구성됐다.

GRI는 경제·사회·환경성과(TBL·Triple Bottom Line)를 진술하는 객관적이고 공인된 형식이다. 평가지표에는 국제표준화기구(ISO)의 '사회적 책임(SR)에 관한 가이드라인'(ISO 26000) 또한 반영됐다.

조사대상인 100대 상장기업은 2021년 기준 시가총액 상위 100대 기업이며, 순수지주사와 금융기업은 제외됐다.

'2022 대한민국 100대 상장기업 ESG 지수'는 사회, 거버넌스&이해관계자, 환경 3개 부문으로 구성된다. 사회 350점, 거버넌스&이해관계자 400점, 환경 250점으로 1000점 만점이다. 평가지표 전체는 46개이다.

ESG라는 기업철학에 입각한 만큼 재무성과는 평가에서 제외했다. 비록 재무성과를 직접 평가하지는 않지만, 시가총액 100대 기업을 대상으로 하는 만큼 간접적으로 재무성과를 측정했다고 볼 수 있다.

시가총액에는 기업의 재무성과가 반영됐다고 간주되기 때문이다. 평가기준시점은 2021년 12월 31일이며, 이 시점을 기준으로 직전 3년치 자료에 근거하여 평가했다. 여러 해의 자료를 쓸 때는 최근 연도에 가중치를 두었다.

사회부문(350점)은 제품책임, 컴플라이언스, 노동, 안전, 교육, 인권, 사회영향 등 7개 하위부문으로 나뉘며, 지표 수는 17개이다.

'고객만족지수'와 '탄소 및 환경인증제품' 등 지표가 '제품책임'에 포함됐으며, '공정거래법위반'이 '컴플라이언스'에 들어갔다. '노동'에는 '비정규직비율', '급여비율(임원 대비 직원)'이, '안전'에는 '산업재해'와 '재해율'이 포함됐다.

'교육'에는 '1인당 교육훈련시간'과 '1인당 교육훈련비용'이, '인권'에는 '차별금지'와 '다양성 및 평등한 기회'를 위한 '여성 구성비(직원)'과 '여성 임원비율', '장애인 고용률' 등이 포함됐다.

'사회영향'에서는 키워드검색으로 2021년에 언론 보도에 부정적으로 노출된 빈도를 측정해 점수화했다.

거버넌스&이해관계자 부문(400점)은 크게 가치생산, 종업원, 정부, 사회공헌, 주주, 지배구조, 사회보고 등 7개 하위부문으로 나위며, 지표 수 14개이다.

'종업원'에는 '총 고용인원', '총급여' '등이, '사회공헌'에는 '기부금' 등이 포함됐고, '주주'에는 '주가', '시총', '배당' 등 지표가 들어갔다.

'지배구조'에는 'CGS 지배구조 등급'이 채택됐고, 'ESG 보고'(사회보고)에는 사회보고발간, 사회보고 발간 시 적정프로세스 적용, 검증 등이 지표로 반영됐다.

환경 부문(250점)은 크게 '환경경영체계, 온실가스배출, 환경등급, 국제협력' 등 4개 하위 부문으로 나뉘며 지표 수는 15개이다.

환경경영체제를 평가할 수 있는 '환경방침제정 및 이행, 환경담당 임원 및 전담조직구성, 폐기물 저감 및 재활용, 기후변화방지를 위한 온실가스 저감계획, 에너지절감 및 개선, 유해화학물질 배출과 관리, 녹색구매방침 제정 및 이행, 친환경제품 인증획득 정도' 등의 지표가 '환경경영체제'에 포함됐다.

'온실가스 배출'에는 '온실가스 배출량'과 '매출 대비 온실가스 배출량' 지표가 들어갔으며 'CGS 환경등급'이 환경등급에 포함됐다.

또한 기업의 기후위기 대응을 위한 국제적 노력을 알 수 있는 '탄소정보공개 프로젝트(CDP)' 가입 여부와 2050년까지 전 사업장에서 사용하는 전력의 100%를 재생에너지로 전환하겠다는 국제 캠페인인 RE100 가입 여부도 보았다.

자료는 공정거래위원회, 고용노동부, 사업보고서, 지속가능보고서에서 공시된 정보를 바탕으로 수집했다. 환경 부문의 온실가스 정보는 국가온실가스종합관리시스템(NGMS)에서 2018년 이후 공개한 배출량 통계를 바탕으로 했다. 조사는 2022년 5월까지 4개월여에 걸쳐 시행됐다.

▶ 출처 : https://www.newsquest.co.kr/news/articleView.html?idxno=200226
뉴스퀘스트, 2022.11.14

제1절 기업의 의의 및 목적

조직이란 인간집단이 공통의 목표를 달성하기 위하여 상호 작용하는 제(諸) 단위라 정의할 수 있다. 인간은 어떠한 목표를 개인적으로 달성할 수 없는 경우에 여러 명이 모여 조직을 구성하여 목표를 달성한다는 것이다. 조직은 공통의 목표가 무엇이냐에 따라 영리조직과 비영리조직으로 구분할 수 있다. 영리조직이라 함은 여러 가지 목표 중에서 이윤극대화를 주된 목표로 하는 조직을 의미하는데 우리가 흔히 말하는 '기업'이 여기에 해당된다.

하지만 이윤 이외의 것을 추구하기 위해 노력하는 조직도 흔히 볼 수 있다. 예를 들어, 정부는 주어진 예산을 가지고 어떻게 하면 국가경제를 발전시켜 삶의 질을 향상시킬 수 있느냐에 정책의 초점을 맞추고 있고, 교육기관이 추구하는 것은 궁극적으로 우수한 인재를 배출하여 고급인력을 양성하는 것이라 할 수 있겠다. 이외에도 비영리조직에는 자선단체, 종교단체 등 다양한 종류가 있을 수 있다.

그러나 앞서 언급한 바와 같이 우리는 영리조직인 '기업'에 초점을 맞추어 기업에 대한 정의를 내린다면 '여러 사람이 모여 재화나 서비스를 생산·판매하여 이윤극대화를 추구하는 조직'이라고 할 수 있다. 즉, 기업이 하는 주된 행위는 '재화나 서비스를 생산 또는 판매하는 생산 실체인 것'이고 기업이 추구하는 목표는 '이윤극대화'라는 것이다.

또한 기업은 한 나라의 경제를 구성하는 가장 중요한 주체로서 경제를 성장, 발전시키는 추진력을 제공함으로써 경제발전은 물론 사회, 정치발전 등에 기여하고 있으며 이 밖에도 새로운 고용기회를 창출하고 기업 간의 바람직한 경쟁을 통하여 인류사회에 공헌하는 바가 크다고 할 수 있다.

기업을 바라보는 과거의 시각은 기업이 이익의 획득과 축적을 위한 도구로만 인식하였던 것과 달리, 현대기업은 하나의 협동적 생산 실체로 보고 합리적인 기업경영을 통하여 기업의 내외적인 다양한 요인의 변화를 체계적으로 통제하고 경영시스템의 전 구성인자를 유기적으로 파악하여 총괄적인 관점에서 경영문제를 해결하는 접근방법을 제시하고 있다.

현대 산업경제구조는 대량의 생산, 판매, 소비로 기업의 대규모화를 요구하고 있으며, 이는 다수의 자본공급자를 필요로 하고, 기업경영에 영향을 미치는 현대의 복잡하고 다양해진 요인으로 인한 기업의 전문경영자가 요구되므로 기업의 소유와 경영이 분리되고 있다. 따라서 현대의 기업경영은 주식회사 경영이라 해도 과언이 아닌 바, 현대경영학의 연구대상인 기업은 주식회사의 특성을 지닌 기업에 비중을 두게 된다.

기업이 성공하려면 '고객만족이 기업성공의 열쇠'라는 마인드를 가지고 고객중심 경영과 판매

전 및 판매 후 고객만족을 줄 수 있는 노력이 필요하며, 기업가정신(entrepreneurship)의 함양과 동시에 환경변화에 신속하게 대처할 수 있는 유연하고 수평적인 조직구조를 만들며 인간을 중시하고 기업의 핵심역량(core competence)을 강화하는데 노력해야 할 것이다.

제2절 기업형태

기업의 형태는 어떠한 종류가 있으며 각기 다른 형태의 기업이 존재하게 된 배경과 각 기업의 형태별 특징에 대하여 살펴보기로 한다.

1. 기업형태의 의의

기업의 형태를 선택하는 일은 기업을 경영하는 데 가장 중요한 과제의 하나로써 업종, 규모, 시장, 인적자원, 물적자원 및 입지 등의 제반여건을 고려해서 최적의 형태를 선택하여야 한다. 이와 같이 기업의 형태를 선택하는 것은 기업설립의 필수적 요건이며 동시에 기업의 성장과 발전을 전제로 한 많은 조직문제에도 중요한 영향을 미친다.

기업형태는 분류방법 여하에 따라 여러 가지로 구분할 수 있다. 먼저 제품이 산업제품이냐 아니면 소비자제품이냐에 따라서 산업재기업과 소비재기업으로 구분될 수 있고 자본금 및 종업원의 수에 따라 대기업, 중기업, 소기업 등으로 구분할 수 있다. 또한 자본운용과정에 따라 사기업, 공기업, 금융기업 등으로 구분할 수도 있으며 자본출자자에 따라 공기업과 사기업 및 공사공동기업으로 분류된다. 그러나 원래 기업이라고 하면 사기업을 의미하는 것이 일반적이다. 그러므로 협의의 기업형태는 자본과 경영 및 지배의 관계로 보아 사기업형태의 종류를 말한다. 즉, 기업이 경영의 최고목적인 기업이익을 획득하기 위하여 자본과 노동력을 결합하여 우리 인간들이 직접 또는 간접으로 필요로 하는 재화 및 용역을 생산공급하는 경제단위체이다.

따라서 기업은 경영의 목적을 달성하기 위해서 기업이 필요로 하는 소요자본을 조달해야 한다. 소요자본의 조달에 있어서는 기업주들이 출원하는 자기자본과 기업외부로부터 조달하는 타인자본이 있다. 기업주들이 자본을 갹출하는 것을 출자라 하고, 채권자들로부터 자본을 차입하는 것을 사채, 차입 또는 금융이라고 한다. 이와 같이 조달된 기업자본은 기업목적을 달성하기 위하여 기업자산에 투자·운영되어야 하는데 이것을 경영활동이라고 한다. 따라서 경영활동이란 생산, 판매, 재무, 인사 등에 관한 중요방침을 결정, 집행함과 동시에 조달된 자본을 기업자산에 투하, 운영하는 행동을 의미한다.

경제사회의 발전에 따라 기업규모가 대형화되면서 소유와 경영은 분리되었다. 즉, 출자자인 기업주(주주)와 기업경영에 지식과 기술 및 경험이 있는 전문경영자가 기업의 경영권을 장악하여 실질적인 기업의 지배권을 행사하는 것이다. 이러한 기업의 형태를 연구하는 데 있어 출자, 경영, 지배의 관계가 어떠한가를 살펴보는 것이 중요하다 할 수 있다. 먼저 기업형태가 어떻게 발전했는가를 살펴보고 기업의 종류를 분류하여 각각의 기업형태가 갖는 특징 등에 대하여 살펴보도록 하겠다.

2. 기업형태의 발전

기업의 형태는 개인기업으로부터 발전해 왔다. 개인기업은 단독의 출자자가 무한의 책임을 지고 자본을 투자하여 출자자가 경영하게 되므로 그 개인이 성취감과 일관성 및 신속성을 유지할 수 있는 장점이 있지만 개인의 능력이나 자금력 등에 한계가 있기 때문에 성장, 발전이 어렵다는 문제가 있다.

그러므로 다른 자본가와의 결합에 의한 기업형태의 발전이 불가피하게 되는데 이때 공동기업의 개념이 등장하게 됐다. 공동기업 가운데서도 출자자의 책임한계, 거대한 자본조달의 필요성 등에 따라 합명회사, 합자회사, 주식회사가 등장하였다.

한편, 경제력과 자본력이 사기업에 집중되면서 공공에 피해를 입히는 폐해가 심각해짐에 따라 규제가 필요하게 되었으며 사기업이 해결할 수 없는 공적인 요구를 달성하기 위하여 공기업 및 공사기업이 등장하게 되었다.

3. 기업형태의 분류

기업형태에 관해서는 많은 학자들이 기업의 법률형태와 분류하여 연구하여 왔는데 독일에서도 1910년을 전후하여 기업의 법률형태가 논의의 중심이 되었으나 패소우(Passow)와 리이프만(Liefmann) 등에 의하여 기업의 경제형태를 중시하여 왔다.

기업형태의 분류는 민법 또는 상법에 규정된 법률적 형식을 기준으로 분류한 법률형태와 경제적 실체면에서 분류한 경제형태로 구분된다.

그러므로 같은 기업이라도 기업형태를 법률적인 입장에서 파악해야 하느냐 또는 경제적 실체면에서 보느냐에 따라 두 가지 형태로 해석할 수 있는데, 어떤 사람이 단독으로 개인상사를 설립하였을 경우에 경제적 실체면에서는 개인기업에 속하게 되지만 이 기업을 설립할 때 주식회사 설립

그림 3-1 기업형태의 발전

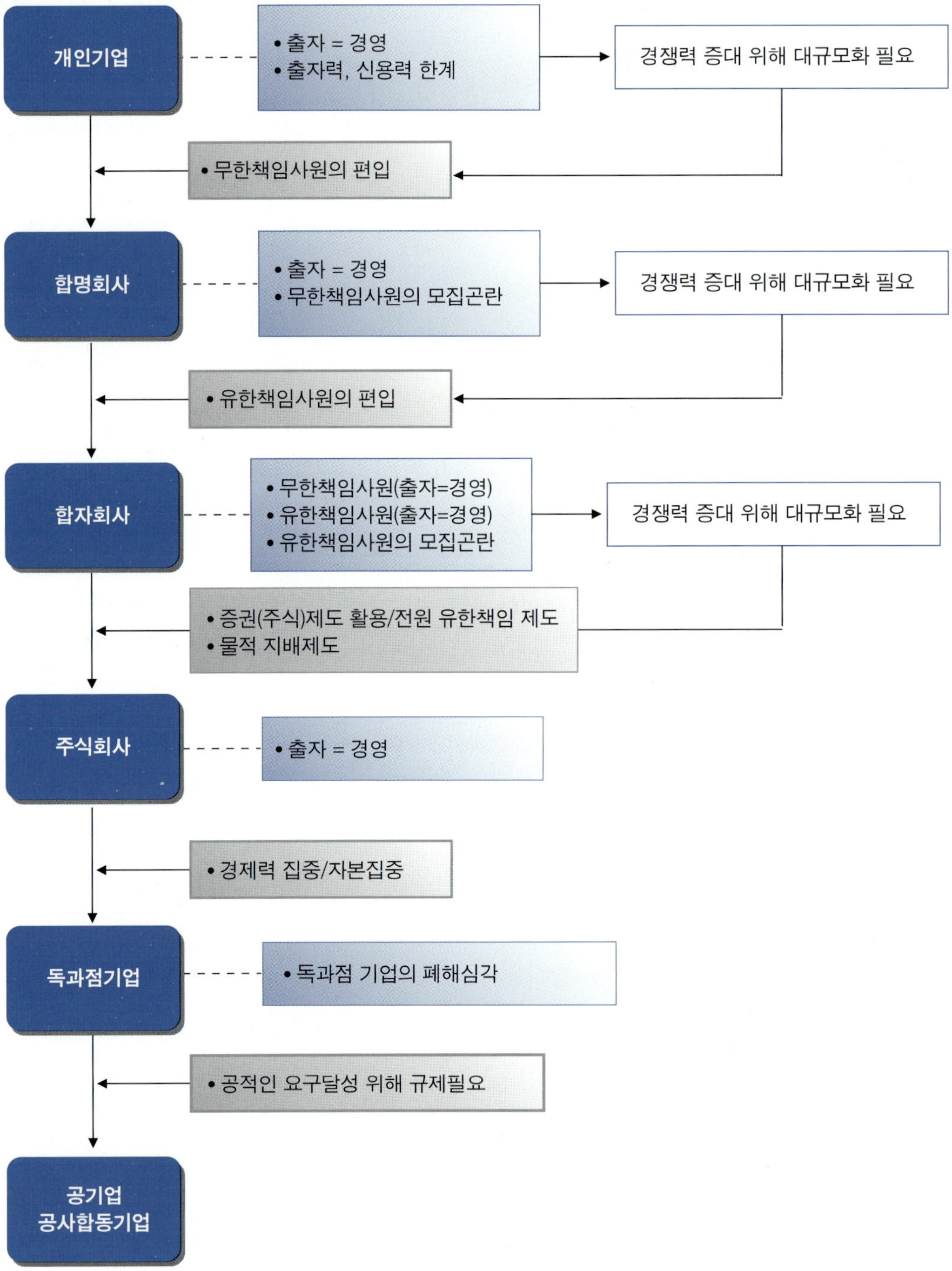

에 관한 법률요건을 완전히 갖추었을 때에는 당연히 법률적 형태의 주식회사이다.

이와 같이 기업형태를 분류하는 방법에는 관점과 견해에 따라 그 형태가 다양하지만 일반적으로 기업의 규모, 업종, 출자자의 수와 성질 및 제반 관계법령에 따라 그 형태를 달리한다. 기업형태의 분류방법을 요약하면 다음과 같다.

① 기업자본 및 종업원 규모에 따라 대기업, 중기업, 소기업으로 구분한다.
② 설립시 업종에 따라 공업, 상업, 광업, 농업, 금융업, 서비스업 등으로 구분된다.
③ 출자자의 공사적인 성질에 따라 공기업, 사기업, 공사공동기업 등으로 구분된다. 여기서 공기업의 성질은 출자자가 정부 또는 지방자치단체이고, 사기업은 민간인이 출자자이며, 개인과 정부 및 지방자치단체가 공동으로 출자한 경우에는 공사공동기업으로 분류된다.
④ 법률상 규제에 따라 합명회사, 합자회사, 유한회사, 주식회사 등의 형태로 분류한다.
⑤ 소유와 지배의 형태를 중심으로 개인기업과 인적공동기업, 자본적 공동기업으로 구분되는데 이 방법은 현대경영사회에서 가장 중요시되는 기업형태의 분류방법이다.

이상은 광의로 기업형태를 분류한 것이며 협의의 분류는 소유자(출자)와 경영을 중심으로 구분하고 그 중에서도 주식회사는 대표적인 기업형태이다.

(1) 개인기업

개인기업(individual enterprise)이란 사기업 중 가장 오래 전부터 존재했고 아주 간단한 기업형태로 우리 주위에서 흔히 볼 수 있는 식당과 같이 아주 조그마한 업소로부터 크고 작은 회사에 이르기까지 개인 한 사람이 출자하고, 직접 경영에 참여하고 지배하는 기업형태를 말한다.

출자와 경영 및 지배가 직결되어 있으므로 자본과 경영성과에 대한 위험은 개인단독으로 부담하고 경영활동을 감독·지휘한다. 따라서 이러한 기업형태를 단독기업이라고 부르며 보통 개인상인(personal merchant), 소규모의 판매상, 전파상, 제과점, 양복점 등을 예로 들 수 있다. 물론 개인기업형태에서는 출자와 경영 및 지배 등의 세 가지 요소가 개인중심의 경영활동이 이루어지는 것을 원칙으로 하고 있으나 타인에게 위임하여 경영하는 경우도 있다.

(2) 소수공동기업

가. 합명회사(ordinary or general partnership)

합명회사는 2명 이상의 사원(무한책임사원)이 공동출자하고, 회사에 대해 발생하는 일체의 채무에 연대책임을 지면서 직접 회사경영에 참여하여 지휘, 감독하는 기업형태이다. 주로 부자(父子), 형제, 친척 또는 인척간에 이용되는 기업형태이다.

회사운영상의 의사결정이나 지분을 양도할 때에는 모든 사원의 동의가 필요하며 출자는 금전 이외에 채권이나 신용 및 노무도 무방하지만, 근본적으로 각 사원이 정관을 작성하고 법원에 등기함으로써 설립이 인정된다.

이러한 기업형태는 독일의 합명회사(offene handelsgesellschaft) 또는 영국과 미국의 파트너십(partnership)과 같은 성격이다. 그러나 우리나라의 경우는 법인인데 반하여 독일과 영국 및 미국에서는 법인체가 아니다.

그림 3-2 기업형태의 분류

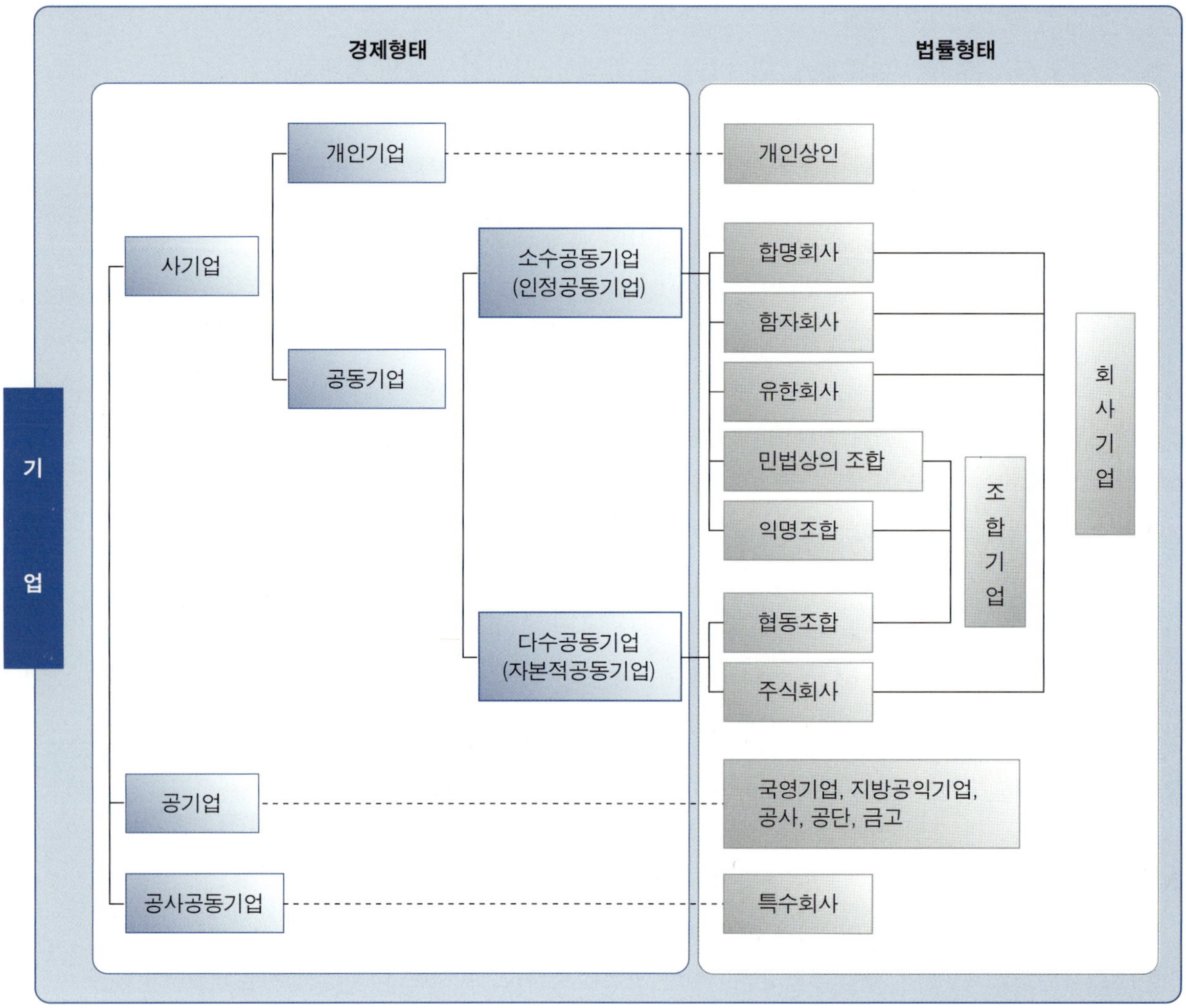

나. 합자회사(limited partnership)

합자회사는 기업에 출자하고 동시에 업무집행에 직접 참여하는 무한책임사원과 출자액을 한도로 변제의 책임만 지는 유한책임사원으로 구성되는 기업형태를 의미한다. 그러므로 유한책임사원은 권한과 책임이 적은 대신 손실에 대한 부담이 출자 한도액에 한정되고 있다.

우리나라의 합자회사와 유사한 기업형태로 미국과 영국에는 limited partnership이 있고, 독일에는 kommandit gesellschaft가 있다. 그러나 이들은 법인체가 아닌 점이 우리나라의 법인체인 합자회사와 다르다.

다. 유한회사(private company)

유한회사는 물적회사 중 소규모인 회사로 주식회사가 간이화한 형태로서 사원의 수를 50인 이하로 제한하고 있으며 중소기업경영에 많이 사용된다. 지분의 양도에는 사원총회의 특별결의가 필요하며 사원의 책임이 유한임에도 불구하고 법의 간섭과 공시주의가 비교적 완화되어있다.

라. 익명조합(dormant partnership)

익명조합은 업무를 직접 담당하는 무한책임의 조합원(영업자)과 익명출자자인 익명조합원으로 구성되어 있는 기업형태이다. 물론 익명조합원은 이익분배에만 참여하고 실제의 경영에는 참여하지 않으므로 일반대중에게는 잘 알려져 있지 않다.

마. 민법상의 조합

민법상의 조합은 두 사람 이상이 공동출자하여 공동사업을 경영할 것을 약정함으로써 그 효력이 발생하는 기업형태로 출자시 금전, 기타 재산이나 노무도 가능하고, 손익의 배분은 출자액에 비례하여 특정 조합원자가 변제능력이 없을 때에는 다른 조합원 균등배분해서 변제할 책임이 있다.

(3) 다수공동기업

가. 주식회사

가) 주식회사의 의의

주식회사(stock corporation)는 자본적 공동기업으로서 경영학의 학문적 연구의 중심을 이룬다. 주식회사의 기원에는 여러 가지 학설이 있으나 1602년에 설립된 네덜란드의 동인도회사를 주식회사의 선구로 보는 것이 통설로 되어 있으며 그 후 1612년에는 영국도 이를 모방하여 동인도회사를 설립하였고 이어 1694년에는 영란은행이 개설됨으로써 주식회사제도가 급속도로 발전되었다.

주식회사는 사원의 출자와 권리 및 의무의 단위로서 주식은 분할된 출자자본으로 구성된다. 출자자인 사원(주주)은 회사의 채무에 대하여 주식의 인수가액을 한도로 변제의무를 부담할 뿐이고 기타 아무런 책임도 부담하지 않는 기업형태이다. 이와 같은 주식회사는 주식이라는 소액분할증권의 발행으로 불특정 다수인으로부터 거액의 자본조달이 가능할 뿐만 아니라 조달된 자본은 출자자인 주주로부터 독립되어 전문경영자에 의해서 운영되기 때문에 경영능률을 높일 수 있다.

또한 주주의 유한책임제도로 주주들의 개인재산 안전성이 유지되고 주식권을 표시하는 주식은 자본시장에서 매매 및 양도할 수 있으며, 주식의 증발, 사채발행 등으로 회사의 추가적 소요자본을 쉽게 조달할 수 있는 장점이 있는 반면 주식회사를 설립하는 데에는 복잡한 절차와 거액의 창업비가 소요되고 재무제표 등의 공개로 기업의 비밀유지가 어려우며 경영자 및 종업원들은 피고용자들이기 때문에 기업의 경영성과 등에 관심이 적으므로 회사경영에 대한 비능률적인 요인이 된다.

나) 주식회사의 특징

주식회사의 특징은 앞서의 기업형태와는 달리, 한정된 소수의 출자자로부터 자본을 모으는 것이 아니라 널리 일반대중에 산재하는 자본으로 대규모의 자본을 조달하는 기업형태로서 다음과 같은 특징을 가지고 있다.

유한책임제도(limited liabilities of stockholders), 자본의 증권화제도, 소유와 경영의 분리(separation between ownership and management)제도이다.

- **유한책임제도** : 주식회사의 출자자인 주주는 모두 유한책임사원으로서 '출자액(주식가격)'을 한도로 회사의 '적자, 채무, 자본 리스크'에 대한 책임을 진다. 이러한 제도 때문에 대중으로부터 대규모의 자본조달이 가능하며 또한 주주의 개인재산과 주식회사의 재산은 뚜렷이 구별된다. 주식회사를 그 소유권자인 주주로부터 분리된 '법적 존재'라고 하는 것은 그 때문이다. 주식회사는 수익성이 높을수록 얼마든지 기업신용을 창출하고 추가로 자본을 조달할 수가 있다. 주식회사의 경우 출자자의 수는 다수이며 그 전부가 '유한책임사원'으로서 주식의 매매, 양도를 통하여 자유롭게 주주의 지위를 떠날 수 있으므로 출자자가 반드시 기업에 관여할 필요가 없다. 따라서 사업을 경영하는 직분은 전문경영자인 이사에게 할당되고 출자자인 주주는 사업의 위험을 부담하는 직분만이 남게 된다.
- **자본의 증권화 제도** : 주식회사의 출자는 모두 균일한 주권으로 분할되고 그것을 표시한 '주식'이 발행된다. 주주는 이 주식을 통하여 회사에 대한 '출자의무'를 진다. 주주는 출자자로서 주주총회에 참석하여 '의결권'을 행사할 수 있으며 동시에 '이익배당'을 청구할 수 있다.

  주식을 표시할 수 있는 증권은 '유가증권'이며 원칙적으로 그 매매양도가 자유이다. 공개된 주식회사의 주식은 '주식시장(stock market : 증권거래소, 인터넷 등)'을 통해 매매할 수 있다.
- **소유와 경영의 분리** : 소유와 경영의 분리는 자본과 경영의 분리라고 하며 이는 주식회사의

기업의 출자자와 경영자가 분리되어 경영자가 기업을 지배하는 것을 말한다. 기업의 경영활동이 다양해지고 기업의 규모가 증가함에 따라 경영활동 또한 전문적인 지식과 경험이 요구되었다.

이에 따라 기업의 전문경영자가 경영을 총체적으로 담당하고 기존의 소유경영자는 경영일선에서 후퇴하여 자본에 대한 대가로 이익배당만 받게 됨으로써 소유와 경영의 분리를 가져왔다.

다) 주식회사의 기관

주식회사의 기관에는 최고의 의사결정기관으로서의 주주총회(general meeting of stockholders)와 경영을 실제 담당하는 기관으로서의 이사회(board of directors), 주주의 권익을 보호하는 감사(auditors) 및 이사회에서 결정된 정책을 집행하는 이사(top management)로 분류한다.

■ **주주총회** : 주주에 의하여 구성되며 회사의 기본적 의사를 결정하는 회사의 최고 의사결정기관이다. 주주총회의 권한은 상법 또는 정관에 정해진 사항에 한정되며(상법 제361조), 주요경영사항에 대한 결정권한을 갖는 회의체 형식의 의사결정기관이다.

주주총회는 이사와 감사의 선임해임권이 있고, 정관도 변경할 수 있다(상법 제433조). 총회의 소집시기에 따라 정기총회와 임시총회로 나눈다. 정기총회는 매년 1회 일정한 시기에, 임시총회는 연 2회 이상의 결산기를 정한 회사는 매기에 총회를 소집하며 또한 필요한 경우에는 수시로 이를 소집하게 된다(상법 제365조).

주주총회의 권한으로는 ① 회사의 기구나 업태의 기본에 관한 사항, ② 이사 및 감사의 선임 및 해임, ③ 업무운영의 적정화와 주주의 이익을 위한 사항 등이다.

■ **이사 및 이사회** : 이사(director)는 주주총회에서 선임한다(상법 제382조 1항). 그리고 이사는 3인 이상이어야 하며 그 임기는 3년이다. 다만 자본의 총액이 5억 원 미만인 회사는 1인 또는 2인으로 할 수 있다(상법 제383조 1,2항). 이사의 선임결의는 정관에 다른 정함이 있는 경우에도 발행주식 총수의 과반수에 해당하는 주식을 가진 주주의 출석으로 그 의결권의 과반수로 하여야 한다(상법 제384조). 이사회(board of directors)는 회사의 업무집행에 관한 의사를 결정하기 위하여 이사전원으로 구성되는 주식회사의 필요상설기관이다.그리고 이사회는 상설 존재이지만, 그 활동은 정기 또는 임시의회의 형식으로 하게 되며, 법령 또는 정관에 의하여 주주총회의 권한으로 되어 있는 것을 제외하고는 회사의 업무집행에 관한 모든 의사결정을 할 권한이 있다.

■ **감사** : 감사는 회사의 회계 및 업무감사를 주임무로 하는 주식회사의 필요 상설기관으로서 주주총회에서 선임된다. 우리나라 상법에서는 기업의 감사기관으로 1인의 감사(자산 총액 1

천억원 이상의 등록법인인 경우 1인 이상의 상근감사)를 두도록 규정하고 있다. 감사는 전문적인 지식과 경험이 필요하기 때문에 감사의 자격을 제한하거나 공인회계사에 의한 외부감사제도를 도입하기도 한다.

- **사외이사, 고문, 이사회장** : 상술한 주식회사의 기관들은 모두 법률로서 정해진 상설기관이다. 그러나 이 외에도 고문 또는 사외이사 제도를 두는 경우도 있다. 사외이사는 사내이사와 대응되는 개념으로서 통상 전문적인 지식과 능력을 갖추고 경영실무를 담당하지 않으면서 업무집행기관으로부터 독립적인 지위에서 이사회의 구성원으로 활동하는 이사를 말하는 것으로 사외이사제도는 미국에서 처음으로 도입되었다.

나. 협동조합

대기업의 성장 및 출현으로 중소생산업자와 소비자의 경제적 지위가 불리하게 되자 이들 경제적 약자가 자신들의 이익을 보호하기 위해 공동출자하여 사업을 운영하는 기업형태이다.

(4) 공기업

공기업(public enterprise)은 좁은 의미로 해석하면, 국가 또는 공공단체가 기업자본의 전액을 출자하고 경영, 지배하는 기업을 말한다. 그러므로 공기업은 국가 또는 지방자치단체와 같은 공공단체에서 재정상의 수입을 목적으로 하거나, 독점에 의한 부작용을 방지하기 위한다든지 또는 사회정책상의 견지에서 출자하고 운영, 지배하는 기업이다.

우리나라의 공기업에는 우편정보 등의 체신산업, 전신, 전화 등의 전기통신사업을 비롯해서 철도, 담배, 소금 등의 전매사업, 도시의 수도, 가스사업 및 교통사업과 다수의 국·공영기업체가 있다. 근래에 와서 각국에서 공기업의 형태가 많이 증가되고 있는 실정인데 이러한 공기업을 설립해서 운영하는 이유는 다음과 같다.

첫째, 공기업을 경제정책상의 목적과 국민의 복지를 목적으로 하여 설립, 운영하는 경우이다. 예로써 우리나라의 토지개발공사, 가스공사, 수자원공사 등과 같이 사적독점의 폐해를 방지하기 위해 설립 운영하는 것 또는 기간산업의 건설 및 중소기업의 보호육성을 위해 설립운영하는 것 등이 있다.

둘째, 사회정책상의 목적을 달성하기 위해서 설립 운영하는 경우이다. 이것에는 국민대중의 생활안정과 실업의 구제 및 국민보건을 위해 설립운영되는 것으로 간이생명보험, 각종 사회보험, 주택사업, 공영전당포, 구호병원, 시·도립병원, 간이식당 등이 있다.

셋째, 재정상의 목적을 달성하기 위해서 설립운영하는 경우이다. 국가 또는 지방공공단체가 재정상의 수입을 목적으로 사기업형태와 같이 경영하지 못하도록 하고 독점해서 운영하는 담배, 소

Field_Story 도망가는 GS25, 맹추격 CU…편의점 1위 '쉽지 않네'

GS25 3분기 매출 2조832억원 기록
CU와 매출 차이 200억원대로 줄어
영업이익은 역전…점포도 CU가 1위

국내 편의점 업계의 양대 산맥인 GS25와 CU의 '업계 1위' 다툼이 날로 치열해지고 있다. GS25가 코로나19 이후 주춤한 반면 CU는 곰표 밀맥주를 시작으로 잇따라 히트 PB 상품을 내놓으며 매출격차를 좁히고 있다.

올해 들어서는 양 사의 매출차이가 분기기준 수백억원대로 줄어들었다. 지난해만 해도 분기매출이 1000억원 이상 차이났지만 CU가 매 분기 격차를 좁히며 '대역전'의 사정거리 내에 들었다는 평가다. 하지만 GS25 역시 코로나19 영향이 어느 정도 해소되면서 실적이 회복세로 접어드는 추세다.

GS25 "여전히 우리가 1등"

9일 GS리테일에 따르면 지난 3분기 매출은 전년 동기 대비 9.1% 늘어난 2조 9560억원을 기록했다. 같은 기간 영업이익은 16% 감소한 876억원이었다. 대표사업인 편의점은 매출 2조 832억원과 영업이익 750억원을 기록했다. 각각 8.2%, 0.9% 늘어나며 체면치레를 했다.

지난 3일 실적을 발표한 BGF리테일(CU)과의 매출격차는 275억원으로 줄었지만 매출기준 업계 1위 자리는 지켰다. 휴가철인 3분기를 맞아 기존점 일매출이 3.3% 늘어나는 등 특수지 상권 점포가 선전한 덕분이다. 점포 확대도 순조롭게 이어지며 양적인 성장을 이끌었다.

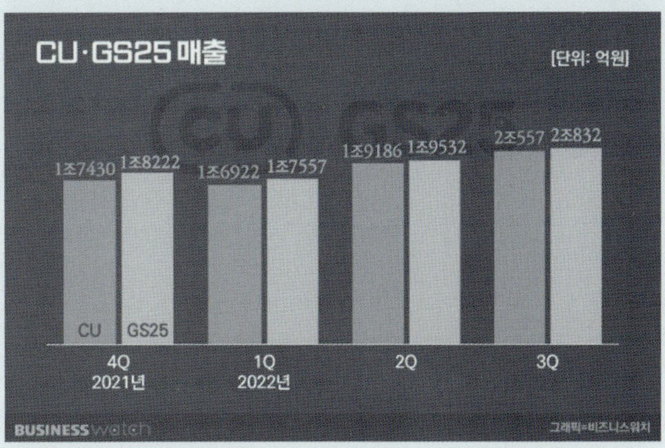

영업이익은 우리동네GS, GSPAY 등 신규 사업진행에 따른 IT 용역료 증가와 요기요픽업, 배달 등 퀵커머스 관련 판촉·마케팅비 증가의 영향으로 전년 동기 수준을 유지하는 데 그쳤다.

GS리테일은 특히 경쟁 브랜드에서 GS25로 전환한 점포가 많았다는 점을 강조했다. 경쟁점포를 운영하는 점주들이 GS25의 브랜드 경쟁력을 높게 평가했다는 의미다. 본사로서도 브랜드 전환 점포는 경쟁사의 점포가 줄어드는 동시에 자사 점포가 늘기 때문에 사실상 점포 수가 2개 늘어나는 효과가 있다.

GS리테일에 따르면 GS25에서 경쟁사로 전환한 점포 대비 경쟁사에서 GS25로 전환한 점포 비율은 2020년 2배에서 올해 3분기 2.6배로 격차가 늘어났다.

GS리테일 관계자는 "GS25는 연이은 메가히트 상품들을 선보이며 여전히 업계 1위의 매출을 달성했다"며 "견조한 성장세를 유지하고 있다"고 말했다.

CU "거의 다 왔다"

나쁘지 않은 성적표에도 GS25로서는 웃기가 쉽지 않다. CU의 추격전 때문이다. CU는 지난 3분기 매출 2조 557억원을 벌어들이며 GS25와의 격차를 275억원으로 줄였다. 2019년 3분기 양 사의 매출 격차는 2300억원 이상이었다.

CU는 GS25와의 격차를 지난해 4분기 792억원에서 올해 1분기 635억원, 2분기 346억원으로 매 분기 줄여 왔다. 3년여 만에 매출 격차를 2000억원 이상 줄인 셈이다. 2조원이 넘는 양 사의 3분기 매출과 비교하면 275억원은 1.3%에 불과하다.

기준을 바꿔 보면 CU가 이미 1위를 빼앗은 지 오래다. 영업이익은 지난해 4분기부터 CU가 앞서기 시작했다. 올해 3분기까지 누적 영업이익은 CU가 2001억원, GS25가 1759억원으로 240억원 이상 차이가 난다.

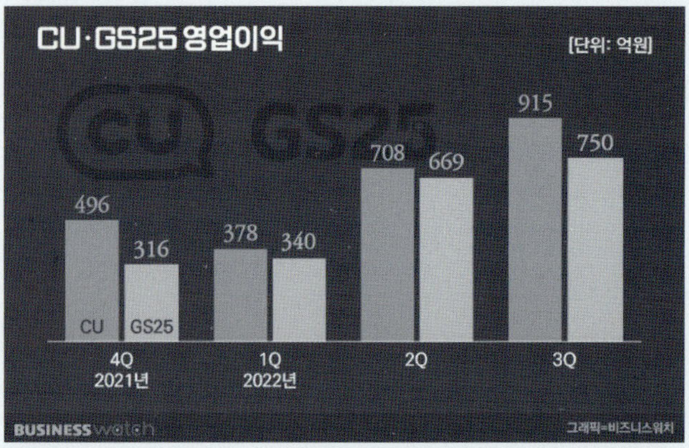

매출과 함께 '업계 1위'의 기준으로 잡는 점포 수도 CU가 많다. 지난해 말 기준 CU의 전국 점포 수는 1만5855개로 GS25의 1만5499개를 356개 앞서고 있다. 올해 들어 변동된 점포 수는 양 사 모두 공개하지 않고 있지만 CU가 선두를 유지하고 있는 것으로 알려졌다.

업계에서는 현재 매출추이로 볼 때 이르면 4분기에 CU가 GS25의 매출을 따라잡는 '그랜드 크로스'가 일어날 수 있을 것으로 전망하고 있다. GS25의 기존 점포매출 성장률이 3%대인 데 비해 CU는 5%대를 유지하고 있는 것으로 알려졌다. 점포 수 역시 CU가 1위를 지키고 있다.

4분기엔 어떨까

CU는 호실적의 바탕에 '가정간편식(HMR)'이 있었다고 분석했다. 이미 5조원 이상으로 성장한 HMR 시장에서 편의점이 차지하는 비중은 매년 늘고 있다. 닐슨IQ에 따르면 최근 1년간 전체 HMR 시장에서 편의점이 차지하는 비중은 21.6%로 2년 새 2.1%포인트 늘어났다.

CU는 이 HMR 시장에서 눈에 띄는 성장세를 보였다. 최근 1년간 CU의 HMR 카테고리 성장률은 14.2%로, 전체 편의점 평균 10.5%보다 3.7%포인트나 높다. 매출도 냉장과 냉동을 가리지 않고 꾸준히 분기 10%대 성장률을 보이고 있다는 설명이다. CU가 올해(1~3분기) 선보인 HMR 신제품만 166종에 달한다. 이에 CU는 4분기에도 60여종의 신제품을 내놓는다는 계획이다.

GS25는 지난 10월 론칭한 통합 앱 '우리동네 GS' 서비스 확대에 주력한다. 이를 통해 상대적으로 약세라 평가받던 모바일 서비스 경쟁력을 높이고 퀵커머스-GS수퍼마켓 등과의 서비스 연계를 통해 경쟁력을 높일 계획이다.

올해들어 사회적 거리두기가 해제되고 유흥·관광지 등 특수상권이 살아나고 있는 만큼 특수상권에 강점이 있는 GS25 점포의 매출이 개선될 것이란 분석도 나온다.

한 업계 관계자는 "GS25가 코로나19 기간 동안 영향을 크게 받은 것은 사실"이라며 "특수 상권이 얼마나 이전의 매출을 회복하느냐가 관건"이라고 말했다.

▶ 출처 : https://news.bizwatch.co.kr/article/consumer/2022/11/08/0022
비즈니스와치, 2022.11.09

금, 인삼과 같은 전매사업 등이 있다.

최근의 공기업은 민영화되어 가고 있으며 이는 재정적자의 감축, 경제적 자유증진, 주식시장의 발전기여, 경영 효율성과 생산성 향상을 위한 것이다.

(5) 공사공동기업

공공단체가 개인 또는 사적단체와 공동으로 출자해서 조직하고 이들의 공동책임 하에 공동으로 경영하는 기업을 말하는데 공공적 성질이 강한 기업을 사기업으로 경영하는 것이 적당하지 않을 경우에 공사공동으로 설립해서 경영하는 기업형태이다. 공사공동기업은 정부 또는 공공단체의 출자와 일반 민간인의 사적출자가 혼합되어 있는 공사혼합 기업형태로 주식회사의 형태가 많다.

(6) 중소기업

중소기업(small and medium size enterprise)은 국민경제에 중요한 역할을 하고 있지만 어떠한 정부도 동일한 방법으로 정의하지는 못한다.

일반적으로 중소기업을 대기업과 비교하여 상대적으로 작은 규모의 기업으로 말하고 있지만 그 규모의 범위가 고정된 것이 아닐 뿐더러 규모만을 기준으로 분류하지는 않는다.

우리나라의 경우 양적기준과 질적기준을 절충하는 형식으로 중소기업을 정의하고 있는데 양적

기준은 중소기업법 제2조 및 동법시행령 제3조에 의거 상시 근로자수 또는 자본금, 매출액의 규모에 따라 중기업과 소기업으로 분류하고 있고 질적기준은 독점규제 및 공정거래법에 관한 법률에 의해 공정거래위원회가 지정하는 대규모 기업집단 소속회사로 지정되지 아니한 것으로 규정하고 있다.

중소기업은 국가경제에서 차지하는 비중이 지대할 뿐만 아니라 전체 경제의 균형있는 발전에 중요한 역할을 하기 때문에 중소기업의 충실화와 육성을 위하여 많은 지원이 필요하다.

4. 기업집중의 형태

오늘날의 기업은 대량생산에 의한 대량판매를 통하여 기업이익의 실현을 궁극적인 목적으로 하기 때문에 그 규모가 대형화되어 가는 것이 하나의 특징이다. 따라서 기업자체의 자본축적을 통한 내부적 성장과 더불어 타기업과의 상호결합을 통하여 확대하는 이른바 외부적 성장을 추구하게 된다.

여기에서 내부적 성장이란 개별자본 스스로가 획득한 이윤을 축적하여 자기확대를 해가는 자본의 집중에 해당되며, 외부적 성장이란 기업집중에 해당된다.

기업집중 또는 기업결합은 둘 이상의 기업이 독점적 이익이나 기타 경영상 이익을 위하여 자본적 또는 조직적 결합이나 상호협약을 통하여 사업활동의 일부를 제휴 또는 공동으로 행하거나 그 전부를 통합하는 과정 및 형태라 할 수 있다. 기업결합의 현상이 나타나는 이유는 여러 가지가 있으나 기업 상호 간의 경쟁제한, 생산공정의 합리화, 금융적 목적, 시장장악을 주목적으로 한다. 이러한 기업결합을 통한 기업형태는 자유경쟁을 바탕으로 하는 근대자본주의 경제체제에서 모기업의 규모확대와 성장 및 국제화를 지향하려고 시도하는 과정에서 대두되는 특징적인 현상으로 기업을 유지·발전시키기 위한 방법이다. 즉, 경쟁에서 이기기 위하여 타 기업을 인수하거나 기업상호 간의 과다경쟁으로 인한 서로의 파멸을 막기 위하여 기업상호 간의 협정을 맺기도 한다.

표 3-1 카르텔과 트러스트의 비교

카르텔(Cartel)	트러스트(Trust)
① 독점적 이익협정	① 독점적 기업지배의 목표
② 주로 경쟁의 방지	② 실질적인 시장독점의 목적
③ 가맹기업의 독립성 유지	③ 실질적인 독립성 상실
④ 계약기간이 끝나면 자동해체	④ 조직 자체가 해체될 때까지 계속유지
⑤ 내부간섭의 배제	⑤ 내부간섭이 강함
⑥ 주로 동종기업의 횡단적 결합	⑥ 동종 또는 이종 기업의 종단적 결합

기업결합형태는 그 결합방법에 따라서 카르텔, 트러스트, 콘체른, 컨글로메리트라는 네 가지 기본형태로 분류된다.

1) 카르텔(Cartel)

기업연합형태라고도 하며, 주로 시장통제를 목적으로 동종 또는 유사 업종 간의 신사협정을 통한 기업집중의 형태를 의미한다. 참가기업들은 법률적으로나 경제적으로 독립성을 유지하면서 협약에 의거, 시장통제에 관한 일정사항에 관해서만 협정을 체결하는 것으로 가격카르텔, 조건카르텔, 계산카르텔, 수량카르텔, 지역카르텔, 신디케이트로 구분된다. 신디케이트란 생산물의 공동판매와 자재의 공동구입을 일정한 공동시설에서 행하며 참가기업의 개별행동을 인정하지 않는 카르텔이다. 카르텔은 동종기업 간의 수평적 결합으로 계약에 의한 결합체로써 내부간섭을 배제하며 계약기간 만료시 자동으로 종료되는 특징이 있다. 단점으로는 결속력이 약하다.

2) 트러스트(Trust)

시장지배를 목적으로 동종 또는 동일한 생산단계의 기업들이 하나의 자본에 결합되는 강력한 결합형태로써 법률적으로나 경제적으로 독립성을 모두 잃는 경우와 법률적 독립성은 유지되나 주식

그림 3-3 지주회사에 의한 지배

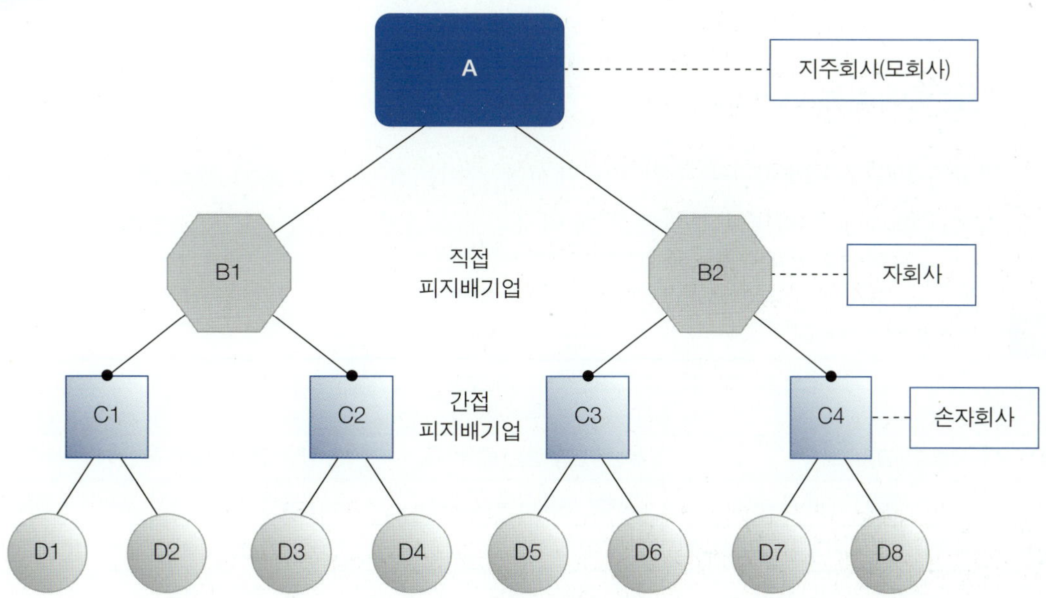

과다 보유에 의해 실질적으로 경제적 독립성을 잃게 되는 경우가 있다.

또한 트러스트 방식에는 여러 기업조직이 하나의 기업으로 합병하여 새로운 회사를 설립하는 콘솔리데이션(consolidation)과 어느 한 기업이 타 기업을 흡수 또는 합병하는 머저(merger), 기업이 완전히 합체하여 형성되는 퓨전(fusion)의 세 가지가 있다.

☞ **독점규제 및 공정거래법**

기업집중으로 시장이 몇 개의 기업에 의해 독점적으로 지배되어 소비자의 이익과 여타 중소기업에도 손실을 가져오기 쉽다. 이러한 독점과 불공정거래를 방지하기 위하여 제정된 법

3) 콘체른(Konzern)

콘체른은 카르텔이나 트러스트와는 달리 상업부분에 관계없이 산업과 금융의 일체화에 의한 자본지배를 목적으로 한 기업결합의 최고형태이다. 즉, 여러 기업이 각각 독립성을 유지하면서 자본의 소유 내지 금융관계를 통하여 결합된 기업결합의 형태이다. 콘체른은 생산합리화를 목적으로 하여 관계기업을 종적으로 결합하는 산업콘체른과 금융업자가 장기대부나 주식보유의 방법에 의해 여러 종류의 기업에 대하여 지배관계를 형성하는 금융콘체른이 있다.

콘체른의 지배방법으로는 모기업이 자기업에 출자하여 이것을 지배하고, 다시 자기업이 손자기업에 출자하여 다시 지배하는 지주회사(holding company) 지배방법과 융자에 의한 지배방법이 있다. 지주회사는 다른 회사를 지배할 목적만을 위해 존재하는 순수지주회사와 고유의 독자적인 사업을 하면서 다른 회사도 지배하는 사업지주회사가 있다.

4) 컨글로메리트(Conglomerate)

컨글로메리트는 1950년대 후반 미국에서 클레이튼법(Clayton Act) 제7조의 개정에 의해 기업의 수평적 및 수직적 합병이 금지된 것에 자극되어 이종기업 간의 합병으로 방향을 돌리게 됨으로

표 3-2 기업집중형태의 비교

구 분	카르텔	트러스트	콘체른
목 적	시장경쟁방지	시장독점을 통한 초과이윤	경영/경제 결합을 통한 기업지배력강화
독립성	경제적, 법률적 독립성 유지	경제적, 법률적 독립성 상실	법률적 독립성 유지, 경제적 독립성 상실
의사결정	다수결 원칙에 의한 공동의사결정	단독의사결정	중앙기관(지주회사)에 의한 의사결정
결합형태	동종 기업 간 수평적 결합	동종, 이종 간 결합	수평, 수직적 결합

써 새로운 형태의 다각적 결합에 의해 등장하게 되었다. 즉, 컨글로메리트는 상호관련이 없는 이종 기업끼리 합병 또는 매수에 의해서 거대한 기업체로서 지배하는 형태로써 다각적 사업법인으로 '복합기업'이라고도 한다.

5) 분사경영(디베스티처=Divestiture)

디베스티처는 조직이 방대해진 기업이 경영다각화를 하기 위하여 몇 개의 기업으로 조직을 분할하는 것이다. 1970년의 오일쇼크 이래 세계경제는 극심한 불황에 빠지게 됨으로써 저성장기를 맞이한 기업이 채산이 맞지 않는 부분이나 이익이 오르지 못하는 부분을 처분하거나 타사에 매각하여 체질을 개선하는 전략이다.

6) 재벌(Chaebol)

재벌이란 여러 산업으로 다각화되어 있는 주요 기업집단에 대해 경영권을 가진 특정 개인이나 그 가족을 말한다. 각각 계열회사는 법률적으로는 독립적이지만 실제적으로는 서로 친족관계인 사람들에 의해 소유되므로 상대적으로 적은 수의 주식만으로도 계열기업들을 효과적으로 지배하는 우리나라 또는 일본의 특이한 기업결합형태이다.

5. 기업의 계열화(integration)

기업결합이란 대기업 상호 간에 경쟁의 배제 또는 시장의 지배와 통제를 목적으로 형성되는 기업집중의 형태가 아니다. 대기업에서 생산공정의 합리화내지는 원재료와 제품의 확보 및 제품원가의 절감을 목적으로 생산상, 판매상 및 금융상 등의 경제력을 독점적, 배타적으로 이용하기 위해 형성되는 대기업과 중소기업 간의 결합관계를 말한다. 그러므로 대기업과 중소기업 간의 계열화는 생산공정의 기술적 결합과 생산능률의 증대 및 생산제품의 원가절감을 실현하기 위한 목적으로 형성되는 기업결합방식이라고 한다.

따라서 대기업에 계열화된 중소기업들은 법률적으로 독립성을 유지하고 있으나 실질적으로 경제적인 면에서는 종속되어 있는 경우가 많다. 이와 같은 대기업과 중소기업과의 계열화는 형식적으로는 기업의 종적인 결합관계이기는 하나, 대등한 경쟁력이 있는 대기업 상호 간에 형성되는 기업집중과는 그 성격이 다르다. 이러한 의미에서 일반적으로 기업집중이라고 하지 않고 기업계열화라고 부른다. 기업의 계열화는 다음과 같은 형태가 존재한다.

첫째, 수직적 계열화는 일련의 생산과정에 관련이 있으며 생산 및 경영합리화 목적으로 방직회사가 염직, 가공회사 등과 계열화화는 것이다.

둘째, 수평적 계열화는 동일 생산단계에 종사하는 기업 간에 계열화하는 것으로 기계메이커가 가정용, 공업용 미싱(재봉틀)회사와 계열화하는 것이다.

셋째, 분기적 계열화는 동일공정, 동일원료를 생산활동하는 과정에서 다른 제품공정이 나누어지는 기업 간의 계열화로 정유공장을 들 수 있다.

넷째, 복합적 계열화는 전기제품 메이커가 냉장고, 청소기 등의 생산기업을 계열화하는 것이다.

마지막으로 사행적 계열화는 부산물을 가공하거나 원료로 이용하는 기업을 계열화하는 것을 들 수 있다.

6. 합작회사(Joint Venture)

합작회사는 2명 이상의 투자자가 공동계산방식에 따라 손익을 분담한다는 조건으로 공동출자회사를 설립하는 과정에서 파생된 용어로서 이를 국제경영론에서는 합작투자회사라고 부른다. 이는 기업의 국제화 과정에서 자본적으로 부족한 전망산업을 설립하고자 할 때에 외국의 자본가와 공동출자자가 되어 공동투자기업을 설립하는 것을 말한다. 이때의 출자는 현금, 시설, 기계, 기술 등 다양한 형태로 이루어진다.

제3절 기업의 사회적 책임

다양한 형태를 가진 개별기업들은 최근 기업의 이윤창출이라는 공통된 목표 이외에 기업이 창출한 수익을 사회로 돌려주는 사회적 책임에 대한 중요성을 지각하기 시작했다. 이는 기업의 사회적 책임에 대한 역할을 통해 소비자들이 바라보는 기업에 대한 평가가 달라지고 그 평가는 또다시 기업성과와 긍정적으로 연계되기 때문에 매우 중요하다고 할 수 있다. 그런 의미에서 기업의 사회적 책임에 대한 전반적인 의의와 시대별 기업의 사회적 책임에 대한 변화에 대해 살펴보고자 한다.

1. 의 의

기업의 사회적 책임(CSR_Corporate Social Responsibility)은 근대적 개념의 기업이 등장한 18세기 산업혁명 이래로 꾸준히 요구되어 왔으며 사회혁신과 발전에 가장 중요한 역할을 하는 조직 중에 하나가 기업임을 확인하는 것이라 할 수 있다. 기업이 많아지고 새로운 비즈니스가 생겨나고 그 규모가 커질수록 사회도 함께 성장한다. 기업과 사회의 동반성장은 둘 사이의 이해관계를 점점 더 복잡하게 만들고 그 관계에서 비롯된 책임의 영역은 확장되고, 수준은 높아지며, 방식은 더욱 복잡해진다.

CSR의 시작은 기업이라는 조직이 아니라 기업가 개인에 대한 것이었다. 산업혁명 시기에 기업을 세워 부자가 된 사람들에게 자선사업이나 종교단체에 많은 기부금과 헌금을 내야 한다는 암묵적인 사회, 종교적 요구가 있었다. 그러나 이것은 어디까지나 기업가 '개인'에 대한 것이었지 기업 '조직'에 대한 것은 아니었다. 우리가 잘 아는 '철강왕 카네기'나 '석유왕 록펠러'가 자선재단을 설립하고 많은 재산을 공익사업에 기부한 것은 기업가 개인의 사회적 책임을 실천한 것이다. 부자 기업가의 자선사업 전통은 지금까지 이어져 내려와 기업가 개인차원의 가장 중요한 사회적 책임이 되었다.

2. 시대별 CSR

1) 1950년대~1960년대 CSR

이 시기의 기업의 사회적 책임은 개인의 책임에서 기업조직의 책임으로 확장된 시기라 말할 수 있다. 현재와 같은 기업조직의 사회적 책임개념이 등장한 것은 1950년대 미국에서였다.

미국의 경제학자 보웬(Bowen)은 1953년 '비즈니스 맨의 사회적 책임(Social Responsibility of the Businessman)'이라는 책에서 '기업가의 사회적 책임은 사회의 목적과 가치측면에서 바람직한 정책을 추구하거나 일련의 행동을 취해야 하는 것'으로 정의했다. 즉, 기업가는 기업을 사회의 목적과 가치에 부합하게 경영해야 한다는 뜻이며 기업조직측면에서 해석하면 '기업은 사회의 목적과 가치에 적합한 방식으로 비즈니스를 해야 한다'는 의미이다.

보웬은 이전까지 기업가 개인들에게 요구되었던 부의 사회환원책임을 넘어 기업경영이 사회적 목적과 가치에 부합되어야 한다는 것을 주장함으로써 CSR에 대한 개념을 기업가개인에서 기업 조직으로 확장했다.

보웬의 정의에 이어 1960년대에는 사회학자와 윤리학자들에 의해 윤리경영 개념이, 1970년대에는 글로벌 환경단체들과 히피운동에 영향을 받아 환경경영의 개념이 더해지면서 CSR 개념이 점차 확대되었다. 하지만 당시 학자들의 연구와 이론, 시민단체들과 문화운동의 영향이 기업경영현장에 직접적인 영향을 미치지는 못했다.

2) 1970년대 CSR

이 시기는 CSR이 글로벌개념으로 확장되기 시작한 중요한 시기이다. 1970년대는 통신과 운송수단의 발달로 국가 간 무역이 활발해지고 미국, 일본, 유럽 등 선진국의 대기업들이 낮은 인건비를 쫓아 생산기지를 아시아, 중남미, 아프리카의 개발도상국으로 옮기면서 글로벌경영이 본격화되었다. 선진국기업들의 글로벌경영은 1970년대 이후 현재까지 CSR의 주제, 영역, 방식, 이해관계를 결정짓는 매우 중요한 변수로 작용하고 있다.

1976년 OECD가 체결한 다국적기업 가이드라인(일반정책/정보공개/인권/고용 및 노사관계/환경/뇌물공여/뇌물청탁 및 강요방지/소비자보호/과학과 기술/경쟁/조세 등의 항목으로 구성)은 1970년대 글로벌경영이 CSR 개념확장에 얼마나 큰 영향을 미쳤는지 잘 보여주는 사례이다.

OECD 다국적기업 가이드라인은 체결이후 현재까지 지속적인 개정작업이 이루어지고 있으며 이론적으로 CSR 개념확장에는 기여했으나 법적 강제력을 가지고 있지 않기 때문에 역시 실제 기업경영에는 그리 큰 영향력을 발휘하지 못했다.

3) 1980년대 CSR

1980년대에 들어서 CSR이 실제 기업비즈니스 영역에서 제대로 주목받기 시작했고 CSR이 기업비즈니스에 긍정적인 영향을 미친다는 것을 알게 되었다. 1980년대 컬러 TV가 전 세계 가정마다 보급되고 대중화되면서 대중매체를 활용한 기업광고와 마케팅이 엄청난 속도와 규모로 발전했다. 기업들은 상품과 서비스뿐만 아니라 기업의 이미지 제고를 위한 평판(reputation) 상승용 광고와 공익캠페인을 적극적으로 시작했다.

1984년 뉴욕 자유의 여신상 설치 100주년 보수공사에 아메리칸 익스프레스 카드가 자사의 신용카드를 만들고 사용하면 일정액을 보수공사비용에 기부하겠다는 공익광고 캠페인을 시작했다. 이 캠페인이 비즈니스와 기부, 양쪽 모두에서 크게 성공하면서 CSR은 기업의 광고와 마케팅영역으로 확장되었다. 1984년에 우리나라에서 시작한 유한킴벌리의 '우리강산 푸르게 푸르게' 와 1991년에 미국 뉴욕에서 시작한 에스티로더의 '핑크리본 캠페인'이 대표적인 사례이다.

4) 1990년대 CSR

이 시기의 CSR은 비즈니스 가치사슬로 확장되었다. CSR 분야의 주요 학자들은 1990년대가 현재 CSR의 개념과 영역을 결정짓는 기반을 제공했다고 말한다. 1980년대 대중매체 광고와 캠페인을 통해 눈에 보이는 CSR인 기업의 자선활동을 좋은 평판을 얻고 상품판매에 이용했던 기업들은 1990년대에 이르러 그동안 눈에 보이지 않았던 비즈니스 가치사슬 영역에서도 책임을 져야 한다고 주장했다.

글로벌 대기업의 원재료를 공급하고 생산기지역할을 하는 아시아, 중남미, 아프리카 국가들에서 일어나는 아동노동과 노동자 인권문제에 대한 인권단체, 소비자단체의 고발이 1990년대부터 주요 언론에 보도되기 시작했다. 이 문제들은 글로벌경영이 본격화되었던 1970년대부터 꾸준히 제시되었으나 그동안 주목받지 못했으나 1990년대가 되어 인권문제가 일반대중들에게 중요한 이슈로 인식되면서 CSR의 주요 쟁점이 되었다.

대표적으로 미국에서는 나이키가 파키스탄을 비롯한 아시아 생산협력 업체들에서 아동 노동문제가 있는 것으로 언론에 보도되었고, 유럽에서는 네슬레가 초콜릿과 커피농장에서 역시 아동노동 문제가 있는 것으로 밝혀졌다. 이제 기업들은 본사가 있는 자국에서 뿐만 아니라 원재료나 제품을 생산하는 국가에서도 사회적 책임을 져야 하며, 자사가 아닌 원료와 제품을 납품하는 농장과 생산협력업체의 인권문제도 관리해야 하는 상황에 직면한 것이다.

이렇게 1990년대는 CSR이 소비자들의 눈에 보이는 사회공헌뿐만 아니라 눈에 보이지 않는 비즈니스 가치사슬의 문제도 다루어야 함을 기업들에게 인식시켜준 시기였다.

미국에서는 나이키가 아시아 생산 협력 업체들에서 아동 노동문제를, 유럽에서는 네슬레가 초콜릿과 커피 농장에서 역시 아동 노동문제가 있는 것으로 각각 밝혀졌다.

5) 2000년대 CSR

이 시기의 CSR은 다양한 이슈로 확장되기 시작했다. 기업의 사회공헌, 비즈니스 가치사슬의 인권문제를 넘어 기업의 지배구조와 소비자보호, 공정거래, 환경분야까지 그 영역이 확장되었다.

2001년에 터진 미국의 엔론 스캔들은 기업의 건전하고 윤리적인 지배구조의 중요성을 새삼 일깨워준 사건이었으며, 2009년 미국 도요타 리콜사태는 소비자보호가 기업의 존폐를 결정할 수 있을 만큼 매우 중요한 이슈라는 것을 기업들에게 각인시켰다. 또한 중국과 베트남, 방글라데시 등 아시아 국가에 위치한 글로벌 대기업들의 생산협력기업에서 일어난 노동자들의 잇따른 자살과 노동분쟁, 안전사고들이 결국 글로벌 대기업들과 제3세계 생산협력기업들 사이의 불공정한 거래에 원인이 있었다는 사실이 밝혀지면서 공정거래의 이슈도 부각되었다.

기업의 환경적 책임에 대한 이슈는 1960년대 이후 꾸준히 문제가 제기되었다. 특히, 1984년 인도의 보팔 가스누출사고와 구 소련의 체르노빌 원전폭발사고, 1988년 북해 피어 알파 원유시추선사고, 1989년 엑손 발데스호 원유유출사고 등 끊임없이 일어나는 기업의 환경오염사건과 사고들은 기업의 환경적 책임에 대한 글로벌차원의 경각심을 강하게 일으켰다.

이에 대해 1990년대에 이르러 국제기구들과 각국 정부들은 CSR의 다른 영역에 비해 '상대적'으로 빠르게 환경영역의 오염사고예방과 배출규제중심의 국제협약, 법과 제도들을 제정하고 기업경영에 적용될 수 있도록 하였다. 그러나 오염사고예방과 배출규제 중심의 환경협약과 법으로는 충분하지 않았다. 2000년을 즈음하여 이상 기온징후가 나타나고 온실가스에 의한 지구온난화 문제가 글로벌사회의 가장 중요한 이슈로 부상하면서 기업들은 이제 단순히 비즈니스 가치사슬 상의 오염사고예방과 배출기준을 준수하는 차원을 넘어 인류가 지구에서 지속가능한 삶을 살 수 있는 환경을 만드는 일에도 책임을 져야 하는 수준에 이르게 되었다.

6) 2010년대 CSR

2010년은 이렇게 모아지고 확장된 CSR 이슈가 전 세계적으로 체계화되는 시기였다. 2010년 11월 국제표준화기구 ISO는 수년간의 연구와 전문가 및 회원국의 의견청취기간을 거쳐 기업을 포함한 모든 조직의 사회적 책임 가이드라인 ISO26000을 발표했다(ISO26000은 지배구조(거버넌스)/인권/노동관행/환경/공정거래/소비자 이슈/지역사회발전과 참여 등 7개 핵심주제로 구성). ISO26000은 CSR의 개념과 영역의 기본체계를 갖추는데 큰 역할을 했다.

ISO26000이 발표된 직후인 2011년에는 CSR의 확장된 개념과 체계를 실제경영에서 적용하려면 기존과 다른 새로운 방식이 필요하다는 주장들이 동시에 터져 나왔다.

미국 하버드대학의 마이클 포터교수는 네슬레가 아프리카와 중남미에서 아동노동과 공정거래

문제를 해결하기 위해 진행하고 있는 CSR 프로그램 '코코아 플랜' 과 '커피 플랜' 사례를 중심으로 CSR이 자선사업이 아닌 비즈니스 가치사슬 상의 문제를 해결함과 동시에 기업의 이윤을 추구하는 방식인 '공유가치창출(CSV_Creating Shared Value)'로 가야 한다고 주장했다.

영국의 캠브리지 대학 지속가능 연구원의 웨인 비서는 'CSR 2.0' 개념을 제시하며 CSR 1.0이 자선사업과 광고와 홍보를 위해 기업의 이익 중 일부를 사용하는 (사회와 환경문제해결에 효과성이 거의 없는) 방식이었다면 CSR 2.0은 기업의 미션과 비즈니스 모델 자체가 사회, 환경적 문제를 해결하는 방식이라고 설명하며 앞으로 기업의 생존과 지속가능한 경영을 위해서는 CSR 2.0을 반드시 실현해야 한다고 주장했다.

또한 미국 보스턴기업시민센터의 제이슨 사울은 '기업사회혁신 비즈니스 모델'을 제시하며 이제는 사회, 환경문제를 혁신하고 해결하는 것이 기업의 새로운 성장기회가 될 것이라고 확신했다.

이렇게 2010년대는 ISO26000 발표를 기점으로 CSR 개념이 체계화되고 기존 CSR 개념과 실천방법이 보다 비즈니스와 결합되는 방향으로 확장되는 시기였다고 할 수 있다.

Field_Story 치열해진 시장 '마이데이터'…고객들, 빅테크로 떠나는 이유

페이스북 트위터 카카오스토리 핀터레스트 네이버 블로그 밴드 카카오톡
"금융산업도 빅테크가" 금융앱 1위 토스…뒤쳐지는 시중은행
마이데이터 앱 1위 국민은행…토스와의 격차 점차 벌어져
"필요할 때 서비스 받지 못하면 은행 이용할 이유없어"

마이데이터 산업에서 빅테크와 은행간의 경쟁이 한층 치열한 가운데 은행의 서비스 한계로 경쟁력이 뒤떨어지는 것으로 나타났다. 마이데이터 산업에서 브랜드평판 1위인 국민은행의 KB스타뱅킹도 전 금융앱 1위인 토스와 격차가 벌어지고 있다. 금융권이 마이데이터 시장을 선도하기 위해서는 긴장의 끈을 놓치 말고 고객의 신뢰를 잃지 않도록 고객 만족도 제고에 힘써야 한다는 지적이다.

22일 한국기업평판연구소에 따르면 이달 금융 마이데이터 브랜드평판 빅데이터 분석결과 1위는 국민은행, 2위는 우리은행, 3위는 신한카드 순이었다.

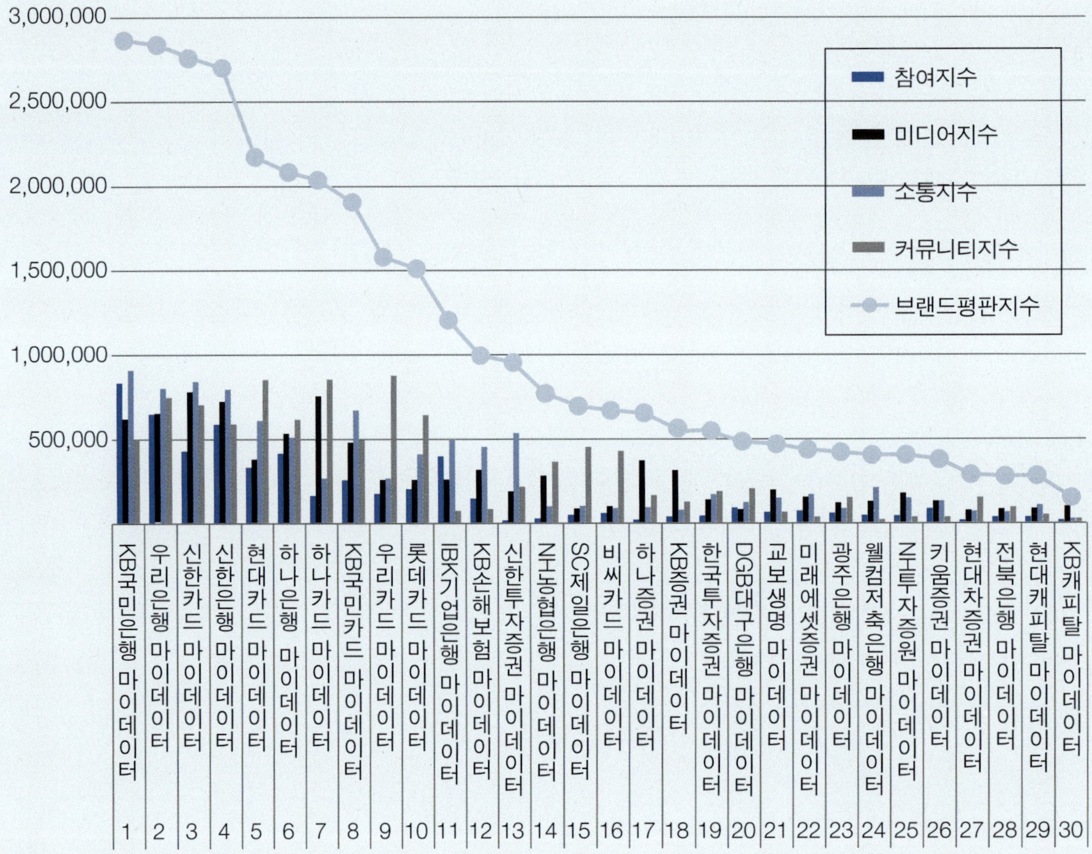

(자료=한국기업평판연구소)

브랜드 평판지수는 브랜드 빅데이터 분석을 통해 만들어진 지표로 △브랜드에 대한 평가 △미디어 관심도 △소비자의 참여와 소통량 △소셜에서의 대화량 △소비자와 브랜드의 디지털 트랜스포메이션 관계분석으로 측정된다.

마이데이터 서비스 경쟁력을 높인 결과다.

일례로 국민은행은 지난해 12월 KB마이데이터 시범시행을 통해 지속적으로 피드백을 반영하고 순차적으로 서비스 범위를 확대함으로써 마이데이터 서비스의 완성도를 높여 지난 1월 서비스를 공식 출시했다. 이어 지난 8월에는 △개인화된 실시간 자산정보확대 △18가지 자산관리유형에 따른 맞춤 제안 △유익하고 재미있는 재테크 정보신설 3가지를 중심으로 개편해 서비스를 업그레이드 했다. '총자산조회' 화면에서 별도로 조회되던 예적금, 펀드, 주식, 보험 등 타 금융기관의 계좌별 거래내역을 이동없이 조회할 수 있게 했다. 부동산 및 자동차 자산의 경우 시세차익, 매입가, 자가 · 임대 · 전월세, 차량번호, 시세금액, 출고가 등의 정보를 한눈에 확인할 수 있도록 개편했다. 전 금융기관에서 보유중인 고객의 개인형 IRP 계좌별 운용상품, 평가금액 및 수익률도 조회가능토록 했다.

그러나 브랜드 평가와 달리 시장에서는 빅테크기업에 뒤쳐지고 있다. 소비자리서치 전문 연구기관 컨슈머인사이트가 집계한 10월 금융앱 확보고객 순위를 보면 10월 한달간 소비자가 선택한 '정기적 · 생활필수앱(확보고객)' 1위는 토스, 2위는 국민은행 KB스타뱅킹이었다.

빅테크 기업과의 경쟁에서 뒤쳐지는 것은 비단 플랫폼 경쟁력 때문만은 아니다. 서비스가 시행된지 1년도 채 되지 않아 아직 시스템상 부족한 부분이 많다는 것도 이유다.

실제 타 금융기관의 금융정보가 실시간으로 적용되지 않아 고객에게 즉각적인 서비스를 제공해주지 못하는 단점이 고객들을 빅테크기업으로 눈 돌리게 하는 요인으로 작용했다.

최근 한 고객은 토스뱅크의 통장에서 돈을 이체해 잔액이 294만원이 있었지만, 한 시중은행 마이데이터에는 정보가 반영되지 않았다. 이 정보는 세네 시간이 지난 뒤에야 적용됐다.

이 시간 동안 이 은행이 실시간 정보를 받아 분석해 제공하는 차별화된 마이데이터 서비스가 무용지물이 된 셈이다.

이 고객은 "시중은행의 자산관리를 받기 위해 은행 서비스를 이용하는 것인데, 필요할 때 서비스를 이용하지 못한다면 은행 앱을 굳이 이용할 이유가 없다"며 "타행의 정보 반영이 몇시간이나 지체되는 것은 실시간이 아니다"고 지적했다.

이에 대해 해당 은행 관계자는 "스타뱅킹이 로그인이 돼 있는 상태에서는 실시간으로 정보가 반영되지 않아, 이를 개선하기 위해 앱에 '새로고침' 기능을 탑재하는 등 업그레이드를 계획중"이라며 "보다 나은 서비스 제공을 위해 최선을 다하겠다"고 말했다.

생각해 봅시다

1. 일반적인 기업형태의 분류방법에 대해 설명해보자.

2. 가장 일반적 형태기업인 주식회사의 특징에 대해 제시해보자.

3. 기업결합형태를 그 결합방법에 따라서 설명해보자.

4. 비즈니스 상황에서 기업의 사회적 책임(CSR)이 왜 중요한지 설명해보자.

제4장

경영자와 기업가정신

경영학의 의의에서 언급한 바와 같이 경영이란 조직목표의 능률적이고 효과적인 달성을 위해 관련 활동들을 계획 · 조직화 · 지휘 · 조정 · 통제하는 과정이라 정의한 바 있으며 그 경영활동의 주체가 되는 것은 경영자(CEO)다. 본 장은 경영자의 의의, 유형, 경영자에게 요구되는 능력과 최근 경영자에게 지속적으로 요구되는 기업가정신에 대하여 살펴보고자 한다.

이마트 쑥닷컴 스타필드, 정용진 모방은 창조로 진화할까

"이 세상에 카피캣(모방자)이 아닌 사람은 없다."

정용진 신세계그룹 부회장의 말이다.

모방은 정용진 부회장의 경영 스타일을 대표한다. 정용진 부회장은 신사업의 아이콘, 트렌드 세터 등 대중에게 매우 세련된 이미지로 각인돼 있지만 이 세련됨은 바로 '세련된 것의 모방'에서 나온다.

사업에서 모방은 혁신과 창조의 어머니로도 불린다.

정용진 부회장의 전략은 과연 신세계그룹에서 어떤 효과를 내고 있을까? 그리고 신세계그룹을 어디로 가고 있을까?

◆ 이마트, 모방을 통해 한국 오프라인 유통의 한 획을 그어

정용진 부회장의 모방전략 가운데 가장 빛을 본 것이 바로 이마트다. 정용진 부회장은 이마트를 두고 "처음 이마트를 구상할 때 일본과 미국의 마트를 조합해서 만들었다"고 말하기도 했다. 이마트의 세부사업들을 보면 이런 점은 더욱 뚜렷해진다.

이마트의 핵심으로 자리 잡은 자체브랜드(PB)인 노브랜드는 캐나다의 대형 유통업체 로블로의 '노네임'을 벤치마킹해 만들어졌다.

정용진 부회장은 유통업에서 혁신을 이야기할 때 로블로의 사례를 즐겨 인용하는 것으로 알려졌다. 로블로가 노네임 전문매장 '노프릴'을 만든 것처럼 이마트 역시 노브랜드 전문매장을 열기도 했다. 노브랜드는 국내에서 상당한 성공을 거뒀다. 현재 이마트 전문점 매출가운데 약 70%를 노브랜드 매출이 차지하고 있다. 물론 정용진 부회장이 야심차게 모방을 통해 시작한 신사업 가운데 잘 안 된 것들도 있다. 대표적 사례가 바로 일본의 '돈키호테'를 벤치마킹한 '삐에로쇼핑'이다.

삐에로쇼핑을 보면 정용진 부회장 전략의 또 다른 특징이 눈에 들어온다. 바로 유연성이다.

삐에로쇼핑은 노브랜드, 스타필드, 트레이더스 등과 함께 정용진표 브랜드의 대표적 사례다. 그만큼 정용진 부회장이 직접 사업추진에 공을 들였다는 뜻이다. 하지만 삐에로쇼핑은 2020년 5월31일 대구점 폐점을 끝으로 불과 2년 만에 사업을 중단하고 말았다.

여기서 눈여겨봐야 할 것은 실패보다 유연성이다. 삐에로 쇼핑사업을 접은 인물은 전문경영인인 강희석 이마트 대표이사 사장이다.

오너가 직접 추진했고 그것도 시작한 지 2년 정도밖에 안 된 사업을 전문경영인이 철수를 결정했다는 것은 정용진 부회장의 유연성을 보여준다. 해외에서 좋은 성과를 거둔 사업을 국내에 적용해 보되 잘 안 됐을 때는 고집부리지 않는다는 것이다.

정용진표 모방을 통해 이마트는 국내 굴지의 유통기업으로 우뚝 서는 데 성공했다.

이마트가 신세계로부터 물적분할된 다음 해인 2012년 이마트는 매출 12조6700억 원을 냈다. 그리고 한

해도 매출이 감소하는 일없이 꾸준히 성장세를 유지하며 2019년에는 매출을 19조 600억 원까지 늘어나는 데 성공했다. 8년 만에 매출이 약 50% 증가한 셈이다.

◆쇼핑을 놀이로, 정용진표 모방의 새 지평 스타필드와 화성 국제테마파크

이마트는 정용진표 모방의 성공사례라고 볼 수 있다. 그렇다면 정용진표 모방은 지금 어디로 나아가고 있을까?

신세계 스타필드에서 단초를 찾을 수 있다.

스타필드의 외관과 상표 등을 보면 영국의 쇼핑몰 '웨스트필드'를 벤치마킹했다는 것이 뚜렷이 드러난다. 신세계 역시 스타필드를 두고 "영국의 웨스트필드 쇼핑몰과 두바이몰 등 세계 37개 쇼핑몰의 장점을 벤치마킹했다"고 설명했다.

정용진이 쇼핑몰을 구상하며 '스타필드'라는 형태를 떠올린 것은 전통적 유통업의 위기와 관련이 깊다.

이마트를 포함해 오프라인 유통사업은 '지는 해'라는 평가를 받고 있다. 코로나19의 등장으로 전통 유통업의 위기는 더 빨라지고 있다.

이마트 역시 전통적 오프라인 영업에서 벗어나 SSG닷컴 등을 통해 온라인유통에 힘을 싣고 있다. 하지만 온라인유통은 오프라인 유통의 대안이 될 수 있지만 오프라인 유통 자체를 살릴 수는 없다.

스타필드는 오프라인 유통을 살리는 길과 관련된 정용진 부회장의 답이다. 스타필드를 통해 정용진 부회장은 오프라인 유통이 나아갈 길은 쇼핑을 놀이 혹은 경험으로 만드는 것이라고 말하고 있다.

정용진 부회장의 스타필드 전략은 스타벅스에서 시작됐다고 볼 수도 있다.

스타벅스는 수많은 커피 전문점들이 떠올랐다가 지는 가운데 오히려 굉장한 성장을 보여주고 있는 브랜드다. 스타벅스의 성장전략은 커피에 더해 '경험'을 판다는 것이다.

심리학자 출신의 경영컨설턴트 조셉 미첼리의 '스타벅스 경험 마케팅'이라는 책에 따르면 '기쁘게 하고 놀라게 하라'는 것이 바로 스타벅스의 경영원칙이다. 고객이 커피를 마시러 오는 게 아니라 기쁘고 즐거운 경험을 하러 스타벅스에 오게 해야 한다는 뜻이다.

이 스타벅스를 우리나라에 들여온 게 바로 신세계다. 정용진 부회장은 최근 스타벅스 유튜브에 출연해 가장 좋아하는 메뉴를 콜드브루라고 말해 화제가 되기도 했다.

화성 국제테마파크사업은 스타벅스와 스타필드가 보여줬던 쇼핑과 경험의 결합을 완성하기 위해 정용진 부회장이 추진하고 있는 사업이다.

화성 국제테마파크는 단순한 놀이공원이 아니라 128만 평, 여의도의 1.4배에 이르는 커다란 부지에 테마파크를 건설하는 프로젝트다. 신세계는 여기에 무려 5조 원이라는 막대한 돈을 투자할 계획을 세우고 있다. 신세계그룹은 화성 국제테마파크를 전문쇼핑몰, 리조트 등이 모두 들어선 복합문화공간으로 만들

계획을 세우고 있다. 화성 국제테마파크 전체가 하나의 거대한 스타필드가 되는 셈이다.

화성 국제테마파크는 오프라인 유통업을 놀이문화로 전환하는 거대한 실험의 최종 결과물이라고 볼 수 있다. 정용진 부회장은 스타필드로 실험해왔던 꿈을 화성 국제테마파크를 통해 완성하려는 것이다.

◆ 이마트 디지털 전환 숙원 걸린 SSG닷컴, 모방만으로 승부하기엔 너무 늦었다

전통적 유통업은 사회 변화에 따라 유례없는 위기를 맞고 있다. 또한 코로나19는 그 변화를 더욱 부추겼다. 정용진 부회장은 이마트의 전통 유통업의 위기를 헤쳐나가기 위한 돌파구를 SSG닷컴으로 보고 있다.

정용진 부회장은 최근 SSG닷컴을 별도 법인으로 분리하고 그 수장에 강희석 이마트 대표를 앉혔다. 정용진 부회장이 SSG닷컴에 얼마나 공을 들이고 있는지 알아볼 수 있는 대목이다.

SSG닷컴은 현재 상당한 성장세를 보인다. 별도 법인설립 이전인 2016년 기준 SSG닷컴의 연간 거래액은 2조 원 수준이었으나 2020년에는 이미 3분기 기준으로 누적 거래액 2조 8천억 원을 달성했으며 연간 거래액 4조 원을 눈앞에 두고 있다. 그런데 성장세가 가파르다고는 해도 절대적 수치로 보면 이커머스의 절대강자, 네이버쇼핑, 쿠팡과 비교가 어려운 수준이다. 코로나19 이전인 2019년 기준으로도 네이버쇼핑과 쿠팡의 연간 거래액은 각각 21조 원, 17조 원이다. 2020년 기준으로는 더 커졌을 가능성이 크다.

SSG닷컴 역시 '정용진표 모방'으로 볼 수 있다. 세계의 모든 이커머스사업이 아마존과 이베이의 아류일 수밖에 없다는 점을 제쳐 놓고서라도 새벽배송, 픽업서비스 등 SSG닷컴의 서비스도 이미 시장에 나와 있는 사업모델이다. SSG닷컴은 실제로 픽업서비스를 시작하면서 "미국 월마트의 서비스를 벤치마킹했다"고 말하기도 했다. 그렇다면 같은 모방전략을 통해 성장했는데 왜 이마트는 커다란 성공을 거둔 반면 SSG닷컴은 '전통 유통업체치고는 잘했다'라는 평가에 머물고 있는 걸까?

그 이유는 속도에서 찾을 수 있다. 이마트는 분명 모방이었지만 대부분이 국내에서 처음으로 따라 한 것이다. 트레이더스는 국내에 창고형 매장이라는 개념 자체가 없었던 시절의 프라이스클럽부터 시작됐다고 볼 수 있으며 노브랜드 역시 국내에 GB(제너릭 브랜드)라는 개념이 제대로 소개되기 전부터 시작했던 사업이다. 하지만 SSG닷컴의 출범은 2014년, 별도 법인설립이 2018년이다. 그때 이미 쿠팡은 소셜커머스 업체에서 이커머스 업체로 변신에 성공하고 아마존의 사업모델을 벤치마킹해 국내 이커머스 시장에서 몸집을 키우고 있었다.

◆ SSG닷컴에서 모방에 기반한 창조가 가능할 것인가

물론 늦었다고 해서 SSG닷컴을 포기할 수는 없는 일이다. 이미 유통업은 온라인 전환에 성공하지 않으면 살아남기 어려워지는 시대로 나아가고 있다. SSG닷컴의 성패는 앞으로 좁게는 이마트, 넓게는 신세계

그룹전체의 명운을 좌우할 수 있는 매우 중요한 분기점이 될 것으로 보인다. 그렇다면 SSG닷컴의 성패를 가를 수 있는 승부처는 무엇이 될까? 지금까지 '정용진표 모방'이 아직 도달하지 못했던 길, 바로 '모방은 창조의 어머니'라는 길이 그 해답이 될 수 있다.SSG닷컴은 전통적 유통업체의 온라인 전환 중에서는 상당히 성공적 사례로 평가받고 있다. 그리고 그 중심에는 '신선식품 배송'이 있다.

기업컨설팅 전문업체 커니의 파트너는 한 언론사와 진행한 인터뷰에서 "일상용품 부문에서는 쿠팡이, 가격비교 부문에서는 네이버가, 신선식품 부문에서는 SSG가 각각 국내에서 1위를 차지하게 될 것"이라고 말하기도 했다.

SSG닷컴이 신선식품 새벽배송에서 치고 나갈 수 있었던 가장 큰 이유는 물론 이마트라는 거대한 오프라인 유통기반이 있기 때문이다. 하지만 간과하기 쉬운 또 하나의 중요한 이유가 바로 모방에 기반한 창조다. 2019년 6월 신선식품 새벽배송을 시작한 SSG닷컴은 신선식품 새벽배송 시장의 후발주자다. 하지만 SSG닷컴은 재활용 가능 보냉백인 '알비백', 배송일 지정시스템 등 모방에서 더 나아간 창조를 통해 신선식품 새벽배송의 강자로 인정받고 있다.

정용진표 모방은 실제로 수많은 장점이 있는 전략이다. 또 정용진 부회장의 개인적 매력, '소통왕'이라는 특성과 어울려 '트렌디함'이라는 시너지까지 내고 있다. 모방과는 얼핏 잘 접목이 되지 않는데도 말이다. 정용진 부회장은 과연 모방의 아이콘을 넘어 혁신의 아이콘으로 자리잡을 수 있을까? SSG닷컴과 화성국제테마파크가 각각 온라인, 오프라인에서 그 해답을 제시해줄 수 있을지 주목된다.

▶ 출처 : 2021년 2월 9일 , 비즈니스 포스트

제1절 경영자의 의의와 역할

1. 경영자의 의의

일반적으로 경영자는 조직내에서 장기간에 걸쳐서 경영의 주요 기능을 실행하며 책임지는 사람을 말한다. 따라서 경영자란 우리가 일반적으로 생각하고 있듯이 대기업 또는 중소기업의 기업가만이 아니고 동호회 조직이나 노동조합의 지부 등을 책임지고 있는 사람도 경영자이다.

기업은 기업목적을 달성하기 위하여 설립, 운영되는 하나의 조직체이며 기업 스스로 경영정책을 수립하여 기업의 경영활동을 집행, 통제, 조정할 수는 없다. 그렇기 때문에 기업의 경영정책을 합리적으로 수립해서 기업의 경영활동을 지휘, 감독, 통제할 수 있는 기관으로서의 역할을 담당하는 사람을 선임해야만 한다. 이러한 기관으로서의 성격을 지닌 사람이 경영자다. 따라서 경영자는 그가 수행하는 기능으로 보아 출자기능만을 수행하는 출자인 기업가나 단순히 작업 혹은 노동기능만을 수행하는 종업원과는 다른 독립적인 존재다.

경영자는 일반적으로 기업가로부터 경영기능을 위임받아 기업경영을 전담해 나가는 자로서 기업활동이 합리적으로 수행되도록 조직의 목표를 수정하고 목표를 달성하기 위하여 조직의 제 자원을 조직화하고, 계획, 지휘, 조정, 통제하는 역할을 한다.

오늘날 사기업에 있어서는 소유경영자 또는 고용경영자들이 기업경영을 담당하고 있지만 소유와 경영이 분리된 대기업에서는 전문경영자들에 의해서 기업이 지배되고 있다. 이는 기업의 지배권을 출자자인 기업가가 아니라 경영자가 가지고 있다는 것이다. 현대기업이 점차 대규모화되고 기업환경이 복잡해지면서 대량자본의 필요성이 대두되고 기업경영을 위한 고려요소가 더 다양하고 전문적인 지식요구가 발생하는 것도 당연한 일이다. 따라서 자본출자자(주주)에 의해 기업경영이 곤란하게 되었으며 기업의 소유자인 자본출자자는 전문성을 지닌 전문경영인에게 경영을 위탁하게 되는 자본과 경영의 분리현상이 나타났다.

경영자 지배는 대주주의 실질적인 기업지배에서 벗어나 다수의 소수주주가 참여하는 주주총회를 통하여 선임된 경영자가 소신을 가지고 기업을 경영할 수 있다는 주식회사의 민주화 측면에서 긍정적으로 해석할 수 있으나 경영자의 지위가 상대적으로 강화되어 조직의 구성원을 자신개인을 위해 인맥화하고 자리유지에 연연하여 안정적인 것을 추구한 나머지 혁신적인 사고와 발상이 둔화될 가능성이 있다.

경영자 지배는 미국의 버남(Burnham)이 1차 세계대전 이후 선진국을 중심으로 자본가적 사회에서 자본주의 사회의 경제의 중심인 기업을 경영자가 지배하고, 기업지배자인 경영자는 경제의 주체인 기업뿐만이 아니라 정치와 사회까지 지배한다는 경영자사회로 이행되고 있다는 경영자혁명론을 주장하였다.

2. 경영자의 역할

경영의 주체인 경영자의 특성이 어떠한 것인가를 알기 위해서는 먼저 그가 주어진 조직목표를 달성하기 위해 어떠한 역할을 수행하는가를 검토해 볼 필요가 있다.

프랑스의 실업가 민쯔버그(H. Minzberg)는 경영자들이 어떻게 시간을 소비하며 어떠한 일을 수행하고 있느냐를 실증적으로 조사함으로써 각 수준의 경영자들의 역할을 규명하려했는데, 그의 결론은 모든 수준의 경영자행동 간에는 높은 유사성을 보이고 있었다는 것이다. 즉 어떤 수준의 경영자든 그의 조직단위에 대한 공식적인 권한을 지니고 있으며, 그의 조직적 신분(status) 역시 바로 그러한 권한에서 도출되고 있다는 것이다. 그러한 신분은 그로 하여금 부하, 동료, 상사와의 대인관계에의 개입을 가능케해주며, 바로 그러한 대인관계를 통해 그가 의사결정에 필요한 정보를 얻고 있다고 한다. 그리하여 이들 일련의 대인적 역할(interpersonal role), 정보적 역할(informational role), 의사결정적 역할(decisional role)의 범주로 나뉘며 이를 소위 '경영자의 역할 믹스'라고도

그림 4-1 민쯔버그의 경영자의 역할

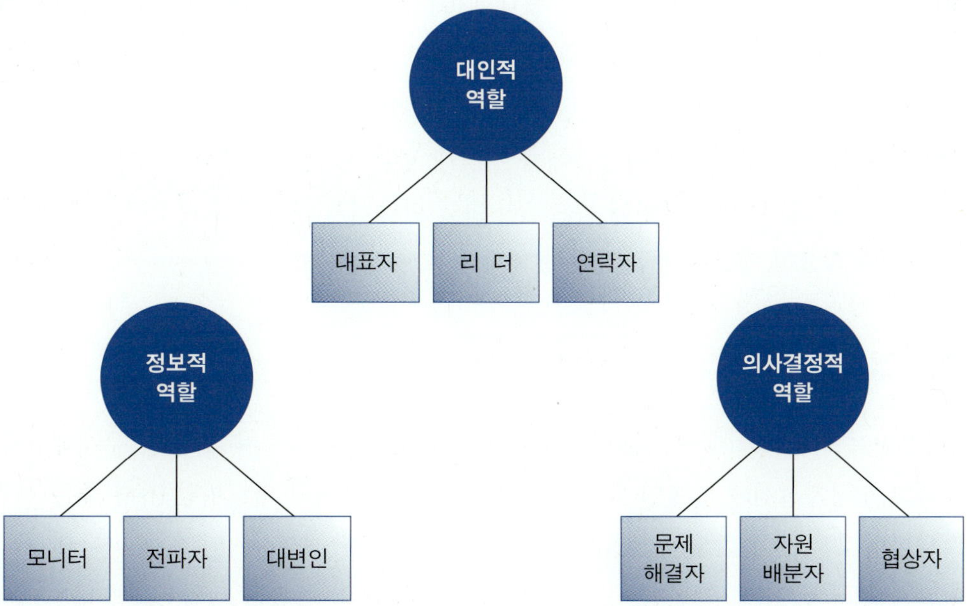

한다.

1) 대인적 역할

대인적 역할(interpersonal role)은 다시 세 가지로 분류할 수 있는데, 그들 모두는 경영자가 조직을 원만히 운영해 가는 데 도움을 주고 있다고 한다. 첫째의 대인적 역할은 대표자로서의 역할이다. 한 단위 조직의 장(長)으로서의 경영자는 때때로 내빈의 접견, 행사의 참여, 문서서명 등의 상징적 업무를 수행한다. 둘째는 종업원채용과 훈련, 상담, 지도, 커뮤니케이션 그리고 동기부여 등 리더로서의 역할이다. 특히 일선 경영자일수록 일을 성공적으로 성취하는 데는 이들 역할이 중요시될 것이다. 마지막이 연락자로서의 대인적 역할이다. 이는 예컨대 조직내에서는 부하나 상사들을 동류인으로서 대하고 조직밖에서는 공급업자나 고객들을 접촉하는 것을 말한다.

2) 정보적 역할

경영자의 과업 중 가장 중요한 것이 바로 정보를 수집하고 전파하는 것이라고 민쯔버그는 주장한다. 경영자가 올바른 의사결정을 하기 위해서는 정보를 필요로 하며, 그의 조직내 다른 사람들 역시 경영자로부터 전달받는 정보에 의존하고 있다. 경영자의 정보적 역할(informational role)도 세 가지로 분류될 수 가 있는데 그 첫째가 모니터로서의 역할이다. 이는 경영자가 하나의 모니터가 되어 유용한 정보를 꾸준히 추구함을 말한다. 즉 그는 그의 대안접촉시스템을 이용하여 흔히 부하들이 등한시하고 있는 분야에 관한 정보를 부단히 탐색함으로써 그의 조직내에서 정보에 가장 밝은 사람이 되는 것이다. 둘째는 전파자로서의 역할로 이는 부하들에게 필요한 주요 정보를 전달해 주는 역할을 지칭한다. 셋째가 대변인으로서의 역할이다. 이는 그가 수집한 정보의 일부를 그 자신의 조직 혹은 조직외부의 사람들에게 전달해 주는 역할을 일컫는다. 이를 테면 그의 상사가 필요로 하는 정보를 수시로 제공해 줌으로써 그를 만족시켜 준다든가 사장이 외부 소비자집단에게 연설을 할 때 필요한 정보를 제공해 주는 것 등이 그 예이다.

3) 의사결정적 역할

의사결정적 역할(decisional role)은 네 가지로 분류될 수 있으며 기업가, 문제해결자, 자원배분자 그리고 협상자로서의 역할이 그것이다. 먼저 기업가로서의 역할이란 가령 좋은 사업구상을 지니고 있다면 그것을 솔선해서 실현시키는 등 그의 조직을 개선시키기 위해 하나의 기업가와 똑같이 자발적으로 노력함을 말한다. 문제해결자로서의 역할이라 함은 태업 · 고객파산 · 계약위반 등과 같이 설령 그 자신의 통제력이 미치지 못하는 상황이 발생했을 경우라 하더라도 그에 적극적인 반응을 보이는 것을 말한다. 자원배분자로서의 경영자는 그 조직의 자원과 구성원들의 시간을 어떻게 그리고 누구에게 할당할 것인가를 결정하게 된다. 그는 또한 그의 조직내 다른 사람들이 내린 중요한 결정에 대해서는 그것을 실행하기에 앞서 심사할 책임을 지니고 있다. 협상자로서의 역할에는 가령 공급업자와 계약을 체결한다든가 노동조합과 노사문제를 협의 한다든가 혹은 마케팅전문가와 협상을 하는 등의 과업을 말한다.

제2절 경영자의 유형

경영자는 과업이나 책임의 범위에 따라 여러 유형으로 구분될 수 있다. 경영자의 유형을 조직수준(계층별), 직무범위, 조직의 발전과정(소유와 경영의 분리)으로 구분하여 살펴보고자 한다.

1. 조직수준에 따른 분류

조직의 계층에 따른 경영자는 최고경영자, 중간경영자, 일선경영자(하위관리자 혹은 하위감독자) 등 세 유형이 있다.

1) 최고경영자

최고경영자는 기업의 전반적인 경영을 책임지고 있는 경영자로서, 기업의 대내외의 환경변화에 능동적으로 대응하기 위한 전략적 사고 즉 기업의 비전, 사명, 중장기목표와 전략 등을 결정하여 기업의 활동방향을 제시하고 기업외부와의 관계형성을 위한 업무를 주로 맡는다.

최고경영자의 기능을 구체적으로 열거하면 수탁기능, 전반경영기능, 특성부문관리기능, 경영전략기능, 대(對)환경기능, 최고인사기능, 조직(설립, 개편, 해산)기능 등을 들 수 있다. 최고경영자에 속하는 사람으로는 회장 · 대표이사 · 사장 · 이사 등 임원이 주로 해당된다.

최근에는 조직계층상 최고의 지위에 있으면서 조직의 전략과 경영성과에 책임을 지며 이사회의 구성원이 되어 총괄적 업무를 총지휘해 왔던 CEO(Chief Executive Officer)가 업무의 특성에 따라 세분화되고 있다. 정보기술 측면에서 책임을 다하는 정보담당 최고경영자로서의 CIO(Chief Information Officer), 지식을 기업의 주요 자산으로 구축하기 위한 전략적 책임을 지는 지식담당 최고경영자로서의 CKO(Chief Knowledge Officer), 최고 프로젝트 관리경영자로서의 CPO(Chief Project Officer), 재무경영자로서의 CFO(Chief Financial Officer), 최고 마케팅경영자로서의 CMO(Chief Marketing Officer), 최고 기술경영자로서의 CTO(Chief Technology Officer) 등으로 다양하게 변신하고 있다.

2) 중간경영자

중간경영자는 흔히 중간관리자라고도 불리며 이들은 하위감독자를 지휘하며 때로는 종업원들에게 직접 명령이나 지시를 내리기도 한다. 중간경영자의 주된 책임은 조직의 정책을 집행하기 위한 각종 활동을 지시하고 그들의 상급자와 부하의 중간에서 상호의 관계를 조정하는 일이다. 중간경영자들의 기능을 구체적으로 열거하면 상하 간의 커뮤니케이션 기능, 부문 간의 상호 조정기능, 해당부문의 통합조정기능, 부하에 대한 교육기능 등이 있다. 가장 중요한 역할은 최고경영층의 요구와 일선관리자 또는 작업자의 능력을 조화시키는데 있다. 부서장·부장·차장·과장 등이 중간경영자에 해당된다.

그림 4-2 계층에 따른 경영자

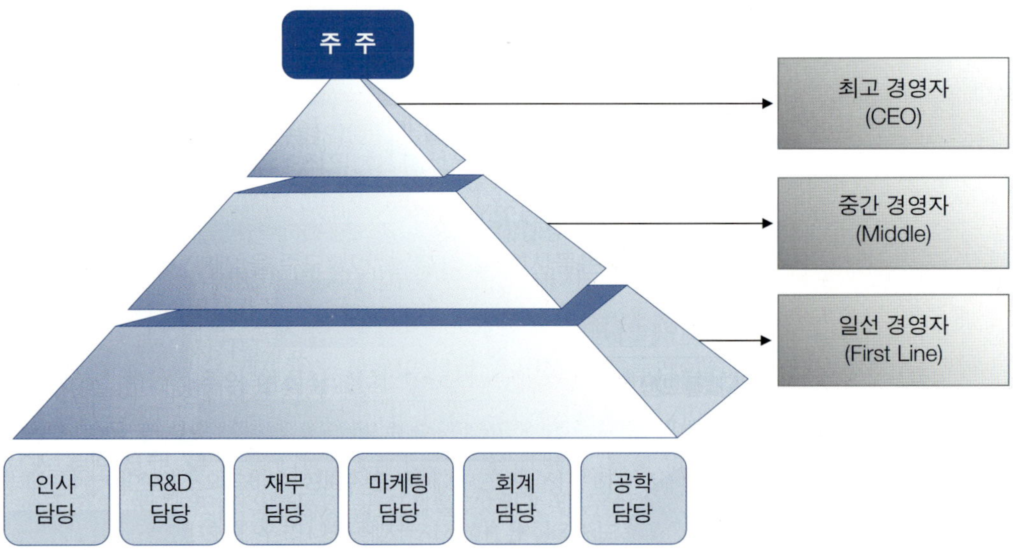

3) 일선경영자

일선경영자란 흔히 하위감독자라고도 하는데, 자신이 담당하고 있는 작업에 대한 전문적인 지식과 기술을 가지고 종업원들의 활동을 직접 감독하고 작업일정 등을 조정하는 역할만을 할 뿐 다른 경영자들을 휘하에 두지 않고 있는 최하위의 관리자들을 지칭한다. 미국에서는 수퍼바이저(supervisor) 그리고 국내에서는 계장·주임·반장 등으로 불리는 사람들이 이에 속할 것이다.

2. 직무범위에 따른 분류

직무범위로 보는 경영자는 직능(職能)경영자(functional manager)와 총괄경영자(general manager)의 두 부류로 구분될 수 있다. 직능경영자란 부문관리자라고도 불리는데, 생산·마케팅·인사 등 조직의 어느 한 부문활동에만 책임을 지고 있는 경영자를 말한다. 이에 반해 총괄경영자란 어느 한 부문만이 아니라 조직 전체를 총체적인 차원에서 관리하는 사람을 일컫는다. 따라서 중간 및 하위경영자는 직능경영자, 최고경영자는 총괄경영자에 각각 속하게 된다.

3. 조직의 발전에 따른 분류

기업조직은 시간의 경과에 따라 점차 그 규모가 확대되어가면서 조직의 경영성격도 역시 소유경영자(owner manager), 고용경영자(employed manager), 전문경영자(professional manager)로 각각 변모하게 되었다. 그러므로 이는 여러 가지 조직 가운데 특히 기업조직에만 적용되는 분류방식이라 할 수 있다.

1) 소유경영자

기업의 초창기 때 주로 볼 수 있는 경영자로서 자본주의 초기에는 기업의 규모가 소규모이고 생산방법이 그리 복잡하지 않았기 때문에 개인이 자본의 출자와 더불어 기업경영까지 수행함으로써 기업을 완전히 소유·지배하게 되었다. 이러한 유형의 경영자를 소유경영자라고 한다.

소유경영자는 기업의 소요자본을 자기가 전부 투자하고 또 자신이 직접경영에 종사해 기업을 운영한 결과 발생된 이익은 본인에게 모두 귀속된다. 반면 손실이 발생한 경우에는 사업손실을 경영자가 부담하는 위험이 따른다.

2) 고용경영자

기업의 규모가 확대되면서 경영활동은 질적인 면과 양적인 면에서 모두 팽창하게 되고 기업가 혼자서는 모든 경영관리를 담당하기 어렵게 된다. 이런 상황에서 기업가를 도울 사람을 고용하여 그 사람에게 경영상의 지휘감독권의 일부를 위임하여 분담하게 하는 것이 고용경영자다. 즉 소유경영자의 지휘 및 감독기능의 일부를 고용한 사람에게 위양 또는 분담시키는 경영자의 유형이다. 이러한 고용경영자는 경영관리의 전문적 지식과 기술이 있다 하더라도 주로 자본가나 기업가의 이익을 대변할 뿐이며 실질적으로는 소유경영자의 성격과 별로 다를 바가 없다.

3) 전문경영자

오늘날의 전형적인 주식회사와 같이 경영규모가 대형화되고 경영활동이 극도로 복잡해지게 되면 지금까지의 경영자와는 달리 각 분야에 전문적인 지식과 교육적인 배경을 지닌 경영자가 필요하게 되는데 이때의 경영자를 이른바 전문경영자라고 한다.

그리하여 전문경영자는 소유와 경영의 분리, 기업규모의 확대, 기업활동의 복잡화와 전문화, 주식소유의 대중분산과 무기능 주주의 탄생 등의 요인들을 그 출현배경으로 하고 있다. 따라서 전문경영자는 오늘날 소유와 경영이 분리된 대규모의 주식회사에서 찾아볼 수 있으며 그의 권한도 출자기능만을 제외하고는 혁신과 위험부담을 포함하여 경영활동 전반에 걸쳐 포괄적으로 미치게 된다.

전문경영자는 기업의 관리활동과정에서 계획부터 지휘, 감독 및 평가에 이르는 기능을 전문적으로 수행하게 되고 또 이들은 출자와 소유에는 관계없이 오직 전문지식과 경험 및 능력에 따라 선발되므로 기업의 대형화 추세에 따라 글로벌기업으로 발전하기 위해서는 전문경영자의 양성이 바람직하다.

표 4-1 소유와 경영의 분리에 따른 분류

구 분	소유경영자	전문/고용경영자
장 점	· 강력한 리더십 · 과감한 경영혁신 · 환경변화에 빠른 적응	· 민주적 리더십 · 경영의 전문화 · 회사의 안정적 성장
단 점	· 개인이해와 회사이해의 혼동 · 능력부족 위험 · 부와 권력독점	· 임기제한, 개인의 안정추구 · 주주의 이해관계 경시 · 장기적 전망 부족 · 단기적 이익에 집착

제3절 경영자의 능력

경영자가 계획, 조직화, 지휘, 조정, 통제 등의 관리직능을 효율적으로 수행하기 위하여 경영자들은 어떠한 기능(skills)을 필요로 하는지에 대하여 살펴보도록 하자. 기능이란 특정 관리업무를 수행할 수 있는 기술과 능력을 말한다. 그러한 기능은 경험과 훈련 그리고 실무를 통해 학습되고 개발되며 지금까지 많은 경영학자들이 경영자에게 요구는 기능에 대해 깊은 관심을 보여 왔다.

그 가운데 하나가 카츠(R. L. Katz)의 연구인데, 그에 의하면 어떠한 경영자든 그가 성공하기 위해서는 기술적 능력, 인간적 능력, 개념적 능력 등 세 분야에 관한 기능을 갖춰야 하며 이를 경영자의 '기능믹스(skill mix)'라고도 한다.

최고 경영자에게는 개념적 능력이, 중간경영자에게는 인간적 능력이, 하위경영자에게는 기술적 능력이 중요하다.

1. 개념적 능력

개념적 능력(conceptual skill)은 조직의 모든 이해관계와 활동을 조정하고 통합할 수 있는 능력이다. 다시 말해서 이는 조직을 전체적 안목으로 보고 각 부분이 어떻게 서로 의존관계를 유지하고 있는가를 통찰할 수 있는 능력을 말한다. 또한 조직의 어느 한 부분에서 일어난 변화가 조직 전

그림 4-3 경영자의 기능믹스(skill mix)

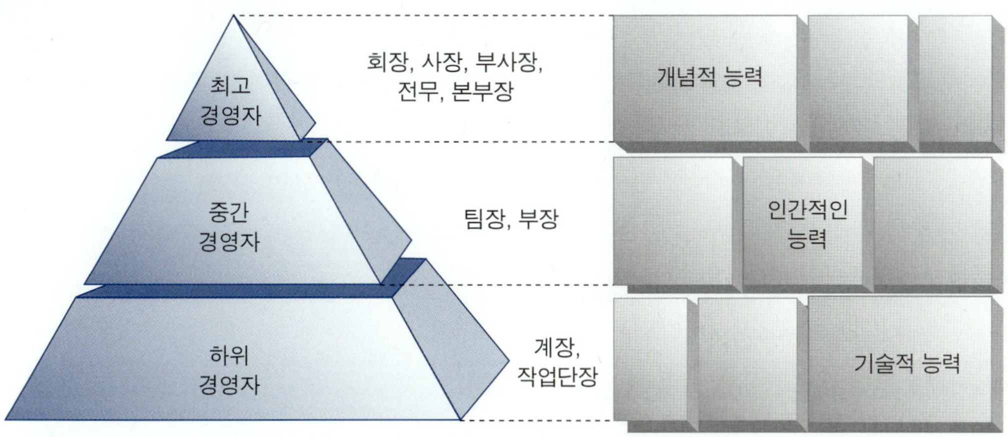

체와 조직과 연관을 맺고 있는 외부환경에 어떤 영향을 미치는지 예측할 수 있는 능력이다.

이 기능이 특히 경영자에게 요구되는 이유는 주어진 상황에서 어느 한 요인에 변화를 가할 경우, 다른 요인 및 전 조직에는 어떤 영향을 미치게 되는 가를 그의 의사결정과정에서 반드시 고려해야하기 때문이다. 훌륭한 개념적 능력은 경영관리 피라미드의 정상(top)에 위치한 경영자들에게는 반드시 필수적이다.

2. 인간적 능력

인간적 능력(human skill)은 개인으로서든 또는 집단으로서든 다른 사람들과 상호작용하고 의사소통을 하며 그들과 같이 일하고 그들을 이해하며 동기를 부여할 수 있는 능력이다. 즉 경영자는 조직의 내부와 외부의 활동 가운데 많은 시간을 사람들과 서로 상호작용하면서 보내게 된다.

좋은 관계형성을 위한 인간적 능력이란 대인 이해력으로 표현능력, 절충능력, 설득능력, 추진능력, 섭외교섭능력, 지휘통솔능력, 인재육성능력 등이며 종업원에게 긍정적 피드백을 주는 것, 그들의 개인적 요구에 민감해지는 것, 부하들에게 기꺼이 권한을 위임하는 모습을 보이는 것은 모두 인간관계능력의 사례이다. 경영자에게 이 기능이 특히 중요시되는 이유는 그가 다른 조직의 사람들과의 대인관계를 유지할 필요성이 빈번히 발생함은 물론 자신이 속한 조직의 구성원들을 직접 통솔해야 하기 때문이다.

3. 기술적 능력

기술적 능력(technical skill)이란 전문화된 활동을 수행하는 데 필요한 기술과 지식으로, 특정 업무분야와 관련된 지식과 기술을 활용할 수 있는 능력이다. 경영자로 하여금 현실에서 발생하는 문제를 해결할 수 있게 함과 동시에 종업원의 과업을 감독하고 평가할 수 있게 한다. 따라서 어떤 부서의 최고경영자나 중간경영자는 자신이 하위자를 감독하고 관리하기 위해서는 그 분야와 관련된 전문적 지식, 기술적 능력이 없이는 불가능하다.

예를 들면, 재무제표의 작성, 컴퓨터 프로그래밍, 사무용빌딩의 설계, 시장조사분석 등이 있다. 이런 유형의 능력은 일선관리자들에게는 특히 중요한다. 회사의 제품 그리고 서비스를 생산하는 직원들과 항상 가까이에서 일하기 때문이다.

4. 경영자 능력의 중요성

이러한 세 가지의 기능 모두가 효과적인 경영에 중요하기는 하지만 이들의 상대적 중요성은 경영자가 속한 조직계층에 따라 다르다. 기술적 기능은 조직의 하위수준에서 특히 중요시되지만 상위로 올라갈수록 그 중요성은 낮아진다. 반면 개념적 기능은 상위수준일수록 중요시된다. 왜냐하면 최고경영자일수록 조직 전체에 영향을 주게되는 포괄적이고 장기적인 의사결정에 임할 가능성이 높기 때문이다. 그리고 인간적 능력은 어느 계층에서나 같은 비중으로 중요시 되고 있음을 볼 수 있다. 그 이유는 경영이란 다른 사람들을 자극시키고 영향을 주어 이해하도록 하지 못하면 그것은 결국 불필요한 것이 되고 말기 때문이다.

제4절 경영자와 기업가

기업가(entrepreneur)란 새로운 모험기업(벤처비즈니스)의 아이디어를 구상하고 인적·재무적·물적자원을 손수조달함은 물론 대부분의 인적·재무적 위험을 스스로 부담하며 기업을 직접 운영하고 성장시켜가는 사람을 뜻한다. 다시 말해서 영리를 목적으로 기업을 운영해가는 데 필요한 자본을 직접 조달하고 그에 대한 위험을 스스로 부담하며, 또 경영에도 적극적으로 참여함으로써 그 기업을 마침내는 대규모의 조직으로 키워 나가려 하는 진취적이고 혁신적인 사람을 기업가라고 부른다. 그러나 그가 이룩한 기업이 비대해짐에 따라 전문경영자를 채용하여 그에게 기본적인 관리기능을 위양하게 되면서 그의 기업가로서의 신분도 사라지게 된다.

기업가는 경영사적인 면에서 볼 때 개인이 단독으로 사업체를 설립해서 경영, 관리, 운영하는 단독기업에서 성립되었다. 일반적으로 기업가의 기능은 다음과 같다.

첫째, 투자(investment)기능은 기업을 창설해서 운영하는 데 필요한 기업자본을 출자하는 기능이다.

둘째, 혁신(innovation)기능으로 혁신을 단행하여 종래의 생산방법에서 벗어나 새로운 생산방법, 새로운 제품, 새로운 시장, 새로운 공급원, 새로운 조직을 개발하고 개척하는 기능이다.

셋째, 관리기능은 기업을 설립하고, 조직하며, 경영 및 관리계층의 간부를 임명하며 또한 기업활동을 계획, 조직화하여 종업원을 지휘, 감독하는 기능이다.

넷째, 위험부담(risk taking)기능으로 기업의 경영활동과 경영성과에 대하여 위험을 부담하는 기능이다.

1. 경영자의 발굴

기업활동을 효율적으로 수행하기 위하여 유능한 경영자의 확보는 기업에서 중요한 문제이다. 조직구조 자체가 효율적이라 하더라도 그것의 각 위치에 배치되어 기업활동을 효율적으로 수행할만한 경영자가 확보되지 않는 한 기업목적의 달성이나 기업의 성장은 불가능하다. 따라서 기업에 있어서 유능한 경영자를 확보하는 것은 지극히 중요한 문제이므로 유능한 경영자를 확보하기 위해 경영자를 선발, 배치, 육성하는 관리활동이 곧 경영자 발굴 혹은 충원(managerial staffing)인 것이다. 발굴(충원)활동을 효율적으로 수행하기 위해 필요한 원칙은 직무명확화, 경영자 평가, 승진공개경쟁, 경영자 개발, 전체적 개발 등의 원칙이 있다.

발굴(충원)과정은 첫째, 경영자의 양적 및 질적수요를 측정하고 이를 토대로 장래의 각 시점에 있어서의 경영자에 대한 계획을 수립하는 것이다. 둘째, 사내경영자 및 후보경영자의 능력을 평가함으로써 예상직위에의 적격여부를 사전에 판단해 두어야 한다. 그러므로 경영자 육성프로그램 수립이 필요하다. 셋째, 경영자 발굴(충원)계획에 따라 사내선발 및 외부선발을 통해 발굴(충원)을 한다.

2. 경영자의 육성

기업의 환경변화에 대응하기 위한 능력을 갖추기 위하여 경영자와 후보경영자의 능력을 개발하고 향상시키기 위해 수행되는 활동이 경영자 육성이다. 이들 경영자가 기업의 목적을 보다 효과적으로 달성할 수 있도록 각 경영계층에 있는 경영자나 혹은 앞으로 각 경영계층에 취임하게 될 후보경영자의 능력이 개선되도록 이들을 교육하고 훈련함으로써 유능한 인재가 확보될 수 있으며 이들을 통해 기업이 합리적으로 경영될 수 있게 되는 것이다.

경영자의 생명은 유한한 것이어서 기업이 경영자의 수명과 관계없이 안정적이고 장기적으로 존립과 성장을 해 가려면 마땅히 유능한 후계경영자를 육성함으로써 경영인재를 확보해 두어야 한다.

이러한 필요성 때문에 기업은 각 계층의 경영자나 후보경영자를 육성하기 위한 각종의 경영자 육성계획을 제도적으로 마련하여 인재육성에 주력하고 있고, 협회나 동업단체 등에서는 물론 경영대학원이나 대학과 같은 고등교육기관에서도 이러한 계획을 입안하여 실시하고 있는 것이다.

사실 기업의 실질적인 지도자로서의 경영자의 능력은 선천적으로 타고난 천부의 소질에만 의존하는 것이 아니라 후천적인 교육 및 훈련과 같은 학습과정을 통해 쌓여지는 것이므로 경영자 육성을 제대로 한다는 것은 기업의 성패를 좌우하는 중요한 일이라 할 수 있다.

Field_Story ‘미래 선도자’ 키우는 구자은號 LS…연 1천명 인재선발 · 육성한다

하반기 그룹공채 · 수시채용 등 연간 1천명 선발…배 · 전 · 반 등 미래 사업서 시너지 기대

“전 세계적인 탄소 중립을 향한 흐름은 전기화 시대를 가속화시키고 있고, 에너지 분야에 강점을 지닌 LS는 독보적인 존재감을 발휘할 수 있다. 이러한 시기에 신입사원으로 입사하신 여러분을 환영하고, LS와 함께 더 당당하게 미래에 도전하자.”

구자은 LS그룹 회장은 올해 진행된 신입사원 입문과정 환영사에서 이같이 밝혔다. ‘전기화 시대’를 맞아 인재 육성을 통해 미래를 선도하겠다는 의지를 강조한 것이다.

LS그룹은 배 · 전 · 반(배터리 · 전기차 · 반도체)과 같은 미래 유망 산업 분야에서 새로운 기회를 찾아 기존 사업과의 시너지를 만들어 갈 미래 인재를 육성하기 위해 적극 나서고 있다.

LS그룹은 하반기 그룹 공채와 수시채용을 포함해 연간 약 1천 명의 전기 · 전력 · 에너지사업 분야 글로벌 감각을 갖춘 인재를 선발 · 육성하고 있다고 29일 밝혔다.

LS는 ‘밝고(Positive), 창의적(Creative)이며, 최고의 전문성을 가진(Professional)’ 인재상을 바탕으로 인재를 선발하고 육성하기 위해 다양한 노력을 기울이고 있다. 특히 미국, 중국, 유럽, 중동, 중앙아시아 등으로의 사업진출을 가속화하기 위해 이 지역에 생산 · 연구 · 판매법인 등을 구축하고 글로벌 플레이어 육성에 투자를 아끼지 않고 있다. 우선 LS는 국내 대기업들의 수시채용 전환 움직임 속에서도 하반기 정기공채 제도를 유지하고 있다. 취업준비생들에게 채용을 위한 예측 안정성, 지원 편의성 등을 제공하기 위해서다.

올해는 지난 9월 13일부터 30일까지 수백 명 규모로 하반기 신입사원 공개채용을 진행한 바 있다. 특히 수도권 7개 대학에서 오프라인 채용박람회를, 디지털 기반 가상세계인 ‘메타버스’에서 온라인 채용박람회를 실시해 취준생들이 자유로운 분위기 속에서 취업에 관한 질의와 응답을 주고받는 등 환경별 맞춤서비스를 제공해 큰 호응을 얻었다. 예년과 다르게 LS의 지주사인 ㈜LS가 하반기 공채에 참여하기도 했다. 사업전략 · 경영기획 · 재무관리 등 주요 업무를 2~3년 단위로 순환 근무하는 통섭형 미래 사업가를 선발한다는 취지로, 상경 · 이공계열 등 전공제한없이 지원자를 모집했다.

LS는 신입사원 최종 합격이후에는 입사 전 합격자들을 회사로 초청해 임원들이 직접 회사와 직무에 대해 설명하는 한편, 합격자 가족들에게는 대표이사 명의의 축하레터와 순금명함패, 꽃바구니, 건강보조식품 등을 발송해 감사의 뜻을 전하고 있다.

LS그룹이 2022년 정기공채 참가자들에게 지급한 면접응원키트.

LS는 올해부터 데이터기반의 인사혁신팀인 '피플랩(People Lab)'을 신설, 일 잘하는 직원의 공통점을 분석해 조직성과를 한 차원 업그레이드하고 기업문화를 유연하게 바꾸는 인사혁신을 실시하고 있다.

혁신의 일환으로 즉각적인 성과 보상을 원하는 20~30대 MZ세대 직원의 수요를 반영해 우선 지주사부터 평가기간을 연 단위에서 분기단위로 바꿔 프로젝트 단위로 포상을 실시하고 있다.

LS의 주요 계열사들은 영어 · 중국어 인텐시브 과정, 법인장 · 주재원 역량향상 과정 등을 운영함으로써 해외법인의 성과창출을 지원하고, 지역전문가 과정을 통해 해외 전문인력들이 세계 각지에서 활동을 펼칠 수 있도록 세계 유수대학에 학위취득을 위한 파견도 실시하고 있다.

또 차세대 경영자 육성을 위해서 LS MBA, 석사학위과정 등을 통해 맞춤형 프로그램을 지원하고 있으며, 지역전문가, 임원후계자, 직무(기술)전문가 등 핵심인재를 사전 선발해 집중육성 중이다.

이 밖에도 LS그룹은 복리후생차원에서 자녀학자금, 경조사비, 주택자금 저리대출, 의료비 및 외부 교육비 지원 등을 업계 상위 수준을 유지하고 있다. 신입사원의 직무 불일치를 해소하기 위해 입사 후 1년이 지난 시점에 심층면담 통한 직무 재배치의 기회를 제공하고, 워크 다이어트(Work Diet) 프로그램, PC오프 시스템, 1~2주간 집중적으로 리프레시 휴가를 사용하는 '휴 윅스(休 Weeks)' 제도 등을 통해 업계 최고 수준의 워라밸을 지향하고 있다.

구자은 회장은 지난 9월 미래 신사업 아이디어 등을 공유하는 LS 퓨처 데이(Future Day) 행사에서 그룹 임직원에게 "여러분이 로켓처럼 힘차게 날아오를 수 있도록 발사대 역할을 하겠으니, 마음껏 도전하라"며 "전 구성원이 퓨처리스트(Futurist, 미래 선도자)가 돼 2030년 지금보다 두 배 성장한 LS를 함께 만들어보자"고 강조했다.

▸ 출처 : 2022년 11월 30일, 아이뉴스

경영자의 육성방법에서 훈련이란 어떤 업무를 처리하고자 특정한 일을 수행하는 데 필요한 지식이나 기능을 습득하게 하려는 것이다. 반면 교육이란 훈련보다 더 광범위한 내용을 갖는 것으로 경영자로 하여금 주어진 환경에 잘 적응할 수 있는 능력을 개발하도록 실시하는 것이다.

따라서 교육에서는 피교육자로 하여금 그에게 영향을 미치는 환경적 제요인에 대한 이해를 증진시켜 조직내에서 그의 역할이 합리적으로 수행되어 목표를 달성할 수 있게하는 능력을 갖추도록 하는 것이다. 그 결과 경영자는 복잡한 대안을 올바르게 평가하고 이에 대처할 수 있는 건전한 관점이나 태도를 함양할 수 있게 되는 것이다. 경영자 육성을 위해서는 항상 두 방법이 보완적으로 활용되어야만 한다.

제5절 기업가정신의 개념과 특성

1. 기업가정신의 개념

기업가정신은 다차원적이고 다양하게 사용되어 명확한 정의에 합의를 이루지 못한 것 같으나 대체로 다음과 같이 정의한다.

기업가정신(entrepreneurship)은 새로운 조직이나 기존 조직을 건전하게 경영하면서 리스크를 적극적으로 극복하고, 창의성을 발휘 및 혁신하므로 경제활동을 창조하고 발전시키는 정신이며 과정이다(Commission of the European Communities, 2003).

기업가정신은 창업정신이라고도 한다. 창업은 타인의 권한과 책임을 위임받아 활동하는 것이 아니라 자신의 책임과 권한으로 기업을 만들어 새롭게 경영하며 발전시키려는 정신과 그 과정이기 때문이다. 경영혁신은 기업가정신을 발휘하는 수단이다. 기업가정신은 일반적으로 혁신과 창조성을 바탕으로 하기 때문에 경제활력의 원동력이 된다. 경쟁시대에 한 경제가 경쟁력을 유지하면서 성장을 계속하기 위해서는 지속적인 혁신활동이 필요하고 이는 창조적인 사고로 리스크를 적극적으로 수용하는 기업가정신이 그 바탕이 된다(배경일, 2010).

또 다른 정의로는 기업가정신은 시장에서의 가치를 창출하는 것(creating value in the market place)으로 신상품이나 서비스 혹은 새로운 기능을 상품화하여 시장에서 화폐적 가치로 실현해 내는 것을 의미한다.

다시 말하면 혁신된 것을 가지고 상업적으로 상품을 출현시켜 시장영역을 형성하고 소비자에게 새로운 만족감을 부여하거나 새로운 수요고객을 창출하는 것이다.

한편 기업가정신은 중소기업의 성공경영을 위한 중요사항으로서 연구되어 왔으며 여러 학자들이 경제학, 심리학, 경영학 등 연구분야에 따라 다양하게 정의하고 있다.

경제학에 기반을 둔 관점에서는 주로 시장의 불확실성과 변화에 기반한 위험을 내포한 기회, 그리고 기술혁신에 중점을 둔다. 이에 반해 경영학자들은 새로운 조직의 출현, 새로운 자원의 조합과 활용 등 조직과 전략의 관점에서 기업가정신을 정의한다. 즉 전략적 사고와 기업가적 사고의 통합이 필요하다(Hitt et al., 2001).

2. 기업가정신의 특성

심리학자들에 의한 기업가정신의 특성은 기업가가 일반인 또는 다른 관리자들과 다른 심리적 특성을 가졌을 것이라는 가정하에서 기업가의 성취욕구, 위험감수성, 통제의 소재 또는 혁신성 등의 특성을 밝히고자 한 경우가 많다.

슘페터는 기업가정신을 산업혁명 및 인류의 근대화, 공업화의 원동력이며 그 특성으로 혁신추구성(innovativeness), 진취성(pro-activeness), 민첩성(alertness), 위험감수성(risk-taking)의 네 가지로 구분하였다.

웰츠 등은 기업가정신의 특성으로 자기통제욕구, 도전의식, 위험추구성을 제안하였다. 또한 쿠퍼 등은 성장지향성, 독립성, 장인정신 등을 제시하였다.

최근 오티오 등과 자라(Zahra)는 혁신성, 진취성, 위험추구성을 제시하였고, 코빈 등은 기업가적 자세(entrepreneurial posture)라고 말할 수 있는 기업가정신의 요소를 혁신성(innovativeness), 미래지향성(pro-activeness), 위험감수성(risk-taking)의 세 가지 성격의 범주로 인식하여 구분하고 있다.

럼프킨 등은 기업가 지향성(entrepreneurial orientation)을 기업가정신으로 명명하였고, 라센 등은 추가적으로 자율성(autonomy), 경쟁적인 저돌성(competitive aggressiveness) 등 두 가지 범주를 추가함으로서 개념을 확장시켰다. 〈표 4-2〉는 상기 학자들에 의하여 정의된 기업가정신의 특성차원에서의 개념적 정의를 제시하였다.

반면 기업가정신의 적용개념에서는 학자들마다 다양한 분석수준과 연구흐름을 가지고 있다. 기업가정신은 개인수준에서 창업가 또는 기업가 뿐만 아니라 중소기업이나 대기업 그리고 신생기업

표 4-2 기업가정신 특성차원의 개념적 정의

특 성	개념적 정의
혁신성	새로운 제품과 서비스, 그리고 프로세스 개발을 목표로 한 실험과 창조적 프로세스를 통한 새로운 것을 기꺼이 하는 마음
위험감수성	예측 가능한 결과의 지식없이 실행하는 의사결정활동: 위험을 감수하는 벤처(venture)프로세스에서 구체적인 자원의 몰입을 포함하는 실행
미래지향성	미래수요의 예측에서 기회를 포착하는 통찰력을 가진 선도자의 진취적 특성
자율성	개인이나 팀이 아이디어와 비전을 제시하기 위해 독립적으로 수행하는 기업가적 감각으로 조직의 관료주의를 탈피하여 새로운 아이디어를 요구하는 기업가적 독립성
경쟁적인 저돌성	시장에서 경쟁사를 압도하기 위해 직접적이고 집중적으로 경쟁하는 기업의 성향

출처: Lumpkin & Dess(1996), Covin & Slevin(1991), Miller(1983), Lassen at al.(2006)

및 기존의 기업에도 적용되는 개념이라 할 수 있다.

본서에서는 급변하는 환경이나 조직변화에 적극적인 대응에 초점을 두고 기업가정신은 기업의 환경이나 조직의 변화에 대처하는데 사용되어지는 진취적인 반응 메커니즘이며(Zahra, 1991) 변화에 대처하기 위해 조직을 지속적으로 혁신하는 기업가적 행동을 기반으로 한 개념으로 이해하면 될 것이다.

또한 조직혁신을 변화에 대응하고 기업경쟁력을 향상시킬 수 있는 주요 변수라고 이해할 때 기업가정신은 미래지향성, 위험감수성, 자율성 및 저돌성의 네 가지 특성으로 검토할 수 있다.

1) 혁신성

혁신성은 새로운 제품과 서비스 그리고 프로세스개발을 목표로 한 실험과 창조적 프로세스를 통한 새로운 것을 기꺼이 하는 마음을 의미한다. 현대기업에서의 혁신성은 경쟁의 중심이 되고 있으며 소비자들의 선택을 위해서는 지속적인 혁신성이 경영의 모든 단계에서 요구되어진다.

또한 경영에서의 혁신성은 그 누구보다 최고경영자가 경영혁신을 추진하고자 하는 의지가 있느냐에 달려 있다. 기업의 최고경영자가 혁신하고자 하는 의지가 없고 혁신성이 부족하게 되면 경영혁신이 성공하기는 상당히 어렵다.

2) 위험감수성

위험감수성은 기업가정신에 대한 연구에서 많이 언급되고 있다. 이는 위험감수성이 어떠한 분야에서든 기업가정신을 말할 때 다양한 의미로 해석이 되고 적용된다는 것을 의미한다. 위험감수성은 경영자들의 모험적인 의사결정으로 자원과 이에 따르는 손실이 클 것으로 예상되지만 성과있는 기회를 이용하고 잘 하는 정도로 정의되고 있으며(Miller & Friesen, 1978), 불확실성이 존재하는 사업의 의사결정에 있어 위험선호적 의사결정을 도입하는 기업의 경향을 의미한다(Miller, 1983).

또한 위험감수성은 전략경영의 필수요소로 보고 있으며 위험한 프로젝트에 대하여 실행하고자 하는 기업의 의욕으로 보고 있다(Ruefit, Collins & Lacugna, 1999). 이러한 위험을 몇 가지 유형으로 분류한 학자들도 있다. 대표적으로 베어드 등(Baird & Thomas, 1985)은 위험을 전략전개의 필요한 요소로 보고 미지에 대한 도전(venturing into the unknown), 자신의 많은 부분을 연관된 곳에 위임(committing a relatively large portion of assets), 많은 차용(borrowing heavily)의 세 가지 유형으로 나누고 있다. 특히 미지에 대한 도전은 불확실성이 포함되어 있다.

3) 미래지향성

미래지향성은 미래수요의 예측에서 기회를 포착하는 통찰력을 가진 선도자의 진취적 특성을 말한다. 기업의 최고경영자가 현재의 경영판단뿐만 아니라 미래에 발생하게 될 여러 가지 문제에 대해 수요예측이 불가능하다면 그것은 기업의 미래성장을 확신할 수 없게 된다. 물론 그것은 개인의 탁월한 능력도 중요하지만 미래 수요예측을 위해 다양하고 반드시 필요한 정보를 관리하고 분석할 수 있는 능력이 더욱 필요한 것이다.

정보에 대한 수집능력, 분석능력, 예측능력 등이 결합되어 미래 고객수요와 시장의 방향을 읽어내는 것은 기업가로서의 탁월한 능력이라 할 수 있다. 이러한 기업가의 미래지향성은 현재 만큼이나 중요한 미래산업분야의 기회를 찾아내는 데 아주 중요하다. 그리고 사업의 기회를 찾아내고 사전에 철저히 준비해야만 기업경쟁력을 만들어 낼 수 있기 때문에 기업가정신에서의 미래 지향성은 기업의 영속성을 보장할 수 있는 중요한 요인이라 할 수 있다.

4) 자율성

자율성은 위험감수성 및 혁신성에 밑거름역할을 하는 것으로 기업이 조직구성원에 대한 자율적이고 허용적인 분위기 조성으로 새로운 제품개발 및 다양한 아이디어의 출현에 큰 역할을 할 수 있다. 즉 조직의 측면에서 자율성은 새로운 아이디어와 비전을 향하여 목표를 달성하고자 하는 개인이나 팀의 독립적인 행동을 의미한다.

정성한 등은 직무에 대한 자율성에 대하여 기존 척도의 수정과 아울러 새롭게 개발하였는데 자율성을 직무목표, 직무방법 그리고 직무일정계획에 관하여 조직원이 발휘할 수 있는 선택 또는 자유재량의 정도로 정의하고 있다.

직무목표의 자율성은 작업자가 자신의 직무목표를 수립하고 수정하는데 갖는 선택 또는 자유재량의 정도를 말하며, 직무방법의 자율성은 작업자가 자신의 작업을 수행하는데 활용하는 절차나 방법들에 대해 갖는 선택 또는 자유재량의 정도를 말한다.

직무일정계획의 자율성은 작업자가 작업활동들의 일정계획, 작업순서, 시기 등을 선택 또는 결정할 수 있다고 느끼는 정도를 말하는 것이다. 이처럼 조직구성원들에게 자신들의 업무와 관련된 자유와 재량권을 부여하게 되면 조직원들은 자신들의 공헌을 가치있게 인식하게 되므로 직무에 대한 자율성은 조직적 차원에 대한 인식(perceived organizational support)을 향상시키게 된다.

조직내에서 기업가정신의 자율성이 효과적으로 발휘될 수 있는 방법에는 두 가지가 있다.

첫째, 독립적으로 생각과 행동을 할 수 있도록 연구개발부문을 사용하는 것이다. 이는 조직내에서 일반부서와는 별도로 구성하고 직무조건과 압력으로부터 자율적 직무환경을 부여하는 것으로 의미할 수 있다. 연구개발부문은 새로운 아이디어에 대해 창조적 사고와 브레인스토밍 기법을 자주 사용할 수 있다.

둘째, 기업가정신을 고취시키기 위하여 직무를 재편성하는 것이다. 기업은 종종 새로운 생각을 자극하기 위해 독립된 씽크탱크(think tank)를 만드는 것이 중요하며 기존의 조직구조의 변화를 통하여 경쟁력을 유지할 수 있는 팀 혹은 직무단위를 통해 창조적인 사고를 할 수 있도록 할 필요성이 있다. 이는 멤버들 간의 공유를 통해 창조적 사고가 더욱 강화될 뿐만 아니라 조직적 조정과 지배를 개선할 수 있다. 그러나 이러한 직무의 재편성 및 독립부서의 강조는 조직내 위화감 조성 및 인원감축 등이 일어날 수 있으며 과도한 분산은 오히려 효율성을 저하시켜 자원의 효과적 활용을 저해할 수 있다. 따라서 조직의 변화는 정확한 성과측정과 모니터링이 뒷받침되어야만 노력의 결실을 얻을 수 있다.

5) 경쟁적 저돌성

경쟁적 저돌성은 동종 산업내에서 라이벌관계의 기업보다 우위를 차지하기 위한 노력으로 볼 수 있다. 경쟁적 저돌성이란 기업이 새로운 시장으로 진입하기 위해 경쟁사들에게 직접적이고 집중적으로 도전하는 경향을 말한다.

럼프킨 등의 연구에 따르면 경쟁적 저돌성은 민감한 반응이나 기존의 전통적 방법에 의존하기보다 현재의 틀을 벗어나 기꺼이 하고자 하는 마음으로 보고 있으며, 경쟁사의 약점을 분석하는 목표로 하고자 할 뿐만 아니라 새로운 상품으로 시장을 초기에 점유하고자 하는 회사의 경향도 포함시키고 있다.

예를 들어, 동종업계보다 가격을 대폭 낮춘다거나 공격적 마케팅활동 등을 통하여 시장점유율을 높이기 위한 노력들이 모두 포함된다. 전략경영자는 시장위치를 위협하는 동종업계보다 우위를 차지하기 위한 혁신제품 및 프로세스개발에 더 많은 관심을 가질 것이고 기업이 생존하기 위하여 현재보다 미래를 대비하는 자세를 전사적 관점으로 접근할 것이다.

대기업보다 낮은 경쟁력을 가진 중소기업이 성공하기 위해서는 경쟁적 저돌성을 통하여 기업가정신을 강화하는 경향이 있다. 중소기업이 경쟁적 저돌성을 실행하는 방법으로 대기업보다 큰 폭의 낮은 가격을 통한 시장점유율 확대와 성공한 기업의 사례를 벤치마킹(bench marking)하여 자사에 적용하는 방법과 신제품 및 기술개발을 통한 성장의 예를 들 수 있다.

그러나 많은 중소기업들은 경쟁적 저돌성의 기업가정신을 가질 수 없는 경우가 많다. 이는 경쟁적 저돌성의 주요 대상이 독점적 지위를 가진 제품이라든지 높은 기업이미지로 인한 잠재적 의식

Field_Story 미래사업 경쟁력 강화…현대차그룹 대표이사 · 사장단 인사

현대자동차그룹이 불확실한 글로벌 경영환경에 민첩하게 대응하고 미래사업 경쟁력을 강화하기 위해 2022년 대표이사·사장단 임원인사를 30일 실시했다. 이번 인사는 성과기반의 핵심 인재발탁과 함께 미래 모빌리티 전략 컨트롤타워를 신설하는 데 초점을 맞췄다.

현대차그룹 CCO(Chief Creative Officer) 루크 동커볼케 부사장은 사장으로 승진했다. 루크 동커볼케 사장은 선행 디자인 및 콘셉트 디자인 제시를 통해 현대자동차, 기아, 제네시스의 브랜드 별 정체성과 지향점을 명확히 구축했다.

최근에는 제네시스 하우스 뉴욕을 포함해 현대차그룹의 다양한 크리에이티브 프로젝트의 방향을 제시하고 실행을 이끌었다. AAM(Advanced Air Mobility, 미래 항공 모빌리티) 등 미래 모빌리티와 연계한 고객경험 디자인 역시 주도하고 있다.

루크 동커볼케 사장은 앞으로도 현대차그룹의 CCO로서 현대자동차, 기아, 제네시스의 브랜드 아이덴티티 강화 등을 통해 크리에이티브 콘텐츠 기반 브랜드 커뮤니케이션을 주도적으로 이끌어 나가게 된다.

현대글로비스 대표이사에는 재무, 해외판매, 프로세스 혁신 등 다양한 경험과 글로벌 역량을 보유한 현대차 프로세스 혁신사업부의 이규복 전무를 부사장으로 승진해 내정했다.

이규복 부사장은 유럽지역 판매법인장 및 미주지역 생산법인 CFO(Chief Financial Officer)를 경험한 재무, 해외판매기반 전략기획 전문가다.

수익성 중심 해외권역 책임경영체제의 기틀을 마련했고, 최근에는 현대차그룹의 지속가능한 미래 성장을 위한 프로세스 전반의 혁신을 담당해 왔다.

이규복 부사장은 그룹전반 및 시장에 대한 높은 이해도와 탁월한 글로벌 역량을 바탕으로 그룹차원의 시너지 창출은 물론 미래 신사업전략 실행 가속화를 통해 현대글로비스의 글로벌 스마트 물류기업으로의 도약을 이끌 것으로 기대된다.

현대차그룹은 그룹 핵심사업 간 연계강화를 통한 미래 모빌리티 그룹으로의 전환을 가속화하기 위해 GSO(Global Strategy Office)를 신설하기로 했다. GSO의 각 부문 인사 및 세부역할은 12월 중 결정할 예정이다.

GSO는 현대차그룹 미래 모빌리티 분야 컨트롤타워 조직으로 ▲소프트웨어(SW) ▲하드웨어(HW) ▲모빌리티 서비스 관점의 미래 전략 방향수립 및 대내외 협업, 사업화 검증을 담당하게 된다.

각 분야 전문가로 구성된 단일화된 의사결정 기구를 만들어 신속하고 일관된 전략실행을 주도할 예정이다.

전략기획담당 공영운 사장, 이노베이션담당 지영조 사장, 현대글로비스 대표이사 김정훈 사장은 일선에서 물러나 고문 역할을 맡는다.

현대차그룹 관계자는 "이번 인사는 선제적인 새해 경영구상과 안정적인 경영환경을 준비하기 위한 대표이사·사장단 인사"라며 "이어 12월 중에 있을 정기 임원인사를 통해 현대차그룹은 미래 준비를 위한 성과 중심의 인적 쇄신을 계속해 나갈 방침"이라고 말했다.

▶ 출처 : 2022-11-30, 매일 경제

이 변화될 수 없는 상품들에게서 크게 작용하므로 중소기업에서는 이러한 경쟁적 우위를 점유하지 못한다.

제6절 기업가정신과 경영

1. 기업가정신과 혁신

이미 많은 선행연구들이 경영혁신을 위해서 기업가정신이 중요함을 제시해왔다. 경영혁신은 기업가정신의 구체적 기능으로 기업에서의 혁신활동은 다른 경영활동처럼 관리될 수 있고 관리해야 하는 실질적인 업무로 분류된다. 경영혁신이란 기업가정신을 표출하기 위한 구체적인 수단이다. 그러므로 경영혁신을 이끌어 낼 수 있는 것은 혁신적 경영자가 되어야 함을 시사한다.

다양한 학자들의 견해가 있으나 스튜워드(1994)가 제시한 경영혁신의 성공요인을 살펴보면 다음과 같다.

① 경영자 리더십
② 경영층의 적극적인 지원
③ 명확한 비전(vision)제시
④ 혁신성과 측정
⑤ 조직과 연계한 혁신
⑥ 협력분위기 확산과 경영자의 강력한 지원

국내연구자들 중에는 경영혁신의 핵심 성공요인을 명확한 목표와 방향제시, 최고경영층의 적극적인 참여와 지원, 전사적 확산분위기 조성, 장기적 관점의 혁신추진 등을 제시한 경우도 있다.

아울러 기업가정신 측면에서 혁신은 환경변화와 조직변동에 적응하기 위해 진취적으로 대응해 나가는 행동을 기반으로 하는 개념이라 할 수 있으며 이러한 조직혁신은 기업의 경쟁력에 주요변수로 떠오르고 있다. 또한 최고경영자나 관리자가 기업의 혁신 혹은 기업가정신을 만들어 내기위해 이끌어 내는 모든 활동을 기업가정신이라고도 한다.

이러한 기업가정신은 기업의 규모에 따라 조금씩 다를 수 있다. 특히 중소기업에서 기업가정신의 결정요인은 조직을 리드(lead)하는 경영자의 개성이나 지식에 의해 만들어진다. 그러나 조직원들의 기업가정신도 제대로 된 팀워크(teamwork)가 만들어진다면 충분히 좋은 성과로 연결될 수 있다. 또한 기업가정신이 높은 사람과 조직은 궁극적인 혁신성과에도 영향을 미치는 결과를 가져오게 될 것이다.

대부분 성공한 기업가들은 특정한 유형의 인격자라기보다는 혁신을 체계적으로 실행하기 위해 노력하는 실천가들이다. 따라서 경영혁신 활동을 성공적으로 실행하기 위해서 경영자의 기업가정신이 경영혁신활동에 긍정적 영향을 줄 것이다.

2. 기업가정신에 관한 선행연구

기업가정신의 선행연구에는 기업가정신을 조직적 개성과 일반적으로 자신의 기업을 위한 전략적 의사결정을 하는 독립적 성격을 가진 소유경영자를 통해 규정하려는 경향이 있었으며 제품–시장 및 기술혁신, 모험, 사전행동 등에 관련짓는 다차원적 개념으로 다루어져 왔다.

기업가정신의 결정요인도 개성적 요인, 정신역할, 성격, 혁신, 기업가적 활동을 촉진하는 환경·조직구조·전략요인 등 상이하게 강조되어 왔다. 특히 초기연구에서는 기업가 개인이 가지고 있는 특성, 즉 최고경영자, 창업가 또는 소기업에 초점을 두고 연구가 진행되었으나 최근의 연구에서는 주로 조직차원에 초점을 두고 연구가 진행되고 있으며 기업가정신을 개인수준, 집단수준, 전체 조직수준에 모두 적용될 수 있는 개념으로 이해하고 있다.

1) 기업가정신의 연구흐름

기업가정신에 관한 연구의 흐름은 다음과 같다.

첫째, 기업가정신을 환경과 관련하여 연구한 것으로서 이는 기업의 내·외적인 환경에 의해 기업가적 강도가 결정된다는 관점이며 이러한 배경에서 나타난 기업가정신의 구성요소가 혁신성, 진취성, 위험감수성이다.

둘째, 급변하는 환경이나 조직변화에 대한 적극적인 대응전략과 관련되는 연구들이다. 이러한 연구에서는 환경이나 조직변화에 대처하는 진취적인 반응메커니즘이 바로 기업가정신이라고 보고 있다. 이는 변화에 적응하기 위해 지속적으로 조직이 혁신하는 기업가적 행동을 기반으로 한 개념이다. 특히 이러한 조직혁신에 대응하고 기업경쟁력을 향상시킬 수 있는 주요 변수임을 강조하였다.

셋째, 기업가정신을 창출하고자 하는 연구의 등장이다. 이 연구에서는 최고경영자 혹은 관리자

표 4-3 기업가정신의 연구수준 및 연구대상

구 분	신생기업형	기존 기업형
개인·집단수준	기업가, 창업가, 설립자	사내기업가, 사내벤처
조직수준	신생기업, 벤처기업	기업가적 조직, 조인트벤처

출처: 위홍복(2002)

가 조직의 혁신 또는 기업가정신을 창출하기 위해서 이끌어 내는 모든 활동을 기업가정신으로 보고 있다.

결론적으로 중소기업에서는 기업가정신의 결정요인은 조직을 리드(lead)하는 경영자의 개성 또는 지식에 의한 것으로 연구되었다. 특히 기업에 종사하는 조직구성원들이 기업가정신을 발휘할 수 있는 팀워크체제로의 전환에 기여할 수 있는 것으로 보고 있다. 아울러 기업의 경쟁력제고나 바람직한 새로운 조직문화의 형성과 발전에도 긍정적인 작용을 할 수 있다.

따라서 지금까지의 많은 연구에서 제시하고 있는 성공적인 기업가정신의 특성을 종합해보면 다음과 같다.

2) 성공적 기업가정신의 특성

① 자신감 : 주도성
② 위험감수성
③ 성취지향성
④ 창의성 : 독창성
⑤ 미래 지향성 : 비전제시, 과업 및 경과지향성 등
⑥ 신뢰와 정직

이러한 특성의 대부분은 기업가 자신의 개인적인 특성과 매우 밀접한 관계를 가지고 있다. 앞선 연구들을 토대로 기업가정신의 연구수준 및 연구대상을 정리해 보면 〈표 4-3〉과 같다.

3. 흔들리는 기업가정신

현대경영학의 거장인 피터 드러커는 한국을 세계에서 기업가정신이 가장 강한 나라로 평가했다. 개발도상국으로 진입하는 과정에서 대한민국은 가장 모범적인 국가였고 이제는 선진국대열에 진입해야 하는 새로운 도전과제를 안고 있다. 그러나 전 세계 60개국을 대상으로 기업가정신을 비교

연구한 GEM(Global Entrepreneurship Monitor)에 의하면 우리나라는 생계형 창업이 대다수를 차지하고 기업가적 창업은 매우 낮게 나타났다. 기업가정신은 2000년의 5분의 1이하로 추락했고 대한상공회의소가 내는 기업가정신 지수도 1977년 72.3을 최고점으로 2001년 이후 4~7수준으로 떨어졌다. 기업가정신을 회복하고 10년 뒤에도 지속성장하려면 어떻게 해야 할까?

1) 기업가정신과 기업규모

1931년 지브라는 기업의 성장과 규모는 서로 관계가 없다는 법칙을 발견하였다. '지브라의 법칙' 또는 '비례효과의 법칙'으로 잘 알려진 이 이론은 오랫동안 연구자들 사이에서 논란의 대상이 되었다.

지난 30여 년 동안 미국, 영국, 독일, 캐나다 등지에서 이 법칙을 검증하기 위해 많은 연구가 이루어졌다. 그러나 대부분의 연구가 규모가 큰 기업일수록 시장에서 오래 살아남고 중소기업은 대기업보다 빠르게 성장하지만 실패하기도 쉽다는 결론에 도달하였다. 그렇다면 과연 대기업은 중소기업들보다 무너질 가능성이 낮을까? 덩치가 큰 기업들만 언제나 승승장구하게 될까?

2003년 7월, 삼성전자 임원단은 모토로라를 누르고 세계 1위 휴대전화 제조업체로 성장한 노키아를 벤치마킹하기 위해 핀란드를 방문하였다. 당시 이건희 회장은 탁월한 기술력으로 세계이동통신 산업을 선도하는 노키아의 역동성과 잠재력에 깊은 인상을 받았다고 한다. 그러나 10년이 채 못 된 지난해 노키아는 세계 통신사 브랜드평가에서 30위로 추락했고 그 명성은 점점 잊혀지게 되었다.

노키아는 헬싱키 본사를 매각하고 유럽전역에서 다수의 공장을 폐쇄했으며 전체직원의 20%인 1만여 명을 구조조정하기에 이르렀다.

기업의 규모와 관계없이 오늘날 글로벌 경영환경은 녹록지 않은 상황이다. 불확실성이 심화되고 급속한 기술혁신이 가능해지면서 기업의 규모만으로는 시장에서 안정적 지위를 보장받을 수 없게 되었다. 탄탄대로를 달리던 대기업이 한순간에 무너지기도 하고 보잘것 없어 보였던 작은 기업이 세상을 바꾸는 혁신적 상품을 내놓기도 한다. 노키아만이 아니라 디지털시장에서 도태된 코닥, 아날로그 플랫폼에 갇혀 스마트폰 게임시장을 놓쳐버린 닌텐도 등의 사례에서 알 수 있다. 기업이 혁신의 끈을 잠시라도 놓으면 자신도 모르는

사이에 쇠퇴의 길을 걷게되는 것이다.

2) 기업생존의 필수조건

그렇다면 기업이 지속적으로 성장할 수 있는 힘은 어디에서 나오는 것일까? 바로 '기업가정신' 이다. 기업의 규모가 아니라 끊임없이 변하는 고객가치를 창조하기 위한 속도, 유연성, 집중력이 기업생존의 필수조건이 된 것이다.

1960년 이후 우리나라가 급속한 경제성장을 이룰 수 있었던 이면에는 역동적인 기업가들이 큰 역할을 했기 때문이다. 반도체, 철강, 조선, 자동차, 가전, 휴대전화분야에서는 끊임없는 기술혁신으로 기존 제품을 모방하는 단계를 뛰어넘어 세계적인 경쟁력을 갖추게 되었다. 세계적 석학인 소르망 파리정치대 교수가 "한국의 경제발전사는 인류의 소중한 문화유산"이라고 언급할 정도다.

그러나 최근 우리나라는 기업가정신이 쇠퇴하고 있다. 세계에서는 정보기술(IT) 혁신을 통해 거대기업이 계속 나타나고 있지만 우리는 1997년 외환위기 이후 독립적으로 성장한 대기업이 단 3개에 불과하다. 여러 요인으로 인해 더 이상 글로벌 경쟁력을 갖춘 새로운 기업들이 나타나지 못하는 현실은 우리경제의 성장과 활력측면에서 매우 심각한 문제로 여겨진다.

3) 한국산업을 이끌 기업의 조건

애플, 구글, 페이스북, 아마존은 창업한 지 5년이 되기도 전에 세계 최고기업으로 성장했다. 이런 기업들의 특징은 특정기술이나 상품만으로 성장하겠다는 기업문화가 없다. 기존 대기업들과 안정적인 공생관계도 찾아보기 어렵다. 현재 상황에 만족하거나 안주하는 것을 거부하고 실패를 하더라도 새로운 기회를 잡으려는 기업가정신이 그들의 성장동력이었던 것이다. 만약 벤처기업이 대기업에 의존하면 그 하청관계만으로도 어느 정도 규모를 갖춘 중소기업으로 충분히 성장할 수 있을 것이다. 그러나 세계 최고기업은 안 될 것이다.

물론 신규 벤처·중소기업들이 세계 최고기업이 되긴 쉽지 않다. 조직생태학 연구자들은 이러한 문제점을 '신생조직의 불리함'이라고 정의했다. 열악한 자원과 역량, 낮은 인지도, 불안정한 고객기반 때문에 시장우위를 갖춘 기존 기업들과의 경쟁이 어렵기 때문이다. 이런 점에서 정부의 강력한 지원과 보호정책은 매우 중요하다. 또 정부는 중소기업과 대기업이 조건없이 창조적 아이디어만으로 경쟁할 수 있는 공정한 기업생태계를 만들어줘야 한다.

10년 뒤 산업구조와 경영환경이 어떻게 바뀔지 정확하게 예측하기는 어렵다. 하지만 현재 4차 산업혁명시대를 맞이하는 상황에서 기업을 혁신적으로 경영하는 기업가(企業家)가 더 많아진다면 우리는 다시 한 번 대한민국의 기적을 만들 수 있을 것이다.

생각해 봅시다

1. 많은 경영자들은 어떠한 역할을 수행하는지 제시해보자.

2. 경영자의 유형을 조직수준(계층별), 직무범위, 조직의 발전과정(소유와 경영의 분리)으로 구분하여 설명해보자.

3. 카츠(R. L. Katz)가 제시한 경영자의 '기능 믹스(skill mix)'에 대해 설명해보자.

4. 기업가정신의 특성차원에서의 개념적 정의를 설명해보자.

5. 스튜워드가 제시한 경영혁신의 성공요인에 대해 설명해보자.

제2부

경영관리

제5장

계획과 통제

“새로운 경험을 추구하는 젊은 소비자의 음식선택 기준 역시 새로운 맛 추구”라며 “이런 트렌드와 맞물려 흑당버블티와 대만샌드위치가 빠른 인기몰이를 할 수 있었다”고 전문가들은 분석했다. “지금껏 특정 메뉴가 장기간 유행하는 것이 쉽지 않았던 국내시장 분위기를 고려할 때, ‘대만열풍’ 역시 중장기 트렌드라기보다 1~2년 유행에 그칠 가능성이 높다”

최근 낯선 맛과 모양새 덕에 대만음식이 한국에서 인기를 끌고 있지만, 호기심에 찾는 고객이 발길을 끊으면 ‘롱런’하기 쉽지 않다. 제품이 시장에 진입하여 오랜 기간 살아남기 위해서는 철저한 관리와 계획 그리고 통제과정이 반드시 필요할 것이다.

SK이노베이션, '내부탄소가격제도' 도입…"투자 경제성 검토 때 반영"

"탄소비용 증가 예상해 선제적 대응"
IMF 총재 "톤당 평균 75달러 되어야"

에스케이(SK)이노베이션이 미래 탄소가격 변화를 반영한 '내부 탄소가격 제도'를 마련해 투자 경제성 검토 때 활용하기로 했다. 탄소 배출량에 대해 경제적 비용을 부담하는 세계적인 흐름에 선제적으로 대응하기 위한 것이라는 설명이다.

에스케이이노베이션은 27일 "미래 탄소가격을 경영의사결정에 반영하는 내부 탄소가격제도를 선도적으로 도입해 글로벌 넷제로 리더십을 한층 더 강화한다"고 밝혔다. 탄소가격이란 산업계가 탄소를 배출하는 대가로 부담하는 경제적 비용을 뜻한다. 유럽과 미국을 중심으로 기후위기 대응차원에서 도입이 확산되고 있다. 탄소비용을 물리며 온실가스 감축을 유도하는 탄소 가격 제도로는 탄소세와 배출권 거래제 등이 있고, 세계 60여개 국가가 이를 적용하고 있다. 한국은 배출권 거래제와 유류세 등 탄소 관련 세금이 부과되고 있지만, 실질적 감축유도효과가 없다는 지적을 받아 정부중심으로 개선방안을 찾는 중이다.

에스케이이노베이션의 탄소가격제도는 내부적으로 사업추진에 따른 탄소발생량과 가격을 산정해 투자안건을 심의할 때 적용하는 것이다. 이 업체는 "기존 경제적 가치중심 투자안건평가 방식에 더해 미래 탄소 가치까지 반영한 종합적 관점에서 투자 경제성을 검토함과 동시에 신규 사업을 추진할 때 탄소를 더욱 적극적으로 감축해나가겠다는 것"이라고 설명했다. 구체적으로는 세계 탄소배출권 가격을 유가나 환율과 같이 경영성과에 영향을 미치는 핵심 지표에 포함해 관리한다는 것이다. 에스케이이노베이션 산하 8개 자회사 관련 부서가 함께 시장동향을 모니터링하고 관리와 대응방안을 지속 모색해 나간다는 계획이다. 에스케이이노베이션 관계자는 "탄소 배출량을 감축하는 투자는 경제성이 상승하고 반대로 더 탄소를 배출할 것으로 예상되는 투자는 경제성이 하락하게 돼 이에스지(ESG, 환경·사회·거버넌스를 고려한 경영) 관점에서 실행 우선순위를 판단할 수 있다"고 설명했다.

이미 국제사회에선 탄소가격을 인상해야 한다는 목소리가 커지고 있다. 크리스탈리나 게오르기에바 국제통화기금(IMF) 총재는 지난 7일 이집트에서 열린 유엔기후변화협약당사국총회(COP27)에서 "실물 경제에서의 기후위기 대응속도가 여전히 늦다"며 "2030년에는 탄소 1톤(t)당 평균가격을 75달러로 올리는 것 같은 예측 가능한 궤도를 설정하지 않는 한 기업과 소비자가 이행하려는 인센티브가 생기지 않는다"고 강조했다고 〈에이피(AP)통신〉 등이 전했다. 에스케이이노베이션 쪽은 "2030년 이전까지는 유럽연합·미국·한국 등 글로벌 사업장이 위치한 주요 권역별 가격을 다원화해 톤당 2025년 40~95달러, 2027년 60~105달러, 중장기적으로는 2030년 120달러, 2040년 200달러로 설정했다"고 설명했다. 지난 2월 공개된 기획재정부·환경부·산업통상자원부·국토교통부·한국조세재정연구원의 공동보고서 '탄소가격부과체계 개편방안 연구'는 "한국의 탄소가격은 톤당 15.9달러로, 중위수준의 탄소가격을 부과 중"이라며 "탄소가격강화정책이 장기적으로 지속될 필요가 있다"고 짚었다.

에스케이이노베이션은 지난 10월 창사 60주년 기념식에서 '올타임 넷제로' 비전을 선포하며 창사 100주년이 되는 2062년까지 탄소배출을 하지 않는 에너지를 공급하고 숲을 복원하는 등의 친환경사업을 통해 100년 동안 배출한 온실가스를 상쇄한다는 계획을 발표했다. 이번에 도입하는 내부탄소가격 제도는 이 비전 선언에 이은 것이다.

▶ 출처 : 2022년 11월 27일 한겨레

제1절 경영관리

경영관리란 조직의 목표를 달성하기 위하여 자원의 개발, 유지 및 할당을 관리하는 절차다. 경영자가 기업의 목적을 보다 능률적으로 달성하기 위하여 기업의 여러 가지 활동력, 즉 구매·생산·판매·재무·인사 등의 활동과 관련하여 계획을 세우고 조직을 형성하여 또한 그들 인원이 자발적으로 창의력을 발휘하여 그 활동을 수행하도록 지휘하고, 나아가서는 그 활동이 계획한 바에 따라 수행하고 있는 가를 측정·분석하고, 계획대로 진행되지 않는 경우에는 계획과 일치하도록 수정하고 통제하는 것을 말한다.

경영관리는 본질적으로 역동적이며, 조직 안팎의 환경이 조직에 부과하는 요구와 제약을 충족시키기 위해 변화해 나간다. 변화하는 정도가 급속하게 늘어나고 있는 국제시장에서, 유연성과 적응성은 관리과정에서 중요한 요소이다. 이 과정은 조직의 핵심적인 네 가지 기능영역인 계획, 조직화, 지휘, 통제에 바탕을 두고 있으며 이들 활동은 통합된 사이클을 형성한다. 이를 경영관리의 순환(management cycle)이라 한다.

경영관리의 순환은 학자들의 견해에 따라 다소 차이는 있지만 일반적으로 〈그림 5-1〉과 같이 공통적으로 강조되는 관리의 주요 기능인 계획·조직·지휘·통제의 순환과정으로 나타낼 수 있다.

경영관리의 순환과정은 발생가능성이 있는 문제나 기회를 예측하고 그것들을 다룰 계획을 짜는 것, 계획을 실현하기 위해 필요한 자원을 조정하고 배치하는 것, 실현과정내내 인력을 관리하는 것, 결과를 관찰하고 필요한 변화를 일으키는 것으로 묘사할 수 있다. 이러한 과정은 관리기능들이 한 요소로서 독립적으로 기능하기보다는 연쇄적으로 밀접하게 관련되어 있어 대단히 상호의존적이기 때문에 경영관리자는 일상적인 일을 처리하는 과정에서 그 중 두 가지 이상의 일을 동시에

그림 5-1 경영관리의 순환과정

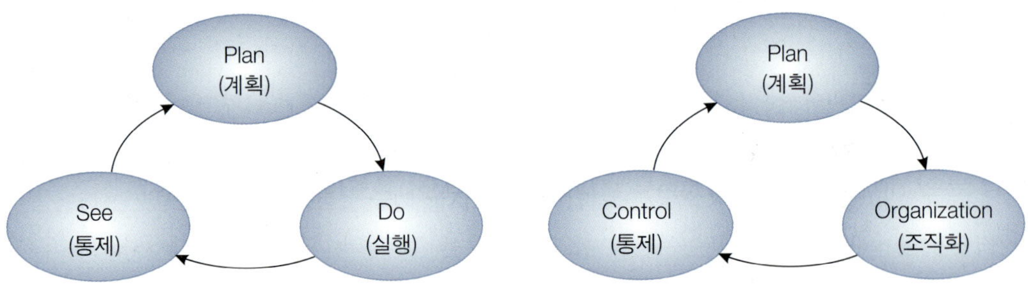

표 5-1 경영관리의 활동

<table>
<tr><th>계 획</th><th>조직화</th><th>달성목표</th><th>결 과</th></tr>
<tr><td>목표와 사명결정
대안검토
필요한 자원결정
목표에 도달할 수 있는
전략수립</td><td>직무설계와 과업 구체화
조직구조창출
스태프(staff) 배치
업무활동 조정
방침과 절차 설정
자원배분</td><td rowspan="3">조직의 사명과
목적</td><td rowspan="3">조직의 효율성과
효과성</td></tr>
<tr><th>지 휘</th><th>통 제</th></tr>
<tr><td>조직목적의 달성을 위해 직원을 지휘
하고 동기를 부여함
직원과 의사소통
갈등 해소
변화 관리</td><td>성과측정
성과와 기준 비교
성과향상을 위한 필요행위 실행</td></tr>
</table>

하거나, 한 가지 활동을 여러 차례 하는 경우가 잦다.

〈표 5-1〉은 조직에서의 경영관리의 기능을 예시한 것으로 조직의 목적을 달성하기 위하여 경영자들은 조직의 방향을 정해주고, 리더십을 제공하며, 기업목적을 달성하기 위해 자원을 어떻게 활용할지를 결정하는가를 나타내고 있다. 이들 모든 기능은 사려깊은 의사결정과 커뮤니케이션 기법을 필요로 한다.

제2절 계획활동

1. 계획수립의 의의

복잡하게 하루를 보내는 우리의 일상에서도 오늘은 무슨 일을 어떤 순서로 할 것인가를 계획하고 지내는 것이 훨씬 효과적일 것이다. 또한 어떤 중요한 일을 처리해야 할 때는 더욱 그렇다. 또한 기업이든, 군대든, 학교든 간에 일반적으로 모든 조직은 목표와 계획을 가지고 있다.

여기서 목표란 조직이 달성하고자 하는 미래의 타겟(target)이자 최종결과치이며, 계획이란 이러한 목표에 도달하기 위하여 시도되는 수단이다. 즉 해야 할 일(목표)이 있을 때는 계획은 반드시 필요한 것이다. 조직의 경영은 우리의 하루일과와는 비교할 수 없을 정도로 복잡하기 때문에 조직의 경영활동 중 계획수립은 필수적이며 경영활동의 출발점이 되는 중요한 활동이라 할 수 있다.

계획(planning)은 조직이 맞닥뜨릴지도 모르는 발생가능성이 있는 문제와 기회를 예측하는 것으로 시작한다. 그 다음 경영관리자는 현재의 문제를 해결하거나 또는 미래의 문제를 예방하거나 기회를 활용하기 위한 전략을 짠다. 이들 전략은 목적, 목표, 방침, 절차를 위한 토대역할을 한다.

계획(planning)이란 단순히 목표를 선택하고 그것을 달성시키기 위한 방법들을 결정하는 기본적 과정이라 할 수 있다. 다시 말하면 계획이란 조직의 목표를 달성하기 위해 해야 할 일이 무엇인지를 결정하고, 언제 어떻게 그 일을 할 수 있는지를 파악하며, 누가 그 일을 해야 하는지를 결정하는 것이라 정의할 수 있다.

계획이란 조직 전체 또는 그 부문들이 미래에 나아갈 여러 행동대안 가운데 어느 하나를 선택하는 과정이라 할 수 있다. 이는 곧 그 조직 전체내지 각 부문들이 달성할 목표의 선택과 그 달성방법을 결정함을 의미한다. 따라서 선택할 행동대안이 없다고 한다면 계획과정 역시 있을 수 없으며 그러한 점에서 계획이란 곧 의사결정과정의 하나라 할 수 있다.

계획이란 또한 무엇을 언제 어떻게 누가 수행할 것인가를 사전에 결정하는 과정이기 때문에 현재와 미래 간의 격차를 해소시켜 주는 역할을 한다. 그러므로 계획과정에서는 미래에 대한 정확한 예측이 매우 중요하다. 그러므로 현대의 모든 경영환경요인들이 매우 빠르게 변화하고 있기 때문에 이들 환경변화에 따라 계획전제 역시 수시로 바뀌어야 할 것이다.

경영환경은 조직에 유리한 기회도 제공해 주지만 때로는 위험요인이 되고 있다는 사실을 이미 언급한 바 있다. 이러한 기회를 최대로 활용하고 위험을 극소화하는 것이 곧 계획과정의 주된 과제가 될 것이다. 경영환경의 변화에 대응하여 효과적인 계획을 수립하려면 기업의 내부환경뿐만 아니라 기업이 경쟁하는 외부 경영환경에 대한 폭넓은 정보를 필요로 한다.

계획과정의 본질적인 특성에는 목적과 목표에 대한 공헌성, 계획의 우선성, 계획의 보편성, 계획의 능률성이 있다.

첫째, 모든 계획의 목적은 조직의 목적과 목표의 달성을 용이하게 하는데 있다. 즉 계획이 있음으로 해서 어떤 행동이 목표의 달성에 기여할 것이며 또 어떤 행동이 그렇지 못하게 됨을 사전에 예측할 수 있어 목표에 대한 일관된 행동의 지침이 된다.

둘째, 조직, 지휘, 통제 등의 경영관리기능 역시 조직의 목표를 달성하는데 지원하기 때문에 계획과정이 우선되는 것은 당연하다. 즉 계획과정을 통하여 목표가 설정된 후 조직을 구성, 지휘방향을 결정, 통제의 방식 등을 결정하기 때문이다. 특히 통제는 계획을 전제로 하지 않으면 안 된다. 통제활동은 계획을 기준으로 하여 결과의 평가와 그 편차를 수정함으로써 활동이 계획의 경로를 벗어나지 않도록 하는 것이기 때문이다.

셋째, 계획의 성격과 범위는 다소차이가 있을 수 있으나 어떠한 경영자든 모두가 계획기능을 수행한다. 즉 계획의 의미가 모든 경영자에게 동일한 것이긴 하지만 계획의 범위 및 한계는 각 경영자의 직위 및 직책에 따라 다르다.

넷째, 계획의 능률성은 그것을 집행하는 데 수반된 비용이나 기업목적달성에 기여한 결과에 따른 경제적 이익에 의해서 그 효율성을 측정하는 것이다. 계획을 수치로 표현할 수 있는 것은 수치로 파악하고 이를 효율성의 판단기준으로 삼는다.

이와 같이 계획의 수립은 기업목표와 일치할 수 있도록 목표지향적으로 유도되어야 하는 것, 미래의 불확실성과 변화에 대처하기 위한 것, 통제기준으로서 통제를 원활하고 용이하게 하는 것, 그리고 경영관리활동이 일관되게 실행되도록 지침이 되어 경영활동에서 희생을 최소화하는데 그 목적이 있다 할 수 있다.

2. 계획의 유형

모든 경영활동부문 및 그 구조 그리고 내용에 따라 계획수립과 유형은 크게 계획의 사용기간, 계획의 조직적 범위, 계획기간 등으로 구분한다.

1) 계획의 사용기간에 따른 유형

경영계획의 사용기간에 따라 임시계획과 상시계획으로 구분한다.

(1) 임시계획

임시계획이란 단일목적계획이라고도 하며, 미래에 똑같이 반복될 가능성이 적은 구체적인 행동을 일컫는다. 예를 들어 사업이 급속히 확장되어 창고하나를 더 건축하려는 기업은 그 프로젝트에 대한 임시계획을 따로 수립해야 할 것이다. 임시계획은 비교적 단기간내에 보다 구체적인 목표의 달성을 위한 계획으로 환경에 대한 예측이 그 기초가 된다. 이러한 임시계획은 실행계획, 프로젝트계획, 예산으로 구분된다.

첫째, 실행계획(programs)은 목표, 방침, 절차, 규칙, 직무할당, 취해야 할 계층, 동원해야할 자원 및 그 밖에 주어진 행동과정을 수행하는데 필요한 요소들의 복합체이다. 이와 같은 실행계획은 필요한 자본과 영업예산에 의해 뒷받침되는 것이 보통이다. 또한 실행계획은 다른 유형의 계획과 마찬가지로 여러 하위실행 계획들을 수반하게 되며, 그들 역시 어떤 계층관계를 유지하면서 서로 연결되어 있게 마련이다.

둘째, 프로젝트계획은 실행계획가운데 보다 작고 세분되어 있는 계획을 말하는데, 각 프로젝트는 임무와 그에 요하는 시간이라는 점에서 한정된 범위와 방향을 지닌다. 가령 앞에서의 창고신축의 경우를 프로젝트 계획이라 한다.

셋째, 예산(budgets)은 일정한 기간에 특정의 활동을 위해 마련해 놓은 재무적 자원의 이용명세서라 할 수 있으며, 기대되는 결과를 수치로 표시한 것으로 실시계획이다. 예산은 조직의 활동을 통제하기 위한 기본적 수단이 되기도 하며 이는 지출뿐만 아니라 수입도 명세화시키고 있기 때문에 판매, 구매, 광고, 투자 등의 모든 활동의 목표를 나타내 준다.

(2) 상시계획

상시계획에는 정책 · 절차 · 규칙 · 목적 · 목표 · 전략 등이 있다.

첫째, 목적(purpose) 또는 임무(mission)라는 것은 모든 조직화된 집단이 의미있는 존재가 되기 위해서는 고유의 목적을 가지고 있게 마련이다. 예를 들어 기업은 사회시스템 내에서 사회로부터 할당받은 기본적 직능은 일반적으로 재화 및 서비스의 생산과 판매를 목적(임무)으로 한다는 것이다.

둘째, 목표(goals or objectives)는 조직의 활동이 지향하고 있는 종착점이라 할 수 있다. 이는 계획의 종착점이기도 하며 다른 관리활동(조직, 지휘, 통제)이 추구하는 목적이 되기도 한다. 예를 들어 주어진 제품라인을 생산하고 판매함으로써 일정한 이익을 올리는 것이 기업목표라고 한다면, 주어진 비용으로 설계하고 고품질의 제품을 일정한 기한내에 생산하는 것이 제조부의 목표가 될 수 있다.

셋째, 전략(strategy)이란 포괄적인 목표를 달성하기 위하여 자원을 배치하는 것을 의미하는 것으로, 전략은 사고와 행동의 방향을 위한 대체적인 틀을 제공하는 것이 주된 기능이다. 전략의 목적은 주요 목표와 정책시스템을 통해 기업이 조망하고 있는 미래의 모습을 결정하여 전달하려는데 있다.

넷째, 정책(policies)은 의사결정에 있어서 사고와 행동을 지시해 주는 하나의 일반적인 지침이라는 점에서 계획의 일부가 되고 있다. 정책은 의사결정이 이루어지는 한계를 정하여 주며 또한 의사결정이 목표에 일관성있게 기여할 수 있도록 보장해 주는 것이다. 방침은 중요한 회사방침으로부터 부문방침과 파생적 방침에 이르기까지 많은 계층에 펼쳐져 있다. 방침은 어느 정도의 자유재량이 허용되어야 한다.

다섯째, 절차(procedures)는 장래의 행동을 나타내는 습관적인 방법을 설정하는 계획이다. 이는 실제로 행동을 제시하는 것으로 어떤 특정한 행동을 성공적으로 진행시키는 방법을 상세히 규정한 것이다. 절차는 모든 조직에 존재하며 낮은 계층으로 갈수록 그 수가 보다 많고 구체화되어 있는 것이 보통이다.

여섯째, 규칙(rules)은 어떠한 재량도 인정됨이 없이 해야 할 행동이나 해서는 안 되는 행동을 구체적으로 명시해 주는 가장 단순한 형태의 계획이다. 그러나 규칙은 종종 정책이나 절차와 혼동될 때가 많다. 규칙은 어떤 시간적 순서를 명시해 두지않고 행동을 지시한다는 점에서 절차와 관련되어 있으며, 실제로 절차는 일련의 규칙으로 간주될지도 모른다. 그러나 규칙은 절차의 일부일 수도 있고 혹은 아닐 수도 있다. 이를 테면 사무실 내에서의 금연은 어떠한 절차와도 관련되어 있지 않은 하나의 규칙이다. 그러나 주문처리를 규제하는 절차는 가령 모든 주문은 접수당일로 처리되어야만 한다는 규칙을 포함하고 있을지 모른다.

2) 계획의 조직적 범위

경영계획의 조직적 범위에 따라 전반계획과 부문계획으로 구분한다.

전반계획이란 그 계획이 미치는 효과가 조직 전체에 걸쳐있는 계획으로서, 총괄계획 혹은 전체계획이라고도 한다. 따라서 이익계획이라든가 사업확장계획과 같이 기업 전체의 경영활동에 포괄적으로 영향을 미치는 계획이 여기에 속한다. 전반계획은 부문계획을 수단으로 해서 달성되며 그들 목표와 방향을 설정해 준다.

부문계획(부분계획)이란 조직활동의 전 영역에 걸친 전반계획에 대응되는 것으로, 그 계획의 조직적 범위가 전체가 아니라 각 부문에 그친 계획으로서 생산·구매·마케팅·인사·재무 등에 관한 계획이 이에 속한다. 그 외에도 광고나 수송, 저장 등과 같이 위 계획들의 하위계획 역시 부문계획에 속한다.

3) 계획기간에 따른 유형

경영계획을 계획의 기간별로 구분한 것으로 장기계획과 단기계획이 있다.

장기계획은 계획기간이 1년 이상에 걸친 기본적인 경영계획을 장기계획이라고 한다. 이러한 장기계획은 대체로 최고경영층에 의해 수립되며, 미래의 예측에 의거한 장기적이고 전략적인 그리고 종합적인 경영계획으로서 조직 전체의 기본구조에 영향을 미치게 된다. 그러한 점에서 장기계획은 전략적 계획의 성격을 띠고 있다.

단기계획은 계획기간이 1년 이내에 달성할 계획을 말한다. 그러나 중기계획을 추가할 때는 그 기간을 보통 1–5년으로 하고 있기 때문에 이때의 장기계획은 5년 이상이 된다.

따라서 대부분의 업무계획이나 실행계획 혹은 예산은 모두가 단기계획에 속한다. 또한 운전자본 계획이나 생산계획, 판매계획과 같이 흔히 3–6개월 단위로 설정되는 계획도 단기계획에 속한다.

4) 기타 계획유형

전략적 계획(strategic planning)은 장기계획으로서 최고경영층에 의하여 수립되고 중간경영층과 일선경영층에 의해서 행동으로 표출된다. 이는 조직의 궁극적 목표를 겨냥한 실천행동과 자원배분 등과 관련한 기본활동을 포괄적이고 장기적으로 정해놓은 계획을 말한다. 예를 들면 경쟁우위확보를 위해 경쟁사와 합병하려는 계획이 이에 속한다.

전술적 계획(tactical planning)은 전략적 계획의 성공적 실행을 위해서 구체화된 행동방침을 정해놓은 것을 말한다. 예를 들면 경쟁사와의 합병을 성공시키기 위해서 경쟁사가 주식을 공모할 때에 대량으로 구매할 것을 미리 정해놓은 일이다.

운영계획은 전략적 계획에 따라 조직목표를 달성하기 위하여 실행해야 하는 구체적 계획으로서 상시계획과 임시계획으로 구분할 수 있다. 상시계획은 반복적인 문제나 상황에 대응하기 위한 계획으로 방침, 절차, 규칙 등이 있으며, 임시계획은 특별한 문제나 상황에 대처하기 위해 세우는 계획으로 예산이나 일정계획 등이 있다.

효과적인 계획을 이뤄내는 열쇠는 미래의 상황과 사건을 예측하는 것이다. 그러나 아무리 대비가 잘 된 조직이라 할지라도 때로는 자연재해나 테러, 혁명적인 신기술같은 예측할 수 없는 상황에 대처해야만 한다. 따라서 많은 기업이 아주 보기드문 상황이나 위기상황을 처리할 대안적인 활동과정을 파악하는 비상계획(contingency plans)을 준비하고 있다. 전형적으로 비상계획은 비상사태 동안 조직이 사용할 지휘계통, 표준적인 실무절차, 커뮤니케이션 채널을 구체적으로 규정한다.

Field_Story 삼성디스플레이 "2050년까지 탄소배출 0"

삼성디스플레이 충남 아산 캠퍼스 전경. 삼성디스플레이 제공

삼성디스플레이가 '2050년 탄소중립'을 목표로 하는 환경경영 전략을 내놨다. 삼성디스플레이는 지난 9월 '아르이100(RE100)'에 가입한데 이어 2050년까지 직간접 탄소배출을 '0'으로 하는 탄소중립을 실현하기로 했다고 13일 밝혔다. 아르이100은 기업이 사용하는 전력의 100%를 풍력·태양광 등 재생에너지로 충당하자는 국제 캠페인이다.

삼성디스플레이는 탄소중립을 위해 전력·공정가스·연료사용절감과 공정가스저감 설비확대, 대체가스개발 등 디스플레이 생산과정에서 직접 배출하는 탄소를 줄이기 위한 투자를 이어갈 예정이다. 또 글로벌 재료업체들과 협력해 올레드(OLED) 유기재료의 효율을 높여 디스플레이 소비전력을 낮추고, 전력사용이 적은 '에코스퀘어 올레드 플러스'와 같은 제품을 개발해 소비자가 배출하는 온실가스를 줄이는 노력도 지속할 계획이다.

앞서 삼성디스플레이는 2020년 중국 사업장의 재생에너지 전환을 완료했다. 올해 말까지 베트남과 인도 사업장을 포함한 모든 해외 사업장의 재생에너지 전력도입을 추진할 계획이다. 또 2030년까지 업무용 차량을 전기차 또는 수소차로 전환하는 '2030 무공해차 전환'에 동참해, 매년 친환경차 비율을 높여나갈 예정이다.

최주선 삼성디스플레이 대표이사는 "기업 경영의 첫번째 원칙이 이제 '지구'로 바뀌어야 할 만큼 심각한 기후위기에 직면해 있다"며 "삼성디스플레이는 지속적인 탄소감축노력, 디스플레이 산업 내 순환경제 생태계확립, 저전력 친환경기술개발 등을 통해 인류 최대 난제인 기후위기극복에 적극 동참하겠다"고 밝혔다.

그린피스는 이에 대해 "기후위기대응의 시급성과 심각성에 비해 미흡하다"고 평가했다. 그린피스는 이날 "삼성디스플레이는 국내 전력 다소비 4위 기업이다. 그 책임과 역할에 걸맞은 기후위기대응을 하기 위해서는 적어도 2030년까지 온실가스 배출량을 절반 이상 감축해야 한다"고 밝혔다. 이어 "2015년 온실가스 배출권 거래제 도입 이후 배출량을 2021년까지 약 8%밖에 줄이지 못했다"며 "온실가스 감축 실행을 위해 단계별 목표를 수립하고, 구체적인 이행 수단과 어느 정도의 예산을 투입할 것인지를 투명하게 밝힐 필요가 있다"고 했다.

▶ 출처 : 2022년 10월 13일, 한겨레

3. 계획수립의 단계

기업이 합리적으로 계획을 수립하기 위해서는 과학적인 방법을 기초로 하여 단계적으로 수립되어야 한다. 이들 단계를 보다 구체적으로 나타내면 기회의 발견, 목표의 설정, 계획전제의 개발, 대안의 탐색, 대안의 평가, 대안의 선택, 파생계획의 수립, 예산의 수립으로 구분된다.

첫째, 기회의 발견은 실제의 계획과정에 선행하기 때문에 반드시 계획의 일부라고 할 수 없겠지만 그것은 분명히 계획수립을 위한 출발점이 되고 있다. 계획의 수립이든 목표의 설정이든 모두가 미래 상황에 대한 현실적 진단에 토대를 두어야만 하기 때문이다.

둘째, 목표의 설정은 조직 전체와 각 하위조직들의 목표를 설정하는 것이다. 목표는 최종적으로 무엇이 구성되어야 하며, 어디에 주된 강조점을 두어야 할 것인가를 나타낸다. 조직목표는 주요 계획의 방향을 설정해줌과 동시에 각 부서목표를 정의해 주며 다시 각 부서목표는 그보다 아래에 있는 단위조직들의 목표를 통제하는 등 그들 상하 수준의 목표는 서로 하나의 계층관계를 유지하고 있다.

셋째, 계획전제의 개발이다. 계획전제란 계획수립을 위한 실제에 대한 예측자료, 적용가능한 기본방침 및 회사의 기존계획 등을 말하는 것으로 계획설정의 인풋(input)이나 테두리가 되는 요소들을 말한다.

넷째, 대안의 탐색은 선택할 수 있는 대안적 행동들을 탐색하고 검토하는 것이다. 실제로 대안이 전혀 존재하지 않는 계획이란 거의 없으며 명백히 드러나지 않는 대안이 때로는 오히려 최선의 것일 경우도 있다. 또한 대안의 수를 줄여나가 가장 바람직한 대안들만을 심층적으로 분석하는 일도 중요하다. 아무리 고도화된 기법들을 이용해도 분석될 수 있는 대안의 수는 한계가 있기 때문이다.

다섯째, 대안의 평가이다. 대안이 탐색되고 그들의 장단점이 검토된 다음에는 전제와 목표에 비추어 그들 각각을 평가하는 것이다. 만약 회사의 유일한 목표가 단기적 이익의 극대화에 있다든가, 미래가 거의 확실하다든가, 아니면 가용자원을 충분히 지니고 있다고 한다면 평가과정은 보다 용이하겠지만 실제로는 그렇지 못한 것이 현실이다. 따라서 대안의 평가는 기업목표와 전략적인 요소를 기준으로 평가하여야 하며 새로운 발전된 방법(OR기법, 수학, 컴퓨터를 활용)과 도구를 활용하는 것이 바람직하다.

여섯째, 대안의 선택으로 이는 계획을 최종적으로 채택하는 단계이다. 즉 구체적인 계획의 선정이라는 의사결정이 이루어지는 단계이다. 대안의 선택은 하나 또는 그 이상의 대안을 동시에 채택하는 것이 바람직한 경우도 있다.

그림 5-2 조직목표 수립과정

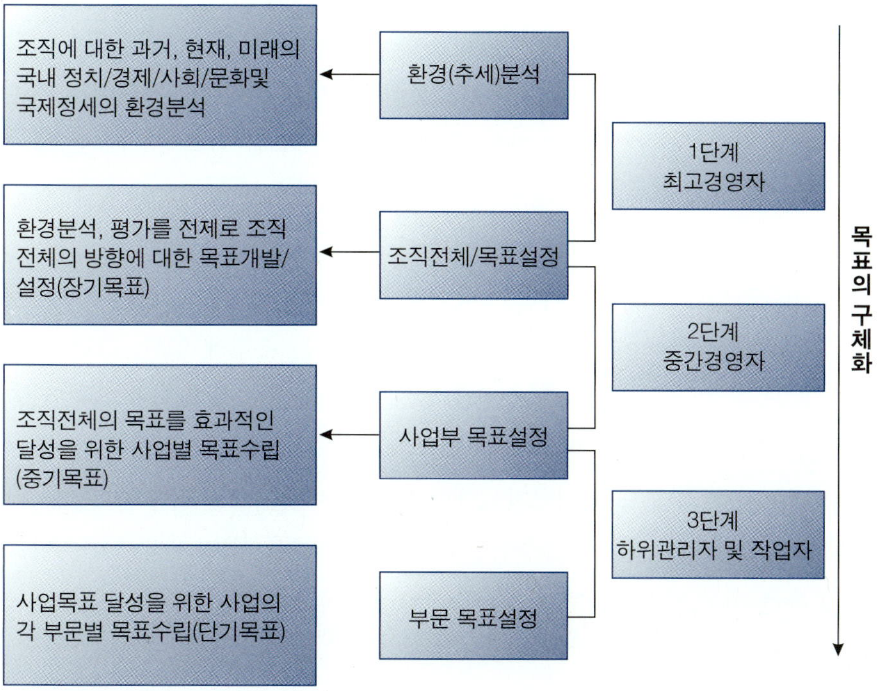

일곱째, 파생계획의 수립은 본 계획이 선택된 다음에 이를 뒷받침해 줄 부수적인 계획을 수립하는 것을 말한다. 어떤 계획이라도 보완이나 지원이 없이는 완벽하게 이루어질 수 없는 것이며, 그 실행 또한 가능해질 수 없기 때문이다. 예를 들어 신제품으로 시장을 침투하려하는 결정은 연구개발, 원자재구입, 판매요원의 훈련, 새로운 공장의 건설 등 여러 하위계획들로 지원되어야만 할 것이다.

여덟째, 예산의 수립은 계획에 화폐적 수치를 부여한 것으로 계획을 수치로 표현한 것이다. 예산은 계획의 요소로서 통제의 기준이 된다.

4. 성공적인 계획의 수립

계획수립이 성공적으로 이루어지기 위해서는 우선 그 계획을 직접 실행할 사람들이 계획수립활동에 참여하도록 하는 것이 바람직하다. 과거에는 목표나 계획을 수립하는 사람과 이를 수행하는 사람이 별개였기에 목표의 달성이 비효율적이었다. 이러한 비효율적인 면을 극복하기 위해서는 구성원의 참여가 중요하다 할 수 있다.

다음으로는 수립된 계획이 언제라도 변경가능하도록 계획수립의 유연성을 갖추어야 할 것이다. 환경변화가 별로 없거나 안정적으로 조금씩 변화되는 상황에서는 오늘 세운계획대로 내일 실천하면 되지만 오늘의 기업환경은 그렇지가 않다. 이러한 상황에서 한번 정해놓은 계획이라고 해서 확고부동하게 유지하면서 실행해 나간다면 부작용이 더 많을 수 있다. 그러므로 최종 선택된 계획안이라고 하더라도 시시각각 변화하는 상황에 맞추어 가능한 한 빨리 그리고 쉽게 수정이 이루어질 수 있어야 한다. 이를 위해 미리 여러 가지 상황의 시나리오를 다양하게 갖추어 놓고 계획의 변경이 언제라도 가능하도록 해 놓는 것이 바람직하다.

미래를 잘 예측만 할 수 있다면 기업은 성공의 길을 갈 수 있다. 그런데 미래 예측은 점쟁이, 예언가를 제외하고는 합리적인 기업이라면 정보에 의존하는 수밖에 없다. 그러므로 정보를 잘 수집하고 분석하고 보관, 활용하는 정보시스템을 잘 구축해 놓아야 합리적인 계획안을 선택할 수 있을 것이다. 오늘날 정보지식은 경영활동의 가장 중요하고 필수적인 자원이다. 특히 계획활동은 아무것도 없는 상태에서 미래에 대한 정보자료에만 의존하는 것이므로 풍부한 정보지식의 활용이 관건이 된다. 정확하고 다양한 정보가 갖추어질수록 더 정확하고 더 장기적인 예측이 가능하므로 정보의 수집과 공유를 위한 기술시스템을 적극적으로 활용하는 것이 계획수립활동을 성공적으로 수행하는 지름길이 될 수 있다.

5. 목표관리(MBO)

목표관리(MBO_management by objectives)의 개념은 1954년 드러커(Peter F. Drucker)가 그의 저서 'The practice of management'에서 최초로 제안된 목표설정기법이다.

목표관리는 효율적인 조직목표의 달성을 위하여 조직의 구성원 스스로가 목표수립에 참여하여 목표를 설정하고 그 달성을 자기통제하며 성과를 평가하도록 하는 관리방식인 동시에, 개인의 업적 및 성과를 정확하고 공정하게 평가하는 시스템으로서 개인의 자율성을 바탕으로 한 구성원들의 동기부여와 능력개발에 초점을 두고 있다.

목표관리는 조직구성원 각자가 조직 전체의 목표 및 자기가 속해있는 부분목표를 충분히 이해하고 이에 구성된 자신의 노력과 목표를 대응시킴으로써 모든 구성원으로 하여금 조직 전체의 목표달성에 공헌하도록 한다. 그리고 스스로가 목표의식을 가지고 능동적이고 자발적으로 목표달성에 참여하여 협동의욕을 환기시키고 나아가서는 자신의 업적목표설정 및 달성과 관련하여 항상 창조적 사고를 하도록 함으로써 조직의 발전과 자기발전에 이바지하도록 의도한 관리기술이다.

목표관리의 과정은 크게 목표의 발견, 목표의 설정, 검증(확인), 수행, 통제의 5단계로 나누어 볼 수 있으며, 이 과정은 연속적 순환과정으로 이루어지고 있다. 목표관리의 효과로는 업적평가와 계획행태를 개선하고 조직참여자의 직무만족도를 높임으로써 조직의 효율성을 제고하고 생산활동을 조직의 목표성취에 지향시킴으로서 조직의 효율성을 제고시킨 것, 관리자로 하여금 업무계획을 세우도록 강제하고 또 그것을 돕는 역할을 하는 것, 참여자의 사기를 제고하며, 직무의 안정감을 향상시킨 것, 개인의 능력에 맞는 목표설정을 가능하게 한 것, 업적평가의 객관적 기준을 제공한 것 등 이 있다.

목표관리의 단점으로는 질보다는 양을 중시하고, 단기목표를 강조하며 성과를 지나치게 강조함으로써 사기와 같은 직무의 무형적인 측면을 소홀히 할 가능성이 있으며 결과에 의한 평가가 이루어지므로 그 과정에 대하여는 유용한 정보를 제공해 주지 못하며, 목적이 수단을 정당화 할 수 있는 위험이 있다.

제3절 통제활동

1. 통제의 의의

통제(controlling)란 계획단계에서 설정된 목표를 달성하기 위해 실제활동이 계획대로 진행되고 있는지 또한 실제활동의 결과가 계획의 목표와 일치하는지를 평가하여 필요에 따라서는 수정조치를 취하는 활동이다. 어떤 일을 통제한다는 의미는 계획된 목표대로 활동이 잘 되었는지 조사·검토한다는 것이며 이를 바탕으로 다시 계획을 세울때는 실행결과와 계획을 비교하여 원인을 파악하고 보다 좋은 계획을 세우게 되는 과정을 반복하여 거치게 된다. 이와 같이 통제가 필요한 근본적인 이유는 목표달성을 위하여 과오(過誤)를 범하지 않기 위해서일 것이며 통제란 목표의 원만한 달성을 위해서는 반드시 필요한 과정이기 때문에 어떠한 조직을 막론하고 통제없이 존속해 갈수는 없을 것이다.

통제는 목표의 설정, 실천, 결과의 측정, 수정과 개선(피드백)이라는 순환과정의 마지막 단계이면서 동시에 모든 경영관리속에 항상 존재한다. 경영의 순환과정을 계획하고 조직을 만들어 지휘하면서 실행하고 나서 통제하는 것이라면 이들 기능은 서로 불가분의 관계에 있음은 두말 할 필요가 없다. 특히 계획과 통제는 서로 밀접하게 관련되어 영향을 미치고 있으며 연속적으로 이루어진다. 왜냐하면 활동의 결과가 좋은 것인지 아닌지를 평가하기 위한 기준이 되는 것이 바로 계획이기 때문이다.

특히 피드백은 통제과정에 필수적이다. 대부분의 회사는 성과기준이 충족되지 않은 분야를 식별해 내는 보고시스템을 갖고 있다. 피드백시스템은 문제점이 조치가 가능한 수준을 벗어나기 전에 경영관리자가 그 문제점을 인지할 수 있도록 도움을 준다. 문제점이 존재한다면 경영관리자는 수정행동을 취한다. 도요타는 자동차 조립라인에서 단순하지만 효과적인 통제시스템을 활용한다. 각각의 노동자는 앞선 공정에서 한 작업결과를 평가하는 고객역할을 맡는다. 각각의 노동자는 품질관리 검사관처럼 행동할 수 있게끔 권한을 위임받았다. 어떤 부품에 결함이 있거나 그 부품이 제대로 장착되지 않았다면 그 다음 공정의 노동자는 그 결과물을 받아들이지 않는다. 노동자라면 누구나 경고등을 켜는 줄을 잡아 당겨서(즉, 피드백을 해서) 감독관에게 문제가 생겼음을 경고할 수 있다. 문제점이 시정되지 않는다면 노동자는 전체 조립라인을 멈춰 세울 수 있다.

통제가 경영관리자의 직무에 중요한 이유는 첫째, 통제는 경영관리자가 계획, 조직화, 지휘의 다른 세 기능이 성공했는지 여부를 결정하는 것을 돕는다. 둘째, 통제시스템은 조직의 목적을 달성하는 방향으로 직원들의 행동을 이끈다. 셋째, 통제시스템은 종업원의 활동을 조율하고 조직 전체의 자원을 통합해내는 수단을 제공한다.

2. 통제활동의 과정

통제활동의 과정은 획일적이라기보다는 주어진 조직의 상황에 따라 그 차이가 있을 수 있다. 그러나 일반적으로 통제과정은 먼저 표준(기준)의 설정, 실행결과(성과)의 측정, 표준과 성과의 비교(평가), 필요한 조치(피드백)를 취하는 기본적 과정을 거친다. 〈그림 5-3〉은 이러한 통제의 과정을 나타낸 것이다.

1) 통제영역의 결정

통제영역의 결정은 이미 언급한 바와 같이 조직의 목표나 목적이 설정되는 계획과정의 단계에서 이루어진다. 무엇을 통제해야 하는가는 경영계층이나 조직의 활동요소에 따라 달리 나타날 수 있다. 예를 들어 생산부서는 품질, 생산원가, 재고관리 등이 통제대상이 되며, 판매부서는 판매실적이나 광고비 등이 있고, 자금을 담당하는 부서에는 부채비율이나 유동성 등이 있을 수 있다. 그러나 통제활동에 있어서 조직의 모든 부분을 통제하는 데는 비용과 시간이 너무 많이 든다. 따라서 비용-효익 간의 관계 및 중요성에 따라 통제의 영역을 결정하는 것이 바람직하겠다.

그림 5-3 통제활동의 과정

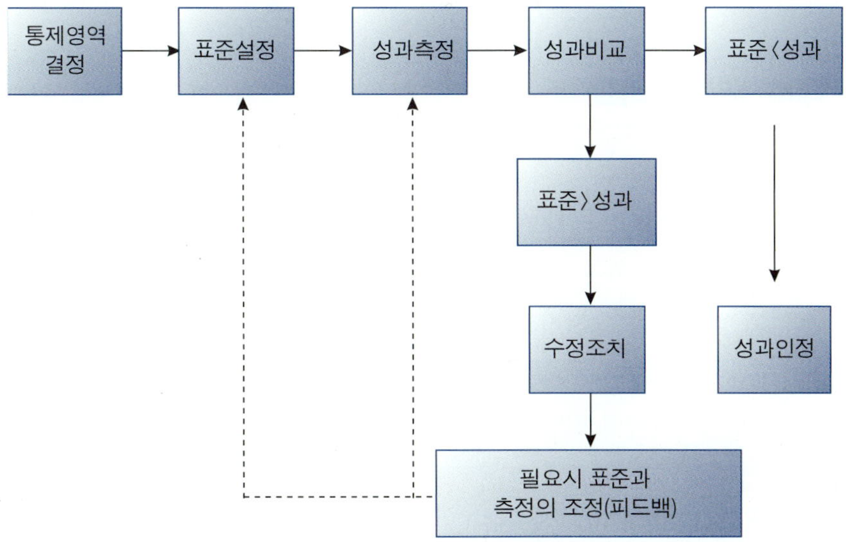

2) 표준의 설정

표준은 일정기간 동안에 기업이 달성하여야 할 목표를 나타내는 것으로써 표준의 설정은 계획기능속에 포함되기도 하지만 통제활동의 일부이기도 하다. 이때 성과기준은 회사가 달성하고 싶은 성과수준으로, 이들 목적은 전략적, 전술적, 실무적 계획에 바탕을 두고 있다. 만일 달성해야할 업적의 표준이 설정되지 않으면 조직활동을 정확하게 측정하거나 평가할 수가 없기 때문에 표준의 설정은 보다 구체적이어야 한다. 가장 효과적인 성과기준은 특정한 기간내에 달성할 수 있는 측정가능한 행동목표를 명시하는 것이다. 예를 들어 어떤 회사의 영업부서의 성과목표를 1월 총매출을 10억 원으로 표명한다거나, 영업사원의 월간 이직률을 2% 이하로 한다거나 서비스의 처리시간을 10분 이내로 한다 등의 구체적인 내용으로 설정하는 것이 바람직하다.

3) 실행결과(성과)의 측정

경영활동에 대한 실행결과를 측정하는 단계로 성과측정을 하기에 앞서 성과를 어떻게 측정할 것이며 성과측정의 시기와 성과측정의 횟수를 결정해야 한다. 예를 들어 일별, 월별 매출액지표, 판매원별 판매수량, 조립공의 불량률 등을 결정해야 한다. 또한 성과측정을 내부에서 할 것인지 아니면 외부에 위탁할 것인지도 결정해야 할 것이다.

성과측정시 계량적인 것이 측정이 용이하므로 기준과 비교평가하여 객관적이고 정확한 편차를 파악할 수 있는 반면, 계량화하기 어려운 것은 자료수집이 곤란하거나 그 측정이 매우 어렵다. 따라서 계량적 측정과 질적측정을 조화롭게 하는 것이 경영자에게 매우 중요하다.

4) 표준 대비 성과의 비교

이 단계는 성과측정 후 표준과 측정결과를 비교한다. 이때 비용에 큰 문제가 없다면 가능한 한 세부적인 비교가 바람직하다. 또한 이미 설정한 기준과 비교하여 이 비교를 통하여 나타난 결과에 대해서 그 중요도를 평가하여야 한다. 기준과 비교를 통하여 나타난 결과가 만족스러운 것일 때에는 현재의 업무과정을 계속 유지하도록 하며 만족스럽지 못한 편차가 있을 때에는 그 편차들 중 일정한 범위안에서 받아들여지는 것과 받아들여지지 않는 것을 구분한다. 그리고 받아들여지지 않는 편차에 대해서는 그 편차의 원인에 대해서 면밀히 파악할 필요가 있다.

5) 수정조치와 성과의 인정

비교결과 현재 경영상태가 기준치에 미달하거나 초과하였다면 그 원인을 분석하여 대응조치를 마련해야 한다. 표준과 결과의 차이에 대한 원인이 밝혀지면 이에 대한 대응조치를 강구한다. 즉 표준의 설정이 잘못되었다거나, 성과측정의 잘못은 없는지, 경영활동의 실행과정에서 잘못은 없었는가를 면밀히 파악할 필요가 있다.

성과가 표준치에 미달하였을 경우 전략을 수정하거나, 보상제도를 바꾸거나, 교육훈련을 더 시키는 경우도 있지만 결과측정방식을 바꾸기도 하고 설정됐던 표준을 바꾸어야 되는 경우도 있을 것이다. 반면에 성과가 표준치를 초과하였을 경우에 표준의 설정에 문제가 없다면 이를 만족하는 것에 그치지 않고 보너스, 훈련기회제공, 승급, 급여 등의 혜택으로 성과를 반드시 인정해 주어야 한다. 그러나 표준의 설정이 지나치게 높게 설정되어 있다면 구성원이 달성할 수 있을 만큼 하향조정을 하는 수정조치가 필요하다.

따라서 어떤 내용이든지 수정조치가 모색되었으면 다음의 계획수립에 피드백시켜 목표치와 결과치의 괴리를 최소화시키는 것이 바람직하다.

3. 효과적인 통제

통제를 제대로 하기 위해서는 우선 기준설정을 알맞게 해 놓고 결과측정이 정확해야 할 것이다. 표준이 현실과 거리가 멀게 설정되든지 측정이 잘못되면 통제는 의미가 없다. 그러므로 측정을 위한 표준은 다양하고 이해하기 쉬워야 하며 유연성도 있어야 한다. 특히 예외적인 사항을 측정할 때 획일적 기준에 의해 측정하는 것은 위험한 일이다.

효과적인 통제의 목적을 달성하기 위해서는 다음과 같은 사항을 충족시킴으로써 경영의 현 상태를 점검하고 문제의 원인을 파악하고 개선책을 제시할 수 있다.

첫째, 통제는 전략적이고, 결과 중심적이어야 한다.

둘째, 통제는 모든 조직이 이해가능하여야 한다. 즉 이 통제가 궁극적으로는 무엇을 목적으로 하고 있으며 성공여부는 어떤 자료로써 평가되는지를 조직내 모든 사람들이 공감해야 한다.

셋째, 통제는 시의적절하고 예외가 되는 부분을 인정해야 한다. 마지막으로 통제는 유동적이어야 한다. 통제가 진행되는 과정에서 변화하는 새로운 상황을 고려하여 통제가 수정될 수 있어야 하고 아울러 통제담당자의 개인적 소견을 반영할 수 있는 시스템이어야 한다.

4. 통제의 유형

효과적인 통제활동을 수행하기 위하여 〈그림 5-4〉와 같이 세 가지로 구분하여 활용하는 것이 바람직하다.

즉 기업활동을 자원의 투입(input), 변환(process), 산출(output)로 나누었을 때 각 단계별로 실시되는 통제를 사전·동시·사후통제로 구분할 수 있는데, 어느 기업이나 모든 단계마다 통제를 하여 효율적인 생산을 원하기 때문에 세 유형의 통제가 복합적으로 이루어지는 것이 당연하다. 다만 여러 형편에 따라 단계별 통제활동의 집중정도가 다를 뿐이며 통제활동은 항상 있게 된다.

그림 5-4 통제의 유형

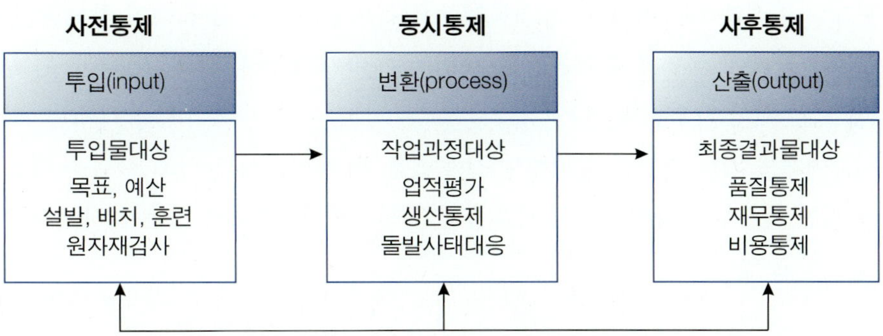

1) 사전통제

사전통제(preliminary controls)는 계획에 따라 실제적으로 경영활동이 시작되기 전에 수행되는 통제로 계획수행에 대한 방침, 절차, 규정의 의미를 가지고 있는 것이다. 이 통제의 목적은 결과를 기다리고 그 실제적인 결과들을 목표와 비교하는 것이라기 보다는 실제적인 결과가 그 목표를 향해 진행이 가능하도록 하는데 있다. 즉 방향이 올바로 설정되어 있는지 그리고 올바른 자원이 투입되고 있는지를 통제한다.

2) 동시통제

동시통제(concurrent controls)는 생산(변환과정)이 진행되고 있는 도중에 통제활동도 동시에 진행시키는 것을 말한다. 즉 변환과정에서 올바른 활동이 전개되고 있는 가를 통제한다. 이 통제과정을 통하여 활동이 끝나기 전에 우리는 무엇을 추가적으로 해야 하는 가를 결정하게 된다.

이러한 동시통제는 변화가 너무 심해서 미래가 불확실하기 때문에 사전계획을 철저하게 못 세운 채, 실행도중에 통제하면서 계획수정도 하고 생산방식을 바꾸기도 하는 것이다. 이는 감독자나 간부들과 실무자가 계속 대화를 나누면서 일을 실천해 나가는 방식이다.

3) 사후통제(피드백 통제)

사후통제(feedback controls)란 최종 결과에 초점을 두는 것으로 실제적인 경영활동이 완료된 후에 결과를 측정하고 평가하여 수정조치를 취하는 활동이다. 즉 최종 결과물이 바라는 표준안과 어느 정도 근접했는가를 통제한다.

사전통제는 미래예측이 어렵고, 동시통제는 감독비용이나 일의 진행이 방해받기 쉽기 때문에 일이 모두 끝난 다음에 계획과 결과를 비교하면서 차이가 있는지, 차이가 나게 된 원인은 무엇인지를 분석해 보는 것이 사후통제이다.

종업원들에게도 일한 결과를 알려주면 잘못했을 때 자기반성도 하고 잘했을 때는 사기가 오르기 때문에 종업원 동기부여 측면에서도 사후통제가 필요하다. 그래서 많은 회사에서 이러한 사후통제 방식을 활용하고 있다.

Field_Story AR로 입어보고, NFT로 사볼까…국내 첫 '메타패션' 30벌 출시

유명 디자이너 3인의 디지털 의류

황이슬 디자이너의 메타패션 작품. 산업통상자원부 제공

산업통상자원부는 30일 서울 섬유센터에서 국내 첫 메타패션 출시행사를 열었다. 메타패션은 옷감의 재질 · 색감 따위의 제약탓에 현실에선 구현하기 힘든 패션을 디지털 이미지나 동영상으로 제작한 것을 말한다.

이번에 출시한 메타패션 30벌은 산업부지원을 바탕으로 국내 유명 디자이너 3인과 셀럽 3인의 협업을 통해 시범제작한 결과물로, 지난 5월말 제작발표회에서 제시한 작품컨셉을 바탕으로 6개월의 작업과정을 거쳐 제작한 디지털 의류이다. 이날 행사에선 선명한 색감과 소재를 표현한 고화질 디지털 영상으로 공개됐다.

고태용 디자이너 작품. 산업통상자원부 제공

황이슬 디자이너는 가수 겸 배우 한선화와 함께 '시간여행자' 라는 주제로 한복의 곡선과 흩날림을 강조한 디자인을 선보였다. 메타패션에 특화된 느낌을 줄 수 있는 금속광택, 문양을 활용한 점에서 특징적이라고 산업부는 평가했다. 고태용 디자이너는 가수 라비와 함께 '민화와 클래식의 만남' 이라는 주제로 전통 민화적 요소들을 반영한 작품을 만들어 이날 공개했다. 김보민 디자이너는 모델재시와 함께 '사람과 세상을 아름답게' 라는 주제로 상상 속 용의 비늘이나 요정의 날개를 작품에 담아냈다.

고태용 디자이너 작품. 산업통상자원부 제공

각 디자이너가 제작한 10벌의 디지털 의류 가운데 3벌씩(총 9벌)은 실물로도 만들었다. 또 심사('K패션오디션')를 통해 선발된 10벌의 실물의상은 디지털 의류로 제작했다. 이날 행사에선 이들 19벌의 의상을 선보인 '디지털(영상)+실물(모델) 하이브리드 패션쇼' 도 열렸다.

이번에 제작한 디지털 의류는 케이티(KT)의 메타패션 플랫폼('Meta Closet') 앱을 통해 증강현실(AR)로 입어보는(착장) 체험이나 사진촬영 등으로 활용할 수 있다. 앞으로 3~6개월에 걸친 시범서비스 기간에는 증강현실 착장, 사진촬영, 에스엔에스(SNS) 업로드 등 모든 서비스를 무료로 이용할 수 있다. 내년 2분기로 예정된 정식 서비스단계에선 오픈형 메타패션 플랫폼으로 전환해 디자이너나 크리에이터들이 창작물을 자유롭게 올리고, 이용자들은 착장체험 및 구매, 나아가 대체불능토큰(NFT) 거래도 할 수 있을 것이라고 산업부는 밝혔다.

▶ 출처 : 2022년 11월 30일, 한겨레신문

생각해 봅시다

1. 경영관리의 순환과정에 대해 설명해보자.

2. 계획과정의 본질적인 특성에 대해 설명해보자.

3. 경영활동부문 및 구조 그리고 내용에 따른 계획수립과 유형에 대해 설명해보자.

4. 합리적인 계획수립을 위해 어떻게 단계적으로 계획수립을 할 것인지 설명해보자.

5. 목표관리(MBO)에 대해 설명해보자.

6. 통제활동의 과정에 대해 설명해보자.

7. 통제의 유형에 대해 제시해보자.

제6장

조직설계

소비자가 브랜드를 '찾아올 명분'(reason to visit), 브랜드를 '구입할 명분'(reason to buy), 궁극적으로 브랜드를 '사랑할 명분'(reason to love)을 제시하는 것이 패션브랜드의 과제라는 것이 삼성패션연구소의 설명이다. "시장의 헤게모니가 소비자로 이동하고 소비자의 니즈가 점점 더 파편화 됨에 따라 각 개인에 맞는 '명분'을 제공하기 위해 정교한 타깃팅과 전략실행이 필요하다" "이를 통해 소비자들과 더욱 긴밀히 연결되는 한 해가 될 것"이라고 진단한 패션전문가의 이야기에 귀를 기울일 필요가 있다. 이처럼 소비자중심인 시대에 생존하기 위해서 기업은 시시각각 소비자들이 원하는 것을 찾아내고 만들어 공급할 수 있도록 그들의 조직설계와 운영에도 한층 더 집중해야만 할 것이다.

자본시장 종사자들 "'이재용 회장' 우선 과제는 '새 공급망 전략'"

증권사·자산운용사 종사자 19명에게 물었더니
과반 넘는 11명 '회장 취임 필요하다' 응답
7명은 '올해 안', 6명은 '사법 리스크 해소 후' 꼽아
'책임경영 강화' '달라질 게 없다'…'경영능력'과 무관
16명 '그룹 컨트롤타워 부활 필요'

이재용 삼성전자 부회장(맨 왼쪽)이 지난 6월 네덜란드 에인트호번에 위치한 에이에스엠엘(ASML) 본사에서 피터 베닝크(Peter Wennink) 최고경영자와 만나 협력 방안을 논의하고 있다.(삼성전자 제공)

삼성전자의 경쟁력에 대한 우려가 커지고 있는 상황에서 자본시장 종사자들은 삼성의 가장 시급한 과제로 '경제 블록화 현상 강화에 대한 새 공급망 전략'을 주로 제시했다. '칩4 동맹'으로 대표되는 미·중 갈등으로 인해 글로벌공급망(GVC)이 믿을 수 있는 우방을 중심으로 하는 '신뢰가치사슬'(Trusted Value Chain·TVC)로 변화하는 상황에서 삼성도 이에 따른 대책마련이 시급하다는 차원에서다.

19일 〈한겨레〉가 이재용 삼성전자 부회장의 특별복권 한 달을 즈음해 16개 증권사의 애널리스트·리서치센터장 16명과 3개 자산운용사의 펀드매니저 3명 등 19명을 상대로 설문조사를 한 결과, '삼성의 가장 시급한 과제'를 묻는 질문에 10명이 '새 공급망 전략'을 꼽았다. 이들은 '미·중 갈등격화 등 불확실성 확대', '보호무역강화' 등 외부환경변화에 대응한 반도체 생산을 위한 안정적 공급망 구축을 강조했다. 이어 '선택과 집중을 위한 인수합병'(4명), '인플레이션과 수요감소에 대한 대응'(1명) 등이었다. '기후 변화 대응' 등 기타 의견(4명)도 있었다.

이 부회장이 회장에 오를 경우 선결과제로 14명은 '삼성의 경쟁력 강화'를 꼽았다. 이들은 "본업을 살려야 다른 생각도 할 수 있다", "절체절명의 위기로, 메모리 반도체만으로 기업가치를 개선하는 데는 뚜렷한 한계가 있다" 등 삼성전자가 처한 상황이 녹록지 않다는 것을 이유로 들었다. "세계화 후퇴 속에 삼성의 경쟁력과 비전 재정립 시급", "신성장동력 발굴필요" 등 경영환경변화에 대한 대응책을 서둘러 마련해야 한다는 의견도 있었다. 다음으로는 '컨트롤타워 부활'(3명), '조직문화 개선 및 인사'(1명), '삼성 지배구조 개편'(1명) 등이 꼽혔다.

이 부회장은 특혜논란 속에 이뤄진 '광복절 특사'로 취업제한이 풀리면서 회장에 오를 가능성이 커진 상황이다. 최근 업계 안팎에서는 회장취임이 임박했다는 전망이 지배적이다. 삼성전자쪽은 비공식적으로 "(이 부회장이) 언제 회장에 취임해도 이상하지 않다"고 말하고 있다.

경쟁력 강화가 가장 주요한 과제로 꼽힌 것은 삼성전자 주력제품의 경쟁력이 위험상황에 이르고 있어서다. 스마트폰은 여전히 세계 1위지만, 10년 전과 비교하면 큰 차이를 보인다. 2012년 삼성전자 영업이익의 66.9%가 스마트폰 사업에서 나왔지만, 올 상반기엔 26.9%까지 떨어졌다. 반도체도 코로나19 대유행을 타고 호황을 누렸지만, 앞으로는 가격하락에 따른 실적둔화라는 '어두운 터널'을 지나야 하는 상황이다.

이재용 부회장의 회장취임에 대해선 '필요하다'는 응답이 11명으로 과반이었다. 이런 의견의 이유로 이들은 '실질적 경영을 하고 있어 (회장이 돼도) 크게 바뀌는 것은 없다', '의사 결정권자에 걸맞는 직위 획득', '책임경영 강화' 등을 꼽았다. 회장취임이 '시급하지 않다'(7명)거나 '전혀 시급하지 않다'(1명)는 이들도 있었다. 적절한 회장취임 시기로는 7명이 '올해 안', 6명은 '사법 리스크 해소 후', 4명은 '2023년'을 꼽았다.

삼성안팎에서 '그룹 컨트롤타워' 부활 가능성이 거론되는 가운데, 그룹 컨트롤타워부활이 '필요하다'는 의견은 16명이 내놨다. 그룹 컨트롤타워가 주력해야 할 일을 묻는 질문에는 8명이 '그룹지배구조 개편', 7명은 '계열사간 시너지', 2명은 '삼성과 정부·정치·시민사회 간 대화'를 꼽았다.

▶ 출처 : 2022년 09월 19일, 한겨레 신문

제1절 조직구조의 기본원칙

경영자가 행하는 핵심기능은 계획, 조직화, 지휘, 통제를 포함한다. 이 장에서는 조직화 기능에 특히 초점을 맞춘다. 조직화는 기업이 계획을 수행하고 목적을 달성할 수 있게끔 기업의 자원을 조율하고 배분하는 일과 관련이 있다. 이런 조직화 과정 또는 구조화 과정은 다음의 과정을 통해 달성된다.

- 업무활동을 결정하고 과업을 분할하는 것(분업)
- 직무와 직원의 집단화(부분화)
- 권한과 책임의 할당(권한위임)

조직화 과정의 결과는 공식적인 조직구조다. 공식조직(formal organization)은 회사내부에 존재하는 관계의 체계와 구조이다. 공식조직은 공통의 목표와 명확한 목적을 위해 함께 일하는 둘 이상의 사람으로 구성된다. 공식조직은 뚜렷하게 규정된 권한 계통, 정보흐름의 경로, 통제수단도 갖고 있다. 인적자원, 물적자원, 재무자원, 정보자원은 경영조직을 구성하기 위해 신중하게 연결된다. 일부 연결은 자금부서나 마케팅부서에 근무하는 사람들 사이의 유대관계처럼 오랫동안 지속된다. 다른 연결은 특정 문제를 연구하기 위해 위원회가 구성될 때처럼 거의 언제든 바뀔 수 있다.

조직의 5가지 기본원칙은 효율적이고 효과적인 조직구조를 설계하는데 사용된다. 기본원칙은 분업, 부분화, 경영관리위계, 통제범위, 의사결정의 집중화이다.

1. 분 업

일을 별개의 직무(job)로 분할하고 노동자에게 과업(task)을 할당하는 과정을 분업(division of labor)이라 부른다. 예를 들어 패스트푸드 레스토랑에서 일부직원들은 주문을 받거나 주문지를 작성하고, 다른 직원은 음식을 준비하며, 직원 몇 사람은 청소를 하고 장비를 정비한다. 그리고 최소한 한 사람은 모든 직원을 감독한다. 자동차 조립공장에서 일부노동자가 백미러를 장착하는 동안 다른 노동자는 범퍼 받침대에 범퍼를 설치한다. 과업이 더 작은 직무로 재분할되는 정도를 전문화(specialization)라 부른다.

조립라인 노동자처럼 대단히 전문화된 직무를 하는 직원들은 개수와 다양성이 제한된 과업을 수행한다. 한 가지 과업, 또는 몇 가지 과업에 전문화된 직원은 그 특정한 직무를 빼어나게 수행하는 기술을 발전시킨다. 이런 기술발전은 생산과 기타 활동에서 상당한 효율과 일관성으로 이어질 수 있다. 그러나 고도의 전문화는 일의 다양성과 의욕이 결여된 까닭에 직원이 흥미를 잃거나 따분해하는 결과를 낳을 수도 있다.

직원들이 임파워되고 신뢰하는 환경에서 일을 하지 않을 경우 전문화는 무관심보다 훨씬 더 큰 부정적인 결과를 초래할 수 있다. 노동자가 특정한 직무의 전문가일 경우 그들은 고품질의 결과물을 다량생산하는 혁신적 기법을 창안해서 생산성을 극도로 높일 수 있게 된다. 이런 과정은 노동자가 유익하게 활용할 수 있는 소중한 지식도 안겨줄 수 있다. 그러나 일부경우에는 이런 상황이 회사에 어려움을 안겨줄 수도 있다. 제조회사인 보잉은 항공기에 사용되는 금속 샤프트를 절단하는데 고도로 전문화된 노동자들이 직접 거대한 절삭기계를 사용하고 있다. 이 과정에서 정확성이 조금이라도 떨어지면 그 절단은 쓸모가 없어지고 불량품이 양산될 수도 있다.

2. 부분화(=부문화)

강한 조직구조를 만들기 위해 사용하는 두 번째 기본원칙은 부분화(departmentalization)라 불린다. 일을 직무로 분할한 후 직무를 다시 집단화해서 유사하거나 관련이 있는 직무들과 활동으로 조정해낼 수 있다. 인력, 과업, 자원을 단위조직으로 집단화하는 작업은 계획, 지휘, 통제과정을 용이하게 해준다. 조직도(organization chart)는 특정 과업들을 행할 수 있는 권한이 주어졌을 때 과업과 인력 사이의 구조화된 관계를 시각적으로 보여주는 도표이다. 조직차트에서 각각의 도형은 직무를 나타내고, 각각의 직무는 몇 가지 과업을 포함한다.

예를 들어 영업매니저는 세일즈맨을 고용하고, 영업구역을 확정하며, 세일즈맨에게 동기를 부여하고 교육시키며, 영업활동을 통제해야만 한다. 조직도는 각각의 직위에서 행해지는 일의 일반적 유형도 보여준다. 부분화의 5가지 기본유형이 조직에서 보편적으로 활용된다.

- **기능별 부분화**(functional departmentalization) : 조직단위 내에서 행해지는 주요 기능에 기초한다(마케팅, 재무, 생산, 영업 등).
- **제품별 부분화**(product departmentalization) : 조직단위에서 생산하거나 판매하는 제품이나 서비스에 기초한다(외래/응급서비스, 소아과, 심장과, 정형외과 등).
- **공정별 부분화**(process departmentalization) : 조직단위에서 사용하는 제조공정에 기초한다(원문절단과 처리, 가구 끝손질, 선적 등).
- **고객별 부분화**(customer departmentalization) : 조직단위가 봉사하는 고객의 주요 유형에 기초한다(도매업자나 소매업자 등).

- 지역별 부분화(geographic departmentalization) : 조직단위의 지리적 분할에 기초한다(미국과 캐나다 마케팅, 유럽마케팅, 남미마케팅 등).

사람들은 유사하거나 관련있는 과업을 수행하기 때문에 또는 제품, 고객, 시장에 공동으로 책임을 지기 때문에 특정 조직단위에 배치된다, 부분화를 어떻게 할 것인가에 대한 결정은 경영진이 권한할당, 자원배분, 성과보상, 커뮤니케이션 계통수립 등을 하는 방식에 영향을 끼친다. 많은 대기업이 여러 가지 유형의 부분화를 활용한다.

3. 경영관리위계

효과적 조직구조를 만들어내는 세 번째 기본원칙은 경영관리위계(managerial hierarchy) 또는 조직내의 경영관리계층이다. 일반적으로 경영관리구조는 다음의 3단계로 구성된다(최고경영진, 중간관리자, 일선관리자).

경영관리위계에서 각 조직단위는 상위단계에 있는 경영관리자의 통제와 감독을 받는다. 공식적인 권한을 많이 가진 사람들이 정상에 자리한다. 경영관리자는 위계가 높을수록 더 많은 권력을 갖는다. 따라서 권력의 크기는 경영관리 피라미드를 내려갈수록 줄어든다. 동시에 위계의 아래쪽으로 옮겨가는 동안 직원의 수는 늘어난다.

오늘날 모든 조직이 이런 전통적인 배치를 활용하고 있는 것은 아니다. 기업의 경영관리구조를 설계하는 분야에서 흥미로운 경향은 거꾸로 선 피라미드다.

예를 들어 토론토에 본사를 둔 엔지니어링회사 핼샐 어소시에이츠(Halsall Associates Ltd.)의 피터 핼샐 사장은 회사의 경영관리구조를 언급하면서 역(逆) 피라미드를 그렸다. 그는 피라미드의 맨 아래에 자신을 배치했다. 그의 위에는 경영관리자들을 열거했고 제일위에 말단직원을 그려넣었다. 그가 이렇게 하는 까닭은 회사내에서는 직원이 최우선이라는 것을 그림으로 보여줄 수 있기 때문이었다. 또한 그는 이렇게 설명했다. "이 사람들의 기회를 극대화 할 수 있게끔 의사결정을 한다." 이런 비범한 관점은 성과로 이어졌다. 핼샐 어소시에이츠는 캐나다의 주도적인 엔지니어링 회사 중 하나이며 근무하기 가장 좋은 곳 중 한 곳으로 손꼽힌다.

명확하게 규정된 위계를 가진 조직은 뚜렷한 지휘계통(chain of command)을 갖는다. 지휘계통이란 조직의 상층부터 하층부까지 조직의 한 수준과 다음 수준 간의 권한계통으로 누가 누구에게 보고를 해야 하는지를 명백하게 해준다. 지휘계통은 조직도에서 확인할 수 있으며 CEO로부터 제품과 서비스를 생산하는 종업원까지 일관되게 쫓아 내려갈 수 있다. 지휘 단일성 원칙 아래 모든 조직구성원은 딱 한사람의 상사에게만 보고하고 그 상사의 지시만 받는다. 지휘 단일성은 모든 조직구성원에게 한 사람의 직업관리자만 갖게 할 것이며 상이한 여러 경영관리자로부터 명령을 받지 않을 것이라는 것을 보장한다. 지휘 단일성과 지휘계통은 모든 조직구성원에게 명확한 지침을 제공하고 상이한 일을 하는 인력의 조율에 도움을 준다.

글로벌시장의 성장으로 인해 일부기업은 조직상층부에 한 사람을 내세우는 전통적인 지휘단일성 원칙을 재검토하게 됐다. 이들 조직에는 세계 각지에서 유연하고 신속한 의사결정을 내려야 할 필요성이 대두됐는데, 이런 의사결정은 개인 한 사람이 처리하기에는 너무 어렵다는 것을 알게 됐다. 많은 기업이 공동 CEO 심지어는 위원회 리더십 모델같은 대안적 관리모델로 향하고 있다. 16세에서 34세 사이의 남녀를 겨냥해서 멋을 강조한 특수의류를 취급하는 아메리칸 이글 아웃피터스는 2명의 CEO를 선택했다. 로저 마크필드와 제임스 오도넬은 브랜드를 구축하기 위해 팀으로 일한다. 회사는 현재 미국과 캐나다에 700곳 이상의 매장을 전통적인 청바지 가게에서 더욱 패션지향적인 상품을 취급하는 "라이프스타일 매장"으로 리포지셔닝하는 작업을 했다.

지휘계통의 일원인 개인은 조직의 다른 사람에게 행사할 수 있는 권한을 갖는다. 권한은 조직이 부여하고 종업원들이 인정한 합법적 권력으로 어떤 행위를 해줄 것을 요청하는 개인이 그 요청이 받아들여질 것이라고 기대하게 해 준다. 권한행사는 의사결정을 하고 그 결정이 수행되는 것을 감독하는 것을 뜻한다. 대부분의 경영관리자는 지휘계통에서 자신들보다 아래에 위치한 다른 이들에게 어느 정도의 권한과 책임을 위임하거나 할당한다. 권한위임은 직원들이 그들의 감독자에게 책임을 지게끔 만든다. 책무는 결과에 대한 책임을 뜻한다. 전형적으로 권한과 책임은 경영관리자가 업무를 부하들에게 위임하고 의사결정을 그들과 공유할 수 있도록 조직의 아래쪽 방향으로 움직인다. 그리고 각 위계상의 경영관리자들이 부하들의 행위에 책임을 지면 질수록 책무는 조직의 상부로 움직이게 된다.

4. 통제범위

조직구조의 4번째 기본원칙은 관리의 통제범위이다. 각 기업은 조직단위 내에서 수행하는 작업을 효율적으로 감독하기 위해 관리위계의 각각의 수준에 얼마나 많은 경영관리자가 필요한 지를 결정해야만 한다. 경영관리자의 통제범위는 경영관리자가 직접 감독하는 직원의 수다. 관리범위는 2명에서 3명 정도로 좁을 수도 있지만, 50명이나 그 이상처럼 넓을 수도 있다. 일반적으로 통제범위가 넓으면 조직은 더욱 능률적이다. 좁은 통제범위와 넓은 통제범위는 제각기 장단점이 있다. 직원 수백 명이 같은 직무를 수행한다면, 감독관 한 사람이 대단히 많은 직원을 관리할 수도 있다. 재봉틀에 앉은 수백 명이 동일한 패턴으로 작업하는 의류공장이 그런 사례가 될 것이다. 그런데 직원이 복잡하고 유사하지 않은 과업을 수행한다면, 관리자는 훨씬 적은 수의 직원만 효과적으로 감독할 수 있다. 예를 들어 제약회사의 R&D 부서관리자는 고도로 복잡한 직무의 본질로 인해 두 세 명의 연구자만 감독할 수 있을 것이다. 최적의 통제범위는 다음의 5가지 요인에 의해 결정된다.

① 과업의 본질 : 과업이 복잡할 수록 통제범위는 줄어든다.
② 작업자의 소재지 : 소재지가 많을 수록 통제범위는 좁아진다.
③ 책임을 위임하는 관리자의 능력 : 위임하는 능력이 클수록 통제범위는 넓어진다.
④ 작업자와 관리자 사이의 상호작용과 피드백의 정도 " 피드백과 상호작용이 많이 필요할수록 통제범위는 좁아진다.
⑤ 작업자의 기술수준과 작업동기 : 기술수준과 작업동기가 높을수록 통제범위는 넓어진다.

5. 의사결정의 집중화

효율적 조직구조를 구축하는데 있어 마지막 요소는 조직의 의사결정을 어느 수준에서 내려야 하는지를 결정하는 것이다. 집중화는 공식적 권한이 조직의 특정영역이나 계층에 집중되어 있는 정도다. 고도로 집중화된 구조에서 최고경영자는 하위계층 직원들의 견해는 거의 참조하지 않으면서 조직의 핵심 의사결정의 대부분을 내린다. 최고경영자는 집중화로 인해 경영상황을 폭넓게 바라볼 수 있으며 자금에 대한 통제력도 강하게 행사할 수 있다. 또한 조직의 비효율적인 요소들을 제거해서 비용절감에 도움을 줄 수도 있다. 그러나 집중화는 하위계층인력의 의사결정능력과 리더십능력을 계발할 기회를 제한할 수 있으며, 고객의 요구에 신속하게 대응하는 능력을 감소시킬 수 있다.

분권화는 하위계층인력이 의사결정을 내리고 그 결정을 실행할 수 있도록 그들에게 더 많은 책임과 권력을 부여하면서 의사결정권한을 조직위계의 하위구조에 위임하는 과정이다. 분권화의 이점으로는 신속한 의사결정, 혁신과 창조성 수준의 증대, 높은 수준의 조직유연성, 하위계층 경영관리자의 더 빠른 계발, 높은 수준의 직무만족과 종업원 몰입 등이 있다. 그러나 분권화도 위험성은 있다. 하위계층 인력이 필수적인 기술을 보유하지 못하고 효과적으로 업무를 수행할 수 있게끔 교육을 받지 못했다면 그들은 많은 비용이 드는 실수를 저지를 가능성이 있다. 또한, 분권화는 비효율적인 의사소통경로, 부적절하거나 상충하는 목표, 노력이 중첩되는 상황을 유발할 가능성도 있다.

조직내 의사결정권한을 얼마나 많이 위임할 것인가를 결정하는 때는 몇 가지 요인을 고려해야만 한다. 이런 요인들에는 조직의 크기, 환경의 변화속도, 권한을 포기하려는 경영관리자의 의지, 더 많은 권한을 받아들이려는 종업원의 의지, 조직의 지역적 분산도가 포함된다.

Field_Story 코로나19로 다양화하는 무인매장…고기 · 과일 · 건어물도

세탁소 · 편의점 넘어 다양한 업종으로 확산 "인건비 줄이고, 자유로운 시간활용"
무인점포 대상 절도 건수도 증가. 우후죽순 생겨나 폐업하는 경우도 많아

지난 17일 오후 찾은 서울 영등포구의 한 무인 과일가게 내부의 모습

지난 17일 오후 5시께, 서울 영등포구의 한 과일가게 안은 한라봉 · 망고 · 딸기 · 참외 · 오렌지 등 과일 20여종에서 풍기는 달콤한 향이 가득했다. 그러나 가게를 지키고 있는 사람은 아무도 없었다. 대신 가게 제일 안쪽에는 손님 스스로 계산하는 무인결제단말기(키오스크)만 놓여 있었다. 가게 인근 주민인 직장인 장아무개(28)씨는 "인근 시장보다 가격이 좀 비싸긴 하지만, 밤 10~11시쯤 과일이 너무 먹고 싶을 때 가끔씩 이용한다"고 말했다.

코로나19에 따른 비대면 소비의 확산, 인건비 부담, 구인난 등의 영향으로 무인점포가 꾸준히 늘어나고 있다. 최근에는 고기 · 과일 · 건어물 등 각종 식재료와 옷 · 신발 등 다양한 업종으로 무인매장이 확산하는 추세다.

20일 신한카드 빅데이터연구소가 공개한 자료(2021년 11월)를 보면, 코로나19 이전인 2019년(1~9월)보다 2021년(1~9월)에 자동판매기 등 무인결제 신규 가맹점은 440% 늘어난 것으로 집계됐다. 무인 아이스크림 가게 · 편의점 · 코인세탁소 등으로 집중돼 있던 무인매장은 최근 다양한 영역으로 확장 중이다.

서울 중구의 한 프랜차이즈 무인 밀키트 가게에서는 피자 · 치킨 · 라자냐 · 덮밥 · 팬케이크 등 가정간편식품(HMR)과 더불어, 마른 멸치와 각종 건어물을 팔고 있었다. 가게는 키오스크 옆에 놓인 종이에 손님이 질문을 적으면 나중에 가게 주인이 그에 대한 답을 적는 방식으로 소통하고 있었다. 손님이 "연어밥이 맛있는데 왜 들어오지 않느냐"고 써놓자, 가게 주인이 "현재 본사에서 품절 상태라 가게 입고가 늦어지고 있다. 최대한 빨리 보충할 수 있도록 하겠다"는 답을 남겼다. 서울 마포구에 있는 한 프랜차이즈 무인정육점은 9.9㎡(3평) 남짓한 면적에 소불고기 거리 · 삼겹살 · 목살 등의 생고기와 제육볶음 · 된장찌개 등 다양한 밀키트가 진열돼 있었다. 지난해 말 무인정육점 운영을 시작한 이 아무개(38)씨는 "인건비 등 고정비를 낮추고 아침 일찍 가게로 나와도 되지 않는 등 시간적 여유가 있다는 게 장점"이라고 말했다. 이씨는 "사람들 이야기를 들어보면 자금 여유가 있으면 가게(무인매장)를 하나 더 하거나 다른 일을 한다더라. 나도 일이 손에 익으면 그렇게 할 계획"이라고 했다.

의류업계도 무인매장이 하나둘씩 늘어나고 있다. 지난해 여의도에 개장한 현대백화점 더현대 서울에도 입장 전 신용카드를 등록하면 물건을 들고 나왔을 때 자동결제되는 언커먼스토어가 들어섰고, 이탈리아 신발 브랜드 수페르가, 국내 청바지 브랜드인 랩101 등도 무인매장을 운영 중이다.

다만 비슷비슷한 무인매장이 인근에 우후죽순 생겨나면서 매출이 떨어져 조기에 폐업을 하거나 가게를 넘기는 경우도 늘고 있다. 또 무인매장을 대상으로 한 범죄도 증가 추세를 보인다. 경찰청 국가수사본부 자료를 보면, 무인점포 절도 건수는 지난 2019년 203건에서 2020년 367건, 지난해 1~9월 1604건으로 증가했다.

▸ 출처 : 2022년 03월 21일, 한겨레신문

분권화는 다음과 같은 조건들이 충족되면 일반적으로 바람직하다.

① 엑손모빌(ExxonMobil), 포드, 제너럴 일렉트릭처럼 조직이 무척 방대한 경우
② 많은 하이테크 산업들처럼 회사가 신속하고 개별적인(local) 의사결정을 해야만 하는 역동적인 환경에 속해있는 경우
③ 경영관리자들이 부하들과 권력을 공유하려는 의지가 있는 경우
④ 직원들이 더 많은 책임을 지려는 의지가 있고 그럴 능력도 있는 경우

조직은 성장하고 변화함에 따라 조직구조가 목표를 달성하는데 도움을 주고 있는지 여부를 판단하기 위해 조직구조를 계속해서 재평가한다. 예를 들어 로스앤젤레스 경찰의 총책임자 윌리엄 브래튼은 지역지휘관에게 더 많은 권한을 부여하고 수뇌부에 민간인을 임명하며 일부부서를 신설부서인 홈랜드 시큐리티 뷰로(homeland security bureau) 밑으로 통합하는 등 경찰력을 재조직하기로 결정했다. 총책임자는 시민의 불만에 대처할 책임을 경찰서장에게 더 많이 부여하는 방식으로 권한을 탈집중화하기로 결정했다. 또한 과거 말단경찰들의 부패문제에 대처하기 위해 총책임자는 조직내 내부감사부서의 위상을 강화시켰다.

제2절 조직구조의 유형

1. 기계적 구조와 유기적 구조

위에서 묘사한 기본원칙을 상이하게 결합하면 조직은 대단히 폭넓고 다양한 조직구조들을 구축할 수 있다. 그럼에도 불구하고 조직구조는 일반적으로 기계적 구조조직과 유기적 구조조직 중 한 가지를 따르게 된다.

기계적 조직(mechanistic organization)의 특징은 상대적으로 높은 수준의 직무전문화, 엄격한 부문화, 많은 경영관리계층(특히 중간관리자), 좁은 통제범위, 집중화된 의사결정 그리고 수직적 지휘계통이다. 이런 요인들의 결합은 소위 수직적 조직구조(tall organizational structure)를 낳는다. 미군이나 국제연합(UN)은 전형적인 기계적 조직이다.

이와는 대조적으로 유기적 조직(organic organization)의 특징은 상대적으로 낮은 수준의 직무전문화, 느슨한 부문화, 적은 수의 경영관리계층, 넓은 통제범위, 분권화된 의사결정, 짧은 지휘계통이다. 이런 요인들의 결합은 수평적 조직구조(flat organizational structure)를 낳는다. 대학은 교수진과 총장 사이에 두세 단계의 경영관리자만 있는 납작한 조직구조를 갖는 경향이 있다.

순전히 기계적이거나 순전히 유기적인 조직은 매우 드물고 대부분의 조직은 둘 중 한 유형을 지향한다. 더욱 기계적이거나 더욱 유기적인 조직구조를 만들어 내겠다는 결정은 회사의 전반적인 전략, 조직의 크기, 조직에서 사용하는 기술의 유형, 외부환경의 안정성같은 요인들에 기초한다. 전자상거래 소프트웨어를 만드는 많은 회사나 연구실험실은 기계적이기 보다는 유기적이다. 몇 가지 예는 다음과 같다.

2. 보편적인 조직구조

조직설계에 있어서 단일한 최선의 방법은 존재하지 않는다. 우리는 기본적인 기계적 모델과 유기적 모델 그리고 둘의 요소를 모두 가진 혼합모델의 범위내에서 거의 끝도없이 다양한 조직구조를 개발해낼 수 있다. 많은 조직이 그들 나름의 독특한 조직적 욕구를 충족시키기 위해 상이한 구조유형에서 얻은 요인들을 결합해서 활용한다. 이 절에서는 가장 보편적인 구조의 일부를 논의하겠다.

1) 라인조직

라인조직(line organization)은 최고경영진으로부터 하위방향으로 진행되는 직접적이고 명백한 권한계통과 의사소통경로를 갖도록 설계된다. 경영관리자들은 행정적 업무를 포함한 모든 활동에 대한 직접적인 통제력을 가진다. 이런 구조유형의 조직차트는 회사내의 모든 직위가 조직의 최상층으로부터 (제품과 서비스의 생산이 이뤄지는 곳인) 최하층부까지 확장되는 가상의 선을 통해 직접 연결돼있음을 보여준다. 단순한 설계, 명확한 지휘계통, 폭넓은 통제력을 갖춘 이 구조는 소기업이나 기업가정신에 의해 운영되는 회사에 적합하다.

표 6-1 라인조직의 장단점

장 점	단 점
▪ 조직이 간단하고 이해가 용이하다. ▪ 권한과 책임의 구분이 분명하여 강한 지배력을 유지할 수 있다. ▪ 신속한 의사결정과 임기응변적 대응이 가능하다. ▪ 직무평가를 효과적으로 할 수 있다.	▪ 중간라인의 독자적인 실행가능성이 존재한다. ▪ 자발적 의욕과 창의성을 발휘하기 어렵다. ▪ 각 부문 간의 유기적 조정이 어렵다. ▪ 리더를 양성하기 어렵다.

그림 6-1 라인 조직구조

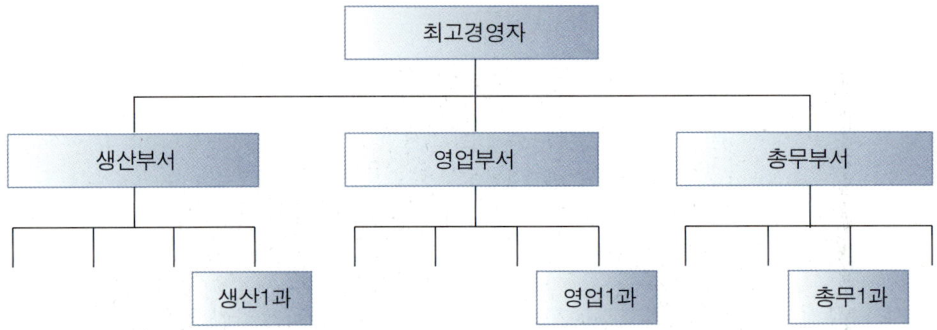

2) 라인-스태프조직

조직이 성장하고 복잡해짐에 따라 조직구조에 스태프직위를 덧붙이는 것으로 라인조직을 강화할 수 있다. 기획조정실은 〈그림 6-2〉에 보이는 라인-스태프조직(line-and-staff organization)에서 라인 경영관리자에게 전문적인 자문을 해주거나 지원서비스를 제공한다. 일상적인 경영활동에서 라인직위(line position)에 있는 개인들은 제품과 서비스를 창출하는 공정에 직접적으로 관련된

그림 6-2 라인-스태프 조직구조

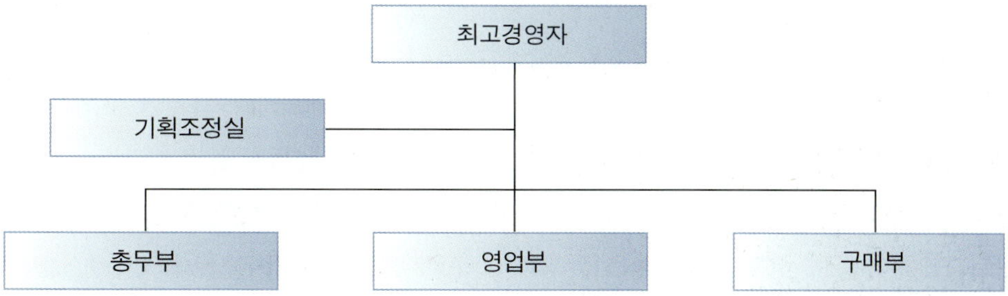

다. 기획조정실에 속한 개인들은 라인직원이 회사의 목표를 달성하기 위해 필요로 하는 행정서비스와 지원서비스를 제공한다. 조직내 라인직위는 보통 생산, 마케팅, 재무같은 분야에 속한다. 기획조정실은 법률자문, 경영컨설팅, 홍보, 인적자원관리 같은 영역에서 발견된다.

3) 사업부제 조직

사업부제 조직(divisionalized organization)은 기업의 경영활동을 제품과 서비스, 지역, 시장, 고객 등을 기준으로 사업부를 편성하고, 각 사업부별로 독자적인 생산과 판매, 인사, R&D 등 모든 기능을 수행하도록 하여 자율적인 운영을 하도록 하는 조직형태이다. 각 사업부는 자주적이고 독립적인 지위를 가지며 하나의 이익단위가 되며 책임단위가 된다. 경영자는 각 사업부가 기업의 전체목표를 달성하는 데에 기여할 수 있도록 조정하고 통제하는 역할을 담당한다. 따라서 구조적으로 전문화의 정도가 목적별로 높고 권력이 사업부 단위로 분권화되어 있다. 때문에 복잡성은 높고 집권화의 정도는 낮으며 공식화의 정도는 높다.

그림 6-3 사업부제 조직구조

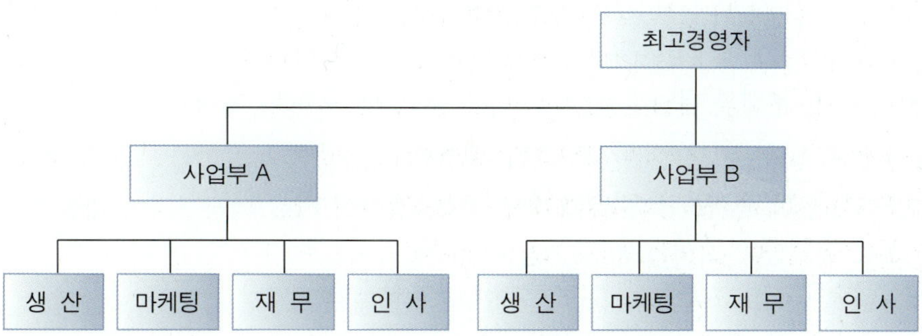

사업부제 조직은 사업단위별로 권한과 책임을 부여함으로써 신속하게 시장의 변화에 대응할 수 있으며 업무수행에 대한 통제를 용이하게 해준다. 또한 사업부의 특성에 맞게 경영활동을 집중할 수 있으며 사업에 대한 책임소재가 명확하다는 장점이 있다. 하지만 각 사업부마다 같은 업무를 담당하는 부서가 중복되어 있고 사업부 간의 지나친 경쟁으로 인해 갈등이 발생하기도 한다. 또한 사업부의 이익추구를 위해 기업전체의 이익을 해치는 등의 문제가 발생한다.

사업부제 조직은 조직의 규모가 대규모이면서 환경의 변화가 빨라 불안정적이고 예측하기 힘든 상황, 시장을 제품별 사업부(product division) 또는 지역별 사업부(regional division)로 세분화가 가능한 상황에서 효과적이다.

4) 위원회 조직구조

위원회 조직구조(committee structure)에서 권한과 책임은 개인이 아닌 집단이 보유한다. 위원회는 보통 거대한 라인-스태프 조직의 일부분이다. 위원회의 역할이 자문을 해주는 역할에 국한되는 것이 일반적이지만 일부상황에서 위원회는 의사결정을 내리고 그것을 실행할 힘을 갖는다. 위원회는 조직내에서 과업들을 조율하는 일을 훨씬 수월하게 해낼 수 있다.

예를 들어 스위스의 거대한 제약회사 노바티스(Novartis)는 최근에 위원회 구조를 혁신했다. 위원회구조는 이사회에 활동상황을 보고하게 돼있다. 노바티스는 자신들의 기업지배구조(corporate governance)에 위와 같은 최선의 관행을 반영하고 싶었다.

노바티스는 이사회에 보고하는 다음의 네 가지 영구적인 위원회를 둘 예정이다. 회장직속위원회(chairman's committee), 보상위원회(compensation committee), 감사위원회(audit and compliance committee), 신설된 기업지배구조관리위원회(corporate governance committee)가 이에 속한다.

회장직속위원회는 이사회와 이사회 사이의 기간에 벌어지는 일들을 다루게 되며 중요한 제휴와 인수의 책임을 지게 된다. 보상위원회는 이사들이 받는 보상을 다시 검토하고, 감사위원회는 회계와 재무상태보고 관행을 감독한다. 신설 기업지배구조관리위원회의 임무에는 신임이사, 이사회의 성과측정, 발생가능성이 있는 이익의 충돌에 초점을 맞추는 일도 포함된다.

위원회는 어떤 문제를 다양한 관점으로 볼 수 있게 해주며, 가능한 해결책의 범위를 확장할 수 있게 해준다. 그러나 몇 가지 단점도 있다. 위원회는 결론에 도달하는 속도가 느릴 수 있으며 때로는 한사람의 개인이 위원회를 장악할 수도 있다. 집단이 내린 의사결정에 대한 책임소재가 불분명하기도 하다. 때때로 위원회의 회의는 성과없이 장시간을 허비할 수도 있다.

5) 매트릭스 구조

매트릭스 구조(matrix structure 혹은 project management 접근방식이라고도 불린다)는 조직내에서 전통적인 라인-스태프 조직과 결합하여 자주 활용된다. 본질적으로 이 구조는 기능별 부문화와 제품별 부문화의 두 가지 상이한 부문화 유형을 서로의 강점과 약점을 보완하게끔 결합시킨다.

매트릭스 구조는 특수 프로젝트를 작업할 수 있도록 생산, 재무, 마케팅 등과 같은 조직내의 상이한 기능적 영역에서 인력을 영입한다. 직원 각각에게는 직원이 속한 기능적 영역의 라인 관리자와 프로젝트관리자 등 2명의 직접관리자가 있다.

(1) 매트릭스 구조의 장점

매트릭스 구조의 장점에는 다음과 같은 것이 있다.

- **팀워크** : 다양한 전문가들의 기술과 능력을 한데 모으는 것을 통해 기업은 창조력과 혁신을 제고할 수 있으며, 더욱 복잡한 과업을 다룰 수 있다.
- **자원의 효율적 활용** : 프로젝트 관리자는 유휴인력을 가진 거대집단을 구축하기 보다는 일을 완수하기 위해 필요로 하는 전문화된 스태프만 활용한다.
- **유연성** : 프로젝트 구조는 유연하며 환경의 변화에 신속하게 적응할 수 있다. 집단은 더 이상 필요가 없어지면 신속하게 해체할 수 있다.
- **상충하는 목표들 사이에서 균형을 잡는 능력** : 고객은 품질좋은 제품을 예측 가능한 가격에 구입하기를 원한다. 조직은 미래를 위해 고수익과 기술적 능력의 계발을 원한다. 이들 상충하는

그림 6-4 매트릭스 조직구조

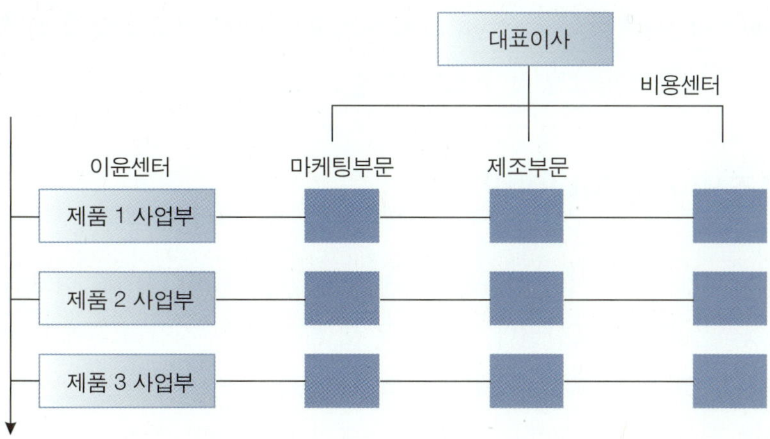

목표들은 활동을 감독하고 갈등을 극복하는 구심점으로 작용한다. 마케팅대표자는 고객을 대변할 수 있으며 재무대표자는 고수익을 옹호할 수 있고 엔지니어는 기술적 능력의 제고를 요구할 수 있다.

- **높은 수준의 성과** : 특수 프로젝트 팀에서 작업하는 직원들은 높은 수준의 주인의식, 몰입도, 작업의욕을 체험할 수도 있다.
- **개인적이고 전문적인 계발의 기회** : 프로젝트 구조는 개인들에게 스스로를 계발하고, 기술적 능력과 인간관계능력을 강화할 기회를 제공한다.

(2) 매트릭스 구조의 단점

매트릭스 구조의 단점으로는 다음과 같은 것이 있다.

- **권력투쟁** : 기능관리자와 제품관리자는 목표와 관리스타일이 상이할 수도 있다.
- **팀 구성원들 사이의 혼란** : 보고관계와 직무에 대한 책임이 명확하지 않을 수도 있다.
- **응집력 결여** : 상이한 기능분야에서 온 팀 구성원들은 효과적으로 의사소통을 하고 같은 팀에서 일하는데 어려움을 느낄 수도 있다.

매트릭스 구조는 회사에 어떤 이점이 있을까? 포드자동차의 짐 케인(Jim Cain)에 따르면 거래와 관리, 실행의 분야에서 전문성을 활용하는 능력을 얻게 된다. 이런 목표를 달성하기 위해 포드는 회사의 재무그룹을 포드자동차 신용회사의 재무그룹과 통합시켜서 매트릭스 구조를 창출하기로 결정했다. 투자은행, 상업은행, 브로커, 분석가 그리고 재무와 관련된 일을 하는 기타의 사람들이 접촉하는 일을 단순화 하겠다는 아이디어였다.

이런 목표는 자산관리, 신용관리, 연금관리, 트레이딩, 단기펀딩, 위기관리 등과 같은 특정 영역을 책임지는 담당자 팀을 감독할 보조재무담당자 자리 3개를 만들어내는 것으로 달성되었다. 이들 영역에서 책임감이 늘어났다는 것은 또 다른 이점이었다. 이 변화를 통해 회사는 내부와 외부커뮤니케이션 모두가 상당히 향상될 것이라고 기대하고 있다.

3. 조직구조의 리엔지니어링

모든 사업체는 자신들의 사업방식을 주기적으로 재평가해야만 한다. 여기에는 조직구조가 효과적인지를 평가하는 작업도 포함된다. 기업들은 미래의 무시무시한 도전에 대응하기 위해 리엔지니어링에 착수하고 있다. 리엔지니어링(reengineering)은 경영활동을 향상시키기 위해 사업구조와 절차를 완전히 재설계하는 것이다. 리엔지니어링의 더 단순한 정의는 "처음부터 다시 시작하기"

다. 요컨대 최고경영자는 이렇게 자문한다. "우리가 신생회사라면 우리는 이 회사를 어떻게 운영할 것인가?"

리엔지니어링의 목적은 현재의 경영활동을 이끄는 구닥다리 규율과 근본적인 가정들을 파악하고 그것들을 없애려는 것이다. 모든 기업은 더 이상 유효하지 않은 기술, 인력, 조직에 대한 가정에 기반을 둔 많은 공식·비공식규율들을 갖고 있다. 따라서 리엔지니어링의 목표는 비용통제, 제품의 품질, 고객만족, 속도의 향상을 달성할 사업절차를 재설계하는 것이다. 리엔지니어링 과정은 기업이 속한 산업의 현재(그리고 미래)의 경쟁적 분위기에 더 잘 어울리는 더욱 능률적이고 효과적인 조직구조를 만들어내는 과정이다.

4. 비공식조직

지금까지 우리는 조직차트에 그려진 상자와 선으로 볼 수 있는 공식조직 구조에 초점을 맞춰왔다. 그러나 조직내에 있는 많은 중요한 관계들은 조직차트에 모습을 드러내지 않는다. 그럼에도 불구하고 이들 관계는 조직내 모든 수준에 있는 직원들의 의사결정과 성과에 영향을 끼칠 수 있다.

조직에 속한 개인들의 비공식적인 관계에 기초를 둔 관계네트워크와 의사소통통로는 비공식조직(informal organization)으로 알려져 있다. 비공식조직은 동일한 위계수준에 속한 사람들 사이 또는 다른 수준이나 다른 부서에 속한 사람들 사이에서 존재할 수 있다. 일부관계는 카풀을 하거나 같은 기차를 타고 출근하는 사람들이 형성하는 관계처럼 직무와 관련돼 있다. 다른 관계는 같은 교회나 헬스클럽을 다니거나 아이들이 같은 학교에 다니는 관계처럼 직무와 관련이 없는 공통점에 기초한다. 비공식조직의 비공식적인 의사소통경로는 종종 포도덩굴, 입소문 출처 또는 정보네트워크로 불린다.

비공식조직에는 몇 가지 중요한 기능이 있다.

우선 비공식조직은 조직구성원을 위한 동료애와 사회적 접촉의 근거를 제공한다. 둘째, 대인관계와 비공식집단은 회사안에서 발생하는 여러 가지 일에 대한 정보를 더 잘 전달하고 그 일에 대한 유대감을 더 잘 느끼게 도와준다. 따라서 직원들에게 자신들의 작업환경을 더 잘 통제하고 있다는 느낌을 준다. 셋째, 비공식조직을 통해 개인들은 공식조직이 제공하지 않는 특정지위와 인지도를 획득할 수 있다. 넷째, 관계네트워크는 규율과 책임감, 기본목표와 직무기대도 등을 비공식적으로 전달하는 과정을 통해 신입사원의 사회화를 지원할 수 있다. 마지막으로 조직의 공식시스템이 도달하지 못하는 곳까지 정보를 신속하게 전달하는 역할을 통해 작업장에서 벌어지는 일을 더 잘 파악할 수 있게 직원을 돕는다.

비공식조직은 공식조직이 목표를 달성할 수 있도록 도움을 주기도 하지만 제대로 관리되지 않을

Field_Story 열일하는 직원 구하기 힘든 시대, “기업이 새 패러다임 맞춰 가야”

주어진 업무 이상의 열정을 발휘하지 않는 노동관을 뜻하는 ‘조용한 사직’(quiet quitting) 현상이 미국 젊은 직장인들 사이에서 인기를 끌면서 미국의 경제매체들은 기업이 새 업무 패러다임에 적극적으로 대응해야 한다고 조언하고 있다.

지난 2일 미국 경영잡지 〈포브스〉는 지난 몇년 동안 직원들이 코로나19 세계적 대확산 등을 거치며 직장의 의미에 대해 이전과 다른 새로운 시각을 갖게 됐다며 기업은 직원들의 생각을 유심히 관찰해 새 경영 전략을 세우고 현장에 적용해야만 인력유지가 가능하다고 지적했다. ‘대사직 시대’(The Great Resignation), ‘조용한 사직’, ‘위대한 재고’(The Great Rethink) 등 이름을 뭐라고 붙이든 지난 수년간 크게 변화된 노동환경 때문에 직원들은 직업의 의미를 스스로 되묻지 않을 수 없게 되었다는 것이다.

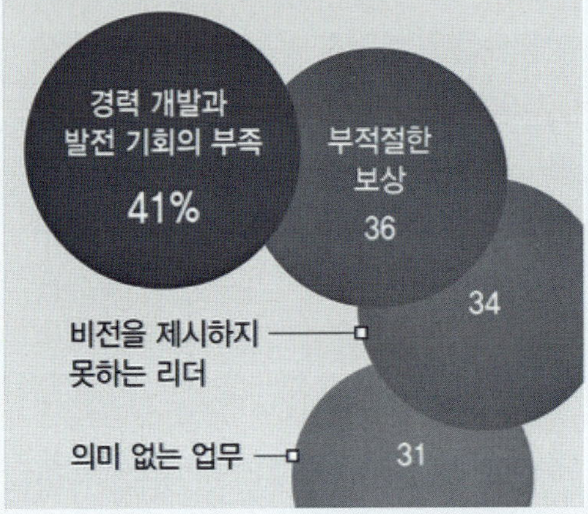

지난 1년 사이 직장을 떠난 주요 요인
자료: 맥킨지 앤 컴퍼니(2022년 7월)
※세계 노동자 1만3382명 대상 (단위: %)

지난 7월 발표된 컨설팅기업 맥킨지의 ‘2022년 대감소 시대(the great attrition)에 관한 보고서’에서 노동자 40%가 향후 6개월 이내에 퇴사할 가능성이 “어느 정도 있다” 또는 “거의 확실하다”고 응답했다고 밝혔다. 이 보고서에서 지난해 4월부터 1년간 직장을 떠난 경험이 있는 세계 노동자 1만 3382명은 사직이유에 대해 ① 경력개발과 발전기회의 부족 41% ② 부적절한 보상 36% ③ 비전없는 리더 34% ④ 의미없는 업무 31% 순으로 응답했다.

맥킨지는 변화한 노동시장에서 나타나는 새로운 직원유형 다섯 가지를 제시했다. △기존처럼 ‘열일’하는 전통주의형 △(업무방식에 대한 규율을 원치않는) 자율성 추구형 △(육아 등과 업무를 병행하는) 재택 우선형 △학생이나 아르바이트생 △커리어를 더 이상 우선시하지 않는 여유만만형 등이었다. 기업들이 더는 ‘전통주의형’ 직원만을 선호해서는 인재를 구할 수 없다며 다른 유형들의 노동자를 적극 수용해야 한다고 조언했다. 기업과 관리자들은 다양한 계층의 노동자들이 현재 무엇을 원하며 그들을 어떻게 노동시장에 참여시킬지 들여다봐야 한다고도 지적했다.

〈포브스〉는 ‘조용한 사직’시대에 대응할 수 있는 기업들의 전략 세 가지를 소개했다. △직원에게 학습시간을 제공할 것 △직원들을 팀 업무에 참여시킬 것 △공감과 의사소통 등 대인관계능력을 업무 우선순위로 정할 것 등이었다. 2019년 12월 여론조사기관 갤럽은 직원개발에 전략적 투자를 하는 기업은 인력을 유지할 가능성이 2배 높고, 수익성이 11% 향상된다는 조사를 내놓은 바 있다.

▶ 출처 : 2022년 10월 25일, 한겨레 신문

경우에는 문제를 일으킬 수 있다. 집단규범(group norms, 일반적으로 받아들여지는 행동기준)은 회사의 기준과 충돌하면서 문제의 원인이 될 수 있다.

예를 들어 합병이나 인수가 진행되는 와중에 비공식조직은 정보망을 통해 부정확한 정부를 유포하고 직원들 사이에 공포감을 조장하며 사기를 꺾는 식으로 변화(특히 구조적 변화)에 강하게 저항할 수도 있다.

경영관리자는 이것을 염두에 두고 기존의 비공식조직을 공식조직에 도움을 줄 잠재력을 가진 도구로 활용하는 법을 터득할 필요가 있다. 비공식조직을 회사에 도움이 될 수 있도록 활용하는 가장 좋은 방법은 비공식조직의 리더들을 의사결정과정에 참여시키는 것이다.

제3절 조직구조의 최근 동향

장기목표를 달성하기 위해 조직들은 그들의 조직구조를 꾸준히 평가하고 경고를 던진다. 정보기술의 활용도와 세계화가 늘어나면서 사업을 조직화하는 새로운 대안들이 생겨나고 있다.

1. 가상기업

오늘날의 기업이 직면한 가장 큰 난제 중 하나는 산업전반에 영향을 끼치는 기술적 변화에 적응하는 것이다. 조직은 정보기술을 경쟁우위로 전환시키는 것을 도와줄 새로운 조직구조를 찾으려고 노력하고 있다. 널리 확산되고 있는 대안 중 하나가 가상기업이다. 이것은 흔히 네트워크 조직 또는 모듈형 조직으로도 불리는 이 형태는 주요 기능을 외주화하고 핵심영역만 남아있는 소규모조직을 말한다. 즉 기술, 비용 그리고 또 다른 시장에 접근하는 능력을 공유하기 위해 정보기술로 연결된 독립적인 회사들(공급자, 고객, 심지어는 경쟁자들)의 네트워크를 가리킨다. 이 네트워크 구조는 기업들이 급격하게 변화하는 기회를 공동으로 신속하게 활용할 수 있게 해준다. 가상기업의 핵심적인 특징은 다음과 같다.

- **기술** : 정보기술은 지리적으로 멀리 떨어진 기업들이 제휴해서 함께 일하는 것을 도와준다.
- **기회추구** : 제휴는 전통적인 동업관계보다는 덜 영구적이고 덜 공식적이며 더욱 기회추구적이다.

- **우수성** : 파트너 각자는 자신들의 핵심 경쟁력을 제휴에 투입한다. 따라서 모든 기능분야에서 고도의 품질을 갖춘 기업을 창출하여 경쟁우위를 증대시키는 것이 가능하다.
- **신뢰** : 네트워크 구조는 기업들을 서로에게 더욱 의존하게끔 만들며 파트너들과 더욱 강한 관계를 맺도록 만든다.
- **경계가 없음** : 이 구조는 전통적인 조직의 경계를 확장한다.

이 개념의 가장 이상적인 수준에서는 가상기업을 창출하려고 다른 기업들과 연계한 각각의 기업은 핵심적인 부분까지 외부에 드러나게 된다.

이상적으로는 가상기업에는 본사나 조직차트, 위계, 수직적 통합 등이 존재하지 않는다. 각 기업들의 핵심 경쟁력 또는 핵심능력만 가상기업에 기여한다. 최선의 결과를 만들어내기 위해 다른 기업이나 기업가들의 핵심 경쟁력과 자신이 기여하는 바를 뒤섞는 것이다. 예를 들어 제조업자는 제조만 하는 한편 무엇을 만들지를 결정하는 것은 제품설계회사에, 최종결과물을 판매하는 것은 마케팅회사에게 의존하는 방식이다. 순수하게 가상기업으로만 존재하는 회사는 드문 편이지만 많은 기업이 가상구조의 여러 가지 특징을 받아들이고 있다.

시스코시스템은 대단히 훌륭한 사례다. 시스코의 제품을 생산하는 공장은 34곳이 있지만 회사는 그 중 2곳만 직접소유하고 있다. 고객주문의 10%만이 수작업으로 처리된다. 시스코의 직원은 총주문의 절반미만만 처리한다. 그런데 평균적으로 고객이 보기에 공급자 2곳 재고시스템의 상호의존성 덕분에 시스코는 매끄럽게 운영되는 거대한 하나의 회사로 보인다. 또한 정보기술은 기업들이 가상작업 팀을 만들어 낼 수 있게도 해준다. 작업팀을 결성하려고 직원들을 고려할 때, 지리적인 한계는 더 이상 한계가 아니다. 가상팀은 여행시간과 경비의 절감, 이주비용의 절감, 그리고 직원의 소재지와 무관한 전문화된 재능의 활용을 의미한다. 매년 4억 건 이상의 여행예약을 하는 사브르는 미국과 캐나다 그리고 여러 곳의 외국에서 일하는 구성원들로 구성된 영구적 가상팀을 65개 만들었다. 각각의 팀은 평균 8명으로 구성돼있다.

프로젝트에 인력이 필요한 관리자가 할 일이라고는 필요한 기술의 목록과 그런 기술을 보유한 직원들의 명단을 작성하는 것이 전부다. 직원의 풀(pool)이 알려지면 관리자는 최적의 인력배합을 선택해서 가상팀을 만들어 내기만 하면 된다. 가상팀이 겪는 특별한 어려움은 팀 구성원들이 지리적으로 떨어져 있음에도 불구하고 구성원들을 프로젝트에 집중시키고 동기를 부여하며 긍정적인 의사소통을 해야 하는 것이 포함된다. 가능하다면 팀결성 초기단계에서 최소한의 대면회의를 갖는 것이 이런 가능성 있는 문제들을 다루는데 도움이 될 것이다.

2. 팀 구조

팀(team) 구조는 수직적, 수평적 경계와 회사와 고객, 공급자 간의 외부경계를 제거한다. 수직적 경계의 제거를 통해 직위와 직급도 최소화하게 된다. 최고경영진, 중간관리자, 감독자, 작업자를 포함한 모든 계층을 가로지르는 계층횡단팀, 참여적인 의사결정, 동료와 상사 및 하급자 모두가 평가하는 360도 평가시스템이 운영된다. 팀 구조가 제대로 운영된다면 지리적 장벽을 무너뜨릴 수 있다. 그런 이유로 선진 글로벌기업들은 스스로를 팀중심의 글로벌기업으로 생각한다. 팀 구조는 지역을 조직구조상의 문제가 아닌 전술적, 물류상의 문제로 간주하기 때문에 이에 대한 해결책을 제공해준다. 이는 그 목표를 통해 문화적 장벽을 제거하고 또 다른 비즈니스의 기회를 만들 수도 있게 된다.

3. 원형구조

마치 양궁표적과도 같은 원형(circular)구조는 정중앙부분에 임원이 있고, 바로 바깥쪽 원에는 기능별로 분류된 관리자들이 있으며, 그 다음 원에는 전문가들이, 마지막 원에는 종업원들이 있는 형태이다. 이러한 형태에도 계층이 존재하고 있고 조직의 가장 중심에 있는 최고경영진은 가장 중심에서 밖으로 조직의 비전과 철학을 전파하는 역할을 하게 된다. 일부 소규모 혁신기업들이 이 구조를 주장하기도 하나 혼재된 기업구조에서는 종업원들이 누구에게 보고해야 하는지, 책임자가 누구인지에 대한 명확한 역할경계가 모호한 경향이 있다. 이런 상황에서도 최근 원형구조가 널리 보급되는 이유는 기업의 사회적 책임과 같은 비전공유 및 확산을 위해서는 이런 방법이 직관적인 호소력을 가지고 있기 때문이다.

4. 사내벤처 · 분사조직

사내벤처 · 분사조직은 조직구성원들에게 기업가로서의 동기를 부여하기 위하여 조직의 내부 또는 외부에 자율적인 사내기업을 설치 · 운영하여 기업의 지속적인 혁신과 변화를 촉진시키려는 조직이다.

이는 중소기업의 장점과 대기업의 장점을 통합할 수 있는 조직으로 조직구성원의 창의성과 기업가 정신을 높일 수 있다. 아울러 신규사업에 진출할 때 위험을 줄일 수 있다.

사내벤처 분사조직의 양상은 기존 사업부문의 일부 혹은 신규 사업부문을 본사로부터 독립시켜 독립 · 법인화시키거나 신규사업팀 조직을 완전자율 경영체제로 운영하고 있는 사내벤처 · 분사조

그림 6-5 사내벤처·분사조직의 형태

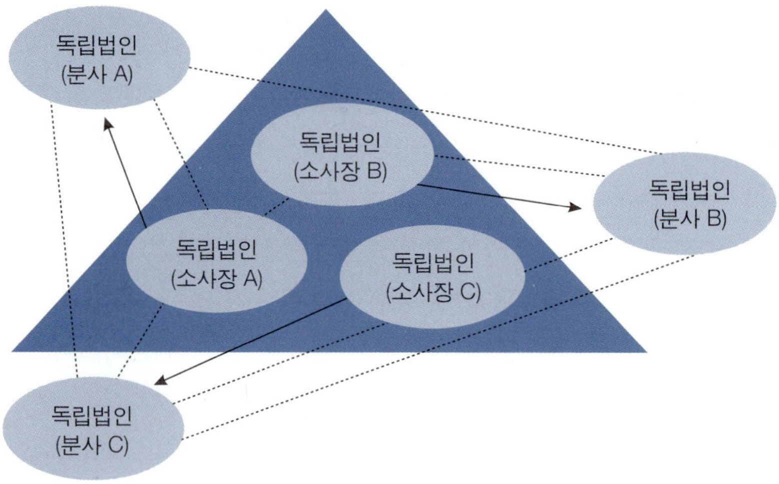

직의 형태를 나타낸다.

〈그림 6-5〉와 같이 커다란 대규모기업에 속한 독립적 소사업단위가 무수히 존재하거나 또는 새로운 제품아이디어를 가진 독립적 창업법인이 본사와 다른 분사들과 유기적으로 연결관계를 구축하고 있는 모습을 보인다.

5. 역피라미드형 조직

역피라미드(upside-down structure)형 조직은 일명 고객주도형 조직(customer-driven organization)이라고도 한다. 고객을 맨위에 놓고 경영자가 맨아래로 가는 형태의 고객주도형 조직으로 경영조직이 경영자에 의한 명령보다 고객의 요구에 따라 설계되고 운영된다.

경영조직이 경영자에 의한 명령보다 고객의 욕구에 맞추어 설계되고 운영되는 조직이다. 이 조직에서 경영자의 위치는 사원들에게 군림하는 자리가 아니라 자율팀들이 고객에 대한 서비스를 향상시키는 데 필요한 자원과 정보들을 제공하는 역할 또한 새로운 기술정보를 즉각 흡수·적용할 수 있도록 지원하는 역할 등을 서번트 리더십(servant leadership)을 발휘하는 자리이다. 역피라미드형 조직은 고객가치를 존중하는 조직문화가 전 조직에 확산되도록 할 뿐 아니라 조직구성원들이 고객지향적으로 행동하고 사고(thinking)할 수 있도록 한다.

그림 6-6 역피라미드 형 조직

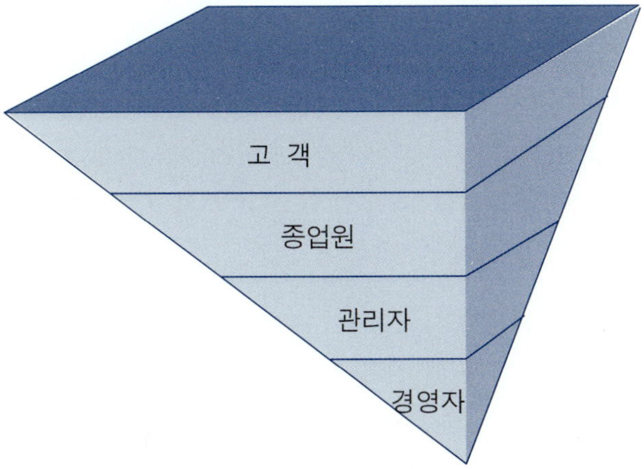

6. 네트워크 조직과 정보기술

전통적인 조직의 형태인 피라미드형 조직은 위계질서가 명확한 관계로 일을 수행하는 것은 뛰어나지만, 업무과정상 일일이 승인을 받아야 하는 등 새로운 것을 창조하는 데에는 한계가 있는 조직이다. 이러한 단점을 해결하기 위한 수단이 바로 네트워크 조직이다.

이는 조직의 위계서열과는 무관하게 조직구성원 개개인의 전문적 지식에 근거한 자율권을 기초로 개인능력발휘의 극대화와 제반기능, 사업부문 간의 의사소통의 활성화를 도모하기 위한 신축적인 조직운영방식을 지니는 조직이다.

한편 미래의 창의적인 작업들은 누군가의 아이디어를 함께 지혜를 모아 사용할 수 있도록 만들어가는 프로세스가 필요하다. 이를 실천하기 위해서는 구성원간 협력작업(collaboration)이 필요하다. 여기서 공동작업을 위한 커뮤니케이션을 원활하게 하기 위해서는 전자메일이나 그룹웨어같은 협력작업을 위한 상호통신기술이 필요하다.

정보화사회에서 요구되는 조직은 유연성이 풍부하고 기동력이 넘치는 조직이다. 이러한 조직에서는 각 단계에서 자율적으로 창조성을 발휘할 수 있어야 한다. 위와 같이 네트워크 조직과 정보기술을 이용한 협력방법이 그 하나의 답이라고 할 수 있다.

7. 하이퍼텍스트형 조직

일본기업 Sharp에서는 '긴급개발 프로젝트'가 있으면 조직구성원을 클릭해서 불러낸다. 동일한 조직내에 완전히 다른 세 개의 층(프로젝트팀층, 사업단위층, 지식기반층)이 동시에 존재하는 형태의 학습조직이다. 따라서 구성원들은 상황의 변화에 따라 세 개의 층을 자유롭게 이동할 수 있고 관료제와 프로젝트 팀을 결합함으로써 양자의 장점을 취하고 있으며 외부로부터 지식을 습득할 수 있는 능력을 가지고 있다.

하이퍼텍스트(hyper-text)는 주로 인터넷 홈페이지나 CD-ROM등에서 사용되는 표현형식이다. 화면에 나타난 단어나 그림에 데이터나 다른 어플리케이션 소프트웨어의 데이터가 연결되어 있어 마우스로 클릭하면 바로 그 데이터가 표시되거나 다른 페이지로 갈 수 있는 구조의 문서를 의미한다.

하이퍼텍스트형 조직은 '필요한 기술과 시장의 동향에 대해 다양한 전문지식을 가진 사람들을 신속히 조직하여 공동으로 작업을 추진할 수 있게 되는 조직'이라고 규정할 수 있다. 즉 고도의 기술과 지식을 가진 사람이 본래의 소속부서에 있으면서 수시로 자유자재로 모여 융합하고 그 결과 새로운 지식을 창조하는 조직이 바로 하이퍼텍스트 조직이라는 것이다.

8. 심포니 오케스트라(symphony orchestra)형 조직

이 형태는 구성원들의 고도의 자율성과 팀워크를 기반으로 한 수평적이고 슬림화 된 조직으로 자율경영과 참여경영, 효율성과 유연성을 모두 담당할 수 있는 조직이다.

생각해 봅시다

1. 조직의 5가지 기본원칙에 대해 설명해보자.

2. 조직구조유형 중 라인조직의 장단점에 대해 설명해보자.

3. 기업 내 비공식조직이 중요한 이유에 대해 설명해보자.

4. 최근 나타나는 조직구조의 동향에 대해 제시해보자.

제7장

지휘활동

실무 경영자들이나 경영이론 학자들은 아무리 계획이 잘 되고 이에 따라서 적절한 조직을 갖추었다 할지라도 조직구성원들이 조직에 적극적으로 몰입하지 않으면, 조직의 목표는 결코 달성될 수 없으며, 달성된다 하더라도 이는 유효성 측면에서 볼 때 실패나 다름없다고 주장한다. 그러면 조직목표를 어떻게 합리적으로 달성할 것인가?

경영기능에서 지휘(directing)과정이란 조직구성원들이 조직의 목표달성에 보다 효과적으로 활동할 수 있도록 도와주는 활동으로써 보통 심리적 특성을 적극활용한다.

아무리 훌륭한 계획과 의사결정이 이루어지고 또한 조직주위의 작업조건이 유리하다 하더라도 지휘기능을 통한 윤활유같은 촉진제가 그 기능을 발휘하지 못하면 조직성과는 미비하든가 실패로 끝날 수밖에 없다. 이것이 지휘기능이 경영과정에서 중요시되는 이유이다.

네이버 R&D 비중 25.9%로 1위

CEO스코어, 500대 기업 3분기 누적 R&D 투자 집계

서울 삼성동에서 열린 '커넥트 2020' 행사에서 한성숙 네이버 대표가 기조연설을 하고 있다.

네이버가 올해 1~3분기 매출에 견줘 연구·개발(R&D) 비비중이 가장 높은 기업으로 나타났다. 이 기간 매출 4조 8060억원을 거둬 연구개발비로는 1조 2477억원(25.96%)을 썼다. 지난해 매출액 대비 연구개발비 비중 1위였던 셀트리온은, 올해 25.63%로 여전히 연구개발비를 많이 썼지만 2위로 내려갔다.

네이버는 인공지능(AI)과 로봇기술개발에 전력을 다하고 있다. 지난 10월 28일 네이버 연례 기술개발자 회의 '데뷰(DEVIEW) 2019' 행사장에서 네이버의 연구개발 자회사 네이버랩스가 공개한 4족 보행로봇 '미니 치타'가 대표적인 사례다. 미니치타는 네이버가 인공지능연구를 위해 미국 메사추세츠공대 김상배 교수와 함께 개발했다.

2021년 완공예정인 경기도 분당의 네이버 제2사옥은 인공지능과 로봇기술을 적용해 로봇 친화형 빌딩으로 지어지고 있다. 이 건물에서 자율주행기능이 있는 로봇 '어라운드'는 건물 각 층을 혼자 돌아다니며 직원들에게 서류를 전달하거나 음식을 배달하게 된다. 이런 연구개발을 위해 네이버는 2015년 8695억원을 투자했고, 2016년엔 1조 96억원으로 연구개발 비용이 1조원을 넘었다.

25일 기업평가사이트 시이오(CEO)스코어 집계를 보면, 네이버를 포함해 국내 500대 기업 가운데 연구개발비용을 공시하는 기업 211곳의 올 들어 3분기까지 연구개발 비용은 지난해 같은 기간보다 3조 9870억원(11.3%) 증가한 39조 2274억원이었다. 같은 기간매출은 1265조 287억원에서 1254조 9629억원으로 10조 658억원(0.8%) 감소했다. 매출액 대비 연구개발비 비중은 2.79%에서 3.13%로 1년 만에 0.34%포인트 올랐다.

매출액 대비 연구개발비 비중순위는 네이버와 셀트리온에 이어 넷마블(20.48%), 한미약품(19.04%), 엔씨소프트(18.76%), 카카오(15.45%), 대웅제약(13.27%), 종근당(12.19%), 에스케이(SK)하이닉스(11.60%), 녹십자(10.55%)가 뒤따랐다. 주로 정보기술(IT)·제약기업들이다.

반면, 연구개발비를 거의 쓰지 않은 기업들은 상사·에너지업종이 주를 이뤘다. 코오롱글로벌과 포스코인터내셔널은 0.01%로 매출 대비 연구개발비 비중이 가장 낮았고 팜스코·팜스토리·고려아연·현대엔지니어링(각 0.02%), 에스케이 인천석유화학·현대오일뱅크·포스코에너지(각 0.03%), 지에스(GS)리테일·에이치디시(HDC)현대산업개발(각 0.04%) 등은 0.1%에도 못 미쳤다.

▶ 출처 : 2019년 12월 25일 한겨레신문

제1절 동기부여

1. 고전적 이론

고전적 동기부여이론은 세 가지로 나눌 수 있다. 첫째는 테일러(Frederick Taylor)가 주창한 과학적 관리와 관련이 깊다. 이 이론에서는 경영자들은 조직구성원들에게 임금을 더 많이 줄수록 조직성과가 더욱 커진다고 가정하고 있다.

둘째 이론은 인간관계이론인데 이 이론에서는 경영자들은 종업원들로 하여금 그들의 사회적인 욕구를 더 많이 충족시켜 주고 종업원 스스로가 사회적으로 꼭 필요하고 중요한 존재임을 깨닫게 할 때 큰 성과를 거둘 수 있다는 것이다.

셋째 이론은 맥그리거(Douglas McGregor)의 인적자원모델이며 맥그리거는 이 이론을 내놓으면서 인간관계모델은 똑같은 말들을 좀 더 철학적으로 미화시켰을 뿐, 종업원들을 기계적인 부품정도로 생각하는 기존의 이론들과 별반 다를것이 없다고 비판했다. 또한 인간관계모델도 돈이나 사회적 관계의 욕구만을 동기부여의 요인으로 생각한다는 점에서 전통적인 모델과 별 차이가 없다고 비판했다.

맥그리거는 자신이 주창한 사람의 본성과 관련된 이론중에서 Y이론에 근거해서 설명하고 있는데 그의 Y이론은 인간은 원래 근면성실하고 일하기를 좋아하며 진취적이고 개척정신이 강하다는 것이다. 따라서 Y이론의 분위기를 고취시키는 것이 동기부여라 주장한다.

2. 현대적 이론

동기부여에 관한 현대적인 이론들은 크게 욕구이론, 인지이론, 강화이론으로 구분된다.

1) 욕구이론(need theory)

욕구이론은 사람들이 아직까지 충족되지 못한 어떤 특정한 욕구를 충족시키기 위해 동기부여된다고 설명하고 있다. 따라서 이 이론에 따르면 이미 충족된 욕구는 더 이상 동기부여의 요인으로 작용할 수는 없다.

(1) 매슬로우(Maslow)의 욕구 5 단계설

매슬로우(Maslow)는 인간의 욕구를 각각 다섯 단계의 수직적인 욕구로 구분했다. 첫 단계는 가장 기본적인 생리적인 욕구, 둘째 단계는 안정과 안전의 욕구, 셋째 단계는 소속의 욕구, 넷째 단계는 존경의 욕구, 마지막 단계는 자아실현의 욕구이다. 아울러 그는 하위순서에 있는 욕구가 충족되지 않으면 더 이상 상위 순서의 욕구로 진행될 수 없고 일단 어느 단계의 욕구가 충족되면 그 이하 순위에 있는 욕구는 동기부여의 요소로써 더 이상 작용하지 않는다고 주장한다.

(2) ERG 이론

ERG이론은 앨더퍼(Clayron Alderfer)가 주장한 이론으로써 욕구의 수직적인 계층성을 인정한다는 측면에서는 욕구 5단계설과 일치한다. 그러나 ERG이론은 근본적으로 두 가지 면에서 욕구 5단계설과는 다르다.

첫째, ERG의 욕구는 다음의 세 단계로 구분된다.

- **존재의 욕구**(existence needs) : 이는 매슬로우가 말한 생리적 욕구 등 기본적인 욕구가 이에 속한다.
- **관계의 욕구**(relatedness needs) : 이는 사람들과의 관계에 대한 욕구를 말한다.
- **성장의 욕구**(growth needs) : 이는 자아실현과 자기개발에 대한 욕구를 말한다.

둘째, 상위의 욕구가 좌절되었을 경우에는 비록 하위의 욕구가 이미 충족되었다고 할지라도 다시 그 하위의 욕구로부터 동기부여가 된다. 이것은 매슬로우의 욕구 5단계에서 처럼 일단 하위욕

그림 7-1 매슬로우(Maslow)의 욕구단계이론

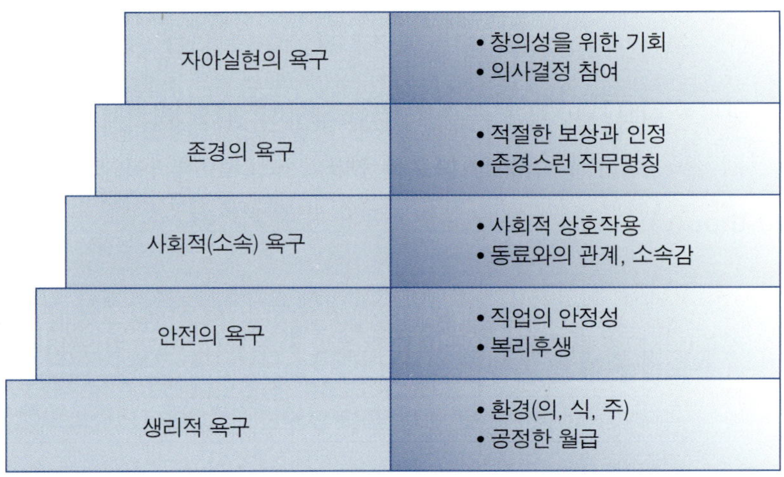

구가 충족되면 그것은 더 이상 동기부여 요소로써 작용하지 않는다는 것과 다르다.

(3) Three이론

아트킨슨(John W. Atkinson)은 사람을 동기부여시키는 데는 세 가지 기본적인 요인, 즉 성취의 욕구(need for achievement), 권력에의 욕구(need for power), 소속욕구(need for affiliation)가 필요하다고 지적하면서 세 가지 요인의 균형은 사람들마다 각각 다를 수밖에 없다고 주장하였다.

(4) 동기-위생이론(2요인 이론)

1950년대 말 허즈버그(Frederick Herzberg)와 그의 연구진은 직무태도조사를 실시하여 16개의 범주로 직무관련 사항들을 구분했고 직무만족 요인과 직무불만족 요인으로 나누었다.

직무불만족 요인은 위생요인(hygiene factors)이라고도 하는데 이는 급여, 작업조건, 회사정책 등 작업의 환경과 직접적으로 관련된 것을 말한다. 이러한 직무불만족 요인은 아무리 긍정적으로 작용한다고 해도 직무만족에는 이를 수 없으며 단지 직무불만족을 없앨 수 있을 뿐이라고 그는 말한다.

한편 직무만족요인은 동기요인(motivative factors)이라고도 하는데 이는 성취, 인지, 책임감, 진취성 등 작업의 내용과 관련된 것을 말한다.

그 요인이론에서 가장 중요한 것은 개개인이 직무만족을 느끼게 하려면 직무불만족 요인들을 최대한 제거하여 직무불만족을 제거하는 방향으로 이끌어가고, 직무만족요인을 긍정적으로 작용케 해야 한다는 것이다.

2) 인지이론(cognitive theory)

욕구이론은 종업원의 행동에 영향을 미치는 내부의 욕망을 식별하는 데 핵심이 있으며, 사고

그림 7-2 허즈버그의 두 요인 이론

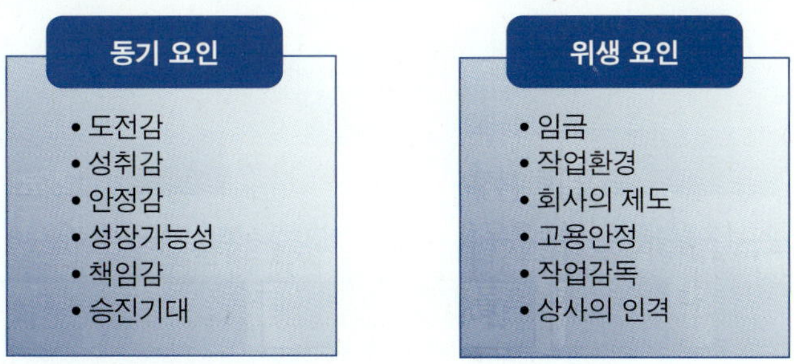

(thinking)과정에 대해서는 무시하였다. 이에 반하여 인지이론은 어떤 방식으로 행동할 것인가에 대해서 사고패턴을 따로 고려해 보는 접근방식이다. 그렇다고 욕구이론을 무시하는 것은 아니다.

(1) 공정성 이론(equity theory)

아담스(J. S. Adams, 1963)는 공정성 모형에서 각 개인의 동기부여는 자신의 노력과 그 결과로 받게 되는 보상이 다른 구성원들과 비교하여 공정한가에 따라 결정된다는 이론이다. 이는 주로 개인의 주관적인 판단에 의해 이루어지는 것으로서 사람들은 자신의 업적에 따라 주어지는 보상이 공정하다고 느끼면 동기가 부여된다는 것이다. 즉 자신의 노력과 그 결과에 따른 보상이 다른 사람들과 비교하여 같을 경우에는 공정성이 유지된다고 생각하지만, 그렇지 않을 경우에는 불공정성이 있다고 판단한다.

불공정성이 지각되면 공정성을 회복하기 위해서 긴장이 유발되며 불공정성이 크면 클수록 긴장이 커진다. 그리고 불공정성의 원천과 긴장에 따라 행동과정이 달라질 수 있다. 즉 종업원들이 그들의 투입(노력)에 대한 산출(보상)의 비율이 다른 종업원들의 비율과 일치함을 지각할 때 공정성이 존재하고, 종업원이 자신의 투입에 대한 산출의 비율이 다른 종업원의 비율보다 더 크거나 작을 때 불공정성이 존재한다.

공정성 이론에 따르면 종업원들은 의식적으로 자신과 다른 사람을 비교하면서 노력과 보상에 대한 공정성을 관찰하기 때문에 개인의 노력이나 성과에 상응할 수 있도록 공정하게 보상을 배분하지 않으면 종업원들의 동기를 유발시키기는 어렵게 된다. 따라서 경영자는 종업원들의 노력이나 성과에 따라 공정한 보상이 이루어질 수 있도록 노력해야 한다.

그림 7-3 공정성 모델

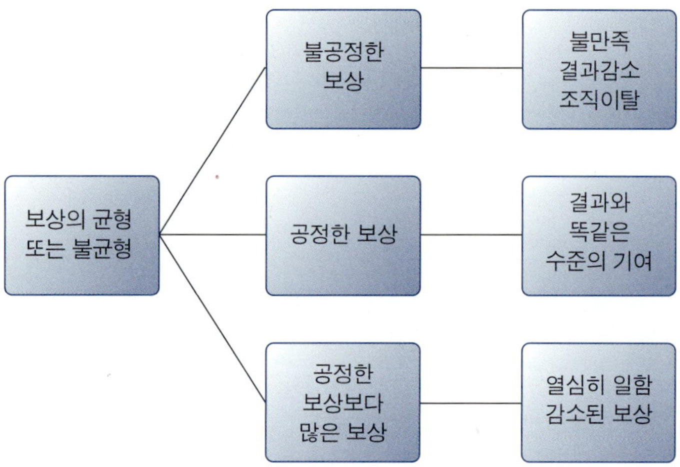

(2) 기대이론(expectancy theory)

브룸(Victor H. Vroom)에 의해 제안된 이 이론은 사람들은 어느 일정 수준의 성과를 달성하기 위해 필요한 노력을 하기전에 다름의 세 가지 문제를 고려한다는 것을 주장한 접근방식이다.

가. 노력–성과 기대치(E→P 기대치: Effort–Performance expectancy)

종업원의 노력이 요구되는 수준의 업적에 도달할 수 있는 확률평가를 의미하는데 이 평가에는 자원이용 가능성, 종업원 자신의 능력에 대한 평가도 포함된다. 예를 들어서 여러분의 상사가 여러분에게 고객불만을 조속히 발견하여 이 불만을 없앨 수 있는 전산시스템을 개발하라는 프로젝트를 추진하라고 지시했다고 하자. 이때 만약 자신이 이러한 시스템에 대해서 잘 모르고 또한 조직내의 자원이용 가능성도 충분하지 못하다면 여러분은 성공이 어렵다고 생각할 것이다. 곧 E→P 기대치는 낮게 된다.

나. 성과–결과 기대치(P→O 기대치: Performance–Outcome expectancy)

성공적인 성과가 바람직한 결과치를 이끌 수 있는지의 확률평가를 의미하는데 바람직한 결과치는 장래적 보상(보너스, 승진 등)을 말한다. 앞의 예에서와 같은 상황을 보자. 만약 과거의 경험을 볼 때 여러분의 상사가 보상을 준적이 있다면 여러분의 P→O 기대치는 높을 것이다.

다. 유인값(valence)

다양한 결과의 기대가치가 갖는 매력의 정도를 의미하는데, 이는 사람마다 다르다. 예컨대 성취와 돈에 관심을 갖는 사람에게는 보너스의 기대는 유인값이 낮다.

기대이론은 사람들이 어떤 방향으로 노력을 할 것인지, 하지 않을 것인지를 결정할 때, 이 세 가지 요소를 모두 고려한다고 한다.

즉, 동기부여 = (E→P 기대치) × (P→O 기대치) × 유인값

이 기대이론에 대한 모형에 따르면 성과에 따른 결과치는 성취감이나 존경같은 내적보상과 임금, 승진같은 외적보상으로 구분되며 종업원들은 이러한 보상들이 자신의 노력정도와 성과에 비하여 형평성을 잃지 않았나를 평가하여 만약 공정하다고 느끼면 만족감을 갖게된다고 주장한다.

3) 강화이론(reinforcement theory)

심리학자 스키너(Skinner)의 강화이론은 과거행동의 결과에 따라서 미래행동의 패턴이 결정된다는 것을 설명한다. 따라서 과거 어느 행동의 결과가 긍정적이었다면 개인은 미래에 비슷한 상황에서는 유사한 행동으로 반응할 것이며, 이때 만약 결과가 부정적이었다면 다음 기회에는 부정적

그림 7-4 브룸의 기대이론

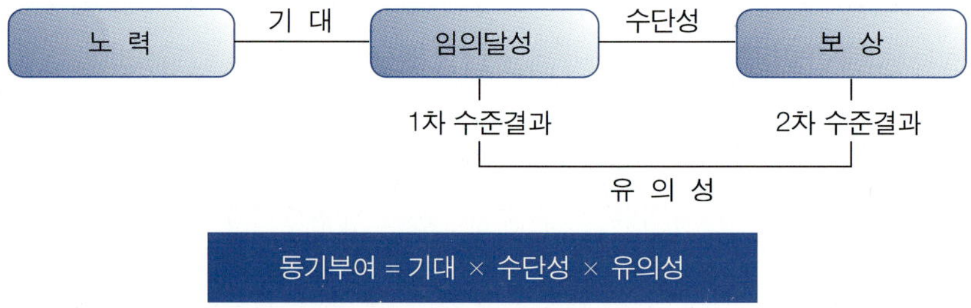

결과를 피하기 위해 자신의 행동을 수정한다고 주장한다.

강화이론은 일반적으로 사람이 열심히 일하려고 하는 것은 다름이 아니라 그들이 열심히 하면 보상받는 것을 배웠기 때문이라고 주장한다. 따라서 종업원이 과거에 어떤 보상을 받았는지를 알아서 그 패턴에 따라서 이에 맞는 동기부여를 제공하면 그는 동기부여를 받게된다고 주장한다. 일반적으로 행동의 수정을 강화하는 데는 긍정적 강화, 소극적 강화, 소거, 벌이라는 네 가지 방법이 있다.

3. 최근의 동기부여 이론의 통합

지금까지 설명된 여러 가지 이론 중 오직 한 이론만이 기업조직에 유효하다면 얼마나 일이 쉬울까? 하지만 이 모든 이론들은 상호 보완적이다.

목표설정이론에 따라서 목표와 노력이라는 연결고리는 목표가 행동을 이끈다는 사실을 확인할 수 있고, 기대이론은 종업원들의 노력과 성과, 성과와 보상, 보상과 개인의 목표달성 사이에 강한 관계를 인식할 때 노력을 더 많이 기울일 것을 예측할 수 있다.

업무에 따르는 외적인 보상이 업무에 대한 내적인 흥미를 감소시킨다는 인지평가 이론이 기업조직에서 유효하다면 성과에 따른 보상을 제공하는 것이 사람들의 내적동기를 감소시킬 것으로 예상할 수도 있다. 또한 기대이론의 보상과 목표의 관계에서 보면 높은 성과에 대한 보상이 개인의 목표욕구를 만족시킬 때 동기가 더 높아진다는 예상을 할 수 있다.

한편 성취욕구가 높은 사람은 성과에 대한 조직의 평가나 조직적 보상에 의해 동기를 얻지 못하며 오히려 자신의 업무에 개인적 책임, 피드백, 어느 정도의 위험성이 그들의 내적인 동기를 유발시킨다. 그들은 노력-성과, 성과-보상, 보상-목표의 연결에는 큰 관심이 없다. 조직의 보상이 개인의 수행을 강화한다는 강화이론은 보상시스템이 훌륭한 성과에 좋은 보상을 제공한다는 인식을 종업원들이 갖는다면 결국 보상은 훌륭한 성과를 강화하고 지지하게 될 것이다. 이러한 보상은 조직에서 중요한 역할을 하며 이는 종업원으로 하여금 자신이 어떤 대우를 받았는지 생각하게 하고, 보상에 대한 분배가 공정했는지에 따라 조직에 대한, 상사에 대한 다양한 인식을 갖게 된다. 이는 곧 조직내 성과향상에도 지대한 영향을 주게 되므로 매우 중요한 요소이다.

Field_Story '친환경' 넘어 '필(必)환경' 시대… 환경보호 실천하는 착한 브랜드

전 세계적으로 환경보호가 큰 화두이다.

개인이 실천할 수 있는 일회용품 줄이기 같은 작은 행동뿐 아니라, 기업에서도 '지속가능한 발전'을 위해 환경보호를 중요한 화두로 내세우고 있는 것이다.

당연하게 사용하던 비닐봉투, 플라스틱 빨대 등도 점차 줄어들고 있는 추세이고, 일회용 컵 대신 텀블러를 사용하고 있는 소비자들도 이제 낯설지 않게 만날 수 있다. 식품, 화장품, 패션 등 다양한 유통 기업들은 어떤 '필(必)환경' 캠페인을 펼치고 있을까?

신발핏을 조절하는 다이얼을 재활용 플라스틱으로 만드는 보아

우선 미세조정 다이얼로 신발에 최고의 피팅시스템을 만드는 '보아'는 다이얼자체가 플라스틱으로 생산된다. 등산화, 하이킹화, 러닝화, 골프화 등 아웃도어 및 기능성 운동화에 많이 사용되고 있는 보아는 최고의 퍼포먼스를 내는 제품을 만들기 위해 힘과 내구적인 특성을 갖춘 순 플라스틱을 100% 사용해 왔다.

하지만 최근 환경보호에 대한 메시지를 내며, 10년 이내에 순 플라스틱 사용량을 최소 50% 감소하고, 2027년까지 재활용 또는 재생 가능한 재료를 100% 사용해 제품을 생산하겠다고 발표했다.

패키징 부분에서도 오는 2025년까지 100% 재활용이 가능한 패키징을 사용할 예정이다. 목표는 2025년이지만, 이미 지난 1년동안 패키지 부분에서 30톤의 플라스틱을 절감하는 결과를 달성했다.

이 외에도 보아는 야외·외부활동에서 많이 사용되는 제품인 만큼 아름다운 자연환경을 보존하기 위한 활동을 꾸준히 지원하고 있다.

대표적으로 미국 본사에서는 보아의 전 직원이 POW(Protect Our Winters)라는 단체를 후원해, 직접 본사주변에 있는 강에 나가 주변을 정리하고 쓰레기를 수거하며, 한국에서도 보아의 앰배서더들이 '클린 하이킹' 캠페인을 통해 산에서 쓰레기를 수거하는 등의 직접적인 활동을 펼치고 있다.

1993년부터 환경보호를 실천한 파타고니아

패션 브랜드에서도 플라스틱 재활용은 가능하다. 파타고니아는 글로벌 아웃도어 스포츠 브랜드 중

'친환경'의 선두주자다. 파타고니아 제품의 약 70%는 플라스틱 병을 포함한 재활용소재로 만들어졌으며, 2025년까지 100% 재생 가능하거나 재활용소재를 사용하는 것을 목표로 하고 있다.

파타고니아의 환경보호는 무려 1993년으로 거슬러 올라간다. 1993년부터 플라스틱 페트병 34개를 재활용해서 '신칠라 스냅 티'를 제작했고, 최근에는 플라스틱 물통 1000만개를 재활용 한 '리사이클 블랙홀 컬렉션'으로 친환경패션을 이어가고 있다.

매출의 1% 이상을 자연환경 보존에 사용하고 있는 파타고니아는 최근 UN환경계획이 주최하는 지구환경대상의 기업가 비전부문을 수상하기도 했다.

재활용 플라스틱으로 생수병을 만드는 네슬레

생수를 생산하고 있는 네슬레는 플라스틱 용기를 반드시 사용해야 하는 기업이다. 전 세계의 자원활동가가 모여 조사한 플라스틱추방연대(Break Free From Plastic)의 발표에서도 네슬레는 2년 연속 플라스틱 쓰레기를 가장 많이 생산하는 기업 중 하나로 나타났다.

하지만 최근 네슬레는 유럽시장에서 발매하고 있는 생수 브랜드 '벅스턴(Buxton)'의 용기를 2021년까지 100% 재활용 플라스틱을 사용하겠다고 발표했다. 또한 유럽시장 뿐 아니라, 세계 각국에서 사용되고 있는 플라스틱도 2025년까지 재활용 플라스틱 사용량을 35% 수준까지 늘리겠다고 발표하기도 했다.

화장품 공병 재활용 캠페인에 앞장서는 록시땅

화장품 업계에서는 다 쓰고 버려지는 플라스틱 공병에 주목하고 있다. 록시땅은 글로벌 환경기업인 테라사이클과 공병재활용 캠페인 '리필, 리사이클, 리씽크'를 진행하고 있으며, 공병수거 캠페인 참여자에게 록시땅 제품을 5% 할인해 주는 등 환경보호에 적극 나서고 있다.

록시땅은 지난해 11월부터 올해 1월까지 총 2개월 동안 1.5톤의 공병을 수거한 바 있으며, 수거한 공병은 테라사이클의 재활용기술을 통해 '에코 텀블러'로 제작하는 등 환경보호에 적극적인 모습을 보이고 있다.

이 외에도 2020년부터 해양오염이 심각한 지역의 폐플라스틱을 수거해 바로 재활용하고, 재활용이 어려운 플라스틱은 열 분해를 통해 연료로 전환하는 등 해양정화활동 원정대인 '플라스틱 오딧세이'와 함께 해양오염 문제에도 앞장설 예정이다.

▶ 출처 : 2019년 12월 26일 세계일보

제2절 리더십

1. 리더의 역할

바네빅(Percy N. Barnevik) 회장은 세계적인 산업용 전기제품 메이커인 ASEA와 브라운 보베리(Brown Boveri)를 합병한 ABB를 무리없이 추진해 경영시너지를 극대화하면서 다국적경영을 성공적으로 실현했다. 이 같은 업적으로 바네빅은 세계적으로 존경받는 리더십을 갖춘 경영자로 평가받고 있다. 영국 Financial Times는 유럽에서 가장 존경받는 기업으로 ABB를 선정했는데 선정이유로 스피드경영과 고객만족경영을 들었다.

바네빅 회장은 조직이 가장 효율적으로 움직이려면 조직이 작아야 한다고 믿었다. 그가 가장 싫어하는 단어는 관료주의이다. 1987년 통합 때 제일 먼저 해낸 일이 ABB 본사의 관료주의 청산이었다. 바네빅 회장의 또 하나의 큰 장점은 글로벌 경영철학이다.

1987년 ABB 출범 때 바네빅은 "세계적으로 생각하되, 행동은 현지에 맞게 하라(Think Global, Act Local)"를 새로운 경영이념으로 제시하고, 소위 글로벌 리더십경영을 지향했다.

경영전문지 포브스(Forbos)가 밝힌 바네빅의 경영리더십은 다음 네 가지로 요약할 수 있다.

첫째, 글로벌(global) : 탁월한 국제감각의 소유자
둘째, 스마트(smart) : 정보기술에 정통한 정보경영자
셋째, 패스트(fast) : 스피드를 통한 고객만족 경영의 실천자
넷째, 린(lean) : 작은 것이 아름답다를 실천하는 소기업 경영방식의 추구자라는 것이다.

1) 기업문화의 변혁

최고경영자가 수행하는 중요한 리더역할 중 하나는 바네빅이 ABB에 스피드를 통한 고객만족경영과 린시스템이라는 기업문화를 제시하였듯이 기업문화의 변혁을 주도하는 역할을 담당한다는 것이다.

2) 정치적 협상

성공적인 조직의 리더가 수행하여야 할 또 한 가지 중요한 역할 중의 하나는 조직내의 정치를 수행하는 것이다. 조직내에는 학연, 지연 등의 이해관계가 얽힌 여러 개의 그룹들이 공존하며 각

그룹들은 자신의 이익을 보호하기 위해서 많은 정치적인 행동을 한다. 가장 대표적인 것이 노동자들의 이해를 대변하는 노동조합이다. 성공적 리더는 이와 같은 기업조직 내의 정치적 갈등을 되도록 잠재우고, 내부의 정치적 역학관계를 효과적으로 통제하여, 경영전략의 수행에 장애가 되지 않도록 조정하는 리더십을 발휘해야 한다.

3) 기업윤리의 강조

21세기 리더가 수행하여야 할 리더십 중의 하나는 도덕적 기업윤리를 강조하는 것이다. 글로벌 윤리적인 기준을 갖고 있는 이해자 집단들은 리더들이 공개적으로 윤리적인 행동이나 도덕적인 행동을 할 것을 요구하며, 아울러 윤리적인 기준을 유지하기 위하여 윤리강령(code of conduct)을 마련하여 종업원에게 이런 윤리적인 행동에 따르도록 지휘할 것을 요구한다.

이러한 기업윤리의 강조는 글로벌기업의 경우, 경영의 투명성과 삶의 질 경영과도 연계되는 고객만족 차원의 경쟁력 요인이기 때문에 리더의 리더십에서 그 중요성이 점차 커지고 있다.

일반적으로 앞에서 언급된 리더의 역할 즉 기업문화 변혁, 협상리더, 기업윤리 리더 등이 전통적으로 중요하지만 오늘날처럼 급변하는 경영환경에서 리더들은 보다 유연하게 대처할 수 있는 리더십 또한 중요시 된다. 중앙에서 부하들에게 명령하고 지시하는 기존의 리더의 역할보다는 현장실무자들에게 권한과 책임을 위임하고, 부하들이 자발적으로 헌신하고 적극적으로 참여하도록 이끄는 리더의 역할이 더욱 강조되는 시대를 맞이하게 된 것이다. 이와 관련하여 최근 주목받고 있는 리더십이 서번트리더십(servant leadership)이다.

서번트리더십은 그린리프(R. Greenleaf)라는 경영학자에 의해 1970년대 초에 처음으로 소개되었다. 그린리프는 헤세(H-Hesse)가 쓴 '동방순례' 라는 책에 나오는 서번트인 레오 (Leo)의 이야기를 통해 서번트리더십의 개념을 설명하였다.

레오는 순례자들의 허드레 일이나 식사준비를 돕고, 때때로 지친 순례자들을 위해 밤에는 악기를 연주하는 사람이었다. 레오는 순례자들 사이를 돌아다니면서 필요한 것들이 무엇인지 살피고, 순례자들이 정신적으로나 육체적으로 지치지 않도록 배려했다. 그러던 어느 날 갑자기 레오가 사라져 버렸다. 그러자 사람들은 당황하기 시작했고, 피곤에 지친 순례자들 사이에 싸움이 잦아졌다. 그때서야 비로소 사람들은 레오의 소중함을 깨닫고 그가 순례자들의 진정한 리더였음을 알게 되었다.

서번트리더십은 레오와 같이 다른 구성원들이 공동의 목표를 이루어 나가는데 있어 정신적·육체적으로 지치지 않도록 환경을 조성해 주고 도와주는 리더십이다. 결국 인간존중을 바탕으로 다른 구성원들이 잠재력을 발휘할 수 있도록 도와주고 이끌어 주는 것이 서번트리더십의 중심이다.

서번트리더는 기본적으로 방향제시자, 파트너, 지원자의 세 가지 역할에 초점을 두고 구성원들을 리드해 나가는 특성을 가진다.

첫 번째로 방향제시자 역할은 조직의 비전을 제시해 주는 역할을 의미한다. 서번트리더가 조력자이면서도 '리더'인 이유는 다른 구성원들이 보지 못하는 미래를 바라보고 비전을 보여줄 수 있는 능력을 갖고 있기 때문이다.

두 번째로 서번트리더는 파트너로서 구성원들 간의 합의를 이끌어내기 위해 의견들을 조율하는 역할을 담당하게 된다. 파트너로서 서번트리더는 재능있는 음악가들로 이루어진 오케스트라의 지휘자 모습에 비유할 수 있다.

마지막으로 지원자 역할은 구성원들이 업무수행을 원활히 할 수 있도록 지원하고, 업무외의 개인적인 삶에 있어서도 업무와 균형을 이룰 수 있도록 돕는 역할이다. 즉 일과 삶의 균형(work &

표 7-1 효과적 리더의 8가지 역할과 자질

리더십의 목적	리더의 역할	리더의 자질
생산성과 이윤창출	지휘자 (director)	① 주도권을 가지고 의사결정을 하고 정력적으로 업무를 추진한다. ② 업무추진 시 목표를 설정하고 목표달성을 위하여 부하들과 자산을 독려한다.
	생산자 (producer)	① 부하들을 적극적으로 동기유발시켜 생산성을 제고한다. ② 개인적으로 높은 동기유발 수준을 유지하고 높은 개인의 생산성을 유지
조직의 안정과 지속성	조정자 (coordinator)	① 업무는 사전계획을 세워 추진한다. ② 환경에 적합한 조직구조를 설계한다. ③ 목표를 설정하고 실적을 비교한다.
	분석자 (monitor)	① 많은 정보에서 필요한 정보를 파악하고 이해한다. ② 정보 분석력을 소유한다. ③ 정보를 타인에게 효과적으로 이해시킨다.
조직의 내부 결속과 직원의 사기 증진	조언자 (mentor)	① 자신과 부하들을 개발한다. ② 타인과 원활한 의사소통관계를 구축한다. ③ 탁월한 부하육성능력을 소유한다.
	촉진자 (facilitator)	① 팀 양성능력을 배양한다. ② 의사결정시 부하들을 참여시킨다. ③ 갈등해소능력을 소유한다.
조직의 환경 변화 적응	혁신자 (innovator)	① 변화에 대한 적응력을 배양한다. ② 창조적으로 사고한다. ③ 경영상의 변화를 효과적으로 관리한다.
	중개자 (broker)	① 타인에게 명성과 신뢰감을 준다. ② 상대방으로부터 동의를 이끌어낸다. ③ 자신의 생각을 설득력 있게 타인에게 이해시킨다.

life balance_워라밸)을 이룰 수 있도록 배려하는 것도 서번트리더십의 중요한 특징 중 하나이다.

2. e-글로벌 리더

오늘날 기업경쟁력을 강화하기 위해서는 무엇보다도 조직구성원들을 창의적이고 세계화된 리더로 육성하는 일이 필요하다. 디지털시대인 지금 과거 기계화 및 자동화를 바탕으로 효율성만을 추구하던 산업혁명시대의 리더십으로는 기업을 더 이상 성공적으로 이끌 수 없다. 이제는 조직내 구성원들이 경영참여에의 의사결정권을 주는 인간중심의 경영, 구성원들의 기업가정신(창의력)을 펼칠 수 있게 해주는 지식인 중심의 경영이 필요하며, 글로벌관점에서 사람의 가치를 올바르게 평가하여 공정하게 대우하는 리더의 역할이 매우 중요한 시점이다.

그러면 디지털시대의 e-글로벌 리더가 갖추어야 할 자질은 무엇인가? 전통적 리더와는 어떤 차이점을 보이고 있는가?

미국 카네기 멜론대학교 경영대학원 로버트 켈리교수는 주도권, 네트워크 활용, 자기관리, 폭넓은 시각과 전망, 팀워크, 설득력을 성공적인 디지털시대의 e-글로벌 리더의 자질로 지적하면서 이러한 자질을 가진 리더를 다이아몬드 칼라(diamond color)라 칭하였다.

3. 리더십 이론

리더십에 관한 연구는 크게 다음의 네 가지, 즉 리더의 개인적 특성에 관심이 있는 특성이론, 리더의 행동유형에 관심이 있는 행동이론, 어떤 특성이나 어떤 유형이 어떤 상황에서 보다 효과적인가에 관심이 있는 상황이론 그리고 팀 리더십 이론으로 구분할 수 있다.

1) 특성이론(trait theory)

역사적으로 보더라도 세계적 리더십을 가진 위인들은 무엇인가 다른 특성을 지니고 있다. 그들의 특성이 무엇인가를 파악해서 리더십 이론을 전개하는 접근방식이 곧 특성이론이다. 이 이론은 선천적 특성을 믿으며 리더는 만들어지는 것이 아니고 타고 나는 것이라고 주장한다.

이 이론은 두 가지 접근법으로 연구되는데 그 첫 번째는 리더와 비리더를 비교하는 것이다. 리더의 특성은 무엇이고, 비리더의 특성이 무엇인지를 찾아서 서로 비교하여 리더의 특성을 발견하는 접근방식이다. 두 번째는 효율성을 중심으로 효율적인 리더와 비효율적인 리더를 비교하는 방식이다. 그러나 이 두 접근방식 공히 리더의 특성을 일반화하는 데는 한계가 있다는 지적을 받고 있다.

예컨대 기셀리(Ghiselli)는 진취적 사고, 신념 등과 같은 자질이 좋은 리더와 경영성과를 조사하였는데, 리더의 특성과 경영성과와는 관련이 없고, 경영성과는 특성보다는 리더의 관리능력임을 발견하였다.

2) 행동학적 이론(behavioral theory)

효율적 리더는 '구별되는 특성을 지닌 사람'이 아니라고 가정하고, 연구자들은 효율적 리더의 행동적 특질을 연구하기 시작했다. 다시 말해 누가 효율적 리더인가를 밝히기보다는 효율적 리더는 무엇을 하는 가를 연구하였다. 예를 들면 "효율적인 리더들은 종업원들에게 어떻게 임무를 위임하는가? 어떻게 동기부여하고 대화하는가? 어떻게 그들은 임무를 수행하는가?' 등이 그것이다. 이 이론은 리더십의 기능과 리더십의 스타일에 초점을 맞추고 있다.

훌륭한 리더는 조직을 효율적으로 운용하기 위해 두 개의 주요 기능을 수행할 필요가 있다. 그 첫 번째 기능은 임무와 연관된 문제해결 기능이고, 두 번째 기능은 논쟁을 조정하고 개인이 그룹에서 가치를 느끼도록 포용해 주는 기능이다. 이론적으로는 두 기능을 모두 성공적으로 수행할 수 있는 경영자가 효율적 리더가 될 것이다. 그러나 현실적으로는 대부분의 경영자는 이 두 기능중 어느 한 기능에서 자신의 리더십을 발휘한다.

한편 앞에서 설명한 두개의 기능은 곧 두개의 다른 리더십 스타일로 표현될 수도 있다. 즉 과업지향적 스타일과 종업원 지향적 스타일이다. 과업지향적 스타일을 지닌 경영자들은 그 과업이 만족스럽게 성취되도록 하기 위하여 종업원들을 철저히 감독한다.

반면에 종업원 지향적 스타일을 가진 경영자들은 종업원 통제보다는 동기부여를 더 많이 강조한다.

대부분의 경영자는 두 가지 각각의 스타일을 모두 어느 정도 사용한다. 그러나 과업이나 종업원 어느 한쪽을 더 강조하기 마련이다. 이로 인하여 그 기업의 독특한 기업문화가 창조된다.

그러면 경영자는 어떤 리더십 스타일을 선호하는 것일까? 탄넨바움(Robert Tanenbaum)과 슈미트(Warren H. Schmidt)는 리더십 스타일 선택에 있어서 경영자에게 영향을 주는 다양한 요소들을 연구한 초기의 학자이다. 그들은 리더십 스타일의 선택에 앞서 경영자는 세 가지 힘, 즉 경영자의 힘, 고용원의 힘, 상황적 힘을 고려한다고 주장하였다.

한편 오하이오 주립대학에서 연구자들은 과업지향의 리더십을 구조설정(initiating structure), 종업원 지향의 리더십을 배려(considerations)라 부르며 리더십 행위에 대한 효율성을 연구했다. 이들은 배려가 높은 리더 아래에서는 종업원 이직률이 가장 낮고 종업원 만족은 최고로 높았으며, 반면에 배려가 낮은 리더와 구조설정이 높은 리더 아래에서는 불평이 많고 이직률이 높음을 밝혔다. 이들 연구의 흥미로운 발견은 리더의 효율성은 리더의 특별한 스타일에 기인하지 않고 그 스타일을 사용하는 상황에 의존한다는 점이다.

3) 상황이론(contingency theory)

특질이 있는 가를 밝히려는 특성이론과 성공한 리더의 행동적 특성과 성격을 규명하려는 리더십 행동학적 이론들은 리더가 처해 있는 상황을 무시하였다. 현실에서는 유사한 특성과 자질을 지닌 리더가 서로 상이한 상황에서 상이한 결과를 내는 경우가 종종 있다. 상황이론의 리더가 처한 상황에 따라서 리더형태가 결정된다는 이론이다. 주요 이론 세 가지를 소개하기로 한다.

(1) 허쉬와 블랜차드(Hersey & Blanchard)의 상황모형

허쉬와 블랜차드(Hersey & Blanchard)는 리더를 두 차원에서 네 가지 유형으로 구분하였다.

그림 7-5 Hersey & Blanchard의 상황모형

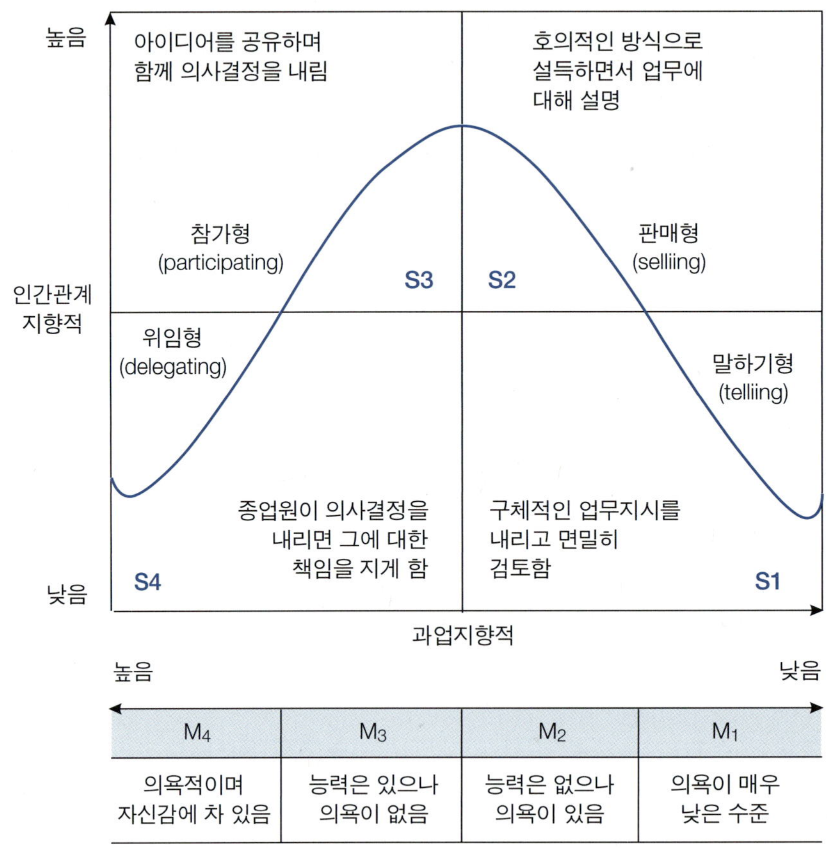

한 차원은 직무와 관계된 행위(task behavior)이고, 다른 한 차원은 관계중심의 행위(relationship behavior)이다. 이는 오하이오 주립대학 연구팀의 구조설정 및 배려요인과 유사하다.

주어진 상황에서 어떤 유형의 리더가 합리적인가를 결정하기 위해서 리더를 따르는 종업원들의 준비수준(성숙도)을 먼저 평가한다. 여기에서 종업원들의 준비수준이란 어떤 직무를 성취하고자 하는 능력과 의지인데, 능력에는 직무에 필요한 경험, 지식, 세부적 기술들이 포함되며 의지는 심리적 준비로써 자신감, 동기부여, 의지 등이 포함된다. 〈그림 7-5〉에서와 같이 이 준비수준은 4단계 M1(낮음), M2(중간 이하), M3(중간 이상), M4(높음)로 구분되는데, 종 모양의 곡선은 주어진 각 준비수준에 따른 가장 적절한 리더십 스타일을 말한다. 즉 S1에 대해서는 Telling형이, S2에 대해서는 Selling형이, S3에 대해서는 Participating형이 그리고 S4에 대해서는 Delegating형이 적합하다.

(2) 피들러(Fiedler)의 상황이론

피들러(Fiedler)는 리더의 스타일은 비교적 고정적인 것으로서, 쉽게 바뀌지 않는다고 전제한다. 또한 그는 어떤 하나의 리더십이 모든 상황에서 유효할 수 없다고 주장한다. 피들러는 리더십 스타일을 LPC(Least Preferred Coworker) 점수를 기준으로 하여 구분한다.

LPC점수는 어느 한 리더에게 자신과 가장 비호의적인 동료의 특성을 기술하게 하여 계산한다. LPC점수가 낮으면 그 리더는 인간관계에 대한 관심은 적고, 직무에 대한 관심이 높은 리더이며, LPC 점수가 높으면 그 리더는 인간관계에 대한 고려의 수준이 높은 리더라고 결론짓는다. 피들러(Fiedler)는 상황의 호의성을 상황변수로 설정하여 8가지 상황에 따른 효과적 리더십유형을 소개하는데, 상황의 호의성으로는 리더와 구성원 간의 관계, 과업구조, 지위권력을 선택하였다.

(3) 경로-목표(Path-Goal) 상황이론

리더십의 경로-목표 상황이론은 리더들의 행위가 조직구성원들의 직무만족과 동기부여에 어떻게 영향을 미칠 수 있는가를 설명하는데 핵심이 있다. 이 이론에 따르면 좋은 리더는 조직구성원들의 업무와 관련된 목표와 개인적 목표를 달성할 수 있는 경로(path)를 명확하게 제시해 주고, 그들이 그 경로에 따라서 목표(goal)달성을 위해 노력하는 과정에서 부딪치게 되는 여러 가지 장애요인을 제거해 줄 수 있어야 한다고 주장한다. 따라서 이 이론을 경로-목표 상황이론이라고 부른다.

이 이론은 앞장에서 학습한 동기부여 이론 중 기대이론을 적극 활용한다. 목표경로이론은 리더의 행동유형을 다음 네 가지로 구분한다.

- 지시적(directive) 리더 : 조직구성원들에게 언제 어떤 일을 해야 하는지를 분명히 지시한다.

■ 지원적(supportive) 리더 : 조직구성원들에게 우호적이고 친절하며 보다 즐겁게 일하도록 도와준다.

■ 성취지향적(achievement-oriented) 리더 : 조직구성원들에게 목표를 세워주고, 그들이 최대한 능력을 발휘하는 것을 기대한다.

■ 참여적(participative) 리더 : 의사결정에 조직구성원들을 참여시키고 그들의 의견을 반영한다.

4) 팀 리더십론

팀을 지휘하는 리더의 역할을 다루는 팀 리더십론은 팀 조직으로 전환될 때뿐만 아니라 팀이 발전함에 따라 계속해 변하게 된다. 마치 아이를 양육하는 부모처럼 팀 리더의 새로운 역할은 끝이 없고 변화과정만 있을 뿐이다.

팀 리더의 역할은 팀의 발전단계에 따라 중심적 역할 → 과도기적 역할 → 협력자 역할 → 임파워링 역할로 변한다. 여기에서 임파워링(empowering)이란 팀 구성원이 자기책임하에 스스로 업무를 추진할 수 있게 권한과 책임을 주는 것을 말한다.

팀 리더는 초기단계에서는 전통적 조직에서의 습관대로 수직적 명령체계로만 팀원을 관리하려 하고, 팀의 중심적 역할을 하게 된다. 팀 리더가 중심적 위치에 있는 팀에서는 팀 리더와 팀 구성원이 하는 일이 구별되고, 팀 리더가 의사소통의 중심이 되며 모든 정보가 팀 리더에게 집중되고 모든 의사결정은 리더의 허락을 얻어야 한다.

과도기적 역할에서는 의사결정권한과 책임을 팀 구성원에게 부여하기 시작하고, 팀 구성원은 책임감을 갖기 시작한다. 그리고 팀 리더는 의사소통, 팀워크, 협동분위기를 조성하나 여전히 팀내에서 중심에 위치한다.

한편 협력자 역할단계에서는 팀 리더와 팀 구성원 사이에 파트너관계가 형성되며 팀워크가 강해지고 팀원 스스로 정보교류와 의사결정을 하기 시작하며 팀 구성원이 팀 리더와 공동으로 책임과 의사결정권을 갖게 된다.

마지막으로 임파워링 역할단계에서는 팀 구성원은 스스로 업무를 추진하고 팀 리더는 팀 구성원의 업무수행능력을 신장시키기 위해 단순히 자문이나 지원을 해주며 팀 구성원이 책임과 의사결정권을 가지게 된다. 그리고 팀 리더는 팀 활동과 새로운 도전에 관심을 가지며 팀 구성원이 팀의 업무수행에 대한 책임감과 주인의식을 지속적으로 가질 수 있도록 임파워링 리더십(empowering leadership)을 발휘하게 된다.

제3절 의사소통

조직을 효과적으로 지휘하여야 하는 경영자는 조직내의 여러 활동을 조정하고 정보를 공유하기 위해 의사소통을 활성화하지 않을 수 없다. 더구나 조직이 팀 중심제로 다변화됨에 따라서 팀간의 또는 팀장과 팀 구성원과의 갈등문제해결과 합리적 의사결정을 위해서 의사소통의 중요성은 더욱 커지고 있다. 그러면 의사소통은 어떻게 하는 것이 합리적인가? 먼저 팀 조직에서의 의사소통 네트워크에 대하여 살펴보자.

어떤 업무가 팀에 의해서 이루어질 때 팀 리더는 자신의 생각을 팀 구성원에게 어떻게 전달할 것인가를 생각할 필요가 있다.

의사소통 네트워크는 다음과 같이 5가지 형태가 주로 소개되고 있다. 이 중 세 가지는 네트워크에서 팀장을 중심으로 대부분의 메시지가 전달되기 때문에 중앙집중적 네트워크라 불리며 나머지 두 가지는 분권화 네트워크라 불린다.

☞ **쇠사슬형** : 팀내에 서열이나 직위의 차이에 따라서 의사소통경로를 설정하는 형태

☞ **수레바퀴형** : 팀내 강한 리더가 있어서 팀 구성원 간의 의사소통을 리더를 중심으로 하는 형태

☞ **Y자형** : 팀내 강력한 리더가 있는 것은 아니지만 어느 정도 대표적 인물을 통하여 팀 구성원 간에 의사소통을 하는 형태

☞ **원형** : 팀 구성원들이 서로 동등한 입장에서 의사소통을 하는 형태로써 위원회나 태스크포스(TF: Task Force)팀에서 유행하는 형태이다.

☞ **완전연결형** : 팀 구성원들이 서로 자유롭게 의사소통을 할 수 있는 형태인데 주로 리더가 없거나 공식적 구조가 없는 비공식팀에서 자주 발견된다.

한편 팀 의사소통 네트워크는 그대로 일반 조직체내의 의사소통 네트워크에도 적용될 수 있다. 그러나 조직 전체의 의사소통은 보다 많은 구성원들이 참여하게 되고 조직의 특성이 고려되어야 하므로 조직의사소통 네트워크는 의사소통의 공식적 채널, 권위구조, 직무내용 등에 따라서 영향을 받는다. 조직의사소통 네트워크는 크게 공식적 의사소통으로써 수직적 의사소통 네트워크와 수평적 의사소통 네트워크 그리고 비공식적 의사소통 네트워크로 구분된다.

그림 7-6 의사소통 네트워크

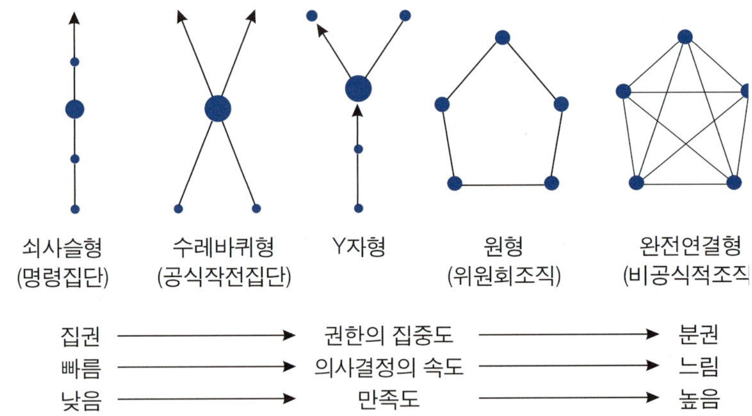

1. 수직적 의사소통 네트워크

수직적 의사소통은 조직계층의 하나 또는 두 단계 간의 수직적 의사소통이다. 따라서 수직적 의사소통은 경영자와 조직구성원 간에 일어날 수 있고, 수직적 관계를 갖는 부서 구성원 간에 일어날 수도 있다.

수직적 의사소통은 다시 하향적 의사소통과 상향적 의사소통으로 구분되는데, 하향적(top-down) 의사소통은 주로 어떤 특별직무에 관한 작업지시서, 여러 직무사이에의 관련을 설명하는 직무관련성, 조직절차, 개인업무성과의 피드백, 임무 및 조직목표를 격려하는 노력 등에 활용되며, 상향적(bottom-up) 의사소통은 현재 프로젝트 활동의 보고, 상사의 도움이 필요한 심각한 문제나 상황, 효율성 및 혁신을 위한 제안 등에 활용된다.

2. 수평적 의사소통 네트워크

수평적 의사소통은 같은 계층내에서 동료들 간이나 부서들 사이에서 일어난다. 이는 주로 업무의 중복이나 불필요한 갈등을 줄이고 서로 협조하기 위해서 필요한 정보를 교환하는 의사소통 네트워크이다. 이 방법은 시간을 절약하고 조정을 촉진하기 위해서 필요하다.

3. 공식적인 소집단 네트워크

공식적인 소집단 네트워크는 복잡하고, 수많은 사람이 연결되고, 6단계 이상으로 구성되기도 한다. 대표적인 세 가지 소집단형태인 사슬형, 바퀴형, 완전연결형을 설명해보면 사슬형 네트워크는 공식적인 명령계통을 따르며 계층형조직에서 나타나는 특징과 유사하다. 바퀴형 네트워크는 중심인물을 통해 집단의 의사소통이 이루어지며 주로 강력한 리더가 이끄는 팀에서 볼 수 있는 방식과 유사한 특징을 가지고 있다. 완전연결형 네트워크는 모든 구성원이 서로 적극적인 의사소통을 이루며 모든 구성원이 자유로운 의사표현과 행동, 스스로가 리더의 역할을 수행하는 모든 사람이 소통할 수 있는 특징이 있다.

4. 비공식적 의사소통 네트워크(grapevine)

비공식적 의사소통 네트워크를 그레이프바인이라고 하며, 이는 조직구성원들이 자신의 감정이나 느낌을 자연스럽게 표현할 수 있도록 도와주는 역할을 하기 때문에 조직내의 비공식적 의사소통 네트워크는 조직유효성을 위해서 매우 중요하며 조직의 갈등, 의사소통의 갈등해소 측면에서 그 역할이 매우 크다.

조직내의 의사소통을 합리적으로 다루는 또 다른 기법은 협상(negotiation)이다. 협상이란 갈등을 관리하고 상호간에 만족스러운 결과를 도출해내기 위한 갈등해소의 기술로써 오늘날 모든 경영자의 중요한 직무가 되고 있다. 협상을 성공적으로 이끄는 데는 협상당사자 간에 서로의 믿음이 얼마나 있느냐? 상대방에게 자신의 의견을 얼마나 명확히 전달할 수 있는 능력이 있는가? 목표와 관심은 서로 얼마나 일치하느냐? 등 여러 요인에 크게 의존한다.

Field_Story 공정위지침에… 백화점 대형할인행사 크게 줄어들 판

"납품업체에 세일 차액 전가 부당/백화점, 절반 부담해야" 준칙 내려/
롯데百, 설 선물세트 예약판매 취소/현대·신세계 "협력사 자발 참여 유도"/
업계 "가뜩이나 경영 어려운데…" 불만

백화점들이 관행적으로 해온 사전 예약판매와 정기세일 등 할인행사가 앞으로 크게 축소될 전망이다.

백화점이 세일을 주도하면 할인비용의 절반을 부담하도록 한 공정거래위원회의 새 지침에 저촉될 수 있기 때문이다.

12월 16일 업계에 따르면 내년 1월부터 '대규모 유통업분야 특약매입거래 부당성 심사지침'이 시행될 예정인 가운데 롯데백화점은 내년 설(2020년 1월 25일)에 앞서 선물세트 사전예약판매를 하지 않기로 했다.

롯데백화점은 해마다 설과 추석 50여일 전부터 한 달가량 선물세트 사전예약판매를 해왔다.

본 판매에 앞서 정상가보다 최대 80 저렴하게 판매하는 사전 예약판매는 그동안 백화점의 매출을 끌어올렸다. 소비자들에게도 큰 인기를 얻었다.

롯데백화점이 내년 설부터 사전예약판매를 없앤 것은 새로 시행되는 공정위의 개정지침을 의식했기 때문이다.

새 지침의 핵심은 백화점과 아웃렛 등에서 '가격할인' 행사를 할 때 대규모 유통업체에서 최소 50 이상의 비용을 부담하도록 하는 내용이다.

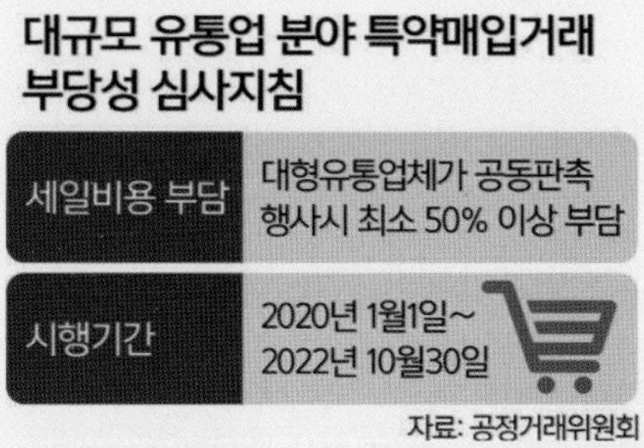

그 동안에는 백화점 납품업체가 세일로 깎아준 물건값의 차액을 대부분 부담해왔는데, 앞으로는 그 부담을 백화점과 반반씩 나누라는 얘기다.

롯데백화점 관계자는 "(공정위의) 새지침이 애매모호해 '시범케이스'로 걸리느니 문제의 소지를 없애는 게 좋겠다고 판단했다"며 "상품권행사가 집중되는 본 판매매출 비중이 95에 달하는 만큼 올해부터는 사전예약 대신 본 판매에 집중하기로 결정했다"고 설명했다.

신세계백화점과 현대백화점의 분위기도 예년과는 다르다. 신세계백화점은 직매입과 협력사의 자발적 참여를 중심으로 진행한다는 입장이다. 한우나 수산물의 경우 직매입 비중이 높은 만큼 공정위지침의 영향을 받지 않을 수 있다는 판단에서다.

현대백화점도 직매입 상품위주로 사전예약 판매품목을 구성하고 협력사의 자발적인 참여를 받아 행사를 진행할 방침이다. 이에 따라 두 백화점에서 진행하는 사전예약 판매상품은 크게 축소될 전망이다. 신년 정기세일을 앞둔 백화점 업계의 고심도 깊어지고 있다. 백화점 업계 관계자는 "공정위가 내놓은 새 지침에 대한 시행이 약 2주 앞으로 다가왔지만 제시된 구체적인 가이드 라인이 없다"며 "백화점업계는 정기세일도 부담스러울 정도로 경영이 위축되고 있다"고 말했다.

소비자들도 유통업계를 옥죄는 각종 규제에 불만이 높아가고 있다. 주부 이모(50·서울 사당동)씨는 "(정부가) 일요일에는 마트와 슈퍼를 문닫게 하더니 이제는 백화점의 세일도 없애려 한다"며 "세금과 물가가 크게 올라 가계부담이 커진 가운데 이제는 소비자가 싸게 살 기회마저 박탈당하고 있다"고 분개했다.

▶ 출처 : 2019년 12월 17일 세계일보

생각해 봅시다

1. 고전적 동기부여 이론에 대해 제시해보자.

2. 현대적 동기부여 이론에 대해 설명해보자.

3. 효과적 리더의 8가지 역할과 자질에 대해 제시해보자.

4. 리더십이론 중 허쉬와 블랜차드의 상황이론에 대해 설명해보자.

5. 의사소통 네트워크의 5가지 형태를 제시해보자.

제3부

경영의 주요 활동

제8장

마케팅과 경영정보

현대기업은 고객이 원하는 제품과 서비스를 지속적으로 제공할 때 비로소 생존이 가능하다. 이는 공급자 중심의 시대에서 소비자 중심의 시대로 변화하는 기업의 현실을 반영한 것이기도 하다.

기업은 고객의 숨겨진 니즈를 찾아내고 부합되는 제품과 서비스 상품을 개발해야만 하는 이유가 여기에 있다. 세상 모든 기업은 사업시작부터 사업을 그만두는 순간까지 고객에 대한 영원한 숙제를 풀기위해 오늘도 마케팅에 집중하고 있을 것이다

재택근무 줄었지만 유연근무제 지속확대 전망, 4올해 347만 5000명으로 2015년보다 4배 증가

사회 전반적으로 코로나19 이전으로의 일상회복 움직임이 일고 있다. 노동환경에서 재택근무 비중이 다소 줄고있지만 향후 선택적 · 탄력적인 다양한 형태의 유연근무제가 자리잡을 것으로 보인다.

24일 통계청의 경제활동인구조사 근로형태별 부가조사에 따르면 임금근로자 중 유연근무를 활용하는 근로자는 올해 8월 기준 347만 5000명으로 지난 2015년 같은 기간(89만 6000명)보다 4배 정도 증가했다.

고용노동부 측은 "이미 과거 9시 출근, 6시 퇴근하던 획일적인 방식에서 벗어나 디지털 근무환경에 맞춰 노사 자율적 합의에 의한 유연한 근무방식으로 재편중"이라며 "유연근무의 유형별로 보더라도 어느 특정 유형이 아닌 모든 유형에서 매우 빠른 속도로 증가하고 있다"고 설명했다.

실제로 올 8월 기준으로 시차출퇴근제가 110만명으로 가장 많았고 다음으로 탄력적 근무제(97만 1000명), 재택 · 원격근무제(95만 6000명), 선택적 근무시간제(86만 1000명) 순이었다.

지난 2020년 8월까지는 항상 시차출퇴근제(105만 5000명) 비중이 컸으나, 작년 8월에는 코로나19 여파로 인해 재택근무(114만명)에 밀려난 바 있다. 재택근무의 경우 2019년 8월까지 큰 변화가 없었으나 2020년 8월부터 급증한 후 올 들어 소폭 하락했다. 이러한 현상은 올해 코로나19 거리두기 완화조치 이후 기업의 사무실 복귀 움직임 등으로 재택근무활용 비중이 다소 줄어든 탓이다. 하지만 고용부측은 "향후 증가 추세를 다시 회복할 것"이라고 내다봤다.

이외에도 유연근무 미활용 임금근로자 1825만명 중 825만명(42.8%)는 향후 유연근무를 희망한다고 밝혔다. 이들이 바라는 유연근무형태(중복응답)는 선택적 근무시간제(33.6%), 탄력적 근무제(31.6%) 등이었다.

한편 고용부는 지난 2020년 근로자의 필요에 따라 근로시간단축을 청구할 수 있는 제도(근로시간 단축청구권)가 법제화되면서 워라벨(워크&라이프 밸런스) 장려금의 지급사유도 큰 변화를 초래했다고 전했다.

▶ 출처 : 2022년 11월 24일 대한경제신문

연도별 유연근무 활용 현황

(단위 : %, 만명)

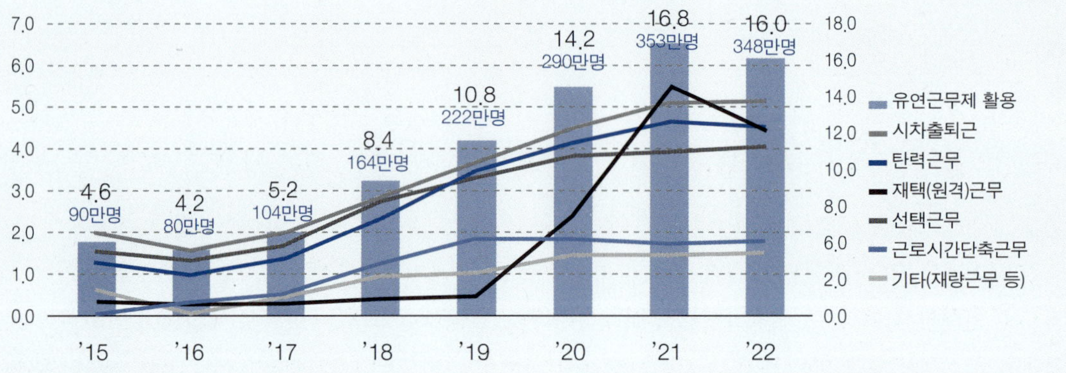

자료 : 통계청 제공

제1절 마케팅의 본질과 영역

1. 마케팅의 정의

마케팅하면 보통 많은 사람들이 판매원과 광고를 떠올린다. 이는 무리가 아니다. 우리가 일상생활을 영위함에 있어서 매일 많은 판매원들을 접하기 때문이다. 우리가 아침에 마시는 우유는 매일 집근처의 보급소에서 배달된다. 등교길에 전철을 타기 위해서 매표소를 거치고 전철역내 판매점에서 신문을 사서 읽는다. 때로는 전철안에서 간단한 제품을 파는 판매원들의 유창한 설명을 듣게 된다. 슈퍼마켓이나 백화점에서도 많은 판매원들을 접하게 되며 가격파괴로 인기가 높은 할인점과 회원제 창고형 소매점에서도 마찬가지이다.

우리는 광고를 접하지 않는 날이 거의 없다. TV에서 즐겨보는 뉴스나 드라마 또는 스포츠중계를 전후하여 수많은 광고물들이 방영된다. 차안에서 또는 심야에 듣는 라디오방송에서도 광고를 피하기는 어려우며 신문이나 잡지에서도 마찬가지이다. 잡지의 앞부분은 대부분 광고물로 채워지고 있다. 이러한 여건에서 살고있기 때문에 많은 사람들이 '마케팅을 판매 또는 광고'로 보는 것이다.

학계에 널리 수용된 마케팅에 대한 하나의 정의는 "마케팅은 개인 또는 조직이 필요한 것과 원하는 것을 다른 개인 또는 조직과 교환함으로써 가치(or 수익, 만족, 공헌 등)를 획득하는 과정"이라고 한다.

2. 마케팅관리

마케팅관리는 조직의 목표를 달성하기 위해 표적고객과의 교환을 창출·유지하고 이러한 교환의 창출·유지를 위한 프로그램의 분석, 계획, 실행, 통제를 수행하는 것이다. 말하자면 마케팅은 하나의 사회현상이고 마케팅관리는 특정 조직의 관점에서 마케팅활동을 분석, 계획, 실행, 통제하는 과정인 것이다.

마케팅활동의 주된 이해당사자인 조직과 소비자 및 사회의 이해관계는 상충되는 경우가 많다. 마케팅관리자는 이러한 이해관계자 중 누구에게 더 많은 비중을 두어야 하는가? 일반적으로 마케팅활동을 관리하는 지침 또는 원칙이 무엇이어야 하는가? 마케팅 관리지침은 환경변화에 따라 다음과 같이 변해왔다.

1) 생산지향적 개념(production concept)

소비자는 저렴한 가격에 용이하게 구매할 수 있는 제품을 선호한다고 가정한다. 따라서 기업관리자는 기업활동의 초점을 생산효율과 유통효율증진에 두어야 한다는 것이다. 이러한 지침이 효과적인 상황을 두 가지로 생각해보자.

첫째, 제품에 대한 수요가 공급을 초과하는 상황이다. 여러 제품군에서 산업혁명 이전과 초기까지 이러한 상황에 있었다. 기업의 과제는 공급량을 증대시키는 것이었다.

둘째, 제품의 원가가 너무 높아서 생산성을 향상시켜야만 많은 사람들이 구매가능한 상황이다. 포드자동차가 최초로 승용차를 출시하였을 때, 주된 과제는 생산효율을 증진시켜 많은 사람들이 구매가능한 원가를 달성하는 것이었다. PC와 VCR 등이 처음 개발되었을 때도 동일한 상황이었다. 그러나 공급이 증가되고 경쟁사들이 다양한 제품을 출시하게 됨에 따라 표준적 제품을 저가격에 제공하는 방식은 한계에 직면하게 되었다.

2) 제품지향적 개념(product concept)

이 개념에 의하면 소비자는 품질과 성능 및 제품속성이 가장 우수한 제품을 선호한다고 가정한다. 이 경우 기업활동의 초점은 지속적 제품개선에 있다. 이 개념은 하나의 제품군에 복수상표가 경쟁을 하게 되고 소비자 소득이 증가함에 따라 가격보다 제품품질이 중시되는 상황에서 효과적인 지침이다.

제품지향적 지침은 근시안적 경영에 빠질위험이 있다는 점에 주의해야 한다. 우리 주위에서 사라져가는 과거의 인기제품들을 생각해보자. 성냥이나 지포라이터의 생산업체는 흡연자들이 담배불이 아닌 성냥 또는 라이터를 원한다고 생각했을 것이다. 그러나 이러한 제품은 품질개선에 상관없이 일회용 라이터의 등장과 함께 사라져갔다.

경쟁이 치열해지고 제품자체의 품질이 경쟁업체 간에 평준화되면서 제품개선에만 주력하는 방식은 소극적으로 보인다. 그리고 제품군에 따라 더욱 적극적 방식이 요구될 수 있다.

3) 판매지향적 개념(selling concept)

소비자는 많은 판매활동과 촉진활동을 하지 않는 한 충분히 구매하지 않는다고 가정한다. 따라서 기업은 판매조직을 통한 활발한 판매와 대량광고 및 홍보 등을 통해 소비자의 흥미를 유발하고자 한다.

구매빈도가 낮은 백과사전이나 문학전집 또는 생명보험상품 등의 경우에 이러한 지침이 흔히 실행되고 있다. 정치마케팅이 또 하나의 전형적인 예이다. 선거 시 정당은 자당 공천자가 최적임자임을 알리기 위하여 가능한 모든 수단을 동원한다. 공천자는 많은 유권자에게 긍정적 이미지를 심기 위하여 악수, 절, 연설, 공약 등을 되풀이하며 명함, 벽보, 현수막, 우편물 등 여러 광고수단을 사용한다.

지금까지의 세 개념들은 모두 고객보다 기업을 관리활동의 출발점으로 하였다. 근래에는 고객을 기업활동의 중심에 두어야 기업의 장기적 존속과 성장이 가능하다고 한다.

4) 마케팅 지향적 개념(marketing concept)

조직의 목적달성은 고객의 니즈와 욕구를 파악하고 경쟁사보다 더 효과적으로 만족을 제공해야 가능하다고 전제한다. 이러한 지침은 비교적 최근에 이르러서야 실행되고 있다. 우리나라의 대부분 기업들이 강조하는 고객만족이나 고객감동경영이 바로 이것이다.

마케팅 지향적 지침은 판매지향적 지침과는 많은 차이가 있다. 전자는 고객니즈의 발견이 우선이고 기업의 총체적 활동을 통해 고객만족을 창출하는 대가로 이익을 얻자는 것이다. 후자는 이미 만들어진 제품을 대규모 판매노력과 촉진에 의하여 판매해 냄으로써 이익을 얻자는 것이다.

많은 기업들이 마케팅 지향적 지침을 실행하고 있다고 주장하지만 구호에 그치고 마는 경우가 많다. 이 개념이 조직에 뿌리 내리기 위해서는 최고경영자의 굳건한 신념과 지원 및 전종업원의 태도전환이 필요하다.

5) 사회친화적 마케팅개념(societal marketing concept)

이 지침은 조직이 목표달성을 위하여 고객니즈를 경쟁사보다 더 효과적으로 충족시킬뿐만 아니라 고객과 사회의 복지증진에 기여하도록 요구한다. 오늘날과 같이 환경오염과 자원부족이 심각하고 세계 일부지역에 기아, 인구문제, 물자부족 등이 상존하는 시기에 마케팅지향적 개념은 충분하지 않다는 지적에서 출발하였다.

단기적 소비자 욕구충족과 소비자복지는 양립되지 못할 가능성이 있다. 코카콜라는 세계전역에서 높은 성과를 올리고 있는 성공적 기업이다. 탄산음료로써 갈증해소와 청량감이라는 니즈를 충족시켜 주는 것이 사실이다. 그러나 환경단체들은 영양가나 치아효과 또는 용기폐기로 인한 환경오염 등에 우려를 표시한다. 그래서 사회친화적 마케팅은 기업이 마케팅을 수행함에 있어서 기업이익, 소비자만족, 사회복지의 세 측면이 균형적으로 고려되도록 요구한다.

그림 8-1 사회친화적 마케팅 개념

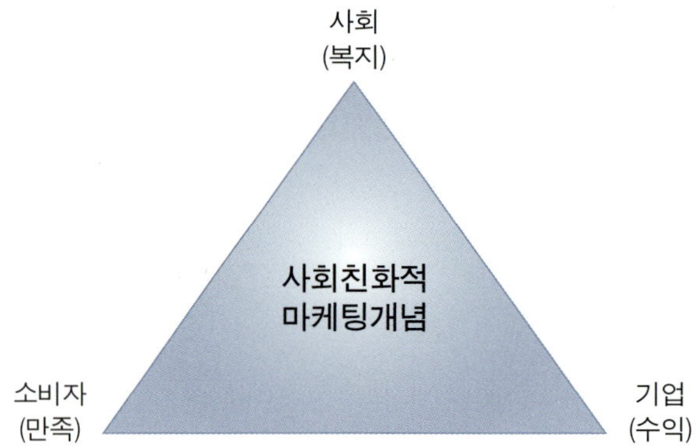

3. 마케팅의 영역

마케팅은 자본주의 사회의 영리기업에서 태동되고 발전되었다. 마케팅은 치약, 칫솔, 비누, 과자, 음료수 등과 같은 포장소비재(consumer packaged goods)분야에 가장 먼저 도입되었고 다음으로 소비내구재(TV, 라디오, VCR, 냉장고, 카메라, 정장복)와 산업설비재(공장기계, 부품, 엔진, 모터)의 순이다. 철강, 화학약품, 제지 등 제품차별화가 어려운 상품의 생산자들은 마케팅을 가장 늦게 도입하였고 그 실행수준도 낮은 편이다.

최근 들어 항공사, 여행사, 은행, 보험 등과 같은 서비스 업종에서도 규제완화와 경쟁격화로 인하여 마케팅을 도입하여 활발하게 실행하고 있다. 그러면 비영리기관에는 마케팅이 적용되지 않는가? 그렇지 않다.

정당, 병원, 대학, 종교단체, 국립공원들을 보면, 고객의 무관심이나 수요감소, 경쟁격화와 같은 환경에 대응하기 위하여 이러한 기관들은 고객을 분석하고 고객의 선호를 그들의 제품에 반영하기 위하여 노력하며 대중매체 광고를 이용하기도 한다.

제2절 전략적 마케팅관리 과정

전략이란 주어진 목표를 달성하는 가장 효율적인 방법에 관한 계획과 결정을 말한다. 예컨대, 어떤 사람이 한 도시에서 다른 도시로 이동하고자 할 때 선택할 수 있는 전략적 대안들은 도보, 자전거타기, 승용차 운전, 고속버스 이용, 비행기 이용 등 여러 가지가 있다. 전술이란 선택된 전략을 집행하는 데 관한 계획과 결정이다. 승용차를 운전해서 이동하기로 한 경우, 자기차를 운전할 것인지 렌터카로 이용할 것인지, 어떤 길로 갈 것인지, 몇 시에 출발할 것인지 등에 관한 것이다.

전략적 마케팅관리는 마케팅목표(시장점유율, 매출액, 상표선호도)를 설정하고, 이를 달성하기 위하여 필요한 활동들을 계획하고 통제하는 것이다. 이 절에서는 전략적 마케팅관리의 과정을 사업기회탐색－마케팅 믹스개발－마케팅전략의 실행과 통제 등 세 가지 구성요소에 대한 의사결정으로 설명한다.

1. 사업기회탐색

마케팅전략수립의 첫 단계는 사업기회를 찾아내고 확인하는 것이다. 어떤 기업이든 수많은 사업기회를 찾을 수 있다. 그렇지만 모든 사업들이 동등하게 매력적이지는 않다. 오늘날 많은 기업들이 정보통신업, 유통업, 외식산업에 진출하지만 섬유분야나 석탄사업분야는 외면당하고 있다. 그 이유는 무엇일까? 바로 사업(또는 산업)매력도의 차이때문이다.

매력적인 사업이란 현재의 수익성이 높고 미래의 성장성이 높은 사업이다. 많은 사람들이 정보통신이나 생명공학분야를 매력적인 사업분야로 꼽고있는 것도 바로 그 때문이다. 그러나 수익성과 성장성이 좋은 사업이라고 모든 기업이 진출할 수 있는 것은 아니다. 어떤 기업이든 강점이 있고 또한 약점이 있기 마련이다. 따라서 기업은 특정 사업에서 성공하기 위한 필요한 요건들에 대해 자사가 얼마나 강한지 약한지를 평가해야 한다. 이를 통해 사업의 매력도와 자사의 강점이 잘 일치하는 사업을 선정해야 하는 것이다. 그 과정에서 S.T.P(segmentation, targeting, positioning) 전략을 잘 활용해야 한다.

1) 시장세분화(segmentation)

한 제품의 전체시장은 여러 다양한 구매자들로 구성되어 있으므로 시장을 복수의 보다 동질적인 하부집단들로 나누는 것을 시장세분화라고 한다. 일반적 원칙은 한 세분시장내 구매자들이 요구하는 제품 및 요건들이 동일하여, 기업이 동질적인 마케팅 프로그램을 사용할 수 있게 하자는 것이다.

시장세분화의 기준으로 사용되는 변수는 여러 가지가 있는데, 가장 흔히 사용되는 것이 나이, 성별, 소득, 직업, 교육 정도, 종교, 가족규모 등을 포함하는 인구통계 변수(demographics)와 구매자들이 제품구매로부터 얻고자 하는 혜택(benefits)이다. 인구통계변수의 적용사례를 보자면, 고소득층과 중/저소득층은 승용차구매시 욕구가 상이하며, 젊은층과 노년층도 마찬가지이다. 따라서 자동차 회사들은 상이한 소득과 연령층별로 별개의 모델을 제공해야 하는 것이다.

기업이 실제로 시장세분화를 적용할 때는 하나의 변수만을 사용하기보다 여러 인구통계변수와 혜택을 동시에 사용하는 경우가 많다.

시계시장을 보면, 고소득층의 남녀로 대도시에 거주하고 회사에서 업무시간에 정장과 함께 착용하는 중후한 시계를 원하는 구매자층이 있고, 중산층의 젊은이로서 평범한 시계에 스포티하고 가벼우며 두 번째로 사용되는 시계를 원하는 구매자층도 있는 것이다.

이처럼 시장을 공급자의 일방적 시각이 아닌 소비자의 세심한 부분까지 고려하여 분류하고 그 나뉜 시장의 원하는 바를 찾아가는 과정이 바로 시장세분화의 의미이다.

2) 표적시장(targeting) 선정

한 사업분야의 실제 구매자와 잠재구매자의 집합을 시장이라고 한다. 어떤 기업이든 한 제품에 대해 시장 전체에서 최고가 되기는 어렵다. 구매자들의 기호, 취향, 구매습관 등이 너무나 다양하기 때문이다. 또한 기업마다 능력을 가장 잘 발휘할 수 있는 세분시장이 다르다. 따라서 한 기업이 시장 전체를 범위로 하여 경쟁하기 보다는 그 시장에서 자사가 가장 잘 충족시켜 줄 수 있는 부분을 알아내야 한다. 표적시장의 결정에 관하여 세 가지 일반적 접근방법을 생각할 수 있다.

첫째, 대량마케팅으로 모든 구매자들을 대상으로 하나의 제품을 대량생산, 대량유통, 대량촉진하는 방안이다. 대량마케팅의 논거는 최저비용과 가격을 성취하여 최대의 시장규모를 창출한다는 것이다. 과거에 코카콜라사는 하나의 콜라만을 생산하였으며 이 제품이 모든 구매자에게 만족스럽기를 기대하였다.

둘째, 다양화 마케팅으로 품질, 제품속성, 크기, 스타일 등에서 상이한 두 세 가지 제품을 생산하는 것이다. 코카콜라사가 그 다음 단계로 크기와 용기가 상이한 몇 가지 콜라를 내놓은 경우이다. 각 콜라가 특정 구매자층을 지향했다기 보다는 불특정다수의 구매자들에게 다양성을 제공하기 위한 것이다.

셋째, 표적마케팅으로 시장전체를 상이한 세분시장으로 구분하고, 그 중 소수를 선정하고, 선정된 각 세분시장에 맞도록 제품과 기타 기업노력을 개발, 제공하는 것이다.

표적마케팅을 실행하면 기업이 자사의 시장기회를 평가하기가 보다 용이해지고 각 표적에 적절한 제품, 가격, 유통, 촉진을 개발하고 제공할 수 있다. 오늘날 시장전체를 하나의 동질시장으로 볼 수 있는 경우가 거의 없으며 점점 더 작은 시장단위들로 분할되어가는 추세에 있다. 기업들이 이러한 추세에 맞게 변화해야 존속할 수 있는 것이다. 따라서 미시마케팅(micro-marketing)이라 하여 기업이 아주 좁게 규정된 세분시장의 구매자들의 니즈와 욕구에 마케팅 프로그램을 맞추고자 노력한다. 또한 보다 극단적인 형태로 맞춤형 마케팅이라 하여 한 기업의 마케팅 프로그램을 맞추는 대상을 집단이 아닌 특정 개인구매자 또는 기관으로 잡는 경우도 있다. 여러 층으로 나누어진 세분시장들 중에서 자사에 가장 적합한 소수의 세분시장을 선정해야 한다. 얼마나 많은 세분시장을 표적으로 할 것인가를 정하는 것이 시장범위(market-coverage)결정이다. 이 결정에는 기업의 자원보유 정도를 고려해야 한다.

예컨대 자금이나 인력이 풍부한 대기업은 여러 세분시장을 범위로 하여 각 세분시장에 별개의 마케팅 프로그램을 사용할 수 있을 것이다. 그러나 중소기업은 경쟁정도가 낮은 한 두 개의 세분시장에 자원을 집중하는 것이 좋을 것이다.

어떤 세분시장을 선정할 것인가를 결정하기 위해서는 세분시장별 규모와 성장전망, 구조적 매력도, 자사의 목표와 자원 등을 평가해야 한다. 시장규모와 성장전망 면에서 보면 어떤 기업은 현재 매출액과 이익이 가장 크고 성장률이 가장 높은 세분시장이 모든 기업에게 최적이지는 않다.

중소기업의 경우에도 시장성과 성장성이 높은 세분시장이 경쟁력이 있고 매력적이지만 이러한 시장에서 경쟁할 기술이나 자원이 부족할 수 있다. 따라서 중소형의 기업은 소규모의, 매력도가 다소 떨어지는 세분시장을 선정하는 것이 유리할 수 있다. 절대 규모면에서 덜 매력적이더라도 자사에는 더 높은 수익성을 제공할 수 있기 때문이다.

다음으로 세분시장별 구조적 매력도를 평가한다. 우선 한 세분시장에 많은 수의 강력한 경쟁사들이 이미 진입해 있으면 이 시장의 장기적 수익성은 좋지 않은 것으로 보아야 한다. 자사제품에 대한 대체품이 존재하는 세분시장은 좋지 못하다. 대체품은 자사제품이 받을 수 있는 가격에 제약을 줄 가능성이 높다. 그리고 한 세분시장내 구매자들의 교섭력(bargaining power)이 강하면 그 시장의 수익성이 감소될 것이다. 교섭력이 강한 구매자들은 자사에 가격을 인하하도록 또는 더 높은 서비스를 제공하도록 작용할 것이다.

마찬가지 원리로 특정 세분시장에 원자재나 설비, 서비스를 제공하는 공급자들의 교섭력이 강하면 그 시장의 수익성이 감소될 것이다. 이러한 공급자들은 원자재의 공급가격을 인상하거나 품질이나 수량을 감축시키려고 작용할 것이다.

특정 세분시장이 규모와 성장전망 및 구조적 매력도에서 좋은 평가를 받는 경우 자사의 마케팅 목표와 합치되는지를 평가해야 한다.

예컨대 고품질과 부의 상징으로서의 이미지를 유지해온 벤츠자동차사가 경제성과 가격이 중요한 구매기준인 소형차시장에 진출할 것인가를 고려한다고 해보자. 이때 소형차시장의 규모나 매력도 뿐만 아니라 자사의 장기적 이미지에 어떤 영향을 줄 것인가도 평가되어야 할 것이다. 또한 이 세분시장이 자사의 마케팅 목표와 부합되는 경우 시장에서 성공하는 데 요구되는 기술적 자원, 인적자원, 물적자원을 보유하고 있는지도 객관적으로 평가해야 한다.

3) 포지셔닝(positioning)

자사에 적합한 세분시장을 선정한 다음에는 이 시장에서 자사제품이 경쟁사들과 비교하여 뚜렷하게 구분되는 독특한 이미지를 갖도록 하는 방안을 모색해야 한다. 우리에게 잘 알려진 유명상표들은 그 이름만 들으면 떠올리게 되는 독특한 이미지를 구축하고 있다.

예를 들면 벤츠나 캐딜락은 고급차의 대명사로, 볼보는 안전성이 뛰어난 차로, 매킨토시 앰프는 고품질로, 싱가포르항공은 뛰어난 서비스로, 삼성은 신뢰성으로, 구찌는 디자인으로 독특한 이미지를 가지고 있다. 구매자들은 대부분 특징없는 평범한 제품을 선택하지 않으며 구매결정시 확실한 이미지를 가지고 있는 제품을 선호하게 된다. 그러기 위해서는 제품의 독특한 이미지 확립이 우선되어야 하며 그것이 바로 고객의 마음속에 특정한 위치를 잡는 것이다.

특정제품의 위치는 그 제품이 소비자들의 마음속에서 경쟁품에 비교하여 차지하는 장소를 말한다. 또한 한 제품의 위치는 소비자들의 주관적 인식과 평가에 의하여 이루어지는 것이다. 주로 소비자들은 한 제품에 대해 경쟁제품과 비교하여 어떻게 지각하고 어떻게 느끼는지의 이미지를 가지게 되는데, 이러한 것들이 결합되어 그 제품의 위치가 결정된다.

마케팅관리자들은 자사제품에 대한 소비자의 위치인식이 계획한 의도대로 자사에 유리하게 이루어지도록 하기 위하여 다양한 노력을 한다. 이러한 목적으로 마케팅관리자들이 차별화된 자사의 이미지를 만들어 내기 위해 제품과 서비스, 광고 그리고 홍보를 통해 만들어 내는 소비자 마음속에 위치를 잡는 것을 포지셔닝(positioning)이라고 한다.

고객들의 마음속에 어떻게 포지셔닝하는가에 따라서 기업의 매출과 선호도는 달라지게 마련이다. 예를 들어 고객이 기업에 대한 좋은 이미지를 가지고 있다면 당연히 그 이미지를 배경으로 기업이 생산하는 제품과 서비스에 대해 구매하고자 할 것이며 그 반대의 경우는 그렇지 않을 것이다.

물론 포지셔닝은 하루아침에 만들어지지 않으며 단기적 이벤트를 통해서 생겨나는 것도 아니다. 꾸준한 노력과 지속적인 접촉을 통해서 고객들의 깊은 기억속에 만들어지며 결국 수차례의 경험과 만족여부를 거쳐 또다른 구매의지로 표출된다.

이처럼 포지셔닝을 제대로 하기 위해서는 많은 비용이 필요하며 구체적인 고객의 욕구를 명확하게 찾아가는 기술도 필요하다. 기업의 입장에서는 이렇게 중요한 포지셔닝을 위해 광고의 빈도, 모델선정 등 다양한 부분에도 관심을 기울이고 있다. 이것은 다시 말하면 각각의 과정에서 발생하는 여러 가지 이미지가 결국은 기업의 이미지로 축적되고 그것을 토대로 고객들은 그들의 구매행동을 시작한다해도 과언이 아니기 때문이다.

Field_Story 명품족 20대?…명품 구매건수 2년새 3.5배

롯데멤버스 명품소비 현황분석
20대 비중 5.4%에서 11.8%로 '나심비'·'플렉스' 영향분석돼
명품, 운동화 확대해 20대 타깃팅 유통업체도 VIP 등급 신설 등

초저가로 일상소비를 절약한 뒤 이를 명품구매에 쓰는 '소비 양극화' 현상이 나타나고 있다. 특히 자신을 위한 소비를 중시하는 20대 중심으로 명품소비가 확산하는 것으로 분석됐다. 11월 28일 롯데멤버스 리서치 플랫폼 '라임'이 발표한 명품쇼핑현황을 보면, 올해 2분기(4~6월) 명품구매 건수는 2017년 2분기보다 3.5배 늘었다. 명품의 주된 유통채널인 백화점에서 의류·잡화품목이 하락세인 것과 대조된다. 산업통상자원부 자료를 보면, 지난해 롯데·신세계·현대백화점 국외유명브랜드 매출이 전년 대비 10.5% 늘어날 때 여성 캐주얼(-4.0%), 잡화(-5.9%), 아동스포츠(-1.6%) 등은 떨어졌다.

백화점 매출 중 명품비중도 2016년 13.5%에서 지난 9월 말 23.5%까지 늘었다. 명품이 소비자 발길을 오프라인 점포로 이끄는 역할을 하는 것이다. 한 백화점업계 관계자는 "초저가 생활필수품으로 아낀 돈을 자신을 위한 명품소비에 쓰는 소비 양극화흐름이 이어지고 있다"며 "명품은 진품확인과 대면 서비스 때문에 오프라인 점포선호 경향이 아직 큰 만큼, 명품을 통해 집객효과를 극대화하는 데 방점을 둔다"고 했다.

명품소비는 20대가 이끌고 있다. 롯데멤버스에서 20대구매 건수는 2년새 7.5배, 연령대별 비중은 5.4%에서 11.8%로 늘었다. 20대 명품매출 증가세는 신세계백화점(26.9%, 올해 1~11월), 현대백화점

명품시장은 고속성장 중

양극화 소비의 일환으로 명품시장은 지속적으로 성장하고 있으며 '17년 동기대비 약 3.5배 성장함.
명품 시장의 메인스트립은 여전히 3040대이지만 20대의 유입이 지속적으로 늘어나고 있으며, 유통사와 브랜드 모두 20대 명품구매자를 주목하고 있음

명품 이용 건수[1)]

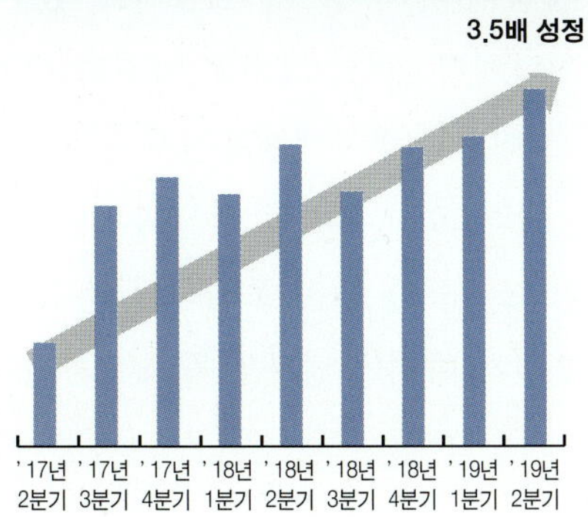

1) L.POINT거래 데이터 분석(2017~2019년)

명품 연령별 이용 비중[2)]

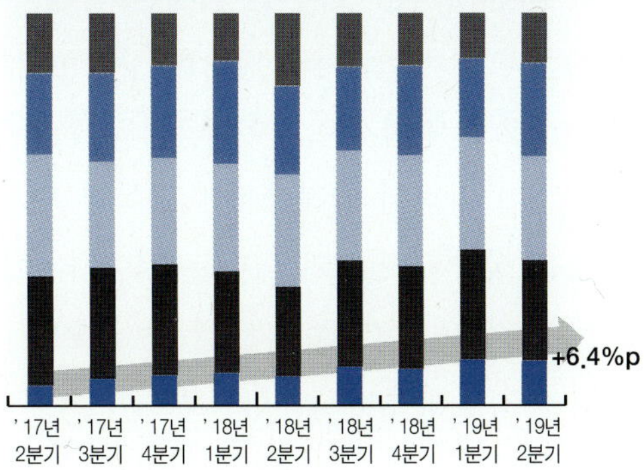

2) L.POINT거래 데이터 분석(2017~2019년)

(29.1%, 1~10월) 등에서도 비슷했다. '실속 있는' 소비를 지향하는 경향도 뚜렷했다. 명품구매 때 중시하는 것으로 '실용성'(32.8% · 복수응답)을 '디자인'(63.3%)에 이어 2순위로 꼽았고, '브랜드 이름'(26.2%)은 4순위에 그쳤다. '브랜드 이름'이 30대와 40대에선 각 2 · 3위로 꼽힌것과 대조된다. 반지갑(34.2%), 카드지갑(25.1%), 운동화(23.1%) 등 가격대가 비교적 낮거나 일상 활용도가 높은 품목에 대한 선호가 컸다. '나심비'(나의 심리적 만족을 위한 소비) 경향이 뚜렷하고, 소셜미디어에서 자랑하는 '플렉스'(FLEX · 멋을 뽐냄) 문화의 영향으로 분석됐다.

업계는 이런 흐름을 반영해 최근 몇년간 상품과 매장기획을 20대 눈높이에 맞게 뒤바꾸는 추세다. 구찌, 발렌시아가 등이 90만~100만원대 어글리 슈즈를 내놓거나 팝업스토어를 내는 식이다. 신세계백화점 관계자는 "명품 이미지는 유지하면서도 20대 호응이 좋은 운동화로 저변을 넓히는 것"이라고 했다. 롯데백화점은 명품관에 엠에스지엠(MSGM), 오프화이트, 듀베티카, 엔키엔키 등 20대를 겨냥한 명품브랜드를 들이고 있다. 롯데백화점 관계자는 "돌체앤가바나, 필립플레인 등 전통명품을 퇴점시키고, 20대의 진입장벽을 낮추고 있다"고 했다. 신세계백화점 등은 2017년부터 연간 400만원 구매고객을 대상으로 한 브이아이피(VIP) 등급도 신설했다.

▶ 출처 : 2019년 11월 28일 한계레신문

일반적으로 알고 있는 소비자들의 구매절차를 기억해보자. 그것은 가장 먼저 주의(attention)단계를 통해 제품 혹은 서비스를 인지하게 되고 관심(interest)의 단계로 이어진다. 관심의 단계에서는 단순한 관심보다는 비슷한 경쟁의 제품과 서비스에 대해 비교하기 시작하며 관심의 근거를 스스로 찾기 시작하는 것이다.

왜 이럴까? 특징은 무엇이고 나에게는 어떤 영향을 주게 되는가?

또한 관심의 단계 이후에는 욕망(desire)이 생기게 된다. 반드시 이 제품을 가지고 싶다는 스스로의 욕구가 생기는 것이다. 이것은 욕망이기 전에 제품이나 서비스가 표출하고 있는 매력이다. 또한 제품과 서비스로서의 막강한 장점이라고 해도 지나치지 않다. 그리고 마지막 단계로 구매행동(action)으로 이어지는 것이다. 이 과정은 일반적인 소비자들의 구매행동절차이다.

우리는 이 과정의 이전단계에 주목할 필요가 있다. 주의(attention)를 갖도록 하기 위해서 기업의 노력을 상상할 필요가 있다는 것이다. 바로 기업의 브랜드가 갖는 포지셔닝의 경쟁력이다. 제대로 된 포지셔닝만이 주의를 끌 수 있으며 결국 그 주의가 마지막 단계인 구매행동까지 연결시키는 것임을 명심해야 한다.

2. 마케팅믹스 개발

시장세분화와 표적시장의 선정 및 포지셔닝을 통한 이미지 창출에 관한 의사결정이 완료되면 마케팅믹스에 관한 계획을 수립해야 한다. 마케팅믹스는 기업이 표적시장으로부터 원하는 반응을 창출하기 위하여 사용하는 통제가능한 마케팅변수들의 조합을 말한다.

마케팅믹스에는 네 그룹의 변수들이 있는데 제품(product), 가격(price), 유통(place) 그리고 촉진(promotion)이다. 네 변수 모두 p로 시작한다는 데 착안하여 이들을 4(four) P's라고도 한다. 제품은 기업이 표적시장에 판매대상으로 제공하는 물리적 대상과 서비스의 혼합을 말한다.

예를 들어 현대자동차의 소나타III는 볼트와 너트, 점화플러그, 피스톤, 전조등 및 그 밖의 수많은 부품들로 구성되어 있다. 수동변속과 자동변속이 있고 그 외에 많은 사양품들이 있다. 제품보증 또한 제품의 일부로 보아야 한다.

가격은 제품을 구입하기 위하여 구매자가 치러야 하는 금액을 말한다. 현대자동차는 전국적으로 동일한 소매가격을 제시한다. 각 대리점은 이 가격을 기준으로 하여 구매자와 협상과정에서 일부를 할인하기도 한다. 유통은 표적시장내 소비자들에게 자사의 제품이 획득가능 하도록 하는 모든 활동을 말한다. 현대자동차는 전국에 수많은 대리점을 보유하고 있다.

각 대리점은 여러 차종을 전시하고, 잠재구매자들과 상담을 하고, 가격을 협상하며 판매를 종결하고, 주문과 배달처리를 한다. 촉진은 제품의 장점을 알리고 잠재구매자들에게 구매하도록 설득을 하는 활동들을 말한다. 현대자동차는 TV, 신문, 잡지 등 대중매체에 많은 광고를 하고 신차도입시발표회, 기자회견 등의 행사를 개최하기도 한다. 그리고 대리점들은 구역내 잠재구매자들에게 우편광고를 하고 방문고객들에게 제품설명과 설득을 한다.

이러한 네 가지 마케팅믹스 요소들이 적절하게 혼합되어야만 효과적인 마케팅 프로그램이 구성된다. 각 요소를 별개로 보아 의사결정을 하는 것이 아니라 모든 요소들이 조화를 이루어 원하는 마케팅목표가 달성되도록 전반적 관점에서 결정되어야 한다. 말하자면 자사제품의 특징에 맞도록 가격, 유통방식, 촉진이 계획되어야 한다. 지금부터 제품, 가격, 유통경로, 촉진의 각 요소를 차례대로 살펴보자.

1) 제품(product)

오늘날 많은 기업들이 복수의 제품을 생산·판매한다. 중소기업도 단일품목만을 취급하는 경우는 드물고 대기업은 수천 가지 품목을 생산하는 경우도 있다. 많은 기업들이 자사의 제품에 상표를 사용하고 있다.

어떤 제품이든 신제품으로 시장에 출시되어 종국적으로 시장에서 사라져갈 때까지 많은 단계를 거친다. 여기에서는 상표, 신제품개발, 제품수명주기의 순으로 논의를 전개한다.

(1) 상 표

오늘날 많은 제품들이 상표를 사용하고 있다. Samsung, Disney, Sony, Mercedes-Benz, BMW, Panasonic, Toyota, IBM, Coca-Cola와 같은 세계적으로 잘 알려진 상표들은 제품에 가치를 부여해 준다.

상표를 개발·유지하는 데는 장기적 관점에서 많은 투자가 요구된다. 소비자들이 발음하기 좋고 기억하기 쉬운 상표명을 찾아내야 하고 이 상표에 대한 인지도와 선호도를 높이기 위하여 지속적으로 광고를 해야 하며 경쟁상표와 잘 구분되는 포장을 사용해야 한다. 이러한 비용을 회피하기 위하여 제품을 생산하기만 하고 상표구축작업은 다른 기업에 맡기는 경우가 있다. 예컨대 우리나라의 신발업체들이 생산하는 운동화와 테니스와는 생산자의 상표가 아닌 나이키, 리복, 아디다스 등 주문자 상표로 판매되는 경우가 많다. 말하자면 우리 신발업체들이 유명상표 보유기업들의 하청업체 역할을 하는 것이다.

상표를 통제하는 기업에게 힘이 있다는 것을 결국 깨닫게 되는 경우가 많다. 우리나라의 수많은 중소기업들이 신발, 섬유, 전자 등의 업종에서 하청수출을 해왔다. 그런데 우리의 공급가격이 높아지자 유명상표를 보유한 주문자들이 타국의 더 저렴한 공급자들을 찾아 떠났다. 이러한 판매기회 손실을 막기 위하여 우리 중소수출업체들이 할 수 있는 것은 별로 없었다. 최종소비자들이 선호하는 것은 유명상표이지 하청생산업체가 아니기 때문이다.

강력한 상표는 강한 소비자 애호도(consumer loyalty)를 유발한다. 많은 소비자들이 이러한 상표의 제품을 구매하고 경쟁상품이 더 낮은 가격에 판매되더라도 이끌리지 않는 것이다. 또한 소비자들이 선호하는 상표를 보유한 기업은 경쟁자의 많은 광고공세에도 흔들리지 않는다.

따라서 많은 기업들이 자사상표에 대한 인지도와 선호도를 높이기 위하여 막대한 투자를 아끼지 않는다. 과거에 상표가 사용되지 않던 건설업, 주유소, 육류 등의 업종에서도 상표가 사용되기 시작하였다.

한편 일부 소비재에서는 의도적으로 상표를 사용하지 않는 무상표품(generics)이 유통되고 있다. 무상표품이란 상표를 붙이지 않은 평범한 포장의 제품으로 상표제품에 비하여 상당히 가격이 저렴하다는 특징이 있다. 무상표품의 저가격은 낮은 품질의 원자재사용, 포장비절감, 광고비절감 등으로 가능한 것이다. 무상표품은 미국의 경우 인플레이션 경기침체가 심했던 1980년대 초반에 큰 인기를 모았다.

무상표품에는 가격상의 이점이 있지만 품질이 낮다는 의심을 받고 있다. 소비자들이 품질에 별로 개의치 않는 제품류 또는 상표제품과 큰 품질차이가 없는 제품류에서 무상표품이 잘 판매된다. 미국의 경우 종이, 냉동식품, 피넛버터, 통조림식품, 일회용 기저귀 등에서 큰 인기를 얻었다.

상표를 사용할 것인가 말 것인가를 결정하기 위해서는 상표사용의 이점과 비용을 검토해야 한다. 일반적인 이점과 비용요소는 위에서 언급되었다. 보다 구체적으로 상표사용에서 누구에게, 어떤 이익이, 어느 정도 발생하는지 그리고 상표개발과 관리에 소요되는 비용을 계산해보아야 할 것이다.

(2) 신제품개발

오늘날은 소비자들의 기호와 기술 그리고 경쟁양상이 급격하게 변화하기 때문에 기업들이 기존 제품에만 의존해서는 존속 및 성장을 할 수 없다. 우리나라에서도 거의 매년 자동차의 신형모델이 나오고 냉장고나 TV같은 가전제품은 새로운 모델이 나올 때마다 더욱 편리한 속성이 추가되거나 기능이 향상되고 있다. 신세대들 사이에 유행하는 옷차림과 신발, 머리모양은 더욱 빠른 속도로 변화되고 있다.

신제품의 성공률을 높이기 위해서는 제품개발과정을 효과적으로 관리해야 한다. 보통 제품개발은 아이디어 창출–아이디어 선별–제품개념개발 및 테스트–마케팅전략개발–산업성 분석–제품개발–시험마케팅–출시의 8단계를 거치는 것으로 볼 수 있다.

신제품개발은 아이디어 창출로 시작된다. 우연하게 좋은 아이디어가 나오는 경우가 있지만 우연에 의존할 수는 없고 체계적 탐색을 해야 한다. 아이디어 원천으로 기업내부, 고객, 경쟁사, 유통업자 및 공급자 등이 이용될 수 있다.

지금까지 제품은 말로 된 설명이거나 그림 또는 모형에 불과하였다. 제품개발단계에서 연구개발 또는 엔지니어링 부서가 개념을 토대로 실물을 시험제작한다. 여기서 비용이 크게 증가되고 제품이 실제로 개발될 수 있는지 판가름나게 된다. 시험제작된 제품은 실험실과 현장에서 기능테스트를 거치고 소비자 테스트를 통하여 만족도를 검토하게 된다.

시험제작된 제품에 예상마케팅 프로그램을 적용하여 현실적인 시장상황에서 테스트를 실시한다. 일부지역을 선정하여 몇 개월간 실제판매를 해 볼 수도 있고 실제 소매점처럼 꾸민 시험점포를 통해 예상구매자들의 반응을 볼 수도 있다. 여기서 긍정적 결과가 나오면 제품을 생산하기 시작하며 시장에 도입한다. 초기의 유통점확보와 제품고지를 위한 광고비로 인하여 가장 비용이 많이 소요되는 단계이다. 또한 언제, 어떤 시장부터, 누구를 대상으로, 어떻게 할 것인가에 대한 실행계획을 수립해야 한다.

(3) 제품수명주기(PLC_product lifecycle_

동물이 태어나서 유년기, 성년기, 노년기를 거쳐 소멸하듯이 제품에도 수명주기가 있다. 제품수명주기는 한 제품이 신제품으로 시장에 도입되어 사라져 가기까지 거치는 매출액과 이익의 변동패턴을 말한다. 전형적 제품수명주기는 도입기(introduction), 성장기(growth), 성숙기(maturity), 쇠퇴기(decline)의 네 단계로 구성되어진다.

제품이 처음으로 시장에 출시되면서 시작되는 도입기는 비교적 오랫동안 지속된다. 매출액성장이 매우 느리다. 매출이 낮은 반면 유통비용과 촉진비용이 많이 소요되어 보통 손실이 발생하거나 이익이 나도 매우 낮다. 유통업자들을 동원하여 유통망을 구축하고 이들로 하여금 자사제품을 취급하게 하는 데 많은 투자가 소요된다. 잠재구매자들에게 신제품을 알리고 시험구매에 나서도록 하는 데 광고를 포함하여 많은 촉진비용이 요구된다. 신제품에 대한 구매성향이 가장 높은 집단에 기업의 판매노력을 집중한다.

신제품이 초기구입자들을 만족시키면 매출이 급속하게 증가하는 성장기에 진입한다. 초기구입자들로부터의 구전에 의하여 대중이 구매하기 시작하는 것이다. 제품의 단위당 제조비용이 감소되고 촉진비용이 많은 수량으로 분산됨에 따라 이익은 증가한다. 매력적인 이익기회를 잡기위하여 경쟁사들이 진입하고, 새로운 제품속성들을 추가적으로 제공하며, 새로운 경쟁사와 함께 증대되는 유통점의 증가로 인하여 시장규모가 확대된다. 이 단계에서 기업의 주요 과제는 시장확대에 노력하면서 동시에 경쟁우위확보에 나서야 한다는 것이다.

성장기가 끝나면서 매출액이 정체상태에 이르는 성숙기가 시작된다. 성숙기는 이전단계들에 비해 더 오랫동안 지속되며 마케팅관리자에게 많은 도전을 제기한다. 우리가 알고 있는 많은 제품들이 사실 이 단계에 있기 때문에 제품관리의 대부분이 성숙기 제품에 관한 것이다. 많은 경쟁사들이 진입해 있는데 매출은 정체되어 있기 때문에 설비과잉에 이르게 되기 쉽다. 경쟁사들이 가격을

그림 8-2 제품수명주기(PLC_Product LifeCycle)

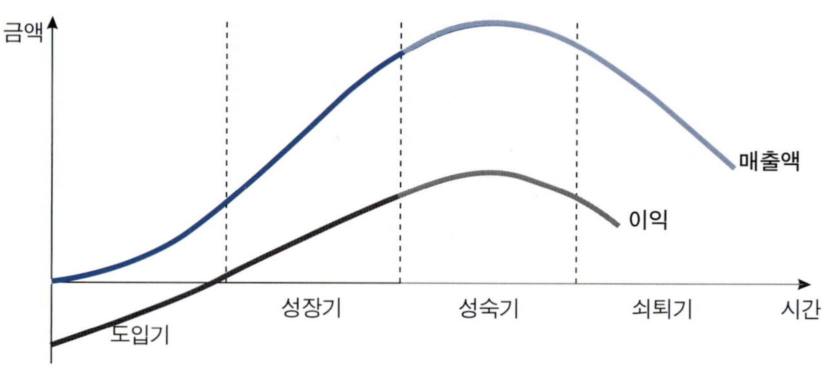

인하하고 제품개선을 하기 위하여 연구개발비를 증대시키며 광고를 증가시키게 된다. 따라서 이익이 감소되기 시작하고 약한 경쟁사들이 도태된다. 쇠퇴기는 기술변화와 소비자의 기호변화로 성장곡선이 급격하게 떨어진다. 더 이상의 촉진전략이 거의 없고 기업의 피로도가 증가하며 고객불만 등으로 기업이미지가 손상되는 단계다. 이러한 제품수명주기는 마케팅관리자도 제품의 수명주기 단계 파악이 어렵고, 마케팅활동에 의해 영향을 받는 종속변수라는 비판을 받기도 한다.

2) 가격(pice)

가격은 제품 또는 서비스에 부과되는 금액이며 고객의 관점에서는 제품 또는 서비스를 보유·사용하는 혜택과 교환하는 가치라고 할 수 있다. 전통적으로 가격은 판매자와 구매자의 협상에 의해서 결정되었다.

말하자면 구매자 각자는 구매의 절박성과 협상기술에 따라 동일제품에 대하여 서로 다른 가격을 지불한 것이다. 오늘날은 다수판매자들이 모든 구매자에게 동일한 가격을 적용하는 일물일가가 보편적으로 적용되고 있다. 가격결정은 상당부분 제조업자에 의해서 이루어져 왔는데 최근에는 하나로마트, 홈플러스, 롯데마트, 이마트 등과 같은 대규모 할인점들이 가격파괴를 주도하면서 가격결정에서 유통업자들의 영향력을 증대시켰다.

가격은 전통적으로 구매에 영향을 미치는 중요한 요인이다. 제품에 별 차이가 없는 상품류(commodity)에서 또는 저소득국가, 저그룹층에서 주로 소비되는 많은 제품들에서 가격은 여전히 중요한 역할을 한다. 그렇지만 소비자의 가처분소득이 증가되면서 많은 제품류에서 가격은 비가격요인에 비하여 중요성이 감소되고 있다.

3) 유통경로(place)

유통경로는 제품 또는 서비스를 최종 소비자들에게 이전하는 과정에 참여하는 상호 의존적인 제조업체와 상인들의 집합을 말하는 것이다. 제조업체가 유통경로 구성원으로부터 협조를 얻는 것은 경쟁우위확보에 중요한 역할을 한다.

예컨대 세계 최대의 유통업체인 Wal-Mart는 제품공급자들과의 협력관계를 통하여 경쟁우위를 강화시킨 좋은 사례이다. 월마트와 공급사의 마케팅, 생산, 유통, 재무 등 여러 부서사원들이 모여서 공동작업을 한 결과 각 지역의 특성에 맞는 상품구색을 적시에 공급할 수 있도록 해주는 정보시스템을 개발한 것이다.

기업의 유통경로에 관한 의사결정은 장기적 구속력을 가진다. 가격이나 광고는 비효과적이라고 판단될 때 쉽게 변경할 수 있다. 그러나 독립적 중간상들과 계약을 통해 형성한 판매망은 상황이

그림 8-3 유통경로의 구조

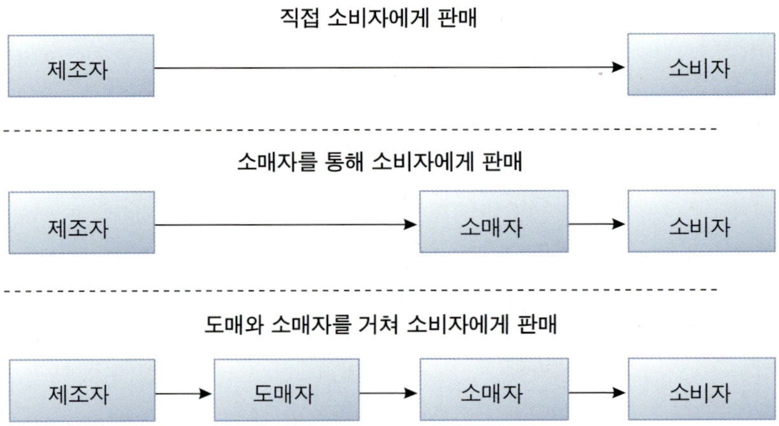

바뀌어 자사의 판매지점을 설립하는 것이 더 효과적이라고 판단되는 경우에도 쉽게 바꿀 수 없다.

4) 촉진(promotion)

기업이 자사의 제품 또는 서비스의 혜택, 속성, 장점을 잠재구매자에게 알리고 설득하는 기능을 총괄하여 촉진이라고 한다. 촉진에 사용되는 수단으로는 광고(advertising), 인적판매(personal selling), 판매촉진(sales promotion), 홍보(publicity)가 있는데 촉진의 목표를 달성하기 위하여 구성된 이러한 수단들의 결합을 촉진믹스라고 한다.

광고의 주요 매체는 신문, TV, 라디오, 잡지 등 대중매체이다. 광고가 대중매체를 통하여 전달되기 때문에 그 공적인 성격에 의하여 광고내용이 합리화되는 경향이 있고 하나의 메시지를 여러 번 반복할 수 있으며, 내용을 극화할 수 있고, 접촉 인원당 비용이 싸다는 등의 장점이 있다. 반면 설득력이 낮고 총광고비가 매우 비싸다는 단점이 있다.

어떤 매체를 통하든 전통적 광고는 미지의 대중을 상대로 한다는 공통점이 있다. 그러나 앞으로는 고객리스트를 작성하고 고객별 정보를 축적하여 개인으로서의 고객을 상대로 하는 광고가 증가될 것이다. 또한 인터넷을 활용한 광고의 형태가 최근 들어 크게 성장하고 있다.

인적판매는 판매원이 고객과의 대화를 통하여 촉진기능을 수행하는 것을 말한다. 판매원이 고객에게 직접 정보를 제공하고 설득하기 때문에 유연성이 높고, 구매결정의 후반기, 즉 고객이 제품을 평가하고 마음을 정하는 단계에 효과적이다. 그리고 광고에 비하여 청중을 듣게끔 유도할 수 있다는 장점이 있다. 반면에 판매조직을 유지하는 비용이 다른 어떤 촉진수단보다 비싸다는 단점이 있다.

판매촉진은 주로 단기적 판매확대를 위하여 사용되는 방법으로서 가격할인, 쿠폰, 무료견본, 경품, 리베이트, 판매경진 등의 수단이 있다. 쿠폰, 무료견본, 경품 등 주로 최종소비자를 대상으로 하는 판매촉진과 리베이트, 판매경진 등과 같이 주로 중간상에 대한 동기유발용으로 사용되는 판매촉진으로 분류된다.

홍보는 기업이 대가를 지불하지 않고 라디오, TV, 신문 등의 대중매체를 통하여 제품이나 서비스 또는 기업체에 관하여 상업적으로 의미있는 정보를 제공하고 그러한 정보를 뉴스 또는 기사로 보도하도록 함으로써 수요를 환기시키는 활동을 의미한다.

홍보의 장점은 대중들이 제품에 대한 정보를 뉴스를 통하여 얻게 됨으로써 신뢰성이 높다는 것이다. 홍보활동의 효율화를 위해서는 먼저 홍보활동의 목적을 설정하고 이에 따라 이용할 메시지와 매체를 선택하여 집행한 후 그 결과를 평가하는 단계가 필요하다.

3. 마케팅전략의 실행과 통제

1) 실 행

좋은 마케팅전략을 수립하는 것은 성공적 마케팅의 시작에 불과하다. 아무리 좋은 전략이라도 제대로 수행되지 않으면 의미가 없다. 마케팅실행(marketing implementation)은 전략적 마케팅목표를 달성하기 위하여 마케팅전략과 계획을 마케팅행위로 옮기는 과정이다. 즉 실행이란 마케팅계획이 효과적으로 가능하도록 하는 일별, 주별 그리고 월별활동들을 수행하는 것이다.

마케팅계획이 마케팅활동의 '무엇'과 '왜'에 해당한다면 실행은 '누가, 언제, 어디서, 어떻게'에 해당한다.

성공적 실행을 위해서는 실행계획, 조직구조, 의사결정과 보상시스템, 인적자원, 조직문화 등이 검토되어야 한다.

첫째, 실행계획은 목표달성을 위해서 수행되어야 할 과업들이 무엇이며 그 중 특히 중요한 과업들이 무엇인지를 밝혀야 한다. 그리고 이 과업들을 누가 어떻게 수행할 것인지를 밝히고, 각자의 의사결정과 행동을 어떻게 조정할 것인가에 대한 지침이 정해져야 한다.

둘째, 자사의 공식적 조직구조를 명백히 한다. 부서 간 그리고 부서내 구성원 간의 권한과 커뮤니케이션 경로가 정해져야 하고, 태스크포스와 위원회같은 임시조직의 역할을 명백히 해야 한다.

셋째, 자사의 계획수립, 예산책정, 보상 등에 지침이 되는 공식, 비공식 운영절차들을 파악하고 이러한 것들이 마케팅목표와 일관성이 있는지를 검토한다.

넷째, 자사의 모든 조직과 시스템에 필요 기술, 동기, 인적특성을 갖춘 인재들로 채울 수 있도록

Field_Story '솔직 후기'인 줄 알았는데…알고 보니 광고였다

공정위, 인스타그램 '인싸' 활용 마케팅 업자 7곳 과징금
제품 후기글에 대가 지급 사실 안 밝히면 법 위반

"우와 8분 만에 좋아요가 1200이 넘었어요. 겔랑(Guerlain · 명품 화장품 브랜드 중 하나) 립스틱이 진짜 핫하긴 한가봐요… 왜케(왜 이렇게) 늦게 자영(자나요?) ㅠㅠㅠ. 이거 예약이라 내일 올라온다늉(올라온다는)."

"여름 추천 쿠션들고 왔어요~인친(인스타그램 친구)님들. 이트닝커버파우더쿠션을 사용했더니 속은 촉촉하고 겉은 보송한 마무리감을 주는 피부가 연출되었어요.…여름 쿠션 찾으신다면 꼭꼭 한 번 사용해 보세요. 추천추천"

페이스북 · 트위터 등 사회관계망서비스(SNS) 이용자가 크게 늘어나면서 기업들로선 수많은 팔로워를 갖고 있거나 글 한 줄만 써도 순식간에 공유가 되는 '인플루언서'(소비자에게 영향력이 큰 사람) 잡기가 최대 과제가 되고 있다. 이런 환경이 낳은 부작용 중 하나는 '솔직 후기'를 가장한 광고글이 넘쳐난다는 것이다. 돈을 주고 자사제품에 대한 긍정적인 사용후기를 인스타그램에 올리도록 한 화장품업체나 가전회사들이 무더기로 당국에 붙잡혔다.

공정거래위원회는 25일 엘지(LG)생활건강과 아모레퍼시픽 등 화장품 회사와 다이슨코리아 등 소형가전회사, 티지아르앤(TGRN) 등 다이어트보조제 회사 등 모두 7개사를 표시광고법(표시 · 광고 공정화에 관한 법률) 위반으로 적발하고 모두 2억 6900만원의 과징금을 부과했다고 밝혔다.

조사결과를 보면, 이들 7개 업체는 인플루언서들에게 자사 제품을 소개 · 추천하는 게시물을 '인스타그램'에 작성해 달라고 요청했다. 특히 소개글을 올릴 때는 해시태그(검색용 꼬리표 단어)나 사진구도 등 구체적 조건을 충족하도록 요구했다. 이에 대한 대가로 인플로언서들에겐 현금과 무상상품을 제공했다. 공정위가 파악한 현금과 무상상품은 모두 11억 5천만원어치에 이른다.

공정위가 문제삼은 건 이런 소개글에 '대가를 지급받았다'는 내용이 담기지 않아서다. '대가성 글'을 '솔직 후기'로 착각하도록 해 소비자 선택권을 제약했다는 것이다. 현행 법에선 소개글 작성과정에서

게티이미지뱅크

공정위, '대가 미표시 게시물' 적발 자료 : 공정거래위원회

분야	사업자명	대표 브랜드 또는 제품명	게시물 수(건)	인플루언서에게 지급한 대가(원)	과징금(원)
화장품	엘오케이	랑콤, 입생로랑	1,130	1억 4000만	5200만
	엠브이엠에치 코스메틱스	젤랑, 디올	949	8500만	5200만
	엘지생활건강	숨37, 비욘드, 오휘	716	3억 3700만	5200만
	아모레퍼시픽	설화수, 아이오페, 헤라	660	31800만	4500만
소형가전	다이슨코리아	청소기(V10CF), 드라이기(슈퍼소닉)	150	260	29만
다이어트 보조제	티지알앤	지알앤	160	2600만	26만
	에이플네이처	칼로바이	412	2300만	13만
소계			4,177	1억 15300만	2억 6900만

'경제적 이해관계'가 있을 땐 반드시 고지하도록 정하고 있다. 공정위가 이번에 적발한 7개 업체 관련제품 소개글 중 4177건이 여기에 해당했다. 공정위쪽은 "대가 미표시 게시물 비중이 높은 7개 업체를 대상으로 2017년부터 진행된 광고에 대한 전수조사를 진행했다"고 했다.

에스앤에스에는 대가를 지급받지 않은 후기가 광고용으로 활용되는 경우도 많다. 특히 후기를 쓴 이들이 자신의 글이 광고용으로 쓰인다는 걸 미처 인지하지 못하다가 분쟁에 휩싸이는 사례도 있다. 현행 법에선 '경제적 대가' 지급여부만 따지는 터라 행정처벌도 쉽지 않다. 예윤주 공정위 소비자정책국 사무관은 〈한겨레〉와 한 통화에서 "사업자와 인플루언서 간 경제적 대가지급이 없더라도 소비자선택권을 침해하는 후기글이라면 문제가 될 수 있지만 현행법 상 처벌은 어렵다"며 "제조업자와의 친분 등에 따른 호의적 글이라면 해당 사실을 고지하는 게 바람직하다"고 했다. 공정위는 이런 점을 반영해 조만간 에스앤에스 광고게재와 활용을 할 때 사업자와 인플루언서, 소비자가 각각 유의해야할 사항을 담은 가이드라인을 배포할 예정이다.

▶ 출처 : 2019년 11월 25일 한계레신문

인적자원에 대한 계획이 수립되어야 한다.

다섯째, 마케팅전략이 자사의 기업문화와 잘 조화를 이루는지에 대한 검토가 필요하다. 기업문화는 한 기업내 구성원들이 공유하는 가치와 신념의 체계를 말하는데, 조직내 모든 구성원들의 행동에 영향을 주기 때문이다.

2) 통 제

마케팅통제란 마케팅전략과 계획이 실행결과를 평가하여, 마케팅목표를 달성할 수 있도록 잘못된 부분을 교정하는 것이다. 실행과정에서 예기치 못했던 일들이 많이 발생하기 때문에 마케팅부서는 항상 통제활동을 수행해야 한다. 통제를 위해서는 우선 분명한 마케팅목표가 있어야 한다.

다음으로 시장에서 성과를 측정하고, 기대치와 차이가 있을 때는 그 원인을 평가한다. 최종적으로 목표와 성과 간의 차이를 줄이기 위한 수정조치를 취한다. 이 수정조치는 실행계획의 수정일수도 있고 목표에 대한 수정일 수도 있다.

제3절 경영정보관리

1. 정보와 정보기술

우리는 흔히 정보(information)와 자료(data)라는 용어를 혼동하여 사용하고 있다. 그러나 정보와 자료는 분명하게 다른 개념으로서 이를 확실하게 이해하고 분류할 수 있어야 한다. 자료란 요약되거나 분석되지 않은 상태로 존재하는 사실이나 수치를 의미하며 정보란 그 사용자에게 의미있고 유익한 내용이 되도록 전환시킨 것을 말한다. 즉 자료 자체로는 사용자에게 아무런 의미가 없고 정보로서 가공되어야 비로소 의미를 갖게 된다.

정보기술은 정보를 생산, 저장, 처분하는데 사용되는 여러 가지 도구와 능력을 말한다. 오늘날 정보기술은 우리사회 특히 비즈니스 환경에서 깊숙이 자리잡고 있다. 컴퓨터는 가장 초보적인 일에서부터 아주 복잡한 작업까지 수행한다. 또한 중요한 정보를 빨리 전송하고 분석함으로써 컴퓨터는 기업의 매니저들이 복합적인 의사결정을 하는 일을 돕고있다.

전통적으로 정보기술은 크게 컴퓨터와 통신기술 두 부류로 나누어진다. 정보기술은 정보를 포착, 처리, 생산, 저장, 추출 그리고 전송하는 기능을 한다. 정보기술은 컴퓨터와 통신시스템을 이용하여 개인 또는 조직에 다음과 같은 이점을 제공한다.

- 속도(Speed) : 주어진 작업을 빠르게 처리한다.
- 일관성(Consistency) : 반복되는 작업을 논리적으로 일치되게 처리한다.
- 정확성(Precision) : 실수없이 처리할 수 있다.
- 신뢰성(Reliability) : 결과와 사용에 대한 높은 의존도를 준다.

이러한 이점을 제공하는 정보기술은 개인과 조직이 생산적이고, 효과적이고, 성공적이 되는 기회를 제공한다. 즉 정보기술은 인간의 활동을 돕고 문제를 해결하는 기회를 만들어 준다.

2. 정보시스템

정보시스템(information system)은 조직에서 의사결정과 통제를 지원하기 위하여 데이터와 정보를 수집(또는 추출), 처리, 저장 그리고 분배하는 기능을 하는 연결된 요소들의 집합이라고 정의할 수 있다. 또한 정보시스템은 매니저와 사용자들의 문제를 분석하고, 복잡한 주체를 가시화하고 또 새로운 제품을 창출하는 것을 돕는다. 한편 기업의 관점에서 보면 정보시스템은 환경에 의해 생겨나는 도전에 대한 정보기술에 바탕을 둔 조직적이며 경영적인 해법이라고 할 수 있다.

1) 정보시스템의 역할

정보시스템은 기업의 근본을 바꾸고 있다. 기업의 고객서비스 운용, 제품과 마케팅전략의 성공은 때로는 전적으로 정보기술에 달려 있다. 이러한 기능을 지원하는 컴퓨터는 책상 위, 공장, 가게, 심지어는 가방에서 발견된다. 정보기술의 응용 그리고 관련된 비용은 기업에게 반드시 필요하며 정보시스템은 컴퓨터와 통신기술의 발전에 따라 또 기업의 요구에 따라 점차 발전해 왔다.

1950년대에서부터 1960년대 중반까지의 정보시스템의 역할은 간단하였다. 이때의 정보시스템은 거래처리, 장부정리, 회계 그리고 다른 전자적 데이터처리응용에 사용되었다. 1960년대 중반에 들어 경영정보시스템의 개념이 도입되어 새로운 역할이 추가되었다. 경영정보시스템은 매니저와 다른 사용자들이 의사결정을 하는데 필요한 정보를 주기 위하여 미리 정해진 경영보고서를 제공하는데 초점을 맞추었다.

1970년대에 들어서 경영정보시스템이 제공하는 미리 정해진 정보보고서로 서는 많은 경영자의 의사결정요구를 충족시키지 못함을 알게 되었다. 그래서 의사결정지원 시스템의 개념이 출현하였다. 이 새로운 정보시스템은 의사결정과정에서 매니저와 다른 사용자들을 즉각적이고 대화형인 방법으로 지원하도록 만들어졌다. 의사결정지원 시스템은 구체적 현실문제를 해결하려는 매니저의 독특한 의사결정 스타일에 맞도록 만들어졌다.

1980년대에 들어 정보시스템에는 몇 가지 새로운 역할이 추가 되었다.

첫 번째 변화로는 마이크로컴퓨터, 응용소프트웨어 패키지 그리고 통신기술의 급격한 발전이 사용자 컴퓨팅(end user computing) 환경을 만들어냈다. 이제 모든 사용자는 기업정보시스템 부서가 간접적으로 제공하는 컴퓨팅 서비스를 기다리지 않고 자신들이 컴퓨터자원을 가지고 일하게 되었다.

두 번째 변화는 대부분의 중역이 경영정보시스템의 보고서나 의사결정지원 시스템의 분석모델 기능을 직접 사용하지 않아도 중역에게 원하는 주요한 정보를 친숙한 형태로 표현하여 접근할 수 있게 하였다.

세 번째는 인공지능기술을 기업정보시스템에 응용하는 획기적 발전이 일어났다. 전문가시스템과 다른 지식기반 정보시스템이 만들어졌다. 전문가시스템은 특정한 문제에 대하여 사용자에게 컨설턴트의 역할을 한다.

1980년대 말부터 정보시스템의 새로운 역할이 중요해졌다. 전략정보시스템의 개념이 그것이며 이로써 정보기술이 기업을 세계시장에서 경쟁우위를 점하게 만드는 기업프로세스, 제품 그리고 서비스에 결합되는 요소로 간주되었다.

1990년대 들어서는 인터넷과 다른 세계적 네트워크가 정보시스템의 기능을 엄청나게 변화시켰다. 세계적 네트워크는 글로벌기업의 운영과 경영을 지원하는 사용자, 기업 그리고 조직 간의 컴퓨팅, 통신 및 협동을 크게 바꾸었다. 1990년대 중반부터 시작한 인터넷의 상업적 활용은 전자상거래(electronic commerce)를 폭발적으로 증대시키고 발전된 컴퓨터와 통신기술을 기업의 모든 활동에서 활용케하는 변화를 가져왔다.

이와 같이 시간이 지남에 따라 정보시스템의 역할과 기능의 범위가 넓어졌다. 이렇게 다양한 정보시스템의 역할을 기업경영의 차원에서 요약하면 다음의 세 가지 기능을 한다고 볼 수 있다.

- 기업운용의 지원(support of business operations)
- 매니저의 의사결정지원(support of managerial decision making)
- 전략적 우위확보지원(support of strategic advantage)

2) 정보시스템의 유형

경영자의 계층에 따라 수행해야 하는 업무는 많은 차이를 보인다. 최고경영자의 경우에는 주로 계획활동을 하게 되며 이에 반하여 일선경영자에게는 현장실무능력이 요구된다. 이와 같이 경영자의 계층에 따라 업무가 달라지듯이 계층별로 사용하는 정보시스템을 달라지게 한다.

정보시스템이란 조직의 의사결정 및 통제를 지원하기 위해 정보를 수집, 저장, 검색, 처리하여 적절한 형태로 의사결정자에게 제공해 줌으로써 조직의 목표를 보다 효과적으로 달성할 수 있도록 지원하는 조직화된 통합적 컴퓨터정보시스템을 의미한다.

(1) 거래처리시스템(TPS)

거래처리시스템(transaction processing system : TPS)은 기업이 일상으로 수행하는 거래활동의 결과로 발생하는 데이터를 처리, 저장 및 관리하는 정보시스템을 말한다. 거래처리시스템은 기본적으로 자료의 수집, 계산, 저장, 보고서 작성 등의 네 가지 업무를 수행하게 된다.

거래처리시스템은 대량의 자료입력, 많은 보고서 작성, 간단한 계산의 빈번한 수행, 빠른처리, 대량의 저장용량, 시스템보안의 중요성 등의 특징들을 가지고 있다. 기업들은 기본적인 거래활동을 컴퓨터로 처리함으로써 많은 이점을 얻을 수 있다. 많은 양의 업무를 컴퓨터를 이용하여 처리함으로써 생산성을 높일 수 있다. 또한 신속하게 고객의 요구를 처리할 수 있기 때문에 고객의 만족도도 높이고 매출액도 증가시킬 수 있다. 또한 거래처리시스템에 저장된 자료는 기업의 경영활동에 필요한 정보로 변환될 수 있다.

예를 들면 고객의 주문자료를 요약하면 기업의 판매실적과 추세를 파악할 수 있고, 생산실적을 가공하면 생산현황과 재고상황을 파악할 수 있고, 회계자료를 요약하면 재정상태와 현금흐름의 상태를 파악할 수 있다. 따라서 거래처리시스템에 저장된 자료를 적절한 형태로 가공하면 기업을 운영하는 관리자들에게 중요한 정보가 될 수 있다.

거래처리시스템은 기업의 기본적인 거래활동들을 지원하기 때문에 경영활동의 근간이 되어 가고 있다. 특히 특정산업에서는 거래처리시스템이 없이는 경영활동이 불가능할 정도로 그 비중이 매우 크다.

은행의 온라인시스템, 항공사의 예약시스템, 증권회사의 주식거래시스템, 유통업체의 주문을 처리하는 POS 시스템(point of sales) 등과 같은 거래처리시스템 없이는 경영활동을 수행할 수 없을 정도로 그 비중이 높아져가고 있다.

(2) 사무자동화 시스템(OAS)

컴퓨터와 통신기술의 발전으로 기업의 사무실에서 일하는 방법에 많은 변화가 일어나고 있다. 그 중의 하나가 지식근로자(knowledge workers)들의 업무를 자동화하는 과정에 정보기술을 이용하여 근로자들의 생산성 향상을 시도하고 있다는 점이다.

정보기술을 이용하여 지식근로자의 업무를 자동화하여 구성원 간의 의사소통을 활발하게 하고 생산성을 향상시키는 정보시스템이 사무자동화 시스템(office automation system)이다. 팩스, 워드프로세스, 전자결제, 전자비서, 전자사서함, 데스크탑출판, 화상회의, 음성우편 등의 응용분야들이 업무의 생산성을 높이기 위하여 이용되고 있는 사례들이다.

최근의 정보시스템의 환경이 기존의 전산부서중심의 컴퓨팅환경에서 일반인들의 업무수행에 직접 이용하는 컴퓨팅환경으로 변화하고 있다. 저렴한 가격에 성능이 뛰어난 컴퓨터구입가능, 사용하기 편리한 다양한 소프트웨어의 발전, 최종사용자들의 컴퓨터이용 능력확산, 기업정보관리의 분권화 등의 이유들로 인하여 최종사용자 컴퓨팅이 확산되고 있다.

기업들은 최종사용자 컴퓨팅이 확산됨에 따라 컴퓨터자원 및 교육과 훈련에 대한 투자의 필요성, 생산성의 증대방안 강구, 관리상의 위험요소들이 부각되어 이에 대한 많은 관심을 가지고 있다.

(3) 경영정보시스템(MIS)

기업의 관리자들은 기업의 목표를 달성하기 위하여 계획을 세우고, 조직하고, 실행하고, 통제하는 관리활동을 수행한다. 이러한 관리활동을 효과적으로 수행하기 위해서는 많은 정보가 필요하다.

관리자들의 업무활동을 보다 효과적으로 수행하는 데 필요한 정보를 제공할 수 있는 정보시스템이 필요하게 되었는데 이러한 정보시스템이 경영정보시스템(management information system)이다.

경영정보시스템은 "기업의 관리자들이 업무수행에 필요한 정보를 적절한 시간에 적절한 형태로 제공하여 주는 시스템"으로 정의할 수 있다. 경영정보시스템은 기업이 관리자들의 업무수행에 필수적인 정보를 제공함으로써 보다 효과적인 기업경영을 수행할 수 있게 해준다.

경영정보시스템은 두 가지 의미로도 해석된다. 광의의 경영정보시스템은 기업에서 이용되는 모든 종류의 정보시스템으로 정의할 수 있고 협의의 경영정보시스템은 관리자들의 업무수행에 필요한 정보를 보고 한다는 의미로서 정보보고시스템(information reporting systems)이라고 한다. 일반적으로 경영정보시스템은 후자의 개념으로서 관리자들에게 필요한 정보를 제공하는 정보보고시스템의 개념으로서 이해되고 있다.

경영정보시스템에 필요한 입력자료는 거래처리시스템에서 제공되는 기본적 거래활동에 대한 자료, 외부환경, 기업의 목표나 정책에 관한 자료이다. 이러한 자료들을 수집, 저장, 가공하여 제공되는 출력결과는 정기적으로 보고되는 보고서, 관리자들의 요구에 의하여 불규칙하게 만들어지는 보고서, 특별한 상황이 발생하였을 때 만들어지는 보고서 등의 형태로 제공된다. 이러한 보고서들은 관리자들의 경영활동과 의사결정을 지원함으로써 보다 효과적으로 업무를 수행하게 해준다.

(4) 의사결정지원 시스템(DSS)

성능이 뛰어난 퍼스널컴퓨터의 발전과 다양한 소프트웨어의 개발로 컴퓨터시스템을 전산부서의 전문가 뿐만 아니라 일반관리자들도 이용할 수 있는 기회가 늘어났다. 컴퓨터이용이 쉬워짐에 따라서 일반관리자들은 컴퓨터가 어려운 의사결정을 지원하는 도구로서 이용될 수 있음을 인식하였다. 관리자들은 일상적인 의사결정 뿐만 아니라 어렵고 중요한 의사결정을 수행해야 할 때가 있다. 예를 들어 수요예측, 원가분석, 프로젝트 타당성 분석, 시장분석, 합병과 인수 등의 의사결정들은 자주 발생하지 않지만 기업의 흥망을 결정할 정도로 매우 중요하며 복잡한 의사결정들이다.

이와 같이 어려운 의사결정분석 시 필요한 정보는 기존의 거래처리시스템이나 경영정보시스템에서 모두 제공될 수 없다. 따라서 복잡하고 어려운 의사결정을 수행하는 데 필요한 정보와 분석기능을 제공하는 정보시스템을 필요로 하게 되었다. 이와 같이 비구조적이고 어려운 의사결정을 지원하기 위한 정보시스템이 의사결정지원 시스템(decision support system)이다.

의사결정지원 시스템은 "복잡하고 어려운 반구조적인 의사결정을 수행하는 데 필요한 정보를 자료와 모형을 이용해 제공함으로써 의사결정자의 의사결정을 보다 효과적으로 수행할 수 있도록 지원하는 정보시스템"이라 정의할 수 있다.

의사결정시스템의 가장 큰 특징은 모형을 이용해 다양한 상황과 경우를 분석할 수 있다는 점이다. 통계적 기법, 재무분석기법, 경영과학기법, 시뮬레이션 등의 계량적 모형들이 의사결정지원 시스템에 널리 이용되고 있다. 어렵고 복잡한 문제에 접한 관리자들은 때때로 문제가 무엇인지도 모를 때가 있고, 의사결정에 필요한 정보가 무엇인지도 모를 수 있고 또한 다양한 상황을 분석하고 싶어 할 것이다.

따라서 의사결정지원 시스템은 의사결정의 다양한 상황을 분석할 수 있는 What-if분석, 민감도분석(sensitivity analysis), 목표탐색(goal seeking) 등의 기능을 가져야 한다. What-if분석이나 민감도 분석은 모형의 변수나 변수의 관계를 변화시킴으로써 전체 시스템의 변화를 관찰하는 기법이고, 목표탐색기법은 목표를 달성하는 데 어떠한 변수를 어떻게 변화시킴으로써 달성할 수 있는지를 분석하는 기법이다.

(5) 중역정보시스템(EIS)

기업의 경영활동에 있어서 최고경영자의 활동은 매우 중요하다. 최고경영자들은 기업의 장기적 목표를 세우고, 목표를 달성하기 위한 자원을 획득하고, 획득된 자원들을 구성원들에게 분배하는 업무를 수행한다. 또한 기업외부환경의 변화를 분석하여 기회와 위협요인을 찾아내고 내부활동을 분석하여 문제점과 해결책을 모색하는 업무를 수행한다. 최고경영자의 임무수행에 필요한 정보요구는 다른 구성원들에 비하여 매우 독특하다. 따라서 최고경영자의 업무수행에 필요한 정보를 제공하여 주는 별도의 정보시스템을 필요로 하게 되었다.

중역정보시스템(executive information system)은 "기업외부환경과 내부환경에 관한 중요한 정보를 최고경영자가 쉽게 획득하여 기회탐색과 문제해결을 효과적으로 수행할 수 있도록 지원하는 정보시스템"으로 정의할 수 있다.

최고경영자 정보시스템은 경영자가 원하는 중요한 정보를 그래프나 표 등을 이용하여 빠른 시간내에 제공할 수 있어야 한다. 대부분의 최고경영자는 컴퓨터사용이 익숙하지 않으므로 특히 사용하기 쉽게 구축되어야 한다. 이러한 특성을 가진 정보시스템을 이용함으로써 최고경영자들은 보다 효과적으로 업무를 수행할 수 있다.

이러한 중역정보시스템은 사용자들이 최고경영층이라는 점에서 중간경영자들이 사용하는 의사결정지원 시스템과 차이가 있다. 또한 기능면에서 의사결정지원 시스템이 특정문제에 국한되는데 비해 중역정보시스템은 다양한 문제에 지원이 가능하다는 점에서도 차이가 난다.

(6) 전문가시스템(ES)

우리 주위에는 전문적인 일을 수행하는 여러 전문가들이 존재하며 기업내에도 여러 분야의 많은 전문가들이 존재한다. 예들 들어 고객의 신용분석, 생산계획수립, 주식투자자문, 제품의 설계 등의 분야들은 전문가의 전문적인 지식이 필요한 분야이다.

전문가가 되기 위해서는 많은 시간과 경험이 필요하며 전문가들의 지식과 문제해결능력은 기업의 자산이다. 따라서 전문가들이 지식을 컴퓨터에 프로그램화하여 일반인들에게 값싸게 이용할 수 있다면 기업의 입장에서는 매우 유용할 것이다.

최근에 인간처럼 생각하고 판단하는 컴퓨터의 개발을 연구하고 있는데 이 분야가 인공지능(artificial intelligence) 분야이다. 인공지능 분야의 발전된 기술을 경영분야에 이용하여 전문가의 지식을 추출하여 컴퓨터에 내장하여 전문가의 역할을 대신하려는 정보시스템을 개발하려는 노력들이 진행 중이다. 이러한 정보시스템이 전문가시스템(expert system)이다.

전문가시스템은 "전문가의 희귀한 지식을 추출하여 컴퓨터에 프로그램화하여 전문가의 역할을 대신할 수 있는 정보시스템"이라고 정의할 수 있다. 전문가시스템은 경영, 엔지니어링, 금융, 통신, 의학, 법률 등의 여러 분야에서 문제진단, 분석, 예측, 설계, 계획, 관찰, 통제, 교육 등의 영역에 널리 이용되고 있다. 현재 기업에서 구축된 전문가시스템은 투자자문, 신용분석, 제철소의 고로진단, 생산스케줄링, 원자재 도입계획, 컴퓨터설계 등의 분야에서 널리 이용되고 있다.

생각해 봅시다

1. 마케팅관리지침은 환경변화에 따라 5가지 단계로 변해왔다. 그 과정을 설명해보자.
2. 전략적 마케팅관리의 과정을 설명해보자.
3. 제품수명주기에 대해 설명해보자.
4. 경영에서 정보시스템이 왜 중요한지 설명해보자.
5. 정보시스템의 유형에 대해 제시해보자.

제9장

고객관계관리와 세일즈

작은 골목상권에서부터 거대한 비즈니스 시장에 이르기까지 생존을 위해 필수적으로 갖춰야 하는 가장 중요한 것은 소비자(고객)에 대한 관리이다. 소비자들이 무엇을 좋아하고 다른 경쟁자들이 어떻게 하는지를 늘 살펴보고 고민해야 한다. 소비자들은 항상 변덕스럽고 까다롭고 빠르게 변하는 존재들이다. 소비자의 요구를 제대로 따라가지 못한다면 외면받게 될 수밖에 없다. 그렇기 때문에 다른 경쟁자들과 소비자들의 상황을 늘 예의주시하고 교류할 필요가 있다. 소비자들이 변덕스러운 존재라는 것을 고려하면 나의 아이템과 방향성이 변화에 적합한지도 판별할 수 있다. 변화를 주기 어려운 아이템과 종목일수록 변화에 매우 취약하다는 것도 명심해야 한다.

치열한 '골목의 전쟁'에서 승리하려면?

골목상권과 자영업의 미래에 대하여

이 난전에서 승리하기 위해선 무엇을 해야 할까?

우선 얕보지 말아야 한다. 수많은 사람들이 자영업과 골목의 전쟁을 가볍게 여기고 진입하곤 한다. 하지만 시장은 우리 예측대로 흘러가지 않는다. 우리가 예측했던 그 쉬워 보이는 수익은 실제로는 거둘 수 없다.

자기능력을 자가 평가할 때 발생하는 인지적 편향을 설명한 '더닝-크루거 효과'가 있다. 무능력한 사람은 자기 자신을 과대평가하고, 유능한 사람은 자신을 과소평가하는 경향성을 말한다. 어떤 사항에 대해서 제대로 알지 못할수록 과신하기 쉽다. 만약 자영업과 특정 지역의 상권이 돈 벌기에 만만하게 보인다면, 자신이 정말 아는 게 무엇인지부터 우선 체크해보라.

두 번째로 시장의 변화를 잘 관찰하고 받아들여야 한다. 타인에게 관심없는 것이 인간의 본성이긴 하나, 골목의 전쟁에서 몸담고 있다면 절대로 그렇게 해서는 안 된다. 소비자들이 무엇을 좋아하고 다른 경쟁자들이 어떻게 하는지를 늘 살펴보고 고민해야 한다.

소비자들은 매우 변덕스럽고 까다롭고 빠르게 변하는 존재들이다. 소비자의 요구를 제대로 따라가지 못한다면 외면 받게 될 수밖에 없다. 그렇기에 다른 경쟁자들과 소비자들의 상황을 늘 예의주시하고 교류할 필요가 있는 것이다. 소비자들이 변덕스러운 존재라는 것을 고려하면 나의 아이템과 방향성이 변화에 적합한지 또한 판별할 수 있다. 변화를 주기 어려운 아이템과 종목일수록 변화에 매우 취약하다는 것을 명심하자.

세 번째로 경쟁에 대한 잘못된 환상에서 벗어나야 한다. 언제부턴가 대형자본이 마치 불공정한 경쟁인 것처럼 이야기하곤 한다. 이것은 엄연한 착각이다. 누군가 자본에서 우위를 차지하고 진입을 한다면, 우리는 자본이 아닌 다른 분야에서 우위를 가지고 있어야 한다. 더군다나 상대방이 남들보다 많은 자본을

지난여름, 사람들로 가득한 서울 중구 을지로 포장마차 골목. 골목과 지역상권에서 벌어지는 경쟁은 개개인이 벌이는 난전에 가깝다. 이 난전에서 승리하기 위해 무엇을 해야 할까?

가지고 진입했다면 그만큼 잃을 것도 많은 상황이다. 이런 양면성을 고려하지 않고 그저 더 많은 자본으로 우위를 차지하는 게 불공정하다 여긴다면 그것은 그냥 나보다 경쟁력 있는 사람은 다 불공정하다는 이야기나 다름없다. 우위를 차지해도 경쟁에서 이기는 것은 언제나 불확실하기에 우리는 경쟁에서의 우위를 비판해서는 안 된다.

'상생'의 개념 또한 마찬가지다. 상생이 가능하기 위해서는 경쟁력 자체가 필수적이다. 경쟁력 없는 것이 보호받는 것은 상생이 아니다. 각자가 각자의 방식으로 소비자들에게 선택되기 위해 존재의 가치를 증명할 필요가 있다. 그렇게 각각의 경쟁력을 갖춘 경쟁자들이 어우러지는 것이 상생이다.

이처럼 자영업, 그리고 골목에서 벌어지는 전쟁은 치열함 그 자체다. 사실 자영업이란 것도 엄연히 소기업이니 당연하다면 당연한 일이다. 애초에 기업을 꾸리고 경영하는 것이 만만할 리가 있겠는가.

특히나 이 시장은 현재 전문가의 시장으로 변화하는 와중이다. 대량생산제품의 품질이 이제 기존의 골목상권 상품에 버금가는 수준이 되었고, 다양성을 원하는 소비자들의 등장으로 대량생산제품과는 다른 특색을 갖춘 곳들이 새로운 시장을 형성해 나가고 있다. 그렇기에 자영업은 더 이상 일자리의 도피처로서 기능할 수가 없다. 아무런 경험도 없고 구체적인 생각을 해보지 않은 사람들이 함부로 진입해선 안 된다. 경험도 전문지식도 없이 창업이 가능했던 과거가 이상한 상황이지, 현재가 이상하거나 나쁜상황이 아닌 것이다.

일자리의 질로 따지자면 사업가는 결코 좋은 일자리라 할 수 없다. 남들보다 오래 일해야 하고, 남들보다 더 많은 고민을 해야 하고, 엄청난 변동성과 불확실성을 감수해야 한다. 우리나라는 과거부터 자영업자들이 많았는데, 이 말은 그만큼 질 나쁜 일자리가 많다는 이야기이며 사업을 하지 말아야 할 사람들이 너무 많이 사업을 하고 있단 의미기도 하다. 사업가적 능력과 성공에 대한 보상이 일반적인 임금노동자보다 많은 소득임을 감안하면 지금의 상황은 여전히 문제가 있다.

그래서 골목의 전쟁은 현재 그 어느 때보다도 중요하다. 골목의 소기업에서 시작하여 중기업으로 발전해나가고 브랜드로 발전하는 곳들이 많이 늘어나야 한다. 이렇게 탄생한 일자리가 자영업이 차지하고 있던 부분을 흡수해나가는 것이 모두에게 바람직한 일이다. 골목이 더 이상 폐업과 슬픔이 가득한 공간이 아니라 브랜드와 새로운 기업의 탄생지로 사람들에게 기억되길 바란다.

▶ 출처 : 2019년 12월 31일 비즈한국

제1절 고객관계관리(CRM)의 이해

1. CRM의 정의

최근 고객확보와 유지가 어려워지면서 기업은 고객관계관리(CRM)에 집중하고 있는 실정이다. CRM(customer relationship management)이란 고객관계관리를 의미한다. CRM은 "고객에 대한 정확한 이해를 바탕으로 고객이 원하는 제품과 서비스를 지속적으로 제공함으로써 고객을 오래 유지시키고 결과적으로 고객의 평생가치(life time value, LTV)를 극대화하여 수익성을 높일 수 있는 통합된 프로세스 혹은 그 효율성을 도모하는 활동"으로 정의할 수 있다.

여기서 고객의 평생가치란 "고객이 특정회사의 제품이나 서비스를 구매하였을 때부터 마지막으로 구매할 것이라고 판단되는 시점까지의 예상 누적매출 또는 누적이익"이라 할 수 있다. 따라서 고객의 평생가치 극대화란 고객이 평생동안 경쟁사의 제품 또는 서비스를 구매하지 않고 자사의 것만을 구매할 수 있도록 하는 것을 의미한다. 이를 위해서는 진정한 가치를 주는 고객은 누구인가, 고객이 어떤 특징을 가지고 있는가, 고객이 진정 원하는 것이 무엇인가 등 고객에 대한 올바른 이해가 선행되어야 한다. 이러한 이해를 바탕으로 고객이 원하는 제품과 서비스를 제공하고 고객에 따라 차별화 된 마케팅전략을 구사하는 등 적절한 대응전략을 수립하여 실행함으로써 고객과의 관계를 지속적으로 강화해 나가야 한다.

CRM은 이렇듯 고객과의 관계를 긴밀히 유지함으로써 새로운 고객을 획득하고, 이탈고객을 최소화하며, 기존 고객을 좀 더 우량고객으로 변화시키는 것을 목적으로 한다. 그러나 CRM을 도입했다고 하는 많은 업체들을 보면 CRM개념에 대해 잘못 이해하는 경우가 종종 있다. 이는 외부의 컨설팅업체나 IT업체가 자신의 영업적인 측면을 강조한 설명만을 주장하며 생긴 오해라고 볼 수 있다.

데이터베이스나 데이터웨어하우스 업체는 "기업내외의 고객데이터를 추출하여 고객 DB(database)를 구축하는 것이 CRM의 거의 전부이다"라고 말한다.

또한 데이터마이닝 업체의 경우는 CRM을 "데이터마이닝 도구를 사용해 고객의 특성을 분석하는 것이라 말하고 CTI(computer telephony integration) 업체는 "CTI에 마케팅기술을 결합한 것으로 가장 중요한 요소는 고객접점관리이다"라고 강조한다.

그러나 CRM은 고객, 정보, 사내 프로세스, 전략, 조직 등 경영전반에 걸친 관리체계이며, 이를 정보기술이 뒷받침하는 것으로 보아야 할 것이다.

기업의 입장에서 새로운 고객을 이끌어 유치하는 것은 기존 고객을 보유하는 것보다 10배나 더 많은 비용을 초래하기 때문에 항상 보다 높은 고객만족도 및 보다 좋은 서비스를 제공해서 기존 고객을 붙잡아 두는것이 더 이익이다. 그렇게 함으로써 고객들은 보다 저렴한 비용으로 기업의 서비스를 이용할 수 있는 것이다. 이러한 목적을 달성하기 위해 기업은 고객관계를 좀 더 효율적으로 관리, 유지할 필요가 있다. 그렇기 때문에 기업에는 고객관계마케팅이 필요한 것이다.

기업입장에서의 CRM이란 앞에서 이야기했듯이 고객관계관리를 말하는 것으로, 선별된 고객으로부터 수익을 창출하고 장기적인 고객관계를 가능케 함으로써 보다 높은 이익을 창출할 수 있는 솔루션을 말한다. 즉, 고객과 관련된 기업의 자료를 분석, 통합하여 고객특성에 기초한 마케팅활동을 계획하고, 지원하며, 평가하는 과정을 말하는 것이다.

이러한 CRM은 기업에만 필요한 것이 아니다. 산업전반에 걸친 모든 분야에 확대적용할 수 있는 것이 바로 CRM이다. 개인 일상생활에서부터 사업가에 이르기까지 많은 분야에 적용을 할 수 있다. 하지만 대상은 달라도 공통원칙이 있다. 그것은 고객에 대한 많은 정보를 얻어 분석하고, 분석한 자료를 바탕으로 어떻게 할 것인지 미래에 대해 목표를 결정하는 것이다. 또한 목표를 수행하기 위한 계획과 전략을 세우고 계획과 전략대로 실천하는 것이다.

따라서 CRM의 기본은 목표설정, 고객분석, 전략수립, 실천을 얼마나 잘 하는가에 따라 그 결과가 달라진다.

예를 들어 CRM을 자신의 생활중심으로 이해해 보면, 매일매일 자기 스스로 오늘의 목표를 설정하고 정보를 분석, 계획 및 전략을 수립한 후 그에 맞도록 행동으로 옮긴다. 그것은 자신의 CRM을 진행하고 있는 것이다. 물론 중요한 일과 사소한 일 모두에 적용되며 자신의 삶에 있어 중요한 의사결정을 내릴 때도 마찬가지이다.

이처럼 CRM은 다양한 접근과 해야 할 일이 많지만 사회전반에 걸쳐 적용되고 있기 때문에 기업과 개인은 CRM의 활용여부에 따라 그 경쟁력이 달라지고 있는 것이다.

2. CRM전략의 개념

그렇다면 이렇게 다양한 CRM은 어떻게 접근해야 하는가? 고객의 유형별로 CRM은 달라야 하며 그 상황에 따라서도 접근의 차별화는 이루어져야 한다.

1) 고객욕구(customer needs)와 CRM

고객의 욕구(needs)와 사이버 공간의 고객접점확대로 기업은 고객욕구에 대한 형상화를 만들어야 하는데 이는 개개인의 고객이 왜? 어떤 방법으로? 상품과 서비스를 구매하고 있는지에 대한 통합적인 이해가 필요하다. 이는 고객의 소비패턴과 구매상황, 구매형태에 대한 통합적 이해를 말한다.

이러한 상황에서 고객의 직접적인 욕구를 실현하는 방법은 첫째, 욕구를 고객의 소비상황과 맞도록 통합적으로 이해하고 유형화한다. 둘째, 직접적인 고객접촉을 통해 고객과의 의사소통을 유도한다. 즉 양방향 소통으로 고객이 원하는 욕구를 파악해 내는 것이다.

이는 고객으로부터의 관점전환을 통해 구매 전 자극보다는 사용 후 만족감 극대화를 통해 고객과의 관계를 더욱 원활하게 형성할 수 있다. 그러기 위해서는 가장 먼저 고객에 대해 파악하는 것이 중요한 일이다.

과연 고객은 무슨 생각을 하고 있는가?
도대체 고객은 왜 경쟁자 제품과 서비스를 구매하는가?

우리는 이러한 문제를 해결하기 위해 고객의 욕구에 대해 접근해야 한다.

인간의 욕구를 다루는 동기이론 중 대표적인 매슬로우(Maslow)의 이론을 살펴보면 인간의 욕구는 5단계로 나누어진다. 즉 생리적 욕구, 안전의 욕구, 사회적(소속) 욕구, 존경의 욕구, 자아실현의 욕구가 바로 그것이다.

이론에 의하면 모든 사람들은 5단계의 욕구가 발생하며 욕구도 단계별로 나타난다는 것이다.

가장 하위의 욕구는 생리적 욕구(physiological needs)이다. 생리적 욕구에 해당하는 것은 먹는 일(eat), 잠자는 일(sleep), 성(sex)에 관한 욕구이다. 이것이 충족되고 나면 다음으로 안전의 욕구(safety needs)가 나타나며 이는 적절한 주택확보로 물리적 안전이 확보되고 사람들과의 관계속에서 걱정하지 않는 상태가 되어 대인적 안전을 제공받고자 하는 욕구를 말한다.

그 다음 나타나는 욕구는 사회적(소속) 욕구(belonging needs)로 사람들과 어울리려는 욕구, 다른 사람들에게서 동료로 받아들여지려는 욕구이다.

또한 존경의 욕구(esteem needs)는 스스로에 의한 긍정적인 자기이미지와 자아존중의 욕구, 타인으로부터 존경받으려는 욕구를 말한다.

마지막으로 나타나는 자아실현욕구(self-actualization needs)는 자신의 잠재력을 실현하고자 하는 것을 의미한다.

여기서 생리적 욕구, 안전의 욕구, 사회적 욕구, 존경의 욕구는 결핍욕구 혹은 기본욕구라고 일

그림 9-1 매슬로우(Maslow)의 욕구 5단계설

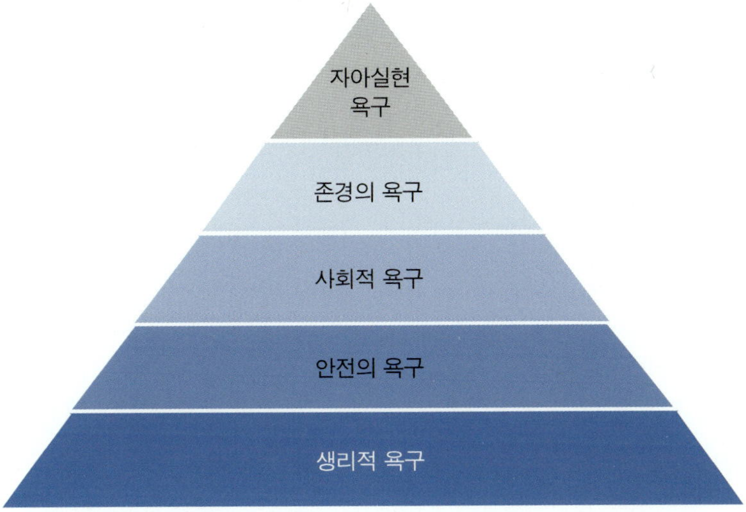

컫는다. 또한 자아실현의 욕구는 개인적 성장과 발달에 초점을 두고 있기 때문에 이는 성장욕구라고 말한다. 정리하면 〈그림 9-1〉과 같다.

2) 기업변화와 CRM

CRM은 기업의 변화에 의해서도 달라진다. 이전에 행해지던 기업마케팅이라 하면 대중을 상대로 일률적인 행동을 펼쳐 효율을 유도하고 배분하는 매스마케팅(mass marketing)시대였다.

1980년대는 고객의 세분화로 판매자의 관점으로 전환된 시기였으며 영업부문의 강화와 유통망의 수직통합, 생산과 판매의 결합이 유행하던 시기로 시장에 보다 더 가까이 접근하는 'market-in'의 시대였다.

1980년대 후반이후는 'market-out'의 방식이 제시되었고 이는 고객의 입장에서 이해하려는 개념이 출현된 시기이다. 이는 더욱 세밀하고 더욱 상세하게 고객의 욕구를 판단하고 분석하여 좀 더 능숙하게 대응하고자 하는 것이다.

기업모델이 점차 개별고객별로 변화되면서 고객을 보는 단위는 집단으로서의 고객이 아닌 개개인의 고객이며, 시장이 아니라 개개인 고객의 구매활동과 의사를 대행하는 형태로 변화해 왔다. 기업은 자사의 위치를 그렇게 설정하고 개별고객의 에이전트 역할을 하게 된 것이다.

또한 애매한 욕구를 형상화하고 구체적인 표적으로 만든다. CRM전략의 두 가지 커다란 주제는 확대된 가상공간의 고객구매활동 중에서 어떻게 고객의 애매한 요구를 찾아내 형상화하는 가와 뒤

범벅이 된 고객을 어떤 식으로 파악하고 엄격히 가려내어 자원을 배분해가느냐 하는 문제이다.

이를 위해 최적의 정보기술을 활용한 6가지 가치의 제공과 기존 고객정보자원을 활용한 직접적인 세분화의 실행이 필요하다.

(1) 여섯 가지 가치접근

가. 고객화(customization)

고객화(customization)는 고객의 기호와 소비행태를 기억하여 일반적인 상품과 서비스를 특정 고객의 요구에 맞게 만드는 것이다.

나. 원스톱(one-stop)

고객욕구(needs) 관련 상품과 서비스를 한곳에 모아서 제공하므로 고객이 한곳에서 한 번에 원하는 상품과 서비스를 해결할 수 있도록 하는 것이다.

다. 매칭

중립적이고 객관적인 관점에서 고객욕구에 맞는 상품과 서비스를 제공하는 것이다.

라. 적시제공

고객이 원하는 시간에 상품과 서비스를 제공하여 고객의 만족을 충족시키는 접근방법을 말한다. 피폿(peopod.com)이라는 업체는 식료품을 제공할 때 신선도를 유지하기 위해 직접 자동차회사에 의뢰하여 개조한 냉동차를 통해 식료품을 배송하였다.

또한 고객이 원하는 시간이면 언제든지 정확하게 고객의 매장까지 전달하는 성실함을 보였다. 그로 인해 고객의 만족은 점점 더 높아지게 되었고 비즈니스 아이템의 확대성장으로 유명기업이 될 수밖에 없었다.

마. 추천

고객의 기호와 소비유형에 부합하여 고객에게 상품과 서비스를 제공하는 방법이다. 기존 고객의 소비성향을 분석한 이후 고객이 좋아하는 분야의 것들을 찾아 나름대로의 추천 이유와 근거를 통해 상품과 서비스를 고객맞춤으로 접근한다.

바. 메타 프로덕트

소비가 이루어지는 배경을 이해한 후 고객의 목적실현을 위해 모든 상품과 서비스를 묶어서 제공한다.

(2) 직접적인 세분화

값비싼 인건비를 투자하여 사람을 고용하고 철저하게 고객을 개별화하여 쫓아다니며 진행하는 사업은 아마도 이 세상에 거의 존재하지 않는다. 또한 고객을 평균하여 바라보고 분석하는 시각은 기업 스스로의 함정이기 쉽다.

왜냐하면, 현실적으로는 평균적 고객이 존재하지 않기 때문이다. 그러므로 시장에 대한 정확하고 직접적인 세분화가 반드시 필요하다.

3) 시장과 CRM

시장은 고객들의 끊임없는 수요와 공급자의 공급정도에 따라 그 형태가 만들어져 간다. 수요가 공급보다 많을 때와 적을 때를 일컬어 각각 우리는 공급중심의 시장, 수요중심의 시장으로 나뉘게 된다.

또한 시장을 수요의 시기에 따라 나누는 시기(seasonal) 수요도 존재한다. 예를 들어 입학, 취직, 결혼과 같이 시기별로 발생하게 되는 수요를 말한다.

그리고 파생수요로 나누어 볼 수 있는데 이것은 시기에 따른 수요를 포함한 굵직한 소비에서 파생되어 발생하는 수요를 말한다. 예를 들면 주택구입과 이사에 따른 파생수요도 이에 속한다.

이러한 시장의 수요와 시기에 따라서 고객관계관리는 차별화되어야 한다. 수요가 일방적이었던 시대는 특별한 마케팅이 필요없었을 것이다. 물론 공급자가 여럿 존재하여 서로 경쟁체제가 되었다면 마찬가지로 마케팅은 활발했을 것이다.

그러나 지금처럼 경쟁사 서로가 마케팅전쟁을 치루는 상황이라면 이제 수요와 공급의 문제를 넘어 CRM의 경쟁에서 살아남아야 한다. 이것은 먼 미래에도 존재할 것이며 기업의 영원한 숙제일 수밖에 없다. 시장의 변화는 이렇게 CRM에도 지대한 영향을 주고 있다.

4) CRM의 진화

다수의 고객을 어떻게 만족시킬 것인지를 파악하기 위해서 기업은 다양한 고객의견을 정확하게 파악하기 위한 개별적 접근을 시도하고 있음을 알 수 있다. 그것은 전체고객 중에서 기업이 표적으로 하는 명확한 대상을 찾아내려는 노력의 시작인 것이다.

(1) 기업의 진화

기업이 개별고객중심으로 진화하기 위해서 전략층과 인사이트(지식)층의 어느 쪽에 주목해야 하는가?

원래 CRM모델은 관심을 인사이트(지식)층에 두고 있다. CRM모델은 마케팅, 세일즈, 서비스영역에서 인사이트층의 중요성을 인지하고 사람과 조직, 정보시스템의 강화를 호소하는 것이다.

그 핵심은 매일 개별고객을 주시하고 변화를 발견, 개별고객에 대한 세분화와 분석형태를 바꾸면서 활동대상과 목표가 개별고객과 어긋나지 않도록 계속 수정할 수 있는 능력을 익히는 것이다.

(2) 진화의 네 단계

CRM전략수행 시 기업발전은 네 단계로 나누어볼 수 있다. 우선 고쳐야 할 것은 '개별고객'을 어떻게 보고, 어떻게 분류하여 고객의 활동에 수월하게 연결시키느냐 하는 문제이다.

1단계, 고객의 적정한 세분화

2단계, 분류별 명확한 지위와 대응

전략적으로 의미있는 세분화가 되기 위해서는 대담하고 명확하게 지위를 부여하는 것이 필요하다. 특히 자사에 유용한 고객확보와 비용만 낭비하는 고객을 반드시 분류하고 정리해야 한다.

3단계, 고객정보수집과 차별적 활동능력강화

자신이 속해 있는 업종의 특성에 따라 대처한다.

4단계, 인사이트(insight)를 기업능력으로 강화

지속적인 지적능력수준을 강화함으로써 시대에 뒤쳐지지 않게 유도한다. 또한 개별고객별 가치를 잘 파악하고 변화에 대응하여 수정한다.

(3) 적정한 세분화

적정한 세분화를 위해서 고객의 일방적인 요구만으로 분류하는 것을 피하고 비용과의 균형이 필요하다. 또한 세분화는 매출상승효과와 비용증가가 균형있게 이루어져야 하는데 이를 전략적 세분화라 한다. 이러한 세분화를 실행할 때 기업이 빠지지 말아야 할 함정은 다음과 같다.

가. 기존 고객정보를 그대로 활용하지 말라.

상황에 맞도록 다시 고객정보를 모아 재편성하고 전략과 과제에 부합되는 고객 재분류를 시도한다.

나. 의향정보에 의존하지 말라.

행동정보(구매이력 및 행태)로 추측할 수 있는 방법을 찾는다. 예를 들어, 가전 양판점 하이마트, 전자랜드 등에서 판매수치에 의한 구매자 분석을 통해 새로운 판매전략을 수립한다. 이는 고객의 의향과 실제 구매행동이 서로 다른 경우가 많기 때문이다.

(단, 의향에 의한 정보를 사용하는 경우에는 '강한' 의향만을 사용한다)

다. 단순한 세분화 기법에 지나치게 의존하지 말라.

속성, 의향, RFM(recent, frequent, monetary)과 같은 단순한 세분화는 한계가 있다. 따라서 복합적인 세분화 기법을 활용한다.

라. 세분화 결과를 현장에서 활용할 수 있도록 하라.

세분화가 현장에서 쓸 수 없다면 의미가 없다. 고객을 분류할 수 있는 체계를 만들고 또한 정확히 차별화할 수 있는 행동을 취할 수 있어야 한다.

마. 세분화 평가를 현재의 수익성만으로 수행하지 말라.

현재 이익을 주는 고객뿐만 아니라 정보를 제공하는 고객과 기업을 성장시켜주는 고객도 매우 중요한 고객이다.

그렇다면 어려운 경쟁시장에서 적정한 세분화를 위하여 기업은 고객세분화를 단순히 마케팅을 위한 부품이 아니라, 전체사원의 행동기준이 되고 공략해야 할 적진의 지도와 같은 존재로 활용해야 할 것이다.

3. CRM의 필요배경

1) 필요 배경

오늘날의 기업들은 다양한 환경변화요인에 의해 많은 도전을 받고 있다. 정보기술 특히 인터넷의 발전에 따라 시간과 공간을 초월한 글로벌 커뮤니케이션이 가능해지고 쌍방향의 의사소통이 가능해 짐에 따라 과거 소유개념이었던 정보와 지식이 이제는 공유의 개념으로 변화되었다.

고객들은 특정 제품 또는 서비스에 대한 정보의 공유와 교환을 통해 많은 사람들의 경험이 통합된 지식을 획득할 수 있는 경험공동체 형성이 가능하게 됨에 따라 제품 또는 서비스의 기대수준이 한층 높아지게 되었다. 따라서 기업은 고객을 제품 또는 서비스의 단순구매자로서가 아닌 제품 또는 서비스를 같이 만드는 공동참여자로서 인식하는 고객지향적 경영체제로의 변환이 불가피하였다.

완벽한 고객정보의 수집과 분석을 통해 고객의 요구에 부응하는 제품 또는 서비스를 제공하고 장기간에 걸친 고객과의 긴밀한 관계유지야말로 치열한 기업경쟁체제에서 살아남기 위한 필수 요소라는 인식을 하게 되었다.

그렇다면 "어떤 고객과의 관계를 긴밀히 유지할 것인가?"

과거 고객만족 경영방식에서는 "모든 고객은 왕이며 모든 고객이 동일하게 중요하다"는 인식하에서 출발하였다. 그러나 CRM은 이런 측면에서 다소 다른 관점을 취한다.

기업수익의 80%는 상위고객 20%에 의해 창출된다. 이것은 80대 20법칙에 따라 모든 고객을 대상으로 일시적 수준의 마케팅활동을 전개하기보다는 진정으로 기업에 수익을 주는 고객에게 보다 정교한 대응을 하는 차별화된 마케팅전략을 구사하는 것이다. 즉, 질적으로 우수한 고객과의 관계를 지속적으로 유지함으로써 다른 비즈니스 기회가 창출될 수 있도록 하는 데 주안점을 두고 있다.

기업 간의 경쟁심화로 제품차별화와 신규고객획득이 점점 어려워지고 있다. 신규고객획득에 소요되는 비용은 기존 고객유 비용에 비해 3~5배 더 소요된다고 한다. 또한 매출액의 70%~80%를 차지하는 주요 고객에 대한 특별한 관리방법이나 운영접근에 대한 체계적 접근이 마련되어 있지 않은 것이 대다수 기업의 현실이다.

그래서 모든 분야의 CRM에서는 신규고객의 수를 늘리려는 노력보다는 기존 고객을 유지(retention)하고 이탈고객을 최소화하며 기존 고객과의 관계를 긴밀하게 유지하여 고객의 평생가치 극대화를 추구하는 것을 더 강조하고 있다.

그렇다면 이러한 환경에서 CRM은 왜 필요한 것일까?

그것은 기업 간 경쟁이 치열해지고 제품의 수명이 점점 더 빨라지면서 기업은 변화하는 환경에 적응이 필요해졌다. 더구나 고객의 취향과 욕구(needs)가 급격히 변화하고 있고 이에 제대로 대처하기 위해 고객관리는 절실하다. 이는 바로 CRM의 중요성이 부각된 이유이며 모든 분야로 CRM이 확산되는 배경이 되었다. 특히 마케팅분야의 CRM은 금융, 통신, 유통부문의 대기업을 중심으로 IT를 기반으로 하는 데이터베이스 시스템구축에 초점이 맞추어져 있었으며 인터넷의 활성화로 인한 eCRM의 구현도 점차 확대되어가고 있다.

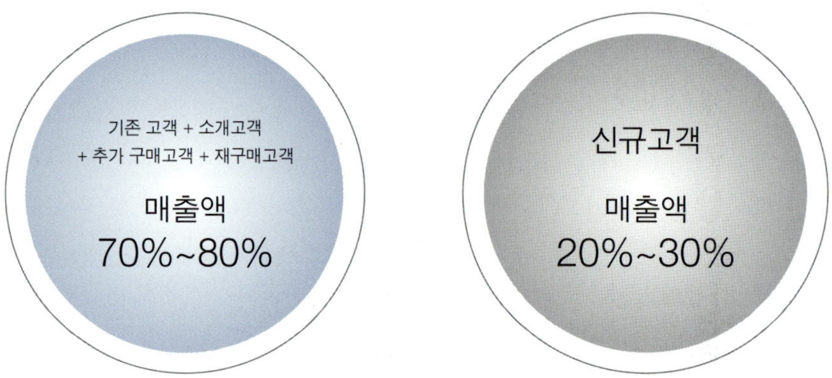

또한 질적측면의 CRM을 위하여 시스템구축보다는 실질적 수익창출을 위해 고객정보를 활용하는 분야가 늘어나고 있으며 이러한 성공에 영향을 주는 배경에 최고경영진의 지원과 조직의 통합 그리고 전사적인 관점에서의 접근이 필요하다.

(1) CRM은 시대적 요구

공급이 적고 수요가 다량이던 시절에는 단순기능으로 규격화된 상품을 대량으로 생산하여 매스미디어를 통해 홍보만하면 불티나게 팔려 나갔다. 그 때문에 기업은 공급의 부족을 해소하기 위해 생산시설을 확장하고, 확장에 따른 초과분은 다시 광고를 통해 얼마든지 소화할 수 있었다. 이것이 소품종 대량생산과 매스마케팅의 시대였다.

그러나 시간이 지나면서 수요와 공급의 불균형이 시작되고 품질의 차이도 거의 없어지기 시작했다. 물론 많은 사람들은 서로 다른 상품에 대한 '취향'을 요구하게 되었다. 기업도 고객욕구가 다양해지는 것을 인식하고 고객을 세대별 · 성별 · 지역별 등 비교적 단순한 속성으로 분류하여 관찰하고 고객속성별 욕구에 맞게 제품을 기획 · 생산하기 시작했다. 이처럼 시장에 공급되는 제품이 다양화되었기 때문에 기업홍보의 초점도 제품다양화에 집중하게 되었다.

시장에 공급되는 상품이 다양해지고 넘쳐 남에 따라 고객의 욕구는 이제 모든 상품을 하나의 '기호품'으로 바라보게 되었다. 기업도 그 욕구에 대응하여 갖가지 아이디어와 디자인, 그리고 다

그림 9-2 수요·공급과 CRM

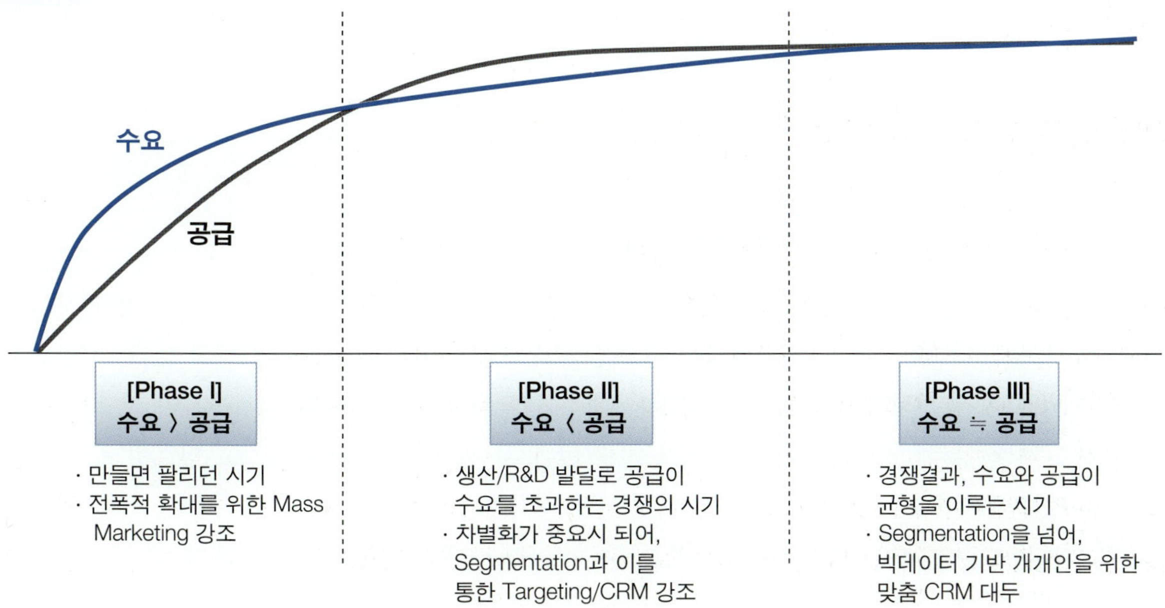

양한 기능의 상품을 쏟아내기 시작했다(그림 9-2 참조).

외국계 컴퓨터업체인 델(Dell) 컴퓨터 등 몇몇 컴퓨터회사가 고객 한 사람 한 사람의 욕구에 맞춰 CPU나 메모리 등을 별도 조립한 특별사양의 상품을 내놓은 것도 그 좋은 예다. 그러나 각각의 고객욕구에 지나친 대응이 결국은 고객 스스로 자신있게 선택하기 힘들어질 정도로 다양화되고 복잡화 되어가는 양상을 만들고 말았다.

(2) 고객으로부터의 출발

CRM이 왜 필요할까를 생각해보면 그것은 고객에 대해 파악해야 하기 때문이다. CRM을 안다는 것은 그 대상이 되는 고객에 대해 더 구체적으로 접근한다는 것이다. 즉 고객의 구매유형과 연령, 성별, 취미 등의 개인정보를 수집하고 그 정보를 기초로 기업이 취해야 할 행동을 결정하는 일종의 마케팅기법이다. 따라서 CRM의 기본은 고객을 이해하는 데서 시작된다.

넘쳐나는 상품속에서 소비자의 구매유형은 엄청나게 다양화하고 있다. 이러한 상황에서는 소비자를 성별, 연령별, 주거지별 등의 커다란 범주로 분류하는 것은 더 이상 의미가 없다. 좀 더 정밀하게 소비자의 행동을 관찰하고, 소비자 개개인에게 맞는 마케팅을 생각지 않고서는 시장에서 살아남기 어렵기 때문이다.

그래서 고객정보를 경쟁사보다 얼마나 더 효율적으로 수집할 수 있느냐가 중요한 문제가 되는 것이다. 현재는 개인의 생활이 매우 중요시되는 시대이다. 이런 이유는 개인들이 간단하게 자신의 정보를 제공하지 않는다는 것이다. 어떤 기업들은 한꺼번에 많은 개인데이터를 확보하기 위해 설문조사를 빙자하여 개인정보를 수집하기도 한다. 그러나 이런 상황에서도 확실한 동기를 부여하지 못하면 오히려 기업 이미지를 해칠수도 있으므로 설문조사를 남용하는 것은 바람직하지 못하다. 그러므로 가장 정당하고 바람직한 방법은 CRM의 고객획득수법을 이용하여 자사의 마케팅활동에 반영하는 것이다.

(3) 고객점유율(share)이 더 중요한 시장

시장은 점점 변화하여 이제 시장에서의 점유율 즉, 시장점유율(market share)이 얼마나 높은가를 평가하기보다는 고객점유율이라는 새로운 패러다임(paradigm)으로 변화하고 있다. 시장점유율은 일정 기간 전체시장의 매출가운데 자사매출이 차지하는 비율이며, 자사상품이 고객에게 어느 정도 선택받는지가 나타난다. 즉 "어느 정도 많은 사람들이 자사제품을 사고 있는지"를 알 수 있는 지표다.

한편 고객점유율은 일정 기간 동안 고객이 소비한 금액 가운데 자사상품이 차지하는 비율이며, 한 사람의 고객에게 자사상품이 어느 정도 선택받았는지를 나타낸다. 즉 그 고객이 어느 정도 자사(상품)의 팬이 되었는가를 알 수 있는 지표다. 당연히 자사상품을 많이 구입한 고객, 또는 그런 사람을 데려와 주는 고객이 기업에 안정적인 이익을 가져다준다.

어쨌든 최대한 많은 사람이 최대한 높은 비율로 자사상품을 사는 것이 이상적이지만 현실적으로 고객에는 '이익이 되는 고객'과 '이익이 안 되는 고객'이 있게 마련이다. 기업으로서는 이익이 되는 고객은 다소 비용이 들더라도 계속 유지시킬 필요가 있고, 이익이 되지 않는 고객은 필요 이상의 비용을 들여가며 유지시킬 필요가 없다.

시장점유율만 중시하고 고객점유율을 소홀히 하게 되면 이익이 별로 안 되는 고객을 확보하기 위해 과다한 홍보비를 지출한다든지, 이익이 되는 고객의 질을 떨어뜨려 장래에 기대할 수 있는 판매기회를 잃어버리는 등의 비효율적인 경영을 되풀이하게 된다. 따라서 고객점유율에 집중하여 이익이 되는 고객과 그렇지 못한 고객을 구별하여 합리적인 마케팅전략을 수행하는 것이 필요하다.

(4) 다양한 판매채널

전통적인 기업의 판매활동은 점포와 영업사원활용 등에 의존해 왔다. 고객과 직접 대화할 수 있는 기회는 영업사원이 고객을 방문할 때 또는 고객이 매장을 찾아왔을 때 잠깐뿐이었다. 물론 고객을 접촉하지 못해 놓치고 있는 판매기회확대를 위해 기업은 영업시간을 연장한다든지, 비교적 비용이 적게 드는 카탈로그 통신판매, 전화에 의한 영업활동 등을 시작하였다.

그러나 최근에는 정보기술(IT)의 눈부신 발달로 콜센터의 개설 등 전화업무를 연결하여 비용절감을 유도하고 24시간 영업이 가능한 인터넷 통신판매 등의 판매채널을 구축하게 되었다.

이처럼 판매채널이 다양화됨으로써 기업은 고객과 접촉할 기회가 많아지는 동시에 다양한 과제를 처리해 나가야 할 필요성이 발생하였다.

첫째, 기업은 다양화된 채널을 효율적으로 사용해야 한다.

둘째, 기업은 분산된 고객정보를 회사 전체에서 동시에 공유해야 한다.

그림 9-3 다양한 고객채널

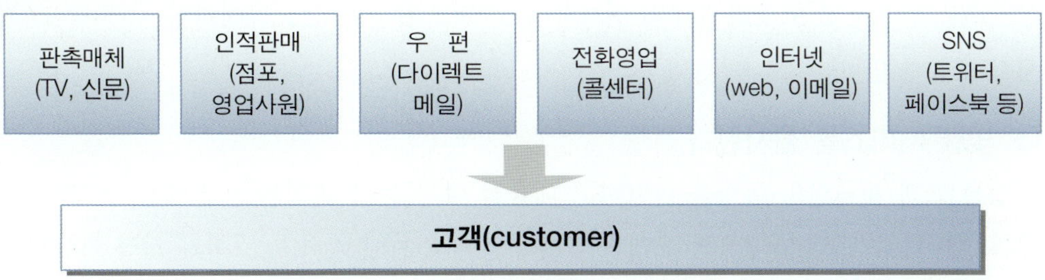

바로 이 두 가지 과제를 해결하는 것이 CRM의 성공조건이 되었다. 또한 고객과의 커뮤니케이션은 상품을 판매할 때만 한정짓지 말고 마케팅단계에서부터 판매단계 그리고 애프터서비스(after service) 단계에 이르기까지 전 단계를 통해 시도해야 한다.

2) 도입목적

선진기업들은 최근 CRM에 대해 많은 관심을 가지고 있다. 또한 도입을 서두르고 그 운영을 확대하고 있다. CRM을 도입하는 목적은 첫째, 고객의 충성도(customer loyalty)를 강화하고, 개별 고객에게 맞춤서비스를 제공하며, 수준 높은 고객지식을 축적하여 경쟁사들과의 차별화를 꾀하는 데 있다. 둘째, 수익성이 높은 우량고객을 파악하고 이를 평생 고객으로 만들기 위해 노력하는 것이다. 그러한 방법으로 교차판매(cross-selling) 혹은 업셀링(up-selling) 등으로 수익을 극대화하기 위한 노력을 하게 된다. 셋째, 고객서비스의 신속성 향상과 기업의 비용을 절감하는 데 그 의의를 두고 있다.

또한 기업이 이러한 목적으로 CRM을 도입하는 이유는 과거에 비해 강화된 고객의 힘을 인식하게 되었으며 고객과의 끊임없는 상호작용의 최적화가 기업이 영속할 수 있는 원동력이라는 사실을 깨달았기 때문이다.

그렇다면 기업이 CRM을 통해 더욱 강력한 마케팅을 하기 위해서는 어떻게 접근해야 하는가?

(1) 고객의 활용

가. 고객의 커뮤니티를 활성화한다.

온라인이나 오프라인(off line)상에서 고객 커뮤니티(community)를 형성하고 그 공동체의 리더(leader)층을 집중관리하여 구전효과를 극대화하도록 노력한다. 이를 위해서 기업은 고객커뮤니티를 인식해야 하며 그들의 의견을 최대한 반영해야만 한다.

나. 기업의 역량을 핵심고객에게 집중한다.

일부 핵심고객층이 기업수익을 책임지고 있다는 사실을 기억한다. 그렇기 때문에 기업은 핵심우량고객을 중심으로 고착화전략을 구사하여 고객의 평생가치를 극대화하는 것에 모든 역량을 집중시킬 필요가 있다.

다. 맞춤 서비스를 실시한다.

기업은 고객 개개인의 특성을 파악하고 대응할 수 있는 차별화된 시스템을 구축해야 한다. 제조업체뿐만 아니라 모든 분야에서 고객과의 일대일 대응을 준비하고 고객과 직접 커뮤니케이션을 하는 채널을 구축해야 한다.

(2) 철저한 상호작용

가. 개발단계부터 고객을 참여시킨다.

모든 상품과 서비스를 사용하는 것은 고객이다. 이러한 측면에서 기업은 상품이나 서비스를 개발하는 단계에서부터 고객을 참여시키고 그 결과를 고객에게 피드백(feedback)해야 한다. 이를 위해서는 고객의 취향에 맞도록 제품과 서비스를 준비할 수 있는 지원이 필요하다.

나. 접점을 확대한다.

온라인과 오프라인을 병행 유지하여 고객과의 접점을 확대한다. 고객의 입장에서 접근하기 편리한 방식을 스스로 선택하도록 유도하며 다양한 채널전략을 통해 접점의 융통성을 실행한다.

다. 기존 고객유지에 집중한다.

고객입장에서의 가치평가를 통해 고객이 원하는 제품과 서비스를 제공할 수 있는 시스템을 구축하여 고객중심의 접근을 시도한다. 고객을 자사에 충성할 수 있도록 하는 각종 프로그램을 가동하여 끊임없는 양방향 커뮤니케이션을 통해 확보된 고객이 이탈하지 않도록 유의한다.

3) 의 의

(1) 일반적 의의

기업의 대부분은 고객정보에 둘러싸여 있으며 각 기업들은 고객들과의 접점에서 정보를 수집한다. 고객들과의 접점은 매장방문 및 구매시점, 판매사원과의 접촉, 서비스와 지원에 대한 전화요청, 회원가입 및 웹사이트방문, 만족도 조사, 결제와 관련된 상호작용, 시장조사 등 기업과 고객의 모든 접촉을 말한다.

문제는 정보의 데이터베이스, 계획, 기록들이 다른 부서와 기업의 기능속에 묻혀있거나 각 조직에 널리 흩어져 있을 수 있다. 이러한 문제점의 해결과 함께 많은 기업들은 고객의 충성도를 극대화하기 위해 개별고객의 상세한 정보를 관리하고 고객접점을 관리하는 고객관계관리를 시도하고 있다.

고객관계관리(customer relationship management)는 고객의 충성도를 극대화하기 위해 개별고객의 구체적인 정보를 관리하고 고객과의 접촉점을 세심하게 관리하는 과정이다. 즉 기업이 탁월한 고객가치와 고객만족을 제공함으로써 수익성 있는 고객관계를 구축·유지하는 전반적 과정이라 할 수 있다.

학자들은 고객관계관리를 마케팅 데이터베이스의 분석 및 활용과 다양한 커뮤니케이션 기술의 응용을 통해 개별고객의 생애가치를 극대화하도록 기업의 모든 관습과 방법들을 정의하는 기법이라 하였다.

즉 CRM은 기업의 다양한 자원과 역량을 활용하여 고객과의 관계를 획득·유지·강화하기 위해 고객의 생애주기에 걸쳐 고객과 기업상호 간의 이익극대화를 추구한다.

고객에 대한 정보를 데이터베이스(database)화하여 저장하고 고객자료의 분석을 통해 가장 적합한 제품과 서비스를 제공하는 정보시스템이라 할 수 있다.

기업의 자원과 역량은 정보기술, 다양한 인적자원, 기업의 보유기술, 뛰어난 조직문화, 고객지향적 조직체계, 효율적인 업무프로세스 등을 모두 의미한다.

그리고 CRM과 관련된 정보기술 자체는 쉽게 경쟁기업의 모방이 가능하기 때문에 만약 CRM이 정보기술에 의해 구현되는 전략으로 한정하다면 똑같은 CRM정보기술을 도입하는 기업들은 동일한 CRM전략의 성과를 가져올 수 있어야 한다. 그러나 똑같은 CRM기법을 활용한 고객관계관리라 할지라도 기업의 조직문화, 이미지, 제품의 선호도 및 상표인지도 등에 따라 그 성과가 서로 다르다는 점을 인식하여야 한다.

따라서 기업이 가지고 있는 핵심역량의 강점과 약점 그리고 주어진 환경의 기회와 위협요인을 평가하여 기업의 제 자원을 적절히 활용하여 각 기업의 특성에 부응하는 CRM대응전략이 필요하다.

(2) 마케팅 측면의 의의

마케팅 측면에서 CRM의 모습은 생산자와 고객간의 긴밀한 관계유지에서 찾아볼 수 있다. 과거 우리가 보아왔던 동네의 작은 가게를 생각해 보자.

동네 작은 가게주인은 어느 집의 제사가 언제이고, 어떤 종류의 상품을 좋아하는지 훤히 알고 있었으며, 명절을 앞두고는 필요한 상품은 무엇인지를 물어보거나 때때로 전화를 해서 좋은 상품이 들어왔으니 사가라고 연락을 하곤 했다. 이렇게 고객과의 긴밀한 관계를 유지할 수 있었다.

하지만 대량생산과 대량소비로 나타나는 산업사회에서는 대량생산된 획일화 된 제품을 '대중'이라는 불특정다수에게 일방적인 밀어내기(push)로 판매하는 매스마케팅 방식(mass marketing)을 취하게 되었다.

동네 작은 가게가 점차 사라지고 대형할인점이 생기고 고객의 수가 증가함에 따라 고객 한 사람 한 사람의 특징을 파악하여 고객과의 긴밀한 관계를 유지하는 것이 어려워진 것이다.

대량생산시대에는 생산하면 팔리던 시대로 소비자의 관심적 욕구는 그다지 생각하지 않아도 되는 시기였으나, 기업 간의 경쟁이 심화되고 공급자가 늘어나고 또한 소비자의 관심과 욕구가 복잡다양해지면서 기업들은 점차 소비자에 대해 관심을 갖게 된다.

이러한 상황에서 기업들은 소비자를 보다 효과적으로 공략하기 위해 그들이 지닌 특성에 따라 동질성을 가진 몇 개의 소집단으로 세분화하고, 세분화된 시장을 대상으로 제품차별화와 포지셔닝

Field_Story 면세점 '왕홍 마케팅' 경쟁, 웃는 건 왕홍뿐?

'왕홍 라이브'로 매출올려도 '출혈경쟁' 탓 수익적고, 관광객 줄어들 수도

신라면세점이 지난 11월 29일 중국의 파워블로거 격이자 SNS 인플루언서를 뜻하는 왕홍(网红)과 진행한 라이브방송에서 4시간 만에 누적접속자 1000만 명을 기록하며 새삼 왕홍의 위력을 실감했다. 최고 동시 접속자도 151만 명에 달한다. 신라면세점은 중국의 슈퍼 왕홍인 위얼(瑜儿)의 라이브를 통해 SNS에 민감한 중국 밀레니얼 세대를 공략하고 나섰다.

위얼은 중국 패션·뷰티 전자상거래 기업 중 하나인 '모구지에(蘑菇街)'에서 톱3에 오른 왕홍이다. 신라면세점 관계자는 "향후 지속적인 왕홍 라이브 방송을 위해 모구지에와 업무협약을 체결했으며 매달 한 차례씩 왕홍과 라이브 방송을 진행하기로 협의했다"고 밝혔다.

'왕홍 산업' 규모 17조 원 달해

왕홍의 라이브 방송은 엄청난 판매수익 외에도 막대한 마케팅효과를 얻는다고 알려져 있다. 일명 '왕홍효과'는 중국의 유명 전자상거래 플랫폼의 매출을 단기간에 300~400% 끌어올리기도 한다. 국내 화장품 업계와 면세점 업계가 '왕홍 라이브'에 주목하는 이유다.

페이스북과 인스타, 유튜브 등 글로벌 SNS가 모두 막혀있는 중국에서 웨이보와 위챗, 타오바오 등 중국내 채널의 인플루언서인 왕홍의 힘은 상상 이상이다. 웬만큼 인기 있는 왕홍은 몇백만 명 이상의 구독자를 보유하고 있어 제품노출 효과도 좋다. 왕홍이 자신들의 파급력과 영향력을 비즈니스로 연결하면서 이들의 활약은 최근 더 두드러지고 있다. 왕홍이 자신의 채널에서 라이브 방송을 통해 제품을 소개하면 구독자들이 왕홍을 통해 제품을 구매하는 형태다.

중국 마케팅 업체관계자는 "모바일 활성화와 IT 기술 성장덕에 중국에서 왕홍은 이제 단순한 인터넷 스타의 개념을 넘어 하나의 중소기업이 됐다. 리뷰와 라이브 방송을 통해 직접 판매하는 비즈니스 모델을 입혔고 왕홍 개개인이 하나의 사업체로 자리매김했다"고 말했다. 화장품 업계관계자 역시 "중국으로 직접 진출할 경우 마케팅 비용지출이 너무 크고 인허가 문제와 각종 검열, 중국 총판과의 협상 문제 등

신라면세점이 지난 11월 29일 중국의 왕홍(网红)과 진행한 라이브 방송에서 4시간 만에 누적 접속자 1000만 명을 기록하며 새삼 왕홍의 위력을 실감케 했다.

어려움이 많다. 반면 왕홍 라이브는 판매에만 집중할 수 있는 효율 높은 퍼포먼스"라며 "왕홍의 세일즈 파워는 기대 이상으로 강력하다"고 전했다. 중국 왕홍 톱10 안에 드는 리쟈치의 경우 2019년 상반기 월 평균 매출이 약 32억 원에 달한다. SNS에 올린 사진 속에서 왕홍이 입은 옷과 사용한 화장품 등이 완판 되는 사례는 이제 흔하다. 코트라 자료에 따르면 2016년 중국 왕홍 산업의 규모는 이미 528억 위안(약 9조 원)을 넘었으며 2018년에는 1016억 위안(약 17조 원)에 달한다. 2015년부터 2018년까지 연평균 성장률도 60%에 이른다.

중국 왕홍 마케팅 관계자는 "올해는 면세점마다 경쟁적으로 왕홍 라이브를 많이 진행했다. 면세점입장에서 왕홍은 이미 중요한 거래선이 됐고, 인기있는 왕홍에게 경쟁적으로 좋은 조건을 제시하면서 출혈 경쟁이 더 심해졌다"며 "왕홍을 판매전략으로 세우는 건 좋지만, 면세점들끼리 경쟁이 너무 치열해지면 결국 이익은 왕홍들이 보게 될 것"이라고 염려했다.

▶ 출처 : 2019년 12월 10일 비즈한국

을 하는 세분화 마케팅(segmentation marketing)을 전개하게 된다.

연령, 성별, 결혼여부, 직업, 주거지 등 다양한 기준으로 시장을 세분화하여 공략하는 방식을 취한 것이다. 하지만 여전히 고객과 긴밀한 관계를 유지하는 데에는 많은 어려움이 있었다.

이러한 상황에서 새로운 돌파구로 등장한 것이 바로 CRM이다. 인터넷과 정보기술의 발전에 힘입어 산업시대 이전과 같은 생산자와 소비자 간의 긴밀한 관계유지가 오늘날 가능해 진 것이다. 인터넷은 다수의 고객과 일대일로 긴밀한 관계를 유지할 수 있는 기반을 제공한다.

e-mail과 게시판 등을 이용하여 저렴한 비용으로 고객과 상호작용을 할 수 있으며, 상품/정보/가격의 개인화, 웹 콘텐츠(contents)의 개인화 등을 통해 고객 한 사람 한 사람에게 차별적 서비스를 제공할 수 있다. 이러한 수단들의 발달은 고객의 요구를 신속하게 수렴하는 것을 가능하게 한다.

또한 데이터베이스 기술의 발전으로 대용량의 고객정보의 저장이 가능해졌으며, 데이터마이닝, OLAP(on-line analyzing process), 캠페인 관리도구 등을 이용하여 효과적인 고객분석 및 관리가 가능해졌으며, CTI(computer telephony integration), IVR(interactive voice response), Web 등을 이용하여 다양하게 고객과의 접점을 관리할 수 있게 되었다.

이러한 인터넷과 정보기술의 발전에 힘입어 산업시대 이전의 원형적 CRM이 오늘날 다시 활성화되고 있는 것이다.

제2절 고객관계관리의 활용

1. CRM의 범위

CRM(고객관계관리)은 크게 세 가지로 그 영역을 나누고 있다. 기존 고객을 우호적인 파트너로 유지하는 고객유지(retention)와 경쟁고객 혹은 잠재고객을 우량고객으로 만드는 고객확보(acquisition) 그리고 새로운 고객을 찾아내는 고객발굴(cultivation) 등이 전 영역에 걸쳐 적용되고 있다.

고객유지는 초기 CRM의 관심영역으로서

① 이탈고객의 이탈이유는 무엇인가?
② 고객이탈을 어떻게 막을 수 있을까?
③ 자사수익을 많이 창출하는 우량고객은 누구인가?
④ 우량고객을 어떻게 유지할 것인가?

등에 그 유지정책에 중점을 두고 있다.

고객확보 측면에서는 고객유지활동을 통해 파악된 우량고객의 특성을 이용하여 향후 우량고객이 될 가능성이 있는 잠재고객을 파악하여 신규고객으로 확보하는 활동을 전개한다.

또한 고객발굴은 현재 고객을 우량고객으로 전환시키기 위해 교차판매(cross selling), 업셀(up sell) 등의 다양한 활동을 전개한다. 교차판매는 금융회사들이 자체상품에만 의존하지 않고 다른 금융회사가 개발한 상품까지 판매하는 적극적인 판매방식을 말한다. 즉 기존 고객과의 관계를 강화하기 위해서 기존 고객이 현재 거래하고 있는 상품과 서비스 외에도 다른 상품과 서비스를 다양하게 이용함으로써 거래량과 수익성, 거래기간 등을 늘려가는 개념이다.

업셀(up sell) 등은 교차판매와 유사한 개념이며 고객이 찾고 있는 상품과 유사한 상위상품으로 판매를 유도하는 것이다.

예를 들어, 할인점에서 고객이 40인치 PDP를 구매하려고 상담을 한다면 판매원이 최근 구매추세(trend)가 52인치로 옮겨가고 있으며, 예산을 더 추가하여 더 나은 휘도로 인한 시력보호에도 좋다고 유도하는 판매방식을 말한다.

이처럼 고객이 희망하는 상품보다 한 등급 높은 상품 또는 판매단가가 높은 상품을 권유하는 활동을 통해 기업은 전통적인 판매방식보다 더 많은 이윤을 창출할 수 있게 된다.

이러한 CRM을 전개하기 위해 무엇보다 중요한 것은 CRM을 통해 달성하고자 하는 목적, 이를 위해 필요한 활동 그리고 대상고객을 명확히 해야 한다.

CRM의 전략적 방향이 명확하게 설정되어 있지 않은 상태에서 단순히 CRM정보시스템을 도입한다면 도입효과는 미미하거나 실패로 끝날 가능성이 매우 크다.

고객수 증대, 고객평생가치(lifetime value_LTV) 극대화, 고객확보비용절감, 고객유지비용절감 중에서 무엇을 목적으로 할 것인지 명확한 설계가 필요하다.

신규고객확보, 잠재고객확보, 로열티 프로그램, 교차판매, 업셀 중에서 어떤 활동을 전개할 것인지도 명확하게 설정해야 한다. 이러한 활동을 통해 어떤 고객층을 대상으로 전개할지를 면밀히 검토 한 후 이에 적합한 CRM시스템 도입을 검토하는 것이 바람직하다.

2. CRM의 적용

1) 시대별 고객관리

기업의 고객관리에 대한 변화는 1970년대 판매를 중심으로 한 초창기부터 시작하였다. 판매가 지배하던 시대에는 수요와 공급에 의한 시장형성이 이루어 진 바, 수요가 공급을 넘어서는 시장 상황이었다. 획일적 제품이 고객에게 일방적으로 팔리는 단순한 판매의 시대였다. 이러한 시장환경은 수동적 구매자를 만들고 시장에 일방적인 공급을 이루게 하였다. 마케팅이 굳이 필요없어도 시장에서 살아남을 수 있는 상황이었다.

그 후 1980년대에는 고객만족의 시대라 일컬어질 만큼 기업은 고객의 만족을 측정하는데 중심을 두었다. 기업 간 경쟁이 심화되면서 구매자들은 선택에 의해 구매를 하기 시작하였다. 공급이 수요를 초과하며 기업의 품질관리가 서서히 중요해지는 상황이었다. 단순한 영업형태가 아닌 영업과 서비스가 동시에 이루어지는 상황이었다. 고객은 판매이후 서비스의 만족과 관리에 의해 그들의 선택적 구매에 대한 만족을 측정하기도 하였다.

1990년대에는 고객들의 다양성과 개별적 개성을 드러내는 구매자의 특성들이 나타나기 시작하였다. 고객들의 개성과 다양성은 기업으로 하여금 좀 더 세밀한 고객접근을 하도록 하였으며 IT 기술의 필요성을 일깨워 주기 시작했다. 이러한 기업의 환경은 고객들의 개별정보를 활용하는 데이터베이스 마케팅을 자리잡게 하였다. 고객에 대한 정보들이 서서히 축적되면서 기업은 데이터베이스(database)를 중요한 정보의 기본축으로 생각하게 되었고 DB를 활용한 기업의 마케팅이 서서히 고객에게 친근한 관리방법으로 다가서게 되었던 것이다. 기업이 고객과 서서히 가까워지고 그들을 좀 더 심층적으로 이해하고 관리하기 위해서 1990년대 후반에 CRM이 등장하게 된다. 개별

표 9-1 시대별 고객관리

구 분	판매중심의 시대 (1970년대)	고객만족의 시대 (1980년대)	DB마케팅 시대 (1990년대)	CRM의 시대 (2000년대 이후)
대고객 관점	수동적 구매자	선택적 구매자	개성화, 다양화 추구 구매자	능동적 파트너
고객과의 관계	전체 시장에 일방적 공급	고객만족도 측정, 일방적 관계	그룹화 된 고객과의 일방적 관계	개별고객과 쌍방향 의사소통
고객관리	단순영업위주	영업과 판매 위주 서비스	IT기술팀 위주	전사적 관리

고객과 쌍방향 의사소통을 함으로써 고객의 세부적인 욕구(needs)를 얻어낼 수 있는 능동적인 고객관리 접근법이 기업의 새로운 경쟁력으로 자리하게 되었다. 즉 기업의 고객관리가 기업의 성과와 생존에 직접적으로 영향을 주는 CRM의 시대가 도래한 것이다.

결국, 기업은 이러한 고객관리의 시대적 변천을 겪으며 기업이 갖는 경쟁력을 찾아내고 고객의 성향에 따라 차별적으로 대처함으로써 고객의 숨은 욕구를 발견하게 된다. 시대별 고객관리를 정리하면 [표 9-1]과 같다.

시대별 고객관리를 살펴본 결과, 고객은 시간이 흐를수록 수동적 입장에서 서서히 능동적 참여자로 변화하고 있다.

과거에는 공급자 → 판매활동 → 고객의 방향으로 가치사슬이 형성되었으나 최근의 가치사슬은 고객 → 고객/기업 간 채널 → 경영활동의 변화로 이어지고 있다. 이것은 시장의 경쟁적 수요욕구 변화가 더 이상 고객을 무시하고는 경쟁에서 이길 수 없음을 의미한다.

또한 일방적 커뮤니케이션에서 이제는 쌍방향의 동반자로 기업과 고객의 관계가 이어지고 있는 실정이다. 이는 고객의 소리를 듣는 기업내 창구들과 고객의 의견을 수렴, 개선할 수 있도록 노력하는 기업의 노력을 요구하는 것이다. 고객관리 또한 단순한 영업중심이 아닌 기업의 모든 부서가 일관된 고객정책과 전략을 구사함으로써 고객만족의 극대화를 유도하고 지속적 구매를 이끌어 낼 수 있는 것이다.

2) 카드회사의 CRM적용

최근 카드사들은 각종 은행취급 상품과의 교차판매 및 예금, 적금 등 은행상품과 연계된 카드를 개발해 은행계 카드사의 강점을 부각시키는데 주력한다는 전략이다.

또 휴대폰 결제시장, 선불 직불카드 시장 등 틈새시장도 적극적으로 개척하는 것은 물론 업계

최저 수수료율 유지를 통해 실질적인 혜택을 제공하고 있다.

(1) 삼성카드

삼성카드는 신판사업의 흑자기반구축을 위한 사업구조 리모델링 및 수익창출기반의 신상품출시에 영업력을 집중하고 있다. 그 일환으로 우량고객확충을 위한 종합 리워드(보상) 프로그램 개발을 통해 우량고객에게는 업계최고의 금전적 혜택과 서비스를 제공하는 전략을 펼치고 있다.

따라서 카드론 부문에서는 우량직군의 회원을 대상으로 10%미만의 초단기론 상품을 출시하고 대대적인 광고를 벌이고 있다.

영업의 기본적 전략은 신판사업을 강화하는 것이지만 우량한 잔고를 확대하고 우량고객을 확충하는 한편 수익기반강화를 위해서는 금융사업도 일정부분 강화할 필요가 있기 때문이다.

(2) 현대카드

현대카드는 고객 라이프스타일을 세분화한 카드를 선보이며 영업을 강화하고 있다. 고객의 주 이용처 분석과 소비자조사 등 고객의 성향을 분석해 신카드개발에 활용하고 있다.

새 카드의 명칭을 알파벳을 사용해 고객들을 유인하고 있다. 현재 출시된 카드는 통신전용카드 T, 항공전용카드 A.K, 대학생전용 체크카드인 U등이 있으며, 향후 쇼핑을 즐기는 신세대를 위한 신카드를 출시할 예정이다.

특히 현대카드는 출시된 각 카드별로 다양한 마케팅을 전개하며 고객몰이에 나서고 있다. 후발카드사로서 구조조정을 완료한 현 시점이 우량고객을 확보할 수 있는 좋은 기회이기 때문이다.

(3) 신한카드

신한카드는 그룹내 우수고객은 물론 외부의 중상층 고객 등 우량직군을 선정, 타깃영업을 실시하고 있다. 신한금융그룹의 자회사라는 강점을 활용해 그룹영업망을 적절히 이용하고 그룹내 우수고객에 대한 타깃마케팅을 활성화함으로써 고객의 로열티를 증대하는 방향으로 영업을 추진하고 있다.

이와 관련 신한카드는 최근 취급수수료를 면제해 주는 마이너스 통장방식의 현금서비스를 제공하는 것은 물론 신한은행 정기예금가입 시 최고 50만원 선지급 등의 서비스를 제공하는 '신한 F1 카드'를 출시하고 고객몰이에 나섰다.

특히 신한카드는 포인트적립 선호고객은 백화점, 교육기관 사용액의 최고 2%를 적립해 주는 F1 블루카드, 이동통신, 영화티켓할인 등 각종 할인혜택을 중시하는 고객은 F1 오렌지카드, 새로운 기부문화를 원하는 고객은 F1 바이올렛카드 등 고객이 자신의 라이프스타일에 맞게 선택할 수 있도록 하는 등 맞춤서비스도 도입했다.

이처럼 카드회사들의 다양한 CRM 프로그램들은 기업의 성과목표를 달성하는 것은 물론 고객들의 다양한 욕구충족과 만족을 유발하여 그들이 원하는 고객과의 관계구축에도 중요한 수단이 되고 있다.

3) CRM 실행시 유의사항

첫째, 자사의 특성에 맞는 CRM전략을 수립하는 것이다. 자사의 전략적 방향성을 설정하지 않고 다른 경쟁사에서 도입해서 효과를 봤다고 하는 CRM시스템을 무턱대고 도입했다가는 큰 낭패를 볼 수도 있다.

최근 CRM시스템을 도입했으나 큰 효과를 보지 못했다고 말하는 기업들이 적지 않다. 과연 이들 기업이 고객(customer), 자사(company), 경쟁사(competitor)라는 3C 측면에서 엄밀하게 환경분석을 했는지, CRM도입의 목표는 명확했는지, CRM에 필요한 활동들은 정확히 정의하였는지 등 전략적 측면의 검토와 전략과의 부합하는 CRM시스템을 도입하였는지에 대한 점검이 필요할 것이다. 또한 CRM의 도입효과가 단기간에 나타날 것으로 지나치게 기대하고 있는 건 아닌지 생각해 볼 일이다.

CRM은 단순히 정보시스템을 구축하고 몇 번의 시도로 끝나는 활동이 아니라 지속적으로 전개해 나가야 할 장기적인 활동이라는 것을 명심해야 할 것이다.

둘째, IT업체가 중심이 되어 CRM시스템 영업활동을 전개하고 있어 자칫 CRM을 회사내 IT 부서의 고유업무라는 잘못된 인식을 하고 IT부서 주도하에 CRM활동을 전개하는 것을 볼 수 있다. 그러나 몇 번 강조하지만 CRM은 마케팅, 영업, 고객서비스 등 고객과의 긴밀한 관계유지를 위해 필요한 활동들을 정보시스템이 지원하는 것이지 정보시스템 자체가 CRM이 아니라는 점이다. 따라서 CRM시스템 도입을 검토하고 있다면 마케팅, 영업, 고객서비스 등의 부서와 IT 부서가 긴밀한 협조체계를 구축하고 도입의 목적, 효과, 적합한 CRM시스템 등에 대해 충분히 검토하고 도입여부를 결정할 필요가 있다.

셋째, CRM을 도입하기 전에 자사의 고객데이터 측면의 검토가 필요하다. CRM은 고객데이터를 바탕으로 과학적인 활동을 전개하는 것인데, 이들 고객데이터가 부실하지 않은지 검토해 봐야 할 일이다. 즉 고객데이터를 확보할 수는 있는 것인지, 고객데이터는 관리하고 있으나 정작 필요한 데이터가 빠져있지는 않은지, 주소나 전화번호 등 고객관련 데이터가 제때에 갱신되고 있는 것인지, 데이터 자체가 엉터리 값이 들어가 있는 것은 아닌지 등에 대해 검토해 보아야 한다.

아무리 좋은 시스템과 방법론을 사용한다 하더라도 데이터 자체에 문제가 있다면 전혀 엉뚱한 결과를 내어 혼란만 가중시킬 수 있기 때문이다.

그렇다면 고객데이터가 완벽해질 때까지 CRM의 도입을 미루고 있어야 하는 것인가? 물론 여기에는 정답이 없다. 하지만 아무리 노력을 기울여도 100% 완벽한 고객데이터를 확보한다는 것은 불가능한 일이다.

또한 급변하는 시장환경속에서 대책없이 CRM도입을 미루고만 있을 수는 없는 일이다. 어느 정도 신뢰성 있는 고객데이터를 확보할 수 있다고 확신을 할 수 있다면 일단 CRM을 도입하여 구축하면서 완벽한 데이터를 만들도록 노력하는 것이 바람직할 것이다.

마지막으로 흔히 범할 수 있는 오류는 좋은 시스템은 도입했지만 이를 운용할 전문인력이 없어 시스템이 사장되는 일이 없도록 주의해야 한다.

3. CRM의 성공요인

CRM의 성공을 위해 가장 중요한 성공요인은 어떤 것이 있을까?

그것은 비즈니스 분야와 상황마다 조금은 다를 수 있다. 하지만 CRM의 확실한 구현을 통해 탄탄한 기업으로 자리잡은 그들에게는 몇 가지 공통된 특성이 있다.

1) 전사적 협력이 필요하다

CRM은 조직의 모든 영역을 세심하게 배려해야 한다. 서로 다른 일을 하는 직원들끼리도 심지어는 서로 이해해야 한다. 이것은 동료들이 CRM을 중심으로 내부적으로 철저한 협력이 이루어져야 함을 의미한다.

이는 생산라인 등에서도 마케팅부서가 파악한 고객의 요구사항에 신속하게 대응할 수 있어야 한다. 회사내 어느 부서에 근무하는 그 누구라도 항상 고객을 위해 일하고 고객의 요구에 대해 미리 준비해야 할 의무가 있다. 이것은 조직과 프로세스 등을 모두 고객중심으로 전환해야 한다는 것이다. 또한 전체가 협력하지 않으면 이룰 수 없음을 의미한다.

2) CRM에 필요한 정보를 정확하게 수집한다

CRM은 한 부서의 전유물이 아니다. 그러므로 CRM을 위해 준비하는 모든 직원들이 원하는 정보수집과 필요한 정보를 적시에 정확하게 수집하는 것은 아주 중요하다. 왜 그 정보를 수집해야 하는지 혹은 어떤 정보를 수집해야 하는지 그 이유를 파악하고 접근하면 결과는 달라진다. 또한 CRM정보가 왜 수집되어야 하는지를 알고 있는 경우에는 수집된 정보를 신뢰하고 활용할 가능성이 더욱 높아진다.

3) 명확한 전략을 설정해야 한다

CRM은 전사전략과 마케팅부문의 재설계에서 접근해야 한다. 프로세스의 답습이나 변화없는 단순한 정보시스템 도입은 실패할 확률이 높다. 또 도입되는 CRM시스템이 고객관계관리에 구체적으로 어떻게 활용될 것인지에 대한 점검이 최우선사항이다. 그리고 분석데이터를 어떻게 해석하고 활용할 것인가에 좀 더 많은 관심을 구체적으로 가져야 한다.

4) 고객친화적인 CRM도구를 확보한다

CRM도구는 자연스럽게 시스템에 통합되고 그것이 고객서비스의 일부가 되어야 한다. 그러기 위해서는 고객의 입장에서 좀 더 접근하기 쉬워야 한다. 굳이 재래식의 방법으로도 효율적으로 할 수 있다면 그것을 어려운 하이테크로 변경할 이유는 없다. 물론 그 효율을 평가한 후 변화를 모색해야 한다.

그러나 잊지 말아야 하는 것은 재래식 해결책이 실제 사용할 사람들에게 잘 맞는다면 복잡하고 비싸기만 하고 결국엔 방치되거나 기존 환경과 조화를 이루지 못하는 어려운 솔루션보다는 더 효과적일 것이다.

5) CRM은 자사의 고객에게 배워야 한다

자기회사의 고객보다 더 좋은 CRM교육은 없다. 아무리 훌륭한 CRM의 대가라고 할지라도 자기회사의 고객보다 나을 수 없다. 각 회사마다 그 회사의 열성고객이 있게 마련이다. 정말 그 회사에 충성심(loyalty)이 높은 고객들이다. 이들을 초청해서 자사에 대한 제언을 들어보면 그것이 배송문제든 품질문제든 지불방식에 대한 문제든 고객의 이야기를 가감없이 듣는 것이 중요하다. 논리적으로 이해가 안가도 나름대로 이유가 있다. 기업은 그것을 놓치지 말아야 한다.

6) CEO가 직접 주도해야 한다

이것은 CRM에 대한 모든 판단을 CEO에게 떠맡기는 것이 아니라 고객이라는 주제는 전사적인 문제이기 때문이다. CRM은 단순한 고객관계관리가 아니다. CRM은 고객에 대한 모든 것을 전사적인 관점에서 해결하는 것이다.

CRM을 추진하다 보면 부서 이기주의, 자기는 잘못이 없다고 발뺌하기, 이것은 내 조직에서 할 일이 아니라고 뒤로 빠지기 등 조직상의 부정적인 현상이 발생한다. CEO는 이 문제를 먼저 정리해 주어야 한다. 항상 CRM추진시 어려움을 겪는 것은 기술의 문제도 아니고 CRM에 대한 지식의 문제도 아니다.

가장 풀기 어려운 것이 사람의 문제이며 조직상의 문제이기 때문이다. 만일 이 문제를 CEO가 풀어줄 수 없다면 CRM프로젝트는 안하는 것이 좋다고 생각한다. 부서적인 관점에서는 절대로 CRM은 성공할 수 없기 때문이다.

7) CRM은 한 번에 끝나는 이벤트가 아니다

일반적으로 기업은 CRM의 일부를 했으면서도 우리는 CRM을 완료했다고 끝내버린다. ERP를 도입하고 SCM을 구축하듯이 CRM도 한 번에 끝내버리는 것으로 인식하고 있다.

CRM은 고객을 알아가는 과정이며 그 이해하는 수준에 맞추어 회사가 스스로를 변화해가는 과정이다. 고객중심으로 끊임없이 자기혁신을 해나가는 과정인 것이다. CRM은 계속적은 반복과정 속에 고객의 데이터는 점점 정교해지고 그 깊이를 더해 간다. 우리나라에서는 CRM 시스템구축이 끝나면 매뉴얼대로 사용만 한다. 이러한 행위는 시스템도 정교해질 수 없고 고객을 명확하게 파악할 수도 없다.

고객은 캠페인에 반응을 하기도 하지만 그렇지 않은 고객도 있다. 반응하지 않는 고객에게 계속적으로 캠페인을 해봐야 아무런 회답이 없다. 그렇다면 이 고객을 캠페인 대상에서 제외시켜야 한다. 그리고 이탈 가능성이 크기 때문에 다시 한 번 구매가 일어날 때 많은 보너스를 제공해서 다시 활성고객으로 만들 필요가 있다. 이러한 일련의 시나리오를 반영하기 위해서는 기존 시스템, 업무 프로세스를 수정해야 한다. 데이터베이스, 고객의 방문시점 등이 시스템에서 전달할 수 있도록 해야 한다. 이러한 작업을 지속적으로 진행할 때 비로써 고객을 알아간다고 할 수 있는 것이다.

8) 조직구성원의 변화를 유도해야 한다

대부분 CRM하면 IT를 중요한 이슈로 떠올린다. 물론 훌륭한 CRMIT 도구는 성공적인 CRM을 위해 매우 중요하다. 하지만 이외에도 CRM이 올바로 구현되기 위해 관심을 가져야 하는 부분은 많다. 그것들 중에 하나가 조직구성원의 변화유도다. 그러나 이것은 가장 어려운 부분이기도 하다.

CRM이 도입되면 사람들은 이전과는 다른 방식으로 일을 해야 하고 새로운 IT 활용능력을 배워야 하는 등 이른바 스트레스를 받게 된다. 이를 잘 유인해내느냐 그렇지 못하느냐는 CRM성공의 중요한 관건이다.

그러나 교육훈련, 인센티브프로그램, 정보수용능력 배양프로그램 등을 통해 이러한 변화를 유도해 내려고 많은 기업들이 노력하지만 만족스럽게 변화를 이끌어 낸 기업은 그리 많지 않은 것 같다.

제3절 세일즈활동

1. 세일즈 패러다임의 변화

과거의 영업패러다임은 구성원 개개인의 경험과 근성 그리고 감(感)에 의존하는 것이었다. 그러나 기업 간 경쟁이 치열해지고, 고객의 기대수준이 높아짐에 따라 영업의 새로운 패러다임은 급격하게 변하고 있다.

이처럼 더욱 복잡해지는 시장환경 하에서 뛰어난 성과를 내고자 하는 기업과 영업사원은 어떠한 이념에 기초하여 노력해야 하는지 다양한 측면에서 생각해 보아야 할 것이다. 더불어 시장의 변화를 다음의 2가지 측면에서 명확하게 접근해 볼 수 있다.

1) 고객은 어떻게 변화하고 있는가?
   변화한 고객과 보다 강한 결속을 구축하기 위하여 영업사원은 어떤 활동을 하고 있는가?
2) 경쟁사의 상황은 어떻게 변화하고 있는가?
   경쟁사보다 우위에 서기 위하여 기업은 어떤 결정적인 수단이나 방법이 있는가? 최근 10여년 간의 환경변화 중에서 가장 현저하게 변화한 것은 '고객이 변했다'는 것이다.

그림 9-4 세일즈 패러다임 변화

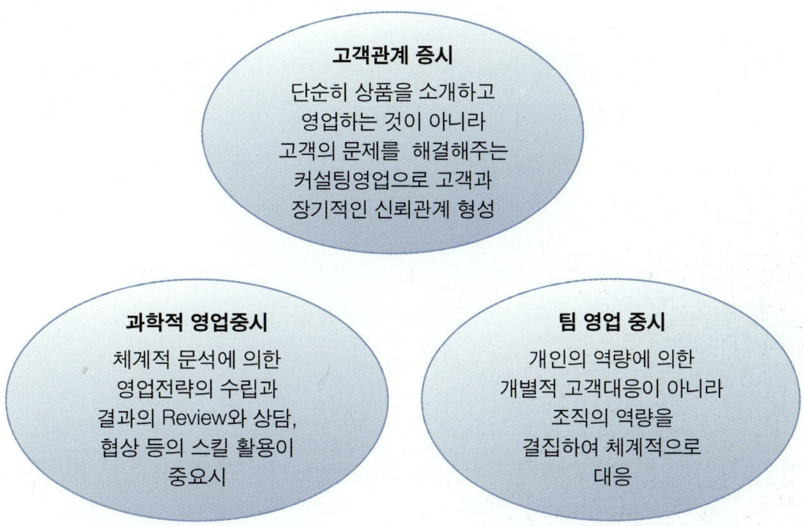

기술혁신 등으로 전 세계의 모든 업종과 업계에서 경쟁이 더욱 심화되고 있다. 경쟁사보다 우위에 서기 위해서는 현재보다 훨씬 더 엄격한 기준을 달성하면서 보다 높은 수준의 결과가 있어야 한다.

이 상황은 경쟁사도 마찬가지다. 특히 B2B 시장에서 구입처를 신중하게 결정하고 자사에 최적의 판단은 무엇인가를 고객은 고민하게 될 것이다.

'고객은 이전과 비교하여 어떤 점이 변화하였는가?' 라는 대답에 대한 특징들은 다음과 같다.

(1) 제품(상품)에 대한 지식이 풍부하다.

(2) 충분히 분석을 한 후에, 조직적으로 도입을 결정한다.

(3) 도입의 결정에는 회사내 상층부의 동의가 필요하다.

(4) 요구조건이 까다롭다.

(고객자신이 지금까지 보다 훨씬 더 높은 가치를 자신의 거래처로부터 요구받기 때문)

(5) 영업사원과의 정보교환에 적극적이다.

이러한 고객의 변화에 대응하기 위해서는 기업영업사원 개개인의 활동도 바뀌어야만 한다. 현 상황에서 영업사원에게 요구되어지는 중요한 역할이 무엇인지 파악하는 것은 고객의 숨겨진 니즈(needs)를 찾아내는 단서일 것이다.

(6) 영업사원의 역할

가. 영업하는 것은 상품이 아닌 전략적인 해결책이다.

나. 의사결정에는 과거보다 높은 계층이 관여하고 있으며 많은 관계자들의 의견을 수렴하고 있다.

다. 영업사원은 신뢰할 수 있는 컨설턴트로 인정받을 수 있는 활동을 해야 한다.

그러기 위해서 고객니즈를 이해하고 충족시키는 데에 모든 신경을 집중해야 한다. 또한 자사상품 뿐만 아니라 비즈니스 전반과 고객이 알고 싶어 하는 업계 및 시장에 대한 풍부한 지식이 필요하다. 책임감과 고객을 위해 적극적으로 노력하는 자세도 영업사원에게 요구되어지는 역할중에 하나이다.

2. 영업사원과 전략

'고객의 기대에 따라 경쟁사보다 우위에 서기 위해서는 영업전략 그 자체를 변경하여 현장의 영업사원을 지원하지 않으면 안 된다.'라는 사실을 초우량기업에서는 이미 인식하고 있다. 이러한 인식이 기존 방식과는 다른 영업지원을 요구하고 있으며 특히 고객중심의 새로운 전략이 필요한 시점으로 기업이 고객지향적인 다양한 영업전략들을 개발해내는 이유인 것이다.

그렇다면 새로운 영업전략의 특징은 어떤 것일까?

1) 고객중심의 니즈를 이해하고 만족시키기 위해 전사적으로 지원하는 자세가 필요하다.
2) 지식의 강화, 자사상품과 회사의 능력, 고객 비즈니스상의 문제나 과제 및 비즈니스 전반적 동향에 관한 깊고 넓은 지식의 습득이 필요하다.
3) 비즈니스 관계의 구축, 개인적인 네트워크나 사회적 관습이 비즈니스 관계의 기초가 되었던 시대는 이제는 과거의 모습으로 점점 사라지고 있다. 영업의 실제활동과 그 결과가 비즈니스 관계의 구축에 영향을 주고 있다는 사실에 주목해야 한다.
4) 고객과의 솔직한 대화, 고객니즈의 변화에 맞추어 적절한 대응을 할 수 있도록 구체적인 대화를 한다.

고객의 변화는 결국 영업사원의 세일즈전략을 변하게 만든다. 또한 이러한 변화가 영업전반에 거는 회사와 고객의 기대를 점점 커지게 하고 있다. 이것에 부응하기 위하여 영업사원은 지녀야 할 능력을 최대한으로 높여 나가지 않으면 안 된다.

이런 능력을 위해 영업사원에게 요구되어지는 네 가지 측면을 살펴보자.

첫째, 지식

세일즈에서의 지식은 광범위하고 깊게 요구되고 있다. 자사와 경쟁사, 고객, 비즈니스 전반에 걸친 지식은 필수불가결이다. 거기에 더불어 자사상품을 어떻게 사용하여야 고객을 성공으로 이끌 것인가 하는 구체적인 방법을 이해하고 있어야 한다.

둘째, 스킬

고객과 원활하게 커뮤니케이션을 하는 스킬은 영업사원의 성공에 반드시 필요한 요소이다. '적극적으로 경청한다', '효과적인 질문을 한다', '이해를 표현한다', '명확하게 전달한다' 등의 커뮤니케이션 스킬의 숙지는 지금까지의 뛰어난 영업사원에 의해서도 증명된 사실이다. 현재는 과거 이상으로 스킬에 정통해야 하는 것은 물론이고 계속적으로 스킬을 사용해야만 한다는 측면에서 변화가 일어나고 있다.

셋째, 태도

고객의 목표를 달성하기 위한 열정적이고 적극적인 자세가 중요하다. 지금까지 태도는 '천성적인 것'으로 간주하는 경향이 있었다. 그러나 실제로는 후천적인 것이며 영업활동에서 영업사원의 의식이 중요하게 반영되고 있다는 사실에 주목하여야 한다.

Field_Story 가성비 · 소확행 공략 적중… 차별성 확보 관건

다이소 매장. 주방 · 욕실 · 청소 등 생활밀착형 제품이 절대적으로 많다.

한때 1천원이면 각종 생활용품을 살 수 있는 '1000냥 백화점'이 있었다. 주방 · 욕실 용품, 학용품, 장난감을 저렴하게 살 수 있어 주부와 아이에게 인기였다. 10여 년이 흐른 지금, 규모화 · 대형화로 무장한 균일가 유통체인점이 여세를 몰아가고 있다. 균일가 유통에서 선두 주자인 '다이소', 매주 새로운 생활 소품을 합리적 가격에 파는 SPA (기획상품을 직접 제조 · 유통하는 전문소매점) 브랜드 '미니소', 재밌는 상품과 미친 가격을 표방하는 만물상 '삐에로쑈핑', 북유럽 스타일을 표방하는 '플라잉타이거코펜하겐' 등이다.

장기불황 속에서 가성비와 '가심비'(가격 대비 마음의 만족을 추구하는 소비), '소확행'(일상에서 작지만 진정한 행복추구) 등의 소비경향이 저가형 생활용품 시장확대에 견인차 구실을 하고 있다. 1인 가구증가로 가구 수가 늘고 집 꾸미기 열풍까지 겹치며 수요층이 20~30대까지 넓어진 것도 이유다. 평균가격이 5천원 미만이라 남녀노소 누구나 부담없이 '1만원의 사치'를 누릴 수 있다. 2016년 2조원대였던 국내 저가 생활용품 시장은 2018년 4조원대까지 성장할 것으로 전망된다.

다이소, 5천원 미만 상품

2019년 1월 14일 서울 구로구 마리오아울렛 안 다이소 매장. 평일임에도 사람이 빼곡했다. 김미선(44)씨는 "다이소라는 상호처럼 문구 · 완구, 주방용품, 세탁용품, 미용 · 화장, 인테리어소품, 위생용품, 공구 · 레저용품 등 없는 것이 없다. 다양한 상품을 보는 재미가 쏠쏠해 즐겨 찾는다. 가끔 충동구매를 할 때도 있지만, 그래봤자 1만~2만원 수준이라 부담이 없다. 합리적인 여가생활, 스트레스 해소 구실을 톡톡히 하는 신세계같은 장소"라고 말했다. 특히 집안에 사고(?)가 터졌을 때 요긴하다고 귀띔했다. 전구가 나갔을 때, 공구나 청소도구가 필요할 때 등이다. 그는 "저렴하고 물건이 많아 굳이 대형마트에 갈 필요성을 못 느낀다"고 했다.

다이소의 1300여 개 매장 내 3만여 제품은 '균일가'가 특징이다. 1997년 첫 매장이 문을 연 뒤 지금까지 500원, 1천원, 1500원, 2천원, 3천원, 5천원의 여섯 가지 균일가를 유지하는 것이 원칙이다. 이우승 다이소 홍보팀 과장은 "제품의 50%가 1천원, 85%가 2천원 이하여서 가성비, 가심비, 소확행 등은 다이소 상품에 붙는 수식어"라며 "국내 570여 개 중소 제조업체에서 좋은 품질의 다양한 생활용품을 공급받기에 가능한 구조"라고 설명했다. 주부가 선호하는 생활밀착형 소품비중이 큰 것이 특징이다. 이날 계산대 앞에 놓인 물건들을 보니 30~50대 주부가 선택한, 주방·청소·생활용품의 구매비율이 절대적으로 높았다.

삐에로쑈핑, 재미와 즐거움 추구

2018년 6월 이마트가 선보인 삐에로쑈핑은 '펀 앤드 크레이지'(Fun & Crazy)를 콘셉트로, '재밌는 상품'과 '미친 가격'을 표방하는 만물상 개념의 디스카운트 스토어다. 주 타깃은 20~30대 젊은층이다. 비교적 수입이 많지 않은 이들이 최소 금액으로 최대만족을 얻는 '탕진잼'의 새로운 명소를 지향한다. 2018년 6월 스타필드 코엑스점 오픈을 시작으로 9월 두산타워점, 11월 논현점, 12월 가산W몰점, 의왕점, 명동점까지 총 6개 매장이 있다.

삐에로쑈핑 매장 입구. 재미와 즐거움을 추구해 차별화된 소품을 선보이는 것이 특징이다.

중저가 생활용품 매장이지만, 일본 '돈키호테'를 벤치마킹해 철저하게 'B급 감성'을 담은 상품을 파는 점에서 다이소와 미니소와는 확연히 차별화된다. 지난 1월 8일 가산W몰에 입점한 매장에 가보니 외관뿐 아니라 진열방식, 상품종류 등 모든 것이 색달랐다. 김완선의 노래 〈삐에로는 우릴 보고 웃지〉가 경쾌하게 흘러나오는 매장안은 마치 미로를 탐험하는 기분이 들게 했다. 깔끔하게 매장을 구성하는 기존 방식 대신 상품을 복잡하게 배치해 어지럽게 느껴지기도 했지만, 좁은 매대사이를 걷는 기분이 꽤 즐거웠다. 1천원짜리 물건부터 수십만원대 명품, 주류와 신선식품, 가전제품까지 다양했다.

개성과 독특함을 추구하는 젊은이에게 인기가 많은 이유다. 삐에로쑈핑 관계자는 "대형마트와 상품 중복률이 30% 미만이라 기존 유통경로에선 볼 수 없던 중소협력사 상품을 대거 선보이고 있다"며 "독특하고 재미있는 중소업체 아이디어 상품을 선보여 소비자 반응 역시 뜨겁다"고 말했다. 특히 기존 대형 유통업체에서 잘 다루지 않았던 성인용품, 코스프레용 가발과 복장, 파이프 담배와 흡연 액세서리 등 다양한 흡연용품까지 만나볼 수 있다.

▶ 출처 : 2019년 2월 1일 한겨레 이코노미인사이트

넷째, 개인적 자질

'친숙하다', '성실', '강매의 느낌이 없다', '책임감이 강하다' 등의 인상을 주는 것이 중요하다. 또한, 감추는 것 없이 쾌활하고 솔직하게 대화하는 성격과 유연한 사고, 센스있는 반응 등도 고객은 원하고 있다.

이러한 상황에서 세일즈활동을 잘 하려면 앞에서 이야기 한 능력들이 반드시 필요하다고 할 수 있다. 그러면 이 네 가지 요소를 갖추면 고객이 원하는 만족한 세일즈활동을 할 수 있을까?

그렇지는 않을 것이다. 왜냐하면 고객의 니즈(needs)는 다양하고 변화에 급속도로 적응하고 있기 때문에 세일즈활동을 하는 기업의 영업사원도 더 많은 노력을 해야만 할 것이다. 특히 정성적인 부분보다도 정량화 혹은 계량화로 표현되는 세일즈활동과정은 더욱 철저해야 한다.

그렇다면 기업의 경쟁상황에서 톱 세일즈맨이 되기위해서 기업은 어떻게 영업사원을 육성할 것인가?

- 계획, 조사, 분석을 철저하게 실시
- 상담전의 치밀한 준비
- 사전준비활동에 많은 시간을 투자
- 경쟁사 영업사원보다 훨씬 더 업무에 집중
- 뛰어난 대인관계 스킬향상

제4절 세일즈맨의 역할과 영업프로세스

1. 역할과 임무

기업의 세일즈맨은 시장과 고객에게 연결된 '현장의 사업담당자'이다. 단순히 영업 자체만을 의미하지는 않고 세일즈맨은 한 기업의 대(對)고객관계의 대표로서, 이미지 메이커이자 컨설턴트이다. 세일즈맨은 고객중심과 목표지향적 자세로 성공적인 고객관계를 유지하는데 매우 중요한 역할을 맡는 기업의 핵심요소인 것이다. 이러한 세일즈맨의 역할은 무엇인가?

1) 시장개척(예상 고객발굴 및 개발)
2) 고객창조 및 관리
3) 사업목표달성(매출/이익/고객관리)
4) 회사와 조직발전에 대한 기여
5) 자아의 비전실현

위에 열거한 역할 이외에도 세일즈맨들의 역할은 무궁무진하다. 그러나 가장 주요한 역할을 정리해 보면 상기와 같다고 할 수 있다. 고객에게 만족과 감동을 주는 일부터 고객에게 재구매의지를 유도하는 것도 그들의 몫이다.

물론 기업의 정책적인 의사결정은 최고경영자가 내린다. 그러나 그것을 현장에서 실행하고 고객과 커뮤니케이션하는 것은 다름 아닌 세일즈맨들이다. 그들의 역할이 기업의 성공을 만들어 낼 수 있는 것처럼 그들은 기업의 실패도 만들어 낼 수 있는 거대한 조직인 셈이다.

여기서 정의된 5가지 중요한 역할과 임무를 성공적으로 수행하기 위해서는 '프로페셔널'이 되어야 한다. 그렇다면 프로 비즈니스맨이나 세일즈맨은 기업의 현장핵심 담당자로서 구체적으로 어떠한 존재인가? 우리는 흔히 '아마추어'라는 말과 비교하여 '프로'라는 말을 많이 사용한다.

이를 테면 스포츠 선수, 바둑기사, 영화배우에게는 '프로'라는 말이 쉽게 붙는다. 누구나 알고 있듯이 '프로'란 기능, 기술, 능력 등에서 뛰어난 특정 분야의 전문가나 고도의 숙련자를 말한다. 그리고 '프로'는 그가 지닌 스킬과 몸값에 대해 금전적 수치, 즉 돈, 보상, 대우, 특혜, 캐스트머니, 스카우트머니, 파이트머니 등으로 비교적 엄밀하게 평가를 받는다.

그렇다면 비즈니스맨이나 세일즈맨에게 '프로'란 어떤 의미를 지니는 것인가? 이 분야는 사회를 구성하는 사람만큼이나 워낙 광범위하며 그 평가방법이나 기준이 일정하거나 명확하지 않은 경우도 많다.

통상적으로 볼 때 비즈니스맨이나 세일즈맨은 고용자인 기업이나 사업체에서 그가 쌓아온 학력, 자질과 태도, 직장경력, 실무경력, 고객기반이나 실적, 자기가치 등으로 우선 심사평가를 받는다.

그리고 사업결과에 대한 목표달성도, 역할가치 및 기여도로써 최종평가를 받아 자신의 전문성과 몸값(상품 가치)에 대해 보상, 대우, 인센티브를 받게 된다.

따라서 비즈니스맨과 세일즈맨은 평소에 꾸준히 경력(career)을 쌓아 나가야 하고, 무엇보다도 비즈니스와 세일즈측면에서 실력과 역량, 전문성, 목표달성도와 역할가치 등 핵심역량과 가치를 개발하고 전문화함으로써 말 그대로 '프로화'되어야 한다.

자신의 가치기반과 자질, 역할가치성을 본질적이고 체계적으로 구체화하기 위해 머리끝부터 발끝까지 세일즈 전문가가 되는 것, 다시 말해 '프로다운' 외형과 내적 필요능력을 우선 구비하고 영업현장의 실무와 경험을 통해 끊임없이 개발하고 전문화해 나가야 할 것이다. 각 개인별로 다소 차이가 있지만 이러한 과정속에서 어느 시점인가 그는 '프로' 비즈니스 전략가와 세일즈 전문가가 되어 있을 것이다.

이 과정에서 더욱 중요한 것은 고객이 인정하는 '프로 세일즈맨'이 되어야 진정한 '프로'가 된다는 것이다. 고객의 만족이 감동으로 변화되고 나아가 다른 고객에게 구전으로 긍정적 마케팅을 전달해 준다면 그야말로 기업의 세일즈활동이 백 퍼센트 만족스럽게 진행되는 것이다. 고객중심의 경영활동 중 세일즈활동은 이렇게 가장 중요한 고객이 직접 기업을 평가하는 살아 있는 현장의 모습이다.

기업의 영업조직이 항상 변화하고 구조조정을 거듭해 가며 새로운 인재를 발굴하는 것도 이런 의미에서 진행되는 것이다. 세일즈에서의 만족은 결국 기업의 매출과 고객의 지적으로 피드백 될 것이다.

여전히 고객들이 관심을 보이고 있는 기업은 충분한 세일즈활동을 통해 고객과 쌍방향 커뮤니케이션을 진행하고 있는 것이다. 물론 그 과정에서의 잡음도 일어날 수 있겠지만 그것은 세일즈활동의 부분인 것이다. 언제나 고객이 칭찬하는 세일즈활동을 벌일 수는 없다. 칭찬일색의 세일즈활동은 무언가 잘못된 것일 수도 있다. 왜냐하면 고객의 다양한 니즈는 세일즈활동을 지속적으로 평가하고 있기 때문이다.

2. 영업의 효과

고객은 영업사원의 태도에 따라 기업을 바라보는 시선이 달라진다. 〈그림 9-5〉는 영업사원의 행동양식과 효과에 대해 나타낸 것이다.

영업사원이 전문적인 방문자에서 가격위주의 영업사원, 제품위주의 영업사원, 니즈를 충족시키는 영업사원으로 변하면서 영업효과는 점점 높아진다. 신뢰받는 비즈니스 조언자(adviser)가 되면 영업효과는 극대화된다. 모든 조건이 같을 경우, 영업의 성공을 좌우하는 것은 영업사원의 태도라고 한다. 단계가 상향조정될수록 고객에 대한 영향은 커지고 영업효과도 높아진다는 것을 그림에서 알 수 있다.

그림 9-5 영업행동과 효과 행동양식

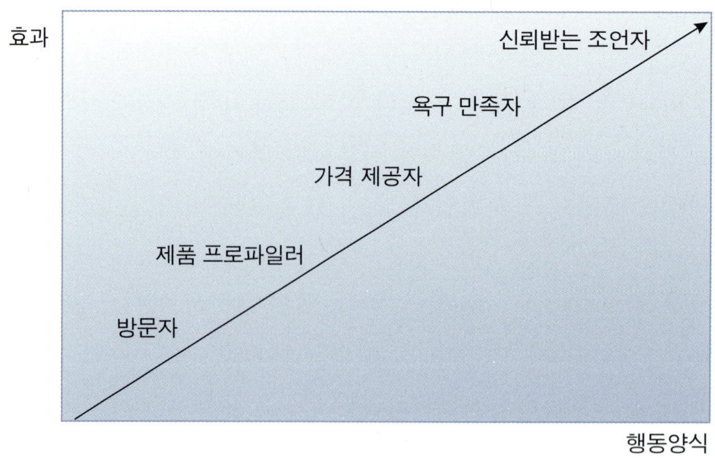

높은 단계에서 영업을 하려면 많은 시간과 노력을 투자해야 한다. 그러나 투자한 만큼 결실을 얻을 수 있는 신뢰를 받는 비즈니스 조언자를 영업목표로 삼아야 한다. 물론 모든 고객을 상대로 그럴 필요는 없지만 고객을 상대할 때는 언제나 조언자의 입장이 되도록 노력해야 하며 기업이 영업사원을 육성하는 목적과도 같은 것이다. 고객의 니즈를 충족시키도록 고객의 비즈니스가 성공하도록 지원을 아끼지 말아야 한다. 그것이 기업과 고객이 지속적인 파트너십(partnership)을 유지할 수 있는 방법인 것이다.

한 마디로 말해서 유능한 영업사원이 되려면 변화를 유도하는 촉매가 되어야 한다. 영업사원과 고객이라는 기존 관계에서 탈피해야 하며 시간을 두고 더 높이, 더 넓게, 더 깊이 영업활동을 해야 한다. 최고의 세일즈활동은 영업효과 단계를 조언자의 목표로 설정해야 하는 것이다.

1) 낮은 단계의 영업활동(거래위주의 영업)

거래위주의 영업에서는 제품, 서비스와 돈이 교환되면 그만이다. 이 단계에서는 고객의 눈에 여러 영업사원중의 한 사람으로 비칠 뿐이다. 다음의 세 가지 단계가 이에 해당한다.

(1) 전문적인 방문자

전문적인 방문자는 인격을 영업한다. 고객은 영업사원의 인간됨됨이를 좋아해서 구매를 하게 된다. 고객의 니즈를 충족시킨다는 측면에서 보면 개인니즈를 충족시킬 수도 있겠지만 의제도 없이 시간만축내는 사람으로 여겨질 수도 있다.

영업사원은 고객을 처음 방문할 때 또는 고객과의 관계를 유지하기 위해 면담을 계속할 때 전문적인 방문자로 자신을 인식할 수 있다. 그러나 영업사원은 영업주기의 어느 단계에 있든지 상관없이 보다 높은 영업효과 단계를 목표로 행동하도록 해야 한다. 일부 영업사원은 전문적인 방문자 단계에서 더 이상의 발전을 못하는 경우가 많다.

이러한 영업사원은 마치 "도넛"처럼 친절(또는 기타 장점)이라는 행동지침을 활용하여 고객을 만들 수는 있겠지만 고객의 눈에 가치있는 자원으로서 비치지 못한다.

(2) 가격위주의 영업사원

가격위주의 영업사원은 한 가지에만 신경을 쓴다. 가격, 비용, 계약, 견적을 중심으로 영업활동을 하는 것이다. 이들은 전문적인 방문자 단계보다는 높은 단계이다. 왜냐하면 고객과 가격협상을 할 때 보다 많은 지식을 보유해야 하기 때문이다.

가격위주의 영업사원은 고객의 조직니즈(재정)를 충족시킬 수는 있겠지만 제품, 서비스의 가치를 제대로 영업하지는 못한다. 일부 고객은 가격경쟁만을 원하기 때문에 어쩔 수 없이 가격중심으로 영업을 할 수밖에 없는 경우도 있다. 그러나 영업효과단계를 통해 높은 단계에서 영업활동이 가치있다는 것을 인식해야 한다.

(3) 제품위주의 영업사원

제품위주의 영업사원은 제품지식을 중요시한다. 일반적으로 이 단계의 영업사원은 제품에 대한 지식이 상당하고 고객에게 제품의 특성을 모두 설명하려 한다. 그래서 제품설명이 마치 온갖 기술적 정보만 가득한 "쓰레기" 같고 고객의 이익에 대해서는 신경을 쓰지 않는 듯하다.

제품위주의 영업사원은 일부 조직니즈를 충족시킬 수는 있지만 특징과 제품설명에만 치중한 나머지 고객의 개인니즈를 고려하지 못하는 경우가 많다. 제품위주의 영업사원은 제품과 서비스 전문가가 되어야 하므로 영업효과단계에서 상대적으로 높은 위치를 차지하지만 경쟁사도 같은 품질의 제품을 영업한다면 차별화된 영업을 할 수 없다. 경쟁사와 비교해 그리 나을 것이 없다면 고객은 가격을 비교해서 구매를 할 것이다.

위에 언급한 세 단계에 머무르고 있는 영업사원은 경쟁자에게 비즈니스의 기회를 뺏길 수 있다는 두려움을 안고 생활할 것이다. 이제 고객에게 보다 나은 가치를 부여하고 고단계의 영업기술을 구사하는 높은 단계의 영업활동을 살펴보자.

2) 높은 단계의 영업

(1) 니즈를 충족시키는 영업사원

니즈를 충족시키는 영업사원은 고객의 니즈를 파악하고 이에 맞추어 대응한다. 그가 제시한 해결책은 고객의 니즈와 직접적인 관계를 갖고 있으며 제품의 특성에 대해 언급을 하지만 그가 관심을 갖는 부분은 고객이 누릴이익과 가치이다. 이런 방식으로 조직니즈를 충족시킨다.

영업사원의 기술에 따라 고객의 개인니즈를 충족시킬 수도 아닐 수도 있다. 최근까지 이 단계가 최고의 영업기술단계로 여겨져 왔다. 그러나 오늘날의 비즈니스 환경에서는 이 단계로는 위험의 소지가 있다. 니즈를 충족시키는 영업사원단계를 긍정적으로 평가받을 수 있지만 그 한계도 있음을 인식할 것이다.

(2) 신뢰받는 비즈니스 조언자(adviser)

신뢰를 받는 비즈니스 조언자는 최고단계의 영업활동이다. 고객과 영업에 상당한 영향을 끼친다. 이 단계는 보통 "컨설팅 세일즈"라고 불린다. 영업사원은 고객이 비즈니스에서 성공하도록 모든 신경을 집중시킨다.

영업사원은 보다 깊은 차원의 비즈니스 이슈를 파악하려 하며 "겉으로 드러나지 않은 근본적인 니즈"(이것이 바로 니즈가 중요한 이유임)를 찾으려 노력한다. 시장에서 지배적 위치를 선점하는 길을 파악하는 것이 필수적이다. 신뢰를 받는 비즈니스 조언자는 고객의 개인, 조직니즈를 파악해서 충족하려고 노력한다. 이런 과정에서 비로써 고객과 진정한 비즈니스 동반자가 될 수 있는 유리한 고지를 점하게 되는 것이다.

3. 영업프로세스(process)

고객의 니즈(needs)를 충족시키는 영업활동에는 철저한 과정이 존재한다. 정해진 과정에서 영업사원과 고객의 주고 받는 상호작용이 결국 최고의 영업성과로 이어질 수 있는 것이다.

1) 영업단계

(1) 1단계 : 마케팅단계

시장의 트랜드(trends)와 고객의 기대, 경쟁사의 동향을 파악한다. 상권에서의 예상고객을 발굴하여 영업의 계획(plan)을 수립하는 단계이다. 이 단계에서 영업활동은 먼저, 고객정보를 수집하는 일이다. 영업사원이 담당하고 있는 지역이나 상권을 중심으로 구체적인 고객발굴을 위해 시장을 세분화(segmentation)한다. 이것은 고객의 정보를 수집하는 과정으로 데이터베이스(database)를 모을 수 있는 단계이다. 그리고 시장동향을 정확하게 파악하는 데 주력한다. 경쟁사정보, 외부동향, 내부동향, 고객정보 등 영업의 전반적인 모든 정보를 모으고 분석하는 단계의 활동이다. 특히 고객의 예상수요라든지 수요의 변화를 예측하는 데 중요한 과정이다.

(2) 2단계 : 영업활동단계

잠재고객을 포함한 고객의 요구사항과 기업의 공급능력을 조율하고 그 과정에서 최종수주를 유도할 수 있는 단계이다. 직접적인 관계가 있는 파트너들의 생산현황, 가격, 공급수준 등을 파악하여 직접 수주와의 연결을 꾀하는 단계이다. 이 과정에서 영업사원에게 필요한 것은 자사제품과 현황에 대한 명확한 파악과 프리젠테이션을 준비해야 한다.

또한 가능한 규모의 공급량, 경쟁사보다 우위에 있는 가격검토 및 제시, 물류와 지불조건에 대한 경쟁력 등 골고루 자사의 경쟁력을 보여주기 위한 과정이다. 특히 마케팅단계에서 얻은 여러 정보를 십분활용하여 성공적 관계형성을 위한 수주준비에 집중해야 한다.

(3) 3단계 : 대내활동단계

고객의 요청사항과 수주관련 요구사항에 대응하기 위해서 내부역량을 최적화시켜 고객만족을 극대화시키는 단계이다.

거래를 시작하기 전 검토용샘플(sample)을 준비하고 개시 이후 중·장기계획과 각종 가격정보를 검토해야 한다. 또한 품질안정화와 요청한 납기일 준수에 대한 사내정보공유는 필수사항이다. 물론 물류업체와의 사전조율도 이 단계에서 이루어져야 한다.

(4) 4단계 : 채권회수단계

납품 후 상호협의된 계약에 따라 대금지급일정을 관리하며 대금수수 관계의 문제제거로 지속적인 거래관계를 형성하는 단계이다.

주 1회 채권확인과 회수관련 업무에 집중한다. 계약에 준하는 대금지급일을 정확하게 파악하고 있어야 하며 채권회수설정에 따라 대금결제조건도 추후조정할 필요가 있다. 거래처의 영업정보 및 신용정보에 대해서도 수시로 확인하고 분석하여 대금결제에 만전을 기해야 한다.

(5) 5단계 : 고객관리단계

고객의 니즈(needs)를 수시로 파악하여 영업방향에 반영하며 지속적인 고객관계관리(CRM) 활동을 통해 시장점유율(market share) 확대와 파트너십을 잘 유지할 수 있도록 한다. 기존 거래처의 변경은 결국 경쟁사에게 자사의 정보가 누출되는 상황이 발생함으로 철저한 고객관리가 요구되어진다. 예를 들어 납품이후 신제품이라든지 제품개발일정(road map)을 정기적으로 발송함으로 고객에게 우호적인 관계를 표명한다. 구매담당자와의 비공식적인 인간관계유지를 통해 업무처리 시 경쟁사 대비 업무기회비용을 감소시킬 수 있도록 노력하는 것도 관리방법이다.

2) 솔루션영업활동

(1) 솔루션영업의 4단계

복잡하고 다양한 고객의 욕구충족을 위해서는 문제를 해결해 주는 솔루션영업을 해야만 한다. 그러기 위해서는 기존 방식의 영업활동을 대폭적으로 변혁할 필요가 있다. 솔루션영업 4단계를 제대로 추진하기 위해서는 다음의 네 가지가 필수적이다.

① 세일즈맨의 의식개혁

② 검증형활동의 도입

③ 고객가치 창조형 활동으로의 변화

④ 고객과의 관계만들기를 기초로 한 종합적인 전략시나리오의 구축

첫째, 세일즈맨의 의식개혁

한 사람 한 사람의 영업사원은 자기부문을 둘러싼 환경변화와 그에 대응한 새로운 영업활동의 방향성을 깊게 인식해야 한다. 그리고 새로운 영업활동을 실행하기 위해서 스스로가 어떤 역할을 수행해야 하는 가를 이해해야 한다. '왜 지금 솔루션 영업인가'를 영업사원이 이해하고 있지 않는 한 아무리 방법론을 열거해도 변화는 기대할 수 없다.

둘째, 검증형 활동의 도입

고객을 이해하는 것은 솔루션 영업의 출발점이다. "고객의 고객"은 어떤 요구를 지니고 있는가, "고객의 경쟁상황"의 움직임은 어떠한가, 또는 고객의 경영전략과 미션은 무엇인가 등을 파악함으로써 우선 고객의 비즈니스의 전체를 이해해야 한다.

다음은 고객이 지향하는 자세와 그에 동반될 중요과제에 대해서 가설을 세워 고객에게 확인해서 공유화를 도모한다. 여기에서는 자사의 상황으로 판단하는 것이 아니라 고객이 처한 상황을 고객의 시점에서 파악하고 이해하는 것이 중요하다.

그렇게 함에 따라서 "고객의 시장은 현재 어떻게 변화하고 있는가", "그 중에서 고객은 왜 이런 경영목표를 갖게 되었는가", "고객목표와 현상과의 차이에서 보여지는 비즈니스 상의 과제는 무엇인가", "그 과제를 해결하면 고객의 비즈니스는 어떤 효과를 가져 오는가" 등을 알 수 있다.

셋째, 고객가치 창조형 활동으로의 변화

가설로 세워진 고객의 중요과제를 해결하기 위해서는 그 과제를 다양한 분야로 분류하고 나누어야 한다.

예를 들어 어떤 고객이 지향하는 모습이 '가치창조형 기업으로의 변화'라고 한다면 그에 대한 중요과제를 '철저한 고객지향체질로의 변혁'이라고 정했다고 하자.

이 과제를 고객기업의 조직구조나 서비스체계, 인재육성 등의 개별분야의 과제로 세분화하는 것이다. 이 때, 조직구조에서 '수평조직으로의 변혁'이라는 과제가 도출되었다면 '수평조직으로의 변혁'을 위해서 필요한 과제는 무엇인가, 라는 식으로 점점 하부차원으로 쪼개서 접근한다. 그리고 각각의 항목에 우선순위를 매긴다.

다음은 세분화된 각각의 과제에 대해 자사의 조직역량, 상품, 서비스를 구체화하고 고객에게 제안할 수 있는 가치를 체계화한다. 나아가 자사의 강점·약점을 분석한 뒤, 고객이 안고 있는 과제에 대해서 제안할 수 있는 복합적·창조적인 해결책을 이끌어 낸다.

넷째, 고객과의 관계만들기를 기초로 한 종합적인 전략 시나리오의 구축

고객과의 Win-Win 파트너십을 구축하기 위해서 중·장기적인 전략 시나리오를 입안·실행한다. 전략 시나리오의 작성은 고객과 자사의 상황이나 자사의 경쟁분석과 같은 현상을 이해한 뒤에 우선 목표를 작성한다. 이것은 자사가 지닌 종합적인 고객만족향상 지원의 노하우를 통해 파트너(거래처)가 지향하는 가치창조형 기업으로의 변혁에 공헌함으로써 파트너십 관계를 구축한다는 최종 도달목표를 말로 표현한 것이다.

이 목표를 향해서 고객과의 관계만들기의 시점에서 중장기 매출목표를 설정해 기본방침을 정한다. 그리고 단계별로 설정한 실시내용과 방법을 명확화해서 상세한 계획을 세워 진도관리 포인트를 정해 점검하면서 실행한다.

이것은 단기실적중심의 고객공략발상이 아니라, 장기적인 시점에서 고객과의 관계만들기를 지향해야 한다는 것을 의미한다.

생각해 봅시다

1. 최근 고객관계관리가 중요해지는 이유에 대해 설명해보자.

2. 시대별 고객관계관리에 대해 제시해보자.

3. 고객관계관리의 성공요인을 설명해보자.

4. B2B 고객은 이전과 비교하여 어떤 점이 변화하였는지 설명해보자.

5. 영업사원에게 요구되어지는 네 가지 측면의 능력을 제시해보자.

6. 영업의 프로세스에 대해 설명해보자.

제10장

경영전략과 경영혁신

다른 나라보다 할랄인증이라는 관문을 하나 더 넘어야 하는 어려움에도 불구하고 국내 제약사들의 인도네시아로 진출하려는 의지는 뚜렷하다. 국내 제약사들은 주로 현지에 공장을 설립해 완제품을 수출하는 '현지화전략'을 취하며 적극적으로 공세를 퍼붓고 있다. 이 같은 국내 제약사들의 노력은 인도네시아 시장이 가진 잠재력 때문이며 인도네시아 정부가 전 국민건강보험 가입정책을 추진하면서 의약품 시장이 더욱 활발해진 점도 국내 제약사에게는 확실한 기회다.

'할랄인증' 장벽에도 제약사들이 인도네시아로 달려가는 까닭

국내 제약사들이 인도네시아 시장의 문을 끊임없이 두드리고 있다. 지난 19일 대웅제약이 인도네시아에서 보톡스제품 '나보타' 품목허가를 획득했다고 밝힌 가운데, 종근당과 CJ헬스케어, 녹십자MS, 동아ST 등이 이미 인도네시아에 진출했다. 인도네시아는 '할랄인증'이라는 장벽으로 진입이 까다롭지만, 그로 인해 경쟁자가 많이 없는 블루오션으로 기대받는다.

지난 10월부터 인도네시아에서는 '할랄제품인증법'이 시행됐다. 2014년 인도네시아 의회를 통과해 공포된 이 법은 할랄인증 대상 품목을 기존 축산물에서 식료품과 화장품, 의약품 등으로 확대하는 내용을 골자로 한다. 공포 5년 후 시행돼, 다시 5년간 유예기간을 거쳐 2024년부터는 전면 의무화된다. 여기에 할랄 인증을 받지않은 제품은 별도로 표기해야 한다는 규칙까지 새로 생기면서 시장진입이 더욱 까다로워졌다. 실제로 이러한 할랄규제 때문에 인도네시아를 떠나는 기업도 생겨났다. 지난 10월 펩시는 엄격한 할랄인증으로 사업유지가 힘들다며 인도네시아 시장에서 철수했다. 할랄인증은 이슬람율법을 지켜 생산되는 음식이나 제품에 부여된다. 대표적으로 돼지고기나 알코올 성분이 없어야 한다. 의약품도 마찬가지. 보통 약 캡슐에 쓰이는 젤라틴은 동물의 가죽·힘줄·연골에서 추출한 성분이고, 원료의약품을 녹이는 과정에서 알코올을 사용하는 경우가 있다. 이런 의약품은 이슬람율법에서 허용되지 않는다.

전체 인구 2억 7000만 명 중 이슬람 인구가 87%를 차지하는 인도네시아에서는 할랄인증이 필수적이다. 인도네시아 현지 제약사가 할랄인증 제품을 가진 외국제약사와 협력을 선호하는 이유다. 하지만 인증을 받는 과정이 쉽지만은 않다. 기간도 최소 6개월에서 1년 정도 소요된다. 국내 제약사 관계자는 "인증 과정이 수월하지는 않다. 주로 캡슐에 인증을 요구한다"고 말했다.

다른 나라보다 관문을 하나 더 넘어야 하는 어려움에도 불구하고 국내 제약사들의 진출의지는 뚜렷하다. 국내 제약사들은 주로 현지에 공장을 설립해 완제품을 수출하는 '현지화 전략'을 취하며 적극적으로 공세를 펴붓고 있다. 대웅제약의 경우 2014년 대웅인피온을 설립했고, 동아에스티는 인도네시아 현지 바이오의약품 생산공장인 'PT 컴비파 동아 인도네시아'를 세웠다. 현지에 공장을 세울 여력이 안 되는 중소제약사는 국내에서 인도네시아의 온도·습도 등을 재현해 임상실험을 진행하기도 한다. 이 같은 국내 제

인도네시아 시장이 가진 잠재력 때문에 국내 제약사들의 진출 의지는 뚜렷하다. 인도네시아가 유독 우리나라 제약사를 선호하는 분위기도 감지된다. 사진은 지난 2017년 인도네시아 자카르타에서 열린 '한-인도네시아 비즈니스 포럼'에 문재인 대통령이 참석한 모습

약사들의 노력은 인도네시아 시장이 가진 잠재력 때문이다. 보건산업진흥원에 따르면 인도네시아 제약시장 규모는 2021년께 100억 달러(약 11조 6300억 원)를 돌파할 것으로 예상된다. 특히 올해 인도네시아 정부가 전 국민건강보험 가입정책을 추진하면서 의약품시장이 더욱 활발해진 점도 국내 제약사에게는 확실한 기회다. 게다가 인도네시아는 세계 4위의 인구 대국인 동시에 아세안 및 다른 무슬림지역에 진출하기 용이한 거점 국가로도 꼽힌다.

인도네시아가 유독 우리나라 제약사를 선호하는 분위기도 감지된다. 국내약학대학 교수는 "(인도네시아에서는) 의약품은 유독 선진국에서 수입하려는 경향이 있다. 미국 등 선진국 약은 비싸서 수입하기 꺼려지니, 자기네 국가보다 조금 더 잘 살지만 약을 공급할 수 있는 나라를 찾는 것"이라며 "우리나라 역시 미국시장에 진출하기는 쉽지 않으니 이해가 맞아떨어진다고 볼 수 있다"고 말했다. 특히 인도네시아는 국가 내의 인종이 비슷해 임상시험을 진행하기에도 편리하다고 한다.

▶ 출처 : 2019년 12월 24일 비즈한국

제1절 경영전략의 기본개념

1. 경영전략의 정의

전략의 정의는 개인의 가치관에 따라, 조직의 목표에 따라, 외부의 환경이나 조건에 따라 다양한 형태나 내용으로 제시될 수 있다. 원래 '전략'(strategy)이라는 용어는 고대 그리스어의 'Straegia'라는 말에서 유래된 것이다. 경영전략이라는 개념은 챈들러(A.D. Chandler, 1962)에 의해 처음으로 사용하였으며 "기업의 장기적 목적 및 목표의 결정, 이들 목표를 실행하기 위하여 필요한 활동방향과 자원배분의 결정"이라고 정의하였다.

경영전략이란 기업의 목표를 달성하기 위한 기업경영활동의 방향을 제시하는 기본적인 틀로서 기업환경과 기업내부자원을 분석하여 기업의 목표를 달성하기 위한 구체적인 대책과 방법을 말한다. 즉 경영전략은 기업의 장점과 약점을 기업환경의 기회와 위협에 적합하게 맞추기 위한 의사결정이다.

경영전략의 개념에는 몇 가지 핵심적인 개념들이 포함되어 있다.

첫째, 전략의 시간(time horizon) 개념이다. 흔히 전략이라고 하면 적어도 중기 그리고 대개는 장기의 미래를 바라보고 수립한다는 것이 일반적인 인식이다. 그러나 오늘날과 같은 경영환경이 급변하는 시대에 먼 미래를 예측하는 것은 매우 어렵다. 따라서 최근의 전략은 단기라는 시간개념도 반영하고 있다. 즉 안정적이고 지속적인 추세에 대한 구조적이고 본질적인 대응이라는 측면과, 불안정하고 불규칙적인 변화에 대한 신축적이고 가변적인 대응이라는 측면을 동시에 고려하고 있는 것이다.

둘째, 전략의 주체(actor) 개념이다. 전통적으로 전략은 소수의 최고경영층이 수립하고, 나머지 조직원들은 이미 수립된 전략에 따라 실천적인 전술(tactic)을 만들어, 구체적인 행동(action)으로 옮기면 되는 것으로 인식되어 왔다. 그러나 소수의 경영자가 정보와 지식을 독점한 상황에서 전략이 수립되고 그 방향과 내용을 조직원들이 이해하고 공감할 수 없다면 전략의 성공 가능성은 매우 낮다는 사실이 알려지면서 전략의 수립과정에 최고경영층뿐 아니라 조직원 모두가 참여하는 것이 중요하다는 새로운 인식이 확산되고 있다. 또한 외부의 공급자, 수요자, 나아가 경쟁자도 전략수립의 간접적인 참여대상이 되고 있다.

셋째, 전략의 기술(technology) 개념이다. 전통적인 사고는 전략을 기술과 방법의 문제가 아니라 경험과 직관의 문제로 인식하였다. 그러나 오늘날의 거대하고 복잡한 경영시스템의 전략을 수립하기 위해서는 체계적이고 정량적인 기술이 필요하다. 그 과정에서는 경영프로세스에 대한 과학적인 분석방법도 필요하고 정교하고 명확한 설계도를 작성할 수 있는 소프트웨어의 활용 및 수립된 전략을 사전적으로 예측할 수 있는 시뮬레이션 도구도 필요하다.

2. 경영전략계획의 수준

경영전략계획은 조직규모에 따라 차이가 있다. 조직의 규모가 커짐에 따라 경영전략계획도 다양하다. 일반적으로 전사적 전략, 사업부 전략, 기능부서의 전략 등으로 구분 수립하고 있다.

1) 기업전략(전사적 전략)

기업전략(corporate strategy)은 기업의 최고경영자가 기업경영활동의 목표를 이루기 위해 기업의 나아갈 방향을 수립하는 전략이다. 기업의 사명을 정의하고, 사업수준과 기능수준에서 나오는 문제들을 검토하며, 관련된 활동들 간의 연계성을 발견하고 전략적 우선순위에 따라 자원을 배분한다. 이와 같은 기업전략에는 기업의 합병이나 매수, 사업의 확장 및 포기, 해외진출 및 철수, 새로운 사업에의 진출 등이 포함된다.

2) 사업전략(사업부 전략)

사업부란 자율적인 운영권을 행사하는 전략적 사업단위라고 하는데, 기업전략이 수립되면 각 사업부는 사업전략을 세운다. 사업전략(business strategy)에서는 기업환경의 정확한 인식, 해당 사업의 경쟁우위, 기업전략에 의해 배분된 자원의 사업부에서의 활용에 대해 구체적인 방법을 결정한다.

3) 기능별 전략(기능부서의 전략)

기능별 전략(functional strategy)이란 사업전략을 실행하기 쉽도록 각 기능조직 단위로 실행할 전략으로서 생산, 재무, 인사, 마케팅, 연구개발 등과 같은 각각의 기능부서의 활동방향을 정하기 위한 전략이다. 기능별 전략은 주로 기능부서의 전문적인 문제에 국한되고 있다.

3. 경영전략의 분석요소

1) 외부환경

기업이 경영전략을 수립할 때 가장 먼저 고려해야 할 것은 기업을 둘러싼 외부환경이다. 이때 기업에 직접적으로 영향을 미치는 과업환경뿐만 아니라, 기업이 통제할 수 없으나 영향을 미치는 정치적, 경제적, 사회적, 문화적 환경 등 일반환경에 대해서도 철저히 분석해야 한다. 기업환경의 변화는 기업에게 기회와 위협을 제공하기 때문에 이에 대한 철저한 분석은 기업의 경영전략을 수립하는 데에 반드시 필요한 밑바탕이 된다.

2) 내부여건

외부환경에 대한 분석이 끝나면 기업내부의 강점과 약점을 분석하여야 한다. 즉 기업자신의 능력과 한계를 정확하게 파악해야 한다. 이러한 내부여건에는 기업의 재무구조, 생산기술 및 설비, 인적자원, 영업능력 등이 포함된다. 기업내부 여건에 대한 철저한 분석이 있다면 기업의 외부에서 주어지는 기회를 살릴 수 있는 기업의 강점이 무엇인지, 기업에 닥치는 위협을 모면하기 위해서는 어떤 약점을 보완해야 하는지 등을 쉽게 파악할 수 있을 것이다.

3) 기업철학

외부환경과 내부여건에 대한 분석을 토대로 경영자는 전략을 수립하게 된다. 이때 기업의 비전, 사명, 가치관 등은 전략수립에 영향을 끼친다. 기업의 사명은 기업이 존재하는 이유를 밝히는 것으로 기업활동의 방향을 정하는 기본이되며, 이러한 기업의 사명을 바탕으로 기업의 목표를 정하게 된다.

4) 사회적 책임

기업은 계속적으로 유지되고 발전해야 할 책임을 지닌다고 하였다. 또 사회에 기여한 만큼 기업이미지가 제고된다. 따라서 경영전략을 수립할 때에 사회적 책임을 고려해야 한다는 것은 기업의 가장 기본적인 목표인 이윤추구와도 일맥상통한다고 할 수 있다.

제2절 경영전략모형

1. 가치사슬모형

가치사슬모형은 정보시스템이 경영활동을 지원하는데 어떻게 활용되는가를 분석하기 위하여 포터(Porter)가 제시한 모형이다. 가치사슬은 제품과 서비스의 생산과 관련된 기업의 경영활동들을 분석하고, 이러한 활동들 중에서 기업의 경쟁우위를 획득할 수 있는 활동들을 파악하고 대응방안을 수립하는데 도움을 주도록 고안된 모형이다.

가치사슬이란 제품 및 서비스의 생산에 필요한 여러 업무를 구분하여 몇 개의 활동으로 나누어 연결시킨 것을 말하고 이 때 발생하는 여러 가지 활동을 가치활동이라고 한다. 가치사슬에서 기업의 활동은 기본활동과 지원활동으로 이루어지는 가치활동들(value activity)로 나누어지는데 〈그림 10-1〉에서 보는 바와 같이 이러한 활동들은 제품과 서비스생산에 필요한 활동들이다. 가치사슬은 '기본활동(primary activity)'과 '지원활동(support activity)'으로 이루어져 있다.

먼저 '기본활동'은 내부물류(inbound logistics), 생산활동(operations), 외부물류(outbound logistics), 마케팅 및 판매(marketing and sales) 그리고 서비스(service)로 이루어져 있다. 제조업의 경우, '내부물류'를 지원하는 활동들은 유입되는 원재료의 입고와 처리를 포함한다. '생산활동'은 투입된 원자재를 최종제품 및 서비스로 변환하는 기능들을 의미한다. '외부물류'는 주문처리와 구매자에게 제품을 보내거나 서비스를 제공하는 과정을 지원한다. '마케팅 및 판매'활동은 광고,

그림 10-1 가치사슬모형

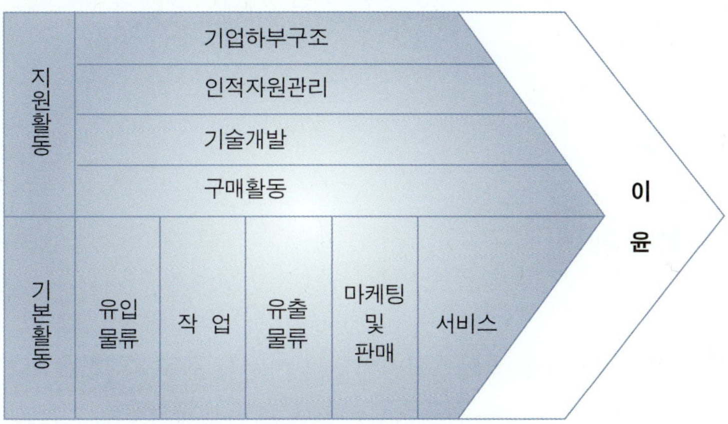

판촉, 영업사원관리를 포함한다. '서비스'는 제품의 가치유지 및 향상을 위한 서비스활동이다.

'지원활동'은 경영의 기본활동들을 지원하는 자원을 포함한다. 〈그림 10-1〉에서 보는 바와 같이 지원활동은 기본활동을 보조하기 위하여 '기업하부구조', '인적자원관리', '기술개발', '구매활동' 등을 제공한다. 예를 들어 기업하부 구조는 일반관리 및 기획업무, 재무관리, 법적수속, 회계 등을 의미하는데 이들은 가치사슬을 전반적으로 지원한다.

포터(Porter)의 견해에 따르면 가치사슬은 상호 의존적인 연계시스템으로서 사실상 어떤 활동이 수행되는 방식은 다른 활동에도 영향을 미치게 된다. 예를 들어 비싼제품의 디자인이나 고품질의 원재료에 대한 투자는 애프터서비스 비용을 줄일 수 있다. 경쟁우위를 확보하기 위해서 기업은 경쟁사들보다 더 낮은 비용으로 또는 구매자에게 부가가치나 서비스를 제공하는 방식으로 가치활동들을 수행할 수 있어야 한다고 포터(Porter)는 주장한다.

특정한 산업의 가치사슬은 '가치시스템(value system)'이라고 불리는 더 큰 활동범위 내에서 이루어진다. 가치시스템은 공급자의 가치사슬, 기업의 가치사슬, 기업의 제품과 서비스를 제공하는 채널의 가치사슬 그리고 최종구매자의 가치사슬을 포함하는 개념이다. 공급자는 기업의 가치사슬에 대한 투입으로서 원재료를 공급하기 때문에, 기업의 가치사슬은 공급자의 가치사슬과 상호작용을 한다. 공급자 가치사슬의 일부분인 분배활동은 공급받는 기업의 가치사슬과 상호교류한다. 공급자와 구매자 간의 가치활동들 간의 연결이 잘 이루어지면 두 기업은 모두 비용을 절감할 수 있게 된다.

예를 들어 자동차회사는 가치사슬의 일부로 철강회사로부터 원재료를 획득한다. 이들 두 회사 간의 긴밀한 협조를 통해서 가격과 운송날짜 등에 관한 정보가 제공되고 이를 활용하여 주문과 배달을 용이하게 할 수 있다. 기업이 제공하는 제품이나 서비스는 최종구매자에게로 이동하는 중에 채널의 가치사슬을 통과하는 경우도 있는데 예를 들면 공급자와 구매자 간의 채널의 가치사슬이 형성되는 경우를 들 수 있다. 자동차산업의 경우를 보면 생산자와 구매자간 채널의 가치사슬을 대리점이 제공하게 된다.

2. 경쟁세력모형

1) 경쟁세력모형의 개념

기업의 경영전략의 수립을 위해서는 바탕을 둔 경영환경에 대한 파악이 중요한데, 현재 기업이 가지고 있는 제품과 서비스 그리고 업무처리기능의 기회와 위험요인들에 대한 철저한 분석이 선행되어야 한다. 포터는 이러한 경영환경분석을 도와주는 경쟁세력모형을 발표하였다. 〈그림 10-2〉

그림 10-2 포터의 경쟁세력모형

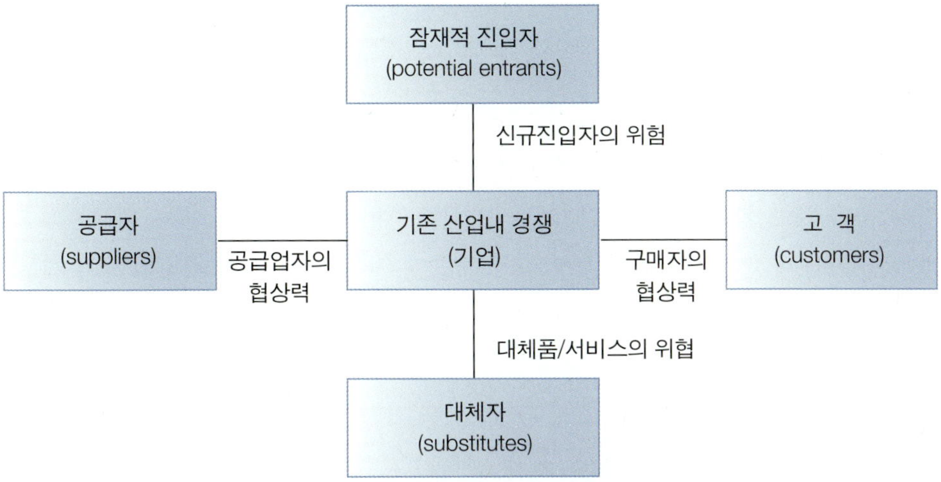

에서 보는 바와 같이 모든 산업내에는 새로운 경쟁자의 시장진입위협, 경쟁자의 압력, 구매자의 협상력, 공급업자의 협상력, 전통적인 산업경쟁자들과의 경쟁 등 많은 외부적 위협과 기회가 존재한다.

(1) 구매자(고객)

오늘날 기업들은 고객중심의 시장에서 경쟁해야만 한다. 다양한 고객의 요구에 신속히 대응하지 못하면 경쟁적 우위를 확보하기는커녕 생존조차 위협받을 수 있다. 어느 캠퍼스가 밀집한 지방도시에서 학교주변 음식업소들이 식대를 인상하자 그 지역의 학생들이 불매운동을 전개해서 식대를 원위치로 환원시킨 사례가 있었다.

이와 같이 소비자와 같은 구매자 집단은 경우에 따라서 단체로 협상력을 발휘하여 음식업소들의 이윤을 잠식할 수도 있다는 점에서 경쟁세력들 중의 하나에 해당한다. 대고객 협상력을 강화하고 대비하기위해서는 고객이 다른 경쟁사로 옮길 경우 발생하는 교체비용(switching cost)을 높은 수준으로 유지하는 것이다.

(2) 공급자

공급자들은 기업들에게 판매하는 제품의 가격인상을 요구하거나 제품이나 서비스의 질을 떨어뜨리겠다고 위협을 가해 협상력을 발휘할 수 있다. 전통적으로 고임금의 노동력에 의존하여 왔던 자동차회사들은 생산라인작업을 자동화함으로써 기하급수적으로 치솟는 임금을 효과적으로 상쇄하여 협상력을 제고시킬 수 있었다.

(3) 대체자

특정산업내에서 경영활동을 수행하고 있는 기업들은 넓은 의미에서 대체품을 생산하고 있는 기업들과 경쟁을 벌이고 있는 것이다. 기존의 제품이나 서비스에 대한 대체재를 고객이 찾지 못하거나 힘들도록 하는 것이 필요하다.

예를 들어 철강생산자의 경우, 어떤 고객에게 있어서는 기존의 다른 철강생산자 외에 알루미늄 생산자나 플라스틱 생산자가 경쟁자가 될 수 있다. 대체품압력의 증대는 대체품의 가격이 상대적으로 낮은 경우, 혁신기술에 의해 대체품이 개발된 경우 또는 고객의 선호가 바뀌는 경우에 발생하게 된다.

(4) 잠재적 진입자

잠재적 진입자는 현재 경쟁기업은 아니지만 앞으로 진입할 가능성이 있는 기업들을 말한다. 시장으로의 진입장벽을 구축하여 잠재적 진입자가 진입의사를 갖지 못하도록 이미지, 품질, 서비스 수준, 납기 등을 관리하여야 한다.

(5) 기존 산업내의 경쟁자

산업 또는 시장내 기존 업체들 간의 경쟁은 비용우위전략이나 차별화전략 등을 통하여 시장점유율을 높이고 기업의 인지도를 높이려고 하는데서 출발한다. 산업전체의 이윤에 영향을 주는 경쟁세력은 경쟁사이다.

기존 기업간의 경쟁정도가 심한 경우는 경쟁기업이 많거나 비슷한 시장점유율을 가지고 있는 경우, 제품수명주기가 성숙기에 있는 경우 또는 철수장벽이 높은 경우 등이 있다.

① 비용우위전략

비용우위는 경쟁하는 산업내에서 원가를 절감하거나 생산성 향상을 통하여 경쟁력을 제고시키는 전략을 말한다. 이 전략에서 중요한 것은 비용의 절감이 품질이나 서비스의 저하를 의미하지는 않는다. 기업들은 비용우위를 확보하기 위하여 최신설비의 도입, 불필요한 자원낭비의 최소화, 중복기능의 제거 등을 시도한다.

② 차별화 전략

차별화 전략은 자사의 제품이나 서비스를 타사의 것에 비하여 차별화함으로써 경쟁우위를 확보하려는 전략으로 제품차별화, 시장차별화, 서비스 차별화 등이 있다. 예를 들어 제품의 이미지, 품질, 서비스 등을 개선하기 위하여 제품에 독특한 가치나 특성을 가미함으로써 제품차별화를 달성할 수 있다. 항공사들의 마일리지 서비스나 자동차회사들의 보증기간 무상수리서비스, 건설회사의 고급형 아파트같은 것도 이 전략에 해당된다.

③ 집중화 전략

포터(Porter)가 주장한 세 번째 경쟁전략은 집중화 전략인데, 한정된 기업자원을 특정시장이나 제품에 집중함으로써 달성된다. 시장집중화 전략을 지원하는 정보시스템을 통하여 특정시장에 대한 수익성을 파악하여 제조회사는 특정한 시장의 고객요구를 충족시킬 수 있는 제품이나 서비스를 디자인하고 물류업체는 이러한 제품이나 서비스를 판매할 수 있도록 지원할 수 있다.

집중화 전략은 세분화된 특정시장에 대해서 사용하고 비용우위나 차별화 전략은 산업전체를 대상으로 하고있다는 점에서 차이가 있다.

3. 전략적 격자모형(strategic grid model)

기업이 생산하는 제품의 시장지위에 대한 평가는 제품의 성장 가능성과 수익성을 예측하는데 반드시 필요하다. 전략적 격자모형은 상대적인 시장점유율과 시장성장률을 기준으로 기업이 생산하는 제품의 위치를 분석하여 제품별 자원배분의 적정성을 평가하고 미래의 사업전략을 합리적으로 수립하는 기법이다. 즉 기업이 지속적으로 성장하기 위해서는 어느 사업에 주력하고 어떤 사업에서 철수해야 하는지를 결정하는 기본구조를 의미한다.

전략적 격자모형에서는 기업이 판매하는 각 제품에 대하여 상대적 시장점유율(= 자사의 시장점유율/최대경쟁기업의 시장점유율)을 횡축에 표시하고, 각 제품의 전체시장 성장률을 종축에 표시하여 각 제품별 시장지위를 분석한다. 이 모형은 보스턴 컨설팅그룹에서 개발한 모형으로서 BCG 격자모형(BCG Matrix)이라고도 부른다.

기업의 제품경쟁력이 시장점유율에 의해 결정된다는 근거는 시장점유율이 높을수록 기업은 가격리더십이나 규모의 경제에 의해 시장지배력을 높일 수 있고 또한 학습효과에 의하여 단위당 생산원가가 절감된다는 데서 찾을 수 있다. 이 모형에는 의문부호, 스타, 개, 현금 젖소 등 네 가지 구성요소가 있다.

1) 의문 부호(question marks)

여기에 속하는 제품들은 높은 성장이 예상되어 시장에 도입되지만 초기단계이기 때문에 시장점유율은 낮다. 시장점유율은 물론 브랜드에 대한 인지도도 낮은 데다가 고비용이 발생하기 때문에 수입은 적을 수밖에 없다. 이처럼 신제품을 독자적으로 개발한다는 것은 위험부담이 크지만 이러한 신제품의 지속적인 개발없이는 성장이 불가능하다.

신제품이 위치하는 의문 부호에서는 현금유입보다 현금유출이 더 많게 된다. 그리고 경쟁기업에 의한 유사제품의 출현도 예상된다.

2) 스타(stars)

판매가 순조롭게 진행된 의문 부호상품은 스타제품이 된다. 이 제품은 성장률은 물론 시장점유율도 높은데, 높은 수준의 성장은 높은 시장점유율을 통해 달성된다. 그러나 성장성이 있는 사업이기 때문에 경쟁이 치열할 뿐만 아니라 설비투자에도 막대한 자금이 소요된다.

이 유형에 속하는 제품은 현금젖소로 발전할 가능성이 있기 때문에 보유할 만한 가치는 있지만, 너무 많이 보유할 경우에는 (−)의 현금흐름을 발생시켜 기업에 어려움을 줄 수도 있다.

3) 개(dogs)

판매가 순조롭게 진행되지 못한 제품은 여기로 이동된다. 개 제품은 낮은 시장점유율과 낮은 시장성장률의 특징을 갖는다. 여기에 속하는 제품들은 실패 또는 쇠퇴기 제품으로서 (+)든 (−)든 현금흐름의 규모가 적다.

많은 기업들이 이러한 제품을 보유하는 경우가 있는데 경영자는 이러한 제품이 갖는 문제점을 인식하고 가급적 빨리 정리하기 위한 노력을 할 필요가 있다.

그림 10-3 전략적 격자모형(BCG Matrix)

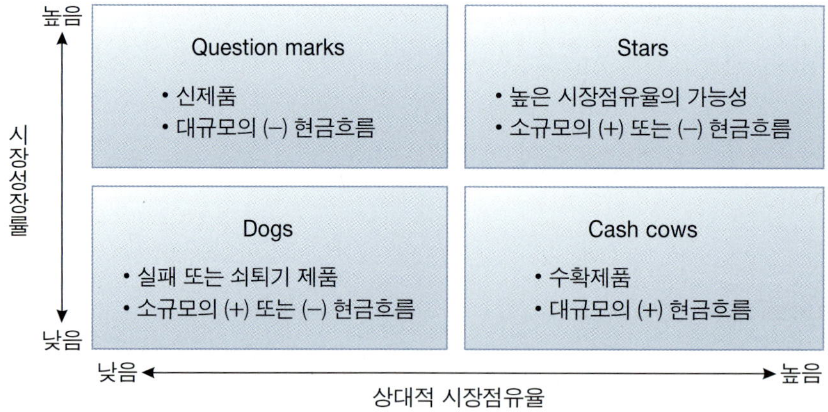

4) 현금젖소(cash cows)

시장성장률이 떨어지기 시작하면 스타제품은 여기로 이동하게 된다. 여기에 속하는 제품은 풍족한 현금흐름을 가져오기 때문에 현금젖소제품이라 하며 성숙기에 도달한 제품을 말한다. 성장률이 하락함에 따라 필요한 순운전자본도 감소하고 생산부문에서도 규모의 경제가 실현되므로 기존에 지출했던 자본을 회수할 수 있게 된다.

전략적 격자모형에서 가장 이상적인 경우는 현금젖소에서 나오는 현금흐름을 의문 부호형과 스타형 제품을 유지하는 데서 발생하는 현금부족을 보충하고, 개의 제품은 전혀 보유하지 않는 것이다. 이러한 이상적인 제품포트폴리오를 보유하는 기업은 기존 제품에서 발생하는 현금흐름과 확고한 시장지위에 의해 신제품개발에 따른 불확실성 및 위험을 감수할 수 있게 된다.

4. SWOT 분석

SWOT 분석은 기업내 · 외부의 환경요인을 크게 외부환경의 기회(opportunity), 위협(threat), 기업내부의 강점(strength), 약점(weakness)으로 구분하여 외부환경분석에서 도출되는 기회와 위협 그리고 내부분석에서 도출되는 강점과 약점을 결합하여 효과적인 전략을 수립하는데 도움을 주는 분석방법이다.

즉 SWOT 분석은 외부환경분석을 통하여 기회와 위협을 파악한 후 기회는 활용하며, 위협은 회피하려는 것이다. 그리고 내부분석을 통하여 강점과 약점을 파악한 후에 강점은 강화시키며 약점은 극복하는 전략을 수립하는데 이용되는 분석기법이다.

SWOT 분석은 ① 경영전략목표의 수립, ② SWOT의 분류 및 정리, ③ SWOT 매트릭스 작성, ④ SWOT에 대한 전략수립 및 선택의 절차를 걸쳐서 이루어진다.

5. 격차분석(gap analysis)

격차분석이란 기업이 보유하고 있는 전략, 지식자산, 고객과의 관계자산 등의 관점에서 이상적인 상태와 현재의 상태와의 격차를 분석하는 과정이다. 격차분석은 전략격차, 지식격차 그리고 관계격차 등 세 가지 유형의 격차분석으로 구성되어진다.

Field_Story 여객 늘고 화물줄고, 코로나 전으로 돌아가는 항공업계

최근 관광 수요가 급격히 늘면서 코로나 팬데믹으로 얼어붙었던 항공사들의 여객사업이 빠르게 회복하고 있다.

28일 항공업계에 따르면 인천국제공항공사는 지난 20일 인천공항을 이용한 여객이 10만 1404명으로 잠정집계되면서 기존 예측보다 약 40일 빠르게 일일 여객 10만명을 달성했다고 밝혔다. 인천공항 여객이 10만명을 다시 넘은 것은 2020년 2월 18일 이후 1007일(2년 9개월)만이다. 팬데믹 이전인 2019년도의 일일 평균 이용객 수는 19만 4986명이었다. 코로나 이전의 절반이상을 회복한 셈이다.

항공기 운항횟수도 코로나 이전수준을 빠르게 되찾아가고 있다. 국토교통부는 지난달 30일 국내외 항공사들이 신청한 2022년 동계기간(2022년 10월 30일~2023년 3월 25일) 국제선 정기편 항공운항 일정표를 확정했다. 162개 노선에서 주 2711회의 국제선 운항을 인가했는데, 이는 코로나19 이전인 지난 2019년 동계 대비 58% 수준이다. 국토부는 “수요 회복추이를 고려해 최대 60%까지 추가증편도 추진할 계획”이라고 밝혔다.

내년 하계 시즌(3월 말~10월 말) 인천국제공항의 항공기 운항횟수는 팬데믹 이전수준을 넘어설 전망이다. 인천국제공항공사는 지난 15~18일(현지 시각) 호주 멜버른에서 열린 국제항공운송협회(IATA) 슬롯 조정회의에서 2023년 하계 예상슬롯 배정횟수가 26만3004회로 결정됐다고 밝혔다. 이는 올해 하계 실적(9만 9077회)에서 265% 늘어난 수치이며, 팬데믹 이전인 2019년 하계(23만 3650회)보다 12.5% 증가한 것이다. 슬롯은 항공기의 출발 또는 도착 시각, 슬롯 배정 횟수는 해당 기간 항공기운항 허가횟수를 뜻한다.

여객 사업은 빠르게 회복되고 있지만, 팬데믹 기간 대형 항공사의 실적을 견인했던 항공화물 시장은 점차 식어가고 있다. 대한항공과 아시아나 항공은 코로나 시기에 여객기를 화물전용기로 개조해 여객 수요감소를 극복한 바 있다. 팬데믹 이전인 지난 2019년 대한항공의 화물수입은 매출의 21.3%였으나 2021

대한항공·아시아나항공 올해 화물사업, 여객사업 매출 추이

단위 : 억원

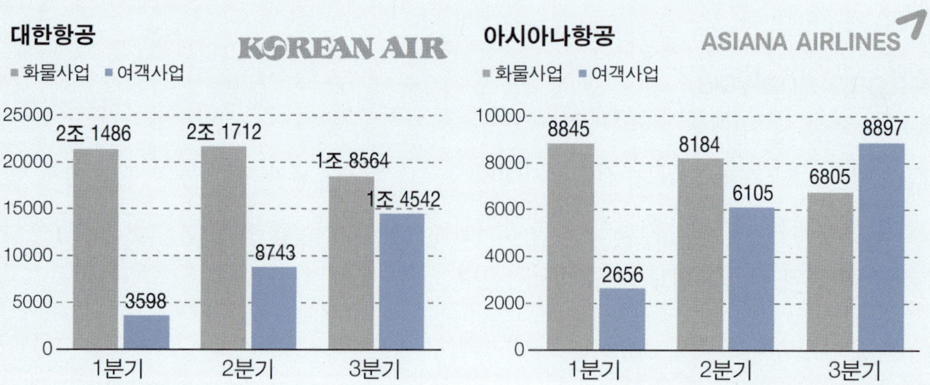

자료 : 금융감독원 전자공시스템(DART)

년에는 화물비중을 76.5%까지 늘리며 사상 최대 영업이익(1조 4180억원)을 기록했다. 아시아나항공도 화물사업 비중을 키우면서 지난해 932억원의 영업이익을 기록하며 흑자 전환했다.

최근 항공화물 운임은 급격히 줄고 있다. 글로벌 항공화물 운송지수 TAC 인덱스에 따르면 올해 10월 홍콩~북미 노선 화물운임은 1㎏당 6.74달러를 기록했다. 이는 코로나19로 고점을 찍었던 지난해 12월(12.72달러) 대비 절반 가까이 떨어진 것이다. 화물 운송량도 줄고 있다. 인천국제공항공사에 따르면 올해 인천공항을 오간 화물량은 3월 28만 1551t으로 고점을 달성한 이후 4월부터 꾸준히 떨어지며 9월에 22만7589t을 기록했다.

이같은 상황은 국내 항공사들의 실적에도 나타나고 있다. 금융감독원 전자공시시스템(DART)에 따르면 올해 대한항공의 화물사업부문 매출액은 1분기 2조 1486억원에서 2분기 2조 1712억원으로 소폭 상승했으나, 3분기 1조 8564억원을 기록해 전분기 대비 14.5% 감소했다. 반면 여객사업부문 매출액은 1분기 3598억원, 2분기 8743억원, 3분기 1조 4542억원을 기록해 큰 폭으로 상승 중이다. 아시아나 항공도 올해 화물사업부문 매출액이 1분기 8845억원, 2분기 8184억원, 3분기 6805억원으로 줄어드는 반면 여객사업부문 매출은 1분기 2656억원, 2분기 6105억원, 3분기 8897억원으로 크게 늘어났다.

▶ 출처 : 2022년 11월 28일 조선비즈

1) 전략격차

현재 존재하는 시장격차를 해소시키기 위하여 기업이 추진해야 할 이상적인 전략 및 수행능력과 현재의 전략 및 수행능력 사이의 격차를 말한다.

2) 지식격차

지식격차는 기업이 보유하고 있는 이상적인 지식수준과 실제 기업이 보유하고 있는 지식과의 격차를 의미한다. 이 격차는 실제로 기업이 알고 있는 지식수준과 일상적인 의사결정과정에 적용되는 지식수준의 차이를 의미하기도 한다.

3) 관계격차

관계격차란 현재 목표고객의 욕구를 만족시키기 위하여 기업이 보유해야 할 고객과의 이상적 관계와 고객과의 현재 관계수준과의 격차를 의미한다. 이 격차는 고객충성도, 공급자와의 전략적 파트너십, 제휴협력관계에 영향을 미치게 된다.

제3절 경영혁신의 이해

1. 경영혁신의 의의

시장의 고객이 불변이고 경쟁사도 없다면 기업은 변화하지 않는 전략이 유리하다. 하지만 고객의 욕구가 변하고 새로운 경쟁자가 뛰어든다면 똑같은 제품으로 이익을 올릴 수 없다. 즉 환경변화에 맞추어 기업경영도 바꾸어 나가야 한다. 그런데 환경이 급변할 때 경영의 변화도 심해질 수 밖에 없고 따라서 변화라는 말도 「혁신」이라는 용어로 대체하게 되었다.

결국 경영혁신(management innovation)이란 기업이 목표달성을 위해 지금까지 해오던 사업과 업무를 새로운 아이디어와 새로운 방식으로 탈바꿈하는 것이라고 정의할 수 있다. 즉 새로운 비전과 경영이념, 새로운 제품이나 서비스, 새로운 조직설계와 리더십, 새로운 기술과 공정, 사원을 변화시키는 새로운 교육프로그램 등을 의도적으로 실행함으로써 기업의 운영을 본질적으로 변화시키는 과정이다.

그렇다면 혁신의 대상은 무엇인가? 경영혁신의 대상은 기업의 경영이념과 철학에서부터 사업종목, 관리방식과 리더십 스타일, 조직구조와 제도, 기업문화 등 경영의 대상과 수단 모두가 경영혁신의 대상이 될 수 있다. 따라서 보다 넓은 의미의 경영혁신이란 기업의 생산 및 판매활동과 직접 관련되는 기술의 혁신과 조직의 설계, 자원배분, 직무설계방식 등을 변화시키는 경영의 혁신, 두 가지 모두를 포함한다고 볼 수 있으나 보통 후자의 것을 지칭한다.

2. 경영혁신의 목표

새로운 것을 바라는 것이 인간의 본능이다. 인간은 언제나 현실에 만족하지 않고 더 나아지고 싶어하며 새로운 것에 대한 호기심이 있다. 그러므로 이 세상에는 자연적인 변화 이외에도 인간의 능동적 의도에 기술, 사회제도, 소비습관 등의 환경변화가 계속된다. 그런데 오늘날의 모든 조직은 개방시스템으로서 항상 환경과 상호작용을 하면서 존재할 수밖에 없기 때문에 환경변화에 따른 조직의 경영혁신이 요청되며, 조직의 자생력과 성과를 높이기 위해서 스스로 혁신하려는 움직임이 있게 된다. 그 외에도 기업의 혁신을 시도하는 이유는 다음과 같다.

- **목표달성의 실패** : 향상의 목표를 세웠는데 수년이 지나도 성장이 정체되어 있다든지, 신제품

개발목표의 달성이 지연되고 흐지부지 된다면 지금까지 해오던 방식을 버리고 새로운 혁신적 경영을 도입할 필요가 있다.

- **전략과 목표의 변화** : 처음에 세웠던 내수시장의 확산전략을 해외시장 침투전략으로 바꾼다든지 성장목표를 안정목표로 바꾼다든지 할 때, 그 동안 사용하던 경영기법을 잠시 제쳐놓고 새로운 경영방식을 도입해야 할 것이다.
- **환경의 급변** : 수입시장개방으로 독점체제가 무너졌다든지 소비자와 신입사원들의 신세대적 가치관이 구세대의 것과 판이하게 다를 경우 새로운 관리방식, 새로운 마케팅전략이 필요하다.

이러한 이유로 혁신을 시도한다면 결국 경영혁신의 목표는 무엇인가? 즉 혁신을 통하여 기업이 진정 바라는 상태는 어떤 것인가? 경영혁신이 겨냥하는 목표는 첫째는 경쟁력 확보가 주목적이며 둘째는 혁신의 확산과정을 통하여 사원들의 개인적 성장, 만족감제고, 응집력과 의사소통을 향상시키는 것이다.

3. 경영혁신의 과정

경영혁신을 성공적으로 수행하기 위해서는 경영혁신이 추진되는 과정 또는 각 단계를 체계적으로 관리하여야 한다. 경영혁신의 추진과정은 기업조직이 처한 사회·문화적 환경, 외부 이해관계자 집단의 구성, 조직구성원의 특성, 리더십의 특성 등에 따라서 다양한 양상으로 나타날 수 있지만 일반적으로 아이디어의 산출단계, 채택단계, 그리고 추진단계의 세 단계로 나누어진다.

1) 아이디어의 산출단계

경영혁신은 무척 새로운 혁신적 아이디어로부터 시작된다. 혁신적 아이디어가 산출(idea generation)되지 않는다면 경영혁신은 일어날 수가 없다. 혁신적 아이디어는 반드시 기존에 없었던 기발한 것만을 의미하는 것은 아니다. 혁신은 이미 조직의 내부 또는 외부 어딘가에 알려져 있었지만 혁신을 추진하려는 기업이 비로소 그것을 '새로운' 것으로 인식하게 된것 또는 기존에는 별개의 것으로 생각되던 것을 결합시켜 보는 것을 포함한다.

이러한 혁신적 아이디어가 산출될 수 있도록 하려면 종업원들의 서로 다른 관점을 받아들이고 창의적인 아이디어들을 개진할 수 있는 조직풍토를 조성하는 데 주력해야 한다. 또한 종업원들에게 조직의 내·외부정보를 제공하고, 보다 쉽게 접근할 수 있도록 정보시스템의 인프라를 구축함으로써 혁신에 필요한 아이디어를 개발하도록 유도해야 한다.

2) 아이디어의 채택단계

아이디어의 채택(adaption of Idea)단계에서는 1단계에서 제안된 여러 혁신적 아이디어들을 조직내 다른 사람들에게 전파하고 그 타당성을 홍보하여 특정의 아이디어를 선정하게 된다. 이때 제안된 혁신적 아이디어가 바람직한가, 달성가능한가, 조직에 이로운가 하는 점 등을 고려하여 그 실행가능성을 검토하여야 하며, 실행가능성이 확인되면 혁신을 성공적으로 수행하기 위해 조직에서 사용할 수 있는 모든 자원을 집중시키도록 해야 한다.

경영혁신은 일상적인 업무수행보다 훨씬 더 많은 별도의 자원을 필요로 하므로 특히 혁신과정에 있어서 중요한 영향력을 가진 최고경영층은 조직으로부터 부여받은 권한을 바탕으로 자금, 공간, 장비, 자료 등과 같은 필요한 여유자원을 구성원들에게 제공해야 한다. 다만 여유자원은 기업이 혁신을 시작할 때 그 혁신을 시작할 수 있는 여력을 제공해 주는 반면 여유자원이 너무 많은 경우 기업은 혁신의 필요성을 느끼지 못하게 되어 오히려 정체를 가속화 시키기도 하므로 유의해야 한다.

또한 질 높은 혁신의 아이디어가 채택되기 위해서는 조직내의 개방적이고 원활하며 정확한 의사소통을 통해 혁신의 아이디어 및 혁신문제에 대한 대화를 촉진하고 의견이 일치되도록 유도하여야 한다.

3) 아이디어의 추진단계

이 단계는 최고경영자와 이를 지지하는 조직구성원들에 의해서 채택된 혁신을 조직 전반에 걸쳐 확산시키는 과정이다. 혁신을 확산시킨다 함은 개인, 집단 또는 다른 어떤 채택단위에 의하여 어떤 혁신의 구체적인 의사소통채널을 통하여 시간을 두고서 조직의 일반구성원들로 확대되어 나가는 것을 말한다. 아이디어의 추진단계(implementation of idea)에서는 혁신이 강력히 추진될 수 있도록 최고경영자가 일상적으로 강력한 추진력을 갖는 것이 중요하다.

이를 통해 구성원들에게 현재 뿐만 아니라 미래의 경영혁신에 대해서도 기대감을 심어주어 혁신의 추진과정에 대한 구성원의 이해와 참여를 유도하여야 한다. 특히 혁신을 수행하는 개인들은 현재상태에 대한 위협과 미래의 불확실성으로부터 끊임없는 회의를 경험하게 되므로 물질적, 정신적으로 자신감을 갖도록 하여야 한다.

제4절 경영혁신기법의 활용

1. 리스트럭처링(restructuring)

1) 리스트럭처링의 의의

리스트럭처링 혹은 사업재구축은 기업이 경영환경변화에 창조적으로 대응해 기업의 경쟁력 강화와 비전(vision)달성을 목표로 기존의 사업구조를 근본적으로 재구축하는 혁신기법이다. 즉 기업 전체적인 차원에서 각 사업단위를 어떻게 확대, 축소, 통합, 철수시킬 것인가를 결정하는 복잡하고 다차원적인 전략기획방법으로 정의된다. 즉 발전 가능성이 있는 쪽으로 사업구조를 바꾸거나, 비교우위가 있는 사업에 투자재원을 집중적으로 투입하는 경영전략이다.

이는 기업의 비전을 사업구조 차원에서 구체화함으로써 비전달성을 위한 수단을 제공하는 동시에 전사적 차원에서 새로운 자원배분기준을 제공하는 데 초점을 두고 있다는 측면에서 전통적인 사업다각화나 재무구조재구축과는 근본적으로 다르다.

이는 사양사업에서 고부가가치의 유망사업으로 조직구조를 전환할 때 또는 불황기에 소득수준이 변화할 때 미래에 살아남기 위해 무엇을 생산할 것인가라는 문제의식과 연결된다.

2) 리스트럭처링의 유형

(1) 기업 또는 사업단위의 흡수·합병 또는 매각을 통해 전반적인 사업구조를 변화시키는 방법으로서의 사업구조재구축(business portfolio restructuring)

(2) 다운사이징의 한 유형인 조직 재설계화와 거의 동일한 개념으로서의 조직재구축(organizational restructuring)

(3) 타인자본매입, 주식재매입, 배당금지불 등을 통해 기업재무구조의 개선을 추구하는 재무구조재구축(financial restructuring)

3) 추진시 고려사항

리스트럭처링은 조직을 구성하는 제 요소(인력, 과업, 기술, 구조, 전략, 문화 등)에 미치는 영향이 다른 기법보다 훨씬 큰 급진적인 기법으로 그에 따른 실행상의 위험도 매우 큰 것으로 나타나고 있다.

따라서 최고경영자가 강력히 주도해야 하며 가능한 한 신속하게 수립되어야 하며 그것도 즉시 집행에 들어가야 한다. 아울러 기업의 능력과 일관성(consistency)이 있어야 하고, 기업 전체차원에서의 통합화를 추구하고 이에 따른 시너지효과를 창출하여야 한다. 따라서 최고경영자가 강력히 주도해야 하며 가능한 신속하게 수립되어야 하며 그것도 즉시 집행에 들어가야 한다.

리스트럭처링에 성공한 기업들의 특징은 그들이 운영부문이나 조직구조의 재구축보다는 근본적인 기업전략차원에서 리스트럭처링을 추진하였다는 점과 추진과정에 있어 다른 조직구성요소들과의 밀접한 연계를 중요한 요소로 고려하였다는 점에 있다.

2. 벤치마킹(benchmarking)

1) 의 의

벤치마킹의 경영학은 기본적으로 기업을 경영하는 데 필요한 의사결정(decision-making)을 지원하는 준거의 틀(criteria)을 연구하는 것으로 '어느 특정 분야에서 우수한 상대를 찾아 성과차이를 확인하고 그들의 뛰어난 운영 프로세스를 배우면서 부단한 자기혁신을 추구하는 기법'이다. 기업경영에 있어서 의사결정은 가장 핵심적인 기능이라고 할 만하다.

가변적인 외부환경에 대해서 최적의 성과를 달성하기 위해서 지속적으로 의사결정을 함으로써 외부환경에 대응하게 된다. 이러한 의사결정의 기준으로 자주 사용되어지는 것이 '벤치마킹'이라 불리는 방법이다.

오늘날 최고중의 최고가 되고자 하는 각 기업들이 경쟁상의 이점확보에 필요한 정보를 수집하기 위한 수단으로 벤치마킹을 활용하고 있는데 이는 1970년대 미국의 제록스사에서 일본의 도전에 대응하기 위한 혁신전략으로 도입·활용하기 시작하였다.

벤치마킹은 이제는 거의 일상용어가 된 경영용어중의 하나이다. 독자들은 한번쯤 중·고등학생 당시 자신의 성적향상을 위해 자신보다 우수한 한 학생을 목표로 설정하고 그 학생과 동일한 방법으로 공부해 본 경험이 있을 것이다. 그 학생의 성적 및 공부방법 등을 면밀히 관찰하고 그 방법을 자신에게 적용시켜 자신의 성적을 도모할 수 있는 일종의 창조적 모방(creative copy)인 것이다.

하지만 벤치마킹에서는 무작정 베스트프랙티스(best practice: 모범이 될 만한 우수한 사례)를 따라하는 것이 능사가 아니다. 효과적인 항목을 설정하여야만 생산성을 상승시켜 경쟁력을 높일 수 있기 때문이다. 즉 매우 우수한 학생이 하는 방법이라고 해서 자신에게 반드시 적용가능한 방법이 되는 것은 아니기 때문에 적용가능한 방법으로 재해석하거나 적용기준을 현실화한 후 적용하는 것이 필요한 것이다.

실제 벤치마킹 기법을 살펴보면 미국기업들은 리엔지니어링(re-engineering), TQC(total quality control : 종합적 품질관리), 브로드밴딩(broad banding), 종업원에게의 권한이양(empowerment), 숙련도에 의한 임금체계 등 새로운 경영기법을 도입운영하고 있다.

이러한 새로운 경영기법들이 차등적인 성과를 나타낼 경우 점점 많은 기업들이 이러한 기법들을 벤치마킹해서 사용하게 되는데 이는 최고경영진이 타 회사로부터 배울 것이 있다는 것을 받아들여 벤치마킹을 적극 장려하게 된 결과라고 풀이된다.

특히 요즘과 같이 기업환경이 급변하는 상황에서 최고경영자들은 벤치마킹기법을 더욱 많이 사용하게 되는데 이는 일단 시장에서 한번 검증받은 방법이 더욱 안전하다고 판단하기 때문이다.

2) 벤치마킹의 유형

외부정보를 이용하지 않고 현행 업무만을 체계적으로 분석하고 평가하여 개선하는 단기적인 방법으로 후에 외부벤치마킹을 시도할 경우 보다 효과적인 벤치마킹이 이루어지도록 하는 내부벤치마킹과 동종 혹은 유사업종에 있는 우수기업이나 경쟁업체의 주요 기업성과지표를 결정하는 요인을 자사의 그것과 비교하여 경쟁적 열위의 요인을 파악하고 이를 극복할 수 있는 프로세스와 업무의 개선방안을 도출하는 외부벤치마킹이 있다.

아울러 계량화된 성과지표를 중심으로 한 양적 벤치마킹이 있다. 이때 계량화되는 지표에는 주로 재무, 생산, 마케팅 등과 관련된 지표를 예로 들 수 있다.

이외에도 기업성과에 영향을 미치는 중요한 요인들 중 계량화하기 어려운 요인들을 중심으로 한 벤치마킹을 말하는 질적 벤치마킹이 있는데 이는 경영관리능력, 환경대응능력, 고객의 인지도 등과 같이 기업의 생존력과 경쟁자의 도전에 대한 대응력을 나타내는 요인들이 포함된다.

3. 기업 아이덴티티(CI: corporate identity)

CI란 기업이나 공공단체가 갖고있는 이미지를 시각적으로 체계화, 단일화한 것으로 기업의 실체를 확실하게 인식시키며 질서 있고 체계적인 관리를 통해 합리적인 기업경영에 그 목적을 둔 경영혁신 기법이다.

오늘날 CI 전략은 세계 각국의 초일류기업들이 자사의 글로벌 아이덴티티를 정립하기 위한 유력한 전략수단으로 자리잡고 있으며 기업의 비전과 이념이 함축되어 안으로는 구성원들의 일체감과 행동변혁을 유도할 수 있어야 하며 밖으로는 일관되고 품위있는 이미지를 연출할 수 있어야 한다.

4. 리엔지니어링(reengineering)

1) 리엔지니어링의 의의

리엔지니어링(BPR; business process re-engineering)이란 1990년 마이클 해머(Hammer, M)가 제창한 기업체질 및 구조의 근본적인 변혁을 가리키는 것으로서 업무의 시스템과 업무수행방법을 다시 구축한다.

즉 기업의 기존 업무방식을 근본적으로 다시 고려하여 효율적으로 경영활동시스템 전체를 재구축하는 것이다. 이는 기본의 일부기능만을 고치거나 개선하는 이른바 점진적인 변화와 사고방식에서 출발하는 것이 아니라 프로세스(process)를 개선하여 근본적으로 업무, 조직, 비용, 품질, 서비스, 속도, 기업문화와 같이 핵심이 되는 경영성과의 지표들까지 전 부문에 대하여 성취도를 대폭적으로 증가시키는 방법이다.

여기서 주목할 것은 '프로세스(process)'라는 개념으로 리엔지니어링이 다른 경영혁신기법과 다른 점은 프로세스의 관점에서 기업성과를 재평가하고 이것을 근거로 기업을 재설계한다는데 있다.

최근 연구개발이나 생산판매 등 기능별로 하던 업무분장을 '고객만족의 구조'로 재설계하는 리엔지니어링이 많이 이루어지고 있는데 이런 고객만족 마케팅의 관점에서는 '고객의 신용상태를 보다 효율적으로 조회할 수는 없을까'라고 묻는 대신 '고객의 신용상태를 꼭 조회해야 하는가?' 라는 질문부터 스스로 던진다.

이는 과거 생산자 주도의 경제체제에서 별다른 경쟁없이 성장했던 기업들이 경쟁심화와 함께 고객의 요구 또한 까다로워지고 복잡해지면서 많은 어려움을 겪고있다는 사실에 초점을 두고 있다.

그동안 기업에서도 생산성 향상을 위해 품질관리, 과학적 경영, 자동화 등 여러 가지 경영개선기법을 도입해 왔으나 이런 점진적인 경영개선방법은 문제의 일부분만 개선하는 것이어서 기업경영의 본질적인 문제들을 해결해 주지는 못했다.

그러나 리엔지니어링의 개념에는 인원삭감, 권한이양, 노동자의 재교육, 조직의 재편 등이 포괄적으로 포함되는데 리스트럭처링(restructuring)이 인원삭감이나 부분폐쇄 등에 의존해온 것에 비해 기업전략에 맞춰 업무진행을 재설계하는 의미가 크다.

2) 리엔지니어링의 목적

혁명적이라고 할 만한 리엔지니어링의 궁극적인 목적은 불필요한 정보와 비효과적인 업무과정을 제거하여 업무의 흐름을 단순화함으로써 기업의 장기적인 성장과 함께 고객만족 경영의 실현이라고 볼 수 있다.

시장의 성숙화로 경쟁이 치열해지자 어떤 기업이건 고객의 만족을 실현하는 것이 가장 중요한 문제로 등장하게 되었다. 이렇듯 고객만족을 실현하는 것이 경영의 궁극적인 목적이며 기업이 추구해야 할 중요한 과제라 할 수 있다.

여기서 고객만족 경영(customer satisfaction management: CSM)이라 함은 고객중심적 사고를 바탕으로 모든 경영활동을 전개해 나가는 신경영 조류의 하나이다. 고객만족이란 고객이 제품 또는 서비스에 대해 원하는 바를 기대 이상으로 충족·감동시킴으로써 고객의 재구매율을 높이고 고객의 선호가 지속되도록 하는 것이다.

고객만족 경영은 시장점유율의 확대나 원가절감이라는 단기적인 목표보다 고객만족을 궁극적 경영목표로 추구한다. 구체적으로 고객의 만족도를 고객의 입장에서 평가하고 그것을 계량화하여 경영지표로 삼아 개선활동을 전개해 나가는 것이다.

3) 리엔지니어링의 구성요소

BPR의 실행을 유도하고 과정을 이끌어 가는 역할을 수행하며 BPR의 전 과정에 권한과 동기를 부여하는 사람인 프로세스 리더(process leader), 선정된 프로세스의 BPR을 책임지고 있는 개인이며, BPR이 잘 실행될 수 있도록 리더를 보조하는 역할을 하는 프로세스 관리자(process manager), 선정된 업무프로세스에 대해서 실제적인 BPR을 실행하는 팀으로 정보, 기술, 인력, 자원관리 등에 대해 전문지식을 지닌 기업내·외부의 전문가로 이루어진 BPR Team, 일반적으로 프로세스 관리자가 포함된 고위경영자로 구성되는 운영위원회가 있다.

운영위원회에서는 BPR의 대상으로 선정된 프로세스들 간의 우선순위, 자원배분을 결정하고 갈등해결을 위한 조정자역할을 수행한다. 이외에도 BPR에 있어서 전문가로서 리더를 도와주는 역할을 하는 BPR의 권위자가 있다. 리엔지니어링 사례로 제록스(Xerox)사는 과거에 각 부서에서 복사기의 부속을 디자인한 후 엔지니어링 부서에서 이를 통합하였다. 이때에 부서간 부품의 규격이 서로 달라 통합의 문제점이 발생하기도 하며 때로는 디자인부서와 엔지니어링 부서의 알력으로 디자인된 것이 제품화되지 않는 경우도 있었다. 이에 따라 제록스에서는 디자이너, 엔지니어, 조달담당, 제조담당, 마케팅담당으로 팀을 구성하여 같은 사무실에서 같이 작업하게 하고 제품의 개발부터 생산계획, 애프터서비스 계획을 전담시킴으로써 업무의 효율을 극대화시켰다.

4) 리엔지니어링의 원칙

BPR의 원칙으로는 ① 업무를 과업중심이 아닌 결과중심으로 조직화, ② 처리결과를 활용하는 사람이 처리업무를 수행, ③ 정보를 생성하는 부서가 정보를 직접처리, ④ 지리적으로 분산된 자원에 대해 관리를 집중, ⑤ 병렬처리업무는 진행과정에서 연결·조정, ⑥ 정보는 발생되는 곳에서 한 번만 처리가 제시된다.

5. 다운사이징(downsizing)

다운사이징이란 조직의 슬림화와 효율화를 추구하기 위해 조직을 가볍게 만드는 경영기법을 말한다. 이러한 다운사이징은 비즈니스 다운사이징과 정보시스템 다운사이징으로 구분된다.

우선 비즈니스 다운사이징은 기업의 관료제로 인한 불필요한 낭비조직을 제거하는 것을 목표로 하는 다운사이징을 의미하는 것으로 불필요하고 불합리한 본사의 임원이나 지원부서가 축소되고 기업의 계층구조가 줄어들며 중간경영층이 대폭 감소하게 된다.

반면 정보시스템 다운사이징이란 대형컴퓨터에 의해 이루어지던 정보처리기능을 개인용 컴퓨터나 워크스테이션 등 소형컴퓨터로 이전하는 것을 의미한다. 이로 인해 대형컴퓨터 중심의 정보시스템을 개발하고 관리하는데 소요되는 막대한 비용을 절감할 수 있게 되었을 뿐만 아니라 조직 구성원의 신속한 의사결정도 가능하게 되었다.

다운사이징 추진 시 고려사항으로서는 살아남은 종업원에 대해서는 대량해고로 인한 변화를 충분히 이해시켜야하며 그들이 기대감을 갖고 일할 수 있는 분위기를 만들어야 한다. 아울러 우선 다운사이징은 일회성조치가 아니라 조직내에서 지속적으로 추진해야 할 경영개념이라는 인식을 가져야 한다. 일회적 조치로서의 다운사이징은 바람직한 성과를 얻기가 어려운데 어느 정도 시간이 흐르면서 인력규모가 다시 원래의 수준 또는 그 이상으로 커지는 예가 많다.

다음으로 다운사이징 이후에 조직구성원들이 겪게되는 갈등이나 스트레스 등이 조직운영에 부정적인 영향을 미칠 수도 있다. 그러므로 이런 부정적인 영향을 해소하기 위해서는 BPR이나 TQM 등을 통한 업무프로세스의 개선을 동시에 추진하여 구성원의 업무부담을 덜어주는 것이 가장 효과적인 방법이다.

6. 전사적 품질경영(total quality management)

1) TQM의 의의

전사적 품질경영(TQM)이란 소비자의 욕구의 다양화와 이에 따른 시장의 변화, 국제화의 진전 등에 따라 시장에서 살아남기 위해 제품의 국제경쟁력을 갖추기 위해 제품이나 서비스의 품질을 관리하고 보증하는 것뿐만 아니라 업무, 직장환경, 종업원의 자질까지도 품질개념에 넣어 종합적으로 관리하는 것을 말한다.

전사적 품질경영은 이전의 통계학적인 자료만을 중요시하던 품질관리의 개념을 확대하여 조직적이고 관리적인 면에도 많은 비중을 두고 있다. 특히 품질을 개선하기 위해서는 종업원의 노동의 질적인 측면이 중요함을 강조하고 있다.

전사적 품질경영(TQM; total quality management)은 예전의 경영, 기술차원에서 실천되던 고객지향적 품질관리활동을 품질관리책임자 뿐 아니라 마케팅, 생산기술자, 노사관계 등 기업의 모든 분야에 확대하여 적용한 것이다.

이에 따라 생산부문의 품질관리만으로는 기업이 성공할 수 없고 기업전체 및 종업원 모두가 품질관리의 실천자가 되어야만 기업들은 추가비용없이 이윤을 증가시킬 수 있어 성공할 수 있다는 것을 강조한다.

여기에서 TQM을 흔히 말하는 품질관리(QC; quality control)와 차이를 살펴보면 품질관리는 우선 대상면에서는 현장의 제조부문을 위주로 하고 업종면에서도 주로 제조업을, 목표면에서도 생산관리면에 국한되어 불량률을 감소시키고 원가를 절감하고 품질의 균일화를 노리고 성격면에서도 생산현장에 정통한 전문가에 의한 통제위주의 관리에 주안점을 둔다.

이에 반해 TQM은 경영전략차원에서 생산직, 관리자, 최고경영자 측면에서 전사적으로 관리한다.

2) 추진체계 및 목표

TQM의 추진체계는 기본가정, 목표, 접근방법 및 실행수단을 기초로 개념화할 수 있다. TQM의 목표로는 첫째, 제품 및 서비스의 보다 우수하고 안정적인 품질향상 둘째, 제품설계에서 납품까지의 보다 빠르고 안정적인 반응시간 셋째, 고객요구의 변화에 대응할 수 있는 풍부한 유연성 확보 넷째, 품질개선, 재작업감소, 무가치한 낭비의 제거를 통한 비용감소이다.

이와 같은 목표를 달성하기 위한 접근방법 및 실행수단으로 제품과 서비스, 그리고 기업이미지가 포함되는 고객만족(customer satisfaction), 지속적 개선(continuous improvement), 협력(team work)의 세 가지 차원으로 나눌 수 있다.

이외에도 추진 시 고려사항으로는 조직이 실제로 TQM을 추진하는 데는 여러 가지 장애요인을 만날 수 있다. 이러한 저해요인을 적절히 대처하여야 하는바 그 요인으로는 부실한 계획수립, 최고경영자의 지원부족, 종업원의 저항 등이 있다.

7. 아웃소싱

아웃소싱(outsourcing)이란 핵심역량에 경영자원을 집중하고 전문성을 확보하며 경비를 절감하는 등의 전략적 목적을 갖고 설계부터 운용과 의사결정까지를 외부에 맡기는 외부위탁을 의미한다. 즉 기술혁신과 함께 제품이 고도화·복잡화되고 생산량이 커짐에 따라 제품에 필요한 재료나 부품전부 또는 제품과의 전부를 자사공장에서 생산하는 것이 경제적으로나 기술적으로 곤란하게 되어 그 생산의 일부를 외부에 의존하는 것을 아웃소싱이라 한다.

아웃소싱은 단순히 업무의 위탁운영이 아니라 업무의 경영권이 위임되는 것이기 때문에 효율화와 기대성과를 올릴 수 있으며 부과적 효과도 얻게 되는 것이다.

또한 기업의 내부화를 줄이고 시장으로 대체하려는 경향이 반영된 것으로 자신의 핵심분야가 아닌 활동분야는 적극적으로 외부기업에게 외주(outsourcing)를 주는 것을 말한다. 자사는 한정된 자원을 핵심역량을 가진 활동에 좀 더 많이 집중하여 투자할 수도 있으며 부품공급업체에 대한 통제를 상실할 수도 있다.

8. 기업구조조정

1) 기업구조조정의 정의

기업구조조정이란 기업이 성장(growth) 또는 생존(survival)을 위하여 기업의 자산구조(asset or business structure), 재무구조(financial structure) 및 수익구조 등을 조정하는 일련의 과정으로 시장내의 경쟁압력에 의해 기업 스스로가 제품 및 시장을 조정하고 이에 따라 조직의 개편, 인력의 재배치 및 감축, 아웃소싱(outsourcing) 등을 통해 경쟁력을 강화하는 노력이라고 정의할 수 있다.

기업구조조정은 단지 생존을 위하여 부실기업만이 수행하는 것이 아니라 정상기업도 지속적 성장을 위하여 구조조정을 수행한다.

2) 기업구조조정 환경

기업구조조정은 기업 스스로 이행해야 하는 성장 또는 생존전략의 하나이다. 기업구조조정이 원활히 이루어지기 위해서는 시장원리에 입각한 경제운영, 기업구조조정 시장의 활성화, 구조조정 비용의 최소화가 이루어질 수 있는 환경이 조성되어야 한다.

따라서 기업이 자율적·능동적으로 이러한 구조조정을 촉진할 수 있도록 시장경제의 제도적 여건이 조성되도록 정책적인 노력이 필요하다. 원활한 기업구조조정이 이루어지기 위한 환경을 조성한다는 측면에서 사회전반의 구조조정 즉 거시수준의 구조조정이 선행되어야 한다.

3) 기업구조조정 수행방법

흔히 기업차원 구조조정을 진행할 경우 인원정리, 임금삭감 등 일단 당장 가시화시킬 수 있는 인력과 비용부문을 다루는 것이 구조조정의 전부인 것으로 인식하는 경우가 많다.

그러나 근원적인 부분으로부터 구조조정을 접근한다는 측면에서 먼저 대차대조표 부문에서 손익계산서 부문으로 이행되어야 하는 것이 바람직하다. 대차대조표는 대변에서 기업의 소유구조와 지배구조 및 자본구조 그리고 차변에서 사업구조에 대한 내용을 제공해 준다.

다음으로 손익계산서는 기업전체의 이익구조와 관리구조에 대한 정보를 알려주고 있으며, 특히 부가가치 창출의 원천인 인력과 관련된 조직구조, 인력구조가 영업손익을 산출하는 데 기여한다는 측면에서 구조조정대상으로 다루어져야 할 테마로 제기되고 있다.

아울러 기업구조조정이 효과적으로 이루어지기 위해서는 이를 달성하기 위한 적절한 기법이 강구되어야 하고 각 부문마다 이에 맞는 기법들이 활용되어야 한다. 예를 들면 사업구조조정은 리스트럭처링(restructuring), 비전경영(vision management), 시나리오 경영(scenario management), 성장전략, 전략적 제휴와 같은 기법이 활용되고, 재무구조조정은 경제적 부가가치(EVA), 주주가치분석 등이 사용되며 인력구조조정은 수평조직, 팀제, 성과급, 스톡옵션 등이 활용될 수 있는 기법들이라 할 수 있다.

이와 더불어 구조조정을 진행함에 따라 성과를 측정하고 이를 개선 및 보완할 수 있는 다양한 경영성과 측정지표들도 효과적으로 활용해야 한다. 경영성과 달성여부의 판별기법으로는 기업가치 매트릭스, ROA(return on asset: 총자산이익률)분해 매트릭스, 이익있는 성장매트릭스, 이자보상배율 매트릭스, 총비용 및 부가가치구성 비중변화 등이 활용될 수 있다.

4) 영역별 구조조정

기업의 구조조정관점에서 다루어져야 할 영역을 크게 분류하면 사업구조, 재무구조, 소유구조, 지배구조, 조직구조, 인력구조, 이익구조, 관리구조 등 8가지로 구분할 수 있다. 구조조정의 각 영역은 상호 유기적으로 연관되어 있으므로 단편적이고 근시안적인 구조조정추진보다는 전체적인 차원에서 접근하는 노력이 필요하다.

Field_Story "올해도 어렵지만"…기업들 '미래·디지털·고객'으로 생존 다짐

1월 2일 수원 '삼성 디지털 시티'에서 열린 삼성전자 시무식에서 김기남 대표이사 부회장이 신년사를 하고 있다.

새해 주요기업들의 신년사 화두는 단연 '생존'이었다. 미래 먹거리 부재, 중국 등 후발 주자의 거센추격, 규제로 인한 신기술 활용 애로 등 국내외 난관을 극복하기 위한 도전과 변화에 초점이 맞춰졌다. '바뀌지 않으면 죽는다'는 메시지에 걸맞게 관행을 탈피한 시무식 풍경도 눈길을 끌었다.

삼성전자 시무식은 2일 수원 '삼성 디지털시티'에서 경영진과 임직원 500여명이 참석한 가운데 열렸다. 지난해 11월 이재용 삼성전자 부회장이 삼성전자 창립 50주년 기념식을 열고 "다가올 50년을 준비해 미래 세대에 물려줄 100년 기업이 되자"고 밝힌 장소다.

김기남 부회장은 "올해 경제는 글로벌 저성장 기조, 정치적 불확실성, 투자·수출에서 소비로의 침체 확산 등으로 더욱 어려워질 것"이라고 전제한 뒤 "올해를 '미래 세대에게 물려줄 100년 기업'을 만들어 나갈 원년으로, 성장과 도약의 해로 만들자"고 말했다. 이를 위해 "경기변화에 강건한 사업체질을 만들고 한치타협없는 품질 경쟁력을 확보하자"고 강조했다.

2018년 이웅열 회장이 물러난 뒤 사장단이 시무식을 주관하고 있는 코오롱그룹은 근무 첫 날 전 임직원이 서퍼가 파도를 넘는 모양의 배지를 달았다. 유석진 코오롱 사장은 "미래 시장을 선도하는 아이템이 없으면 살아남을 수 없다. 코오롱만의 'Next Big Thing'을 만들어 불확실한 미래라는 큰 파도를 과감히 넘어서자"고 독려했다.

'강당 시무식' 대신 영상·토크쇼 파격

이날 오후 서울 광진구 워커힐호텔에서 열린 SK그룹의 신년회는 토크쇼를 방불케 했다. 최태원 회장

1월 2일 워커힐호텔에서 열린 SK그룹 신년회에서 직원들이 '행복경영'을 주제로 대담을 진행하고 있다. 왼쪽 상단 화면은 최태원 회장 등 경영진이 경청하는 모습

등 주요 경영진이 참석했지만 '회장님 신년사' 없이 협력사·고객·직원 등 다양한 구성원들의 인터뷰, 현장발언, 대담 등으로 진행됐다. 특히 대담에선 국적·성별·세대가 다른 직원들이 최 회장이 강조하는 '행복경영'을 주제로 의견을 주고 받았다. 토론 내용을 정리하며 신년회를 마무리한 것도 신입사원이었다. SK는 "경영진이 여러 의견과 제언을 잘 듣고 행복경영을 사회와 함께 이루겠다는 최태원 회장의 의지가 반영됐다"고 말했다.

구광모 (주)LG 대표의 영상 신년사 화면

LG그룹은 온라인으로 시무식을 대체했다. 구광모 ㈜LG 대표의 신년사를 담은 디지털영상 'LG 2020 새해 편지(LG 2020 NEW YEAR'S LETTER)'가 영어·중국어 자막과 함께 세계 25만 명 임직원에게 이메일로 뿌려졌다. 구 대표는 "올해 경영환경이 그 어느 때보다 쉽지 않을 것이라는 얘기를 많이 한다"며 '고객'과 '실천'을 키워드로 꼽았다. 구 대표는 "모든 것은 고객의 아픈 지점(Pain Point·불편함을 느끼는 지점)에서 시작해야 한다"며 "앉아서 검토하며 안 되는 이유 100가지를 찾지 말고 해야 되는 이유 한 가지를 위해 바로 나설 수 있어야 한다"고 역동성을 강조했다.

▶ 출처 : 2020년 1월 2일 중앙일보

생각해 봅시다

1. 경영전략계획의 수준에 대해 설명해보자.

2. 경영전략모형 중 마이클 포터의 경쟁세력모형에 대해 설명해보자.

3. 마이클 포터의 경쟁전략 세 가지에 대해 설명해보자.

4. 기업제품의 위치를 분석하여 제품별 자원배분의 적정성을 평가하고 미래의 사업전략을 합리적으로 수립하는 기법인 BCG 매트릭스에 대해 설명해보자.

5. 기업이 경영혁신을 시도하는 이유를 제시해보자.

6. 경영혁신의 추진과정을 제시해보자.

7. 경영혁신기법에는 어떤 것들이 있으며 각각의 특징은 어떤지 설명해보자.

제11장

인적자원관리

유니콘은 기업가치 10억 달러(약 1조 1150억 원)에 달하는 스타트업을 말한다. 증권업계 관계자는 “스타트업 투자는 고위험군 투자지만, 유니콘으로 성장했다면 어느 정도 성장성과 수익성이 담보된 것으로 본다”며 “증시 상장은 일종의 메이저리그 진출이기 때문에 어떤 투자자가 보더라도 합리적인 사업모델과 수익성을 보여줘야 한다”고 말한다.

결국 스타트업 기업이 유니콘기업으로 성장하고 긍정적 수익과 성과를 만들어 낼 수 있는 것은 독특한 아이템과 더불어 그것을 창의적으로 만들고 업그레이드시킬 수 있는 사람이 반드시 필요한 것이다.

우버·위워크·쥴랩스 '유니콘'의 몰락, 제2 닷컴버블 신호탄?

"요즘 스타트업 평가가 너무 높아져서 부담됩니다. 투자할 만한 회사가 없어요." 최근 만난 국내 대형 벤처캐피털(VC) 대표는 스타트업에 거품이 끼었다며 주의를 당부했다. 벤처업계로 돈이 몰리며 실제가치 이상으로 과대평가되고 있다는 것이다.

30억~50억 원 정도의 시리즈 B~C에 투자하는 이 VC 대표는 최근 스타트업 투자에 신중을 기하고 있다. 성장성이 낮은 데 비해 마케팅 등으로 가치를 부풀린 기업에 잘못 투자했다가 손실을 입을 수 있다는 우려에서다.

글로벌 리서치회사인 CB인사이츠 등에 따르면 올해 미주지역 스타트업투자 규모는 1000억 달러(약 120조 원)를 넘어설 전망이다. 지난해 995억 달러보다 소폭 증가한 규모다. 다만 손정의 소프트뱅크 회장이 만든 비전펀드 등 글로벌 펀드자금이 올 들어 중국과 인도, 동남아시아 등지에도 투자를 늘려 글로벌 스타트업 투자는 역대 최대규모에 달할 것이란 관측이 지배적이다.

투자금액이 단지 자본소득을 거두려는 자금뿐만 아니라 이자소득을 거두려는 재무적투자자(FI)들도 VC 업계에 많이 유입됐다. 이에 글로벌 유니콘의 기업공개(IPO) 수요가 늘고 있다. 문제는 IPO에 나선 유니콘의 '민낯'이 드러나고 있다는 것. 상장을 앞두고 매출만 늘려왔을 뿐, 실제로는 이익창출능력이 떨어지는 것으로 나타나서다.

위워크의 경우 올초 기업가치를 470억 달러(약 56조 원) 정도로 평가됐으나, 현재는 100억 달러 수준으로 떨어졌다. IPO 과정에서 일차원적 사업구조와 낮은 수익성, 고비용구조 등이 드러나서다. 우버 역시 5월 IPO 이후 시가총액이 330억 달러나 증발했으며, 리프트도 3월 증권시장에 상장한 뒤로 시총이 100억 달러나 감소했다. 지난해 12월 380억 달러의 평가를 받은 전자담배업체 쥴랩스는 건강에 심각한 타격을 줄 수 있다는 분석이 잇따르며 불과 1년 만에 기업가치가 240억 달러로 쪼그라들었다.

미국의 벤처캐피털리스트 크리스 두보스는 최근 강연에서 "5년간 파티가 이어지고 있었는데, 어느 순간 누군가 전등 스위치를 껐다. 우리는 암흑속에 있으며, 앞으로 남은 밤이 어떻게 진행될지 모른다"고 지적했다. 이런 가운데 VC들의 스타트업 투자규모와 집행기간이 2배 이상 길어졌다. 월스트리트저널(WSJ)은 "미국의 IPO는 연초 대비 3분의 1로 떨어졌고, 10억 달러 이상의 가치가 있는 기업도 후속 투자 라운드에서 가치를 낮게 평가받고 있다"고 전했다.

한국 유니콘도 상황이 크게 다르지 않다. 한국의 대표적 유니콘인 쿠팡은 소프트뱅크와 비전펀드로부터 3조 원대 투자를 받고도 여전히 적자에 허덕이고 있다.

옐로모바일은 사기논란에 줄소송에 시달리고 있으며, 야놀자와 토스도 투자금을 까먹고 있는 상황이다. 초기 유니콘은 서플라이체인을 전환할 때까지 큰 비용이 들기 때문에 적자가 불가피한 측면이 있다. 다만 시리즈 C 이후의 투자를 받은 스타트업은 투자를 받고 2~3년 뒤부터는 수익성을 증명해야 한다. 현재 적자를 내고 있는 유니콘들은 올해와 내년에 걸쳐 영업이익을 발생시킬 필요가 있다.

증권업계 관계자는 “스타트업 투자는 고위험군 투자지만, 유니콘으로 성장했다면 어느 정도 성장성과 수익성이 담보된 것으로 본다”며 “증시상장은 일종의 메이저리그 진출이기 때문에 어떤 투자자가 보더라도 합리적인 사업모델과 수익성을 보여줘야 한다”고 말했다.

유니콘은 기업가치 10억 달러(약 1조 1150억 원)에 달하는 스타트업을 말한다. 현재 국내 유가증권시장(코스피)에 상장된 기업 중 기업가치가 1조 원인 곳은 현대상선·두산중공업·한국콜마·롯데칠성 등이다.

국내 유니콘이 이들 기업이상의 성장성과 수익성을 증명하지 못하면 상장에 어려움을 겪거나 주가가 크게 떨어질 수 있다. 일각에서는 2000년대 초 닷컴버블 붕괴 때처럼 스타트업 거품붕괴가 금융시장에 악재로 작용할 가능성도 제기한다.

다만 당시에는 상장한 벤처기업들이 많았던 데 비해 현재는 대부분 비상장이라 금융시장의 시스템 리스크로 번질 가능성은 크지 않다는 의견이 다수 의견이다.

문제는 실물경제다. 한국은 물론 미국과 중국 등은 스타트업을 통해 부진한 채용시장을 지탱하는 측면이 있어 옥석가리기 끝에 도산하는 스타트업이 많아지면 실물경기와 심리에 악영향을 끼친다.

스타트업 업계관계자는 “언론에 많이 노출된 유명 스타트업 중에도 앞으로 운전자금이 3~4개월분밖에 남지 않은 곳이 많다. 추가투자없이는 망하는 회사가 적지 않을 것”이라고 말했다.

▶ 출처 : 2019년 12월 5일 비즈한국

제1절 인사관리

1. 인사관리의 의의와 역할

1) 의 의

기업에는 인적자원 이외에 기계, 원료, 정보, 자금 등 여러 자원이 있는데 기계설비나 자금을 효율적으로 다뤄야 기업성과를 높일 수 있음은 말할 필요도 없다. 이러한 물질적·재무적 자원을 얼마나 효율적으로 다루느냐의 여부는 그것을 다루는 사람의 능력과 의지에 달려 있는데 이런 일을 관리하는 주체인 사원들을 얼마나 효율적으로 관리하느냐는 경영의 근본이 된다고 해도 맞는 말이다.

즉 기업은 물적자원 그 자체로부터 어떤 성과를 얻는 것이 아니라 이들 분야에서 일하는 사원의 활동에 의해서 목적을 달성하는 것이다. 따라서 인사관리는 기업의 모든 분야에 걸친 공통적이며 필수적인 활동이 되는 것이다.

경영학에서 인사관리활동이 중요한 이유는 다음과 같이 요약될 수 있다.

- 경영을 잘하려면 우수한 인적자원을 확보해야 한다.
- 기업조직의 산출물은 인간의 활동에 의해서만 가능하기 때문이다. 아무리 기계가 좋아도 이러한 기계를 만들고 사용하는 주체는 사람이다.
- 인적자원은 물적자원과는 달리 개인의 목표가 따로 있는데 이를 회사의 목표와 조화시켜야만 양쪽에 모두 이익이다.
- 물적자원은 가치가 고정되어 있지만 인적자원은 관리정도에 따라 개발이 가능하여 조직에 공헌도를 계속 높일 수 있다.

여기서 인사관리에 관한 학문적 정의는 명확하게 내릴 수 없다. 왜냐하면 학자마다 그 범위를 약간씩 달리 정하기 때문이다. 원래 기업의 인적자원을 관리하는데 관련된 모든 기능과 과정을 의미하는 것은 인사관리라는 말로 통칭된다. 이는 회사가 인적자원을 확보, 훈련, 평가, 보상, 유지하는 일련의 경영과정을 의미하는 것이다. 그러나 여기서 노사관계관리(labor relations)를 포함시킬 것이냐의 여부를 놓고 학자에 따라 의견이 다르지만 대개 기업의 미시적인 노사관계관리도 포함시킨다.

이처럼 인사관리발전의 초기에는 인적자원을 노동력이라는 생산요소의 효율적 관리관점에서 인사관리(personnel management : PM)라고 통용되다가 인적자원의 개발측면이 강조되어 그 후 인적자원관리(human resource management : HRM)란 말이 새로이 등장하고 있다. 또한 회사 전반의 전략적 관점에서 인사관리를 해야 한다는 전략적 인사관리(strategic HRM)로 발전하고 있다.

2) 역 할

인사관리활동은 그 관리의 대상이 돈이나 물건이 아니라 인간인지라 여러 측면에서 이중적이고 애매한 특성을 지니고 있는데 그 중에서 다음의 사항들은 특히 염두에 두고 관리에 임해야 하는 것들이다. 회사조직의 각 기능은 생산·판매·재무·인사 등으로 나누어지는데 생산은 생산팀 직원이, 판매는 판매팀 직원이 담당하기 마련이다.

그렇다면 인사관리는 인사팀 직원이 하는 것인가. 그렇지만은 않다. 물론 인사팀의 인사전문가(personnel staff)들은 채용에서 보상에 이르기까지 전반적 기능을 담당하기는 하지만 당장 한계에 부딪치게 된다. 왜냐하면 이들에게는 현지 공장에서 조립생산을 담당하는 어느 팀원의 기술적 능력과 업적을 평가를 할 자세한 정보나 권리가 없기 때문이다. 이는 공장에 있는 해당 사원의 동료나 직속상사가 가장 잘 해낼 수 있을 것이다. 그것은 해당 팀원의 직속상사가 담당해야 한다. 따라서 생산팀장도 마케팅이사도 경리과 박 대리도 사장도 현장의 작업반장도 자기부하에 대한 지도와 관리, 평가와 훈련을 담당해야 하는 것이다. 그러므로 모든 관리자가 인사관리자인 것이다. 요즘은 과거보다도 더 현장경영과 권한위임을 강조하는 시대이다.

우리나라에서도 팀제의 도입으로 업무의 위임은 물론 평가와 보상, 심지어는 사원채용에 이르기까지 현장 부서장에게 맡기는 추세가 늘고 있는 것이다. 그럴수록 현장의 관리자들은 자기고유의 업무 이외에도 인사업무를 추가해야 한다.

그러나 역시 현장 관리자들이 자기팀 구성원에 대한 인사업무를 모두 맡는 것은 한계가 있다. 생산팀장이 생산관리보다 인사관리에 투자할 시간이 더 많지않고 인사관리지식도 부족할 것이다. 그러므로 인사부서의 전문적인 지원과 보조를 얻어서 관리할 수밖에 없다. 즉 현장의 라인담당자와 인사부서스텝 간의 긴밀한 협조가 필요한 것이다. 주의할 것은 인사관리란 인사팀 직원들이 하는 것으로만 알아서는 안 된다는 사실이다.

생산관리, 재무관리, 마케팅관리 등은 기업의 목표를 달성하기 위해 자금, 원료, 기술 등을 이용함에 있어서 능률에 초점을 두고 있다. 인사관리도 경영의 한 분야이며 경영마인드를 갖고 관리에 임해야 함은 말할 필요도 없다. 따라서 효율성이 일차적인 관리기준이 된다. 하지만 그 관리대상이 물건이 아니라 인간이라는 점에서 약간 궤를 달리하고 있다. 즉 재무관리나 생산관리에서 말하는 효율이라는 의미와 인사관리에서의 효율이라는 의미는 다소 차이가 있다.

인사관리도 물론 능률과 성과를 무시하는 것은 아니다. 예를 들어 초과인원을 채용해서는 안 되고 노동생산성에 비해 훨씬 더 많은 임금을 준다면 기업자체가 계속 존속하기 어려울 것이다. 그렇다고 물적자원관리처럼 최소비용에 최대수익만을 목표로 한다면 기업의 인적자원을 혹사시키거나 불만을 해결해 주지 못해서 그들로 하여금 기업을 떠나게 하는 결과를 가져온다.

돈, 기계, 건물같은 자원에는 인격이 없지만 인간자원은 인격을 소유하고 있으므로 잘못 관리하다가는 수익성이 인간보다 우선되거나 개인이 회사의 부속품으로 취급되는 비인간화를 초래하게 할 수도 있다.

산업발전의 초기에는 생산성을 우선하였기 때문에 사원들은 한낱 회사의 부속품에 지나지 않았었다. 그러나 점차 그들이 인간다운 삶을 원하고 욕구수준도 높아져서 상위욕구가 증대하였으므로 구성원들 개개인의 풍요로운 삶을 고려하게 되었다.

즉 회사는 개인에게 욕구충족과 자아개발의 터전을 마련해 주는 역할을 담당하고 개인은 회사발전에 기여한다는 점이 강조되고 있는 것이다. 결국 인사관리자는 한편으로는 기업의 성과와 능률을 목표로 함과 동시에 다른 한편으로는 사원들의 만족향상과 인간다운 생활을 목표로 해야 한다는 결론에 이른다.

그런데 이 성과중심목표와 인간중심목표라는 양대목표는 상호보완관계에 있지만 경우에 따라서는 서로 상충적이고 이율 배반적일 때도 많이 있으므로 이 두 개의 목표를 조화시키는 방법이라든지 어느 것을 더 강조할 것인가에 상당한 관심과 지혜가 필요하다.

2. 인사관리활동의 변화

회사의 살림살이를 꾸려나가기 위해서는 자본, 시장 기술, 정보 등 모두가 필수적인 요소이며 이들 모두가 급변하고 있지만 인적자원관리의 패러다임이 특히 많이 변했다. 여기서 인사관리의 혁신이라고 할 수 있는 몇 가지 변화를 요약해보기로 한다.

1) 반응적 인사에서 대응적 인사로 변화

문제가 발생하면 무계획적으로 단편적 처방을 하는 것이 아니라 인적자원에 대한 투자와 능동적인 개발과 전략에 의한 관리로 인적자원의 효율적 운용을 목표로 한다.

2) 연공중심에서 능력중심으로 변화

학력, 근속년수, 온정주의, 연고주의에 만연해 있던 우리나라 기업들이 이제 승진과 보상결정에 능력과 업적을 감안하고 있다.

3) 비용관점에서 수익관점으로 변화

과거에는 인건비를 비용으로 취급하여 가능한 한 최소화하려고 했다면 최근에는 교육·훈련에 투자도 많이 하면서 전문적이고 질적으로 우수한 인사관리를 목표로 한다.

4) 인사부서에서 전체 부서로 변화

과거에는 인사팀에서만 인사관리를 담당한다고 믿었으나 이제는 최고 경영층에서부터 각 단위 부서 담당자들 모두가 채용, 평가, 보상, 개발에 이르기까지 대부분의 인사기능을 담당하고 책임지는 방향으로 가고 있다.

5) 표준형 인재관에서 이질적 인재관으로 변화

오직 조직에 순응하고 남들과 협조를 잘하는 회사형 인간을 채용하고 교육하던 방식을 바꾸어서 개별화되고 다양하며 이질적이면서 창의적 아이디어를 잘내고 혁신을 자극하고 변화를 주도하는 인재를 채용하고 길러내는 방향으로 변했다.

6) 내부노동시장에서 외부노동시장으로 변화

과거에는 회사 내의 다른 부서에서 훈련된 인재를 이동·배치하면서 운영해 나갔으나 이제는 유능한 인력시장에서 사원을 스카우트도 한고 아웃소싱을 하여 이미 밖에서 만들어진 기성품 인력을 확보하여 배치한다.

제2절 인사관리활동의 설계

구체적 인사관리활동이란 훌륭한 사람을 적정량 뽑아서 적합한 업무를 맡기고, 일한 만큼 공정하게 보상을 하고, 부족한 능력을 계속 향상시켜 주며, 승진과 이동을 당사자와 회사의 목적에 부합되도록 조정해주며 노동자단체의 집단적 요구를 적절하게 해결해 주는 것이라고 할 수 있다. 이들 각각에 대하여 기초적인 내용들만 훑어보기로 한다.

1. 확보관리

인사관리의 최종목표는 능력있고 혁신적인 인력을 채용하여 유지하는 것이다. 적절한 인력이 없다면 아무리 잘 만들어진 계획과 잘 설계된 조직이 있더라도 효율적 경영이 이루어질 수 없다. 기업조직에서 우선 필요한 인적자원을 구성하기 위해 누구를 얼마만큼 채용해야 하느냐를 정해야 한다.

이 일을 위해서 이러한 인적자원들이 해야 할 일들의 특성을 우선 알아보는 직무분석(job analysis)이란 것이 있는데, 이러한 직무분석을 통해 그 일에 필요한 사람의 학력과 자격, 기술정도와 능력, 심지어 신체조건과 성격에 이르기까지를 명시해 놓는다.

모집한 후보자들을 중심으로 서류전형, 필기시험, 면접 등의 시험절차를 거쳐 채용을 결정하고 나면 적정업무에 배치한다. 물론 노동시장의 여건과 회사의 기존 인력에 관한 상황을 감안해야 할 것이다. 이때 선발시험방법을 어느 것을 쓰느냐는 인재의 선발에 많은 영향을 미칠 수 있는데 기업의 특성, 전통, 사회적 분위기, 경쟁사의 전략 등을 고려해야 할 것이다.

2. 교육 · 훈련관리

일단 채용된 인력은 말할 것도 없고 기존 인력도 가끔 재훈련이 필요한데 교육·훈련내용은 크게 둘로 나눌 수 있다. 하나는 업무처리를 위한 기술·지식교육이요 다른 하나는 사기부여, 태도변화를 위한 정신교육이다. 후자는 인간관계와 업무능률을 위해 전자 못지않게 중요한 부분인데 여유가 없는 기업에서는 사실 여기까지 눈을 돌릴겨를은 없다. 그러나 인적자원의 중요성이 강조되면 될수록 사원의 자질을 높이는 것이 아울러 중요하게 됨은 말할필요도 업다.

교육의 종류도 그 대상이 누구냐에 따라 간부교육, 경영자교육, 신입사원교육 등으로 나누어지고 어디서 하느냐에 따라 사내교육과 위탁교육 등의 사외교육이 있을 수 있고 사내교육도 직접 업무현장에서 시행착오를 겪으면서 배우는 직장내(현장) 교육(on the job training)과 현장에서 직접 교육하기에는 너무 위험하고 비용이 더 들을 경우에는 별도 강의실이나 연수원을 이용하는 직장외(현장밖) 교육(off the job training)으로 나눠지기도 하는데 이 두 가지 방식은 시기적절하게 병용되기 마련이다.

3. 보상관리

사원에 대한 보상은 한편으로는 노력의 대가로 지급되는 것이지만 다른 한편으로는 노력을 유인하는 수단이 되기 때문에 인사관리의 중요한 부분을 이룬다. 그 목표는 휴머니즘 차원을 너무 강조할 수도, 전혀 배제할 수도 없는 입장이지만 사원들의 생활비의 기초가 된다는 것을 감안하지 않을 수 없다. 따라서 임금수준은 이익과 생산량뿐만 아니라 물가수준, 정부정책, 경영방침 등에 의해서 결정해야 한다.

보상의 유형으로는 기본급, 수당, 상여금 등의 직접 임금과 교통비, 자녀장학금, 의료보험료, 전세보증금보조, 중식비 등의 명목으로 지급되는 복리후생으로 구분될 수 있다. 그런데 직접보상은 사원들의 업적평가나 고과결과에 따라서 차등지급되겠지만 중식비, 의료비 등은 모든 사원들에게 비슷하게 지급되는 것이 보통이다.

그리고 복리후생은 선진국으로 갈수록 그 비중이 더 많아지는데 이는 노조의 요구도 있겠지만 소득세 부과율이 낮고 각종 요구사항들이 늘어나기 때문으로 보인다. 어떤 회사는 일정액의 복리후생경비를 들여서 문화상품권, 여행티켓, 학자금보조, 병원진료권 등 다양한 형태의 선택권을 사원들에게 주면서 사원들 각자가 자신의 기호에 맞게 찾아쓰도록 하여 그 효과를 극대화시키는데 이는 같은 금액을 내고 자기가 좋아하는 음식을 골라먹는 뷔페방식과 유사하여 카페테리아 복리후생제도(cafeteria benefit system)라고도 한다.

4. 사원평가

일단 전체적인 임금수준이 정해지더라도 이를 사원들 각자에게 어떤 기준으로 배분하느냐의 문제가 남는다. 대개는 신분을 기준으로 나이, 경력이 어느 정도냐(연공급), 하는 일이 무엇이냐(직무급), 어떤 기술과 자격을 가졌느냐(직능급), 회사목표를 얼마나 달성했느냐(성과급) 등이 고려되지만 이들 모두가 병행되는 것이 현실이며 각 기업의 형편과 특성에 따라 그 비중을 약간씩 달리하여 종합한다.

그러나 공정한 배분의 측면에서 이것이 여간 어려운 일이 아니기 때문에 직무평가(job evaluation), 인사고과(personnel assessment) 등의 방법이 매우 심도있게 발전되어 있으나 이의 적용에는 많은 주의가 필요하다. 업적을 평가하고 나면 회사에 공헌한 대가로 사원에게 보상을 하

Field_Story 화장품 냉장고부터 신발관리기까지… '맞춤형 가전시대' 선포한 삼성

삼성전자는 오는 7일(현지시간)부터 10일까지 미국 라스베이거스에서 열리는 세계 최대 전자전시회 'CES 2020'에서 '와인큐브', '비어큐브', '뷰티큐브' 등 소형냉장고를 공개한다고 3일 밝혔다. 이들 냉장고는 각각 와인과 맥주, 화장품을 최적의 온도에서 보관할 수 있도록 설계됐다.

이 제품들은 공기청정기 '무풍큐브'에 적용됐던 큐브 디자인을 응용해서 만들어 침실이나 주방, 거실 등 집안 어디에나 자유롭게 두고 사용할 수 있다. 또 단독으로 설치하거나 위, 아래로 쌓을 수 있어 공간 활용이 용이하고 스타일리시한 인테리어 연출이 가능하다.

삼성전자는 CES에서 의류청정기 '에어드레서'의 원리를 적용한 '신발관리기'도 공개한다. 신발관리기는 탈취는 물론 습기까지 제거해 최적상태로 보관할 수 있다.

삼성전자는 지난해 6월 '프로젝트 프리즘(Project PRISM)' 전략을 발표했다. 이 전략은 새로운 가치다 담긴 제품 카테고리를 창출해 다양한 라이프스타일을 가진 소비자를 공략한다는 계획이다. 그 일환으로 '비스포크(Bespoke) 냉장고'를 내놓아 국내시장에서 좋은 반응을 이끌어내기도 했다.

삼성전자 소비자가전(CE) 부문장 김현석 사장은 이날 회사 홈페이지에 실은 기고문을 통해 "새로운 10년의 출발점에 서서 삼성전자가 바라보는 미래는 바로 경험의 시대"라고 말했다. 그는 "'경험의 시대'에는 개개인의 욕구를 충족시켜 주는 맞춤형 기술이 주가 되고, 사람들은 개개인에게 최적화된 형태로 첨단기술과 연결될 것"이라고 설명했다.

▸ 출처 : 2020년 1월 3일 경향신문

삼성전자가 미래 가전사업의 방향을 '개인 맞춤형 가전 시대'로 규정하고 라이프스타일 가전 개발에 주력한다.

게 되는데, 특히 보상은 생계비나 욕구충족 등 생활수준을 유지하며 나아가서 동기부여를 시키기에 충분한 역할을 해야 하는 것이다.

5. 유지관리

인적자원의 유지관리라 함은 확보된 인력을 훈련시켜서 업무를 주고 그에 대한 보상을 하는 것도 중요하지만 한편으로는 그들의 능력을 계속 유지시키고 회사에 붙어있도록 정신적 안정감을 주는 것도 필요하고 때로는 이직을 막고 때로는 적정인원의 유지를 위해 퇴직대책을 마련하면서까지 조직구성원을 효과적으로 유지하는 전략을 말한다. 그러므로 유지관리에는 사원의 사기부여정책뿐 아니라 승진, 이동, 사직, 해고정책 등 모두가 포함된다.

시장의 변화나 회사정책의 변화 등으로 인하여 회사 각 부서의 필요인력의 규모나 자격수준은 수시로 변화한다. 또는 사직, 해고, 명예퇴직 등 수시로 사원은 회사를 들고 날고하기 마련이다. 회사내에서 어느 사원이 승진이나 직무이동을 하는 경우는 사내이동이 되지만 회사밖으로 나가게 되면 이직이라고 한다. 관리자는 회사내에 적정인력을 유지하는 것도 중요하지만 있는 사원들을 적재적소에 배치하고 수시로 회사와 개인의 필요에 맞추어 이동시키는 일도 매우 중요하다.

이직에는 자발적으로 나가는 사직(resignation)과 강제로 퇴출되는 해고(lay off)가 있으며 정년이다되어 그만두는 퇴직(retirement)이 있는데, 최근에는 회사의 구조조정으로 인원을 줄이기 위해 명예퇴직, 조기퇴직이란 이름으로 정년을 앞당겨 사직아닌 사직을 하기도 한다. 그러므로 이러한 불상사를 미연에 방지하기 위해서라도 장기인력계획과 미래 경기예측 그리고 사원들이 기술발전속도를 따라갈 수 있도록 교육훈련시키는 적극적인 대책이 마련되어야 한다.

제3절 노사관리

1. 노사관계의 개념

노사관계란 노동을 공급하는 자(근로자)와 공급받는 자(사용자)간의 개별적 고용관계에 바탕을 두고 있지만 사실은 노동조합과 사용자 사이의 집단적 관계를 뜻한다. 즉 노동자단체와 경영진(혹은 그들을 대변하는 중간관리자)들 사이의 요구와 문제해결이 집단적 수준에서 행해진다는 의미이다.

이 두 단체의 상호관계는 권력관계와 협조관계라는 이중적인 특징을 갖고 있는데 우선 권력관계라 함은 노동자는 노동력을 가능한 한 비싸게 팔려고 하고 사용자는 가능한 한 품질좋은 노동력을 싸게 사려고 하기 때문에 양자 간에 힘의 줄다리기가 있다고 가정하기 때문이다.

협조관계라 함은 회사가 잘되어야 거기에 속한 노동자들도 고용이 보장되고 높은 임금을 받을 수 있기 때문에 양자 간의 이해관계가 하나의 목표로 수렴된다고 보기 때문이다. 그러나 최근 노사관계의 의미는 노·사의 양측 당사자 이외에도 정부가 자주개입되어 문제를 제기하기도 하고 해결도 해주기 때문에 이러한 관점에서 본다면 노사관계란 사용자, 근로자 및 정부라는 삼자간 상호작용의 복합체라고 할 수 있다.

2. 노사관계의 발전과정

산업혁명 이후 오늘날까지 각국에서 추진되어 온 산업화과정을 배경으로 노사관계의 형태는 일관적이지 못하고 시대와 사회에 따라 독특한 형태를 보였다.

- 전제적 관계 : 자본주의 초기에 기업은 소유자가 직접 경영하는 형태로 절대명령과 근로자의 절대복종이라는 예속적 관계가 유지되었다.
- 온정적 관계 : 정착노동이 증대되면서 사용자는 노동자의 협조를 얻기 위해 근로자의 주택, 의료, 후생시설을 제공하면서 가부장적 온정주의로 바뀐다.
- 완화적 노사관계 : 자본과 경영의 분리현상에 따라 사용자의 전제적 성향을 어느 정도 완화시키고 경영자는 근로자의 요구를 일부수용하는 관계에 이른다.
- 민주적 노사관계 : 전문경영자의 영입, 기업규모의 확대, 기계화, 미숙련 노동자의 대거채용 등에 따라 단체교섭과정은 한 국가의 대중들의 문제가 되었으며 자연적으로 노사는 대등한 사회적 지위를 인정받게 되는 산업민주주의 이념을 형성하게 되었다.

1) 한국 노사관계의 격변기(전통형성기)

1987년 이후 10년을 주기로 인사, 노사부문에서 큰 변화를 경험하고 있다. 1987년 6.29선언 이후 노동운동이 활성화됨에 따라 노사분규가 급증하는 등 노사관계에 지각변동이 발생하고 있다. 그러나 평생직장, 연공서열 등 전통적인 한국적 인사관행은 여전히 지속되고 있는 현실이다.

1997년 외환위기이후 전통적인 인사관행의 대폭적 변화가 발생하게 되고 성과주의가 확산되면서 고용유동화가 진전되고 평생직장 개념이 붕괴되기 시작하였다. 다양한 시도와 실험이 기업 자체에서 거듭되어지면서 전통적인 가치가 퇴색되었으나 한국적 상황에 맞는 인사제도의 정립은 아직도 미흡한 실정이다.

표 11-1 한국기업의 인사 및 노사 패러다임 변천

구 분	1987년 이전 (전통형성기)	1987년~1996년 (민주화기)	1997년~2006년 (제도변혁기)
경제/사회	· 고도 성장기 · 경제개발 최우선 · 노동문제 잠복	· 고도성장기 · 민주화운동 · 노사분규 급증	· 저성장기 진입 · 외환위기 · 영미식 경영 확산
인사/노사 정책기조	· 연공주의 · 베푸는(施惠的) 복지 · 평생직장	· 연공주의 중심 · 집단적 노사관계 · 평생직장	· 성과주의 · 개별적 노사관계 확산 · 고용 유연화 급진전
인사관리	· 정기 공채제도 · 연공적 임금	· 정기 공채제도 · 연공적 임금+능력주의 추가	· 수시 경력채용 증가 · 연봉/성과급제 확산 · 구조조정, 희망퇴직
노사관리	· 기업우위의 노사관계	· 대등한 노사관계 · 민노총 출범(1995)	· 노사간 불신확산 · 노동운동 정치 세력화

2) 민주화기(1987~1996)

이 시기는 기업우위에서 대등한 노사관계로 전환하는 시기이다. 정치 및 사회의 민주화가 근로조건과 노사관계구도에도 변화를 초래하게 된다. 개발경제시대에는 기업우위의 인사, 노무관리가 일반적이었다. 한국기업의 인사관리는 학력, 성별, 연령위주의 연공주의에 기초하고 있다. 정치민주화를 계기로 억눌렸던 근로자들의 욕구가 분출되고 노조 조직률이 급증했던 시기로 그 결과로 노조 수는 2,742개(1987년 6월말)에서 1989년 말 7,888개로 급증하였다.

1993년을 전후하여 대기업을 중심으로 연공서열제도의 개선을 위해 일본식 직능자격주의에 기초한 신인사제도의 도입이 확산되었다. 급격한 임금인상을 우려한 정부는 1992년에 총액 임금제를 도입하게 된다.

3) 제도변혁기(1997~2006)

이 시기는 성과주의와 고용유연성 확대속에서 노사갈등이 심화되고 있다. 노동법 개정으로 정리해고가 공식화됨에 따라 고용불안감이 증가되고 기업생존 차원의 구조조정과 희망퇴직이 일반화되면서 고용안정성 문제가 노동문제의 핵심으로 대두되게 되었다. 인사관리 정책기조가 영미식 능력주의, 성과주의로 전환되면서 연공주의와 평생직장개념이 급속히 퇴색하게 되었다. 또한 1990년 이후 감소세를 보이던 노사분규가 증가세로 돌아서는 등 노사관계가 다시 악화되기 시작하였다.

☞ 노사분규 건수

1,619건('89) → 144건('98) → 78건('97) → 235건('01) → 286건('05)

3. 노동조합

임금노동자들이 노동조건 개선을 목적으로 조직한 영구적 단체를 노동조합이라고 정의하는데 이 정의를 분해해 보면 노조의 의미를 정확히 알 수 있다. 첫째는 노조의 주체는 임금노동자라는 점이다. 자원봉사자 단체는 안 되며 몇몇 예외가 있지만 임금을 받는 근로자는 누구나 노조를 구성할 수 있다는 뜻도 된다. 둘째는 노조의 목적인데 다른 부차적 목적이 있을 수 있지만 결국 최종 목적은 경제적·비경제적 노동조건의 개선에 있어야 한다는 것이다. 그리고 일시적으로 모였다가 목적이 달성되면 해체되는 조직이 아니라 멤버는 들고날고 하더라도 항구적으로 존속되어야 한다는 것이다. 노동조합이 담당하는 기능도 다양하다.

1) **경제적 기능** : 노동력의 판매자로서의 흥정·교섭기능을 하면서 임금인상, 근로조건개선 등을 추구한다.
2) **공제적 기능** : 조합원 상호 간의 상호 부조활동인데 공제조합, 공동구매조합, 탁아시설운영 등이 그것이다.
3) **정치적 기능** : 노사 간 교섭과 분쟁을 유리한 방향으로 해결하기 위한 법률의 제정과 제도개선을 위해서 정치적 기능도 필요하다. 또는 사회복지, 물가정책, 보험 등 노동자 계층에 유리한 정부의 지원을 얻기 위해서 입법화운동, 정치자금후원회 등을 운영하기도 한다.

이상의 것이 노동조합이 주로 해야 하는 활동들이지만 이러한 활동을 원만하게 하기 위해서 보조활동이 필요하기도 하다. 노조원에 대한 교육과 자료조사활동, 노조의 홍보와 지역사회에 대한 봉사 등이 그것이다.

4. 단체교섭

노사가 대등한 입장에서 노동조건을 놓고 타협을 벌여 결정을 하고 계약된 사항을 실행해 나가며 관리하는 일련의 과정이다. 노사 서로의 힘이 어느 정도냐에 따라서 결정되기 때문에 노동시장 수급상태, 기업의 이익률, 사회정치적 상황 등으로부터 영향을 받는것이 보통이다.

협상은 노사양측 교섭력의 크기에 의해 결정된다지만 정당성의 한계를 벗어나서는 안 된다. 교섭의 대상은 임금인상 문제에서부터 사소한 문제까지 모두가 될 수 있으나 무조건교섭에 임하기보다는 사전에 자료수집, 홍보, 요구사항정리 등 교섭에 대비하는 사전준비가 필요하다. 상대에게 어떻게 설득하고 어디까지 얻어낼 것인가의 교섭전략도 구성한다.

단체교섭을 시작하기 전이나 진행중에 노사쌍방은 자신들의 힘을 과시하여 유리한 협상을 하려고 노동쟁의를 할 수 있다. 근로자측에서는 파업, 태업, 준법투쟁 등을, 사용자 측에서는 직장폐쇄 등을 감행하여 서로가 더 유리한 쪽으로 결론을 내려고 한다. 물론 파업 등의 노동쟁의는 합법적인 것이지만 사회적 통념을 벗어난 행동이나 일반국민에게 커다란 위협이 되는 전기, 상수도 분야 공무원의 파업 등은 대개의 국가에서 금지하는 경우가 많다.

협상이 결렬되거나 노동쟁의가 적극적으로 해결되지 않을 때 정부가 중재하기도 하고 중재자 혹은 사법기관을 통해 조정의 단계를 거친다. 이렇게 해서 결정된 단체교섭의 결과 단체협약(collective agreement)이란 계약서가 만들어지고 이를 쌍방이 성실히 이행하면 된다. 이행과정에서 발생하는 오해나 불이행도 물론 교섭과 중재의 대상이 됨은 물론이다.

5. 새로운 인사 및 노사관리과제

1) 지속성장을 위한 혁신과 경영체제 필요

한국기업의 빠른 추종자(fast-follower) 전략이 한계를 노출하는 가운데 신제품과 서비스를 창출하기 위한 '창조경영'이 화두로 등장하게 되었다. 물론, 미래 성장동력의 발굴을 위한 신혁신전략 추진이 시급한 상황임을 기업들이 모두 인식하고 있다. 시대적 상황이 점점 열악해지고 있는 가운데 저출산과 고령화로 인한 인력부족시대에 어떻게 대응할 것인가에 대한 과제가 새로운 경영체제로의 해법임에 틀림없으며 또한 과격한 노사분규와 갈등에 대한 해소가 안정적 성장의 기본이 될 것이라 믿는다.

2) 지속성장을 위한 인사·노사부문의 미션(mission)설정

(1) 창의성이 발현되는 조직구현으로 성장동력확보에 기여

(2) 다양한 인재가 능력을 발휘할 수 있는 유연한 인사시스템 도입

(3) 산업평화를 달성하여 지속성장을 위한 기반구축(상생적 노사관계구축)

표 11-2 창의적 인재육성방향

주요 현안	대응방향
· 독창적인 경쟁원천 창출이 시급 · 글로벌 기업 간 창의적 인재확보 경쟁가열	· 창의적 인재의 확보와 육성을 위한 인사기준 및 제도혁신 · 창의성을 개발하고 장려하는 조직운영과 기업문화조성

표 11-3 창의적 인재 활용의 3가지 유형

거대벤처형	· 3M은 내부인력의 창의성 발휘를 극대화하기 위해 사내벤처를 활성화하고 15% 룰(개인근무시간의 15%를 자율연구에 활용)과 40% 룰(최근 4년간 출시한 신제품의 매출비중이 총매출의 40% 이상을 유지)등을 시행
외부수리형	· P&G는 자사중심의 개발주의에서 탈피하여 개방형 혁신을 위해 Connect & Development 를 표방. 외부 아이디어와 기술을 적극적으로 수용
자유공간형	· 베네통은 미래의 트렌드발굴 및 튀는 인재들의 제품, 홍보 아이디어를 획득하기 위해 파브리카(Fab-rica)를 운영. 전 세계의 젊은 예술가들을 유치하여 창작활동을 지원

3) 인사 · 노사관리의 과제

(1) 창의적 인재의 육성

창의적 인재의 확보와 육성을 위해 인사시스템의 혁신적 전환이 시급하다. 획일적 인사관리의 틀과 상식을 벗어나 창의적 인재들을 원하는 모든 것을 맞춰줄 수 있는 맞춤형 인사관리로 사고전환을 할 필요가 있다.

원활한 인사노사관리를 통해 창의적 인재들이 제대로 일할 수 있는 기업문화를 구축해야 한다. 그렇다고 해서 기존의 문화를 유지하고 있는 조직을 섣불리 개혁하기 보다는 외부자원의 활용이나 기존 조직외부에 창조형 조직을 운영하는 방안이 검토되어야 한다.

(2) 조직문화의 선진화

기업의 일하는 관행을 효율중심의 선진형으로 전환해야 한다. 한국의 직장인 5명 중 4명(81%)이 매일직장에서 스트레스에 시달린다고 보고된 바 있다.[1] 한국근로자는 장시간 일하고는 있으나 노동생산성은 OECD 국가에 비해 상당히 낮은 수준이다. 이제 업무효율성을 넘어 창조적으로 일하는 선진형관행을 정립해야 한다.

1) AP통신이 시장조사기관인 Ipsos와 공동으로 한국, 미국, 프랑스, 독일, 캐나다, 호주, 이탈리아, 멕시코, 스페인 등 10개국을 대상으로 조사한 결과임

예를 들어 불필요한 일을 제거한다든지, 집중업무 시간제를 운영하여 좀 더 업무의 효율성을 유도한다든지 회의문화개선을 통해 더 나은 창의력을 발휘할 수 있도록 근무여건을 혁신할 필요가 있다.

또한 일과 생활의 균형을 위한 인프라를 구축해야 한다. 기업환경이 일 중심의 근로관에서 이제 개인생활을 중시하는 방향으로 변화하고 있기 때문에 더욱 삶의 질에 대한 기대가 확산되고 있다. 특히 주 5일 근무제 시행으로 더욱 생활의 질을 지향하는 변화가 선호되게 되었다. 일과 생활의 균형을 위해서는 근무시간의 유연화와 육아 그리고 휴가지원제도 등을 적극 활용해야 한다.

이처럼 직원들을 위해서 무엇을 어떻게 지원해야 하는지 기업은 직접 직원들의 의견을 묻고 원하는 프로그램을 시행할 필요가 있다.

IBM은 매년 'IBM 글로벌 일과 삶의 균형 이슈조사(IBM Global Work and Life Issues Survey)'를 수행해 '직원들에게 가장 필요한 지원은 무엇인지' '어떠한 노력이 더 효과적인지'를 조사, 시행하고 있다.

(3) 다원화된 인사시스템 구축

다원화된 인사시스템을 구축하기 위해서는 정규직뿐 아니라 프리랜서, 파트타이머, 아르바이트 등 다양한 고용형태에 적합한 인사제도를 개발할 필요가 있다. 특정 직종에 대해서는 연공서열보다는 직무가치와 역할, 성과 기여도에 따라 직급과 보상을 결정하는 직무성과급제로 단계적으로 전환해 나가야 한다.

우리나라 기업의 직무성과급제 도입사례로는 삼성생명이 2002년 딜러와 펀드매니저 등 자산운용 전문직군을 분리하여 시장가치를 보상하는 직무성과급제를 도입하였다.

우리은행은 2007년 3월에 영업점창구를 담당하는 매스마케팅 직군과 사무직군 및 콜센터의 CS 직군에 대해 정규직으로 전환하는 대신 직군별 직무의 중요성에 따라 급여를 차등하는 직무급제 도입을 합의하였다. 이를 계기로 국민, 신한 등 은행권 및 이마트 등 유통업체를 중심으로 직무급제 도입을 활발히 추진하는 계기가 되었다.

또한 다원화 된 인사시스템 구축을 위해서는 고령인력의 활용을 위한 제도 및 인프라가 정비되

표 11-4 다원화된 인사시스템

주요 현안	대응 방향
· 고용형태와 직종별 다양성 확대(외형적, 내면적 다양성 동시 증대) · 고령화의 급진전에 따른 고령인력의 활용 불가피	· 다양한 고용형태와 직종을 수용해 인사시스템을 다원화(직무/역할 특성 반영 강화) · 고령자의 유효활용을 위한 진로 선택제 및 전직지원 서비스강화

어야 한다. 임금피크제, 전문계약제, 명예퇴직제 등 다양한 진로선택 메뉴를 제시하여 고령인력의 진로선택의 폭을 확대해야할 것이다.퇴직인력에 대한 전직지원 서비스도 더욱 강화해야만 한다.

일본 프로축구 J리그는 선수들이 은퇴한 후에 제2의 인생을 찾을 수 있도록 "J리그 경력지원센터"를 설치하여 현역선수에 대해서는 협찬업체 직업체험연수실시, 은퇴선수에 대해서는 카운슬링과 스포츠관련 취업정보를 제공하기도 한다.

(4) 여성인력활용도 제고

여성의 사회진출이 점점 더 증가하고 있다. 그러나 노동부의 설문조사에 의하면 "남녀 고용차별이 심하다"는 응답이 64.8%를 차지했다. 한국사회에서의 여성의 사회적 성공은 여전히 차별받고 있다고 반증하는 결과일 수 있다. 이러한 상황에서 여성의 사회진출과 성장을 위한 장애요인으로는 육아와 가사부담이 가장 큰 비중을 차지하고 있다. 이런 문제로 인해 여성이 경제활동참가를 포기하게 되며 스스로의 능력을 발휘하지 못하고 있다고 응답하고 있다.

"가족이 행복해야 직원이 행복해지고 기업이 성공할 수 있다."는 철학을 바탕으로 직원가정의 육아 및 가사부담을 우선 줄이고자 노력해야 하는 것이 기업의 새로운 할 일이다.

삼성전자는 '열린 상담소'를 운영하여 직원들의 '일과 생활의 균형'을 위해 투자하고 있으며 조직에서의 남성과 여성에 대한 이슈 혹은 가족친화적 기업문화구축을 위해 적극적인 지원을 하고 있다.

또한 여성의 사회활동수요가 늘어나면서 여성리더를 체계적으로 육성하기 위한 단계별 교육프로그램을 도입하고 다양한 인적 네트워크 구축을 지원해야 한다. 고급 여성인력이 증가하고 있는 만큼 적극적인 활용방안을 모색하고 그들에게 경영관리자 및 CEO로 육성될 수 있는 성장비전을 제시해야 한다.

(5) 글로벌 인력활용을 위한 인프라구축

기업의 경쟁력은 이제 '우수한 인재발굴'이라고 해도 과언이 아니다. 한국기업이 글로벌기업으로 성장하기 위해서는 국적과 인종을 불문한 전 세계의 우수인력을 소싱(sourcing)해야 한다. 현재 진행되고 있는 3D 직종의 저숙련인력을 중심으로 한 외국인력활용에서 탈피하여 R&D 등 전문분

표 11-5 스웨덴의 육아지원을 통한 사례

☞ 1968년 육아관련 문제를 종합적으로 관리하는 국가육아위원회(NCC)가 발족하고, 1972년 NCC보고서에 따라 보육시설은 취학前 모든 영아를 수용할 수 있도록 설계

- 전일제 육아서비스를 받는 아동은 7만1천('70)에서 72만 명('98)으로 증가
- 스웨덴의 25~34세 여성 경제활동참가율이 59%('70)에서 88%('85)로 상승

표 11-6 글로벌 통합 HR시스템 운영 효과

지역별 HR 시스템 운영	Global One HR System
· 현지 인력의 성장기회제공 미흡 · 글로벌 우수인력 Pool의 감소 · 현지 인력의 본사와의 문화적 일체감 미비 · 현지 인력의 높은 이직률 초래	· 글로벌로 동일한 승진/교육기회 제공 · 우수 인력의 글로벌 sourcing 촉진 · 현지의 문화적 일체감 및 소속감 증진 · 현지 인력의 유지(retention)채용 증가

야에서 우수한 외국인력의 유치를 대폭 확대할 필요가 있다는 것이다. 또한 외국인 근로자에 대한 부정적 인식을 줄이고 국적에 관계없이 마음놓고 일할 수 있도록 법적, 제도적 인프라를 시급히 개선해야만 한다.

GE, IBM, HP 등은 지역 혹은 국적에 관계없이 모든 임직원에게 동일하게 적용되는 Global One HR 정책운영을 진행하고 있다. 이러한 정책들은 핵심적인 기업가치는 공유하되 문화적인 다양성을 존중하는 것이 특징이다.

(6) 경쟁력 있는 노사관계구축

노사관계는 기업의 충분한 커뮤니케이션과 대화에 의해 더 완화될 수 있다. 기업내에서의 종업원의 권리를 대변하는 노동조합은 시간이 갈수록 조합이기주의와 분배중심의 교섭형태로부터 탈피하여 경영여건에 따른 생산적 교섭형태를 정착시켜야 한다. 노동조합이 주인의식을 가지고 경쟁력 제고활동에 적극 동참하도록 신뢰관계를 구축해야만 경쟁력 있는 관계가 형성되는 것이다.

기업의 생존을 위해서는 이제 윤리의식이 부족한 불합리한 노사관계보다는 건전한 교섭문화와 사회적 책임을 우선시 하는 성숙한 노사문화를 길러내야만 한다. 이는 노사공동으로 근로자의 직업능력개발과 향상을 적극 지원함으로써 근로자의 장기적 고용안정과 소득증대를 위한 밑거름을 제공하게 되는 것이다.

노조는 정치적 성격의 노동운동보다는 현장의 목소리를 적극수렴하는 자세를 견지해야 한다. 반면 사용자는 경영투명성 제고, 원활한 정보공유 등을 통해 불신을 해소하고 경쟁력 있는 보상과 일할 맛나는 근무환경에 노력해야 한다.

불합리한 관행극복을 위한 GM의 노사상생노력은 대규모 파업과 과도한 복지비용으로 심각한 경영위기를 초래하게 되었다. 1998년 대규모 파업으로 20억 달러의 생산차질, 연간 50억 달러 이상의 퇴직자 연금지원금으로 2005년 신용등급이 추락하였다. 이후, 2006년 6월 명예퇴직조건수락과 더불어 2007년 양보교섭을 천명하고 노사공동으로 품질, 안전, 인간관계개선까지도 노력하고 있다.

Field_Story 2020년 알바생들이 꼽은 알바 하고싶은 브랜드 1위는? CGV

알바생 76.2% '평소 좋아하는 브랜드에서 일하고 싶다'

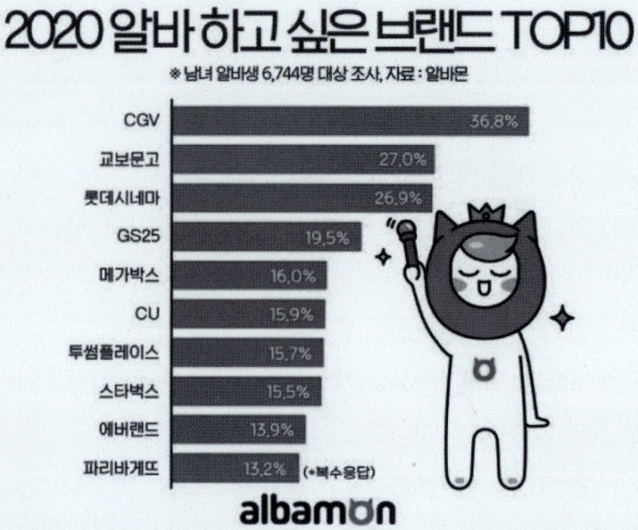

올해 알바생들이 가장 일하고 싶어하는 아르바이트 브랜드 1위에 'CGV'가 꼽혔다. 알바생들은 평소 좋아하는 브랜드에서 알바를 하고 싶어하는 것으로 나타났다.

아르바이트 대표 포털 알바몬이 3일 발표한 '2020 알바브랜드 선호도' 조사결과 이같이 나타났다. 설문조사는 지난해 12월30일부터 이달 2일에 걸쳐 남녀 알바생 6744명을 대상으로 실시됐다.

먼저 알바생들에게 브랜드 알바를 선호하는 지 질문한 결과 설문에 참여한 알바생 중 76.7%가 '선호한다'고 응답했다.

알바몬은 외식, 여가, 카페 등 각 분야에서 아르바이트 입사지원자가 많은 브랜드를 추려 상위 30개 브랜드를 보기로 제시하고 브랜드 알바를 선호하는 알바생들에게 가장 일하고 싶은 브랜드를 복수응답형식으로 선택하게 했다.

그 결과 알바생들이 가장 일하고 싶어하는 알바브랜드 1위에 CGV가 응답률 36.8%로 1위를 차지했다. 이어 ▲교보문고(27.0%) ▲롯데시네마(26.9%) ▲GS25(19.5%) ▲메가박스(16.0%)가 5위권 안에 올랐으며, ▲CU(15.9%) ▲투썸플레이스(15.7%) ▲스타벅스(15.5%) ▲에버랜드(13.9%) ▲파리바게뜨(13.2%)가 알바생들이 꼽은 알바하고 싶은 브랜드 톱10에 들었다.

성별에 따라 선호하는 알바브랜드가 다소 차이가 있었다. 여성알바생들은 남성알바생들에 비해 상대적으로 ▲올리브영(9.7%P↑) ▲투썸플레이스(8.7%P↑) ▲파리바게뜨(6.8%P↑) ▲교보문고(5.8%P↑) ▲배스킨라빈스(5.8%P↑) 등을 선호하는 경향이 높았다.

남성알바생들은 상대적으로 ▲CGV(12.6 %P↑) ▲롯데시네마(9.5%P↑) ▲GS25(7.8%P↑) ▲CU(7.8%P↑) ▲메가박스(6.0%P↑) 등 극장과 편의점 알바를 더 선호하는 것으로 나타났다.

알바생들이 일하고 싶은 아르바이트 브랜드를 선택하는 데는 평소 브랜드 이미지가 가장 중요하게 작용하는 것으로 나타났다.

알바몬이 '해당 브랜드를 가장 일하고 싶은 브랜드로 꼽은 이유에 대해 질문한 결과(복수응답) '평소 좋아하는 브랜드, 좋은 이미지의 브랜드이기 때문'이라고 답한 응답률이 76.2%로 압도적으로 높았다.

다음으로 ▲일이 재미있을 것 같아서(52.7%) ▲다양한 복지제도가 있을 것 같아서(31.6%) ▲일할 수 있는 매장이 많아서(27.0%) ▲알바생들 사이에 평판이 좋아서(14.1%) ▲다른 데 보다 급여수준이 높을 것 같아서(13.8%) ▲나중에 취업하고 싶은 회사이기 때문에(11.5%) 등의 이유가 있었다.

알바생들 대다수는 같은 종류의 알바라면 브랜드 알바가 더 좋을 것이라 기대하고 있었다. '이왕이면 브랜드 알바가 더 좋을 것이라 생각하는가?'라는 질문에는 '그렇다(55.0%)', '매우 그렇다(19.2%)' 등 브랜드알바가 더 좋을 것이라고 기대하는 알바생이 10명 중 7명 이상으로 나타났다.

특히 조사 이전에 브랜드알바를 해본 적이 없는 알바생이 '(매우)그렇다'고 기대하는 응답이 82.8%로 이미 경험한 알바생들의 기대 비중 68.9%보다 높았다.

그렇다면 실제로 브랜드알바를 해본 알바생들이 느끼는 브랜드알바의 장단점에는 무엇이 있을까?

브랜드알바를 경험한 알바생을 대상으로 장점에 조사한 결과(복수응답, 이하 응답률) 1위는 ▲업무매뉴얼이 있어 업무숙지가 용이하다(45.2%)가 차지했다. 2위는 ▲유니폼지급(32.7%), 3위는 ▲휴게시간 및 별도 휴식공간제공(25.6%)이 차지했다.

책임소재 및 업무범위, 업무내용이 명확(25.0%)하다는 점, ▲직원할인, 무료이용권 등 뜻밖의 이득(18.2%)도 브랜드알바의 장점 4, 5위를 차지했다.

이밖에 ▲더 높은 시급(16.9%), ▲부당대우로부터 안전(12.5%), ▲각종 복리후생(10.2%), ▲팀워크를 이뤄 일하는 재미(9.5%) 등도 이미 브랜드알바를 경험한 알바생들이 느끼는 대표적인 장점이었다.

반면 기 경험자들이 느낀 브랜드알바의 단점(복수응답, 이하응답률)으로는 ▲숨 돌릴 새 없이 너무 많은 손님(41.1%)이 압도적으로 높았다.

여기에 ▲기대에 못 미치는 급여나 복지(26.5%), ▲까다로운 평가와 수시교육(21.2%)도 브랜드알바의 대표적인 단점으로 꼽혔다. 이밖에 ▲너무 많은 메뉴나 서비스 등 숙지사항이 많은 점(20.4%), ▲규정과 매뉴얼대로만 하느라 융통성이 부족(19.1%), ▲고객 서비스를 최우선으로 하느라 무시당하는 알바생의 인권(16.8%) 등에 대한 불만도 있었다.

▸ 출처 : 2020년 1월 3일 동아일보

생각해 봅시다

1. 경영학에서 인사관리활동이 중요한 이유에 대해 설명해보자.

2. 인사관리활동의 변화에 대해 제시해보자.

3. 인사관리활동 설계 시 기초적 내용에 대해 설명해보자.

4. 한국기업의 인사 및 노사 패러다임변천에 대해 설명해보자.

5. 기업의 새로운 인사 및 노사관리의 과제를 제시해보자.

제12장

재무 및 회계관리

"물건 사러 가게 안가요"… 작년 전체 상품구매 21%는 '온라인쇼핑'

배달도 여행도 스마트폰으로 끝까지

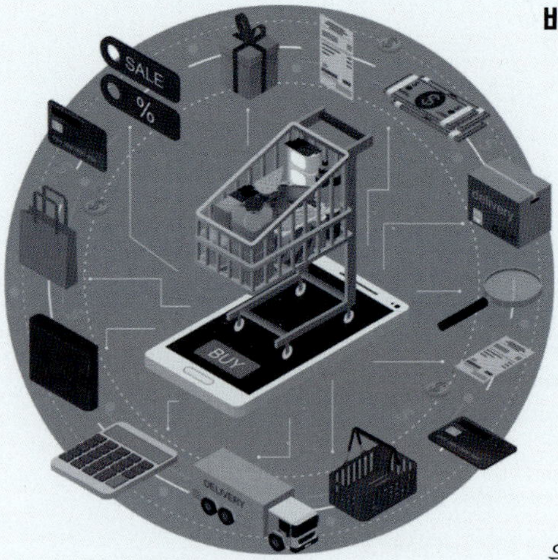

모바일 쇼핑. 게티이미지 뱅크

40대 회사원 김모씨는 지난해 말 제주도 가족여행을 준비하면서 손에서 스마트폰을 놓지 않았다. 비행기표부터 호텔, 렌터카, 지역맛집 예약과 결제까지 모두 스마트폰 한 대로 가능했기 때문이다. 김씨는 "편리하기도 하지만, 대부분 업체가 스마트폰 예약 · 결제에 할인을 더 해줘 안 쓸 이유가 없다"고 말했다.

전체 쇼핑거래금액에서 온라인(모바일 포함) 쇼핑액이 차지하는 비중이 지난해 사상 처음으로 20%를 넘을 것으로 보인다. 온라인 음식주문 서비스시장이 가파르게 성장한 데다, 대규모 오프라인 쇼핑업체들까지 속속 온라인 판매채널을 구축하고 있기 때문이다. 10년 후에는 온라인쇼핑 거래비중이 전체의 50%에 달할 것이란 전망도 있어, 급격한 소비문화변화를 따라가지 못하는 영세 소상공인들을 위한 대책마련이 시급하다는 지적도 나오고 있다.

1월 2일 통계청이 발표한 '2019년 온라인쇼핑 동향'에 따르면 지난해 11월 온라인쇼핑 거래액은 총 12조 7,576억원으로 사상 처음 월 거래액 12조원을 돌파했다. 전체 쇼핑금액에서 온라인이 차지하는 비중도 23.1%로 월간기준 사상최대였다.

지난해 1~11월 온라인 쇼핑 거래액도 121조 9,810억원을 기록해 종전 최대치였던 2018년 연간기록(113조 7,297억원)을 한 달 빨리 넘어섰다. 2018년 18.8%였던 전체 쇼핑금액 중 온라인쇼핑 금액비중도 지난해는 20%를 넘을 것이 확실시 된다.

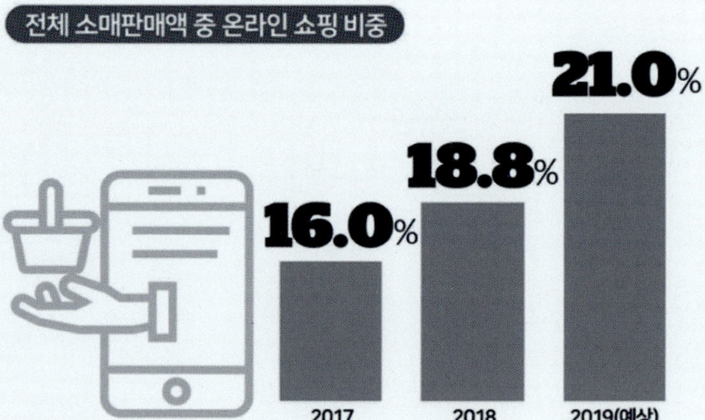

●자료 통계청

통계청 관계자는 "음식서비스, 여행 등의 분야에서 온라인쇼핑 거래금액이 크게 늘어난데다, e쿠폰 등 오프라인이 할 수 없는 온라인 전용 쇼핑 시장규모가 꾸준히 커지고 있다"며 "이런 추세라면 작년 전체 쇼핑액 중 온라인쇼핑이 차지하는 비중은 21%에 달할 전망"이라고 말했다.

전체 소매판매액 중 온라인쇼핑 비중

온라인 쇼핑환경은 PC를 넘어 모바일중심으로 빠르게 변하고 있다. 굳이 컴퓨터를 쓰지 않고도, 손 안 스마트폰으로 주문 · 예약 · 결제까지 끝내는 쇼핑문화가 젊은층 중심으로 보편화되고 있기 때문이다.

젊은 소비자를 잡기 위해 모바일 예약고객에 한 해 추가할인을 해주는 음식점, 미용실, 공연 예술장 등도 점차 늘어나고 있다. 이러한 영향으로 전체 온라인쇼핑 거래액 중 모바일쇼핑 거래액 비중은 2017년 1월 53%에서 지난해 11월 65%까지 늘어났다.

모바일중심의 온라인쇼핑 규모는 계속 확대될 전망이다. 오프라인 시장의 터줏대감인 대형쇼핑업체들은 이미 판매채널의 무게중심을 온라인으로 넘겼고, 중소상인들은 시장변화에 적응하기 위해 수수료를 내고서라도 대형온라인 쇼핑 플랫폼에 경쟁적으로 올라타고 있다.

다만 변화를 감지하지 못한 일부상인이나, 온라인 플랫폼 수수료가 부담일 수밖에 없는 영세 소상공인들은 시장변화에 능동적으로 대응하지 못하고 있다. 소상공인연합회 관계자는 "월세내기도 어려운 영세 소상공인들이 온라인쇼핑 환경변화에 따른 대응책을 마련하기는 사실상 불가능한 일"이라며 "영세 상인에게 카드 수수료를 더 인하해 주듯 모바일 플랫폼 이용수수료 등을 감면해 주는 정책적 지원이 필요하다"고 말했다.

▶ 출처 : 2020년 1월 2일 한국일보

제1절 재무관리의 의의

1. 재무관리의 의미와 기능

재무관리(financial management)란 기업의 자금조달 및 운용과 관련된 문제를 해결하기 위한 이론과 실제를 다루는 것으로서 기업재무(corporate finance)라고도 한다. 자금조달은 장·단기 자금의 원천에 관한 것으로 화폐시장 및 자본시장에 대한 이해가 중요하다. 자금운용은 장기설비투자 및 단기자금운용에 관한 내용이며 배당정책도 이에 포함된다.

재무관리의 주요 기능 및 역할은 신규 투자기회의 발견과 집행, 창업과 철수, M&A 등과 관련된 자본예산 결정, 장기 및 단기자금조달, 재무위험관리 등과 관련된 자금조달결정, 그리고 현금예금, 매출채권, 재고자산, 매입채무 등 단기자금조달과 운용에 관한 운전자본관리 등이 있다. 간단히 말해 재무관리는 기업의 자금과 관련된 활동들을 효율적으로 관리하는 역할을 한다.

기업에서 재무관리를 담당하는 최고책임자(chief financial officer; CFO)는 결국 기업의 수익성은 증대시키고 위험은 최소화하여 기업가치가 창조되도록 최고경영자의 의사결정을 지원함으로써 그 중요성이 증대되고 있다.

2. 재무관리의 목표

재무관리의 목표는 기업의 목표라고 할 수 있다. 일반적으로 언급되고 있는 기업의 목표는 생존, 재무적 부실과 파산의 회피, 경쟁력 확보, 매출 또는 시장점유율(market share)의 극대화, 원가절감, 이익극대화(profit maximization), 안정적인 이익증가 등을 들 수 있다. 이 중에서도 이익극대화는 가장 널리 제시되고 있는 목표이다. 그러나 이익극대화는 사업자체의 위험도 또는 기업의 재무구조의 차이에 의한 위험도를 고려하고 있지 못하며 수선유지비 삭감 및 재고감축, R&D 투자의 삭감 등의 의한 단기이익의 극대화방안은 오히려 기업의 장기성장을 저해하는 등의 문제가 있다.

기업의 여러 목표 중 매출이나 시장점유율의 확대, 원가절감 등은 기업의 수익성과 관련이 있고 파산의 회피나 이익안정성 유지 등은 위험의 감소와 관련이 있다. 결국 기업의 목표는 수익성 증대와 위험 감소라는 기업활동의 두 측면을 모두 포함하는 것으로 되어야 하는데 이에 해당하는 기업목표가 바로 기업가치의 극대화(maximization of firm value)이다.

기업가치는 기업이 보유하는 자산을 영업활동에 투입하여, 창출하는 현금흐름(수익성)을, 위험을 반영한 적절한 할인율로서 할인함으로써 측정된다. 그런데 기업가치는 필요한 자금을 조달하기 위하여 발행한 부채와 주식의 시장가치와 일치한다.

부채의 가치는 창출된 현금흐름이 부채의 원리금 상환에 충분한 한도에서는 일정한 수준을 유지할 것이므로 기업가치를 극대화한다는 것은 곧 주주가치 즉 현재의 주가를 극대화한다는 것과 같은 의미가 있다. 그러므로 재무관리의 목표는 기존 주식의 가치를 극대화 한다는 것과 크게 다르지 않으며, 좋은 재무적 결정은 현재의 주가를 상승시키며, 나쁜 재무적 결정은 현재의 주가를 하락시키는 것으로 나타난다.

제2절 자금조달결정

1. 자금조달결정의 의의와 고려사항

1) 의 의

자금조달결정(financing decision)이란 기업의 설비투자와 운영에 필요한 자금을 어떤 방법으로 얼마나 조달할 것인가를 결정하는 것으로 다음 두 가지가 중요하다.

첫째, 부채와 주식, 타인자본과 자기자본의 최적배합을 찾는 것인데 이는 기업의 위험과 가치에 큰 영향을 미치므로 매우 중요하다.

둘째, 가장 저렴한 조달비용을 부담하는 자금원천을 찾는 것으로 예를 들어 벤처기업육성과 같은 국책사업 등에서는 저리정책금융을 지원받을 수 있다. 여기서는 자금조달의 원천과 비용에 관한 정보가 중요하다.

2) 자금조달결정시 고려사항

(1) 내부자금조달과 외부자금조달

내부자금조달(internal financing)은 필요한 자금을 기업 자체적으로 조달하는 것을 말한다. 대표적인 내부자금은 창출한 이익중에서 배당금으로 지급하지 않고 남겨놓은 유보이익(retained earning), 비용중에서 현금이 지출되지 않은 감가상각비 등의 비현금비용에 의하여 조달된다. 또

일부기업은 보유하고 있는 유가증권이나 부동산 등을 처분하여 자금을 조달하는 경우도 있다. 내부자금은 이자 등 금융비용을 지급할 필요가 없는 것이지만 이익을 유보하지 않을 경우 기업은 이 자금을 다른 용도에 투자할 수 있는 것이므로 기회비용이 발생한다.

대부분의 기업은 정보의 차이는 있으나 외부자금조달(external financing)을 하여 부족한 자금을 충당한다. 외부자금은 크게 금융기관 차입이나 회사채발생 등에 의한 타인자본조달과 보통주나 우선주의 발행 등에 의한 자기자본조달로 구분된다.

(2) 단기자금조달과 장기자금조달

외부자금조달시 조달기간의 선택이 중요하다. 예를 들어 기계설비를 구입하거나 공장건설 등에 소요되는 시설자금의 조달은 투자이후 현금회수까지 기간이 오래 걸릴 것이므로 주식이나 회사채를 발행하거나 장기차입금으로 조달하는 것이 바람직하다.

반면 원재료의 구입이나 인건비지출 등 운전자본에 소요되는 자금은 금융기관으로부터 단기융자를 받아 충당해도 좋을 것이다.

이처럼 자금의 사용기간과 자금의 조달기관이 가급적 일치하는 것이 바람직하다는 개념이 대응원칙(matching principle)이다. 일반적으로 금리는 단기적으로 변동이 심하게 나타나는 경향이 있는데 만약 장기프로젝트를 단기자금으로 충당하는 경우에는 심각한 재무상의 위험이 나타날 수 있고 최악의 경우에는 기업이 도산하는 사태도 발생할 수 있다.

(3) 부채발행과 주식발행

외부자금조달시 기업은 얼마를 부채발행으로 조달하고 얼마를 주식발행으로 조달할 것인가를 결정해야 한다. 이것이 바로 기업의 자본구조(capital structure), 즉 부채와 주식의 배합을 결정하는 문제이다. 부채와 주식은 다음과 같은 차이가 있다.

첫째, 일반적으로 부채는 기간 중 이자를 지급해야 하고 만기에 원금을 상환해야 하지만 주식은 만기가 없고 채권자에 대한 이자지급 후 이익이 있을 경우 배당을 받을 수 있다.

둘째, 회사가 도산하여 청산될 경우 채권자는 우선상환을 받으며 주주는 잔여재산이 있는 경우에만 분배를 받을 수 있다.

셋째, 권리면에서 채권자는 회사가 채무를 이행하지 않을 경우 경영활동에 제약을 가할 수 있고 주주는 지분을 얼마나 소유하는가에 차이가 있으나 의결권을 통해서 경영에 참가할 수 있다.

넷째, 부채에 대한 이자는 세금으로부터 공제되지만 주주에게 지급되는 배당금은 세금으로부터 공제될 수 없다. 따라서 부채는 주식에 비하여 이자비용의 손비인정에 따른 세금절감효과로 인하여 조달비용면에서 유리하다.

부채가 조달비용 면에서 유리하다고 하더라도 외부자금을 모두 부채발행으로 조달하는 회사는 거의 없다. 자기자본에 비하여 과다한 수준의 부채를 보유하고 있는 경우 경영전략의 실패와 불황 등으로 수익성이 악화되고 영업활동으로 창출된 현금흐름이 부족하여 이자나 원금의 상환이 곤란해지면 부도가 나고 회사는 도산하게 되기 때문이다. 회사가 도산할 경우 유형·무형의 각종 비용이 발생하고 기업가치가 하락하게 된다.

2. 단기자금의 조달

단기자금은 현재의 경상비용을 충당하기 위한 것으로 대개 1년이내 상환해야 하는 단기부채를 발행하여 조달한다. 단기부채의 유형으로 거래처 신용(trade credit), 은행 및 기타 금융기관의 단기대출, 기업어음(commercial paper, CP)의 발행이 있다.

1) 거래처 신용

거래처 신용은 일상적인 상거래에서 가장 널리 이용되고 있는 단기자금조달 수단이다. 이것은 은행에서 차입하는 것이 아니라 기업이 원자재나 부품을 공급업자로부터 신용(외상)으로 구입함으로써 이루어진다. 거래처 신용은 순수한 외상매입과 어음지급의 두 가지 형식으로 이루어진다. 어음지급은 물품대금의 지급을 약속하는 약속어음을 발행하거나 타인발행 환어음을 인수하는 것을 말한다. 기업의 거래처 신용은 대차대조표에 매입채무라는 계정으로 나타난다.

2) 금융기관의 단기대출

상업어음할인은 상거래와 관련하여 발행된 약속어음이나 환어음을 기업이 금융기관에서 할인하고, 어음의 만기까지의 할인료(이자)를 제외한 자금을 대출받는 것을 말한다. 상업어음할인은 다른 은행대출보다 절차가 간단하고 조달이 용이하여 기업의 중요한 단기자금조달방법으로 활용되고 있다.

은행은 어음의 할인시 해당기업의 최근 영업상황이나 전망, 신용도 등을 감안하여 할인한도를 정하고 있으며, 신용도가 우수한 기업은 무담보 무보증조건으로 할인받을 수 있다.

당좌차월은 기업이 금융기관과 약정을 맺고, 당좌예금한도를 초과하여 일정금액 이내에서 수표나 어음을 발행하여 자금을 자동으로 인출할 수 있는 단기금융이다.

이와 같이 당좌차월은 은행단기차입금 중에서도 차입절차가 매우 간편하고 신속하므로 기업의 일시적인 자금부족을 해결할 수 있는 편리한 제도이다. 금융기관은 기업의 신용도 및 상환능력을 감안하여 그 한도를 정한다.

무역어음할인은 수출업체가 이용할 수 있는 단기금융이다. 즉 수출업체는 신용장(letter of credit; LC), 지급조건부(D/P) 또는 인수조건부(D/A) 수출계약서 등을 근거로 무역어음을 발행하여 외국환은행의 인수를 받은 다음, 금융기관에서 대출받을 수 있다.

3) 기업어음

기업어음은 기업이 단기자금을 조달할 목적으로 자체신용만으로 발행한 어음을 말하며 종합금융회사 등의 중개기관이 이를 할인매입하고 다시 일반투자자에게 매출한다. CP를 소유한 투자자는 만기에 액면가액으로 상환받게 되므로 할인된 발행가액과 액면가액의 차이는 이자에 해당된다.

기업어음을 발행하고자 하는 업체는 신용기관으로부터 신용평가를 받아야 하며 신용등급은 A1, A2, A3, B, C, D 등의 기호로 정해지고 있다. 기업어음은 은행차입과는 달리 직접 금융수단으로 일반적으로 신용도와 평판이 양호한 우량대기업이 많이 활용하고 있다.

3. 장기자금의 조달

공장건설이나 다른 기업의 인수 또는 연구개발(research and development; R&D)투자 등 장기프로젝트에 필요한 자금을 조달할 경우 기업은 내부자금과 외부자금, 부채발행과 주식발행 등 장기자금원천을 모두 활용하게 된다. 이 중 외부자금조달의 주요 원천으로는 장기차입금, 리스, 회사채, 주식 등으로 구분된다.

또한 최근 자금조달수단이 다양화됨에 따라 전환사채, 신주인수권부사채 등 주식관련 사채의 발행 등이 빈번하게 일어나고 있다. 아울러 국내기업의 국제금융시장에서 차입을 한다거나 일반사채나 전환사채를 발행하거나, 주식예탁증서(depository receipts; DR)를 발행하고 해외증권시장에 상장시켜 자금을 조달하는 등 자금조달의 국제화가 촉진되고 있다.

1) 장기차입금

장기차입금(long-term loans)이란 상환기관이 1년 이상 장기로 금융기관에서 대출받는 것으로 주로 시설자금의 조달에 이용된다. 자금을 차입하고자 하는 기업은 금융기관에 대출신청서를 제출하고 금융기관은 사업성과 차입자의 신용도를 평가한 다음 대출승인을 한다. 금융기관은 차입기업과 대출약정을 체결하고 담보를 취득하거나 지급보증을 획득할 수 있는 대출조건(금액, 기간, 이자율 등)을 정하여 대출을 실행하게 된다.

2) 리 스

리스(lease)란 회사가 필요로 하는 기계설비 등 자산을 직접 구입하고 않고, 이 자산을 보유하고 있는 시설대여 회사로부터 일정기간 임대하여 사용하고 그 대가로 리스료(lease payment)를 지급하는 계약이다. 리스의 종류에는 운용리스(operating lease), 금융리스(financial or capital lease), 판매 후 재리스(sale & lease back) 등이 있다.

리스의 장점으로는 우선 시설의 구입, 설치 등의 소요되는 자금을 전액융자받는 효과가 있다. 또한 운용리스의 경우에는 차입에 의한 자산구입과는 달리 리스료 지급만 손익계산서에 표시될뿐 대차대조표에는 기록되지 않아 건전한 재무구조를 유지하는데 도움이 된다.

3) 회사채 발행에 의한 자금조달

회사채는 주식회사가 시설자금이나 운영자금을 조달하기 위하여 발행하는 채권으로서 주식과 함께 대표적인 직접 금융수단이 된다. 발행회사는 회사채를 구입하는 채권자에게 만기까지 이자지급과 원금상환을 약속하게 되며 이를 지키지 못하는 채무불이행 사태가 발생하여 부도가 나게 된다.

회사채는 먼저 보증 및 담보의 유무에 따라 보증사채, 무보증사채, 담보부사채의 세 가지가 있다. 보증사채는 은행, 신용보증회사, 증권회사 등 금융기관이 보증료를 받고 사채의 원금상환과 이자지급을 보증하는 채권이다. 무보증사채는 보증사채와는 반대로 원금상환이나 이자지급에 대한 제3자의 보증이 없이 발행회사의 신용에 의하여 발행되는 채권이다.

또한 담보부사채는 회사의 재산을 원리금지급에 대한 담보로 제공하고 발행한 사채를 말한다. 한편 채권을 이자의 지급형태에 따라 이표채, 할인채, 복리채로 구분된다.

사채중에는 전환사채, 신주인수권부 사채 등 주식관련 사채가 있다. 전환사채(convertible bonds; CB)는 사채권자의 의사에 따라 발행이후 일정기간 내(전환청구기간)에 일정조건(전환조건)으로 발행회사의 주식으로 전환할 수 있는 권리가 부여된 사채를 말한다.

전환사채는 대개 액면 이자율이 일반사채보다 아주 낮아 자금조달비용이 절감되는 효과가 있고 일단 부채로 발행되나 주식으로 전환될 경우 부채가 감소하고 자본금이 증가하여 재무구조가 개선되는 효과가 크다. 신주인수권부 사채(bond with warrants: BW)는 사채를 발행한 회사의 신주인수권을 사채권자에게 부여하는 사채를 말하며 사채권자는 원금상환과 이자지급을 받게 되는 한편, 일정기간내에 주어진 가격으로 일정수량의 신주를 인수할 권리를 갖는다.

Field_Story '광군제 특수' 국내 면세점 매출 11월 사상 최대치 경신

국내 면세점업계가 지난 11월 올해 최대 매출액 기록을 경신했다. 광군제와 연말 특수를 누린 결과로 보인다.

12월 30일 한국면세점협회에 따르면 지난달 국내 면세점 매출은 2조 2,881억원으로 전년 동기 대비 38.9% 증가했다. 이는 지난 9월 최대 매출액이었던 2조 2,421억원보다 460억원이 성장한 사상 최대수치다.

업계에서는 여전히 중국 보따리상인 '따이공(代工)'의 영향과 매년 11월 11일 열리는 중국 최대 규모 온라인 쇼핑행사인 '광군제', 연말연시 특수 등이 면세점 매출에 견인했다고 보고 있다.

특히 외국인 방문객의 지출은 더 늘었다. 지난달 외국인 방문객은 172만 714명으로 1조 9,637억원을 소비했고, 10월에는 180만 6,199명이 방문해 1조 8,622억원을 썼다. 외국인 관광객 1인당 면세점 객단가가 늘어난 것으로 풀이된다. 특히 지난달 외국인 매출은 전년 동기(1조 3,250억원) 대비 48.2% 신장한 것이다.

면세점업계 관계자는 "광군제와 12월 크리스마스 및 연말 특수를 누리면서 사상 최대치를 기록한 것으로 보인다"며 "앞으로도 춘제, 발렌타인데이, 화이트데이 등 특수가 있어 매출 신장세를 이어갈 것으로 전망된다"고 말했다.

▶ 출처 : 2019년 12월 30일 한국일보

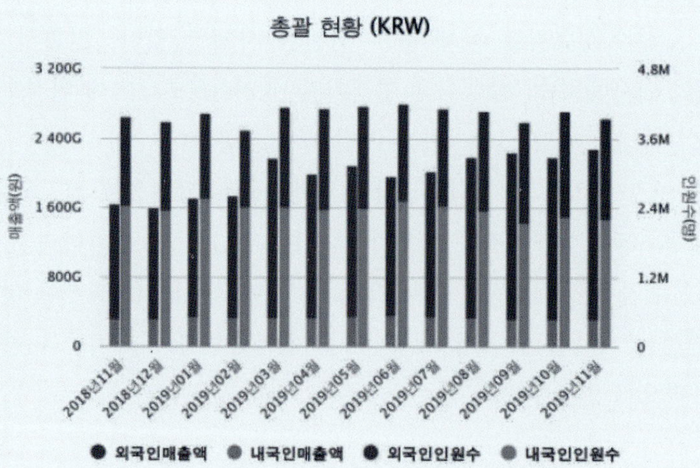

국내 면세점 월별 매출 현황. 면세점협회 제공

4) 기업공개와 유상증자

주식시장을 통한 자금조달은 크게 유상증자, 기업공개, 벤처기업의 장외시장등록 등으로 설명될 수 있다.

유상증자는 이미 상장된 기업이 영업활동을 하는 중에 시설투자나 차입금상환 또는 영업활동 등에 자금이 필요하여 추가주식발행으로 자금을 조달하는 것이다. 추가로 발행되는 주식의 수는 회사가 발행할 수 있는 주식수의 범위내에서 이사회의 결의에 따라 이루어진다. 유상증자를 통하여 기업은 장기자금조달, 재무구조개선, 자본금의 증가에 의한 공신력 제고, 유통주식수 증가에 의한 거래원활화 등의 효과를 거둘 수 있다. 그러나 대주주가 증자에 참여를 못하여 지분율이 하락할 우려가 있는 기업은 대주주의 경영권보호를 위하여 증자보다는 차입을 선호할 수 있다.

기업공개는 신주모집이나 구주매출 또는 두 방법의 병행방식으로 이루어진다. 신주모집은 회사가 새로 주식을 발행하여 기업을 공개하는 방식으로 〔발행주식수 × 발행가액〕만큼 회사에 자금이 조달된다.

반면에 구주매출은 기존의 대주주가 보유하고 있던 주식의 일부를 매각하는 방식이며 이때 대주주는 〔매출주식수 × 발행가액〕의 자금을 회수할 수 있다. 기업공개를 통한 주식의 상장은 모든 기업에게 허용하는 것이 아니라 투자자 보호를 위하여 자격요건을 엄격히 정하고 있으며, 일반적으로 자본금이나 매출규모가 크고, 재무내용이 양호하며, 지분분산요건을 갖춘 기업이 공개될 수 있다.

우리나라의 주식 장외시장을 유망한 중소기업과 벤처기업에게 직접금융의 기회를 제공하는 동시에 투자자에게 벤처기업투자 등의 기회를 주기위하여 1987년 4월에 개선되었다. 이후 주식시장의 발전방안에 따라서 주식의 분산, 수요기반의 확충, 경쟁매매제도의 도입 등을 보완한 코스닥(KOSDAQ; Korea Securities Dealers Quotation System)시장을 1996년 3월에 개편하였다. 코스닥시장은 증권거래소와는 달리 컴퓨터와 통신망으로 이루어진 전자거래시장이다.

제3절 회계의 기본개념

1. 회계의 의의

회계는 기업의 경영활동을 측정, 기록, 해석하고 기업내부 및 외부의 관계자들에게 필요한 정보를 제공하여 의사소통을 원활하게 함으로써 경영의사결정을 지원하는 총체적인 시스템을 말한다.

쉽게 말하면 기업이 돈을 벌기위해 진행하는 여러 가지 활동에 따라 발생하는 돈이 나가고 들어오는 것을 기록하고 재산이 얼마나 증가했는지 감소했는지를 알게 해주는 것이다.

회계정보는 체계적으로 또한 주기적으로 이해관계자들에게 전달되는데 우리는 여기서 먼저 기업경영의 이해관계자들부터 알아보기로 하자.

우선 기업의 소유주는 그 기업이 얼마나 잘 경영되고 있는지 당연히 관심을 갖기 때문에 회계정보를 필요로 한다. 경영자는 기업경영에 어떤 문제는 없는지 혹은 앞으로의 기회는 어떠한지 등 그 의사결정에 필요한 자료를 회계로부터 지원받는다. 종업원 및 노조관계자들도 자신의 직장에서 그들의 성과를 알고 싶어하고 임금협상 등에 필요한 회계정보를 필요로 한다.

또한 기업이 거래하는 금융기관들은 기업경영의 안정성 등에 관심이 지대할 수밖에 없고 회계정보는 그 주요한 평가자료로 활용될 수 있다.

기업의 주요 고객 혹은 거래기업 등도 기업경영에 직·간접적으로 이해관계가 걸려 있기 때문에 기업의 회계정보는 필수적이라고 할 수 있다. 정부에서도 국세청, 해당부처 등을 통해 기업경영의 감시, 규제 등에 필요한 회계정보를 필요로 한다.

이러한 회계정보를 체계적이고 주기적으로 전달하기 위해 회계시스템은 일상적인 기업활동을 기록, 요약하여 분류하고 이를 바탕으로 재무제표(financial statements)를 작성하는 데 구체적으로 살펴보면 다음과 같이 요약할 수 있다.

1) 일상적 기업활동에 대한 체계적 기록유지와 분개장(journal)의 정리
2) 모든 거래 및 기업활동의 체계적 분류와 원장(ledger)의 정리
3) 의사결정지원을 위한 회계정보로서의 요약과 재무제표의 작성
4) 각 기업이해 관계자들 간의 의사소통지원
5) 회계정보의 해석지원

기업회계의 첫 단계는 각 거래를 개별적으로 발생순서에 따라 분개장에 기록하는 것이다. 과거에는 장부를 사용하여 손으로 기록하였으나 최근에는 전산화가 많이 이루어져 컴퓨터로 입력하여 그 효율성을 더하고 있다. 이를 바탕으로 각 계정의 원장이 작성되며 원장은 현금, 외상매출금, 재고 등과 같이 분류·유지된다.

우리가 흔히 부기(bookkeeping)라고 하는 것은 위의 회계의 총체적인 시스템 중 거래의 기록단계만을 의미한다. 따라서 회계와 부기를 혼동한다는 것은 회계의 가장 초기단계인 거래의 기록단계만을 회계로 잘못 이해하고 있기 때문이다. 사실 거래의 기록단계는 매우 기계적이고 반복적인 부분으로서 언뜻보면 복잡해 보이지만 이는 회계의 총체적인 시스템 중 첫 부분에 불과한 것으로서 최근 발달된 여러가지 컴퓨터 소프트웨어를 사용하면 이 부분은 간단히 해결될 수도 있는 부분이다.

그에 반해 회계는 이 모든 과정을 포함한 회계시스템의 고안은 물론 재무제표의 작성 및 응용, 해석, 작용을 망라하는 경영의사결정의 효과적인 지원을 위한 총체적인 시스템이라고 할 수 있다. 따라서 유능한 부기관리는 단 몇 달이면 가능할 수 있으나 유능한 회계관리는 적어도 수년의 전문 교육이 필요한 것이다.

2. 회계정보의 활용

회계정보의 종류는 사용자의 어떤 의사결정에 쓰이는 가에 따라 각각 그 형태를 달리한다. 예를 들어 경영자가 제품의 가격결정을 위한 원가조사를 하고자 한다면 회계정보는 각 작업과정에서의 원가부담 요인이 모두 망라되는 자세한 보고서가 필요할 것이며 투자자가 이 기업의 주식에 대한 투자결정을 위한 정보로서 지난 3년 간의 회사운영의 요약을 보고자 한다면 요약재무제표 정도로서 그 역할을 할 수 있을 것이다.

1) 재무제표

회계자료 중 아마 가장 중요한 것이 재무제표(financial statements)일 것이다. 재무제표는 기업 경영진 뿐만 아니라 모든 이해관계자들에게 가장 유용하게 사용되는 것이다. 재무제표는 간단명료하게 작성되는 기업경영의 실적표라고도 할 수 있는데 아무리 큰 대기업이라 할지라도 4-5장 정도로 요약해서 보고하게 되어 있다.

재무제표는 어느 특정 시점의 기업의 재무상태를 보여줄 뿐만 아니라 그 시점까지의 영업결과를 나타낸다. 따라서 재무제표의 기본목적은 그 기업의 강점, 약점 및 수익성의 미래예측까지를 가능하게 하여 사용자의 의사결정을 지원하는 데 있으므로 기업의 이해관계자 누구에게나 커다란 관심이 될 수밖에 없다.

한편 재무제표를 작성하기 위해서는 일반적으로 인정된 회계원칙(generally accepted accounting principles)이 있어야 하는데 이를 우리나라의 경우 증권관리위원회에서 제정한 기업회계기준(financial accounting standards)에서 시의 적절하게 밝히고 있다.

이 기준에 의거하여 모든 기업활동이 통일성과 객관성을 가지고 기록, 요약되기 때문에 누구나 통일된 회계처리 및 보고를 일목요연하게 사용하여 기업활동을 분석, 예측할 수 있게 되는 것이다.

회계학에서는 크게 재무회계(financial accounting)가 이 부분을 다루는 분야라고 할 수 있다. 즉 재무회계는 회계정보의 이용자가 기업실체와 관련하여 합리적인 의사결정을 할 수 있도록 재무상의 자료를 일반적으로 인정된 회계원칙에 따라 처리하여 유용하고 적정한 정보를 제공하는 것을 목적으로 한다.

2) 세무보고

현대사회를 살아가는 인간은 누구나 세금과는 뗄 수 없는 관계를 유지하면서 살아가고 있음을 알고 있다. 개인은 물론 우리가 여기서 관심을 갖고 있는 기업들도 법인으로서 기본적으로는 매년 소득세보고와 납부를 의무적으로 행해야 함은 두말 할 필요가 없다.

소득세를 납부하기 위해서는 세법에 명시된 과세소득을 결정해야 하며 이는 법인의 경우 매우 복잡한 과정을 거쳐 세무당국에 보고되는 게 상례인데 여기서도 물론 기본적인 회계원칙이 적용되고 있다. 따라서 회계분야 중 세무회계라는 매우 중요한 분야가 존재하며 정부의 재정정책에 따라 가장 변화가 많은 부분이기도 하다.

3) 경영자료 및 보고서

경영인은 중장기 경영계획은 물론 매일매일의 기업운용을 위해서도 기업의 기본적인 재무제표 외에 보다 상세한 회계정보를 필요로 한다.

예를 들면 하루하루의 원료수급 및 재고상황파악 혹은 새로운 상품을 개발하기 위한 공장의 신설 및 노후화된 시설의 교체 등 중요한 의사결정을 위해서는 보다 특화된 상세한 회계보고서가 경영진에게 필요하다. 이를 위해 기업의 실상을 가장 잘 반영하되 객관적이면서도 상세한 각종 회계자료 및 보고서가 작성되어 경영진에게 보고되어야 한다.

회계분야 중 관리회계(managerial accounting)가 바로 이와 같은 기능을 행하기 위한 분야라고 할 수 있다. 보다 엄밀히 말하자면 관리회계란 회계정보가 체계적으로 기록, 정리, 작성되는 차원을 넘어 그 정보가 누구에 의하여 어떻게 사용되는가 하는 것이 보다 중요하다고 볼 수 있다. 즉 회계정보의 해석 및 응용이 보다 중요하다는 것이다. 기업의 경영진은 물론 모든 기업의 이해관계 당사자는 기업의 회계정보에 나타난 숫자 혹은 그림 등 그 자체의 의미보다는 관련 기업활동과 연관된 결과로서의 회계정보에 보다 많은 관심을 기울일 수밖에 없다.

4) 특수 보고서

모든 기업의 활동은 직접 혹은 간접적으로 어떠한 형태로든지 정부 각부서의 규제를 받고 있다. 따라서 거의 모든 기업의 경우 정부의 규제기관에게 정기적으로 또는 수시로 해당 분야의 회계정보를 보고해야만 하며 이러한 보고서 역시 일반적인 회계정보로써 객관성을 유지해야만 한다.

예를 들어 통신회사가 전화요금을 인상하려면 해당 정부규제기관의 허가를 받아야 하는데 그 관련자료를 제출하기 위하여 작성하는 특수 보고서 등이 이에 해당된다.

3. 회계의 기본 가정 및 원칙

1) 기본가정

(1) 기업실체의 가정(business entity assumption)

이 가정은 기업은 소유주와 별도로 독립된 실체로 존재한다는 것이다. 쉽게 말하면 기업의 활동은 소유주 또는 다른 기업과도 별도로 존재한다는 것이다. 기업실체가 회계를 수행하는 주체가 되며 기업실체의 종류로는 개인기업, 합명회사 그리고 주식회사 등이 있다.

(2) 계속기업의 가정(going concern assumption)

이 가정은 기업실체가 영원히 존재할 것이라는 가정이다. 물론 현실적으로 기업실체는 제한된 수명을 가지고 있다. 그러나 계속기업의 가정 하에서 기업의 재무제표가 작성된다.

(3) 화폐단위의 가정(monetary unit assumption)

이 가정은 화폐가 모든 회계의 측정단위(measurement unit)로 사용된다는 의미이다. 이 가정에 의하여 화폐액수로 측정할 수 없는 기업활동은 회계정보에 포함되지 못한다는 것이다.

(4) 회계기간의 가정(accounting periodicity assumption)

이 가정은 계속기업의 영구적인 수명을 인위적인 기간으로 구분하여 그 기간 동안의 기업의 경영성과(손익계산서), 현금흐름(현금흐름표), 이익잉여금 처분내역(이익잉여처분계산서)과 기간 말 시점에서 기업의 재무상태(대차대조표)로 채택하고 있으며 정보이용자에게 시의적절한 정보를 제공하기 위하여 분기(3개월) 혹은 반기(6개월)마다 회계보고를 하기도 한다.

2) 기본원칙

(1) 역사적 원가원칙(historical cost principle)

이 원칙에 의하여 모든 자산은 취득원가(acquisition cost)로 계산되며 취득원가에는 보통 부대비용이 포함된다. 취득원가는 다른 평가방법에 비해 객관성이 있기 때문에 신뢰성이 높다. 매년 인플레이션이 극심한 상황에서 역사적 원가원칙은 현재 가치와 동떨어져 있어서 비난을 받기도 하지만 객관성이 있어 신뢰할 수 있는 장점 때문에 계속 사용되고 있다.

(2) 수익인식의 원칙(revenue recongnition principle)

수익인식의 원칙은 수익이 실현되었거나 실현가능하다고 가득(earned) 되었을 때 인식한다는 것이다. 수익이 실현되었거나 실현가능하다는 것은 상품, 제품 또는 다른 자산이 현금 또는 현금을 청구할 수 있는 권리로 교환되었거나 또는 즉시 전환될 수 있는 것을 말한다. 또한 수익이 가득되었다는 것은 기업실체가 수익을 얻기 위한 활동을 거의 완료한 상태라는 것을 말한다. 상품 또는 제품의 판매시점에서는 위의 두 조건이 모두 충족되었다고 볼 수 있다.

(3) 수익비용대응의 원칙(matching principle)

비용을 인식하는데 있어서는 흔히 비용은 수익을 따라간다(let the expenses follow the revenues)는 접근방법을 택한다. 비용의 인식은 수익을 인식할 때 같이 인식된다는 뜻이다. 이것을 대응(matching)의 원칙이라고 한다. 즉 기업활동의 결과로 벌어들인 수익과 수익을 창출하기 위해 발생한 비용을 같은 기간에 대비시키는 것을 말한다.

(4) 완전공시의 원칙(full disclosure principle)

회계정보를 보고할 때 정보이용자의 의사에 영향을 끼치는 정보를 가능한 한 충분히 알려주어야 한다는 원칙이다.

제4절 재무제표

1. 재무상태표(Statement Of Financial Position)

국제회계기준이 채택되면서 예전의 대차대조표(balance sheet)가 재무상태표로 이름이 바뀌었다. 기업의 재무상태표는 어느 특정 시점에 해당 기업의 재무상황을 보여주는 표이다. 모든 기업은 적어도 1년에 한 번은 재무상태표를 작성하고 있는데 필요에 따라서 반기별 혹은 분기별 재무상태표를 작성하기도 한다.

재무상태표는 차변(debit)과 대변(credit)으로 나누어져 있으며 여기서 차변은 단순히 기업의 자산(assets)을 기록하여 왼쪽에 나타낸다는 의미이고 대변은 기업의 부채 및 자본(liabilities and equity)을 오른쪽에 나타낸다는 것이지 그 이상의 또는 그 이하의 의미도 없다. 다음 기업의 재무상태표를 예로 들어보기로 하자.

재무상태표는 우선 작성기준일자와 회사명을 나타내고 있다. 기업회계기준의 표준서식에 의하면 재무상태표는 당기와 전기의 두 시점의 재무상황을 보고하도록 되어 있으며 회사에 따라 회계연도의 시작은 언제로 잡느냐에 따라 12월 31일 현재, 3월 31일 현재 또는 9월 30일 현재 등 다를 수 있다.

재무상태표의 왼쪽(차변)에는 자산이, 오른쪽(대변)에는 부채와 자본이 나타나 있다. 그리고 자산의 각 항목은 얼마만큼 빨리 현금화할 수 있는가 하는 유동성순서로 나열되어 있음을 주목할 필요가 있다. 즉, 자산의 경우 현금 및 현금등가물로부터 시작하여 유가증권, 매출채권, 재고자산, 그리고 고정자산의 순으로 나열되어 있다. 부채의 각 항목은 얼마나 빨리 현금지급을 필요로 하는가에 따른 유동성 순서로 유동부채, 고정부채가 나열되어 있고 자본항목들이 그 뒤를 따르고 있음을 볼 수 있다.

1) 자 산

자산(assets)은 기업이 보유하고 있는 모든 경제적 가치가 있는 재원을 의미한다. 자산은 기업의 미래수익의 창출원천으로서 기업이 현재 가용재원을 어떻게 투자·활용하고 있는지를 보여준다.

먼저 유동자산(current assets)에는 현금 및 현금등가물, 유가증권, 매출채권 그리고 재고자산 등이 포함된다. 흔히 유동자산은 단기간(보통 1년 이내)에 현금화시킬 수 있는 자산을 의미하며 비교적 오랜 기간에 걸쳐 사용하는 자산을 고정자산(fixed assets)이라 하고 투자자산·유형자산 및 무형자산으로 분류한다. 토지, 건물, 구축물 등이 대표적인 유형자산 항목들인데 이 중 토지를 제외하고 나머지 고정자산항목들은 사용정도나 사용기간에 따라 그 가치를 장부상 하락시키는 감가상각(depreciation)을 통하여 자산의 적정한 가치를 반영한다.

한편 무형자산이란 물리적인 형태가 없는 자산으로서 영업권, 산업재산권, 광업권 등이 이에 속한다. 회계에서 자산을 구성하는 항목들을 구분해 보면 다음과 같다.

(1) 현금/현금성 자산 : 한국은행이 발행한 지폐와 동전 등의 통화와 타인발행 당좌수표, 자기앞수표 등 통화대용증권, 당좌예금 그리고 보통예금을 말한다.

(2) 단기/장기예금 : 은행 등 금융기관이 취급하는 정기예금, 정기적금, 사용이 제한되어 있는 기타 예금 및 상품 등을 말한다.

(3) 단기매매증권/매도가능증권/만기보유증권 : 다른 회사가 발행한 주식과 채권, 국가에서 발행한 국채와 공채를 말하고 보유목적과 의도에 따라 단기매매증권, 매도가능증권, 만기보유증

권으로 분류한다.

(4) **매출채권** : 일반적인 기업의 상거래에서 발생한 외상매출금과 받을 어음을 의미하며 1년 이내를 기준으로 장기와 단기로 구분한다.

(5) **대여금/미수금** : 다른 기업이나 개인에 빌려준 돈과 받을 돈을 말한다.

(6) **상품/제품** : 판매를 목적으로 구입한 물건과 기업이 직접 제조한 물건이다.

2) 부 채

부채(liabilities)는 쉽게 말해 빚이다. 부채 및 자본은 기업활동에 투자된 모든 자산의 자금이 어디로부터 조달되었는지를 보여주는 부분이다. 먼저 부채는 우리가 흔히 타인으로부터 차입하는 돈을 의미하는데 기업활동에는 이와 같은 부채는 필연적으로 발생하기 마련이다. 예를 들면 아무리 성공한 대기업이라 할지라도 원자재나 물건을 구입할 때 현금으로 구입할 수도 있으나 보통은 외상으로 구입하는 경우가 보다 편리할 때가 많다. 이를 외상매입금이라 한다.

또한 기업은 종종 금융기관을 비롯한 타 회사 혹은 개인들로부터 자금을 빌려 기업활동에 투자

표 12-1 재무상태표의 예

제35기: 2018년 12월 31일 현재

T 상장주식회사 (단위 : 백만원)

과 목	금 액	과 목	금 액
자산		부채	
Ⅰ. 유동자산	26,180	Ⅰ. 부채	23,194
(1) 당좌자산	16,463	1. 매입채무	5,094
1. 현금및현금등가물	5,294	2. 단 기차입금	11,074
2. 유가증원	195	3. 기타 유동부채	7,026
3. 매출채권	4,693	Ⅱ. 고정부채	8,903
4. 기타 당좌자산	6,281	1. 사채	2,123
(2) 재고자산	9,717	2. 장기차입금	4,892
1. 제품	9,280	3. 기타 고정부채	1,888
2. 기타	437	부채총계	32,097
Ⅱ. 고정자산	30,354		
(1) 투자자산	4,948	자본	
1. 투자유가증원	1,623	Ⅰ. 자본금	8,000
2. 기타자산	3,325	Ⅱ. 자본잉여금	7,068
(2) 유형자산	25,404	Ⅲ. 이익잉여금	9,369
(3) 무형자산	2	자본총계	24,437
자산총계	56,534	부채와 자본총계	56,534

하기도 하는데 이러한 의미에서 부채를 타인자본이라 부르기도 한다. 한편 부채항목 역시 얼마나 빨리 현금으로 지급해야 하는가 하는 유동성의 순서에 따라 유동부채와 고정부채로 나누어 기록하게 되는데 유동부채에는 1년 이내에 지급이 이루어져야 하는 매입채무, 단기차입금 등이 들어가고 1년 이상의 기간을 가지고 지급할 수 있는 고정부채에는 사채(bond), 장기차입금 등이 들어간다.

3) 자 본

자본(equity) 항목은 기업주가 기업의 자산에 얼마나 자기자본으로 투자하고 있는가를 보여주는 항목이다. 앞에서 언급한 부채는 타인으로부터의 차입금이라는 의미에서 타인자본이라고도 하는데 이와는 달리 본 항의 자본은 자기자본을 의미한다.

부채와 자본금의 가장 큰 차이점은 만일 오늘이라도 기업을 청산한다면 당시의 기업자산가치에 대하여 부채를 기업에 빌려준 차주(creditor)의 권리가 기업에 자기자본을 제공한 주주나 기업주들에 앞서 우선적으로 인정된다는 것이다. 만일 그 청산가치가 부채상환액보다 적으면 주주들은 그 권리를 행사할 수 없게 된다.

따라서 자기자본의 위험도가 보통 타인자본의 위험도보다 크다. 또한 부채에 대한 지급이자는 만기까지 정기적으로 지급되어야 하는 데 반해, 자기자본에 대한 배당금은 기업의 경영실적에 따라 지급유무는 물론 그 규모도 조정될 수 있다는 점이 중요한 차이점이다.

자본금에는 두 가지 요소가 포함되는데 하나는 기업주 혹은 주주가 실제로 투자한 자본금 부분이고 위의 대차대조표상 자본금과 자본잉여금이 이에 해당된다.

보통 주식회사의 경우에는 주식을 발행하여 자본금을 모집하기 때문에 자본금에는 주식발행상황이 기록된다. 주식발행에 의해 모집한 자금은 그 액면가(현재 이 회사의 경우 주당 5,000원)를 보통 초과하여 발행되기 때문에 그 차액이 자본잉여금에 기록된다. 또 하나는 기업이 벌어들인 이익중 투자자들에게 지급하지 않고 기업내에 축적하고 있는 부분인 이익잉여금 부문으로 유보이익(retained earnings)이라고도 부른다.

기업의 이익은 배당금의 형태로 투자자에게 지급될 수도 있고 기업내에 다음기의 사업확장이나 재투자를 위하여 유보된 채로 축적시켜 놓을 수도 있는데 이를 명시적으로 표기한 재무제표가 이익잉여금 처분계산서이다.

4) 회계의 기본등식

재무상태표에서 가장 중요한 특징은 기업의 자산총계는 항상 기업의 부채 및 자본총계와 같다는 사실이다. 이를 회계의 기본등식(fundamental accounting equation)이라 부르며 회계학에서 가장 기본적이고도 중요한 등식이다. 사실 기존 대차대조표의 이름도 바로 차변과 대변을 대조하여 등식이 성립해야 한다는 뜻에서 온 것이다.

〔자산=부채+자본〕

왜 기업의 자산총계는 항상 기업의 부채와 자본총계가 같아야 할까?

이는 매우 간단하게 생각해 볼 수 있다. 자산이란 기업이 일정시점 현재 투자, 보유하고 있는 모든 경제적 자원의 목록이고, 부채 및 자본이란 그 자원을 어떻게 조달하였는가 하는 목록이기 때문에 대차대조표상의 양변은 같은 경제적 자원에 대한 서로 다른 표현에 불과한 것이다. 즉, 자산목록은 기업이 어떻게 자금을 투자하여 어떤 형태의 자산을 가지고 있는가 하는 것이고, 부채 및 자본목록은 그 자산목록들의 소요자원을 누가 얼마나 제공하였는가를 나타낸 것이다.

물론 개별자산 하나하나는 반드시 부채항목 또는 자본항목 하나하나와 일치할 필요는 없다. 그러나 그 총계는 항상 같을 수밖에 없다는 것이 바로 회계의 기본등식이다. 기업이 소유하고 있는 어떤 자산이라도 그 투자재원은 차입금이나 자기자본 중 어느 하나 혹은 그 조합의 형태로 기업에 제공되었다는 것이다.

한편 회계의 기본등식을 변형시키면 〔자산−부채=자본〕이라는 등식을 얻을 수 있다. 우리는 이미 기업의 자산에서 법적 우선권이 있는 차주들에게 속한 부분인 부채를 제외한 나머지가 자본이라고 하였고 이는 다름 아닌 회계의 기본등식의 다른 표현에 불과한 것이다. 기업이 성장을 거듭하고 발전하든지 혹은 쇠퇴를 거듭하여 소멸하든지 간에 위의 회계의 기본등식은 언제나 성립한다.

즉 자산의 증가는 반드시 부채 또는 자본의 증가를 수반하고 반대로 자산의 감소는 부채 또는 자본의 감소를 가져오는 것이다. 따라서 회계의 기본등식을 완전히 이해하는 것이야말로 회계를 배우고자 하는 사람들에게 가장 중요한 것이라고도 할 수 있다.

2. 손익계산서

재무상태표가 어느 특정시점의 기업의 재무상황을 보여주는 것이라면 손익계산서(income statement)는 일정기간 동안 기업의 경영활동에 대한 지표라고 할 수 있다. 보통 한 회계기간 동안 혹은 반기, 분기 동안의 기업의 전체적인 수익(revenue)과 비용(expense)을 나타내고 그 차액인 순이익(net income)을 보여주기 때문에 손익계산서의 최대의 목적은 바로 기업의 수익성을 보여주는 데 있다고 할 수 있다. 다음의 〈표 12−2〉의 손익계산서를 예로 들어보기로 하자.

먼저 손익계산서의 회계기간이 표시된 〈표 12−2〉의 경우 1년간, 즉 1월 1일부터 12월 31일까지임을 주의할 필요가 있다.

표 12-2 손익계산서의 예

제35기: 2018년 1월 1일부터 2018년 12월 31일까지

S상장주식회사 (단위 : 백만원)

과 목	금 액
매출액	66,405
1. 매출원가	56,175
2. 매출총이익	10,229
3. 판매비와 관리비	7,543
4. 영업이익	2,686
5. 영업외수익	2,091
6. 영업외비용	3,582
7. 경상이익	1,194
8. 특별이익	4
9. 특별손실	11
10. 법인세비용 차감전 순이익	1,187
11. 법인세비용	215
12. 당기순이익	972
13. (주당 경상이익)	746
(주당 순이익)	607

재무상태표의 경우 어느 특정시점, 즉 12월 31일 현재로 표시되는 데 비해 손익계산서는 일정기간 동안의 기업의 영업활동의 결과를 요약, 정리하여 나타낸 것이다. 손익계산서의 가장 중요한 항목은 마지막 항목인 당기순이익(net income)이다. 기업의 이윤은 기업이 존재를 위한 필수조건인 만큼 손익계산서의 가장 중요한 기능은 기업의 수익성을 보여주는 것이다.

이윤(profits)이라는 용어는 많은 사람들이 사용하고 있으나 그 객관적인 정의가 불분명하기 때문에 회계에서는 순이익이라는 개념을 사용한다.

예들 들면 기업이 어떤 물건을 600원에 사서 1,000원에 팔았다고 할 때 언뜻 보기에는 400원의 이윤이 발생한 것처럼 보이나 실제로는 그 물건의 구입은 물론 판매까지의 여러 경비를 감안하여 보다 정확한 순이익의 측정이 필요한 것이다. 따라서 회계에서는 기업의 순이익은 일정기간 동안 기업의 총수익(revenue)에서 총비용(expense)을 공제한 나머지로 정의하고 총수익과 총비용을 각각 측정해야 한다.

먼저 총수익이란 기업이 일정기간 동안 고객에게 제공한 각종 재화 및 서비스로부터 받은 혹은 받기로 되어있는 총수입금액을 의미한다. 이를 손익계산서는 기업본연의 영업활동으로부터 발생하는 매출액과 기타 본연의 영업활동과는 무관하게 발생하는 투자수익, 영업외수익, 그 외 자산의 매각 등 특별이익으로 구분하여 나타낸다.

한편 기업의 수익은 그로 인한 현금이 언제 들어오는가에 상관없이 회계에서는 발생시점에서 기록된다. 만일 어떤 기업이 1,000원 상당의 물품을 판매하고 500원은 현금으로 받고 500원은 외상으로 팔았다고 하더라고 기업의 수익은 1,000원이고 그 중 500원은 현금, 500원은 외상매출금으로 나타나는 것이다. 후일 500원의 외상을 현금으로 받았을 때에는 단순히 500원의 외상매출금이 줄고 500원의 현금이 느는 것이지 그때의 수익에는 어떠한 영향을 미치지 않는다.

다음으로 총비용은 먼저 기업의 수익을 가져온 재화나 서비스의 제조원가를 반영하고 또한 간접적인 회사운영경비로서 판매비와 관리비, 그 외에 영업외비용, 특별손실을 포함한다. 기업활동을 위해서는 직접적인 제조원가 외에도 여러 가지 영업비용이 발생한다. 이를 흔히 판매비(selling expense)와 관리비(general expense)로 구분하는데 판매비에는 마케팅이나 물류비용 등이 포함되고 관리비는 임직원의 인건비, 사무실 유지비 등 간접적인 경비 등을 포함한다. 경영외 비용과 특별 손실은 본연의 영업과는 관련이 없지만 발생하는 기타 경비 등을 나타낸다.

회계에서는 기업의 수익과 비용을 발생시점을 기준으로 일정기간 동안 서로 일치시킬 필요가 있는데 그 대표적인 예가 감가상각비용이다. 예를 들면 기업의 제조원가에 1년 이상의 수명을 가진 기계라든가 공장 등의 비용을 수년에 걸쳐 비용으로 처리하기 위해 감가상각비용을 매년 나누어 계산하는 것이 그것이다.

마지막으로 기업의 수익에서 비용을 공제한 나머지가 법인세 차감전 순이익이고, 법인세를 지급하고 난 후의 차액이 당기순이익이다. 여기서 기업의 주주들에게 배당을 지급하거나 내부유보를 통하여 차후의 재투자 및 확대투자를 위한 재원으로서 이익잉여금의 형태로 적립하는 것이다.

3. 현금흐름표

현금흐름표(Statement Of Cash Flows)란 일정기간 동안 기업의 현금유입과 유출 즉 현금흐름의 정보를 제공하는 보고서이다. 현금흐름표는 기업의 정상적인 영업으로부터의 현금창출능력, 영업활동을 유지 또는 팽창시킬 수 있는 능력 그리고 배당금 또는 채무상환능력에 대한 정보를 제공한다. 또한 현금흐름표는 단독으로 사용되기보다 재무상태표나 포괄손익계산서 등과 함께 사용되는 것이 일반적이다.

현금흐름표는 다음의 세 가지 활동에 근거한 현금흐름을 보고한다.

1) 영업활동으로부터의 현금흐름
2) 투자활동으로부터의 현금흐름
3) 재무활동으로부터의 현금흐름

Field_Story 이재용 "잘못된 관행 폐기" 정의선 "5년간 100조 투자"

[주요 그룹 CEO 신년사]
이, 국정농단재판 앞 '반성'메시지 차세대 반도체연구 현장찾아
정, 4대그룹 중 유일하게 투자계획 "자율주행 등 가시적 성과를" 역설

구광모, 영상편지서 "고객 마음으로"
최태원 신년사 생략 · 게스트발언 들어

2020년 시작을 맞아 이재용(52) 삼성전자 부회장은 시스템반도체 연구현장을 찾았다. 이 자리에서 "잘못된 관행폐기"를 강조했다. 자신의 경영권 불법승계의혹 관련 재판이 진행중일 뿐만 아니라 지난달 이상훈 삼성전자 이사회 의장이 '노조 와해' 사건으로 법정구속된 것을 의식한 발언이다. '3세 경영'을 본격화하고 있는 정의선(50) 현대차 수석부회장은 단상을 없앤 신년회에서 "5년간 100조원 투자" 계획을 밝혔다. '4세 경영'의 구광모(42) 엘지(LG) 회장은 '디지털 시무식'을 진행하는 등 새해 초부터 젊은 색깔을 그룹에 입히는 데 주력했다.

삼성전자는 2일 "이 부회장이 삼성전자 화성사업장 안의 반도체 연구소를 찾아 삼성전자가 세계 첫 개발한 3나노 공정기술을 보고받고 차세대 반도체전략을 논의했다"고 밝혔다. 이 부회장이 "과거실적이 미래 성공을 보장해주지 않는다"라며 "역사는 기다리는 것이 아니라 만들어가는 것"이라고 말했다고 회사쪽은 전했다. 이 부회장은 또 "잘못된 관행과 사고는 과감히 폐기하고 새로운 미래를 개척하자"며 "우리 이웃, 사회와 같이 나누고 함께 성장하는 것이 우리의 사명이자 100년 기업에 이르는 길임을 명심하자"고 강조했다.

삼성전자는 이날 김기남 부회장 주재로 수원 '삼성 디지털 시티'에서 시무식을 열었지만 이 부회장은

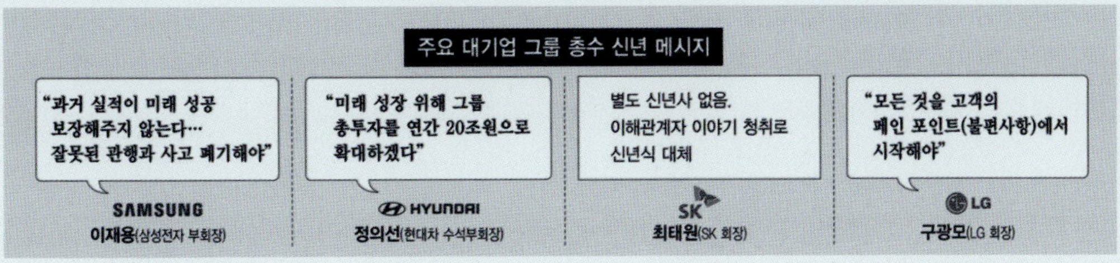

모습을 드러내지 않았다. 지난해에 이어 올해도 공식행사 대신 별도 '현장행보'를 택한 것이다. 이 부회장은 국정농단 등 수사가 시작된 2017년부턴 시무식에 참석하지 않고 있다. 이 부회장은 오는 17일 국정농단사건 관련 파기환송심 4차 공판에 선다.

정의선 현대차 수석부회장은 "2020년부터 5년간 100조원 이상을 그룹에서 투자하겠다"며 4대그룹 리더 가운데 유일하게 신년 투자계획을 밝혔다. 정 부회장은 이날 서울 양재동 본사 대강당에서 신년회를 열고 "2020년을 미래시장에 대한 리더십확보의 원년으로 삼고자 한다"며 이같이 밝혔다. 정 수석부회장은 "기술과 네트워크의 발달로 상상속 미래가 현실이 되고있으며 자동차산업에서도 이런 변화가 가속화하고 있다"며 전동화와 자율주행, 모빌리티 서비스 등 미래사업에서 가시적 성과를 낼 것을 강조했다. 이날 시무식에는 단상이 없었다. 정 부회장은 양복재킷에 마이크를 차고 자유로운 분위기 속에서 발언을 이어갔다.

엘지에서는 오프라인 시무식이 없어졌다. 구광모 엘지회장은 신년사를 담은 디지털영상 '엘지 2020 새해 편지'를 임직원에게 전달하는 것으로 행사를 대체했다. 구 회장은 "모든 것을 고객의 페인 포인트(불편사항)에서 시작해야 한다"며 고객의 마음을 읽은 뒤에는 "앉아서 검토만 하기보다는 방향이 보이면 일단 도전하고 시도해야 한다"고 강조했다. 2019년에 이어 두 번째 신년행사를 주재한 정 수석부회장과 구 회장이 젊은감각을 앞세우는 등 본인의 경영스타일을 내세우기 시작했다는 평가가 나온다.

최태원 에스케이(SK) 회장은 신년사를 내놓지 않았다. 그는 이날 오후 서울 광진구 워커힐호텔에서 열린 에스케이그룹 신년회에 참석했지만 발언기회는 소셜벤처지원사업을 하는 '루트 임팩트' 허재형 대표, 에스케이텔레콤 사외이사인 안정호 서울대 융합과학기술대학원 교수 등에게 양보했다. 뻔한 시무식은 반복하지 않겠다는 뜻으로 풀이된다. 신동빈 롯데그룹 회장은 "처음부터 다시 시작한다는 각오로 기존의 사업방식과 경영습관, 일하는 태도 등 모든 요소를 바꿔나가야 한다. 적당히 잘하는 것 그 이상이 되어야 한다"며 임직원들에게 위기의식을 불어넣었다. 김승연 한화 회장은 이날 신년사에서 "핵심 사업은 글로벌 리더 수준으로 격상하는 것을 목표로 삼아야 한다"며 "적어도 10년 후 한화가 미래전략사업분야에서 '대체불가한 세계적 선도기업'으로 도약하겠다는 비전을 달성해야 한다"고 말했다. 김 회장은 2014년 이후 모든 계열사에서 등기임원직을 내려놓은 이후에도 매년 신년사는 내놓고 있다.

▶ 출처 : 2020년 1월 2일 한국일보

생각해 봅시다

1. 재무관리의 주요 기능 및 역할에 대해 제시해보자.

2. 자금조달결정시 고려사항에 대해 설명해보자.

3. 주식시장을 통한 자금조달방법에 대해 설명해보자.

4. 회계시스템은 일상적인 기업활동을 기록, 요약하여 분류하고 이를 바탕으로 어떤 일들을 지원하는지 제시해보자.

5. 회계의 기본가정과 원칙에 대해 설명해보자.

제13장

생산운영관리

기업은 고객의 욕구(wants)와 니즈(needs)를 충족시키는 주체로 가치가 부가된(value-added) 제품 및 서비스를 산출하여 고객에게 판매·전달하고, 생산운영관리는 이러한 제품 및 서비스를 산출하는 시스템 및 프로세스를 설계(design), 운영(operation), 개선(improvement) 및 통제(control) 함으로써 관리하는 것이다.

세계화로 공장 탈유럽 제약업계 투명성 관건

약품 품귀프랑스

프랑스 보르도의 약국에서 약사가 약품을 찾고 있다. 최근 프랑스를 비롯해 유럽 나라들에선 의약품 품귀 현상이 심각하다.

B형 간염 백신수급 어려움, 항암제 '헥사스타트'와 '프로루킨' 재고바닥… 프랑스에서 의약품 품귀현상이 심각하다. 파리 약국에서 일하는 약사 아멧 에르셀릭은 "올해 9월에만 수급이 어렵다고 신고한 의약품은 70종이 넘는다"며 "몇 해 전까지만 해도 1년에 10~20종이었다"고 말했다. 프랑스 국립의약품청(ANSM) 통계를 보면 현재 의약품품귀가 어느 정도 심각한지 알 수 있다. 2003년 44건이던 의약품품귀 신고는 2018년 871건으로 급증했고, 2019년에는 더 늘어날 것으로 보인다.

환자건강까지 위협

원인은 여러 가지가 있겠지만 가장 큰 문제는 산업·경제전략의 변화다. 생산시설을 국외로 이전하거나 한곳에 집중하면서 일부제품의 품귀현상이 빚어진 것이다. 상원보고서도 "경제적 목표를 국민건강보다 우위에 두었기 때문에 생겨난 문제"라고 지적했다.

의약품부족이라는 변화의 피해는 고스란히 환자에게 돌아간다. 처방받은 약을 사기 어려운 환자는 담당의에게 그 사실을 알리고 대체약품을 찾아야 한다. 익명을 요구한 약사는 "바뀐약이 환자에게 맞지않거나, 환자가 대체약품을 꺼리는 경우도 있다"고 말했다. 대체약품 유익성(약물사용으로 얻는 효과)-위해성(건강에 손상을 줄 가능성) 평가등급이 원래처방한 약보다 낮을 수도 있다. "대체의약품 수요가 많아져 이마저도 재고가 없을 때가 있다. 한 제품부족은 다른 제품품귀현상을 낳는다."

프랑스 국립암연구소는 "의약품 공급불안정은 (완치) 가능성 저하, (질병) 악화, 부작용, 사망과도 직간접적으로 연관이 있다"고 밝혔다. 개인차원 문제가 국민건강을 위협하는 공중보건 위기로 번질 위험이 있다. 오늘날에는 사라진 질병이 재발할 수도 있다.

의약품 품귀현상은 재정문제도 낳는다. 대체의약품은 기존 의약품보다 국가의료보험에서 환급해주는 비율이 높다. 수급안정을 위해 높은 관세를 내고 의약품을 수입하기에 국가재정부담이 크다. 이런 어려움은 정부만 겪는 게 아니다. 파리 공립병원이 의약품 수급관리에 종일 근무의 16배에 해당하는 시간을 쏟아붓는 등 약국과 병원에서도 어려워진 수급관리로 골머리를 앓고 있다.

생산부족 근본원인

의약품 품귀현상 해결에 두 팔을 걷고 나선 프랑스 정부는 2019년 9월 말 제약업계에 일부규정을 강화하겠다고 발표했다. 제약회사에는 의약품 수급안정을 위해 재고를 여유있게 두고, 공급에 차질이 생기거나 재고가 없을 때는 회사비용으로 대체 방안을 마련해야 할 의무가 생겼다. 반가운 조처지만 업계에서 얼마나 잘 지키느냐가 문제다.

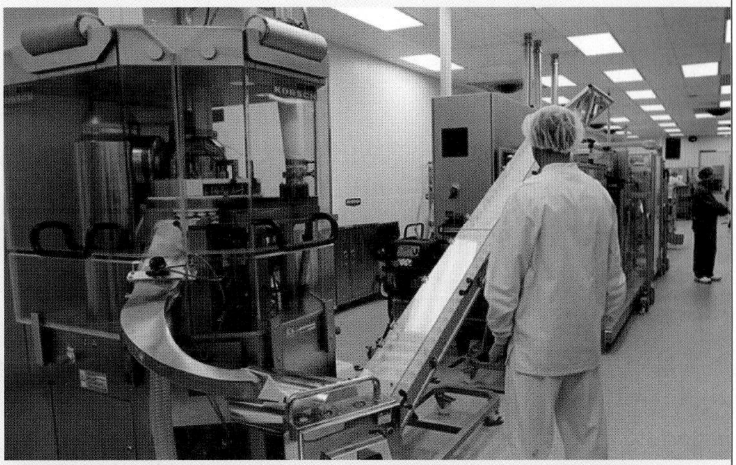

프랑스 아쟁 부근에 있는 제약회사 브리스톨마이어스스퀴브의 약품공장 생산라인. 대형 제약회사들은 비용절감 등을 위해 많은 생산공장을 중국이나 인도로 옮겼다.

의무조항을 어길 때는 벌금을 물리겠다고 정부가 으름장을 놓기는 했지만, 벌금 상한이 100만유로(약 13억원)로 정해져 있다. 프랑스 건강보험협회연맹 얀 마장은 "(제약회사에는) 별 타격이 되지않는 액수"라며 아쉬워했다. 사실 벌금상한의 5만 5천 배인 550억유로에 이르는 프랑스 제약회사의 연매출에 견줘 의무위반으로 내는 벌금은 터무니없이 적다.

결국 의약품 품귀현상을 해결하려면 근본 원인제거에 정면으로 맞붙지 않을 수 없다. 원인이 복합적이기는 하지만, 무엇보다 심각한 것은 수요에 한참 못 미치는 생산량이다. 생산과정오류나 원료부족, 생산능력부족 같은 이유로 품귀의약품의 65%에서 수급불균형이 생기고 있다.

중국 등 신흥국을 비롯해 세계적으로 의약품수요가 늘어나고 있다. 프랑스 전국의약품노동조합의 과학부 대표 토마 보렐은 "수요증가에 시장 불확실성까지 겹치면서 수급이 빡빡해졌다"고 말했다. 생산량이 수요증가속도를 따라가지 못해 세계적으로 수요와 공급균형이 무너진 것이다. 의약품 공급부족은 프랑스뿐 아니라 미국과 대부분 유럽국가도 겪고 있다.

보건의료 독립성 상실

다른 분야와 마찬가지로 제약업계도 세계화 추세에 따라 생산시설을 외국으로 옮겼다. 전통 산업국이자 대표적인 소비국에 있던 의약품공장을, 비용이 적게 들고 규정이 유연한 나라로 옮긴 것이다. 특히 의약품 주원료인 활성분자 생산시설 대부분이 유럽대륙을 떠났다. 유럽에서 시판되는 의약품 핵심 활성제는 1990년대까지만 해도 현지에서 생산됐다. 하지만 지금은 기초분자의 80%가 중국과 인도 등 유럽밖에서 생산, 수입된다. 유럽의약품에이전시(EMA)에 등록된 의약품 공장의 61%가 두 나라에 집중됐다.

유럽 의약품에이전시에 따르면, 전체의약품 생산량에서 중국과 인도가 차지하는 비율은 이보다 적다. 그러나 유럽에서 팔리는 완제품의 40%가 유럽이외 국가에서 수입되는 만큼 무시 못할 수준이다. 프랑스 상원 역시 "보건의료 독립성을 서서히 잃어간다"고 우려했다.

또 다른 문제는 생산시설집중이다. 나탈리 쿠티네 파리 제13대학 경제학자는 "제약업계는 생산시설을 한곳으로 모으고 생산규모를 늘리는 '규모의 경제'를 실현해 이윤을 극대화하려 한다"고 말했다. 그 결과 세계시장에서 소비하는 완제품과 일부 핵심원료를 생산하는 공장이 겨우 몇 곳, 심하게는 한 곳에 집중됐다. 쿠티네는 "불필요한 재고를 남기지 않으려는 산업전략에 따른 생산시설 집중으로 공급 불안정성이 가중될 수밖에 없다"고 설명했다.

게다가 의약품생산에는 고도의 기술력과 많은, 시간이 필요하다. 일반 의약품도 적어도 6개월이 걸리고, 어떤 백신은 3년이나 걸린다. "단순한 전기사고나 이상물질 검출로 생산라인이 한순간 마비되는 일이 벌어질 수 있다"고 토마 보렐 대표는 말한다.

세계화 여파

제약시장 세계화의 여파는 또 있다. 마리크리스틴 벨빌은 프랑스 국립약학회에 낸 보고서에서 "의약품 품귀 현상이 여러 국가에서 일어났을 때 제약회사는 수익성이 더 좋은 시장에 우선 공급하려는 경향이 있다"고 지적했다. 문제는 유통단계에서도 생긴다. 유럽국가 사이의 가격격차를 이용하려는 도매업체 때문이다. 물가가 낮은 나라에서 약을 사들인 뒤, 약값이 비싼 나라에서 차익을 챙기는 행위로 수급을 더 어렵게 하고 있다.

의약품 품귀현상은 생산차질뿐 아니라 제약업체 생산중단으로 이어지기도 한다. 업계에서는 수익성이 없어 어쩔 수 없다고 말한다. 일부 제품 안정성과 품질규정이 점차 엄격해져 생산비용은 늘어나는 반면 정부규제로 가격은 내려가기 때문에 피해를 본다는 것이다.

쿠티네의 설명이다. "수익성을 잃었다는 말이 한 시점에선 사실처럼 들릴 수 있지만, 의약품 수익성을 따질 때 제품의 전체 생산기간을 놓고 생각해야 한다. 특허가 만료되기 전, 다시 말해 더 비싼 가격에 팔던 기간과 특허 만료 뒤를 함께 고려해 제품수익성을 계산해야 한다." 그러나 이런 정보가 모두 알려지거나 공개되지 않는 만큼 제약업계 경영은 불투명할 수밖에 없다. 단적인 예로, 내가 산 약의 생산비용이 얼마인지 알 길이 전혀 없다.

상황이 어떻든 제약업계는 프랑스시장에서 11% 수익률(전체매출에서 순이익이 차지하는 비율)을 기록하는 등 '건강한' 재정상태를 유지하고 있다. 2018년 사노피는 프랑스 최대 상장기업 40곳(CAC40) 가운데 배당금이 두 번째로 많았다. 그때 주주에게 나눠준 금액은 50억유로(약 6조 5천억원)에 이른다.

의약품생산에서 유통까지 모든 과정에서 조금이나마 투명성을 높이는 것이 의약품 품귀현상의 근본 원인을 제거하는 첫걸음을 내딛는 일이다. 무엇보다 제약산업 악행을 근절하는 해법이 될 것이다. 마침 프랑스 정부는 얼마 전 자크 비오 에콜 폴리테크니크 전 총장에게 문제해결을 맡겼다.

첫째 방안은 생산시설을 유럽으로 다시 옮겨오고 여러 곳으로 분산해 품귀위험을 줄이는 것이다. 그것의 조건으로 제약업계는 세제감면 혜택을 요구했다. 하지만 쿠티네는 "거저먹겠다는 소리"라며 "제약회사더러 생산시설을 국외로 옮기라고 강요한 사람은 아무도 없다"고 비난했다.

생산시설 재이전 외에 여러 방안이 논의된다. '중앙군수용 제약청' 같은 공기업에 문제가 되는 일부 의약품생산을 맡기거나, 프랑스 국립의약품청이 더 적극적으로 문제해결에 나서도록 제대로 무기를 쥐여주어야 한다는 주장이 나온다. 현재 국립의약품청에는 관련인력이 부족하고 책임기업을 처벌할 권한이 없기 때문이다. 얀 마장은 "의약품품귀를 일으킨 근본원인에 책임을 묻는 것"이라며 "과도하게 이익만을 추구하는 산업전략이 가장 큰 문제"라고 강조했다.

▶ 출처 : 2019년 12월 1일 한겨레 이코노미인사이트

제1절 생산운영관리의 개념

1. 생산활동

기업의 기본적 활동은 고객들이 원하는 제품이나 서비스를 정확하게 파악하고 필요한 원자재를 구입하여 고객들이 원하는 형태의 완제품이나 서비스로 가공하여 판매함으로써 이익을 창출하는 활동이라고 규정할 수 있다. 예를 들어, 자동차회사는 자동차를, 의류회사는 옷을, 장난감회사는 장난감을, 음식점은 음식을 만들어 판다. 또한 보험회사는 보험서비스를, 은행에서는 금융서비스를, 학교에서는 교육서비스를, 경찰서에서는 치안서비스를 고객들에게 제공한다. 이들 기업활동의 중심에는 고객이 원하는 제품이나 서비스를 만들어내는 기본적 활동인 생산활동(production)이 있다.

생산활동이란 "유형가 무형의 원자재나 부품을 가공하여 소비자나 고객이 원하는 제품이나 서비스를 만들어내는 활동"으로 정의할 수 있다. 최근에는 경쟁의 첨예화, 컴퓨터의 발달, 생산기술의 발전 등으로 기업의 생산성과 경쟁력을 향상시키기 위하여 생산활동에 대해 더욱 더 많은 관심을 가지고 있다.

또한 현대사회의 산업구조의 변화와 서비스산업의 비중이 높아짐에 따라서 많은 기업들이 서비스산업의 생산관리에 많은 관심을 가지고 있다. 지금까지는 생산이라 함은 유형의 제품을 생산하는 활동으로만 생각하고, 서비스산업의 생산활동은 크게 관심을 두고 있지 않았다. 그러나 최근에는 많은 기업들이 서비스산업의 생산성 증가에 관심을 증대시키고 있다.

기업의 생산활동은 크게 투입물, 변환과정, 산출물, 피드백 등 네 개의 구성요소들로 이루어진 생산시스템에 의하여 수행된다. 이들 각각을 살펴보면 다음과 같다.

첫째, 생산에 필요한 원자재나 부품들인 투입물(input)이다. 생산활동에 필요한 자원은 원자재, 장비, 인력, 자금 등의 유형자원과 정보, 기술, 경영능력 등의 무형자원으로 크게 분류된다.

둘째, 원자재 등을 이용하여 제품을 만들어내는 가공과정이다. 가공과정은 생산활동에 투입된 투입물을 고객이 원하는 제품이나 서비스로 가공하는 과정이다. 따라서 가공과정은 생산활동의 핵심이라고 볼 수 있다.

셋째, 투입된 자원이 가공되어 만들어지는 산출물(output)이다. 산출물은 자동차, 가전제품, 의류, 장난감과 같은 유형의 물리적 제품(tangible goods)과 교육, 은행, 보험, 회계서비스, 의료, 운송 등과 같은 무형의 서비스제품으로 나눌 수 있다.

넷째, 생산에 필요한 자원이 적절하게 투입되고 있는지, 기업이 설정한 목표나 기준에 의하여 적절하게 생산되고 있는지, 소비자가 원하는 행태로 생산되었는지 등을 통제하고 조정하는 과정이 필요하다. 이러한 통제과정을 피드백(feedback)이라 한다. 기업들은 피드백 과정을 통해 생산활동을 보다 효과적으로 혹은 효율적으로 수행하게 된다.

생산활동의 구성요소와 더불어 생산과 관련된 기본적 활동들에 대한 이해가 필요하다. 이러한 활동들은 제품의 결정, 수요예측, 작업공정의 결정, 생산시스템의 결정, 업무의 분석, 생산시설위치와 배치, 작업성과의 측정, 생산계획의 수립, 재고관리, 품질관리 등이며 각각 마케팅, 재무, 인사, 구매, 정보, 기술개발 등 기업내부의 다른 부서들과 같이 관련되어 있다. 또한 이들 활동들은 소비자, 공급자, 노동시장, 경쟁업체, 정부 등의 외부환경과도 긴밀하게 연결되어 있다.

2. 생산운영관리의 개념

급변하는 경영환경의 변화와 치열할 경쟁속에 기업들의 주요 관심사 중의 하나는 생산성(productivity)과 경쟁력(competitiveness)을 확보하는 일이다. 기업의 생산시스템을 관리하는 가장 큰 목표는 생산시스템의 생산성을 향상시키고 장기적으로 기업의 경쟁력을 향상시키는 일이다.

생산성은 종종 경쟁력과 혼용되어 이용되고 있다. 생산성은 투입된 자원의 양과 산출물의 양의 비율로서 자본, 원자재, 간접비 등의 투입량과 산출량의 비율로서 측정된다. 반면에 기업의 경쟁력은 제품과 서비스의 가격, 품질, 특성 등의 여러 측면에서 다른 경쟁자들의 제품과 서비스에 비하여 상대적 우위를 가지고 있어 소비자들에게 더 높은 가치를 제공할 때 경쟁력이 있다고 볼 수 있다.

따라서 기업의 경쟁력은 생산성, 가격, 품질, 납기, 신뢰도, 디자인, 광고, 서비스 등 여러 측면에서 향상될 수 있다. 생산성은 경쟁력을 나타내는 여려 측면의 하나이지만, 생산성은 기업의 경쟁력을 달성하는 데 중요한 역할을 한다.

생산관리(production management)란 기업의 유형, 무형의 자원을 이용하여 제품이나 서비스를 가공하는 생산시스템을 계획, 운영, 통제하는 일련의 관리활동으로 제품을 생산하거나 서비스를 산출하는 시스템 또는 프로세스의 관리를 말한다. 이는 재무, 마케팅, 영업등과 같이 기업내 기능영역(functional area)중 하나이며 원래 생산관리라는 용어는 주로 제조업의 생산활동을 관리하는 활동으로 널리 이용되어 왔고, 서비스업의 생산활동을 관리하는 용어로는 운영관리(operation management)라는 용어가 이용되어 왔다. 따라서 기업의 생산기능을 관리하는 활동을 생산관리,

Field_Story 미래 먹거리 책임역할 기대

▲ 도시농업 스타트업 인팜 직원이 채소가 자라는 실내 농장 시스템을 점검하고 있다.

ECF팜시스템스에서 수㎞ 떨어진 곳에 다른 실내농장인 인팜(Infarm·Indoor Urban Farming)이 있다. 인팜은 글로벌 성장전략까지 구상하는 단계로 최근 글로벌확장에 필요한 자금을 확보했다. 벤처캐피털 아토미코(Atomico)가 수천만 달러를 투자하는 등 인팜은 1억 달러를 모을 수 있었다. 정보기술(IT) 업계 큰손들도 도시농업 가능성을 굳게 확신한다는 방증이다.

인팜은 6년 전 베를린에서 이주한 이스라엘 출신 도시농부 3명이 스페인령 카나리아제도 라고메라에서 창립했다. 세 농부는 뜨거운 태양이 내리쬐는 라고메라에서 다양한 채소를 재배하고 자급자족경험도 했다. 베를린으로 돌아온 이들은 슈퍼마켓에서 파는 대량농산물에 더 이상 적응하고 싶지 않았다. "대도시에서 사 먹는 채소에선 우리에게 익숙한 신토불이 채소의 신선한 맛이 거의 나지 않았다." 세 농부 중 한 명인 오스나트 미하엘리가 말했다.

문제는 베를린에 흐린날이 많고 자체정원이 없다는 것이었다. 결국 미하엘리는 집에서 샐러드 채소와 방울토마토를 직접 재배했다. 다행히 첫해 수확실적이 좋아 이들 셋은 전문적으로 실내농업을 해보기로 의기투합했다. 이들은 와인냉장고와 비슷한 미니 온실하우스를 개발했다. 미니 온실하우스에서는 기존 단층재배방식이 아닌 상하 7층 대형플라스틱 선반에서 허브와 샐러드채소가 재배된다. 면적 대비 작물 생산량을 극대화하는 수직농법(Vertical Farming)인 셈이다.

인팜의 선임 생물학자 이도 골란은 "종자마다 최적화된 재배농법을 갖고 있다"고 말했다. 그가 대형플라스틱 선반이 10여 개 나열된 복도에서 "바질은 지금 수면 중"이라며 성장촉진용 발광다이오드(LED) 특수조명이 꺼진 인큐베이터를 손으로 가리켰다. 인팜은 컴퓨터로 각 채소에 최적 성장조건에 맞춰 인큐베이터를 설정한다. 허브의 경우 지중해 기후대가 최상의 성장환경이다.

'성장 트레이' 활용한 미니 온실하우스

식물뿌리가 물에 둥둥 떠다니고 있다. 미니 온실하우스는 캐비닛에 놓인 연료통을 통해 영양소가 물에 주입되는 방식으로 자가 운영된다. 다 자란 샐러드채소와 허브는 슈퍼마켓에서 뿌리째 절단돼 바로 매장에 진열된다. 골란이 힘주어 말했다. "우리는 살아 있는 채소를 판다. 이는 엄청난 차이이다." 이전에는 운송과 창고저장을 거치며 채소에서 소중한 비타민과 항산화물이 파괴됐다. "기존 재배방식에선 채소가 운송·저장 과정에서 신선도가 최대한 오래 유지되는 것이 관건이다. 영양소와 맛은 뒷전으로 밀릴 수밖에 없다."

▲ 인팜 본사에서 원격조종하는 실내 농장 200여 곳이 독일 내 전국 슈퍼마켓에 설비돼 있다. 유럽 시장에 진출한 인팜은 2019년 말까지 1천 곳 이상으로 실내 농장을 확장할 계획이다.

인팜 본사에서 원격조종되는 실내농장 200여 곳이 독일 내 전국 슈퍼마켓에 설비돼 있다. 특히 슈퍼마켓체인 에데카(Edeka)를 비롯해 도매 식자재 매장 150곳에 인팜 실내농장이 집중적으로 배치됐다. 유럽시장까지 진출한 인팜은 2019년 말까지 1천 곳 이상으로 실내농장을 확장할 계획이다. 인팜이 유통하는 것은 하이테크 '성장 트레이'(Growth Tray)가 아닌 바로 채소다. 슈퍼마켓과 도매업체는 마진을 남기고 인팜이 재배한 채소를 판매한다.

채소 재배와 포장은 인팜 직원이 맡는다. 인팜 설립이념은 '서비스로서 농업'이다.

인팜 수직농법에서 쓰는 여러 인공 LED 조명을 보고 있노라면 에너지 소비량이 궁금해진다. 인팜 공동대표 오스나트 미하엘리는 에너지 소비량이 많지 않다고 했다. "우리는 녹색에너지를 사용하며, 탄소발자국(사람이 활동하거나 상품을 생산·소비하는 과정에서 직간접적으로 생기는 이산화탄소 총량)은 실내농장 기준 20g이 채 되지 않는다. 반면 기존 농법으로 재배된 양상추의 탄소발자국은 훨씬 많다."

인팜의 베를린 템펠호프농장에서는 슈퍼마켓 납품용 채소 묘목만 키우는 것이 아니다. 대형선박 2개에 스타 셰프 팀 라우에의 이름이 새겨 있다. 인팜 템펠호프 농장에서는 팀 라우에 셰프를 위해 페르시아 바질, 고수, 식용 꽃이 재배되고 있다. 인팜은 고객의 특수한 요구를 모두 고려할 수 있도록 기후와 계절에 영향받지 않는 재배환경을 조성했다. 골란이 한 선반에서 루콜라줄기를 하나 뽑아 들었다. 루콜라를 씹으니 고추냉이 비슷한 향이 한입 가득 퍼졌다. 그는 중동에서 재배되고 모로코에서 인기있는, 흔치 않은 한 오레가노종이 얼마나 향긋하고 맛있는지 열심히 설명했다.

슈퍼·마트·요식업계가 주고객

요식업계는 도시농업의 중요한 구매고객이다. 뮌헨 인근 랑겐프라이징에서 현대적인 아쿠아포닉스 시설을 구축한 도시농부 파비안 리델(36)도 요식업계를 고객으로 두고 있다. 변호사 출신 리델의 휴대전화에는 수많은 스타 셰프 휴대전화번호가 저장됐다. 스타 셰프는 그에게 와츠앱으로 직접 양식새우를 주문한다. 이를 입증하듯 리델이 스위스 뵈르테제의 한 셰프한테 받은 문자를 보여줬다. 그 스위스 셰프의 레스토랑에서 전날 존 본조비가 식사했는데 리델의 새우를 극찬했다며, 급하게 새우를 추가주문한다는 내용이었다.

리델의 새우는 뮌헨공항에서 멀지 않은 근교상업지구 한 창고에서 양식되고 있다. 평평한 물탱크 8개가 있는 공간에는 고온다습한 열대기후조건이 조성돼 있다. 물탱크 안 흰다리새우가 이런 환경을 좋아한다. 원래 흰다리새우는 맹그로브(아열대나 열대해변, 하구 기수역의 염성습지에서 자라는 관목이나 교목)에서 서식한다. 바이에른주 양식장에서 키우는 회청색 흰다리새우는 아주 활발하게 움직인다. 새우가 수조밖까지 넘어오기도 해, 수조 가장자리에 커튼이 쳐져 있을 정도다.

리델은 새우를 유충상태로 사온다. 유충단계 새우는 1천 마리당 가격이 약 15유로다. 그는 새우유충에게 콩과 밀, 친환경적으로 생산된 어분으로 만든 사료를 먹여 서너 달 키운다. 이후 통발에 담긴 새우는 직류를 통해 숨이 끊어지고 일일이 용기에 포장된다. 새우는 일부 슈퍼마켓과 자체 온라인매장에서 유통되고, 절반 남짓은 요식업계에 납품된다.

리델은 일반 소비자를 상대로 새우를 양식한다고 자신있게 말한다. "낭만적인 일은 아니지만 시대에 적합한 대량양식법이다. 아시아와 달리 아쿠아포닉스 농장에서는 맹그로브가 파괴되거나, 수질오염과 항생제 남용도 없으며, 운송거리가 대폭 짧아져서 양식새우를 얼릴 필요도 없다. 고객은 회처럼 생새우를 먹을 수도 있다."

바이에른주에서 벌어진 새우양식이라는 완전히 새로운 사업 역시 시작이 순탄치 않았다. 바이에른주가 100만유로 이상 지원했지만, 리델의 공동창업자는 건강상 이유로 중도하차했다. 이후 새우유충을 추가확보하는 데 몇 달이 걸리기도 했다. 계절별 새우수요를 과소평가해 수급난을 겪었다. "단일 상품만 취급하는 것은 위험이 따른다." 그는 현재 자신의 브랜드 '크루스타노바'(CrustaNova)로 비슷한 기준을 충족하는 다른 업체의 캐비어, 가재, 연어도 취급한다. "현재는 수익을 창출하고 있다. 추가성장 동력에 투자하고 있다." 설비는 확장가능하게 모듈식으로 설계했고 설비 바로 옆 터도 확보해놓았다.

현재 연간 생산량이 최대 30t에 이르는 리델의 스타트업 크루스타노바를 비롯해 베를린의 아쿠아포닉스 업체는 주류시장이 아닌 틈새시장을 공략하고 있다. 하지만 도시농업이 영원히 틈새시장에만 머물러 있으라는 법은 없다. 미국과 아시아에선 대형 아쿠아포닉스 농장이 운영 중이다. 한 식료품 대기업이 대규모 아쿠아포닉스 농장에서 새우를 양식하고 있다.

인팜 공동설립자 오스나트 미하엘리는 농업부문에서 아쿠아포닉스 흐름외에 다른 대안이 없다고 단호하게 말한다. "기후변화와 토지침출로 자원을 덜 투입하고 더 많이 생산할 수 있는 방법이 절실해졌다. 이에 도시농업은 핵심역할을 할 것이다."

▶ 출처 : 2019년 12월 1일 한겨레 이코노미인사이트

운영관리 혹은 생산/운영관리(production/operation management)라는 용어로 혼용하여 이용하고 있다. 그러나 일반적으로 제품과 서비스를 생산하기 위하여 필요한 원자재를 구입하여 이들을 완제품으로 가공하는 일련의 업무들을 관리하는 활동을 생산관리라 한다.

기업의 생산시스템을 관리하기 위하여 이해해야 하는 주제는 매우 다양하고 광범위하다. 기업의 생산시스템을 관리하기 위하여 이해해야 하는 중요한 주제들은 운영전략, 재고관리, 생산계획, 예측, 스케줄링, 생산규모결정, 구매, 생산설비 위치결정, 생산설비배치, 공정설계, 품질관리, 유지

및 보수, 작업분석 등이다. 이들 주제들을 연구하는 이론적인 틀은 여러 가지가 있다. 생산시스템을 하나의 시스템으로 보아서 각 요소를 연구하는 접근방법, 생산시스템을 시스템의 탄생, 운영, 유지, 개선까지 보는 라이프사이클 접근방법, 생산관리를 관리자가 수행하는 의사결정의 특성으로 보는 관점까지 매우 다양하다.

제2절 생산운영관리의 기본적 기능

1. 생산시스템의 설계

1) 제품종류와 생산공정의 결정

기업의 생산시스템을 설계할 때 첫 번째 할 일은 무엇을 생산할 것인가를 결정하는 일이다. 생산하고자 하는 신제품이나 서비스의 종류를 결정하는 일은 기업의 미래를 결정할 정도로 매우 중요하다. 신제품에 대한 아이디어는 여러 방법을 통하여 얻을 수 있다. 시장조사를 통하여 소비자 욕구를 파악할 수 있고, 기업내부 구성원들로부터 신제품에 대한 의견이나 아이디어를 얻을 수 있다. 또한 기술개발부서나 생산부서의 제품개발과 생산능력 등을 고려하여 신제품에 대한 아이디어를 얻기도 한다. 신제품에 대한 아이디어를 수집한 후 회사의 목표, 마케팅, 기술적, 경제적 측면에서 타당성을 분석하여 신제품의 종류를 결정해야 한다.

신제품이나 서비스의 종류를 결정하면 다음 단계의 일은 제품이 가져야 할 특성, 즉 제품의 사양(specification)을 결정하는 일이다. 제품의 사양은 생산 시 제품의 품질, 원가, 생산설비, 재고, 공급자의 수 등 여러 측면에 많은 영향을 준다. 따라서 여러 형태의 견본이나 시제품(prototype)을 제작하여 가장 적절한 제품의 사양을 선택해야 한다.

최근에는 컴퓨터를 이용한 설계시스템(computer-aided design)을 이용함으로써 다양한 디자인을 빠른 시간에 만들 수 있어서 설계 시 생산성을 향상시킬 수 있다. 제품의 사양을 결정할 때 고려해야 할 중요한 측면은 제품의 단순성(simplification)과 표준화(standardization)이다.

생산하고자 하는 제품과 서비스의 종류와 사양을 결정한 다음에는 생산공정을 결정하는 일이다. 최근에는 제품의 품질과 고객의 서비스가 중요한 경쟁수단이 되어가고 있다. 따라서 많은 기업들이 제품의 품질과 고객의 서비스를 향상시키고 생산의 유연성과 생산원가를 낮출 수 있는 생산공정을 설계하는 데 많은 관심을 가지고 있다. 제품을 생산하는 공정은 크게 세 종류로 나누어질 수 있다.

첫째, 제품의 생산과정에 따라 생산하는 제품중심의 생산공정(product-focused)이다. 제품중심의 생산공정은 전자제품, 자동차처럼 조립라인을 통하여 생산되는 반복생산(repetitive production line)과 석유제품, 맥주, 제지, 식품처럼 연속적으로 생산되는 연속생산(continuous production line) 등으로 크게 나누어질 수 있다.

둘째, 생산공정이 유사한 공정에 따라서 하나의 부서로 묶여지는 공정중심의 생산공정(process-focused)이다. 이러한 형태는 생산되는 제품의 필요한 공정만 선택되어 이용되는 Job-Shop 형태로서 병원, 자동차 정비공장, 기계제작소 등에서 많이 볼 수 있다.

셋째, 형태는 셀룰러 생산(cellular manufacturing) 형태이다. 셀룰러 생산방법은 서로 다른 기계들을 하나의 셀(cell)로 구성하여 제품의 설계와 제조시 유사한 부품이나 제품들을 하나의 집단으로 간주하여 그 유사성을 이용해 생산의 효율을 향상시키는 생산방법이다. 이 방법은 유사한 제품들을 생산하는 다품종 소량생산환경인 기계가공공장에서 널리 이용되고 있다.

2) 수요예측

생산하고자 하는 제품이나 서비스의 종류와 생산공정을 결정한 다음에는 제품과 서비스에 대한 수요를 예측해야 한다. 수요를 잘못 예측하면 기업은 많은 손실을 보게 된다. 수요를 잘못하여 과대하게 예측하면 과잉생산하여 많은 재고를 갖게 되고 수요를 적게 예측하면 생산량이 부족하여 잠재적인 고객을 잃게 된다.

또한 수요에 대한 정확한 예측없이는 얼마만큼, 언제, 어떻게 생산해야 할지 계획할 수 없다. 따라서 수요예측은 경영계획의 중요한 부분이며 생산시스템을 결정할 때 제품이나 서비스에 대한 미래 경영수요를 정확하게 예측하는 일은 매우 중요하다. 미래 경영수요를 정확히 예측하는 것은 불가능하지만 여러 종류의 과학적 예측기법들을 이용하여 미래에 대한 불확실성을 줄일 수 있다.

생산담당 관리자는 여러 행태의 수요예측을 해야 한다. 생산담당자가 수행하는 수요예측은 시간의 흐름에 따라서 장기적, 중기적, 단기적 수요예측 등으로 나눌 수 있다.

장기적 수요예측은 연도별로 수요를 예측하는 것으로서 신제품개발, 공정의 변경, 생산시설의 변화, 공장의 신설 등의 장기적인 전략적 의사결정에 필수적이다. 중기적 수요예측은 월별로 수요를 예측하는 것으로서 생산시설의 변경, 인력수급, 원자재구매, 재고관리 등의 관리적 의사결정에 매우 중요하다. 단기적 수요예측은 주별로 수요를 예측하는 것으로서 생산에 필요한 자원의 수급계획, 작업일정수립, 재고관리, 납기 등의 운영적 의사결정에 매우 중요하다.

수요를 예측하는 방법은 크게 정성적 방법(qualitative methods)과 계량적인 방법(quantitative methods)으로 분류할 수 있다.

정성적 방법은 주관적인 판단과 의견을 통하여 미래의 수요를 예측하는 방법으로 판매원조사, 고객조사, 전문가들이나 경영자들의 의견을 이용한 델파이기법 등이 있다.

계량적 방법은 자료를 이용해 수학적 모형으로 미래의 수요를 예측하는 기법들이다. 계량적 방법으로 시계열분석방법, 원인·효과분석기법, 모의실험 등의 기법들이 있다.

3) 적정 생산규모결정

제품에 대한 미래수요를 예측한 후 다음 단계는 생산시스템의 생산능력을 결정하는 일이다. 생산능력의 결정은 시장변화에 대한 기업의 반응속도, 원가구조, 노동력 수급, 기술수준, 재고 등 여러 요인들에 많은 영향을 주는 중요한 전략적 의사결정이다. 생산시스템의 생산능력은 생산시스템의 인적 및 물적능력에 의하여 결정되는데 주로 생산설비의 관점에서 생산능력을 평가한다. 생산시설을 만드는 데는 많은 자본이 투입되고 많은 시간이 걸린다.

만약 기업의 생산규모가 작으면 적시에 고객의 수요를 충족할 수가 없어서 고객을 잃어버리고 또한 잠재적 경쟁회사들이 진입할 가능성이 많아진다. 이와 반대로 수요에 비해 생산규모가 너무 크면 시설투자에 따른 많은 금융비용과 재고가 발생할 가능성이 높고 생산의 효율성이 떨어진다. 따라서 생산능력의 결정은 기업의 경쟁력을 결정하는 중요한 전략적 결정이다.

기업의 생산능력은 주로 단위시간내 생산공정에서 만들어내는 산출물의 양으로 정의할 수 있다.

예를 들어 1개월에 1만 대의 자동차, 1주일에 1,000톤의 화학제품, 하루에 10만 병의 음료 등으로 측정된다. 기업의 생산능력은 시장의 수요, 경쟁사의 생산능력, 노동시간, 환경 등 정부의 규제, 공급업자의 능력 등 외부요인과 생산제품, 생산장소, 생산기술 등 기업의 내부적 요인들을 고려하여 주의깊게 결정되어야 한다.

4) 생산시설위치결정

생산시스템의 생산능력을 결정한 다음에는 생산시설의 위치를 결정하는 일이다. 생산시설의 위치결정은 자주 발생하는 일은 아니지만 기업의 장기적 경쟁력을 결정하는 중요한 일 중의 하나이다.

그 이유는 생산시설은 한 번 결정되면 시간과 비용 때문에 다시 변경하기가 어렵다. 또한 노동력의 확보, 수송비의 문제, 환경문제 등으로 생산시설의 결정은 제품이나 서비스의 원가에 많은 영향을 주기 때문이다. 그러나 생산시설의 결정에 영향을 주는 요인들이 많기 때문에 생산시설의 위치를 결정하는 일은 매우 어렵다.

생산시설의 위치를 결정할 때 고려해야 할 요인들은 크게 자연적 요인, 사회적 요인, 경제적 요인들로 나누어질 수 있고 자연적 요인들은 기후, 공업용수, 원자재의 근접성 등으로 나누어질 수 있고 사회적 요인들은 지역사회의 특성, 공해문제, 세제와 금융지원 등이다. 또한 수송비, 노동력의 확보, 토지의 가격, 목표시장의 근접성 등이 생산시설을 결정할 때 고려되는 경제적 요인들이다.

생산시설의 위치를 결정하는 일은 크게 두 단계로 나누어서 이루어져야 한다. 첫 번째는 거시적인 분석을 통하여 대상국가, 지역, 사회 등의 특성을 고려하여 개략적인 위치를 결정한다.

그 다음 단계인 미시적 분석에서는 토지가격, 건설비, 인건비, 세금 등의 지역비용, 수송비, 전력, 수도 등을 포함한 생산에 필요한 원자재비용 등을 고려하여 총비용을 최소화하는 구체적 위치를 결정하는 일이다.

5) 생산설비배치

생산시설의 위치를 결정한 후 다음 단계의 일은 생산시스템의 시설을 적절하게 배치하는 일이다. 생산시설의 배치는 생산에 필요한 기계, 작업장, 서비스 면적, 창고, 사무실 등을 합리적으로 배치하여 생산시스템의 운영을 효율적으로 수행하도록 설계하는 일이다.

따라서 생산시설의 배치는 앞 단계에서 이루어진 생산공정을 구체적으로 구현하는 일이다. 생산시설을 배치할 때 가장 큰 관심사는 원자재 물류흐름, 생산공정의 효율성, 공간의 적절한 활용 등을 고려하여 생산에 필요한 원자재가 생산공정에서 처리, 운반, 저장하는 비용을 최소화하는 일이다.

제조업종의 생산시설배치형태는 다음과 같다.

(1) **제품별 배치**(product layouts) : 제품이나 서비스의 처리순서에 따라 공정에서 필요한 기계와 인력을 배치하는 일이다. 자동차공장의 조립공정, 석유화학 정유공장, 뷔페식당 등의 시설배치는 제품이나 서비스가 수행되는 과정에 따라서 배치가 된다. 이 형태는 소품종 대량생산 제품에 적합한 생산시설 배치형태이다.

(2) **공정별 배치**(process layouts) : 유사한 기능을 수행하는 기계나 설비를 모아서 수행하는 기능별로 배치하는 형태이다. 기계공구공장에 드릴공정, 페인팅공정, 조립공정별로 배치하거나 병원 등에서 외과, 내과, 임상부서 등으로 배치하는 형태이다. 이 형태는 다품종 소량생산에 적합한 형태이다.

(3) **셀룰러 제조배치**(cellular layouts) : 다른 기능들을 수행하는 기계나 설비들을 하나의 집단(cell)으로 구성하고, 각 집단은 별도의 생산시설처럼 운영되는 형태이다. 이는 공정별 배치를 발전시켜서 다품종 대량생산에 적합하게 설계한 배치형태로서 제품의 사양(specification)이 다양한 전자제품이나 컴퓨터생산에 이용되고 있다.

(4) **고정형 배치**(fixed-position layouts) : 생산하는 제품을 고정시켜 놓고 생산시설을 이동하면서 생산하는 배치형태이다. 제품의 운반이 힘들고 부서지기 쉬운 제품의 생산에 널리 이용된다. 예를 들어 비행기제작, 배건조, 건설현장에서 널리 이용하는 형태이다.

6) 직무설계와 성과평가

생산시스템을 설계하는 데 가장 어려운 일 중의 하나는 각 개인별로, 그룹별로 종업원들이 수행하는 직무를 개발하는 일이다. 생산시스템에서 종업원은 원가, 납기, 생산성, 고객만족 등과 같은 생산시스템의 성과에 직접적인 영향을 주고 있다. 따라서 종업원의 직무를 정확하게 설계해야 하고 주의깊게 관리해야 한다.

생산시스템에서 수행되어야 하는 업무를 누가, 언제, 어디서, 어떻게 수행하는가를 결정하는 일이 직무설계(job design)이다. 직무설계 시 고려해야 하는 가장 중요한 점은 분업화의 정도(degree of labor specialization)를 결정하는 일이다. 분업화는 한 종업원이 수행하는 업무의 수로 정의할 수 있다. 따라서 분업화의 정도에 따라서 완전분업과 한 종업원이 다양한 업무를 수행하는 상황으로 나누어질 수 있다.

완전분업은 종업원들이 반복적으로 적은 수의 업무만을 수행하는 경우를 의미한다. 예를 들어 하루 종일 철판만 절단한다든지 봉투만 접착하는 경우를 의미한다. 이러한 경우에는 반복적인 업무만 수행하므로 생산성은 향상되고, 종업원 모집이 쉽고, 종업원 교육도 쉽다.

그러나 반복적인 업무만 수행하므로 종업원들의 사기가 떨어지고, 동기부여가 적고, 만족도가 떨어진다는 문제점을 가지고 있다. 종업원들의 만족도가 떨어지므로 이직률이 높고 불량률이 높아져서 생산시스템의 생산성이 떨어질 수 있다. 따라서 구성원들의 직무분업화의 정도를 적절하게 설계하는 일은 매우 어렵다. 이에 대한 문제해결방법으로서 여러 방법들이 제시되고 있다.

종업원들이 여러 업무를 수행할 수 있도록 교육하여 필요하면 다른 업무로 이동하게 하는 직무순환(job rotation), 종업원들이 수행하는 업무와 유사한 업무들을 수평적으로 추가하는 직무확대(job enlargement), 종업원이 수행하는 업무를 스스로 계획, 조직, 통제하는 일련의 과정을 수직적으로 확장하는 직무충실화(job enrichment) 등의 방법들이 제시되고 있다.

2. 생산시스템의 운영

1) 총괄 생산계획수립

생산시스템을 운영하기 위해서는 여러 단계의 일들이 수행되어야 한다. 그 중에서 먼저 할 일은 예상되는 수요를 충족시키면서 생산원가를 낮추기 위하여 월별로 각제품의 군(group)별로 얼마만큼 생산할 것인지를 계획하는 총괄적인 생산계획(aggregate production planning)을 수립하는 일이다.

총괄 생산계획은 예상되는 수요에 대하여 생산하고자 하는 제품을 종류, 수량을 결정하고 이에 대한 생산방법, 장소, 일정 등에 대한 합리적인 계획을 수립하는 것을 의미한다. 보다 구체적으로 총괄 생산계획은 약 6개월부터 18개월 동안 각 제품군에 대하여 생산수준, 고용수준, 재고수준의 적절한 수준을 결정하는 것이다. 총괄 생산계획의 결과는 보통 월별로 생산하고자 하는 제품의 수량으로 결정된다.

기업은 이러한 총괄 생산계획을 수립함으로써 여러 가지 이점들을 기대할 수 있다.

첫째는 적절한 생산계획을 통하여 생산시설을 적절하게 이용함으로써 과잉생산 또는 과소생산을 피할 수 있어서 생산비용을 절감할 수 있다.
둘째는 불규칙한 수요에 대하여 탄력적으로 대처함으로써 기업의 경쟁력을 향상시킬 수 있다.
셋째는 생산에 필요한 원자재를 적절하게 확보함으로써 생산에 차질이 없도록 할 수 있다.

2) 기본 생산계획수립

총괄 생산계획은 개괄적인 생산계획이므로 생산시스템의 운영에 실제로 이용하기보다 구체적인 실행계획으로 변화되어야 한다. 총괄 생산계획을 보다 짧은 시간대별로 생산시스템의 운영에 이용될 수 있도록 분해한 계획이 기본 생산계획(master production scheduling)이다.

기본 생산계획은 보통 주별이나 월별로 생산하고자 하는 제품의 수요, 고객의 주문량, 재고수준, 생산정보 등을 고려해 생산하려는 제품의 종류, 수량, 납기 등의 계획을 수립하는 것이다. 기본생산계획의 목표는 고객의 수요에 적절하게 맞추고 생산시설이 효율적으로 운영될 수 있도록 생산량과 납기를 결정하는 구체적인 계획을 수립하는 일이다.

3) 재고관리시스템 수립

기업의 생산시스템에서 가장 많은 관심을 가지고 있는 분야 중 하나가 재고관리분야이다. 재고

관리에서는 생산시스템에 있는 재고량을 줄이는 문제가 가장 큰 관심사 중의 하나이다. 생산시스템의 재고는 공급업자나 납품업체가 공급한 원자재와 부품(material과 parts), 반제품(work-in-progress), 생산이 완료되어 소비자의 손에 도달하기전까지의 완제품(finished goods) 등 세 종류로 분류된다. 생산시스템의 재고는 긍정적인 측면과 부정적인 측면을 모두 가지고 있다.

충분한 재고를 가지고 있으면 고객의 수요에 적절히 대처할 수 있고 생산활동을 원활히 수행할 수 있게 된다. 또한 원자재와 부품을 주문 시 발생하는 많은 행정적 비용 등을 줄일 수 있다. 그러나 재고를 많이 보유함으로써 재고에서 발생하는 이자 등의 금융비용, 총재고를 유지하는 데 발생하는 비용 등 부정적인 측면을 가지고 있다. 이와 반대로 재고를 적게 가지고 있으면 금융비용, 창고유지비용 등을 줄일 수 있는 반면에 생산활동에 차질이 빚어질 수도 있다.

따라서 재고를 유지함으로써 발행하는 비용과 이익을 비교평가하여 최적량의 재고를 유지해야 한다. 이와 같이 생산시스템의 재고를 관리하는 시스템을 재고관리시스템(inventory control systems)이라 한다. 재고관리시스템의 목적은 소비자의 서비스를 극대화하면서 동시에 비용을 최소화하는 주문시점과 주문량을 결정하는 재고정책을 수립하는 것이다.

재고관리시스템은 재고가 다른 부품과 관련이 되어 있느냐의 여부에 따라서 독립수요를 위한 재고관리시스템과 종속수요를 위한 재고관리시스템으로 나누어진다.

예를 들어 자동차를 생산할 때 한 대의 자동차에는 네 개의 바퀴와 한 개의 변속기가 필요하다. 자동차의 바퀴와 변속기는 자동차의 수요에 따라서 결정되므로 종속수요라고 한다. 종속수요는 뒤에서 설명될 자재소요계획에 의하여 언제, 얼마나 주문할 것인지를 결정하게 된다.

이와는 반대로 자동차의 수는 완제품으로서 다른 재고품과 달리 독립적인 수요의 성격을 가지고 있는 독립적인 수요이다. 따라서 독립적인 수요와 종속적인 수요에 따라서 이들을 관리하는 재고관리시스템은 그 성격을 달리한다.

4) 자재소요계획수립

총괄생산계획이 보다 구체적인 기본생산계획으로 분해됨으로써 생산에 필요한 자재와 인력 등에 대한 계획을 수립할 수 있다. 기본생산계획의 정보를 이용하여 제품을 생산하는 데 필요한 부품의 종류, 부품의 수량, 납기, 발주일자 등의 계획을 수립하는 것을 자재소요계획(MRP_material requirement planning)이라 한다.

자재소요계획의 중요한 목적은 생산에 필요한 종속적인 부품, 원자재 등의 재고를 적절하게 관리함으로써 생산의 효율성을 증가시킬 수 있고 고객서비스의 질을 향상시키고 재고비용을 줄이고자 하는 것이다. 자재소요계획은 생산에 필요한 부품이나 원자재와 같은 종속적 수요제품의 재고를 관리하기 위하여 수립되는 계획으로서 많은 기업들이 컴퓨터를 이용하여 자재소요계획을 수립하고 이용하고 있다.

5) 일정계획수립

기본생산계획에서 생산하고자 하는 제품의 종류, 수량, 납기가 결정된 후 작업장에서 수행하는 작업활동을 구체적으로 명시한 세부일정계획이 필요하다. 보다 구체적으로 누가, 언제, 어디서, 무엇을, 어느 시설에서, 어떠한 방법으로 생산을 해야 하는지를 계획하는 것이 일정계획(scheduling)이다. 일정계획은 생산하는 품목의 종류, 생산공정, 작업유형, 작업순서 등에 따라서 특성을 달리하고 있다.

3. 생산시스템의 개선

현대기업들의 경쟁에서 중요한 경쟁도구 중 하나는 제품이나 서비스의 품질이다. 그러나 제품이나 서비스의 품질은 제품의 성능, 기능, 신뢰도, 서비스의 수준, 내구성, 디자인 등 여러가지 의미로 해석될 수 있다. 그러나 제품이나 서비스의 품질은 생산자에 의해 결정되는 것이 아니라 제품이나 서비스가 소비자의 요구에 얼마나 부응하는지에 따라 소비자에 의해 평가된다는 점이다.

따라서 제품의 기획단계에서 생산단계와 소비자의 손에서 이용되는 단계까지의 전체적인 과정에서 품질이 결정된다는 점을 고려하여 제품과 서비스의 품질을 향상시키도록 노력해야 한다.

품질관리는 초기에 생산공정에서 투입되는 원자재의 품질관리, 생산공정에서 품질관리, 완성품의 품질을 검사하는 등의 전통적인 통계적 품질관리에서 출발하였다. 최근에는 품질의 중요성이 더욱 높아짐에 따라서 제품의 품질을 개발, 유지, 개선하기 위하여 기업의 전부서가 통합적으로 참여하는 총합적 품질관리(total quality management) 접근방법을 택하고 있다.

또한 현대의 생산시스템은 과거에 비해 보다 기계화, 자동화, 컴퓨터화 되어가고 있다. 따라서 생산설비의 고장이나 작동이 잘못되는 경우에는 그 기업의 생산시스템은 치명적인 영향을 받는다.

예를 들어 자동차회사의 산업용로봇이 작동이 안 된다든지, 제철회사의 용광로가 고장이 난다든지, 금융회사의 전산망이 잘못된다든지 등의 생산설비에 문제가 발생하면 큰 영향을 받는다. 따라서 이들 생산시스템의 기계와 설비를 관리하고 보존할 필요가 있다.

설비보존의 업무는 크게 고장전에 관리하는 예방보전(preventive maintenance)과 고장이 발생하였을 때 보수하는 수리보전(repair maintenance)으로 나누어진다. 특히 최근에는 설비보존에 있어서 예방보전의 중요성과 현장근로자 참여의 중요성이 강조되고 있다.

Field_Story 이재용 "AI" 정의선 "로보틱스" …대기업들 '주력사업 잊어라'

정의선 현대자동차그룹 수석부회장이 미국 샌프란시스코에서 열린 '모빌리티 이노베이터스 포럼(MIF) 2019'에서 기조연설을 하고 있다.

주요 기업들은 사업과 조직 두 축에서 그 어느 때보다 눈에 띄는 변화를 실행에 옮기고 있다. 사업적 측면에선 기존의 주력 사업을 탈피하는 수준으로 새 판을 짜고 있다. 정의선 현대차 수석부회장은 "자동차를 만드는 건 분명하다"면서도 나머지는 개인항공기(PAV), 로보틱스 등을 다룰 것이라고 밝혔다. '미래 모빌리티'라는 새로운 사업방향을 제시한 것이다. 2025년 글로벌 배터리전기차, 수소전기차 시장에서 3대 기업으로 서는 게 목표다.

SK그룹과 LG그룹의 새해 관심도 기존 주력사업과는 사뭇 다른 '모빌리티'다. SK는 전기차 배터리부터 인포테인먼트·반도체·자동차 소재까지 그룹이 보유한 모빌리티 관련기술을 중심으로 체질개선에 나서고 있다. SK는 오는 7일 미국 라스베이거스에서 열리는 세계 최대 정보기술(IT)전시회 'CES 2020'에 최태원 회장의 동생인 최재원 수석부회장을 비롯한 계열사 최고경영자(CEO)들이 총출동한다.

'가전의 강자' 이미지인 LG도 모빌리티를 성장 분야로 점찍고 LG전자의 인포테인먼트, LG이노텍의 차량용 모터·센서, LG디스플레이의 차량용 디스플레이, LG화학의 전기차 배터리 등이 시너지를 내는 체제를 더욱 강화할 방침이다. 지난해에 이어 올해도 성장 사업은 인수 등을 통해 빠르게 키워 나가고, 비핵심 사업은 신속한 조정을 진행하는 작업을 이어갈 전망이다.

LG디스플레이의 차량용 계기판 모습

선택과 집중 '상시화'…사업재편 가속

주요 기업들의 사업·조직 재편은 각 그룹의 화학·에너지 분야에서 두드러진다. 주력인 석유화학부문이 업황 부진 국면에 들어선 만큼 발빠른 대처에 나서고 있다. 특히 올해는 회사 간 합병에 따른 시너지가 주목된다. 한화는 한화케미칼과 한화큐셀앤드첨단소재간 통합법인인 '한화솔루션'이 출범하고, 롯데도 롯데케미칼과 롯데첨단소재가 합병해 통합 케미칼 대표 아래 기초소재산업 대표와 첨단소재사업 대표체제로 개편된다.

한화케미칼 여수공장 전경

서로 성격이 다른 두 부문이 핵심역량을 효과적으로 발휘하는 한편, 기존 유화사업과 첨단소재 사업간 결합으로 글로벌시장에서 경쟁력을 키우기 위한 방편이다. '선택과 집중' 차원에서 사업과 제품도 유연하게 생산한다. 한화케미칼은 올해 고효율 제품인 태양광 단결정(모노) 전지(셀)와 모듈비중을 확대하기 위해 말레이시아 공장설비 전환에 들어갈 계획이다.

외부와 손잡는 '개방형 혁신' 대세

이재용(가운데) 삼성전자 부회장이 2019년 8월 삼성전자 천안 사업장을 방문해 반도체 패키징 라인을 둘러보고 있다.

삼성은 세계 TV 1위, 메모리반도체 1위, 스마트폰 1위 기업이다. 문제는 이들을 대체할 '다음 엔진'이다. 삼성은 올해 시스템 반도체와 차세대 디스플레이 부문에 집중 투자하는 동시에 인공지능(AI), 5G(세대)이동통신, 자동차전장 반도체 등 신사업육성을 본격화할 계획이다. 특히 시스템반도체 시장에서 인텔·퀄컴·소니 등이 차지하지 못한 영역을 노리고 있다.

▶ 출처 : 2020년 1월 1일 중앙일보

생각해 봅시다

1. 기업의 생산시스템에 대해 설명해보자.

2. 제조업종의 생산시설 배치형태에 대해 제시해보자.

3. 기업의 총괄 생산계획수립을 통한 이점에 대해 설명해보자.

4. 설비보존의 업무에 대해 제시해보자.

제4부

글로벌 경영환경

제14장

글로벌 기업시장과 기업문화

삼성전자는 'CES 2020'에서 올해 '프로젝트 프리즘(ProjectPRISM)'에 기반한 라이프스타일 가전을 대폭 강화한다는 전략 아래 밀레니얼 세대를 겨냥한 다양한 신제품을 선보인다.

5년 연속 CES 혁신상을 받은 2020년형 패밀리허브 냉장고는 한 단계 진화한 '푸드 AI' 기능을 갖춰 △가족 맞춤형 식단 및 레시피제안 △냉장고 내부식재료 자동인식 △필요 식재료 온라인 간편구매 등이 가능하다. 또 개인취향과 경험을 중시하는 소비 트렌드에 맞춰 와인, 맥주, 화장품 등을 각각 최적온도로 관리해주는 '큐브냉장고', 신발냄새와 습기를 관리하는 '신발관리기' 등 새로운 콘셉트의 제품도 선보인다.

이처럼 글로벌기업들의 소비자 일상을 변화시킬 미래 라이프스타일 솔루션을 위한 준비는 매순간 세계 어느 곳에서든 진행되고 있을 것이다.

삼성전자 CES 출사표는 '경험의 시대'… 인간중심적 AI 로봇 선보인다

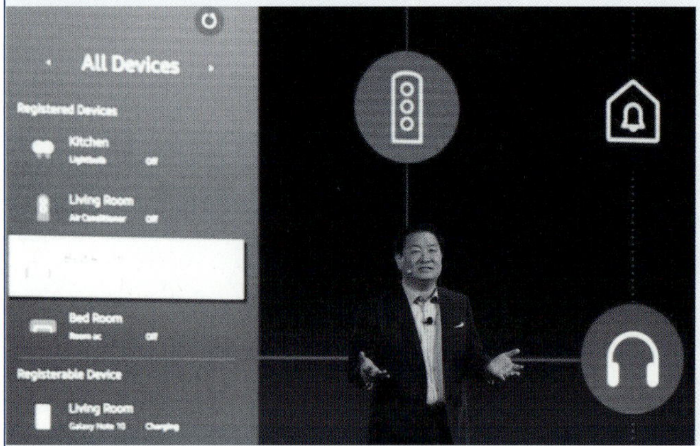

'CES 2020' 개막을 이틀 앞둔 5일(현지시간) 미국 네바다주 라스베이거스 시저스팰리스호텔에서 열린 '삼성 TV 퍼스트룩 2020 행사'에서 한종희 영상디스플레이 사업부장(사장)이 '스크린 에브리웨어(Screens Everywhere)' 비전을 발표하고 있다.

삼성전자가 1월 7일(현지시간) 미국 라스베이거스에서 개막하는 세계 최대 소비자가전 전시회 'CES 2020'에 올린 출사표는 '경험의 시대(Age of Experience)'이었다. 소비자 일상을 변화시킬 미래 라이프스타일 솔루션을 대거 공개한다는 콘셉트로, 삼성전자는 CES 참가업체 중 가장 넓은 3,368㎡ 규모의 전시관을 마련하고 인공지능(AI), 5세대(5G) 통신, 사물인터넷(IoT) 등 최신 기술을 적용한 '커넥티드 리빙' 솔루션과 혁신제품을 선보인다.

◇ 기술이 선사하는 경험의 변화

삼성전자는 6일(현지시간) 김현석 CE부문장(사장)의 기조연설과 연계해 삼성의 기술이 소비자 삶에 어떤 경험과 변화를 줄 수 있는지를 '개인-홈-도시(Me-Home-City)'로 구성해 보여준다.

우선 지난해 CES에서 첫선을 보였던 삼성봇(Samsung Bot) 플랫폼이 확대적용된 새로운 콘셉트의 로봇을 김 부문장의 기조연설을 통해 전격 공개한다. 삼성전자는 새 로봇에 대해 "인간중심적이고 개인 라이프스타일에 최적화된 AI를 탑재했다"고 설명했다.

또 앞서 선보였던 로봇인 '삼성봇 에어'(실내공기 정화)와 '삼성봇 셰프'(요리보조)를 QLED TV, 패밀리허브 냉장고, 갤럭시 기기 등과 연계하는 방식으로 미래형 AI 홈의 비전을 제시한다.

◇ 밀레니얼 겨냥 신제품 대거 공개

삼성전자는 올해 '프로젝트 프리즘(ProjectPRISM)'에 기반한 라이프스타일 가전을 대폭 강화한다는 전략 아래 CES에서 밀레니얼 세대를 겨냥한 다양한 신제품을 선보인다.

5년 연속 CES 혁신상을 받은 2020년형 패밀리허브 냉장고는 한 단계 진화한 '푸드 AI' 기능을 갖춰 △가족맞춤형 식단 및 레시피제안, △냉장고 내부식재료 자동인식, △필요 식재료 온라인 간편구매 등이 가능하다.

또 개인취향과 경험을 중시하는 소비트렌드에 맞춰 와인, 맥주, 화장품 등을 각각 최적온도로 관리해주는 '큐브냉장고', 신발냄새와 습기를 관리하는 '신발관리기' 등 새로운 콘셉트의 제품도 선보인다.

◇ 한층 진화한 TV 라인업

지난해까지 14년 연속 세계 TV시장 점유율 1위를 지켜온 삼성전자는 이번 CES에서 한 차원 진화한 'QLED 8K' '더 월' '라이프스타일 TV'를 공개하며 수성의 첫발을 내딛는다.

2020년형 QLED 8K는 화질에 이어 사운드에도 새로운 AI 기술을 대거 적용해 풍부하고 현장감 있는 사운드를 구현한다. 새로운 기능 가운데 'OTS+'는 영상 속 움직이는 사물을 인식해 사운드가 스피커를 따라 움직이도록 하고, CES 혁신상을 받은 'Q-심포니'는 TV와 사운드바 스피커를 모두 활용해 최적의 사운드를 찾아준다. 아울러 베젤이 없는 '인피니티(Infinity)' 디자인도 선보인다.

'마이크로 LED' 브랜드인 더 월의 가정용 라인업도 대거 공개된다. 마이크로 LED는 모듈러기반으로 뛰어난 화질은 물론 베젤, 사이즈, 화면비, 해상도에 제약이 없어 활용도가 높은 차세대 디스플레이다.

또 라이프스타일 TV 시장 본격확대를 위해 CES 최고혁신상을 받은 '더 세로(The Sero)'를 전시하고 글로벌 출시에 나선다. 더 세로는 통상 가로 형태인 TV 스크린의 한계를 극복하고 모바일 등 다양한 콘텐츠를 소비자가 원하는 형태로 볼 수 있도록 한다.

스마트 TV는 글로벌 파트너사와의 다양한 협업을 통해 기능이 대폭 개선된다. 무료시청이 가능한 'TV 플러스' 채널을 연내 120여개 확보하는 한편, 삼성빅스비 외에 아마존 알렉사, 구글 어시스턴트 등 음성인식 플랫폼을 추가 적용한다.

◇ 갤럭시 5G 본격확산

삼성전자는 5G 표준화 · 대중화에 기여해온 갤럭시 5G 스마트폰 전 라인업과 더불어 세계 최초의 5G 태블릿 '갤럭시 Tab S6 5G'를 전시해 5G의 실질적 혜택을 체험할 수 있도록 한다. 방문객들은 자동차 레이싱 중계 방송을 다양한 각도에서 지연없이 시청하거나 PC 기반의 고사양 클라우드 게임을 해보면서 LTE에 비해 향상된 5G 서비스를 체험할 수 있다.

갤럭시 컴퓨팅 시리즈에 새롭게 추가된 '갤럭시 북 플렉스 알파'는 지난해 10월 공개된 '갤럭시 북 플렉스'와 마찬가지로 QLED 디스플레이, 장시간 지속되는 배터리, 정교한 디자인을 합리적인 가격에 제공한다. 아울러 '갤럭시 북S' '갤럭시 북 플렉스' '갤럭시 북 이온' 등 최신 PC 제품도 방문객들이 직접 사용해 볼 수 있도록 전시된다.

▶ 출처 : 2020년 1월 6일 한국일보

제1절 글로벌 기업동향

1. 성장전략

1) M&A를 통한 시장지배력 강화

기업들은 시장의 글로벌화로 인해 M&A 및 구조조정을 통해 사업을 확대하고 수익창출력을 강화하고 있다.

그 예로 실적의 회복세로 돌아선 미국항공업계에서는 2010년 유나이티드 항공사와 콘티넨털 항공사가 합병하였고, 중국 최대 민간자동차 부품업체인 완샹그룹은 2012년 미국 배터리제조업체인 A123시스템스를 인수하여 안정적인 공급선 확보 및 미국내 경영네트워크도 형성하였다.

2) 미래 성장전략과 일치하지 않는 부분은 과감한 구조조정 단행

기업은 실적이 부진하거나 자사의 미래 성장전략과 일치하지 않는 부분에 대해서는 과감한 구조조정을 단행하는 것이 관례화 되고 있는 실정이다. 조직의 구조조정은 고통스러운 것임에 틀림없으나 명확한 미래의 안전을 위해서는 CEO가 직접 구조조정에 대한 명확한 방향을 설정하고 이를 진두지휘해야만 한다.

"지출과 조직구조를 철저하게 검증하여 현재, 그리고 미래 비즈니스의 환경에 적응하기 위한 조직구조나 규모, 목표를 전면 재검토해야 한다."(폴 오텔리니, 인텔 CEO)

구조조정에 의해 매각하고, 철수하고 축소에 의해 확보한 자금은 주력사업에 대한 경쟁력 강화 및 새로운 사업에 대한 투자재원으로 활용해야 한다. 물론 기업의 투자가중치에 따라 재원을 잘 활용하는 것은 기업의 미래 성패에도 영향을 미친다.

2. 일본기업의 공격적 M&A전략

1) 핵심사업의 경쟁력 강화를 위한 성장전략으로 M&A를 적극활용

일본기업들의 M&A 전략은 시너지(synergy: 상승효과)를 창출할 수 있는 기업 간 결합을 통해 글로벌 경쟁력을 강화하는 전략이다. 일본 최대의 광학유리제조업체인 HOYA와 대형 디지털카메

표 14-1 글로벌 기업의 구조조정 계획

기 업	구조조정 내용
델	애플과의 경쟁에서 밀려 판매가 부진한 MP3 플레이어 시장에서 철수. PC, 프린터, 평판TV에 집중
인텔	통신 및 칩 사업부 등 일부 적자사업부를 매각. 인력해고 및 재조정(1만6천명 규모)
GE	연속 10%의 이익감소세를 보임에 따라 전체 인력의 5%를 감축. 2008년까지 7억 5천만 달러의 비용절감 예상
듀폰	전체 종업원 중 1,500명(2.5%) 정리해고, 각국 공장 10곳 폐쇄를 통해 얻은 1억 달러를 종자(種子)사업에 투자

라, 의료기기 제조업체인 펜탁스가 2007년 10월 합병되었다. 또한 2007년 적대적 M&A에 대한 규제완화로 일본내 M&A 시장에서 외국기업과 일대 격전이 일어났다.

2) 해외기업에 대한 일본기업의 M&A 공세도 더욱강화

실적호조로 자금을 확보한 일본기업이 글로벌 M&A에 적극적으로 참여하고 있다. 많은 M&A 전문가들에 의하면, 현상유지에 치중하던 일본 경영인들의 마인드가 강경한 형태로 변하고 있으며 2007년에는 매우 공격적인 M&A 전략을 채택하였다.

3. 사업구조

1) 미래 유망사업에 투자 본격화

기업들은 이제 사업의 구조를 좀 더 명확하게 하기 위한 작업으로 미래 유망사업에 대한 태도를 분명히 하고 있다. 이전 단계에서의 투자전략이 '탐색'이었다면 서서히 그들의 전략은 본격적인 '실행'으로 전환하고 있다고 해도 과언이 아니다.

대표적인 미래 유망사업인 바이오, 환경 및 헬스케어 영역의 새로운 사업에 진출기회를 확대하고 있다. IBM은 2006년 2월 헬스케어 부문을 미래 주종사업으로 공표한 이후 다양한 사업아이템을 발굴하고 있는 중이다.

또한 기업들은 신에너지 및 에너지절감 사업에 대한 투자를 늘리고 있는 실정이다. 금융사인 메릴린치도 파푸아 뉴기니 등의 액화천연가스 개발과 생산에 투자하기로 결정하였다. 이러한 기업 환경의 변화 상황에서 IT기업들은 IT 컨버전스에 대응해 가전, 모바일, 의료 등으로 사업다각화를 추진하고 있다.

애플은 2007년 1월 MacWorld에서 iPhone과 애플 TV를 공개하였다. 또한 CPU 제조업체인 인텔은 IT를 활용한 헬스케어시스템 시장을 선점하기 위해 CHA(Continue Health Alliance) 컨소시엄 결성을 주도하였다.

2) 신사업관련 기업인수를 미래 성장엔진으로 활용

기업들은 급변하는 기업환경에 있어서 자사의 내부역량에 대한 자신감을 바탕으로 차세대 성장동력을 이끌어 갈 기업을 인수하고 있다. 그것은 미래에 대한 기업의 방향을 결정하고 결국 경쟁력을 갖출 수 있는 시발점이기 때문이다.

예로 이베이는 세계 인터넷 무료전화서비스 1위 업체인 Skype를 인수하였다. 기존 사업의 약점을 보완하기 위해 관련기업을 인수하는 예도 흔히 볼 수 있다.

로레알은 2006년 바디숍인터내셔널 인수를 통해 글로벌 유통망을 보강하게 되었다. 기업들의 새로운 사업에 대한 이러한 투자는 결국 차세대 주력사업에 대한 진입장벽을 구축하는 효과도 있을 것이다.

3) 후발자의 진입의지약화 및 주도권 확보

현재 주력사업에 이어 확실한 수익원이 될 사업을 보유한 기업의 경우, R&D 투자, 인력확보, M&A 등 규모확대를 통해 진입장벽을 강화하고 있다.

글로벌기업인 GE는 환경설비, 정수, 정화시설부문 등 청정기술 분야의 R&D 투자를 2010년까지 현재의 2배 수준인 15억 달러로 확대하였다.

4) 핵심사업을 활용할 수 있는 인접사업에 투입

기업들은 자신들이 보유한 핵심사업을 중심으로 그들의 기술력과 브랜드력을 활용할 수 있는 인접사업에 대규모로 투자하고 있음을 알 수 있다.

캐논의 경우, 경쟁력을 확보한 잉크젯 프린팅기술과 광학기술은 유전자 진단사업에서도 필요한 핵심기술로 이미 100여명에 달하는 연구인력을 확보하고 있으며 디지털 X선 카메라를 개발중이다.

이러한 결과 2010년 현재 매출 1조 엔을 목표로 유전자 사업을 본격화하고 있다. 또한 도시바와 공동으로 차세대 평판 TV인 SED TV사업에도 투자하고 있는 실정이다.

4. 기술개발

1) 연계와 협력을 통한 경쟁력 강화

기업은 이제 경쟁력 강화를 위해 외부기술과 아이디어를 제품개발에 활용하는 인소싱(insourcing)과 내부 R&D 상과의 외부활용 등 개방형 혁신에 주력하고 있다. 기술개발의 효율성을 제고하기 위해서 글로벌 차원에서의 개방형 기술혁신이 본격적으로 확산될 전망이다.

듀폰의 경우, 바이오과학기술과 BP의 연료전문기술의 합작으로 차세대 바이오 연료개발을 추구하고 있다. 또한 기업들은 기업간의 전략적 제휴를 통해 그들 서로의 상생의 길을 모색하고 있다. 세계 평판 TV 시장에 참여하고 있는 기업은 경쟁자와의 협력도 불사하며 합종연횡을 통한 기술 주도권 확보에 주력하고 있다.

2) 변화에의 대응

급변하는 시장변화는 Web 2.0[1] 시대와 소비자의 프로슈머화를 만들어 내고 있다. 기업은 이러한 상황을 어떻게 대응하느냐에 따라 경쟁력을 확보하느냐 그렇지 못하느냐의 운명이 달라질 것이다.

사용자 제작콘텐츠(UCC)의 향후 수익창출 가능성이 높아짐에 따라 '제2의 닷컴붐업'까지 거론되는 실정이다. 구글이 사용자 제작동영상 사이트인 YouTube를 16억 달러에 인수한 것을 필두로 여러 기업이 관련 사업에 투자할 것으로 전망된다.

특히 미국판 싸이월드인 마이스페이스는 가입자 1억 3천 만 명에 신규 가입자는 하루 25만 명으로 명실상부한 사회적 네트워크 채널로 정착하게 될 것이다.

3) 기업홍보와 고객과의 새로운 소통채널로 적극 활용

기업은 이제 기업의 입장에서만 시작되는 의사소통보다는 기업과 고객과의 쌍방향 커뮤니케이션을 통해 고객의 의견을 받아들이게 된다.

미국업체인 선마이크로시스템은 슈워츠사장의 주도로 자유로운 형식의 사내블로그를 만들어 고객의 진심어린 비판과 조언을 청취하게 된다. 유전자 변형 농산품생산업체인 몬산토는 환경보호주의자의 공격대상이 되고 있지만 온라인비디오를 제작하여 농산품의 생산과정을 생생히 공개소개함으로 현재 매달 1만 6천명이 시청하고 있으며 2008년까지 한 달 시청자 수를 20만 명으로 확대하여 회사 이미지 개선에 기여하고 있다.

1) Web 2.0은 참여와 공유를 핵심가치로 하며, 블로그, 위키디피아 등이 대표적인 사례임.

제2절 글로벌 시장전략

1. 신소비자 계층에 주목

1) 자원 강대국을 성장발판으로 인식

전 세계의 고유가 상황이 지속되면서 러시아와 중동이 신흥시장으로 각광받고 있는 상황이다. 러시아의 1998년 모라토리엄 선언이후 철수했던 유럽과 일본기업이 경쟁적으로 재진출을 하고 있다.

일렉트로룩스(스웨덴), 메를로니(이탈리아), 베스텔(터키), 보시. 지멘스(독일) 등이 러시아에 가전공장을 설립하였다. 또한 소니, 도시바 등 일본기업들도 법인을 세우고 공격적인 마케팅을 전개하고 있다.

중동금융시장 규모는 4천억 달러로 연간 10~15%의 고성장세를 지속하고 있다. 중동권 전문금융기관만 전 세계에 300여 개 사에 달하며 씨티, HSBC, 도이체방크 등이 중동금융부문을 신설해 중동 각국에 진출 중이다.

2) 성장잠재력 높은 브라질, 베트남 등에 투자확대

브라질은 대통령의 외국인 투자유치정책 등에 힘입어 글로벌기업의 차기유망시장으로 각광받고 있는 실정이다. GE의 이멜트 회장은 지난 4년간 연평균 100%의 매출성장세를 기록한 브라질에 대한 투자를 늘릴 것이라고 발표하였다.

전 세계 소매유통의 선두기업인 월마트는 2007년 8억 5천만 헤알(약 3,400억 원, 전년 대비 42% 증가)을 투자하여 14개의 신규매장을 개장할 계획이다.

베트남이 중국과 인도에 이은 새로운 투자처로 급부상하여 해외직접투자가 2005년 59억 달러에서 2006년 102억 달러로 증가하였다. 인텔은 6억 500만 달러를 투입해 호치민시에 세울 반도체 생산공장계획안에 대한 베트남정부의 승인을 받아냈다.

3) 부상하는 신소비계층에 대한 선점경쟁치열

글로벌 신소비계층은 소득증가와 삶의 질을 중요시하는 신 소비계층을 의미한다. 소득수준이 연간 4천~1만 7천 달러 수준에 도달한 신흥시장 중산층이 구매력을 가진 새로운 소비계층으로 등장하고 있다.

기업은 이처럼 신소비계층을 겨냥한 초저가제품을 시장에 선보이고 있는데 노키아와 모토롤라는 개도국용으로 50달러 이하의 초저가형 핸드폰을 전략적으로 판매하고 있다. 또한 니콜라스 네그로폰테 MIT교수팀은 개발도상국을 위한 '100달러 노트북' 시제품을 공개하였다.

기업은 이제 선진국시장에서의 매출만으로는 성장률을 달성할 수 없으며 생존을 위해서는 이를 가능케 하는 국가로 진출해야 하는 것이 당연한 일이라고 인지하고 있다. 선진국 시장의 성장이 정체된 상태에서 새로운 기회의 땅으로 급부상하는 신소비계층을 찾아나서는 이유는 현시점에서의 기업측면의 당연한 전략일 것이다.

4) 신소비계층파악 후 특성에 맞는 제품과 서비스개발에 주력

기업은 삶의 질을 추구하여 소비의 질적인 수준을 높이려는 신흥개도국 소비자의 니즈를 충족시킬 수 있는 전략을 구체화해야 한다. 또한 서로 다른 문화를 가진 신소비계층의 상이한 기호에 맞춤형 제품을 제공해야만 한다.

P&G 는 북경 뷰티아카데미를 오픈하여 스킨, 헤어케어, 화장품 관련 분야 연구 및 중국시장에 맞는 신상품을 중점적으로 개발하고 있다. 펩시는 중남미 시장용으로 '도리토스 과카몰리'[2] 스낵을 출시해 호평을 받고 있다.

2. 조직만들기

1) 구조조정에 따른 조직분위기 수습에 노력

기업은 대규모 구조조정 이후 겪게되는 조직내부의 불안한 분위기와 이완적 분위기를 만날 수밖에 없다. 그러나 이런 상황에서의 구심력 있는 조직만들기는 그야말로 제대로 된 CEO를 영입하는 일만큼이나 중요한 일이다.

소니는 외부 CEO영입 이후 강력한 구조조정에 따른 갈등을 최소화하고 조직 일체감조성을 위해 노력하였다. 스트링거 회장은 "CEO에 지명된 후 가장 큰 적은 소니문화였다. 이제는 경영의 중점을 미국식 기업문화와 일본식 기업문화의 조화에 두겠다."고 하였다.

대표적인 구조조정의 성공사례로 등장한 마쓰시타는 구조조정의 후유증 최소화와 조직구성원의 결속력 강화에 주력하기 위해 6년에 걸친 대규모 조직개편과 구조조정을 단행하였다.

2) 과카몰리(Guacamole)는 중남미 사람들이 즐겨먹는 나초칩과 함께 먹는 소스의 일종.

2) M&A 이후 조직간 시너지 창출이 고민거리

기업의 M&A를 통해 기업간에는 서로 다른 조직문화의 불일치에 따른 실적악화가 발생할 가능성이 상존하게 된다. 중국의 TCL은 독일업체 슈나이더, 프랑스 톰슨사의 TV사업부문을 인수하여 세계 최대 브라운관 업체로 발돋움했으나 문화적 차이를 극복하지 못하고 폴란드 공장을 폐쇄하는 등 유럽거점을 축소하게 되었다.

3) 스타 CEO 이후의 리더십 정립

기업은 '비전'보다는 '실적'과 '도덕성'을 중요시하는 이사회, 투자자의 압력이 거세짐에 따라 CEO 교체가 빈번하게 발생되고 있다. 미국에서는 2006년 한 해 동안(11월 말 기준) 교체된 CEO는 1,347명으로 건강보험업(214명), 컴퓨터업(148명), 금융업(113명) 순으로 나타났다.

그 이유는 실적부진과 스톡옵션 스캔들 등에 따른 CEO 교체가 증가하고 있는 추세이다. 과거 업적과 대외적 인지도가 높은 CEO일지라도 실적회복에 대한 가시적 성과를 보여 주지 못할 경우 퇴진 압력이 가중되고 있는 것이 현실이다.

4) 스타 CEO의 후임 CEO는 자신만의 경영방침명확해야 함

실적부진으로 퇴출된 스타 CEO의 후임은 실속다지기에 주력하는 현실이다. 씨티그룹의 찰스 프린스 신임 CEO는 전임 CEO가 보여준 공격적 스타일과 반대로 느리지만 꾸준한 성장을 추구하겠다고 발표하였다.

그런 반면 순조롭게 CEO 교체가 이루어진 경우에는 전임 CEO의 성공적 전략을 승계하면서 공격적 성장전략을 동시에 추진하는 경향이 있다. 노키아의 칼라스브오 CEO는 1위 자리 수성을 위해 시장차별화, 사업영역확장, 브랜드 강화 등 3대 성장전략을 명확히 하였다.

3. 인재전략

1) 글로벌 인재유치경쟁치열

시장의 글로벌 변화는 기업에게 글로벌 인재를 발굴해야 하는 과제를 전달하고 있다. 또한 기업은 핵심인재를 유치하기 위한 전문조직과 인력을 대폭 강화하고 있다.

실리콘밸리의 인재블랙홀로 불리는 구글은 스카우트 인력 300명을 두고 'No.1 인재'영입에 주력하고 있다. 핵심인재의 경쟁사 유출방지를 위해 소송도 불사하는 등 강력한 저지책을 구사하면서 기업 간 분쟁은 점점 더 빈번해질 전망이다.

2) Chindia 기업까지 글로벌인재 쟁탈전에 참여

친디아(Chindia)로 불리는 중국과 인도기업까지도 글로벌인재를 차지하기 위해 쟁탈전에 뛰어들고 있는 실정이다. 중국기업이 자국에 진출한 외국기업의 우수인력을 노골적으로 유치하는 등 '인재의 블랙홀'로 등장하고 있다.

레노보는 델 차이나의 데이비드 밀러사장을 비롯한 아시아 지역핵심간부 3명을 전격적으로 영입하였다. 중국정부 또한 우수과학인재 유치를 위해 국적과 인종을 불문하고 최고의 처우를 제공한다는 원칙을 발표하였다.

인도의 경우는 선진국에서 활약하고 있는 자국출신 IT기술인력을 재유치하기 위해 최상의 조건을 제공하고 있다.

3) 성과에 대한 파격적 보상제도

일부기업의 전유물로 여겨지던 파격적인 보상제도가 글로벌 기업전반으로 확산되는 추세이다. 파격보상제도는 능력있는 경영자에 대한 파격적인 보상을 통해 이직을 최소화하고 최고의 능력을 발휘하도록 유도하는 효과가 있다.

이멜트 GE 회장은 인재들에게 배울기회를 제공하고(머리), 회사와 일에 대한 열정을 갖도록 독려하고(가슴) 금전적으로 채워줘야(지갑) 한다고 강조하고 있다.

Field_Story 다시 불붙는 중동시장 : 제2 중동특수

"660조 역대급 오일머니 잡아라"… 재계 총수 8명 모였다
사우디 왕세자와 2시간 회동,이재용 · 정의선 · 최태원 회장 등 참석

이재용 삼성전자 회장을 비롯한 국내 재계 총수들이 1박 2일 일정으로 방한한 '미스터 에브리싱' 무함마드 빈 살만 사우디아라비아 왕세자와 회동했다. 이들은 빈 살만 왕세자와 친분을 앞세워 '기회의 땅'으로 부각되는 660조원 규모의 사우디아라비아 '네옴시티' 프로젝트 관련 수주 등 전반적인 사업협력방안을 논의했다.

17일 재계에 따르면 이 회장과 정의선 현대차그룹 회장, 최태원 SK그룹 회장, 김동관 한화솔루션 부회장, 이재현 CJ그룹 회장, 박정원 두산그룹 회장, 이해욱 DL그룹 회장, 정기선 HD현대 사장 등은 이날

빈 살만 사우디 왕세자와 (오른쪽부터) 이재용 삼성전자 회장, 최태원 SK그룹 회장,
정의선 현대차그룹 회장, 김동관 한화솔루션 부회장 차담회 (사진=사우디 프레스 에이전시 인스타그램)

오후 서울 중구 소공동 롯데호텔에서 빈 살만 왕세자와 티타임을 겸한 회동을 가졌다. 오후 5시 시작된 차담회는 2시간가량 이어졌고 오후 7시 10분에 끝났다.

사우디 최고 실권자인 빈 살만 왕세자는 G20(주요 20개국) 정상회의 후 전날 밤 전세기편으로 한국을 찾았다. 빈 살만 왕세자의 방한은 2019년 이후 3년 만으로, 당시에는 이재용 회장과 정 회장, 최 회장, 구광모 LG그룹 회장, 신동빈 롯데그룹 회장 등 5대 그룹 총수를 삼성 영빈관 승지원에서 만나 환담을 가졌다.

빈 살만 왕세자는 총사업비 660조원 규모의 사우디 신도시건설 프로젝트인 네옴시티사업을 주도하고 있다. 신도시 인프라 및 에너지 등 분야에서 광범위한 사업기회가 열리면서 치열한 글로벌 수주전이 펼쳐질 것으로 전망된다.

빈 살만 왕세자는 건설과 에너지, 조선, 미래교통수단 및 원자력발전소 건설사업 등과 관련한 대기업 총수들에게 회동참석을 요청한 것으로 전해졌다. 그는 이번 방한으로 네옴시티 프로젝트 관련 수주 기업을 물색하고 다양한 분야에서 협력방안을 모색했다. 재계에서는 이날 회담이후 필요에 따라 총수들의 개별 면담 가능성도 열려 있는 것으로 보고 있다.

특히 이재용 회장은 빈 살만 왕세자와 꾸준히 교류하며 개인적 친분을 쌓아왔다. 2019년 승지원 회동 이후에도 사우디로 건너가 산업, 건설, 스마트시티 협력방안을 논의했다. 이를 바탕으로 네옴시티 사업 수주에 적극적인 자세를 취할 것으로 보인다. 이날 재판 일정이 있는 이 회장은 변호인이 최근 서울중앙

지법에 재판 불출석 의견서까지 제출했다. 삼성은 스마트시티에 활용할 인공지능(AI), 5G 무선통신, 사물인터넷(IoT) 등 첨단기술 협력방안 등을 논의할 가능성이 크다. 삼성은 삼성물산·현대건설과 구성한 컨소시엄으로 네옴시티 '더 라인' 터널공사를 수주했다.

정 회장은 미래항공모빌리티(AAM) 생태계구축을 포함한 스마트시티 모빌리티 사업 등의 협력방안을 논의할 전망이다. 현대차그룹이 미래 먹거리로 삼고 있는 로보틱스, 수소 모빌리티 등은 상당부분이 네옴시티의 도시모델과 겹쳐 어느 때보다 협력 가능성이 높은 상황이다. 최 회장은 친환경에너지 부문에 대한 투자를 논의할 전망이다. 김 부회장은 한화그룹의 역점 사업인 태양광 및 도심항공모빌리티(UAM) 등 분야에서 협력 가능성을 타진할 것으로 보인다. 한화는 빈 살만 왕세자 방한에 맞춰 다연장로켓 천무와 K-9 자주포 수출계약을 맺을 것으로도 알려졌다.

HD현대의 경우 사우디아라비아에 합작조선소와 엔진합작사를 설립하는 등 지속적인 협력관계를 이어오고 있다. 정 사장은 환담 후 기자들과 만나 "오랫동안 같이 여러 사업을 사우디와 함께 해왔다. 앞으로도 여러 가지 미래를 같이 한번 해보도록 하겠다"고 말했다. CJ 역시 문화·콘텐츠교류 논의를 진행해왔다. 두산은 향후 사우디아라비아에서 원전건설에 참여할 수 있다.

▶ 출처 : 2022년 11월 17일 세계일보

제3절 한국기업에의 시사점

1. 경영기조의 전환점 도래

1) 경영시스템 전반에 대한 점검이 필요한 시점

글로벌기업의 공격적 행보속에서 개도국기업의 세계시장 진출이 가속되면서 한국기업의 입지가 날로 취약해지는 위기상황에 직면하고 있다. 제품시장뿐 아니라 기술, 인재 등 요소시장의 경쟁력도 점점 더 힘든 상황이 전개되고 있다.

1997년 외환위기 이후 나타난 보수경영에서 탈피하여 새로운 경쟁우위를 창출하기 위한 공격적인 성장전략을 강구해야 하는 시점이다. 외환위기 이후 구조조정에는 성공했으나 성장동력의 위축이라는 부작용에 직면하고 있는 실정이다.

2) '보이는 미래'에 대한 과감한 투자 필요

기업은 불확실한 미래에 투자하지 않는 경향이 있다. 그러나 이제 공격적인 과감한 투자가 필요할 때이다. 특히 차세대에너지, 헬스케어, 환경 등 성장이 유망시 되고 있는 분야에 대해서는 탐색 차원을 넘어 본격적인 투자가 확대되어야 한다.

자사의 강점분야와 이들 유망사업과의 연계성을 찾아내 집중적인 투자로 사업을 조기육성하는 전략이 반드시 필요한 때이다. 천연자원이 풍부한 개도국시장에 대한 적극적인 글로벌전략도 전개해야 한다. 직접 투자방식을 통해 국가 간 파트너십 관계를 모색해야 한다.

3) 신속한 사업구조조정 노력유지

기업생존에 반드시 필요한 분야에 대한 자체평가 및 점검을 통해 한국내에 남길 것과 글로벌 산업구도 내에서 자신이 담당할 역할 등에 대한 전략적 결정을 미리 준비해 두어야 한다.

기술격차의 단축과 제품수명의 단명화, 정보기술발달로 인한 거리의 단축과 FTA 체결로 인한 시장통합으로 시장의 단거리화 등 '3단(短)현상'으로 인해 한국기업의 입지가 축소될 우려가 있으므로 구조조정의 노력은 발 빠르게 준비해야 한다.

2. 글로벌전략 강화

1) Outbound 글로벌전략

국가 간 FTA 확대와 글로벌 과점화 경쟁의 심화, 원화절상압력 증대 등은 당분간 지속될 피할 수 없는 경영환경임을 주지할 필요가 있다. 이러한 환경은 새로운 시장개척에 대해 보다 발빠른 의사결정과 실행력이 요구된다.

글로벌기업들은 BRICs이외에 이미 POST BRICs(베트남, 인도네시아, 남아공화국, 터키, 아르헨티나)를 새로운 수익창출지역으로 간주하고 발빠른 투자활동을 전개하고 있다.

2) 창조적 토양조성에 집중

인재선발의 기준이었던 학력, 경력, 국적, 성별, 나이 등을 고려하지 않고 이들이 보유한 다양한 경험과 역량을 중심으로 인재를 선발해야 한다. 인력의 다양성(diversity) 증대를 위한 투자와 소수의견(minority)에 대한 존중이 조직의 창조역량을 강화할 수 있다. 또한 인재채용기준을 다변화하여 '끼 있는 인재'에 대한 채용의 문턱을 더욱 낮추는 기업문화가 필요한 실정이다.

3) 스태프부문 역량강화

기업의 창조력을 북돋기위해 스태프부문의 역량을 강화할 필요가 있다. 그것은 개인의 창의적인 아이디어가 조직차원에서 검토되고 실행되는 과정에서 스태프부문의 역할이 중요하기 때문이다.

조직내에서 개인의 아이디어가 사장(死藏)되는 주요 요인중의 하나는 스태프진의 무지와 무관심이라는 연구결과[3]도 있다. 이러한 현상을 방지하기 위해 기업은 스태프와 현장과의 교환근무 등을 강화하여 상호간 지적자극을 활성화 할 필요가 있다.

창조력은 연구개발부서에 국한된 사항이 아니라 기획, 구매, 마케팅 등 조직의 전 부문에 걸쳐 필요한 사항임을 주지시켜야만 하는 것이다.

제4절 글로벌 기업문화

1. 기업문화의 전략적 자산

기업이 가지고 있는 기업내에서의 문화는 이전에는 단순한 기업내 조직분위기, 구성원 간의 암묵적인 공유가치(shared value)정도로만 인식되어 왔다. 그러나 이제는 기업문화를 고려하지 않으면 원활한 기업경영과 경쟁력확보가 어려운 상황임에 틀림없다. 이처럼 기업문화는 기업경영의 유효한 자원이지만 적절하게 관리하지 못할 경우에는 장애요인으로 작용할 수 있는 양면성을 보유하고 있다.

기업문화를 고려하지 않고 인수합병을 실시하여 상당수의 기업이 어려움을 겪고 결국 실패를 맛보게 되었던 경우도 많이 있다. CEO와 CFO들은 M&A 실패의 가장 큰 요인으로 '인사문제'와 '문화적 이슈'를 지적하고 있다.

1998년 탄생한 다임러-크라이슬러도 합병 이후 양사의 문화가 서로 역작용을 초래하면서 합병전(480억 달러)보다 시가총액이 하락하는 결과(2000년 390억 달러)를 만들었다.

기업문화는 직원들의 긍지와 자부심을 제고시켜 적극적인 업무자세와 창의성을 고취시킨다. 또한 사회적으로도 호소력있는 기업문화가 기업이미지를 제고시키면서 막대한 브랜드가치를 창출하게 된다. 이처럼 기업문화는 감성 등의 소프트요소가 증가하는 지식산업사회에서 차별화된 개성과

3) 하버드대학교 Amabile 교수의 연구에 따르면 과거의 관행에 따를 것을 요구하거나 엄밀한 계수적 근거를 요구하는 관리자 혹은 스태프 부문의 냉소적 반응이 임직원의 창조적 발상을 저해.

이미지를 창출하므로 그 중요성은 날로 증가할 것이다.

2. 좋은 기업문화

일반적으로 좋은 기업문화는 종업원의 신뢰와 참여, 일과 삶의 균형, 조직의 다양성을 반영한 문화를 지칭한다고 할 수 있다. 다시 말하면 기업문화는 궁극적으로 외부와의 교감이 확대되면서 문화 자체가 브랜드로써 성장하고 자리를 잡는다는 것이다.

포춘(Fortune)지가 선정한 '일하기 좋은 100대 기업'의 장기수익성은 일반적인 고(高)성과 기업을 2~3배 상회한다고 발표했다. 이처럼 기업문화가 좋아질수록 경영성과도 양호하다는 것이 증명된 것이다.

특히 시장에서의 경쟁이 치열할수록 기업문화와 성과 간에는 상관관계가 더욱 커진다는 것을 알 수 있다. 경쟁도가 낮은 산업(음료, 제약, 식품)에 비해 경쟁도가 높은 산업(섬유, 자동차, 항공사 등)의 기업문화와 성과간의 상관관계는 매우 높게 나타난다(그림 14-1 참조).

3. 기업문화에 대한 관심

기업문화의 중요성은 글로벌 대표기업의 CEO들은 기업문화의 중요성을 강조할 뿐만 아니라 실제로 '일하기 좋은 직장' 만들기에 적극적으로 나서고 있다.

그림 14-1 시장경쟁도와 문화-성과 간 상관관계

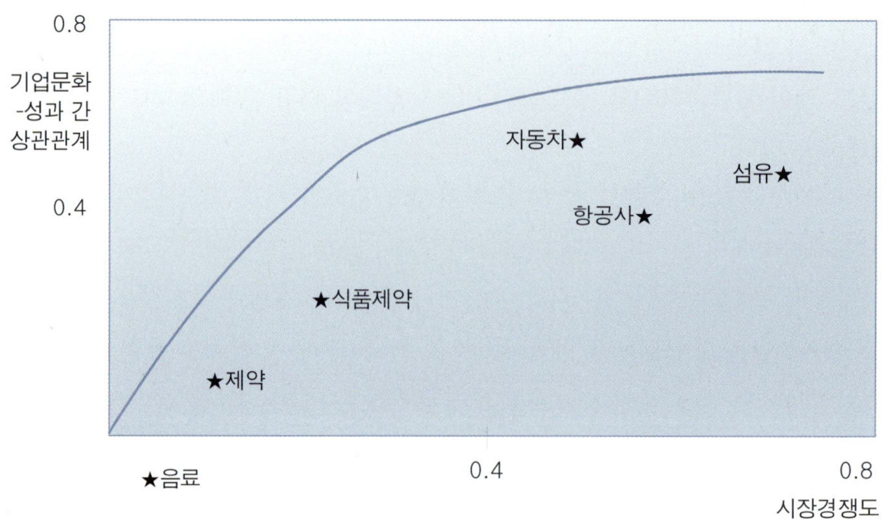

표 14-2 일하기 좋은 100대 기업

'일하기 좋은 100대 기업'
☞ Fortune誌는 1998년부터 GWP 운동의 실천정도를 평가하여 일하기 좋은 100대 기업의 순위를 매년 발표 –2019년에는 Hilton사가 1위를 차지(2위:Salesforce사_클라우드 솔루션업체) –일하기 좋은 100대 기업순위는 미국뿐만 아니라 유럽, 남미, 일본 등으로 확산 중

IBM 루 거스너 회장은 "나는 문화가 승부를 결정짓는 요소 중 하나가 아니라 문화 그 자체가 승부라는 것을 깨닫게 되었다."고 하였다.

GE의 제프리 이멜트 회장은 기업문화가 변하지 않으면 지속성장이 불가능하다고 강조했다.

이처럼 글로벌한 기업들은 일하기 좋은 직장(GWP: Great Workplace)에 필요한 신뢰, 자부심, 동료애 등 3대 가치를 제시하고 리더의 실천을 통해 임직원 삶의 질을 개선하는 데 관심을 보이고 있다. 일하기 좋은 직장은 열정적인 임직원과 역동적인 팀의 역할을 통해서 탁월한 경영성과를 창출해 내는 것이다.

최근 들어 한국기업들도 기업문화의 중요성을 서서히 인식하기 시작하였다. 외환위기 이후 영미식 경영시스템이 도입되는 과정에서 전통적 기업문화가 균열되기 시작하였고 평생직장의 개념이 사라지고 성과주의가 도입되면서 전통적인 신뢰와 결속의 문화가 훼손되기 시작하였다.

또한 여성인력, 외국인 등 인력구조가 다양화되는 가운데 종업원들의 가치관변화로 인해 조직 내 갈등의 불씨가 잠복되어 있게 되었다.

이에 따라 삼성전자, 아모레퍼시픽 등 일부기업을 중심으로 기업문화를 개선하기 위한 시도가 이루어지고 있다. 그러나 아직은 글로벌 선진기업에 비해 CEO의 관심이나 체계적인 변화노력이 상대적으로 미흡한 실정이다.

제5절 기업문화 개선사례

1. GE의 성장문화

GE(General Electric)는 미국의 글로벌기업으로 1878년 발명가 토머스 에디슨이 설립한 Edison General Electric Company가 모태다. 이후 Thomson–Houston Electric Company와 합병하면서 지금의 GE가 되었다. GE는 기존의 수익성, 내부효율중심의 경영방침을 2002년에 유기적 성

표 14-3 GE의 매출 성장률

(단위: 10억 달러)

구 분	2016년	2017년	2018년	2019년(E)
매출액 (순이익)	123 (13)	122 (9)	121 (7)	121 (8)

자료: 톰슨로이터 컨센서스

장전략으로 수정하였다. 유기적 성장전략은 혁신과 내부역량축적에 의해 자체적으로 핵심기술을 개발하고 기존 사업과 시너지효과가 가능한 신사업을 창출하는 것을 의미한다.

GE는 유기적 성장전략으로의 수정을 통해 성장목표도 기존의 평균성장률 5%를 크게 상회하는 8%로 상향조정하고 2004년 이후 해마다 성장목표를 초과하게 되었다. 그러나 항공, 전력, 의료기기 등 전기가 들어가는 산업전방위에서 사업을 추진하였고 초창기 전구와 소켓을 판매하는 것을 시작으로, 발전사업, 방송사업(NBC, 2010년 매각), 엔진제조, 가전사업(2016년 중국 하이얼에 매각), 금융사업(2015년 매각) 등 다양한 사업을 영위하였다. 최근 사업의 모태인 백열전구사업을 매각하기로 결정(2017년 4월)하는 등 복합기업으로서의 이미지를 제거한 핵심사업중심으로의 사업재편을 시도하고 있다.

GE의 유기적 성장문화는 경영리더를 중심으로 창의성과 혁신아이디어의 개발을 고취시키는 상상력 돌파(imagination breakthrough)프로그램을 추진하였다.

유기적 성장전략에 적합한 새로운 리더상(象)을 제시하고 육성하여 '관리'의 전문가에서 '산업'의 전문가로 변화를 촉구하게 되었다. 또한 상상력 돌파 프로그램을 통하여 경영리더의 신사업 아이디어제안을 제도화 하였다. GE의 경영리더는 전사회의에서 매년 3회 이상 '상상력 돌파 아이디어'를 발표하고 엄정한 심의를 통해 채택여부를 결정하게 된다.

또한 GE의 리더상 변화로 성장리더십 교육을 고위층부터 시작하여 점차 단계적으로 확장하고 있다. 2006년에는 5천명의 고위리더를 대상으로 실시하였으나 2007년부터는 전 계층의 리더로 확산계획을 가지고 있다.

2. IBM의 가치재창조

IBM은 전임 CEO인 루 거스너가 1990년대 위기를 극복한 후 기업실적은 개선되는 추세를 유지하여 왔다. 그러나 2000년대 들어와 현상유지의 분위기로 확산되었다. 신규 유망분야인 통합솔루션 사업에 적극 진출하고 기업고객의 혁신을 전폭적으로 지원하고 나섰다.

표 14-4 상상력 돌파 프로젝트

- ☞ 상상력 돌파는 아이디어의 보호장치이다. 어떤 아이디어도 신성하기 때문에 예산삭감의 칼날로부터 보호받을 필요가 있다.(이멜트 회장)
- ☞ 상상력 돌파 프로젝트로 선정되어 추진된 담수처리 시스템의 경우, '하나의 GE'라는 슬로건을 내걸고 여러 사업부문이 함께 프로젝트를 수행하여 고객에게 통합 솔루션을 제공
  - · 세계 각지의 영업맨이 그 지역 정부나 자치단체를 대상으로 담수처리 영업활동을 전개
  - · 계약성사 후 탈염처리에 필요한 발전, 운송, 헬스케어 사업부가 공동 프로젝트 수행

자료 : 니케이비즈니스

루 거스너가 IBM의 위기를 되살렸다면 팔미사노는 IBM의 전통을 계승하고 한 단계 도약하기 위한 전략을 추진한 인물이다. 2003년 사무엘 팔미사노 회장은 '위대한 IBM 재건'을 본격화하기 시작했다.

IBM의 전 직원이 동참한 가운데 창업자인 토마스 왓슨의 3대 핵심가치를 새 시대에 맞게 수정하여 '고객성공을 위한 헌신'등 새로운 3대 핵심가치를 확립하고자 하였다.

☞ IBM 가치의 新 3대 핵심가치

① 고객의 성공을 위한 헌신

② 혁신 최우선–회사와 세계를 위해

③ 모든 관계에서 신뢰와 책임구현

新 3대 핵심가치 실천을 위해 IBM은 구체적인 프로그램을 마련하였다. 고객의 성공을 위한 헌신을 위해 '신뢰를 위한 1억 달러 투자'프로그램을 추진하였다. 고객불만해소를 위해 연간 2만 2천명 현장 관리자에게 5천 달러 예산을 지원하였고 그 과정에서 복잡한 예산승인절차로 고객의 불만 해소가 지연되는 것을 차단하였다.

'모든 관계에서 신뢰와 책임구현'을 위해 경영자 스톡옵션행사조건도 엄격하게 하였다. 즉, 스톡옵션 발행일의 시가로부터 주가가 10% 이상 상승했을 때만 행사가 가능하도록 하였다.

3. Google의 기업문화 브랜드화

기업이 성장하고 자리를 잡는 방법은 여러 가지가 있다. 그 중에서 Google은 자본력보다는 아이디어에 의해 창업하였고 입소문을 통해 네티즌에게 인정받은 이미지를 구축하였다. 상업적인 이익에 매달리던 기존의 포털, 검색엔진기업과는 달리 사용자에게 실질적으로 도움이 되는 검색엔진을 구축하여 차별화한 것이 그들의 전략이다.

예를 들어 네티즌들이 불만을 가지고 있는 배너광고를 배제하고 광고비에 따라 검색순위를 결정하는 기존 업계의 원칙에서 탈피하여 검색키워드에 가장 적합한 순서로 검색결과를 제공하게 되었다.

이러한 Google은 기존 IT기업과 차별되는 이미지를 바탕으로 내부직원의 자긍심이 강화되고 외부에서는 선망의 대상으로 급부상하였다. 이미 글로벌기업으로 성장한 Google은 브랜드가치만도 2017년 1095억 달러로 전년대비 24%나 상승하였고, 2011년 이후 처음으로 다시 브랜드가치 순위가 1위로 부상하였다.

Google 성장의 이면에는 직급에 관계없이 아이디어 가치에 따라 평가받고 사업화로 연결되는 시스템을 구축하고 있다는 것이다. '아이디어 마켓'에 아이디어를 제출하고 일정 수 이상의 직원이 인정하면 아이디어가 '20% 프로젝트'에 등재되고 자기업무 시간의 20%를 투입하여 이를 구체화하도록 하였다.

3M의 '15%룰'과 달리 '20%룰'은 일주일이나 한 달간씩 적치하여 한꺼번에 사용하는 것이 가능하였다. 이런 과정을 통해 아이디어가 충분히 성숙되면 경영진의 승인하에 '80% 프로젝트'로 지정되고 요건이 충족될 경우 사업화가 시작된다.

Google은 자신의 업무에 전념할 수 있도록 모든 인프라를 Google플렉스 내에 구축하고 있다. Google플렉스에서는 유대인, 회교도 등 누구나 항상 원하는 식사를 할 수 있는 환경이 제공되며 모든 운동, 오락, 휴식시설을 업무공간내에 확보하고 있다.

4. 사우스웨스트의 가족주의 경영

항공사인 사우스웨스트는 행복한 임직원이 최상의 고객서비스를 창출한다는 것이 경영철학으로 자리잡고 있다. 9.11 사건으로 항공업계가 전례없는 침체에 빠져있을 때도 한 명의 직원도 해고하지 않고 경영위기를 극복하였다.

회사는 직원해고를 피하기 위해서 창립이래 지속해오던 무차입 경영정책을 포기하고 10억 달러를 차입하였다. 반복되는 일상작업이 행복할 수 있도록 Fun 경영과 유머경영 등을 도입하였다. 항공사 사우스웨스트는 지루한 비행이 즐겁도록 다양한 이벤트를 개최하기도 했다.

예를 들어 '양말에 큰 구멍이 있는 고객선발'과 같은 기내 콘테스트를 개최하는가 하면, 기내안전방송 하나하나에서도 승객을 즐겁게 할 아이디어를 반영하여 "흡연은 비행기날개 위 스카이라운지를 이용해 주십시오. 영화 바람과 함께 사라지다가 상영되고 있습니다." 등의 재치와 즐거움을 주기도 하였다. 또한 전 임직원이 업무를 대할 때 직종의 벽을 넘어 한 가족처럼 협력하기도 한다.

표 14-5 전략모방의 실패

기업문화가 뒷받침되지 않은 전략 모방의 실패
☞ 사우스웨스트 항공이 가격우위정책을 바탕으로 성공을 거듭하자 여러 항공사가 이와 유사한 전략을 도입했으나 실패함 · 컨티넨탈항공 : 단거리 전문 자회사 컨티넨탈 라이트 설립했으나 적자에 허덕이다 2년 만에 폐쇄 · 아메리카 웨스트, 리노 등 신생항공사도 모방전략을 시도했으나 실패

예를 들어 항공산업에서 주된 경쟁요소인 착륙후 이륙까지 소요시간을 파격적으로 단축하기 위해 전 임직원이 총 동원되는 시스템으로 진행된다. 1년 중 승객이 가장 많은 추수감사절 직전 수요일에는 CEO도 직접 수하물처리에 참여하면서 현장직원과 일체감을 공유하기도 한다.

이러한 사우스웨스트의 가족적인 업무협조는 타사에 비해 월등한 효율성을 기록하게 되었다. 비행기 1대당 직원수 94명, 직원 1인당 담당승객수 2,500명이라는 높은 생산성을 유지하고 있다(컨티넨탈, 유나이티드의 경우, 비행기 1대당 직원수 130명, 직원 1인당 담당승객수는 1천명에 불과).

사우스웨스트는 1973년 창립이래 33년간 연속흑자행진을 기록하였다. 이런 이유는 지정좌석제, 기내식폐지 등 비본질적 요소보다는 저렴한 가격, 운항횟수증편, 정시도착 등의 고객니즈에 주목했다는 것이다.

5. P&G의 여성중심문화

과거 P&G의 기업문화는 남성중심의 관료적이고 외부의 목소리에 귀를 기울이지 않는 경향이 만연하였다. 또한 제품의 기능개선보다는 여성의 라이프사이클과 기호에 대한 이해가 선행되어야 함을 앨런 래플리 회장은 강조하기 시작했다.

이를 극복하기 위해서 CEO가 직접 여성고객을 만나 니즈를 파악하고 제품에 대한 의견을 청취하는 등의 노력을 기울였다. '과연 여성들은 무엇을 원하고 있는 것일까? 왜 서로 다른 종류의 화장품을 사용하는가? 아이들은 어떻게 키우는가? 등의 고객중심의 의견을 직접 알고자 하였다.

특히 전 직원의 40%, 고위간부의 30% 이상을 여성으로 구성하고 있었으며 핵심 사업부인 북미 유아용품 사업본부장으로 42세의 데보라 헨리에타를 72명의 선배 경영자대신에 이례적으로 발탁시킨 것은 기업문화의 중심을 여성중심으로 정착하기 위한 우수한 여성인력을 등용시키는 전략중에 하나였다. 그밖의 멘토제도, 유연근무제 등 다양한 제도적 장치로 여성인력의 경력개발 및 조직생활지원도 기업문화를 바꾸는데 일조를 담당하였다.

P&G는 CEO가 가진 기업문화 혁신방법의 차이로 그 결과가 달라지는 변화를 추구하였다. 전임 CEO인 더크 재거는 위기극복을 위해 대대적 조직개혁을 시도했으나 기존 조직문화와 심각한 갈

표 11-6 기업문화 혁신방법의 차이

두 CEO의 기업문화 혁신방법의 차이	
래플리 · P&G의 전통가치를 수용, 점진적 개선 · 고객과 직원의 목소리 경청 · 고객과 여성의 니즈중심 · 외부지향, 아이디어 적극수용	재거 · 전면적, 급진적 혁신 · 독단적 주도 · 제품의 기능, 기술중심 · 내부지향, 폐쇄적, 관료적

등을 초래하였고 래플리는 조직내부의 반발을 최소화하기 위해 변화속도를 조절하고 임직원의 목소리를 경청하였다.

6. 국내기업 사례

1) 삼성전자의 조직문화

삼성전자는 급변하는 경영환경에 능동적으로 대응할 수 있고, 미래지향적 비전에 부합하는 창조적 조직문화를 조성하고자 노력하고 있다. 이를 위해 Work Smart, Think Hard, Build Trust를 3대 축으로 하는 근본적인 체질개선을 통해 조직문화를 유연하게 개선하고, 임직원 개개인의 창의성을 최대한 발휘할 수 있는 꿈의 일터를 만들어 나가고자 노력중이다.

(1) Work Smart(슬기롭게 일하기)

가. 휴가활성화

삼성전자는 임직원이 업무에 좀 더 몰입하고, 창조적인 업무수행으로 부가가치를 높일 수 있도록 휴가사용을 적극 장려하고 있다.

나. 자율출근제

또한 임직원들이 일과 개인의 삶의 균형을 추구할 수 있도록 임직원 스스로 자율적으로 출근시간을 결정하는 자율출근제를 시행하고 있으며 아침 6시부터 오후 1시 사이에 출근하여 최소 8시간 근무한 후 퇴근하는 제도을 시행하여 업무성과가 높아지고 임직원 만족도가 크게 상승하는 등 자율적이고 창조적인 조직문화구축에 기여하고 있다.

다. 글로벌 모빌리티 프로그램

글로벌 최적의 인적자원활용을 목적으로, 회사내부공모를 통해 해외임직원이 원하는 직무와 지역에서 근무할 수 있도록 하는 Global Mobility 프로그램을 도입하였다.

라. Work Smart 캠페인

사내인트라넷, 엘리베이터 게시판 등을 활용하여 Work Smart 캠페인을 지속적으로 실시하여 일과 삶의 균형, Work Smart & Think Hard, 업무프로세스상 불합리해소, 회의문화혁신, 休(휴) 문화확산 등의 캠페인을 통해 창조적인 조직문화구축을 위한 저변을 마련하였다.

(2) Think Hard(생각의 몰입)

가. Idea 제안시스템

임직원들의 창의적인 아이디어를 신사업 Item 발굴 및 제품기능개선에 적극적으로 활용하고자 사내 지식공유시스템에 제안시스템을 개설하고, 전담조직을 운영하고 있다. 이를 통해 임직원들의 아이디어를 상시 접수, 심사하여 우수아이디어는 실제로 적용될 수 있도록 지속적으로 관리하고 있다.

나. 지식공유 활성화

임직원의 자발적 참여를 유도하는 개방형 지식공유 사이트를 운영하고 있다. R&D KMS (knowledge management system)는 개발, 기술관련 지식이 공유되는 포털로, 전문가커뮤니티, 기술용어집, 지식인, 기술블로그, Idea 제안시스템 등을 통해 기술, 전략, 대내외 협력정보 등 다양한 지식이 사내에 공유되고 있다.

다. 기술전문가 선정 (Master 제도)

글로벌 1등 제품과 관련된 사업부내 핵심 기술별로 최고수준의 전문가를 선정하였고 이들은 신사업개발, 사업 간 Convergence 등에 대한 자문뿐만 아니라 각종 포럼과 강의를 통하여 기술 노하우를 전파, 전사기술수준을 높여 나가고 있다.

(3) Build Trust(신뢰구축)

가. 소통활성화

사업장별 포털시스템을 통해 임직원의 다양한 고충 및 건의사항을 지속적으로 청취하고 총무, 보안, 인사, 재무 등 담당자책임하에 성실하게 답변, 처리하고 있다.

나. 경영현황 설명회

사업부별로 최고경영자가 직접 임직원을 대상으로 분기별 경영현황, 경영여건, 사업추진전략 등을 소개하는 경영 현황 설명회를 개최하고 있고 이를 통해 사내소통이 활성화되고, 전략에 맞게 임직원이 결속할 수 있는 계기를 마련하고 있다.

이처럼 글로벌 초일류기업으로의 도약을 위해 기업문화 측면에서 체질개선을 시도하겠다는 의지를 선보인 것이다. 그리고 그에 맞는 팀단위의 활동설계라든지 현장 우수사례에 대한 인센티브들의 제공을 통해 현장중심의 추진체계를 구축하고 기업문화개선 수준을 정기적으로 파악하여 조직문화개선 우수실천사례를 공유하는 등의 이벤트를 개최하게 되었다.

2) 아모레퍼시픽의 문화를 파는 기업

아모레퍼시픽은 '건강'과 '미'를 추구하는 사업의 일관성을 통해 '문화기업'의 이미지를 구축하고 국내1등 화장품기업으로 성장하였다. 그러나 기존의 자부심과 결속력이 현실안주로 이어질 수 있다는 자체진단으로 새로운 도전을 모색 중이다.

아모레퍼시픽은 국내 1위를 넘어 글로벌기업으로의 도약이라는 도전적 비전을 제시하기 위해서 새로운 기업문화의 확산을 시도하고 있다. 획일적인 문화개조보다는 지역에 따른 차이점을 인정하면서 개성있는 하위문화(subculture)의 형성을 고취하고자 하며, 임직원들의 일과 삶의 균형 '워라벨(Work and Life Balance)'을 실현하기 위해 양성평등기업, 문화·여가 친화기업, 일하기 좋은 기업문화를 만들기 위해 앞장서고 있다. 이는 기업의 성장동력으로서 '인재의 힘'을 굳게 믿고 인재를 존중하는 철학을 추구하기 때문이다.

새로 자리잡은 아모레퍼시픽그룹 용산 신본사에는 임직원들을 위한 행복한 일터를 만들기 위한 세심한 배려가 녹아들어 있다. 신사옥건물 내 5층과 11층, 17층에 5~6개 층을 비워 마련한 건물 속 정원 '루프가든'은 임직원들이 자연과 가깝게 호흡하고 계절의 변화를 느끼며 편안하게 소통하고 휴식할 수 있다.

임직원들의 건강을 위해 AP클리닉을 마련하고 오랜 시간 바르지 못한 자세로 앉아 있을 경우 생길 수 있는 근골격계 질환에 대해서는 바디 리모델링센터를 운영해 상담 및 교정치료를 받을 수 있다. 또한 여성 임직원을 위한 다양한 배려프로그램을 운영하고 있다. 본사를 포함한 3곳에 임직원들의 자녀양육과 교육에 대한 부담을 덜어주기 위한 보육시설 '아모레퍼시픽 어린이집'을 운영하고 있다. 또 임신중인 예비맘 구성원의 쾌적한 근무환경을 위해 임신 12주 이내 또는 36주 이후의 예비맘에게는 일 6시간의 단축근무를 허용하고 있다.

표 14-7 기업문화 축제

반도체 문화축제(Semicon Culture Fair)
☞ 팀 단위로 조직문화 개선활동을 발표하고 이를 심사 및 포상 · 예선을 거쳐 본선에 오른 팀들은 문화축제에서 경연, 임원 심사위원 직접 평가 · 임직원의 자발적 참여와 자기부서를 응원하는 등 전체 사내가 축제분위기

구성원의 성장을 위한 다양한 교육기회를 제공하고 있다. 사내회의실을 활용한 중국어, 영어 등 다양한 어학수업을 운영했고 2017년부터는 일대일 원어민 어학강의 '글로벌라운지' 프로그램을 신설했다. 올해는 '글로벌 커뮤니케이션' 교육제도를 확대해 어학시험 응시료를 지원하고, 개개인의 수준에 따라 다양한 구성의 글로벌 어학교육강의를 제공하고 있다.

아모레퍼시픽은 워라벨을 실현하기 위해 매년 연말 사내게시판 등을 통해 임직원들에게 다음해의 휴일을 공유하고 휴가계획수립을 독려한다. 또한, 아모레퍼시픽은 2011년부터 자율적으로 업무에 몰입하여 창의성을 높이는 시차 출퇴근제인 'ABC 워킹타임(ABC Working Time)' 제도를 운용해 현장근무가 많은 영업사원은 업무방식을 배려한 '현장 출퇴근제'를 활용할 수 있다.

제6절 국내기업에 주는 시사점

1. 기업문화변화의 전략

선진기업들의 문화변화전략은 다음과 같은 특징을 보이고 있다.

1) 정체성(Identity)

기업 브랜드로서의 매력 및 경영전략의 적합성(기업문화의 브랜드化, 전략과 문화의 Fit)

2) 실행주체(Agent)

CEO의 주도적 몰입과 이에 대한 임직원의 호응과 신뢰(CEO의 오너십, 임직원배려, 신뢰 및 참여)

3) 과정(Process)

기업문화에 대한 공감대 형성과 부단한 실천노력 (성과 가시화, 점진적 & 근본적 변화)

(1) 기업문화의 브랜드化

기업문화가 기업의 성공과 결합될 때, 그 기업은 사람들이 선망하는 브랜드로 자리할 수 있게 된다. 브랜드화 된 기업문화는 내부구성원의 결속을 다지는 계기가 되고 결국 직원들의 자긍심을 높이는 효과도 발생하게 된다.

(2) 경영전략과 기업문화의 적합

경영전략의 선택 못지않게 이에 부합되는 문화적 기반구축이 중요하며 특히 경영전략과 조화된 기업문화는 전략을 추진하는 속도를 더 빠르게 할 수 있는 원동력이다.

(3) CEO의 오너십(ownership) 발휘

조직문화를 변화시키는 데에는 최소한 5~10년이 소요된다. 이렇게 오랜기간을 기다리고 변화를 시도하기란 기업입장에서 쉽지 않으며 특히 CEO의 지속적인 관심과 강력한 변화추진의지는 반드시 필요하게 된다. 또한 CEO와 임직원과의 여과없는 의사소통은 기업문화를 변화시키는 데 아주 중요하다 할 수 있다.

(4) 임직원 배려를 통한 신뢰회복

임직원의 자발적 참여와 능동성이 발휘될 때까지 일방적인 방법이 아닌 쌍방의 커뮤니케이션을 유도하여 설득해야 한다. 임직원을 진심으로 배려한다는 신호를 지속적으로 보내고 이를 실천하는 과정에서 기업문화의 토대는 형성되는 것이다.

(5) 긍정적 성과를 초기에 가시화

문화개선이 성과와 연계되지 못할 경우 변화의 추진력이 급격히 퇴조될 수 있으므로 기업문화 개선의 구체적인 성과를 가능한 단기간 내에 가시화하여 조직구성원의 관심과 열정을 지속적으로 유지해야 한다.

또한 변화의 모범·성공사례를 지속적으로 발굴하여 소개함으로 회사나 동료의 축하와 인정을 받을 수 있도록 유도한다.

(6) 점진적이지만 근본적인 변화추구

급격한 조직문화의 변화는 기업내부의 반발을 초래할 수 있으므로 변화의 필요성과 정보에 대한 공유를 실시하면서 점진적으로 진행해야 한다. 추진과정에서 모든 임직원들이 참여하는 토론과 합의의 시간을 제공해야 한다.

Field_Story "사람에 대한 헌신" 두산만의 가치 실천

지난 4월 23일 '두산인 봉사의 날' 행사에 참여한 체코 두산스코다파워 직원들이 지역 환경정화 활동을 벌이고 있다.

두산그룹은 사회적 책임을 '사회의 일원으로서 가져야 할 기본 의무'로 정의하고, '이웃과 더불어 삶'을 실천하는 다양한 사회공헌활동을 펼치고 있다. 국내뿐 아니라 해외사업장 곳곳에서 '사람에 대한 헌신'과 '지역사회에의 기여'라는 두산만의 사회적 가치를 전 세계지역 커뮤니티에 뿌리내리고 있다는 전언이다.

특히 두산그룹은 지난 4월 23일 '두산인 봉사의 날'행사를 진행했다. 이는 한국을 비롯해 미주, 유럽, 중동 등 세계 각지에서 근무중인 임직원들이 사업장 인근지역사회에 필요한 일을 찾아 활동하는 두산의 대표적인 글로벌 사회공헌 프로그램이다. 2014년 10월 첫 행사 이후 일곱 번째를 맞은 이날 행사에는 19개국에서 6000여 명의 임직원이 참여했다. 지금까지 행사에 참여한 임직원은 5만 9000여 명에 이른다.

또 두산밥캣 북미법인은 지난해 10월과 11월 두 달간 미국 제조업의 날 행사의 일환으로 사업장 인근 지역 고등학생들을 초대해 과학, 기술, 공학 및 수학(STEM) 활동을 중심으로 한 행사를 진행했다. 매년 진행되는 미국 제조업의 날 행사는 현대 제조업의 발전을 축하하고, 미래의 전문 기술인력양성에 활력을 불어넣기 위한 목적으로 마련됐다. 노스다코다·미네소타·노스캐롤라이나주에 위치한 총 여섯 곳의 북미법인 사업장에서 총 500여 명의 학생들을 대상으로 공장견학과 함께 제조·엔지니어링 체험활동을 진행했다. 두산밥캣은 매년 펼쳐지는 제조업의 날 행사를 통해 지역학생들에게 밥캣을 소개하는 것과 동시에 학생들에게는 학업 및 취업기회와 연계되는 다양한 정보들을 제공해 지역학교로부터 높은 호응을 얻고 있다.

▶ 출처 : 2019년 12월 30일 세계일보

생각해 봅시다

1. 글로벌 기업동향을 사업구조측면에서 설명해보자.

2. 글로벌기업의 신소비자 계층에 주목하는 시장전략에 대해 설명해보자.

3. 글로벌 시장변화가 한국기업에 주는 시사점에 대해 제시해보자.

4. 글로벌 기업문화의 개선사례에 대해 설명해보자.

제15장

글로벌 스마트경영

IoT(사물인터넷)·5G·스마트팩토리 확산으로 사이버공격의 범위가 넓어지고, AI(인공지능)를 활용한 지능형 공격이 늘어나면서 정보보안 업계가 방어수준을 높이기 위해 솔루션 혁신에 박차를 가한다.

클라우드·AI로 사이버공격 차단 보안업계, 솔루션 혁신 승부수

IoT(사물인터넷)·5G·스마트팩토리 확산으로 사이버 공격의 범위가 넓어지고, AI(인공지능)를 활용한 지능형 공격이 늘어나면서 정보보안 업계가 방어수준을 높이기 위해 솔루션 혁신에 박차를 가한다.

1월6일 안랩·SK인포섹·파수닷컴 등 정보보안 업체들이 클라우드 솔루션을 선보이고, AI를 전 제품에 적용하면서 기술 경쟁력 끌어올리기에 나섰다. IoT부터 엣지컴퓨팅, 클라우드를 아우르는 보안 플랫폼을 완성해 글로벌 시장에서 승부한다는 전략이다.

올해 설립 25년을 맞은 국내 대표 보안업체 안랩은 사령탑을 강석균 대표로 교체하고, 클라우드·IT 부터 산업현장의 OT(운영기술)를 아우르는 보안 플랫폼과 서비스를 선보인다.

최근 제조·산업현장의 디지털 전환에 힘입어 IT·OT의 연결이 활발해짐에 따라 특화 솔루션인 '안랩 EPS'를 중심으로 OT 보안사업을 키울 방침이다. 또한 클라우드 도입 수요에 대응해 클라우드 워크로드 보안 솔루션(CWPP)을 선보일 예정이다. 엔드포인트 위협 탐지·대응 솔루션 '안랩 EDR', 지능형 위협 대응솔루션 '안랩 MDS' 등 전략제품과 V3 제품군의 기능 고도화와 시장확대도 병행한다.

서비스 부문에서는 클라우드 사업을 대폭 강화한다. 지난해 출시한 'CSPM(클라우드 보안 형상관리) 관제 서비스'를 중심으로 클라우드 보안관제·컨설팅, 규제대응 컨설팅 서비스를 확대한다는 전략이다. 퍼블릭·프라이빗·하이브리드 클라우드 구축시 보안컨설팅, 보안정책설정, 보안진단 컨설팅 등 클라우드 보안컨설팅 시장도 적극 공략할 예정이다. '보안 오케스트레이션, 자동화 및 대응(SOAR)' 개념을 도입한 보안업무 효율화 플랫폼 '안랩 세피니티 에어' 도입사례도 늘려간다는 목표다. 산업제어시스템·OT 영역의 보안관제, 정보보호 컨설팅, 보안진단 서비스도 선보인다.

설립 20년을 맞은 SK인포섹(대표 이용환)은 제2의 도약을 통해 정보보안 업계최초로 매출 3000억을 달성한다는 목표다.

융합보안, 클라우드 등 신사업과 주력사업인 관제, 컨설팅부문을 동시에 키우기 위해 전체조직을 재정비했다. 영업조직을 본부단위로 승격시키고, 기술 컨트롤타워 역할을 하는 테크랩스조직을 신설했다. 특히 성장사업을 담당하는 그로스사업본부를 대폭 강화했다. 융합보안, 클라우드 등 뉴ICT 사업에서 승부

조규곤(오른쪽) 파수닷컴 대표가 6일 시무식에서 '세계 20대 사이버 보안 기업'이란 비전 2025를 선포하고 있다.

를 걸기위한 것이다. 보안관제를 맡은 서비스 사업본부는 고객군에 맞춰 조직을 재구성, 고객밀착 영업을 펼친다. 최근 보안수요가 늘고 있는 제조업 전담조직도 뒀다. 테크랩스를 통해 AI, IoT, 관제자동화 등을 적용해 보안플랫폼 '시큐디움'을 업그레이드한다. 이를 통해 전 사업조직과 서비스의 기술기반을 강화하고 서비스품질을 높인다는 전략이다. 이용환 SK인포섹 대표는 "고객의 디지털혁신에 발맞춘 조직구성과 사업수행으로 신뢰받는 보안기업이 되겠다"고 말했다.

올해 설립 20년을 맞은 데이터 보안솔루션 기업 파수닷컴(대표 조규곤)은 6일 시무식에서 '파수 2.0'을 올해 키워드로 제시하고, '세계 20대 사이버보안 기업'이란 비전 2025를 선포했다. 신규고객 발굴과 신제품·해외매출확대를 통해 매년 30% 이상 성장한다는 목표다. 회사는 CI(기업이미지도)도 교체했다. 회사미션도 'IT를 쉽고 간단하게'로 재설정했다. 전 직원이 가치창조자이자 도전자, 공동 창의자가 되도록 도전적 업무가 가능한 조직문화도 정립한다는 구상이다. 차세대 데이터보안과 데이터관리를 키워드로 사업확장에도 나선다. 특히 클라우드보안 신제품을 출시하고, 다양한 제품에 AI를 적용해 지능화할 계획이다.

▶ 출처 : 2020년 1월 6일 디지털타임스

제1절 소셜네트워크 서비스(SNS)와 기업경영

최근에는 SNS의 정보를 활용하는 기업과 기관들이 늘어나면서 SNS 사용동기에 대한 연구들이 마케팅 커뮤니케이션 관점에서 점점 확대되어가고 있다. 마케팅의 도구로써 SNS의 장점은 적은 비용으로 소비자와 친밀하게 즉각적인 소통이 가능하여 소비자의 반응을 실시간으로 파악할 수 있을뿐만 아니라 상호작용함으로써 소비자와 브랜드 간에 좀 더 가까운 신뢰관계를 형성할 수 있다. 특히 SNS가 소비자의 브랜드인지와 구매의사결정에 미치는 영향력이 주목되고 있다.

SNS를 사용한 현재 고객, 잠재고객과의 커뮤니케이션이 브랜드 인지도에서 시작하여 브랜드 신뢰와 브랜드에 대한 충성과정을 거쳐 상품의 매출까지 연결된다. 이는 SNS가 일반화 된 마케팅 커뮤니케이션 과정에 자극제역할을 하고 있는 것이다.

또한 SNS를 잘 활용하는 기업이 고객과의 의사소통이 자유롭고 고객관리가 즉각적이며 기업이미지도 상승한다는 응답도 나타나며 전반적인 브랜딩효과에 긍정적인 영향을 미치는 것이 사실이다. 그러나 국내기업의 경우 SNS가 접근이 쉽다는 이유로 값싸고 손쉬운 마케팅수단으로 치부되며 단순하게 광고글만 올리면 된다는 생각들을 하는 경우도 많다.

1. SNS 개념 및 특징

1) SNS 개념

SNS를 이해하기 전에 먼저 알아야 할 개념은 소셜미디어(social media)다. 소셜미디어는 Web2.0시대의 도래에 따라 소셜네트워크의 기반위에서 개인의 생각이나 의견, 경험, 정보 등을 서로 공유하고 타인과의 관계를 생성 또는 확장시킬 수 있는 개방화된 온라인 플랫폼을 의미한다.

즉 사람들이 자신의 생각과 의견, 경험, 관점 등을 서로 공유하고 참여하기 위해 사용하는 개방화된 온라인 툴(tool)과 미디어 플랫폼이다.

또한 소셜미디어는 양방향성을 활용하여 사람들이 자발적으로 참여하고 정보를 공유하며 사용자들이 콘텐츠를 만들어 나가는 특성이 있다. 이러한 소셜미디어에는 다양한 매체가 있으며 SNS(social network service) 역시 소셜미디어의 한 종류이다.

소셜네트워크 서비스(SNS)는 사람과 사람을 연결해주는 사회관계망 서비스다. SNS는 사용자 간의 자유로운 의사소통과 정보공유 그리고 인맥확대 등을 통해 사회적 관계를 생성하고 강화시켜주는 온라인 플랫폼을 의미한다.

위키피디아에서는 Social Network Service 또는 Social Network Site의 줄임말로서, '한국 인터넷백서'에 따르면 사회적 연결망서비스(social network service, SNS)란, '개개인을 나타내는 노드(node)와 개인들 간의 관계를 의미하는 연결(link), 또는 묶음(ties)으로 사회적 관계성을 보여주고 가치, 비전, 생각, 링크, 친구 등 여러 가지 특별한 매개물로 묶여질 수 있는 사회적 구조를 온라인 커뮤니티로 구현한 서비스'로 정의하고 있다.

SNS는 온라인상에서 인적네트워크를 형성할 수 있는 하나의 매개체로 기존의 인맥들과의 관계를 더욱 돈독히 해주고 새로운 사람들과의 교류와 인맥을 형성해 주는 온라인서비스를 지칭한다.

인터넷을 기반으로 한 온라인에서의 정보를 공유하고 의사소통을 도와주는 SNS는 사용자들이 서로서로 친구를 소개하고 대인관계를 넓히는 것을 목적으로 개설된 '1인 미디어'이며 '커뮤니티형 웹사이트'다.

다시 말해 SNS는 오프라인 상의 사회적 관계개념을 온라인공간으로 가져와 개인의 일상 및 관심사를 공유·소통시켜 인맥구축 및 네트워크 형성을 지원하는 서비스이다.

SNS는 웹을 기반으로 개인들에게 제한된 시스템 내에서 공개적이거나 조건부공개의 프로필을 구축할 수 있게 해주고 서로 관계를 공유하는 다른 사용자들과 유기적으로 연관되어 리스트를 구축할 수 있게 해주며 또한 시스템내에 있는 이용자들이 구축한 리스트를 볼 수 있게 해주는 서비스로 정의되고 있다.

SNS는 일반적으로 정보공유와 인맥구축을 위해 개설된 커뮤니티 웹사이트인데 카페, 블로그, 미니홈피, 인맥관리서비스 등 다양한 유형으로 구분된다.

트위터, 페이스북 등을 텍스트중심의 소셜미디어라 한다면 블로그, 싸이월드와 같은 미니홈피형은 텍스트와 더불어 사진과 동영상을 중심으로 한 소셜미디어라고 할 수 있다.

쉽게 말해 Web2.0을 기반으로 최근 각종 매체를 통해 많이 접하는 블로그나 트위터, 페이스북 등을 SNS라고 이해하면 된다.

국내 SNS의 경우 1999년에 동창들을 찾아 이어주는 서비스를 시작한 '아이러브스쿨'이 원조라고 할 수 있다. 친구나 직장동료, 동창 등과 같은 지인과의 관계를 중요하게 여기는 한국인의 특성상 아이러브스쿨은 크게 성공을 하였으며 2000년 9월 한 달 동안에만 98만 명이 넘는 이용자가 서비스에 가입하는 놀라운 성장세를 보인다. 비슷한 시기에 싸이월드가 미니홈피라는 독특한 인터페이스를 갖고 서비스를 시작하였다. 2003년, SK 커뮤니케이션즈가 싸이월드를 인수하는 시점을 기점으로 싸이월드는 급격히 늘어나는 가입자와 대규모 방문자를 통하여 대한민국 최대의 SNS가 되었다.

더욱이 싸이월드는 아이러브스쿨과 달리 '도토리'라는 e-머니를 기반으로 수익을 창출하여

표 15-1 SNS의 기본기능

기 능	설 명
프로필 및 컨텐츠 생산	신상정보, 취미, 관심사와 같은 자신의 아이덴티티를 표현하거나, 사진과 동영상 등 시스템 안에서 콘텐츠를 사용자 스스로 생산할 수 있는 기능
관계맺기	1촌/친구 맺기, 팬 되기 등 개인 간의 관계를 맺어 관계를 맺은 지인들을 목록화하여 시스템에 축적할 수 있는 기능
커뮤니케이션	각 개인이 만든 콘텐츠를 공유함은 물론 이메일, 쪽지, 채팅, 메신저 등 사용자 간의 커뮤니케이션을 지원하는 기능

출처: 양상훈(2012)

SNS를 통한 새로운 비즈니스 모델에 대한 가능성을 보여줬다는 점에서 국내·외에서 크게 주목을 받았으나 얼마 전 사업을 정리하였다.

이렇게 초기 SNS는 주로 인맥강화, 친목도모, 엔터테인먼트 용도로 활동되었으나 이후 점차 발전되어 기업의 마케팅, 비즈니스, 각종 정보공유 등 생산적인 용도로 활용하게 되었다. 근래에 들어서는 SNS와 모바일기술이 결합되어 새로운 부가가치창출을 위해 많은 연구가 진행되고 있다.

보디와 엘리슨(2007)은 SNS는 기본적으로 세 가지 기능을 갖추어야 한다고 주장한다.

첫째, 공개적(public)이거나 반공개적(semi-public)인 개인 프로파일 및 콘텐츠를 생성할 수 있어야 한다.

둘째, 이렇게 구축된 네트워크를 활용해 다른 네트워크를 만들 수 있어야 한다.

셋째, 이렇게 구축된 네트워크를 이용해 다른 사용자들과 텍스트나 이미지 등과 같은 정보를 서비스가 이루어지는 사이트내에서 공유하고 커뮤니케이션 할 수 있는 기능을 지원하고 있어야 한다.

2) SNS 특징

인터넷발달과 스마트폰의 증가로 사람들 사이에서 공통된 관심사나 활동을 공유하도록 관계망을 구축해주고 더 나아가 기업은 SNS를 중요한 고객 커뮤니케이션 채널로 만드는데 심혈을 기울이고 있다.

SNS는 최근 페이스북(facebook)의 폭발적인 성장에 따라 여러 분야에서 관심의 대상으로 부각되고 있으며 신상정보의 공개, 관계망의 구축과 공개, 의견이나 정보의 게시, 모바일 지원 등의 기능을 갖춘 SNS는 서비스마다 독특한 특징을 갖고 있다.

이처럼 SNS의 특징은 〈표 15-2〉와 같이 5가지로 구분할 수 있으며 서비스마다 다양한 기능과

표 15-2 SNS의 특징

구 분	내 용
참여	소셜미디어는 관심있는 모든 사람들의 기여와 피드백을 촉진하여 미디어와 오디언스의 개념을 불명확하게 함.
공개	대부분의 소셜미디어는 피드백과 참여가 공개되어 있으며 투표, 피드백, 코멘트, 정보 공유를 촉진함으로써 컨텐츠 접근과 사용에 대한 장벽이 거의 없음.
대화	전통적인 미디어가 'Broadcast' 이고 컨텐츠가 일방적으로 오디언스에게 유통되는 반면 소셜미디어는 쌍방향성을 띰.
커뮤니티	소셜미디어는 빠르게 커뮤니티를 구성케 하고 커뮤니티로 하여금 공통의 관심사에 대해 이야기하게 함.
연결	대부분의 소셜미디어는 다양한 미디어의 조합이나 링크를 통한 연결상에서 이루어짐

출처: 유혜인(2012)

특징을 가지고 있다. SNS의 기본적인 특징은 사람들과 '소통'을 하며 인적 네트워크를 구축한다는 것이다. 특히 페이스북과 트위터는 홈페이지, 블로그, 미니홈피에 비해 네트워크를 형성하는데 뛰어나다.

2. SNS 활용과 기업가치

SNS를 웹 기반서비스로 전제하면 개인은 SNS를 통해 정보를 공유하고 관계를 구축하고 탐색하기도 한다. 물론 다양한 목적을 가지고 네트워킹을 한다면 친구관계와 가족관계, 취미활동 등 특별한 의미있는 가치관계를 기반으로 하는 웹기반 서비스임에 틀림없다.

개인을 넘어 기업측면에서도 SNS를 사용하게 되는데 그 사용동기를 정보추구동기, 오락적 동기, 사회적 동기로 구분할 수 있다. 물론 기업 SNS를 사용하면 공급사 또는 구매사의 제품이나 회사정보, 업무와 관련된 사람들에 대한 정보를 탐색하고 획득함으로써 업무의 능률을 향상시킬 수 있게 된다. 또한 서로의 취미와 여가활동을 공유하면서 개인의 감정적인 경험을 통해 재미와 즐거움을 찾고자 하는 오락적 동기를 충족시키고자 할 것이다.

그리고 SNS를 통해 업무에 필요한 지인이나 전문가와 관계를 맺거나 개인적인 네트워크를 확장시키고자 하는 사회적 욕구가 있을 것이다. 또한 파트너사의 기업 SNS를 웹 기반 서비스라는 전제하에 이를 사용하는 구매자 또는 공급자는 유용성과 유희성의 가치를 지각하게 되며 앞서 이야기한 세 가지 사용동기가 지각된 유용성과 유희성에도 긍정적 영향을 끼칠 것이다.

특히 정보추구동기는 파트너사에 대한 기업과 제품정보를 획득할 수 있어 지각된 유용성에 긍정적인 영향을 끼칠 것이다.

3. 기업용 SNS의 특성

기업용 SNS에 대한 위키피디아의 정의를 보면 '기업용 SNS는 기업의 내부 구성원들이 온라인 소셜네트워크를 기반으로 사회적 관계를 이용하여 비즈니스와 관련된 정보공유 및 일련의 비즈니스 활동을 수행하기 위한 소프트웨어'라고 하였다.

기업용 SNS 특성을 이야기하면서 Enterprise 2.0이라는 개념을 간과하고는 말할 수 없다. 왜냐하면 기업용 SNS는 Enterprise 2.0이라는 상위개념에 포함된 구체적인 적용기술 중의 하나라고 할 수 있기 때문이다.

구체적으로 살펴본다면 웹2.0이라는 개념이 도입되면서 기업들은 웹2.0의 관련 기술인 위키(Wiki), 블로그(blog), 소셜네트워크(Social network) 등에 관심을 갖게 되었고 많은 기업들이 웹2.0기술의 기업차원의 활용을 고민하게 되었다.

이러한 기업차원에서 웹2.0기술의 활용은 일반적인 기술의 활용에 비해 중요한 차이점이 있는데 그 차이점으로는 웹2.0은 단순히 구성원의 참여와 공유를 기반으로 하는 반면에 Enterprise 2.0은 웹2.0의 단순한 구성원의 참여와 공유보다는 기업가치의 창출이 동반되어야 한다는 점이다.

따라서 기업용 SNS는 웹2.0의 관련 기술임과 동시에 기업의 가치창출이라는 개념이 가미된 Enterprise2.0의 범주에 속한다고 할 수 있다.

Enterprise2.0은 기업의 가치창출을 목적으로 웹2.0도구를 기업의 경영에 접목하여 기업 내부의 구성원과 기업 간, 고객 및 협력사와의 관계를 연결하고 협업(collaboration), 커뮤니케이션, 협

표 15-3 기업용 SNS의 특징

기업용 SNS의 특징	
생산과 공유	누구나 정보를 생산할 수 있고 공유할 수 있는 것이 특징
커뮤니케이션	일방향소통이 아닌 쌍방향소통이 가능하여 사용자들 간의 관계를 정서적인 소통이 가능하게 하여 줌
정보소비	개인적으로 관심있는 콘텐츠나 관심있는 콘텐츠를 소비할 수 있는 사용자 중심으로 정보를 소비할 수 있음
네트워크	조직의 네트워크보다 자연스러운 네트워크를 형성하며 좀 더 다양한 네트워크를 구성할 수 있음
평판/추천	기업내 평판은 작성자들이 커뮤니케이션과 정보공유를 자발적으로 참여하도록 하는 작용을 할 수 있음
검색	기업용 SNS는 효과적인 검색엔진을 제공하고 있음
멀티디바이스 지원	SNS는 다양한 디바이스에서 작동가능함

출처: 민선기(2011)

동을 촉진하는 것이라고 할 수 있다.

기업용 SNS 역시 Enterprise2.0과 같이 연결, 협업, 커뮤니케이션, 협동 등의 도입목적과 특성을 가지고 있다. 따라서 기업용 SNS의 특성은 생산과 공유, 커뮤니케이션, 정보소비, 네트워크, 추천, 검색 등 Enterprise2.0이 가지고 있는 특성을 가질 수 있다.

제2절 SNS와 마케팅

1. SNS와 마케팅

전 세계적으로 SNS 가입자 수는 24억 명을 넘어섰으며 2021년에는 30억 명 이상을 돌파할 것으로 예상되었다. 특히 최근 SNS의 가입자 수가 전체 SNS 가입자 수의 1/3에 육박하는 등 그 성장세가 눈부시다. 가입자 수가 가장 많은 국가는 독일로(30%) 나타났으며 한국은 23%로 나타났다. SNS 보급률 면에서는 한국이 70%로 조사국가 중 가장 높은 것으로 나타났다.

인터넷 이전시대에는 1인 미디어 곧 신문, 잡지, 라디오, TV에서 제공하는 정보가 소비자의 구매의사 결정에 절대적인 역할을 했다. 즉 브랜드 웹사이트가 마케팅에서 주요 역할을 해왔지만 웹사이트 방문자 수는 날이 갈수록 눈에 띄게 하락하고 있다. 더구나 웹사이트의 광고효과도 떨어졌다.

사람들은 웹사이트의 배너광고가 보이면 스팸(Spam)으로 인식한다. 이제 홈페이지에 상품정보를 올리고 좋은 콘텐츠를 제공하는 것만으로는 더이상 온라인에서 주목받을 수 없게 됐다. 이미 사람들의 활동무대는 페이스북, 트위터, 블로그와 같은 SNS 중심으로 옮겨가고 있기 때문이다. 사람들의 온라인 활동무대가 소셜미디어로 옮겨가면서 기업도 소비자가 있는 곳으로 모여들기 시작했다.

글로벌 홍보기업인 버슨-마스텔러(Burson-Masteller)가 조사한 바에 따르면 2010년에 세계 100대 기업 중 79%가 하나 이상의 소셜미디어 채널을 활용하고 있다고 한다. 2011년 12월 페이스북 사용자는 8억 명을 넘었고 트위터 사용자는 2억 8천만 명을 넘어섰다.

P&C 리포트에 따르면 모바일기기를 활용해 페이스북 등 SNS를 이용하는 사용자가 2017년에 무려 24억 6000명을 넘어섰다.

SNS는 메시지를 가장 빨리 퍼뜨릴 수 있는 공간이며 트위터에는 공감가는 트윗글 하나가 1억 명에게 전달되는 데 걸리는 시간은 고작 1주일밖에 안 된다. 이처럼 SNS의 확장속도는 과거의 미디어 확장과는 비교도 되지 않을 정도로 빠르다는 것을 알 수 있다.

또한 국내 SNS 시장의 글로벌 최강자인 페이스북이 한국시장에서 급속한 성장을 보이고 있으며 현재 페이스북의 국내사용자 증가추세는 세계에서 5위를 기록할 정도로 가파르다. 이처럼 페이스북의 사용자가 급증하고 있는 이유는 스마트폰의 사용률과 국내사용자들의 관심이 끊임없이 높아졌기 때문이다.

사람들은 SNS를 통해 인적네트워크를 구축하고 소통의 장을 열게 되었다. 스마트 폰이 제공하는 개인화와 이동성 그리고 SNS의 신속성이 온라인에서의 사회적 교류방식마저 바꾸어 놓았다. 모바일과 결합한 소셜네트워크 서비스는 위치기반서비스, 실시간 검색기능 등 다양한 서비스와 SNS의 특징인 간결성, 실시간성을 제공함으로써 기존의 단순 인맥서비스에서 벗어나 개방성과 확장성을 갖춘 하나의 플랫폼으로 성장하고 있으며 소셜네트워크 서비스인 페이스북 이용자 수는 계속 늘어날 전망이다.

SNS 마케팅은 기존 블로그, 미니홈피, 카페 등의 커뮤니티 마케팅과 콘텐츠의 확산을 통해 브랜드이슈를 만드는 바이럴마케팅, 기업과 관련된 이슈나 위기관리대응을 위해 필요한 평판관리 등이 하나의 통일된 컨셉(concept)과 전략을 통해 유기적으로 진행되어야 하는 마케팅이다.

또한 SNS 마케팅이란 SNS 서비스를 기업형으로 진화시켜 소비자들과 소통하는 창구로 활용하는 마케팅을 말한다. 즉 기업이 일반소비자처럼 SNS에 참여하여 시작할 수 있는 마케팅기법을 의미한다.

지금까지의 마케팅이 텔레비전, 신문, 잡지, 라디오의 4대 매체를 중심으로 이루어졌다면 SNS 마케팅은 SNS상에서 소비자와의 대화와 공감을 통해 이루어진다. 소비자와의 상호작용이 가장 핵심요소이며 이를 통해 지속적으로 관계를 이어나갈 뿐 아니라 확장되기도 한다.

2016년 e마케터 조사에 따르면 SNS 마케팅을 활용함으로써 얻을 수 있는 가장 큰 이익은 '고객참여'인 것으로 밝혀졌다. 다시 말해 소셜미디어는 이용자들 간 상호작용이 핵심이며 이용자들 간에 지속적인 관계를 맺을뿐 아니라 계속 확장된다는 특징이 있다. 그 확산속도 또한 빨라 기업들은 소셜미디어와 이를 이용하는 사용자들의 소비행태변화에 대응하기 위해 SNS 활용에 주목하고 있다.

한편 소셜미디어의 다양한 종류 중에서도 SNS는 마케팅활동에 많이 사용되고 있다. SNS는 스마트폰의 보급과 함께 전 세계적으로 가장 큰 영향력을 갖고 있는 소셜미디어로 발전하였다. 많은 기업 역시 SNS를 활용하여 다양한 마케팅활동을 펼치고 있으며 SNS를 마케팅에 활용하는 데에는 많은 장점이 있다.

1) SNS 마케팅의 장점

SNS 마케팅의 장점은 소비자를 이해하고 전략적으로 분석하기 위해 엄청난 시간과 비용 등의 투자를 하였던 기존 마케팅과는 달리 정확한 타겟(target)층 분석과 빠른 피드백으로 소비자들의 신뢰감과 충성도, 더 나아가 판매촉진까지 내다볼 수 있다는 것이다.

2) SNS 마케팅의 단점

반면 SNS 마케팅의 단점은 효과측정분석 툴과 가이드라인이 없어 광고주가 원하는 수치화와 소비자가 원하는 니즈를 파악해내지 못하고 있다는 것이다. 물론 각자의 SNS들은 통계시스템을 통해 일일방문자 수 또는 부분유입 키워드를 알 수 있지만 이 통계시스템만으로 방문자의 심리를 파악하고 효과를 입증하려고만 한다면 그들의 신뢰감을 떨어뜨리는 악영향만 초래할 뿐이다.

3) 성공적인 SNS 마케팅운영조건

성공적인 SNS 마케팅의 운영조건으로 다음 네 가지를 제시한다.

첫째, SNS 마케팅의 가장 핵심목표는 소통임을 확인한다.
둘째, 블로그와 연동을 통해 콘텐츠와 연동을 한다.
셋째, 해당 기업 및 정부기관에 대한 실시간 응대가 가능한 전문인력을 투입한다.
넷째, 모바일 이용자 증대에 따른 타겟(target)성향을 고려하고 철저한 준비를 한다.

2. SNS 메시지

1) SNS 메시지 유형

(1) 홍보형

윈터(Winter, 1986)는 PR(public relations)을 "대중에게 정보를 제공함으로써 그들의 태도와 행동을 변경시키기 위한 설득이며 개인 및 집단간 · 사회간의 조절, 해석 그리고 통합을 도모하는 20세기에서 가장 중요한 수단"이라고 했으며 PR을 설득커뮤니케이션의 하나로 정의하고 있다. 손규헌(2012)은 기업홍보란 기업이 기업자신 또는 제품, 서비스 등에 대해 고객의 호의와 신뢰를 얻기 위해 벌이는 일련의 활동이라 하였다.

기업은 SNS를 통해 자신들의 신제품에 대한 정보나 새로운 광고의 론칭 (launching), 기업관련

뉴스 및 행사 등 다양한 정보를 소비자들에게 제공한다. 이렇게 SNS를 통해 알리는 정보는 실시간성을 띄고 있어 빠르게 전파되며 신뢰성 또한 높다. 소비자들은 SNS를 통해 제공받은 제품이나 서비스 등에 대한 정보를 다른 사람에게 공유하고 확산시킨다. 이러한 공유를 통해 정보는 빠르게 확산되고 소비자에 의해 새롭게 탄생되기도 한다.

유혜인(2012)의 기업페이스북 메시지 유형에서 홍보형은 기업홍보 및 마케팅을 목적으로 한 포스팅으로 기업 및 제품, 채용정보 등을 직·간접적으로 소개한다고 하였다. 양상훈(2012)은 기업의 제품이나 서비스에 대한 정보를 담고 있는 메시지를 정보제공형 메시지라 정의하였다. 정보제공은 제품 또는 신제품에 대한 정보를 고객들에게 알리는 것이기 때문에 홍보형과 유사하다.

유동구(2013)는 소비자의 시간적 거리감에 따른 광고메시지 유형의 광고효과에 관한 연구에서 광고 및 홍보를 통해 겉으로 드러나지 않고 잠재해 있던 욕구를 일깨우는 역할을 하는 경우가 많다고 하였으며, 결국 광고 및 홍보를 통해 소비자의 마음을 얻는다는 것은 광고되는 제품에 대한 소비자의 태도를 호의적으로 만듦으로써 기꺼이 구매하도록 만드는 것이라고 하였다.

이정훈(2012)은 인터넷매체를 이용한 PR활동 메시지에 대해 기업과 제품에 대해 호의적인 이미지를 형성하고 새로운 잠재고객에게 기업과 제품을 노출시킨다고 하였고, 민복기(2006)는 홍보메시지의 유형과 원천에 따른 광고와의 시너지 효과에서 홍보형 메시지를 긍정적/부정적으로 분류하였다.

아울러 긍정적인 홍보메시지는 광고 및 브랜드신뢰에 긍정적인 영향을 미치고 부정적 홍보메시지는 광고 및 브랜드신뢰에 부정적인 영향을 미치는 것을 확인하였다.

홍보메시지는 광고신뢰에 영향을 주어 시너지 효과뿐만 아니라 브랜드 신뢰에 직접 영향을 주어 최종적으로 그 브랜드태도와 구매의사까지 영향을 주고있음을 확인하였다. 즉 PR을 통하여 홍보메시지관리가 필요하다는 점을 확인할 수 있었던 것이다.

현재 계속 새로운 커뮤니케이션 채널이 생겨남에 따라 각각의 효과를 통합하여 최대의 효과를 내고자 하는 것이 학계나 업계의 관심사다. 홍보메시지를 접한 소비자들이 제품광고를 보았을 때 홍보메시지가 광고에 대한 믿음이나 브랜드에 대한 믿음에 영향을 주는 것을 확인할 수 있으며 광고신뢰와 브랜드신뢰는 기업목표인 브랜드에 대한 호의적인 태도를 이끌어내고 이는 또한 매출증대에도 도움이 된다는 것을 알 수 있다.

(2) 고객소통형

고객소통형은 정확하게 정의된 바는 없다. 그러나 SNS 특성인 '상호 작용성'을 적용하여 정의할 수 있다. 상호자용성(interactivity)의 개념은 마케팅, 미디어 등 어러 학문의 영향에서 현재에도 논의되고 있다.

학자들은 사용자(user), 기술(technology), 메시지(message) 등을 중심으로 각각 다른 시각으로 상호작용성을 연구했다.

SNS 분야에서 말하는 상호 작용성은 사용자와 사이트 간에 상호작용과 사용자들 간의 커뮤니케이션을 뜻한다고 했다. 특히 관계를 구축하고 유지하는 것이 중심인 SNS에 있어서 이용자들 간의 상호작용을 고객의 지속적인 이용을 이끌어내는 서비스품질의 핵심이라고 하였다. 기업과 이용자들간의 소통인 대인적 상호작용은 소셜네트워크 서비스의 기초이자 서비스 이용자의 주요 이용목적이라고 할 수 있다.

노승림(2010)은 상호 작용성이란 정보의 공유 또는 교환, 유대감을 느끼고 관계를 맺는 것이라 하였으며 다양한 커뮤니케이션 과정에 참여하는 커뮤니케이션 주체들이 서로 대등한 입장에서 직접적으로 혹은 매개수단을 통해 메시지를 교환하고 공유하며 서로 의미를 창출해가는 반복적인 순환과정이라고 정의하였다.

SNS에 있어서 개인 간 상호작용은 사용자들의 지속적인 이용을 이끌어 내는 핵심내용이다. 김남훈(2010)은 SNS의 특징에 관해 단순하면서 편리한 관계확장은 과거처럼 자신의 블로그에 일방적으로 정보를 올리고 필요한 사람이 찾아오는 소극적인 의사소통 또는 정보공유가 아닌 사람 간 양방향 커뮤니케이션이 가능한 환경을 제공하는 것이라고 하였다.

Smith(2007)가 분류한 SNS의 특성 7가지 중 가족이나 친구, 지인들 간의 관계를 맺고 이를 시스템에 축적할 수 있는 관계, 시스템을 통해 다른 사람들과 커뮤니케이션 하는 방법으로 이메일이나 쪽지, 채팅, 메신저 같은 형태인 대화, 사진이나 동영상과 같이 콘텐츠들을 시스템 안에서 사용자들끼리 공유하거나 추천, 배포 등을 통해 관계네트워크를 형성하는 공유가 여기에 속한다.

양상훈(2012)은 브랜드 커뮤니티내에서 의견이나 정보를 교환하는 상호작용성이 증가함에 따라 구성원들은 서비스를 보다 자주 이용하게 되고 브랜드 커뮤니티 활동에 좀 더 많은 시간을 투자하게 되며 이는 몰입과 재방문의도를 높이기 때문에 브랜드 충성도에 긍정적인 영향을 준다고 하였다.

또한 상호 작용적 커뮤니케이션은 자신의 만족감을 높여주고 상대에게 친밀감을 갖게 해줌으로써 결과적으로 서로에 대한 몰입을 증가시키게 되며 이에 상호 작용성 메시지는 메시지를 수신하는 이용자에게 유대감을 느끼게하고 답변을 유도하여 의사소통을 하게 하는 메시지로 정의하였다.

김태현(2011)은 기업과 소비자가 대화를 활발하게 나눔으로써 마치 친구와 같은 인간적인 관계 형성도 가능하며 친사회적이며 흥미있는 이슈를 기업이 먼저 제기하며 참여자의 호기심을 자극함으로써 활발한 참여를 유도하고 이를 토대로 강화된 관계는 소비자와의 신뢰를 구축할 수 있다고 하였다.

유혜인(2012)은 기업페이스북 메시지 유형에서 공감형은 물음의 형태로 공감대를 형성할 수 있는 보편적인 질문, 간단한 퀴즈, 심리테스트 등의 유희성 포스팅 등이 여기에 속한다고 하였고 이는 공감대를 형성할 수 있는 질문이나 퀴즈 등을 통해 고객들과 소통할 수 있고 관계를 형성할 수 있는 것으로 상호작용성과 흡사하다고 제시했다.

이와 같이 고객소통형은 선행연구인 상호작용성을 적용하여 고객들과 쌍방향성의 대화를 나누며, 친근감을 유도하고 일상적인 이야기나 사람들의 공감대를 형성할 수 있는 보편적인 이야기들이 주를 이루는 게시글 유형으로, 페이스북에서 기업 및 제품과 관련하여 일상적인 이야기로 멘트를 작성하여 고객들과 친밀감을 형성하기 위해 소통하는 방식이라 할 수 있다.

(3) 고객참여 유도형

고객참여(customer participation)는 기업마케팅 활동에 있어서 중요한 자산으로 평가된다. 고객참여개념은 주로 서비스분야에서 연구되어왔다. 고객참여과정은 고객이 서비스생산과 전달과정에 참여하는 것을 통해 서비스이용과 공동생산(co-production) 등의 역할을 같이 수행하는 과정이며 신제품개발 과정에서 고객이 참여한 정도를 의미한다.

또한 고객참여는 서비스 접점상황 즉 서비스의 생산과 공급에 있어서 고객의 참여가 필수적인 경우에 소비자가 자발적으로 기울이는 정식적 혹은 물리적 노력 및 관심의 정도로도 정의된다.

구혜경·나종연(2009)의 연구에서 기업이 수행하는 여러 가지 마케팅활동 중 고객참여를 통해 기업과 협력관계를 구축하는 것을 말한다. 이 연구에서 참여형 마케팅활동선정을 위하여 1차적으로 온라인상에서 키워드를 추출하고 이 검색된 키워드를 다시 기업마케터 대상 온라인 설문을 통해 검증하였다.

그 결과 국내 대기업 마케터들은 고객참여형 마케팅활동을 참여자체의 속성보다는 직접적으로 의사소통을 하기 위한 목적적 활동을, 고객참여를 통한 마케팅활동으로 보았다. 또한 기업의 고객참여형 마케팅활동추출 내역에서 '소비자 모니터(프로슈머 그룹), 체험단/홍보단, 아이디어 공모전, 파워블로거' 네 가지로 분류하였다.

'소비자 모니터(프로슈머 그룹)'는 가장 대표적인 참여 마케팅활동으로 최근 기업에 전반적으로 확산되고 있는 프로슈머 마케팅일환이다.

'체험단/홍보단'은 체험자체의 의도보다는 구전 마케팅활동으로 활용하고 있다. '아이디어 공모전'은 연간단위 혹은 반기단위(6개월)로 정례화 된 참여 마케팅활동이고 '파워블로거'는 제품에 대한 구전을 목적으로 하는 마케팅활동이라 하였다.

장진수(2010)는 고객참여형 마케팅의 유형이 기업선호도에 미치는 영향에 대한 연구에서 고객참여형 마케팅의 유형 중 신제품체험단과 소비자 모니터링 유형 모두 기업이미지에 긍정적인 영향을 미친다고 하였다. 그 중 신제품체험단이 기업선호도가 높게 나타난 결과는 소비자들이 기업의 제품을 접할 때 체험을 통해 긍정적인 평가가 가능하며 기업과 고객간의 관계가 지속적으로 형성될 수 있다고 분석하였다.

박진우(2012)는 서비스 과정에서의 고객참여는 비용절감, 해당 제품 또는 서비스에 대한 지식향상, 구매의도증가 등의 긍정적인 성과를 이루며 고객만족에 유의한 영향을 미친다고 하였다. 즉 고객참여가 높을수록 긍정적인 반응이 나타난다고 볼 수 있고 고객은 서비스 과정에 참여·기대를 형성하고 형성된 기대는 기대불일치 및 만족에도 유의한 영향을 미친다고 하였다.

또 고객의 참여수준이 높을수록 서비스 기대가 증가한다고 볼 수 있고 서비스 과정에서 고객의 투입물은 서비스 제공자의 태도 및 행동, 서비스 성과에 대한 평가에 영향을 미친다고 하였다.

이처럼 기업은 고객을 독립된 파트너로 인정하고 그들의 요구에 미리 최선을 다해 응대함으로써 관계가 강화되고 이러한 관계강화는 결과적으로 주변의 상황변화에 영향을 받지 않고 지속적으로 구매에 긍정적인 영향을 줄 것이다.

3. SNS 메시지 선행연구

SNS는 사용자들에게 기본적으로 가지고 있는 특성으로 인해 폭발적인 확산을 가져올 수 있었다. 이러한 특성에 대해 깊이 있게 이해하고 더 나아가 SNS를 이용한 메시지가 SNS 사용자들에게 어떤 영향을 미칠 수 있을 것인가에 대해 이해하는 것이 중요하다.

이소현(2012)은 본래 SNS는 지인과의 소통을 위한 온라인 커뮤니티로 출발했다고 한다. 다양한 온라인 서비스 중의 하나였던 SNS는 이제 '탈중심화된 의사소통'이라는 새로운 커뮤니케이션 방식을 주도하고 있고 나아가 광고, 미디어, 쇼핑, 비즈니스 등 다양한 영역의 기본 플랫폼으로 진화하고 있다고 하였다.

또한 SNS는 공유와 개방을 화두로 한 새로운 커뮤니케이션을 주도하고 있다. 특히 10대, 20대, 30대 사이의 젊은세대들은 SNS의 가장 큰 수요자로 향후 주된 커뮤니케이션 채널로써 SNS의 영향력이 더욱 강화될 것이라는 전망을 가능케하고 있다. SNS가 주도하는 새로운 커뮤니케이션은 마케팅, 미디어, 커머스 등 다양한 영역의 플랫폼으로 진화하며 그 파급력을 이어가고 있다.

P&G같은 글로벌기업들은 이미 페이스북 'like' 등의 추천기능은 미래 온라인 Commerce의 핵심인 'Social Commerce'의 형태가 될 가능성을 높이고 있다. 또한 커뮤니케이션에서 출발하여 비즈니스 전반의 플랫폼으로 진화한 SNS는 이제 그 영역을 모바일부문으로 확장시키고 있다.

이렇듯 SNS는 방대한 사용자를 기반으로 온라인광고 및 연동서비스 등 다양한 수익모델과의 결합에 나서고 있어 새로운 광고채널 및 콘텐츠 제공통로로서 그 입지가 갈수록 강화되고 있다.

또한 SNS를 통해 창출되는 마케팅가치의 70%이상이 네트워크를 통해 확산되는 구전효과에서 기인하는 것으로 나타났다고 했다. 이는 불특정다수에 의한 정보보다는 나와 관계가 있는 사람들로부터의 정보에 대한 신뢰성이 높기 때문이다. 오프라인의 신뢰성 있는 구전효과에 온라인의 빠른 확산속도가 겸해져 큰 효과를 나타낼 수 있는 것이다.

기업들은 오프라인의 구전마케팅을 온라인상으로 확산시키는 가장 효율적인 매체로 SNS를 주목하고 있다. 이제는 SNS를 통해 지속적 관계지향적인 타겟팅광고가 가능하게 되었다. 정교한 타겟팅이 가능한 SNS는 2011년 광고와 마케팅의 아이템으로 자리잡고 있다. 트위터나 페이스북 등 SNS 사용자가 기하급수적으로 늘어나면서 이를 마케팅과 연계시키려는 기업들의 움직임도 빠르다. 단순한 광고문자나 전자쿠폰에 그쳤던 모바일 마케팅이 스마트폰 이용자의 폭발적 증가로 전통적인 배너로 검색을 이용한 광고부터 트위터, 페이스북 등을 이용한 방법까지 다양한 모습을 선보일 것이다.

이렇게 기존 미디어중심의 메시지 분류에서 더 나아가 최근에는 SNS에서 형성된 메시지 유형을 분석하는 연구들이 증가하고 있다. 남유나(2010)는 마이크로 블로그에서 나타나는 커뮤니케이션 유형을 표현형, 일상형, 알림형, 공감형, 놀이형, 기록형의 6가지로 구분하였으며 그 중 표현형, 알림형, 공감형, 놀이형에 대해 알아보았다.

표현형은 관심있는 정보를 알리고 그 뒤에 자신의 생각을 덧붙이거나 관심을 유도하는 형태를 취하며 알림형은 정보 및 소식을 링크나 태그를 추가하여 전달하는 유형이다.

공감형은 주로 물음의 형태로 사람들이 공감대를 형성할 수 있는 보편적인 이야기들이 주를 이룬다. 놀이형은 끝말잇기나 간단한 퀴즈놀이와 같이 소셜네트워크를 활용한 놀이를 하는 유형이다.

양상훈(2012)은 기업의 SNS 마케팅 중 메시지 유형이 이용자의 심리적 유형에 따라 브랜드태도에 미치는 영향에 대한 연구에서 기존에 연구가 되었던 SNS의 특성인 상호작용성, 정보제공성, 유희성을 독립변수인 메시지 유형에 활용하였다.

상호작용형 메시지는 메시지를 수신하는 이용자에게 유대감을 느끼게 하고 답변을 유도하여 의사소통을 하게하는 메시지로 정의하였으며, 정보제공형 메시지는 기업의 제품이나 서비스에 대한 정보를 담고 있는 메시지로 정의하였고, 유희성 메시지는 이용자에게 재미와 흥미를 느끼게 하는 메시지로 정의하였다.

노승림(2010)은 SNS 유형별로 댓글 상 소비자 간의 참여수준을 분석한 항목 중 개인경험, 댓글 참여수준, 친목여부, 친목표현 등은 차이가 있다고 하였다. 또한 SNS유형에 따른 구매의도에 미치는 영향에 대한 연구에서는 약간 차이가 있다고 하였다. 하지만 친목여부에 따른 구매의도 차이는 연관관계가 없다고 밝혔다. 이 연구는 리뷰나 댓글 상에 나타난 내용분석으로 해석상에 차이가 있을 수 있고 리뷰나 댓글의 행위자체는 직접적인 친목형성보다는 정보에 대한 커뮤니케이션 측면으로 활용되므로 친목유무에 따라 상호작용성이나 구매의도의 차이는 발견하지 못한 한계점이 있다.

Field_Story CCTV영상 AI분석, 범죄발생 예측한다

ETRI 연구진이 과거 범죄 통계 데이터와 CCTV 영상을 AI로 자동 분석해 범죄 예측 가능성을 확률적으로 예측해 주는 '예측적 영상보안 원천기술(데자뷰)' 개발에 착수했다.

과거 범죄통계데이터와 CCTV 영상을 AI(인공지능)로 자동분석해 범죄발생여부를 예측할 수 있는 기술이 등장할 전망이다. 한국전자통신연구원(ETRI)은 현재 CCTV 상황과 과거 범죄데이터를 AI를 통해 비교·분석해 앞으로 일어날 범죄 발생가능성을 확률적으로 예측하는 기술을 오는 2022년까지 개발한다고 2일 밝혔다.

이 기술은 기존 범죄통계정보를 분석하는 방식에 '지능형 CCTV 영상 분석기술'을 접목한 것으로, CCTV를 통해 실시간 확인되는 현재상황정보와 과거 범죄데이터를 반영해 몇 분 또는 몇 시간후의 범죄발생 위험도를 예측해 준다. 가령, 새벽 2시 넘어 후미진 골목에서 마스크와 모자를 쓴 남성이 젊은 여성을 따라가는 모습이 CCTV에 찍히면 범죄발생 확률을 % 단위로 표시한다. 연구팀은 법원판결문 2만 건을 분석해 범죄 발생 시 나타나는 요소를 파악하고, 미국 플로리다주립대 범죄영상 데이터와 범죄상황을 가정한 영상을 추가해 AI를 개발할 계획이다. 또 자체 개발한 '재식별기술'을 이용해 전자발찌 착용자와 같은 성범죄 전과자의 경로를 분석, 인근 CCTV를 찾아 위험행동징후를 파악하도록 지원할 예정이다. 이 기술이 전국 229개 지자체 CCTV통합관제센터와 경찰관제시스템에 적용되면, CCTV 영상만으로 범죄발생 위험도를 실시간 확인할 수 있고, 가로등 조명제어나 경고음 등을 통해 시민들의 사생활침해도 근본적으로 예방할 수 있다고 연구팀은 설명했다.

김건우 ETRI 신인증·물리보안연구실장은 "단순히 범죄발생을 감지하는 수준에서 스스로 위험발생 가능성을 최대 80%까지 예측하는 신경망모델을 개발, 미래형 첨단 사회안전시스템으로 발전시켜 나갈 계획"이라고 말했다. 한편 이번 연구는 ETRI를 중심으로 법무부 위치추적중앙관제센터, 경찰청, 제주도, 서울 서초구 등이 참여해 실증 및 현장검증을 진행할 계획이다.

▶ 출처 : 2020년 1월 2일 디지털타임스

4. SNS 활용과 기업경영혁신

2019년 2월 현재 우리나라 휴대전화 보급률은 100%이며 이 중 스마트폰 사용자들이 95%를 차지하고 있다. 이렇듯 모바일이 빠르게 확산되면서 가족, 친구, 회사동료 간의 소통을 위한 도구로

페이스북, 카카오톡, 네이버밴드 등이 사용되고 있다. 물론 기업입장에서도 의사소통의 도구로 큰 역할을 하고 있는 것이 사실이다.

페이스북은 친목을 도모하고 유대감을 강화하는 등 개인의 인적네트워크를 확장하기 위한 소통을 지원하는 소셜네트워크 서비스(SNS)이며, 카카오톡은 유료로 사용하던 문자를 무료로 사용할 수 있도록 하는 채팅서비스이다. 이러한 서비스는 기업의 비즈니스적인 측면을 돕기 보다는 개인의 친목을 위한 용도에 가깝다고 볼 수 있다.

페이스북과 카카오톡은 검색기능을 제공하지 않으며 기업에서 사용하고 있는 그룹웨어, 이메일, 사내메신저 등은 단편적인 소통의 기능만을 제공하고 있어 그것들을 통합해 SNS의 장점인 속도를 가미하여 빠르게 공유하게 하는 것이 기업의 입장에서는 중요하다.

그림 15-1 스마트폰 보급률

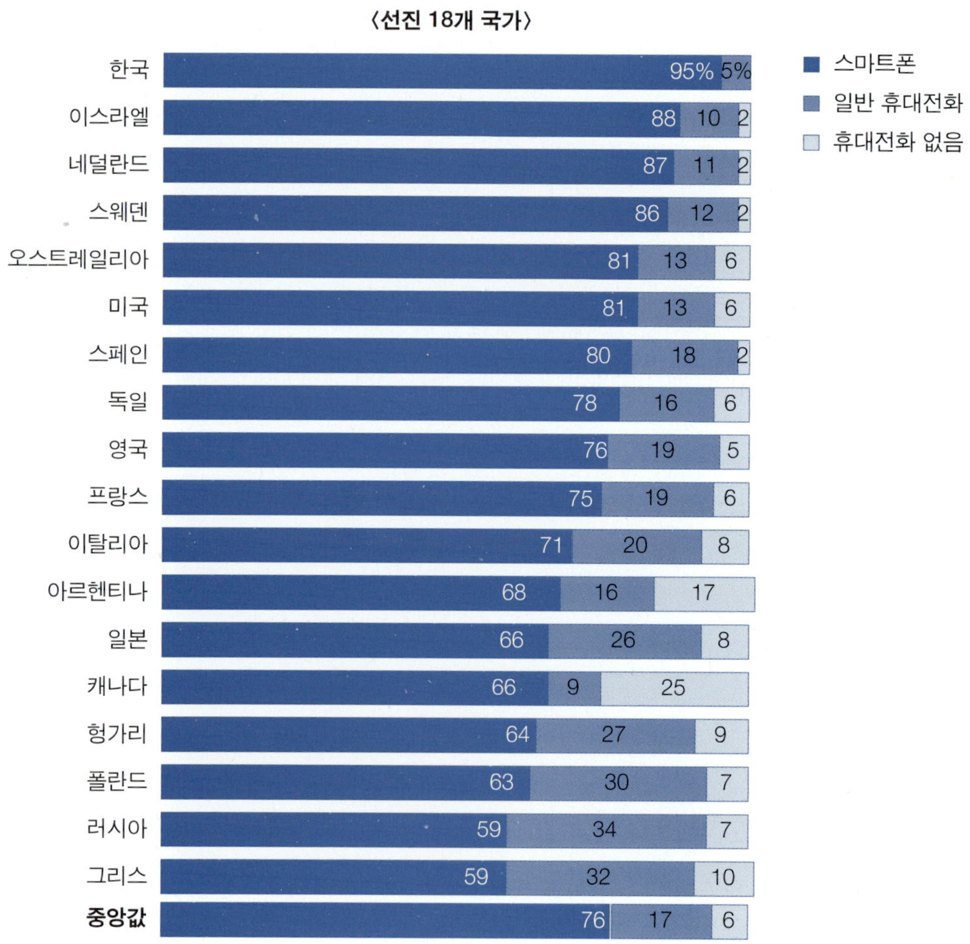

출처: Pew Research(2019)

기업내에서 소통이란 개인과 조직의 다양한 벽을 허물고 서로 공감하고 협력함으로써 창조적 혁신을 달성해가는 과정을 의미한다.

삼성경제연구소의 보고서에 따르면 국내경영진과 직장인을 대상으로 설문조사를 실시한 결과 경영자의 절반(46%)과 직장인의 3분의2(65%)가 조직에서 소통이 잘 안 된다고 평가를 하고 있다.

그렇다면 소통이 잘되는 조직을 만들기 위해서는 필요한 것이 무엇인지 기업내 소통의 유형을 중심으로 알아볼 필요가 있다.

1) 소통의 세 가지 유형

기업에서의 소통은 업무(task)와 관계(relation)적인 차원에서 다음과 같이 세 가지 유형으로 구분 할 수 있다.

첫째, 정서적인 소통은 인간관계 및 직장생활의 질과 관련된 감성적인 소통으로 조직구성원 간의 교류와 공감, 상하 간 배려와 이해 등이 포함된다.

둘째, 업무적인 소통은 일상적인 업무의 수행과 관련된 소통으로 업무지시와 보고, 피드백 및 정보의 공유가 있다.

셋째, 창조적인 소통은 문제의 해결이나 새로운 아이디어의 창출을 촉진하는 소통을 의미하며 아이디어 제안이나 부서 간 협업을 포함한다.

정서적인 소통을 통해서 유대감을 강화하고 직원들 간 친밀감을 높여 회사에 대한 충성도를 높일 수 있고 업무적인 소통을 통해서는 부서 간 협조를 이끌어내 협업을 통한 생산성을 높일 수 있다. 중요한 건 바로 창조적 소통이다.

예를 들어 설명해 보면 미국 디자인 컨설팅회사 아이디오(IDEO)의 CEO 팀 브라운(Tim Brown)은 "창조는 재능의 문제가 아니라 프로세스의 문제"라는 말을 했다." 당시 ABC방송의 유명앵커 테드 코펠(Ted Koppel)이 그 말을 증명해 보일 수가 있겠느냐고 했더니 내부프로세스 촬영을 허락했다.

일주일간 촬영을 하면서 아이디오가 당시 쇼핑센터의 새로운 카트디자인을 기획하는 모습을 카메라에 담았는데 그들의 프로세스는 이렇다.

첫째 날에 각 분야 전문가들을 모으고, 둘째 날에 현장에 가서 관찰을 하고, 셋째 날에 토론을 하고, 넷째 날에 시제품을 만들고, 다섯째 날에 완성을 한다. 이러한 과정을 거쳐 만들어진 카트는 세계 디자인대회에서 은상을 수상했다. 창조가 지식융합에 의한 프로세스로 가능하다는 유명한 사례가 된 것이다.

2) SNS를 활용한 국내기업 사례

SNS방식을 활용하여 소통을 개선한 국내기업들의 사례를 보면 먼저 강원랜드는 콘도, 호텔, 카지노 등의 현장에서 근무하는 비사무직 직원이 많은 기업특성으로 직원간의 교류 및 중요공지에 대한 전달에 어려움을 가지고 있었다. 그러나 기업용 SNS를 도입하여 근무형태, 근무시간과 관계없이 모든 구성원이 참여가능한 진정한 의미의 사내커뮤니케이션 환경을 마련하였다. 또한 모바일로 실시간으로 주요 공지 및 업무인수인계를 처리할 수 있게 되어 직원의 업무만족도가 크게 개선되었다.

매일유업은 대화방식의 소셜피드를 통해서 자연스럽게 정보를 공유하고 사용자 스스로 지식을 자유롭게 분류하고 공유할 수 있는 소셜 KM을 도입하여 창조경영에 한 발짝 더 다가가고 있다.

GS에너지는 직원들의 업무수행 및 부서 간 협업 등 다양한 기업내 커뮤니케이션을 원활히 하기 위한 통합커뮤니케이션 기능과 그룹웨어, 이메일, HR, ERP 등 분산돼 있는 사내 업무시스템을 연동하여 업무접근성을 강화한 SNS포털을 구축하였다.

5. 기업 SNS 활동과 관계 및 성과

다수의 기업들이 페이스북, 트위터, 홈페이지 등의 SNS를 통해 고객과 소통하기 위해 많은 투자를 하고 있다. 이러한 투자의 결과로 고객과의 관계가 향상되고 그 기업의 제품을 더 많이 구매하는 등의 효과를 기대한다. 그런데 SNS에 대한 투자가 매출과 같은 기업성과에 실제로 어떤 영향이 있는지를 확인해보자.

우선 SNS가 어떻게 고객과 기업의 관계를 강화시켜 주는지를 설명하면 첫째, 고객들은 페이스북과 같은 기업의 SNS를 통해서 자신의 의견이나 경험을 해당 기업뿐 아니라 다른 고객과 공유할 수 있다. 이와 같이 기업과 다른 고객과의 다양한 상호작용을 통해서 고객은 그 기업과 더 강한 연결을 갖게 된다.

둘째, SNS를 통해서 다른 사람과의 경험과 지식을 공유하면서 고객들은 해당 기업을 둘러싼 일종의 공동체(community)의 일원이라는 느낌을 갖게 된다. 공동체 의식이 생기면 고객의 충성도가 높아지고 해당 기업에 대한 만족도도 올라간다고 한다.

셋째, 기업의 SNS를 사용하는 고객들은 해당 기업의 신제품이나 쿠폰, 이벤트 등에 대한 정보를 많이 얻을 수 있고 이러한 정보는 고객들에게 그 기업이 고객만족을 위해서 노력한다는 느낌을 주게 돼 높은 충성도와 신뢰를 형성하게 된다.

이렇듯 기업의 SNS 활동은 일반적으로 고객과의 관계를 향상시켜 주지만 그 정도는 고객의 특성에 따라 달라질 것이다.

우선 만일 어떤 고객이 해당 기업과의 거래가 많은(즉, 물건을 많이 구입하는) 고객이라면 SNS의 영향이 더 클 것으로 예상할 수 있다. 즉 기업과의 거래가 많은 고객은 그 기업의 SNS 활동에서 더 많은 혜택을 얻기 때문에 기업과 더 강한 관계를 가질 것이다.

예를 들어 기업의 SNS에 참여하는 고객들은 그 기업의 웹사이트에 더 자주방문하는 것으로 나타나며 구체적으로는 SNS에 참여하는 고객들은 참여하지 않는 고객보다 웹사이트 방문이 평균 5%가량 더 많은 것으로 나타났다.

또한 고객특성은 거래의 범위와도 관계가 있다. 기업과 거래의 범위가 넓은(즉, 다양한 종류의 제품을 구입하는) 고객도 기업의 SNS에서 얻는 혜택이 많기 때문에 SNS의 영향이 클 것이다. 이는 적극적으로 SNS에 참여하는 고객의 경우 기업의 SNS로 인해 기업과 더 강한 유대관계를 형성하는 것으로 나타났다.

그리고 고객의 가격 민감도와도 연결된다. 가격에 민감한 고객은 낮은 가격을 찾아서 여러 기업의 사이트를 순회하면서 구입하는 특성을 보이기 때문에 한 기업에 대한 충성도가 낮은 특성이 있다. 따라서 가격 민감도가 높은 고객의 경우는 기업의 SNS 활동이 미치는 영향은 매우 약하다. 더불어 SNS가 기업성과에 미치는 영향을 전체적으로 보면 SNS에 참여하는 고객들이 그렇지 않은 고객에 비해서 기업에 확연히 많은 이익을 가져다준다. 다시 말해서 SNS의 활동이 기업의 성과로 연결되려면 고객을 SNS에 참여하도록 하는 것이 중요하다는 것을 말한다.

결국 기업의 SNS 활동이 고객과의 관계개선에 도움이 된다는 것은 명백하다. 기업의 SNS 활동이 일반적으로는 고객의 웹사이트 방문을 촉진하고 수익성 개선에도 도움이 된다는 것이다. 그러나 이 결과를 페이스북이나 트위터계정을 만들고 여기에 인력과 자원을 투입하면 자동적으로 고객과의 관계가 향상되고 수익성이 올라간다는 뜻으로 해석하면 안 된다.

기업이 SNS를 통해서 고객관계와 성과를 향상시키려면 SNS에 대한 꾸준한 투자와 활동을 통해서 고객과 기업뿐 아니라 고객과 고객 간의 소통을 활성화하고 일종의 고객공동체(community)로 발전시킬 필요가 있다.

또한 기업의 SNS 활동이 모든 고객에게 동일하게 영향을 미치는 것은 아님을 이해할 필요가 있다. 효과적인 SNS 활동을 하기 위해서는 SNS의 긍정적인 효과가 큰 고객집단, 구체적으로는 기업과 많은 거래를 하고 다양한 제품을 구매하며 가격에 덜 민감한 고객에게 집중적으로 SNS 활동을 하는 것이 더 좋은 성과를 가져올 수 있다.

따라서 기업은 전략적으로 집중할 고객집단을 먼저 선정하고 이들에 대해서 차별화된 SNS전략을 고려할 필요도 있다.

제3절 웨어러블(wearable)과 경영

1. 마법의 도구 웨어러블

최근 가장 자주 등장하는 용어중에 하나가 바로 웨어러블(wearable)이다. 웨어러블은 몸에 걸칠 수 있는 IT기기를 일컫는 말로 공상과학 영화 속에서나 우리가 상상할 수 있는 기기였다. 그러나 이제 현실이 되어 스마트폰을 대체할 '마법의 도구'로 손꼽히고 있다.

"언젠가는 우리가 보고 듣는 모든 것을 기록하게 될 것이다"(빌 게이츠, 1995). 빌 게이츠가 예견한 그 언젠가가 현실이 되고 있다. 역사상 인간의 가장 가까운 곳까지 다가온 컴퓨터인 '웨어러블(몸에 걸칠 수 있는)기기'를 통해서다.

최근 열린 가전전시회(CES)에서는 "웨어러블이 CES를 점령했다"는 말이 나올 정도로 다양한 웨어러블 기기가 쏟아졌다. 애플이 이미 '아이워치'를 발표했고 삼성, 애플, 구글, 소니, LG 등 글로벌 정보기술(IT) 기업들이 일제히 웨어러블 사업을 본격화하는 '웨어러블의 시대'가 될 것으로 전망된다.

웨어러블 기기는 정체된 IT기기 시장의 돌파구가 될 것이라는 기대와 함께 '라이프 로그' 산업을 성장시킬 것이란 점에서 주목된다. '일상의 기록'이란 뜻의 라이프 로그는 한 개인이 언제자고, 언제일어나, 어디로 이동했으며, 누굴만나 무엇을 먹었는지, 무엇을 보고, 무엇을 들었으며, 어떤 말을 했는지까지 인간생활의 모든 기록을 의미한다. 인간이 직접 몸에 걸치는 웨어러블 기기는 라이프 로그를 가장 효과적으로 수집하고 데이터화할 수 있는 장비다.

예컨대 대표적 웨어러블 기기인 '핏빗(fitbit)'의 경우 걸음수 같은 개인활동량부터 섭취·소모 칼로리같은 식생활습관까지 데이터화해 사용자가 한눈에 볼 수 있게 그래픽으로 보여준다. 소셜네트워크서비스(SNS) 기능을 적용해 지인과의 운동량도 비교해준다.

핏빗은 사용자의 '수면효율'까지도 기록한다. 몇 시에 자서 몇 시에 깼는지, 자는 동안 몇 시에 몇 번이나 어느 정도로 움직임이 있었는지를 센서로 측정한다.

이렇게 수집한 데이터는 개인의 운동상태나 건강을 관리하는 중요한 자료인 동시에 심지어 개인의 성생활패턴까지 유추할 수 있게 해준다. 이전에 전혀 구할 수 없던 새로운 차원의 라이프로그가 웨어러블 기기를 통해 수집되는 것이다. 이렇게 구한 고객에 대한 수많은 정보들은 이제 기업경영에 아주 중요한 데이터가 될 것이다. 물론 그 자료들을 바탕으로 기업은 다양한 마케팅 프로그램을 만들고 고객들에게 더 가까이 다가갈 수 있게 될 것이다.

그림 15-2 웨어러블 기기들

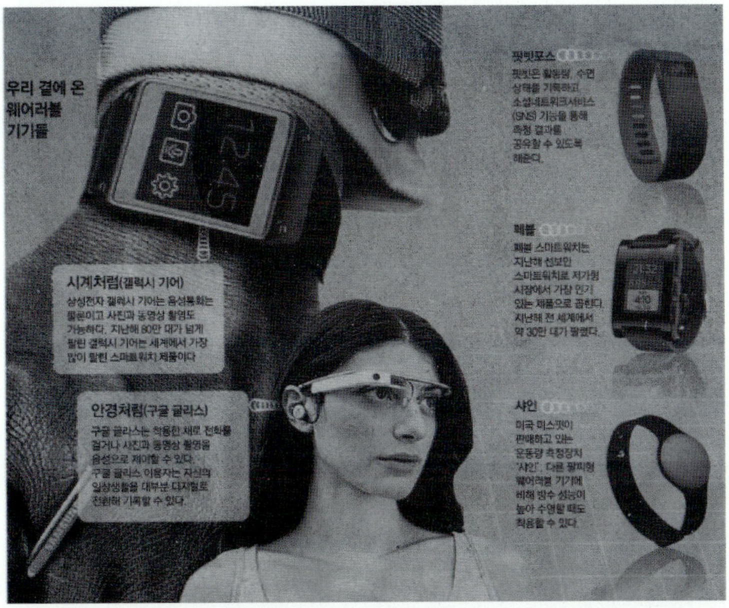

1) 라이프 로그로 삶의 질 향상

웨어러블 기기와 라이프 로그의 사회적 활용가능성은 무궁무진하다. 한 예로 핏빗을 홀몸 노인들에게 보급한 뒤 사회복지사의 관제모니터와 연결하면 관내노인들의 움직임과 건강상태를 한눈에 확인할 수 있다. 치매노인의 신발에 위성위치확인시스템(GPS)을 장착하면 길 잃은 노인도 쉽게 찾을 수 있다.

라이프 로그는 의료계에서 특히 중요한 자원이다. 서울대병원과 SK텔레콤이 50%씩 합작해 라이프 로그를 다루는 벤처인 '헬스커넥트'를 세운 이유다. 백승수 헬스커넥스 사업개발 본부장은 "웨어러블 기기를 통해 수집한 라이프 로그는 당뇨 등 만성질환 환자의 생활관리나 암환자의 수술 후 관리 등에 큰 도움을 줄 수 있다"고 말했다.

의료업계에서는 라이프로그의 활용이 보험업계나 국민건강재정분야에도 적용이 가능할 것으로 본다. 마치 자동차 보험사들이 자동차를 덜 탄 사람의 보험료를 깎아주듯 열심히 운동하고 식이조절을 잘한 가입자의 보험료는 깎아주는 식의 신개념상품이 나올 수 있다는 것이다. 이러한 획기적인 IT시장의 발전은 자칫 보안문제로 인해 사생활침해우려도 있다.

2) 사생활침해논란 부를 '양날의 칼'

하지만 라이프 로그 속 데이터 하나하나가 개인의 '속살'을 보여주는 민감한 자료라는 건 문제다. 한 IT업계 관계자는 "구글 글라스의 경우 내장카메라와 마이크, 스피커 등을 통해 사용자가 보고, 듣고, 말하는 것을 모두 수집할 수 있다"며 "이런 기기가 발전할수록 개인이 길을 걷다 어떤 옷을 입은 사람에게 눈길을 줬는지, 그 시선 하나까지도 데이터화될 것"이라고 내다봤다. 이렇게 쌓인 빅 데이터는 기업들의 중요 마케팅자료가 될 것이다.

그러나 법과 규제는 기술의 발전속도를 따라 갈 수 없기 때문에 결국 웨어러블(wearable) 기기와 라이프 로그산업은 '삶의 질 향상'과 '사생활보호'라는 두 가치 사이에서 큰 논쟁을 불러일으킬 것으로 전문가들은 보고 있다.

3) 웨어러블 기기 어디까지 왔나?

웨어러블 기기는 현재 머리부터 귓속, 팔목, 발목, 발바닥까지 걸칠 수 있는 모든 부위에 다양하게 시도되고 있다. 또한 걸음수, 심박수 기록부터 식단과 수면관리에 이르기까지 다양한 라이프로그를 기록한다. 스마트폰 못지않은 첨단기능을 가진 제품도 많다. 디자인 역시 과거 허리춤에 멋없게 꽂던 '만보계'형태에서 패션 악세서리 스타일로 변모하는 추세다.

최근 글로벌 분석기업 IDC에 따르면, 차세대 웨어러블 디바이스 시장규모가 2018년 45억 달러에서 2022년 약 95억 달러에 이르는 고속성장세가 예측된 바, 스마트 주변기기 등 관련 IT 기업들이 많은 관심을 나타내고 있다.

그러나 차세대 웨어러블 디바이스 분야는 몇년 전 유망했던 유니콘기업도 현재 사라진 기업이 있을 정도로 관련분야가 지속성장하기가 어려운 분야 중 하나이며, 애플, 삼성, 구글 등 대기업과의 경쟁도 필연적이다.

가장 보편적인 디자인은 '팔찌'나 '스마트워치'처럼 팔목에 걸치는 형태다. 모자나 안경형 제품과 달리 착용할 때 거부감이 적고 비교적 값이 싸기 때문이다.

팔찌형 제품으로는 '핏빗'과 '조본업 24'가, 스마트워치 제품으로는 갤럭시기어, 패블스마트워치, 소니의 스마트워치2가 대표적이다.

팔찌형 제품은 언제 어디서나 부담없이 찰 수 있어 라이프로그 기능도 강하다. 스마트워치는 통화, 문자메시지, 음악재생 등 스마트폰과의 연동기능에 더 집중하는 모습이다. 나이키와 아디다스가 내놓은 스마트워치는 위성위치확인시스템(GPS)을 활용해 달리기 속도와 이동거리를 측정하는 등 운동기능을 특화한 것이 특징이다. 값은 스마트워치가 팔찌형기기에 비해 최대3배 비싸다.

안경형 웨어러블 기기를 대표하는 구글글라스는 지난해 5월 공개된 뒤 스마트폰에 버금가는 기

그림 15-2 웨어러블 디바이스 세계시장전망

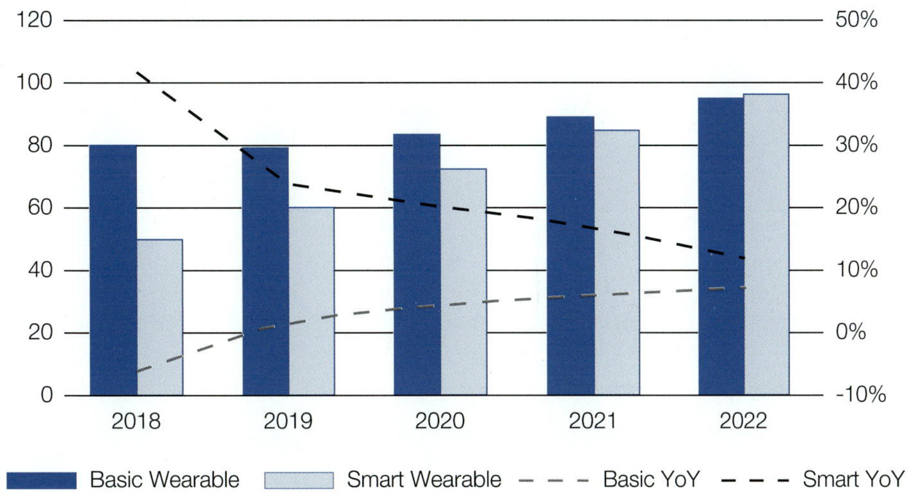

-

표 15-4 주요 웨어러블 기기의 특징

	제 품	측 정		배터리 지속 시간	특 징
		수면 상태	운동량		
팔찌형	핏빗포스	O	O	7–10일	기상알림, SNS친구와 운동 결과 공유
	조본 업24	O	O	7일	기상알림, 식단관리
	미스핏 샤인	X	O	4개월	배터리교체, 수영시 착용가능
	나이키+퓨얼밴드SE	X	O	4일	SNS친구와 운동결과 공유
손목 시계형	삼성전자 갤럭시 기어	X	O	1일	사진 및 동영상 촬영, 음성통화 및 메모
	패블 스마트워치	X	O	5–7일	기상알림, 전화, 문자 수신 알림
안경형	구글 글라스	X	X	1일	사진/동영상, 촬영, 영상통화, 문자전송, 길차기, 검색 등
신발 부착형	아디다스 스피드셀	X	O	5개월	달리기속도, 거리 측정

출처: 각사

능을 갖춘 제품으로 진화하고 있다. 음성으로 문자전송은 물론이고 사진촬영, 길 찾기 등을 할 수 있다. 하지만 값이 비싸고 일상에서 사용하기에 불편한 게 단점으로 꼽힌다.

Field_Story 헬스 케어 "웨어러블 심전도" 판매 각축전

판매사	개발사	제 품	특 징	작동 시간	영업마케팅 전략
동아에스티	메쥬	하이키디 시리즈	생체신호 모니터링	72시간	입원감시용 확정
대웅제약	씨어스테크놀로지	모비케어	높은 심방세동 검출률	72시간	검사 표준 제시· 항응고제 동시영업
삼진제약	웰리시스 (삼성SDS 스핀오프)	에스패치 Ex	데이터 손실없이 보존	최대 100시간	헬스케어 홈페이지 개설
유한양행	휴이노	매모패치	인공지능 분석	7일~14일	자체 병의원 영업망 활용
한미약품	얼라이브코어 에이티센스	카디아모바일 6L 에이티패치	간편찬 스틱형 기기 인공지능 분석	건전지용 (1년~15년) 7일~14일	HMP 활용· 병의원과 일반인 투트랙 처바이 오프라인 디테이일링 주력
종근당	스카이랩스	카트원 플러스	반지형 B2C 판매	36시간	네이버 스토어팜 활· 병의원 확장 검토

동아, 대웅, 삼진, 유한, 한미, 종근당 등 심전도 온·오프라인 영업마케팅 경쟁 치열

24일 제약업계 따르면, 동아ST(동아에스티)는 올해 7월초 디지털 헬스케어 스타트업 메쥬와 심전도 원격 모니터링 플랫폼 하이카디(HiCardi)와 하이카디 플러스 등의 국내 판권계약을 체결했다. 하이카디플러스는 홀터와 환자감시장치 기능을 한 기기에 구현한 웨어러블 모바일 카디악 텔레메트리(Wearable Mobile Cardiac Telemetry) 형태의 의료기기로, 하이카디와 비교해 동작시간이 늘어나 72시간 연속사용이 가능하며, 방진방수성능(IP67)이 향상돼 부착한 채로 샤워가 가능하다. 사용자가 기기를 착용하고 심장 제세동기를 사용하더라도 사용에 영향이 없도록 사용자 보호기능(defibrillation protection)도 추가됐다. 또한 클라우드 기반의 생체신호 실시간 모니터링 및 판독시스템의 UI · UX가 향상돼 사용자와 의료진의 편의성이 개선됐다.

심전도기에 가장 첫 발을 내딛은 국내사는 대웅제약이다. 대웅제약은 지난 2020년 7월 의료 디바이스 플랫폼 전문기업인 씨어스테크놀로지가 개발한 부정맥검출용 패치형 심전도기 '모비케어'의 판매를 시작했다. 모비케어는 최신 센서기술과 알고리즘을 적용해 환자의 프라이버시 보호, 사용편의성 및 분석의 신속성을 갖춘 웨어러블 심전도기다. 9.2그램(g)의 작고 가벼운 가슴 부착형 패치로 일상생활에 불편함을 주지 않고 장시간 사용이 가능한 것이 특징이다. 한 번 사용 시 72시간까지 검사를 할 수 있으며, 배터리 교체시에도 지속적으로 검사가 가능하다. 또한 심전도, 심박, 심박변이도, 활동량 등 다양한 생체신호를 측정해 휴대폰 애플리케이션을 통해 확인할 수 있다.

삼진제약은 지난해 8월 2세대 웨어러블 심전도기 '에스패치 Ex(S-Patch Ex)'를 출시했다.에스패치

는 심장마비와 뇌졸중의 원인이 되는 부정맥의 조기진단 · 관리를 위해 삼성SDS 소프트웨어와 삼성전자 바이오프로세서, 삼성병원이 설계한 알고리즘 등의 공동협력으로 개발된 심전도 모니터링용 의료기기다. 웨어러블 심전도 모니터링 디바이스와 클라우드 기반의 심전도 인공지능 분석시스템으로 구성된 이 제품은 9g에 불과해 기존 홀터 심전도계가 가지고 있던 환자와 의료진의 불편함을 해소했다.

유한양행은 올해 4월 웨어러블 의료기기 전문 스타트업인 관계사 휴이노와 심전도 모니터링 AI 솔루션 의료기기 '메모패치(MEMO Patch)'에 대한 국내 판권계약을 체결했다. 메모패치는 최대 14일까지 측정한 심전도 데이터를 인공지능기술로 분석해 의료진의 진단을 보조하는 의료기기로, 심전도 측정과 분석, 부정맥 등 심혈관질환의 조기 진단이 가능하다.

또한 자체 개발한 인공지능 알고리즘으로 14일, 약 336시간 동안 측정한 심전도 빅데이터를 신속하고 정확하게 분석해 병원과 의료진의 검사 효율성을 높일 수 있다. 앞서 지난 2020년 유한양행은 휴이노에 80억원을 투자했고 지난해에도 휴이노의 시리즈C에 참여해 50억원을 추가투자했다. 혁신적인 기술을 기반으로 안정적인 서비스를 제공하기 위해 양사가 오랜 기간 준비한 동시에 유한의 영업력을 활용, 보험수가 정책 수혜에 따라 관심이 높아지고 있는 웨어러블 심전도 시장을 리딩하겠다는 계획이다.

이처럼 웨어러블 심전도 측정의료기기(ECG, electrocardiogram)에 대한 급여확대가 이뤄지면서 국내 유명 대형제약사들이 탄탄한 영업망을 바탕으로 심전도 개발사들과 협업에 나서고 있다.

▶ 출처 : 2022년 11월 24일 메디게이트뉴스

2. 웨어러블 기기 시장현황

1) 세계 시장현황

2018년 스마트 웨어러블 기기 세계 출하량은 2017년에 비해 8.5% 증가한 1억 2,530만 대로 나타났다. 스마트 웨어러블 기기는 향후 아시아를 비롯한 신흥시장에서 더욱 각광 받을 아이템이며 기존 제품에서 스마트 웨어러블 제품으로의 전환은 향후 5년간 지속될 것으로 예측되고 있다.

현재 스마트 웨어러블 운영체제는 Watch OS의 애플, Wear OS의 구글, Tizen의 삼성이 주도하는 3파전의 양상이며, 핏비트, 가민, 하웨이 등이 자사가 개발한 운영체제를 탑재하여 그 뒤를 잇고 있다. 사용자에게 능동적이고 실용적인 정보를 제공하기 위해 향후 스마트 웨어러블 기기 개발은 편의성에 중점을 둘 것이며, 다른 스마트장치 및 시스템과의 연동과 건강 데이터추적에 의한 잠재적인 질병발견에 중점을 둔 제품개발이 활성화될 것으로 예측되고 있다. 특히, 그 중 스마트 시계의 경우 판매량이 2018년 약 7,300만 개로 전체 웨어러블 기기 판매량의 3분의 2를 차지하고

표 15-5 웨어러블 기기 제품군별 시장점유율/연평균 성장전망 (단위: 백만 대)

제 품	출하량 (2018)	시장점유율 (2018)	출하량 (2022)	시장점유율 (2022)	2018-2022 CAGR
스마트 의류	2.8	2.2%	9.1	4.8%	34.3%
이어웨어	2.1	1.7%	12.8	6.8%	56.4%
모듈형 웨어러블 로봇	0.7	0.6%	0.6	0.3%	-3.3%
스마트 시계	72.8	58.2%	120.2	53.3%	13.3%
손목 밴드	46.5	37.1%	47.0	24.7%	0.3%
기 타	0.2	0.2%	0.2	0.1%	-3.8%
합 계	125.3	100.0%	189.9	100.00%	11.0%

출처: IDC(2018)

있으며, 2022년까지 1억 2,000만 개가 팔릴것으로 예측되고 있다. 2018년 웨어러블 디바이스의 시장점유율은 스마트시계 58.2%, 손목밴드 37.1%, 스마트의류 2.2%, 이어웨어 1.7%, 모듈형 웨어러블 로봇 0.6%, 기타 0.2%로 나타났고, 2022년 웨어러블 디바이스의 시장점유율 전망에 따르면 스마트시계 53.3%, 손목밴드 24.7%, 스마트의류 4.8%, 이어웨어 6.8%, 모듈형 웨어러블 로봇 0.3%, 기타 0.1%로 나타나 스마트의류 및 이어웨어의 판매량이 증가될 것으로 예측되고 있다. 또한, 연평균성장률은 11.0%가 넘을 것으로 전망되고 있다.

브랜드별 분기 점유율 추이를 살펴보면, 2018년 2분기 기준애플은17.0%, Xiaomi 15.1%, Fitbit 9.5%, Huawei 6.5%, Garmin 5.3%, 기타 46.6%로 나타났다. 애플은 특히 스마트워치 시장에서 자사 운영체제를 바탕으로 안정적인 제품라인업을 확대하고 있으며 최근 Watch OS5 공개로 역량을 펼치고 있다. 특히 에르메스, 나이키, 디즈니와 협업을 통한 웨어러블 제품출시는 브랜드 이미지 강화에 성공했다는 평가를 받고 있다. Xiaomi는 신발, 아동용시계 및 스마트밴드 등 여러 가지 제품을 개발하여 가성비 좋은 제품공급을 통해 유럽 및 중동전역에서 브랜드 인지도를 높이고 있으며, 특히 유아용 스마트워치 및 스마트 운동화에 강점을 보이고 있다. Fitbit는 과거 손목밴드의 판매에 크게 의존하였으나 Versa가 출시됨에 따라 성공적으로 확장했고, 110만 개의스마트워치가 판매되는 등 경량제품을 브랜딩전략으로 내세우고 있다.

Huawei는 Xiaomi와 마찬가지로 웨어러블 시장에서 높은 점유율을 보이고 있으며 제품다변화를 통해 중국시장에서 높은 점유율을 보이고 있다. Garmin은 타사앱을 통해 피트니스중심의 VIVO 라인의 성공과 골프 S10 출시로 판매량이 급증하고 있다.

그림 15-4 업체별 웨어러블 기기 시장점유율 추이

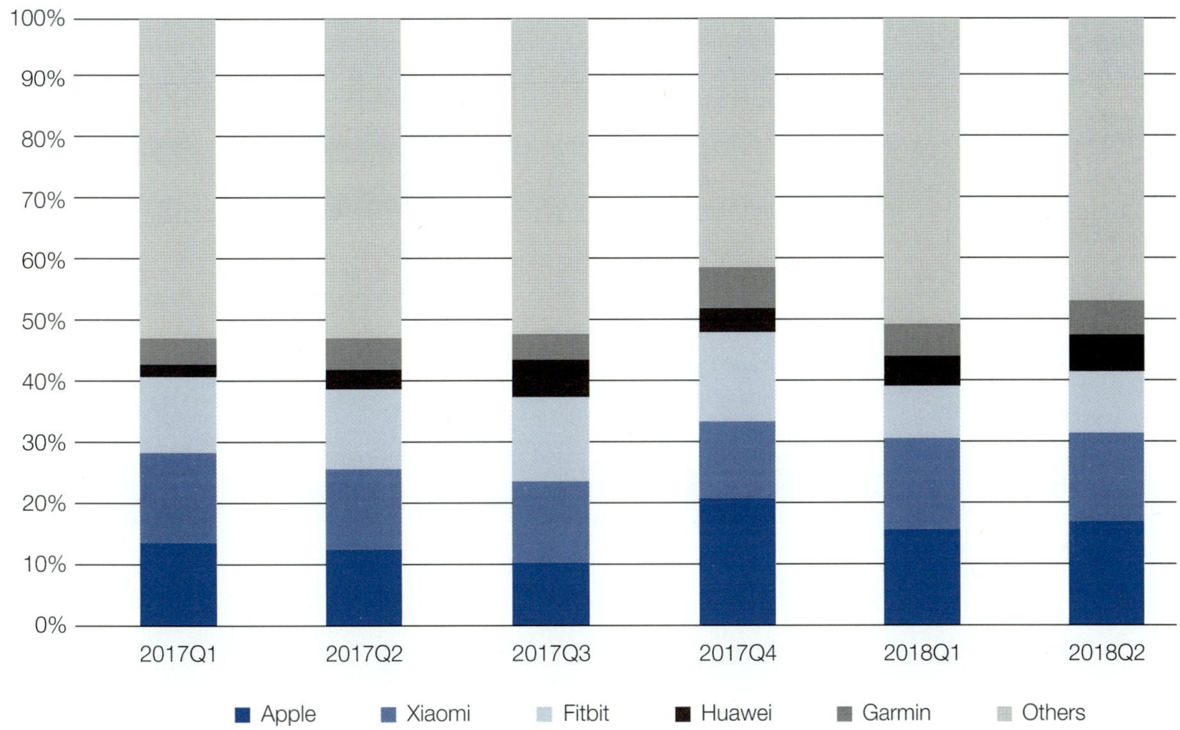

2) 기업동향

(1) 유니콘기업 현황

세계 각국에서 스타트업이 성장동력의 핵심으로 부상하고 있는 현 시점에서 기업가치가 10억 달러를 상회하는 비상장 벤처기업인 유니콘기업이 국가 경쟁력의 중요한 척도이다. 현재 전 세계적으로 326개의 유니콘기업이 있으며, 미국 48%, 중국 28%, 영국 5%, 인도 4%를 차지하고 있는 가운데 우리나라는 1.8%로 6개의 유니콘기업이 있다. 유니콘기업은 전자상거래, 소셜, 정보보안, 미디어, 온디맨드, 하드웨어, 여행, 헬스케어, 핀테크, 인터넷 소프트웨어 서비스, 빅데이터, 웨어러블 등 4차 산업혁명 주요 기술을 바탕으로 사업을 운영하는 스타트업들로 구성되어 있다. 지난 2015년 CB 인사이트에서는 웨어러블 디바이스 스타트업 42개 기업에 대해 마켓맵을 통해 헬스케어&피트니스밴드, 스마트워치&액세서리, AR&VR 헤드셋, 산업 및 기업용, 스마트의류, 제조, 앱 개발, 바이오메트릭(생체인증) 센서 등의 8가지로 구분한 바 있다.

2015년 발표 당시 웨어러블 각각의 분야에서 대표하는 스타트업 회사들로 구성되어 있지만 현

그림 15-5 The Wearables Tech Market Map

재상황을 살펴보면 폐업을 한 회사도 있으며, 지속적 성장을 하고 있는 회사들도 있다. 조본(Jawbone)은 한 때 회사가치가 3조를 넘었으나 경영난을 겪고 2017년 7월 폐업했다. 특히, 저가형 모델은 중국산 제품이 등장함에 따라 경쟁력 저하와 신제품개발 실패가 원인으로 지적된 바 있다. 그리고 페블테크놀러지는 경쟁업체인 핏비트가 인수한 후 웨어러블 선두회사로 발돋움하게 되었으며, 42곳 중 6곳이 폐업을 한 상태이다.

(2) 국내기업 현황

국내업체 동향을 살펴보면 삼성전자가 지난 2016년 440만 대의 출하량을 보였고, 독일 베를린 국제가전 박람회에서 특화 신제품 3종을 공개한 바 있다. 특히 수심 50m 수압을 견딜 수 있는 성능을 인정받은 제품과 영법과 스트로크 횟수, 거리 등의 정보를 알려주는 제품을 출시하였다.

LG전자는 MWC(Mobile World Congress) 2017에서 워치 스포츠 LTE모델을 공개한 바 있으며, 현대인의 삶 스타일을 반영하여 방진, 방수설계를 적용하여 GPS, 앱 다운로드 모두 가능하도록 설계한 것이 특징이다.

네이버랩스는 자체 구축한 데이터와 위치를 기반으로 아키제품을 출시하여 유아용 위치기반서비스를 출시하였고, 중소기업제품의 경우 스마트시계·밴드분야에서 휴이노가 개발한 웨어러블 시계형 심전도기기인 MEMO Watch와 인공지능기반 분석 소프트웨어가 2등급 의료기기 허가승인을 받았는데, 기존 심전도의 경우 여러 번 병원방문을 하여 진료를 받았으나, 그러한 불편함을 해소했다는 점에서 장점이 있다.

그리고 국내 스타트업 기술력을 적용하여 치매환자 가족의 불안을 없애주는 배회탐지기를 개발한 ㈜메디코넥스는 일본 보안업체와의 협업을 통해 사업을 확장중이라고 밝혔다. 그 외로 IoT기반 각종 스마트워치와 스마트밴드를 개발하는 ㈜투비시스, ㈜직토, ㈜스마디, ㈜마젤원 등이 있다.

다음으로 스마트신발 분야의 중소기업으로 스마트 골프화를 개발하는 솔티드벤처, 기능성 신발을 개발하고 있는 비엠시스, 보행자세측정 스마트 슈즈 개발업체인 피에스 솔루션 등이 주목을 받고 있다. 스마트의류 분야에서는 웰티와 에스엔티가 차세대 선두주자로 떠오르고 있는데, 에스엔티의 경우 광섬유모듈을 이용한 스포츠용 의류와 모자, 가방을 생산하여 유럽을 비롯한 전 세계에 수출을 하고 있으며, 차별화 소재를 이용한 하이테크 고부가 가치원단을 제조하고 있다.

스마트패치 분야의 중소기업은 전자체온계 패치를 아이의 몸에 붙여두면 3초마다 체온정보를 스마트폰에게 알려주는 제품을 개발한 초이스테크놀로지와 Hurev가 있다.

또한, 생활약자 보조착용기기 분야는 아즈온, 스카이랩스, ㈜올비, ㈜키워플러스 등이 있으며, 실감、체험형 웨어러블 디바이스 분야는 ㈜웨어러블 헬스케어, ㈜링크플로우, ㈜모젼스랩, 모션디바이스 등이 있다. 특히, 링크플로우는 지난 25일 스페인 바로셀로나에서 열린 MWC 2019에서 넥밴드형 웨어러블 360도 카메라를 선보이며 혁신상을 수상하였다. 레저·스포츠용 웨어러블디바이스 분야에는 비플렉스, ㈜핏투게더, ㈜알투기어, ㈜웰테크 글로벌 등이 있으며, 휴대용 생체인증기기·시스템 분야에서는 ㈜엑스더키플러스, 한국스마트인증, ㈜피노텍, ㈜라온시큐어 등이 있다. 국내 중소기업의 경우 사업을 잘 이어나가는 기업이 있는 반면에 신제품을 출시하지 않고 있거나, 다른 회사로 합병된 기업들도 있다. 차세대 웨어러블 디바이스 분야는 그만큼 경쟁환경이 치열하고, 시장진입을 하는데 어려움이 있기에 다각적인 전략방안수립이 절실한 실정이다.

생각해 봅시다

1. 보디와 엘리슨은 SNS가 기본적으로 세 가지 기능을 갖추어야 한다고 주장한다. 무엇인지 설명해보자.

2. SNS의 특징을 설명해보자.

3. 기업용 SNS의 특징을 설명해보자.

4. SNS 마케팅의 장점과 단점에 대해 설명해보자.

5. SNS 메시지유형에 대해 제시해보자.

6. 웨어러블 기기의 영향에 대해 설명해보자.

참고문헌

- 고동희 외, 경영학원론, 명경사, 2005
- 김광점 외, 핵심 조직행동론 제14판, 시스마프레스, 2018
- 김승욱 외, 유비쿼터스 컴퓨팅시대의 고객관계관리, 형설, 2004
- 김은환 외, 좋은 기업문화 만들기, 삼성경제연구소, 2007
- 문지원 외, 2007년 글로벌 기업동향, 삼성경제연구소, 2007
- 박내회, 조직행동론, 박영사, 2002
- 백주현 외, 경영학원론, 도서출판 두남, 2007
- 서병덕 외, 경영학원론, 도서출판 두남, 2007
- 안광호 외, 마케팅관리적 접근, 북넷, 2014
- 어치브코리아, 영업문제해결과정, 어치브코리아출판부, 2005
- 유세준 외, 디지털시대의 경영학원론, 법문사, 2004
- 윤대현, CRM의 기술, 지식공작소, 2004
- 윤석곤 외, 회계원리입문, 학현사, 2006
- 이정일 외, 새로운 10년을 위한 인사. 노사 7대 과제, 삼성경제연구소, 2007
- 장세진, 글로벌시대의 경영전략, 박영사, 2001
- 전타식, 창업경영BASIC, 북넷, 2018
- 전타식, CRM고객관계관리, 북넷, 2017
- 황하진, 21세기 디지털 경영학, 경문사, 2004
- 홍일유, 디지털기업을 위한 경영정보시스템, 법문사, 2005

- 경향신문, 2019년 10월 29일
- 경향신문, 2019년 12월 3일
- 경향신문, 2019년 12월 27일
- 경향신문, 2020년 1월 3일

- 동아닷컴 비즈N, 2019년 12월 30일
- 동아일보, 2020년 1월 3일
- 디지털타임스, 2020년 1월 2일
- 디지털타임스, 2020년 1월 6일
- 비즈한국, 2019년 12월 3일
- 비즈한국, 2019년 12월 5일
- 비즈한국, 2019년 12월 10일
- 비즈한국, 2019년 12월 24일
- 비즈한국, 2019년 12월 31일
- 세계일보, 2019년 12월 17일
- 세계일보, 2019년 12월 26일
- 세계일보, 2019년 12월 30일
- 세계일보, 2020년 1월 6일
- 정보통신기획평가원 주간기술동향, 2019년 4월 10일
- 조선일보, 2017년 10월 17일
- 조선일보, 2017년 1월 9일
- 중앙일보, 2020년 1월 1일
- 중앙일보, 2020년 1월 2일
- 한겨레신문, 2019년 11월 8일
- 한겨레신문, 2019년 11월 21일
- 한겨레신문, 2019년 11월 25일
- 한겨레신문, 2019년 11월 28일
- 한겨레신문, 2019년 12월 5일
- 한겨레신문, 2019년 12월 16일
- 한겨레신문, 2019년 12월 23일
- 한겨레신문, 2019년 12월 25일
- 한겨레신문, 2019년 12월 30일
- 한겨레신문 이코노미인사이트, 2019년 2월 1일
- 한겨레신문 이코노미인사이트, 2019년 6월 1일
- 한겨레신문 이코노미인사이트, 2019년 9월 1일
- 한겨레신문 이코노미인사이트, 2019년 10월 1일
- 한겨레신문 이코노미인사이트, 2019년 11월 1일
- 한겨레신문 이코노미인사이트, 2019년 12월 1일

- 한국일보, 2019년 8월 7일
- 한국일보, 2019년 12월 30일
- 한국일보, 2020년 1월 2일
- 한국일보, 2020년 1월 6일

- 구혜경 · 나종연, 소비자-기업협력에 대한 탐색적 연구: 소비자참여 마케팅활동 사례의 비판적 고찰, 소비자학연구, 2009
- 남유나, 마이크로 블로그 서비스의 특성과 발전가능성에 대한 연구, 한양대학교, 2010
- 노승림, 인터넷쇼핑몰의 소셜네트워크 서비스가 상호작용성과 구매의도에 미치는 영향에 관한 연구, 서강대학교, 2010
- 민복기, 홍보메시지 유형과 원천에 따른 광고와의 시너지효과, 연세대학교, 2006
- 민선기, 기업용SNS가 조직의 업무성과에 미치는 영향에 대한연구, 연세대학교, 2011
- 박진우, 레스토랑의 서비스단계별 실패에 따른 고객불평행동의도 연구, 세종대학교, 2012
- 손규헌, SNS를 활용한 기업홍보가 기업이미지에 미치는 영향에 관한 인식 연구, 한양대학교, 2012
- 양상훈, 기업의 SNS마케팅 중 메시지 유형이 이용자의 심리적 유형에 따라 브랜드 태도에 미치는 영향, 홍익대학교, 2012
- 유동구, 소비자의 시간적 거리감에 따른 광고메시지 유형의 광고효과에 관한 연구, 홍익대학교, 2013
- 유혜인, 기업운영 페이스북의 메시지 유형과 형태에 대한 이용자 반응연구, 연세대학교, 2012
- 위홍복, 기업가정신이 조직유효성에 미치는 영향에 관한 실증연구, 조선대학교, 2002
- 이소현, SNS이용자들의 지속적 이용의도와 구매의도에 영향을 미치는 요인, 전남대학교, 2012
- 장진수, 고객참여형 마케팅이 기업이미지와 고객충성도에 미치는 영향, 홍익대학교, 2010
- 전타식, 예비청년창업자의 감성지능이 창의성, 창업효능감, 창업성공가능성에 미치는 영향, e-비즈니스연구, 2019
- 전타식 외, B2C시장에서 영업사원의 감성지능이 창의성, 서비스지향성, 고객충성도에 미치는 영향, e-비즈니스연구, 2018
- 전타식, 예비청년창업자의 감성지능이 창업효능감, 창업의도에 미치는 영향, 아태경상저널, 2018

- CBINSIGHTS, Beyond Mobile: 42 Wearables Startups Disrupting Fitness, Apparel, 2015.
- IDC, 2018., https://www.idc.com/getdoc.jsp?containerId=prUS44553518
- IDC, 2018., https://www.idc.com/promo/wearablevendor

국문색인

ㄱ

ㅈ

ㅊ

ㅋ

ㅌ

ㅍ

영문색인

G

H

I

J

K

L

M

N

O

P

Q

R

S

저자소개

■ 조삼현

현) 동의대학교 상경대학 유통물류학과 교수
동의대학교 유통물류연구소 소장
(사)신남북방해양경제연구소 소장
전) 한국철도공사 철도연구원 책임연구원
(재)부산발전연구원 전문위원
중국심천대학교 경제학원 교환교수
중국일기현통자동차유한공사 한국지사장

■ 황선주

현) 부산외국어대학교 경영학과 초빙교수

논문: 포스트 코로나 시대를 대비한 항공 서비스품질 개발에 대한 탐색 및 사례연구
(무역경영연구, 2022년)외 다수
경력: 한국산업정보학회 이사, 한국인터넷전자상거래학회 상임이사
(주)유이디자인 경영자문이사, ㈜제이컴즈 자문위원

■ 전타식

현) 한국농수산식품유통공사 aT농식품유통교육원 마케팅대학 교수
산업통상자원부 한국산업기술평가관리원 기술개발기획평가단 정위원
중소기업기술정보진흥원 중소기업 R&D평가위원
전) 장안대학교 지식융합경영학부 프랜차이즈경영학과 교수
IBK창공 및 스마트벤처캠퍼스 창업컨설팅 자문 멘토

관심분야: 감성지능/세일즈/고객관계관리/농산물 유통 및 마케팅/TV홈쇼핑 등
강의, 워크숍 및 컨설팅 문의: ibecomeceo@hanmail.net

경영학원론

2023년 2월 5일 1쇄 인쇄
2023년 2월 10일 1쇄 발행

저 자 조삼현 · 황선주 · 전타식
발행인 류재식 · 박용범
발행처 도서출판 북 넷

서울시 용산구 효창원로70길 46 (대신빌딩 2층)
등 록 2010년 6월 7일(제2010-000069호)
전 화 (02) 395-2341
팩 스 (02) 395-2303

정가 30,000원

ISBN 979-11-86947-68-5(93320) e-mail : book2341@naver.com